全国高等学校中药资源与开发、中草药栽培与鉴定、中药制药等专业
国家卫生健康委员会"十三五"规划教材

"十三五"江苏省高等学校重点教材（编号：2019-2-078）

分析化学

主　编　池玉梅　范卓文
副主编　王　葳　王海波　韦国兵　纪永升　彭晓霞

编　者（按姓氏笔画排序）

王　葳（云南中医药大学）	池玉梅（南京中医药大学）
王海波（辽宁中医药大学）	纪永升（河南中医药大学）
韦国兵（江西中医药大学）	李　静（山东中医药大学）
邓海山（南京中医药大学）	李占潮（广东药科大学）
白　雪（浙江中医药大学）	范卓文（黑龙江中医药大学）
白文明（内蒙古医科大学）	孟庆华（陕西中医药大学）
冯婷婷（山西中医药大学）	赵龙山（沈阳药科大学）
任　波（成都中医药大学）	徐可进（长春中医药大学）
刘　芳（湖南中医药大学）	彭晓霞（甘肃中医药大学）
齐乐辉（黑龙江中医药大学）	

人民卫生出版社
·北京·

图书在版编目（CIP）数据

分析化学/池玉梅,范卓文主编. —北京：人民
卫生出版社,2020.10
ISBN 978-7-117-30562-4

Ⅰ. ①分… Ⅱ. ①池… ②范… Ⅲ. ①分析化学－高
等学校－教材 Ⅳ. ①O65

中国版本图书馆 CIP 数据核字（2020）第 185995 号

人卫智网	www.ipmph.com	医学教育、学术、考试、健康,
		购书智慧智能综合服务平台
人卫官网	www.pmph.com	人卫官方资讯发布平台

分 析 化 学
Fenxi Huaxue

主　　编：池玉梅　范卓文
出版发行：人民卫生出版社（中继线 010-59780011）
地　　址：北京市朝阳区潘家园南里 19 号
邮　　编：100021
E - mail：pmph @ pmph.com
购书热线：010-59787592　010-59787584　010-65264830
印　　刷：中农印务有限公司
经　　销：新华书店
开　　本：850×1168　1/16　　印张：32
字　　数：777 千字
版　　次：2020 年 10 月第 1 版
印　　次：2021 年 6 月第 1 次印刷
标准书号：ISBN 978-7-117-30562-4
定　　价：95.00 元
打击盗版举报电话：010-59787491　E-mail：WQ @ pmph.com
质量问题联系电话：010-59787234　E-mail：zhiliang @ pmph.com

全国高等学校中药资源与开发、中草药栽培与鉴定、中药制药等专业
国家卫生健康委员会"十三五"规划教材

出版说明

　　高等教育发展水平是一个国家发展水平和发展潜力的重要标志。办好高等教育,事关国家发展,事关民族未来。党的十九大报告明确提出,要"加快一流大学和一流学科建设,实现高等教育内涵式发展",这是党和国家在中国特色社会主义进入新时代的关键时期对高等教育提出的新要求。近年来,《关于加快建设高水平本科教育全面提高人才培养能力的意见》《普通高等学校本科专业类教学质量国家标准》《关于高等学校加快"双一流"建设的指导意见》等一系列重要指导性文件相继出台,明确了我国高等教育应深入坚持"以本为本",推进"四个回归",建设中国特色、世界水平的一流本科教育的发展方向。中医药高等教育在党和政府的高度重视和正确指导下,已经完成了从传统教育方式向现代教育方式的转变,中药学类专业从当初的一个专业分化为中药学专业、中药资源与开发专业、中草药栽培与鉴定专业、中药制药专业等多个专业,这些专业共同成为我国高等教育体系的重要组成部分。

　　随着经济全球化发展,国际医药市场竞争日趋激烈,中医药产业发展迅速,社会对中药学类专业人才的需求与日俱增。《中华人民共和国中医药法》的颁布,"健康中国 2030"战略中"坚持中西医并重,传承发展中医药事业"的布局,以及《中医药发展战略规划纲要(2016—2030 年)》《中医药健康服务发展规划(2015—2020 年)》《中药材保护和发展规划(2015—2020 年)》等系列文件的出台,都系统地筹划并推进了中医药的发展。

　　为全面贯彻国家教育方针,跟上行业发展的步伐,实施人才强国战略,引导学生求真学问、练真本领,培养高质量、高素质、创新型人才,将现代高等教育发展理念融入教材建设全过程,人民卫生出版社组建了全国高等学校中药资源与开发、中草药栽培与鉴定、中药制药专业规划教材建设指导委员会。在指导委员会的直接指导下,经过广泛调研论证,我们全面启动了全国高等学校中药资源与开发、中草药栽培与鉴定、中药制药等专业国家卫生健康委员会"十三五"规划教材的编写出版工作。本套规划教材是"十三五"时期人民卫生出版社的重点教材建设项目,教材编写将秉承"夯实基础理论、强化专业知识、深化中医药思维、锻炼实践能力、坚定文化自信、树立创新意识"的教学理念,结合国内中药学类专业教育教学的发展趋势,紧跟行业发展的方向与需求,并充分融合新媒体技术,重点突出如下特点:

　　1. 适应发展需求,体现专业特色　　本套教材定位于中药资源与开发专业、中草药栽培与鉴定

专业、中药制药专业,教材的顶层设计在坚持中医药理论、保持和发挥中医药特色优势的前提下,重视现代科学技术、方法论的融入,以促进中医药理论和实践的整体发展,满足培养特色中医药人才的需求。同时,我们充分考虑中医药人才的成长规律,在教材定位、体系建设、内容设计上,注重理论学习、生产实践及学术研究之间的平衡。

2. 深化中医药思维,坚定文化自信 中医药学根植于中国博大精深的传统文化,其学科具有文化和科学双重属性,这就决定了中药学类专业知识的学习,要在对中医药学深厚的人文内涵的发掘中去理解、去还原,而非简单套用照搬今天其他学科的概念内涵。本套教材在编写的相关内容中注重中医药思维的培养,尽量使学生具备用传统中医药理论和方法进行学习和研究的能力。

3. 理论联系实际,提升实践技能 本套教材遵循"三基、五性、三特定"教材建设的总体要求,做到理论知识深入浅出,难度适宜,确保学生掌握基本理论、基本知识和基本技能,满足教学的要求,同时注重理论与实践的结合,使学生在获取知识的过程中能与未来的职业实践相结合,帮助学生培养创新能力,引导学生独立思考,理清理论知识与实际工作之间的关系,并帮助学生逐渐建立分析问题、解决问题的能力,提高实践技能。

4. 优化编写形式,拓宽学生视野 本套教材在内容设计上,突出中药学类相关专业的特色,在保证学生对学习脉络系统把握的同时,针对学有余力的学生设置"学术前沿""产业聚焦"等体现专业特色的栏目,重点提示学生的科研思路,引导学生思考学科关键问题,拓宽学生的知识面,了解所学知识与行业、产业之间的关系。书后列出供查阅的相关参考书籍,兼顾学生课外拓展需求。

5. 推进纸数融合,提升学习兴趣 为了适应新教学模式的需要,本套教材同步建设了以纸质教材内容为核心的多样化的数字教学资源,从广度、深度上拓展了纸质教材的内容。通过在纸质教材中增加二维码的方式"无缝隙"地链接视频、动画、图片、PPT、音频、文档等富媒体资源,丰富纸质教材的表现形式,补充拓展性的知识内容,为多元化的人才培养提供更多的信息知识支撑,提升学生的学习兴趣。

本套教材在编写过程中,众多学术水平一流和教学经验丰富的专家教授以高度负责、严谨认真的态度为教材的编写付出了诸多心血,各参编院校对编写工作的顺利开展给予了大力支持,在此对相关单位和各位专家表示诚挚的感谢! 教材出版后,各位教师、学生在使用过程中,如发现问题请反馈给我们(renweiyaoxue@163.com),以便及时更正和修订完善。

人民卫生出版社

2019 年 2 月

全国高等学校中药资源与开发、中草药栽培与鉴定、中药制药等专业国家卫生健康委员会"十三五"规划教材

教材书目

序号	教材名称	主编	单位
1	无机化学	闫　静 张师愚	黑龙江中医药大学 天津中医药大学
2	物理化学	孙　波 魏泽英	长春中医药大学 云南中医药大学
3	有机化学	刘　华 杨武德	江西中医药大学 贵州中医药大学
4	生物化学与分子生物学	李　荷	广东药科大学
5	分析化学	池玉梅 范卓文	南京中医药大学 黑龙江中医药大学
6	中药拉丁语	刘　勇	北京中医药大学
7	中医学基础	战丽彬	南京中医药大学
8	中药学	崔　瑛 张一昕	河南中医药大学 河北中医学院
9	中药资源学概论	黄璐琦 段金廒	中国中医科学院中药资源中心 南京中医药大学
10	药用植物学	董诚明 马　琳	河南中医药大学 天津中医药大学
11	药用菌物学	王淑敏 郭顺星	长春中医药大学 中国医学科学院药用植物研究所
12	药用动物学	张　辉 李　峰	长春中医药大学 辽宁中医药大学
13	中药生物技术	贾景明 余伯阳	沈阳药科大学 中国药科大学
14	中药药理学	陆　茵 戴　敏	南京中医药大学 安徽中医药大学
15	中药分析学	李　萍 张振秋	中国药科大学 辽宁中医药大学
16	中药化学	孔令义 冯卫生	中国药科大学 河南中医药大学
17	波谱解析	邱　峰 冯　锋	天津中医药大学 中国药科大学

序号	教材名称	主编	单位
18	制药设备与工艺设计	周长征 王宝华	山东中医药大学 北京中医药大学
19	中药制药工艺学	杜守颖 唐志书	北京中医药大学 陕西中医药大学
20	中药新产品开发概论	甄汉深 孟宪生	广西中医药大学 辽宁中医药大学
21	现代中药创制关键技术与方法	李范珠	浙江中医药大学
22	中药资源化学	唐于平 宿树兰	陕西中医药大学 南京中医药大学
23	中药制剂分析	刘　斌 刘丽芳	北京中医药大学 中国药科大学
24	土壤与肥料学	王光志	成都中医药大学
25	中药资源生态学	郭兰萍 谷　巍	中国中医科学院中药资源中心 南京中医药大学
26	中药材加工与养护	陈随清 李向日	河南中医药大学 北京中医药大学
27	药用植物保护学	孙海峰	黑龙江中医药大学
28	药用植物栽培学	巢建国 张永清	南京中医药大学 山东中医药大学
29	药用植物遗传育种学	俞年军 魏建和	安徽中医药大学 中国医学科学院药用植物研究所
30	中药鉴定学	吴啟南 张丽娟	南京中医药大学 天津中医药大学
31	中药药剂学	傅超美 刘　文	成都中医药大学 贵州中医药大学
32	中药材商品学	周小江 郑玉光	湖南中医药大学 河北中医学院
33	中药炮制学	李　飞 陆兔林	北京中医药大学 南京中医药大学
34	中药资源开发与利用	段金廒 曾建国	南京中医药大学 湖南农业大学
35	药事管理与法规	谢　明 田　侃	辽宁中医药大学 南京中医药大学
36	中药资源经济学	申俊龙 马云桐	南京中医药大学 成都中医药大学
37	药用植物保育学	缪剑华 黄璐琦	广西壮族自治区药用植物园 中国中医科学院中药资源中心
38	分子生药学	袁　媛 刘春生	中国中医科学院中药资源中心 北京中医药大学

全国高等学校中药资源与开发、中草药栽培与鉴定、中药制药专业规划教材建设指导委员会

成员名单

主任委员　黄璐琦　中国中医科学院中药资源中心
　　　　　段金廒　南京中医药大学

副主任委员（以姓氏笔画为序）

　　　　　王喜军　黑龙江中医药大学
　　　　　牛　阳　宁夏医科大学
　　　　　孔令义　中国药科大学
　　　　　石　岩　辽宁中医药大学
　　　　　史正刚　甘肃中医药大学
　　　　　冯卫生　河南中医药大学
　　　　　毕开顺　沈阳药科大学
　　　　　乔延江　北京中医药大学
　　　　　刘　文　贵州中医药大学
　　　　　刘红宁　江西中医药大学
　　　　　杨　明　江西中医药大学
　　　　　吴啟南　南京中医药大学
　　　　　邱　勇　云南中医药大学
　　　　　何清湖　湖南中医药大学
　　　　　谷晓红　北京中医药大学
　　　　　张陆勇　广东药科大学
　　　　　张俊清　海南医学院
　　　　　陈　勃　江西中医药大学
　　　　　林文雄　福建农林大学
　　　　　罗伟生　广西中医药大学
　　　　　庞宇舟　广西中医药大学
　　　　　宫　平　沈阳药科大学
　　　　　高树中　山东中医药大学
　　　　　郭兰萍　中国中医科学院中药资源中心

唐志书　陕西中医药大学
黄必胜　湖北中医药大学
梁沛华　广州中医药大学
彭　成　成都中医药大学
彭代银　安徽中医药大学
简　晖　江西中医药大学

委　　员（以姓氏笔画为序）

马　琳	马云桐	王文全	王光志	王宝华	王振月	王淑敏
申俊龙	田　侃	冯　锋	刘　华	刘　勇	刘　斌	刘合刚
刘丽芳	刘春生	闫　静	池玉梅	孙　波	孙海峰	严玉平
杜守颖	李　飞	李　荷	李　峰	李　萍	李向日	李范珠
杨武德	吴　卫	邱　峰	余伯阳	谷　巍	张　辉	张一昕
张永清	张师愚	张丽娟	张振秋	陆　茵	陆兔林	陈随清
范卓文	林　励	罗光明	周小江	周日宝	周长征	郑玉光
孟宪生	战丽彬	钟国跃	俞年军	秦民坚	袁　媛	贾景明
郭顺星	唐于平	崔　瑛	宿树兰	巢建国	董诚明	傅超美
曾建国	谢　明	甄汉深	裴妙荣	缪剑华	魏泽英	魏建和

秘　书　长　吴啟南　郭兰萍

秘　　　书　宿树兰　李有白

前　言

本教材编写依据中药资源与开发、中草药栽培与鉴定、中药制药等专业的分析化学课程的教学需求,遵循"三基、五性、三特定"的基本原则,力求体现行业特点,适应高素质应用型、复合型、技术技能型人才的培养。

全书共分 19 章,较系统地阐述了各种化学分析法与相关仪器分析法的基本原理、基础知识及应用。为体现教材对相关专业的适用性和完整性,本教材在绪论中增加了"定量分析的基本方法"小节,以强化学生对定量分析概念与方法的掌握。根据专业特点与课时要求,本教材整合了滴定分析部分以适应有限的教学课时数,同时突出色谱分析的内容。在介绍各类分析方法时,首先提炼同类方法的共性概念,再从共性展开到个性知识点,并注意新技术、新方法相关知识更新。

本教材基于纸质与数字融合的概念,以纸质教材为蓝本,综合利用数字化技术,配套编写了数字教学资源,如多媒体课件和同步练习,可通过扫描各章二维码获取,便于师生教学使用。同时,在每章分别设置了"学习目标"和"内容提要",以利于梳理主要内容,掌握重点、难点。

本教材由全国 17 所医药院校多年从事分析化学教学工作的一线教师编写,各编委分章节编写,经主编、副主编初审及修改,由主编整理定稿。本书编写安排为:第一章(池玉梅、范卓文),第二章(李占潮、白雪),第三章(白雪、李占潮),第四章(池玉梅、邓海山、冯婷婷、刘芳、李静),第五章(韦国兵、李静),第六章(白文明、徐可进),第七章(徐可进、邓海山),第八章(任波、白文明),第九章(彭晓霞、冯婷婷),第十章(冯婷婷、韦国兵),第十一章(齐乐辉、王海波),第十二章(赵龙山、齐乐辉),第十三章(范卓文、赵龙山),第十四章(王葳、纪永升),第十五章(邓海山、王葳),第十六章(孟庆华、刘芳),第十七章(王海波、纪永升),第十八章(赵龙山、齐乐辉),第十九章(纪永升、孟庆华)。

本教材也适合化学、食品、药学和中药学等相关专业的分析化学与仪器分析课程教学使用,同时亦可供相关专业教学和科研人员参阅。

本书的编写得到各编委所在院校和人民卫生出版社的大力支持,在此表示最诚挚的感谢。同时,在编写过程中,编者参阅了相关书籍和资料,在此向作者表示深深的谢意。

限于编者水平和经验,书中存在疏漏和不足,恳请有关专家、同行和同学批评指正。

编者

2021 年 1 月

目　录

第一章 绪论

本章主要介绍分析化学的任务与分类,为后续各章节学习奠定基础。要求:

1. 掌握分析化学的定义、任务及分类。
2. 熟悉定量分析的基本方法。
3. 了解分析化学发展进程。

第一节 分析化学的任务与作用

分析化学(analytical chemistry)是研究物质的组成和结构,确定物质在不同状态和演变过程中化学成分、含量和时空分布的测量科学,是化学学科的一个重要分支。分析化学以化学理论和实验技术为基础,引用物理、统计、电子计算机、自动化等方面的知识,阐述或解决科学与技术研究中的各种分析问题。

分析化学的主要任务包括定性分析(qualitative analysis)、定量分析(quantitative analysis)、结构分析(structural analysis)和形态分析(speciation analysis)。

分析化学是最早发展起来的化学学科分支,在早期化学发展过程中处于前沿和主要地位,被誉为"现代化学之母"。当今,分析化学的主导作用已不局限于化学学科领域,而是广泛延伸至生命科学、环境科学、材料科学、食品科学等涉及人类生产、健康及生命安全的各个方面。分析化学是"从事科学研究的科学",被喻为科学技术、工农业生产、社会安全保障的"眼睛"。

在工农业生产、科学研究、环境监测、临床检验、药物分析及食品安全检验等工作中,人们时常需要回答物质的化学组成是什么、各化学组分的含量是多少、化学结构或形态是怎样的等问题。在医药科学领域,在研究生命过程化学、生物工程、生物医学中,对于揭示生命起源、生命过程、疾病及遗传奥秘等方面;在药物成分含量、药物作用机制、药物代谢与分解、药代动力学、疾病诊断以及滥用药物等研究中;在中药材的栽培、引种、采收、加工、炮制、鉴定等各个环节,分析化学都不可或缺,均具有重要意义。

分析化学的知识与技能是药学和中药学类相关专业后续课程的必备基础。分析化学既有严密和系统的理论,又有很强的实用性,本课程既传授分析化学的基本理论、基础知识和实验技能,又培养学生实事求是的科学态度和细心严谨的工作作风,发展创新思维能力。

第二节　分析化学的分类

分析化学的研究范围广、分支多,一般常以分析任务、分析对象、分析原理和分析试样用量或含量进行分类。

(一)以分析任务分类

根据分析任务的不同,分析化学分为定性分析、定量分析、结构分析和形态分析。定性分析的任务是鉴定物质由哪些元素、离子、基团或化合物组成,即"解决物质是什么的问题"。定量分析的任务是测定物质中某种或某些组分的相对含量,即"解决物质有多少的问题"。结构分析的任务是研究组分的分子结构(包括构型与构象)或晶体结构。形态分析的任务是研究物质的价态、晶态、结合态等存在状态及其含量。

定性分析、定量分析、结构分析和形态分析既有不同的分工,又相互关联。一般而言,对于一个已知成分的样品,可以直接进行定量分析;对于一个未知成分的样品,需进行定性分析,然后才能进行定量分析;对于一个新发现的未知物,需进行结构分析或形态分析。

(二)以分析对象分类

根据分析对象的不同,分析方法分为无机分析和有机分析。两者又均存在定性分析、定量分析和结构分析。

无机分析的对象是无机物,主要任务是鉴定样品的组成(元素、离子、原子团或化合物),测定各成分的含量、晶体结构和形态。

有机分析的对象是有机物,组成有机物的元素种类不多,主要是碳、氢、氧、氮、硫和卤素等,但自然界的有机物数以万计,其结构复杂,因此有机结构分析的地位重要,特别在官能团分析和结构分析方面,当清楚有机化合物结构时,才能有效地进行定性和定量分析。

(三)以分析原理分类

根据分析方法测定原理的不同,分析化学分为化学分析(chemical analysis)和仪器分析(instrumental analysis)。

1. 化学分析　以物质的化学反应为基础的分析。被分析的物质称为试样或样品(sample),与试样起反应的物质称为试剂(reagent),试剂与试样所发生的化学变化称为分析化学反应,据此建立的分析方法称为化学分析法。由于历史悠久、方法成熟,又是分析化学的基础,化学分析也常被称为经典分析(classical analysis)。

化学分析又分为定性分析和定量分析。根据分析化学反应的现象和特征来鉴定物质化学组成的分析,称为化学定性分析。根据分析化学反应中试样和试剂之间计量关系来测定物质中各组分相对含量的分析,称为化学定量分析。化学定量分析包括重量分析(gravimetric analysis)和滴定分析(titrimetric analysis)或容量分析(volumetric analysis)。

化学分析的特点是所用仪器设备及操作简单,定量分析结果准确(相对误差可控制在 ±0.2% 以内),应用范围广泛。但也存在一定的局限性,例如对于物质中痕量或微量杂质的定性或定量分析不够灵敏,不能满足快速分析的要求。

2. 仪器分析 以测定物质的物理或物理化学性质为基础的分析。由于分析需要仪器设备完成,因而称为仪器分析,主要包括电化学分析、光学分析、质谱分析、色谱分析等。

通常根据物质的某种物理性质,如熔点、沸点、折射率、旋光度和光谱特征等,不需经过化学反应,可直接进行定性、定量和结构分析的方法,称为物理分析(physical analysis),如光谱分析等。根据物质在化学反应变化中的某种物理性质,进行定性、定量分析的方法称为物理化学分析(physicochemical analysis),如电位分析等。表 1-1 为常见的仪器分析法。

表 1-1 常见仪器分析法一览表

方法类型				应用
电化学分析法	电位分析法			定量
	伏安分析法			定性、定量
	电导分析法			定量
	电解分析法			定量
	电化学传感器			定性、定量
光学分析法	光谱分析法	原子光谱法	发射或吸收光谱法	定性、定量、形态分析
		分子光谱法		定性、定量、结构分析
	非光谱分析法	折射、反射、衍射、散射、干涉及偏振等		定性、定量、形态分析
色谱分析法	气相色谱法			定性、定量
	液相色谱法	高效液相色谱法		
		超高效液相色谱法		
		薄层色谱法		定性、半定量
		纸色谱法		
	电色谱法	毛细管电泳法		定性、定量
	超临界流体色谱法			定性、定量
质谱分析法	无机质谱法			定性、定量、结构分析
	有机质谱法			
色谱 - 质谱联用法	气 - 质联用法			定性、定量、结构分析
	液 - 质联用法			
	电色谱 - 质谱联用法			
热分析法	热重分析法			定性、定量、结构分析
	差热分析法			
	测温滴定法			定性、定量
放射化学分析法				定性、定量、结构分析

仪器分析具有灵敏度高的特点,适用于微量组分和痕量组分的分析,甚至超痕量组分(含量小于 0.000 1%)的分析。分析低浓度下组分的准确度较高,一般相对误差为 1%～10%。同时,仪器分析选择性好、专属性强,可进行多信息或特殊功能分析,可同时进行定性和定量分析,也可用于结构分析。

此外,仪器法分析试样用量少、分析速度快、易于自动化,省去了繁杂的化学操作过程,随着自动化、程序化程度提高,操作更趋于简化,可通过即时、在线分析来进行生产过程、环境自动监测与控制等。但分析仪器设备昂贵,并且进行定量分析时,一般需要待测组分的标准物质作为参考。

(四)以分析试样用量或含量分类

1. 以试样用量分类　根据试样的用量多少,分为常量分析、半微量分析、微量分析和超微量分析。各种分析的试样用量情况如表1-2所示。

表1-2　各种分析的试样用量

方法	试样质量	试液体积
常量分析	>0.1g	>10ml
半微量分析	0.01~0.1g	1~10ml
微量分析	0.1~10mg	0.01~1ml
超微量分析	<0.1mg	<0.01ml

通常化学定性分析多为半微量分析,化学定量分析多为常量分析,仪器分析多为微量分析及超微量分析。

2. 以试样含量分类　根据试样中待测组分含量高低,分为常量组分分析、微量组分分析和痕量组分分析。各种分析的组分含量情况如表1-3所示。

注意,微量组分分析、痕量组分分析不一定是微量分析。

表1-3　各种分析的试样含量

方法	待测组分百分含量 /%
常量组分分析	>1
微量组分分析	0.01~1
痕量组分分析	<0.01

(五)其他相关分类

根据具体作用的不同,分析化学可以分为例行分析(routine analysis)和仲裁分析(arbitral analysis)。例行分析是一般化验室在日常生产或工作中的分析,又称为常规分析。仲裁分析是指不同单位对分析结果有争议时,要求仲裁单位(法定检验单位)使用法定方法进行裁判的分析。

根据行业类型,分析化学有药物分析(pharmaceutical analysis)、中药分析(Chinese materia medicine analysis)、食品分析(food analysis)、环境分析(environmental analysis)、临床与法医检验(clinical and forensic examination)等。

根据研究领域不同,分析化学有表界面分析(surface and interface analysis)、材料表征及分析(materials characterization and analysis)、质量控制与过程分析(quality control and process analysis)、微/纳分析(micro/nano analysis)、芯片分析(chip analysis)、组学分析(omics analysis)、成像分析(imaging analysis)、活体分析(in vivo analysis)、实时在线分析(real-time online analysis)、化学与生物信息学分析(cheminformatics and bioinformatics analysis)等。

第三节　定量分析的基本方法

定量分析是分析化学任务之一,相对于定性分析和结构分析的方法与原理的多样性,定量分析的基本方法具有一定规律性。

一、化学定量分析的基础与方法

化学定量分析的基础是化学反应式的计量关系。化学分析计算主要涉及沉淀重量法与滴定分析法。

（一）沉淀重量法

在沉淀重量法中,待测组分 A 与沉淀剂 B 反应,生成沉淀 C,该沉淀 C 经处理得到称量形式 D,则可根据 D 与 A 之间的化学计量关系,由 D 的质量计算出 A 的质量。

$$a\text{A} + b\text{B} \longrightarrow c\text{C} \longrightarrow d\text{D}$$

A 与 D 的物质的量 n_A 和 n_D 的关系为

$$n_A = \frac{a}{d} n_D \qquad\qquad 式1\text{-}1$$

由 $n = m/M$ 代入式 1-1,则只需得到称量形式 D 的质量,即可计算得 A 的质量。

（二）滴定分析法

在滴定分析法中,待测组分 A 与滴定剂 T 反应,当 A 与 T 按反应式计量关系完成时,则可根据 T 的浓度和消耗的体积,由 A 与 T 的化学计量关系计算出 A 的量。

$$a\text{A} + t\text{T} \longrightarrow \text{P}$$

当反应达到化学计量点时, $t\,\text{mol}\ \text{T}$ 恰好与 $a\,\text{mol}\ \text{A}$ 反应完全。

则 $n_T : n_A = t : a$,即

$$n_T = \frac{t}{a} n_A \ 或 \ n_A = \frac{a}{t} n_T \qquad\qquad 式1\text{-}2$$

式 1-2 即为滴定剂与被测物质之间化学计量的基本关系式。

二、仪器定量分析的基本依据与方法

（一）分析仪器的基本组成

通常认为分析仪器是被研究体系和科学工作者之间的通信器件。不同原理的仪器分析方法对应不同的分析仪器,一般均含有三个基本部分,即信号发生器、检测器（输入换能器）、信号处理与显示器（输出换能器）。

（二）仪器分析的定量依据

仪器分析的定量依据为仪器测量信号强度与待测组分量之间的函数关系。各类分析仪器的分析原理不同，但定量分析的处理方法存在共性。

大多数仪器分析的定量分析都需要有待测组分（analyte）的标准试样（standard sample），即纯物质校正（calibration），建立测定的响应信号（response signal，S）与待测组分的量之间的函数关系。其中，所用的标准试样通常称为对照品（reference substance）。

一般而言，响应信号（S）或其函数与待测组分的浓度（concentration）、含量（content）或其函数成线性（linear）关系，即

$$S = Kc + b \qquad\qquad 式1\text{-}3$$

式1-3是仪器分析的定量依据，以此建立的标准曲线法（standard curve method）也称工作曲线法（working curve method）或校正曲线法（calibration curve method），是常用的仪器分析校正方法，也是仪器分析定量方法的基础，该法适用范围最广。式1-3中K一般为仪器条件常数，通常$b=0$。

（三）仪器分析常见的定量方法

仪器分析常采用的定量方法有外标法和内标法，处理方法有标准比较法和标准加入法。

（1）外标法（external standard method）：以待测组分的纯物质作参比物（reference substance），根据响应信号与其参比物量、试样量的函数关系而进行定量的分析方法。一般习惯地将基本型标准曲线法称为外标法。

（2）内标法（internal standard method）：在试样和各含量不同的一系列对照品溶液中，分别加入试样中不存在的一定量的某物质（内标物，internal standard），再测试含内标物的待测试样溶液，依据待测组分和内标物的响应信号比S_i/S_s与待测组分浓度或含量的函数关系而进行的定量分析方法。

内标法实际上是外标法的一种改进。在内标法的测定过程中，即使影响响应的一个或几个参数发生了变化，由于内标物（s）和待测组分（i）受到同等的影响，响应信号比取决于待测组分的量。

（3）标准比较法（standard comparison method）：在不同的仪器分析法中名称不一，常见有对照法（contrast method）、对比法（contrast method）、一点法（single point method）和比例法（ratio method）等，是仪器分析最常用的一种数据处理方法，该法建立于标准曲线通过原点，在外标法和内标法中分别为式1-4、式1-5。

$$c_x = \frac{S_x}{S_R} \times c_R \qquad\qquad 式1\text{-}4$$

$$c_x = \frac{(S_i/S_s)_x}{(S_i/S_s)_R} \times c_R \qquad\qquad 式1\text{-}5$$

（4）标准加入法（standard addition method）：又称标准添加法或增量法，是将已知量的待测组分加入到一定量的待测试样中后，测得试样量和标准试样量的总响应值（或其函数）而进行定量分析的方法。

三、定量分析方法的基本性能指标

定量分析方法的基本性能指标包括精密度（precision）、灵敏度（sensitivity）、准确度

（accuracy）、检出限（detection limit）、线性范围（linear range）等。

（1）精密度：指用同样的方法所测得的数据间相互一致性的程度。它是表征随机误差大小的一个量。按照国际纯粹与应用化学联合会（International Union of Pure and Applied Chemistry，IUPAC）的有关规定，精密度通常用相对标准偏差（relative standard deviation，RSD）来度量。

（2）灵敏度：一般认为，仪器或者方法的灵敏度是指它区别具有微小差异浓度分析物能力的度量。

灵敏度受到两个因素的限制，即校正曲线的斜率和测量设备的重现性或精密度。在相同精密度的两个方法中，校正曲线的斜率较大，则方法比较灵敏。同样，在校正曲线有相等斜率的两种方法中，精密度好的有高的灵敏度。

根据 IUPAC 的规定，灵敏度的定量定义是校正灵敏度的斜率。在分析化学中使用的校正曲线通常为线性，可通过测量一系列标准溶液求得。

（3）准确度：指分析数据与真实值接近的程度，用误差（error）来表示。实际工作中，一般以可靠的方法多次平行测量的算术平均值代替真实值。一种分析方法的准确度，常用加样回收率（recovery）来衡量。

（4）检出限：又称检测下限。在误差分布遵从正态分布的条件下，由统计的观点出发，对检出限的定义为，能以适当的置信概率被检出的组分的最小量或最小浓度。

实际工作中常以信噪比（S/N）衡量，当 S/N 为 2～3 时待测组分的量为最低检测限，当 S/N 为 10 时待测组分的量为最低定量限。

检出限是分析方法的灵敏度和精密度的综合指标，方法的灵敏度和精密度越高，则检出限就越低。

（5）线性范围：指从定量测定的最低浓度扩展到校正曲线偏离线性浓度的范围。不同的仪器分析法，线性范围不同，有的浓度范围仅 1 个数量级，但有些方法的应用浓度可达 5～6 个数量级。

第四节　分析化学的发展与趋势

分析化学有着悠久的历史，在科学史上，分析化学曾经是研究化学的开路先锋。进入 20 世纪，由于现代科学技术的飞速发展，学科间的相互渗透融合，分析化学的发展经历了三次巨大的变革。

第一次变革：20 世纪初，物理化学溶液理论的发展为分析化学提供了理论基础，建立了溶液中四大平衡理论（酸碱平衡、氧化还原平衡、配位平衡及沉淀 - 溶解平衡），使分析化学由一种技术发展为一门科学。

第二次变革：第二次世界大战前后，物理学和电子学的发展促进了分析化学中物理和物理化学分析方法的发展，出现了以光谱分析、极谱分析为代表的简便、快速的仪器分析方法，同时丰富了这些分析方法的理论体系。各种仪器分析方法的发展改变了经典分析化学以化学分析为主的局面。

第三次变革:自 20 世纪 70 年代以来,以计算机应用为主要标志的信息时代的到来促使分析化学进入第三次变革时期,由于生命、环境、材料和能源等科学发展的需要,现代分析化学已经突破了纯化学领域,它将化学与数学、物理学、计算机科学及生命科学紧密地结合起来,发展成为一门多学科性的综合科学。现代仪器分析应用了现代分析化学的各项新理论、新方法和新技术,把光谱学、量子学、傅里叶变换、微积分、模糊数学、生物学、电子学、电化学、激光技术等成功地运用到现代分析的仪器上,研发了原子光谱(AAS、AES、AFS)、分子光谱(UV、IR、NMR、FS)、色谱(GC、LC)、质谱(MS)等仪器分析方法,计算机及其软件的应用则极大地提高了仪器分析能力。因此,现代分析仪器灵敏度高、选择性好、检出限低、准确性高,并实现了分析仪器的自动化和样品的连续测定。仪器分析正在向更高灵敏度(原子级、分子级水平)、更多选择性(复杂体系)、更快速自动、更简便经济、更智能化,应用于原位(in situ)、在体(in vivo)、实时(real time)、在线(on line)分析及适应特殊分析的方向迅速发展。

总之,分析化学是近年来发展较为迅速的学科之一。现代科学技术的飞速发展对分析化学提出了越来越高的要求,同时,各相关学科向分析化学渗透并提供新理论、新方法和新手段,使得分析化学不断丰富和发展。

第五节　分析化学相关文献资源

分析化学相关文献资源包括分析化学的理论、方法、技术、应用及其相关领域的科技文献,种类和形式多样,如专著、期刊、各种行业质量标准以及专利等。近年来由于互联网的普及,使科技文献已从以纸质文献为主过渡到以文献数据库的网络资源为主。

(一)分析化学核心期刊

国内刊物

1. 分析化学
2. 分析测试学报
3. 分析试验室
4. 分析科学学报
5. 化学学报
6. 化学通报
7. 高等学校化学学报
8. 色谱
9. 光谱学与光谱分析
10. 药物分析杂志

国外刊物

1. *Analyst*(英国)
2. *Analytical Abstracts*(英国)
3. *Analytical Chemistry*(美国)
4. *Analytical Letters*(美国)
5. *Journal of Chromatography*(荷兰)
6. *Analytical Chimica Acta*(荷兰)
7. *Analytical and Bioanalytical Chemistry*(德国)
8. 分析化学(日本)
9. *Journal of Electroanalytical Chemistry*(瑞士)
10. *CRC Critical Reviews in Analytical Chemistry*(美国)

(二)常用化学网络数据库

https://www.cnki.net;中国知网,《中国学术期刊(光盘版)》电子杂志社出版

http://www.cqvip.com；维普网，重庆维普资讯有限公司出版

http://www.wanfangdata.com.cn；万方数据知识服务平台，北京万方数据股份有限公司出版

https://scifinder.cas.org；Chemical Abstract 网络数据库，美国化学文摘服务社出版

http://www.sciencedirect.com；Science Direct 数据库，荷兰爱思唯尔（Elsevier）公司出版

https://onlinelibrary.wiley.com；Wiley 网络数据库，美国 John Wiley & Sons 公司出版

https://www.rsc.org/journals-books-databases；RSC 数据库，英国皇家化学学会出版

https://pubs.acs.org；ACS 数据库，美国化学会出版

内容提要

1．分析化学的定义、任务和作用。①定义：分析化学（analytical chemistry）是研究物质的组成和结构，确定物质在不同状态和演变过程中化学成分、含量和时空分布的测量科学，是化学学科的一个重要分支。②任务：定性分析、定量分析、结构分析和形态分析。③作用：阐述或解决科学与技术研究中的各种分析问题。

2．分析化学的分类。①以分析任务分类：定性分析、定量分析、结构分析、形态分析；②以分析对象分类：无机分析、有机分析；③以分析原理分类：化学分析、仪器分析；④以试样用量分类：常量分析、半微量分析、微量分析、痕量分析；⑤以组分含量分类：常量组分分析、微量组分分析、痕量组分分析。

3．定量分析的基本依据。化学分析法的定量依据为化学反应式的计量关系，仪器分析法的定量依据为仪器测量信号强度与待测组分量之间的函数关系。

思考题与习题

1．简述分析化学定义、任务和作用。

2．分析化学的分类方法有哪些？什么是定量分析？

3．在常量分析、半微量分析、微量分析与超微量分析中，固体试样的用量分别为多少？液体试样的用量分别为多少？

4．试样中被测组分为常量组分、微量组分和痕量组分时，其百分含量分别为多少？

5．化学分析与仪器分析各有哪些主要特点？定量分析的依据各是什么？

6．举例说明分析化学在自己所学专业领域的应用。

第一章同步练习

第二章课件

第二章　误差和分析数据的处理

学习目标

本章主要介绍分析化学实验中的误差分析和数据的统计处理。要求：

1. 掌握误差与偏差的表示方法、有效数字的计算规则及其应用。
2. 熟悉误差产生的原因与种类及其统计性质，熟悉提高分析结果准确度的方法。
3. 了解相关和回归的基本定义。

第一节　准确度与精密度

准确度（accuracy）表示测量值与真实值接近的程度，用于评价分析结果的可靠性，测量值的不准确性用误差（error）的大小衡量。精密度（precision）也用于评估分析结果，精密度的高低用偏差（deviation）衡量。

一、误差

根据误差的性质和产生原因的不同，可以分为系统误差（systematic error）和随机误差（random error）两大类。

（一）系统误差

系统误差又称为可测误差（determinate error），由分析过程中某些确定的原因所引起，一般以固定的方向（正或负）和大小重复产生。

根据误差的来源，系统误差可分为方法误差、仪器误差、试剂误差和操作误差，在同一测量过程中可能同时存在。

根据变化规律，系统误差可分为恒定误差（constant error）和比例误差（proportional error）。若在多次测量中系统误差的绝对值保持不变，相对值随试样质量的增加而减小，称为恒定误差，其大小与试样或者待测组分含量的多少无关。若系统误差的绝对值随试样量的增大而成比例增大，相对值保持不变，则称为比例误差。

由于系统误差是由确定的原因引起,具有单向、重复和可测性,所以通常可采用校正的方法予以消除。

(二)随机误差

随机误差也称为偶然误差(accidental error)或者不定误差(indeterminate error),是由分析过程中各种难以控制且无法避免的偶然的、不确定因素的随机变动,而引起的单次测量值对平均值的偏移。

随机误差反映了测量值的变异性和离散性,即测量值的不精密度。单次测量结果的大小或者正负不固定,但多次测量产生的误差符合正态分布的统计规律,表现为大误差出现的概率小、小误差出现的概率大、正负误差出现的概率相等的特点。在实际情况中,虽然不能消除随机误差,但是根据统计分布规律,可采用增加平行测定次数,求取算术平均值的方式予以减小。

除了系统误差和随机误差外,在实际操作中往往会遇到由于粗心、疏忽或者差错导致结果不准确而引起的所谓"过失误差",其本质是一种错误,不能称为"误差",必须予以纠正或者避免。例如,试样溶解不完全、转移过程中有损失;器皿不洁净、定容不准确;分析测定过程中溶液的溅失和玷污;数据记录和计算错误等。

二、准确度与误差

对于误差分析,准确度反映分析方法或者测量系统的系统误差和随机误差的综合性能指标。准确度通常采用绝对误差(absolute error)和相对误差(relative error)表示。

(1)绝对误差:测量值(measured value)与真实值(true value)之差。若以 x 代表测量值,μ 代表真实值,则绝对误差 E_a 表示为式2-1。

$$E_a = x - \mu \qquad\qquad 式2\text{-}1$$

绝对误差的单位与测量值的单位相同,绝对误差为正值表明测量值大于真实值,为负值表明测量值小于真实值。绝对误差的绝对值越小,表明测量值越接近真实值,测量结果的准确度越高。

真实值是试样中待测组分客观存在的真实含量值,通常是未知的。但是以下特殊情况认为是已知的。①理论真值,例如化合物的理论组成;②计量学约定真值,例如国际计量大会确定的长度、质量、物质的量等单位;③相对真值,例如高一级精度的测量值相对于低一级精度的测量值。

(2)相对误差:绝对误差与真实值的比值称为相对误差,用 E_r 表示为式2-2。

$$E_r = \frac{E_a}{\mu} \times 100\% = \frac{x - \mu}{\mu} \times 100\% \qquad\qquad 式2\text{-}2$$

相对误差没有单位,但是有正负之分。与绝对误差反映测量值偏离真实值的程度不同,相对误差反映的是绝对误差在真实值中所占的百分比,在实际应用中,相对误差更能体现误差的大小。

【例2-1】用电子分析天平称量 A 和 B 两份试样,得到的质量分别为 0.245 6g 和 2.456 8g。假定真实值分别是 0.245 4g 和 2.456 6g,则它们的绝对误差和相对误差分别是多少?

解： 根据式 2-1，A 和 B 两份试样的绝对误差分别为

$$E_a(A) = x(A) - \mu(A) = 0.245\,6 - 0.245\,4 = 0.000\,2\,(g)$$

$$E_a(B) = x(B) - \mu(B) = 2.456\,8 - 2.456\,6 = 0.000\,2\,(g)$$

根据式 2-2，两份试样相对误差分别为

$$E_r(A) = \frac{E_a(A)}{\mu(A)} \times 100\% = \frac{0.000\,2}{0.245\,4} \times 100\% = 0.08\%$$

$$E_r(B) = \frac{E_a(B)}{\mu(B)} \times 100\% = \frac{0.000\,2}{2.456\,6} \times 100\% = 0.008\%$$

可见，当测量值的绝对误差相等时，测量值越大，相对误差越小，准确度越高；反之，测量值越小，相对误差越大，准确度越低。

三、精密度与偏差

精密度是指对同一均匀试样多次平行测定结果之间相互接近的程度，反映分析方法或者测定系统随机误差的大小。各测量值间越接近，表明随机误差越小、精密度越高；通常采用偏差衡量精密度，主要有以下几种。

1. 绝对偏差（absolute deviation，d）是单个测量值与平均值之差。若 $\bar{x}$ 为一组测量数据的平均值，则单个测量值 x_i 的绝对偏差 d 表示为式 2-3。

$$d = x_i - \bar{x} \qquad\qquad \text{式 2-3}$$

2. 相对偏差（relative deviation，d_r）是绝对偏差在平均值中所占的百分比（见式 2-4）。

$$d_r = \frac{d}{\bar{x}} \times 100\% = \frac{x_i - \bar{x}}{\bar{x}} \times 100\% \qquad\qquad \text{式 2-4}$$

3. 平均偏差（average deviation，$\bar{d}$）是单个绝对偏差的绝对值的平均值，反映了一组测量数据的分散程度（见式 2-5）。

$$\bar{d} = \frac{|d_1| + |d_2| + ... + |d_n|}{n} = \frac{\sum\limits_{i=1}^{n} |x_i - \bar{x}|}{n} \qquad\qquad \text{式 2-5}$$

式 2-5 中，n 表示平行测量次数。

4. 相对平均偏差（relative average deviation，$\bar{d}_r$）是平均偏差与测量平均值的比值（见式 2-6）。

$$\bar{d}_r = \frac{\bar{d}}{\bar{x}} \times 100\% = \frac{\sum\limits_{i=1}^{n} |x_i - \bar{x}| \Big/ n}{\bar{x}} \times 100\% \qquad\qquad \text{式 2-6}$$

平均偏差和相对平均偏差不能很好地衡量包含有较大偏差的测量数据间的离散程度，此时需采用标准偏差评估精密度。在统计学中，将所有研究对象称为总体，从总体中随机抽出的一小部分称为样本。所以，衡量小部分样本测量数据的精密度时，采用样本标准偏差（sample standard deviation，s）；衡量全体测量数据的精密度时，采用总体标准偏差（population standard deviation，σ）。

5. 样本标准偏差（s）表示 n 次测量中只有 $n-1$ 个独立变化的偏差，所有测量值的绝对偏差之和等于零。

$$s = \sqrt{\frac{\sum\limits_{i=1}^{n}(x_i - \overline{x})^2}{n-1}}$$ 式2-7

式2-7中，$n-1$称为自由度（degree of freedom）。

6. 总体标准偏差（σ）表示研究对象的全体的测量值的算术平均值。

$$\sigma = \sqrt{\frac{\sum\limits_{i=1}^{n}(x_i - \mu)^2}{n}}$$ 式2-8

式2-8中，μ是总体平均值。若消除系统误差，则总体平均值就是真值。

7. 相对标准偏差（relativestandard deviation，RSD）是标准偏差与测量平均值的比值，又称为变异系数（coefficient of variation，CV），见式2-9。

$$RSD = \frac{s}{\overline{x}} \times 100\% = \frac{\sqrt{\dfrac{\sum\limits_{i=1}^{n}(x_i - \overline{x})^2}{n-1}}}{\overline{x}} \times 100\%$$ 式2-9

在实际工作中，通常采用相对标准偏差衡量分析结果的精密度。

8. 平均值的标准偏差（standard deviation of mean，$s_{\overline{x}}$） 从总体中随机抽取m个样本，各进行n次平行测定，则有m个平均值：$\overline{x}_1$、$\overline{x}_2$、$\cdots$、$\overline{x}_m$。对这些平均值求取标准偏差，即为平均值的标准偏差，反映样本平均值之间的离散程度。平均值的标准偏差越小，表明随机误差越小，样本平均值越接近总体平均值。很显然，采用m个样本测量平均值计算的平均值标准偏差$s_{\overline{x}}$一定比单个样本n次测量值的标准偏差s小，即m个样本的测量平均值之间的接近程度一定比单个样本测量值之间的接近程度要好，精密度更高。由数理统计学可以证明，两者存在如下关系。

$$s_{\overline{x}} = \frac{s}{\sqrt{n}}$$ 式2-10

由式2-10可知，平均值的标准偏差与测定次数的平方根成反比。因此，可通过增加测定次数，提高分析结果的精密度。当$n \to \infty$时，$s_{\overline{x}} \to 0$，如果不存在系统误差，该平均值即为总体平均值。

由图2-1可知，开始时随着测量次数n的增加，$s_{\overline{x}}/s$迅速减小；当$n > 5$时，$s_{\overline{x}}/s$减小的趋势变缓；当$n > 10$时，比值减小的趋势已经不明显。因此，在实际工作中应根据需要确定平行测定次数，过多增加平行测定次数所费人力、物力和时间与精密度的提高相比，是不合算的。在实际分析测定工作中，一般平行测定3～5次即可，精密度要求较高时，可测定5～9次。

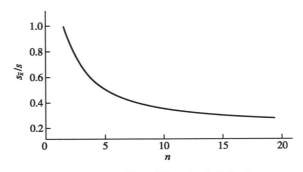

● 图2-1 随机误差与测量次数关系

与式2-10相似，对于无限次测量，则有式2-11。

$$\sigma_{\overline{x}} = \frac{\sigma}{\sqrt{n}}$$ 式2-11

对于平均值的平均偏差($\overline{d_{\overline{x}}}$)与单次测量的平均偏差($\overline{d}$),则有式 2-12。

$$\overline{d_{\overline{x}}} = \frac{\overline{d}}{\sqrt{n}}$$ 式 2-12

除偏差外,还可采用极差衡量样本平行测定值的精密度。

9．极差(range,R)又称全距或者范围误差,指一组测量数据中最大值与最小值的差值。

$$R = x_{\max} - x_{\min}$$ 式 2-13

式 2-13 中,$x_{\max}$ 和 $x_{\min}$ 分别表示一组测量数据中的最大值和最小值。极差只表明了测定值的最大离散程度,不能反映所有测量值的分布情况以及彼此间相符合的程度。优点是计算简单,含义直观,运用方便。

除精密度外,也可采用重复性(repeatability)、重现性(reproducibility)以及中间精密度(intermediate precision)评估测量结果好坏。它们均反映了测量结果的精密度,但是意义不同。①重复性:在相同操作条件下,在较短时间间隔内,由同一分析人员对同一试样测定所得结果的接近程度;②重现性:在不同实验室之间,由不同分析人员对同一试样测量结果的接近程度;③中间精密度:在同一实验室,由于某些试样条件改变(例如,时间、分析人员、仪器设备等),对同一试样测量结果的接近程度。

四、准确度与精密度的关系

准确度与精密度的概念不同,当有真值(或标准值)做比较时,他们从不同侧面反映了分析结果的可靠性。精密度反映了分析方法或者测定系统中随机误差的大小,而准确度则全面反映了分析方法或者测定系统中存在的系统误差和随机误差的大小。精密度好,只表明随机误差较小,并不表明准确度一定就好。

举例说明准确度与精密度关系。图 2-2 表示甲、乙、丙、丁四位分析人员测定同一试样中某一待测组分含量时所得结果。测定次数均为 6 次,待测组分真实含量为 10.00%。结果显示,甲所得结果的精密度虽然高,但是准确度较低,表明存在系统误差;乙所得结果的精密度和准确度均很好,表明随机误差和系统误差均较小,结果可靠;丙所得结果精密度很差,表明随机误差较大,其平均值虽然接近真值,但这是由于正负误差相互抵消的结果,纯属偶然,因此结果不可靠;丁所得结果的精密度和准确度均很差,表明存在较大随机误差和系统误差。

由此可见,精密度是保证准确度的先决条件,精密度差,所得结果不可靠。高的精密度不一

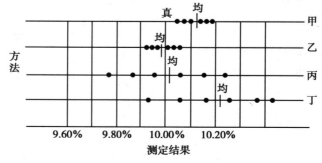

● 图 2-2　准确度与精密度关系

定能够保证获得高的准确度,因为可能存在系统误差(例如,甲分析人员的结果)。在消除了系统误差的情况下,精密度好,才能准确度高。

在实际情况中真实值通常是未知的,如果消除了系统误差,精密度高的有限次测量结果的平均值接近真实值。因此,通常根据精密度衡量测量结果的可靠性。

第二节 误差传递

在定量分析工作中,分析结果通常是根据一系列的测量值和一定的函数关系式进行计算获得的,该结果也称为间接测量值。每一步测量所引入的误差都会通过一定的形式传递到最终的结果中,这就是误差传递(propagation of error)。误差传递规律不仅由系统误差和随机误差的性质决定,而且还与运算方法有关。

假设 A、B 和 C 为测试过程中的测量值,其绝对误差为 E_A、E_B 和 E_C,相对误差为 $\frac{E_A}{A}$、$\frac{E_B}{B}$ 和 $\frac{E_C}{C}$,标准偏差为 s_A、s_B 和 s_C。分析结果为 R,其绝对误差、相对误差和标准偏差分别为 E_R、$\frac{E_R}{R}$ 和 s_R,则误差传递规律以及有关计算如下。

一、系统误差的传递

1. 加减运算分析结果的绝对系统误差等于各测量值绝对系统误差的代数和。若分析结果与各测量值关系为 $R = A + B - C$,则误差传递关系式为式 2-14。

$$E_R = E_A + E_B - E_C \qquad \text{式 2-14}$$

若计算式中某些项有系数,例如 $R = mA + nB - C$,则为式 2-15。

$$E_R = mE_A + nE_B - E_C \qquad \text{式 2-15}$$

2. 乘除运算分析结果的相对系统误差等于各测量值相对系统误差的代数和(乘法运算相加,除法运算相减),与系数无关。若分析结果与各测量值关系为 $R = \frac{A \times B}{C}$ 或者 $R = m\frac{A \times B}{C}$,则误差传递关系式均为式 2-16。

$$\frac{E_R}{R} = \frac{E_A}{A} + \frac{E_B}{B} - \frac{E_C}{C} \qquad \text{式 2-16}$$

3. 指数运算分析结果的相对系统误差等于测量值相对系统误差的指数倍,与系数无关。若分析结果与测量值关系为 $R = mA^n$,则误差传递关系式为式 2-17。

$$\frac{E_R}{R} = n\frac{E_A}{A} \qquad \text{式 2-17}$$

4. 对数运算分析结果的绝对系统误差为测量值的相对系统误差的 0.434 倍。若分析结果与测量值关系为 $R = m\lg A$,则误差传递关系式为式 2-18。

$$E_R = 0.434m\frac{E_A}{A} \qquad \text{式 2-18}$$

二、随机误差的传递

随机误差的大小、正负不确定,因此无法确定它们对分析结果的确切影响,但是可以采用标准偏差对其影响进行评估或推断。

1. 加减运算分析结果标准偏差的平方等于各测量值标准偏差的平方和。若分析结果与测量值关系为 $R = A + B - C$,则误差传递关系式为式 2-19。

$$s_R^2 = s_A^2 + s_B^2 + s_C^2$$ 式 2-19

若计算式中某些项有系数,例如 $R = mA + nB - C$,则关系式为式 2-20。

$$s_R^2 = m^2 s_A^2 + n^2 s_B^2 + s_C^2$$ 式 2-20

2. 乘除运算分析结果相对标准偏差的平方等于各测量值相对标准偏差平方和。若分析结果与测量值关系为 $R = \dfrac{A \times B}{C}$ 或者 $R = m\dfrac{A \times B}{C}$,则误差传递公式均为式 2-21。

$$(\frac{s_R}{R})^2 = (\frac{s_A}{A})^2 + (\frac{s_B}{B})^2 + (\frac{s_C}{C})^2$$ 式 2-21

3. 指数运算分析结果相对标准偏差等于测量值相对标准偏差的指数倍,与系数无关。若分析结果与测量值关系为 $R = mA^n$,则误差传递关系式为式 2-22。

$$\frac{s_R}{R} = n\frac{s_A}{A}$$ 式 2-22

4. 对数运算分析结果标准偏差等于测量值相对标准偏差的 0.434 倍。若分析结果与测量值关系为 $R = m\lg A$,则误差传递关系式为式 2-23。

$$s_R = 0.434m\frac{s_A}{A}$$ 式 2-23

【例 2-2】若分析天平称量时的标准偏差 $s = 0.10\text{mg}$,试求采用减量法称取样品时随机误差 s_m。

解: 由于采用减量法称重,所以 $m = m_{前} - m_{后}$,根据式 2-19 可得称量误差传递关系式为

$$s_m^2 = s_{m_{前}}^2 + s_{m_{后}}^2,则$$

$$s_m = \sqrt{s_{m_{前}}^2 + s_{m_{后}}^2} = \sqrt{2s^2} = 0.14(\text{mg})$$

而按照极值误差法,结果的误差为 0.1mg+0.1mg=0.2mg,可见用极值误差法所得的误差比较大。

第三节　提高分析结果准确度的方法

为保证测量结果的准确度,就必须设法减免分析过程中的各种误差。

(一)选择合适的分析方法

在实际工作中,要获得准确的结果,需根据试样的组成和性质等因素,结合对准确度的要求选择合适的分析方法。不同的分析方法各有其特点,在准确度和灵敏度等方面各有不同。例如,

化学分析方法中的滴定分析和重量分析,虽然灵敏度比较低,但是相对误差较小、准确度较高,因此适用于常量组分含量的分析;仪器分析方法灵敏度高,但是相对误差较大、准确度较低,因此适用于微量或痕量组分含量的分析。

另外,选择分析方法的同时还要考虑共存物质的干扰。总之,应根据分析对象、试样情况以及分析结果的要求,选择合适的分析方法。

(二)减小测量误差

为了保证分析结果的准确度,必须尽量减小实验过程中的各种测量误差。例如,在用分析天平称量基准物质时,必须注意称样量对分析结果的影响。一般分析天平的一次称量误差为±0.000 1g,需要读取数据两次,可能引起的最大误差是 ±0.000 2g。为了使称量的相对误差小于0.1%,称样量必须大于 0.2g。又如,在滴定分析时,一般滴定管一次读数误差为 ±0.01ml,每次滴定需要两次读数(初读数和终读数),因此可能引起的最大误差是 ±0.02ml。为了使滴定读数的相对误差小于0.1%,则消耗滴定剂的体积必须大于 20ml。

(三)消除系统误差

由于系统误差是由经常性的、固定的原因引起的,所以可检验或者消除测量过程中的系统误差。

1. 对照试验　通常采用对照试验的方法检验分析方法是否存在系统误差。

(1)标准试验:用分析方法对标准试验进行测定,然后将所得结果与标准值进行比较,采用显著性检验判断该分析方法是否有系统误差。这种情况下,应尽量选择与试样组成相近或相似的标准试样进行对照分析。

(2)对照试验:采用国家颁布的标准分析方法或者公认的经典分析方法进行对照试验,以判断是否有系统误差。

2. 加样回收试验　当试样的组成不清楚时,对照试验难以确定是否存在系统误差,此时可采用加样回收试验。这种试验是指向几份相同的试样中加入已知量的待测组分,然后进行平行测定,通过计算回收率(recovery,R)检查加入的待测组分是否能够定量回收,从而判断分析过程是否存在系统误差,验证方法的准确性。

$$R = \frac{x_1 - x_0}{m} \times 100\% \qquad\qquad 式2\text{-}24$$

式2-24中,m 为加入待测组分量,x_0 为加入待测组分前测定值,x_1 为加入待测组分后测定值。回收率越接近 100%,说明系统误差越小,该方法准确度越高。对于常量分析,回收率一般要求大于99%,对于微量分析,回收率一般要求介于90%～110%之间。

3. 空白试验　对于试剂或者溶剂中含有杂质以及器皿玷污等产生的系统误差,可以通过空白试验消除。空白试验是指在不加入待测试样的情况下,按照与测定试样相同的条件和步骤进行分析试验,所得结果称为空白值,从试样的测定结果中扣除空白值后,就可以得到比较可靠的分析结果。

4. 校准仪器　对天平、砝码、移液管、滴定管等测量仪器和计量、容量器皿进行校准,可以减小或消除仪器不准引入的系统误差。

5. 校正分析结果　某些分析方法的系统误差,也可采用其他方法予以校正。

（四）减小随机误差

根据随机误差的分布规律,在消除或校正系统误差的前提下,可通过增加平行测定次数求取算术平均值的方法减小随机误差。在实际分析工作中应根据分析结果准确度的要求,确定平行测定次数,一般对同一试样平行测定3～5次。

第四节　有效数字及其运算规则

在定量分析工作中,分析结果不仅表示试样中待测组分的含量,而且也反映测量结果的准确程度。因此,在实验数据的记录和结果的计算中,保留几位数字要与分析方法的准确度和测量仪器的精度相适应,这就涉及有效数字的概念。

（一）基本概念

有效数字（significant figure）是指在分析工作中能够测量到的有实际意义的数字。在测量数据的记录中,最后一位数据是估计值,因为这个数据可能有正负一个单位的误差,所以称为不确定数字,也称可疑数字。这是由于仪器精度的限制,以及估读最后一位数值时实验者的主观因素造成。

实验数据中所有的数字都应该是有效的,保留有效数字的原则是:只允许保留一位可疑数字。

例如,滴定分析中通常采用的常量滴定管可准确读取到0.1ml,小数点后第二位没有刻度,只能估读,有±0.01ml误差,该数字并非臆造,故记录数据时应予以保留。若读取滴定管体积读数为22.45ml,则此数据一共包含四位有效数字,其中前三位"22.4"是准确值,最后一位"5"是估读值,故滴定管读数有±0.01ml的误差。

又如,采用感量为0.000 1g的分析天平称量试样时,可准确称量到0.001g,小数点后第四位是不确定数字,但记录数据时应保留。若某试样称量值为2.256 7g,则第五位"7"是不准确数字,有±0.000 1g误差。若采用感量为0.001g的分析天平称量该试样,则只能记录数据到小数点后第三位,称样量有±0.001g误差。

可见,有效数字的位数不仅反映了测量仪器和结果的准确程度,还反映了误差的大小。在读取测量数据时,应根据仪器的准确程度确定有效数字位数,绝不能随意增减。

有效数字确定一般应遵循以下原则。

（1）在测量数据的记录中,一个量值能且只能记录一位不确定数字。

（2）自然数e、圆周率π、法拉第常数F等常数,化学反应方程式中的计量比关系,以及$\sqrt{2}$和1/3等数字的有效数字位数可以认为无限制,根据运算的需要取任意位数。

（3）pH、pM和lg$K$等对数值的有效数字位数取决于小数部分的位数,整数部分只是说明该数值的方次。例如, pH = 5.08, 有效数字位数为两位, 换算为 H^+ 浓度为 $[H^+] = 8.3 \times 10^{-6}$ mol/L。

（4）数字 1～9 在数据中均为有效数字。数字 0 处于不同的位置, 可能是有效数字, 也可能不是有效数字。例如:

0.001 8	二位有效数字
0.018 0	三位有效数字
1.018	四位有效数字
1 800	不确定有效数字
1.800×10^3	四位有效数字

因此, 在记录测量数据时, 不能随意取舍末尾数字 0, 应以科学计数法表示, 才能准确确定有效数字位数。

（5）单位变换, 有效数字位数不变。例如, 0.075 6g 可以写为 75.6mg, 也可以写为 $7.56 \times 10^4 \mu g$; 22.36ml 可以写为 0.022 36L。

（6）首位大于或等于 8 的测量数据有效数字位数可多保留一位。例如, 9.98 的有效数字位数可以认为是四位。

（二）修约规则

在数据处理和计算过程中, 涉及各测量值的有效数字位数或许不同, 因此, 需采用数字修约规则对各测量数据有效数字进行取舍。修约的原则是既不能因保留过多有效数字位数使计算复杂, 也不能因舍掉较多数字位数而降低准确度。

有效数字修约规则为:

1. "四舍六入五留双"规则

（1）当欲舍弃的数字小于等于 4 时, 直接舍弃。例如, 0.567 4 修约为三位有效数字时, 结果应记为 0.567。

（2）当欲舍弃的数字大于等于 6 时, 舍弃该数字时应进一位。例如, 0.796 7 修约为三位有效数字时, 结果应记为 0.797。

（3）当欲舍弃的数字等于 5, 并且 5 后数字不为 0 时, 则进一位。例如, 7.685 2 修约为三位有效数字时, 结果应记为 7.69。

（4）当欲舍弃的数字等于 5, 且 5 后没有数字或数字均为 0 时, 采用"奇进偶舍"的方式进行修约, 即保留数据的最后一位为偶数。例如, 10.15 修约为三位有效数字时, 结果应记为 10.2, 7.866 5 修约为四位有效数字时, 结果应记为 7.866。

2. 禁止分次修约, 只允许对测量数据一次修约至所需位数, 不能多次修约。例如, 5.548 65 修约为两位有效数字时, 结果应记 5.5。若多次连续修约, 则 5.548 65 → 5.548 6 → 5.549 → 5.55 → 5.6, 结果不正确。

3. 可多保留一位有效数字进行运算, 运算后再修约。例如, 计算 6.326 + 1.5 + 2.467 8 + 4.23 时, 在计算过程中, 可先多保留一位, 即上式可写成 6.33 + 1.5 + 2.47 + 4.23 = 14.53, 最后该结果再修约为一位小数, 即 14.5。

4. 修约标准偏差, 其结果应使精密度变得更差些。表示标准偏差或相对标准偏差时, 一般取两位有效数字。例如,某测量结果的标准偏差 $s = 0.124$,修约为两位有效数字,结果应为 $s = 0.13$。在统计检验时,标准偏差可先多保留 1～2 位数参与运算,计算结果的统计量可多保留一位数字与临界值比较。

5．与标准限度值比较时不应修约。在分析测定中通常需将测量值或计算值与标准限度值进行比较,以确定样品是否合格、测量结果是否合理。例如,某标准试样中重金属铬含量限为 0.01%。若获得测量值为 0.014%,按修约值 0.01% 比较应为合格,按全数值 0.014% 比较则不合格。

(三) 运算规则

分析结果的准确度受分析过程中测量值误差的制约。在计算分析结果时,每一个测量值的误差都会传递到分析结果中,运算不应改变测量的准确度。因此,应根据误差传递规律,按照有效数字的运算规则进行合理取舍,才能保证测量的准确度。对有效数字进行运算时,根据以下规则保留有效数字。

1．加减运算所得的和或差的误差是各个数值绝对误差的传递结果。因此,计算结果的绝对误差必须与各数据中绝对误差最大的数据相当。例如,0.367 8、0.853 和 0.24 三个数据相加,0.24 这个数据的小数点后位数最少,应以 0.24 为准,计算结果保留两位小数。

2．乘除运算所得积或商的误差是各个数据相对误差的传递结果。因此,计算结果的相对误差必须与各个数据中相对误差最大的数据相当。例如,0.027 6、24.56 和 1.246 8 三个数据相乘,以 0.027 6 为准,计算结果保留三位有效数字。

3．乘方和开方运算结果的有效数字位数应与原数据的有效数字位数相同。例如,$3.26^2 = 10.6$,$\sqrt{5.237} = 2.288$。

4．对数和反对数运算结果的有效数字位数应与原数据的有效数字位数相同。例如,某溶液 $pH = 3.27$,换算为 H^+ 浓度为 $5.4 \times 10^{-4} mol/L$,仍为两位有效数字。

5．分析结果百分数表示在计算分析结果时,对于高含量(>10%)待测组分,一般保留四位有效数字,例如 76.85%;对于中含量(1%～10%)待测组分,一般保留三位有效数字,例如 8.76%;对于低含量(<1%)待测组分,则一般保留两位有效数字,例如 0.38%。

第五节　分析数据的统计处理

由于误差的存在,即便是熟练的分析工作者采用最好的方法和可靠的仪器对同一试样多次测量,得到的结果也不可能完全一样。如何对这些数据进行评估与分析,确定和取舍可疑数据,使其合理地表达测量结果的精密度和准确度,就变得尤为重要。现在已经广泛地采用数理统计的方法解决这些问题。

一、随机误差的正态分布

根据随机误差可以采用数理统计方法研究随机误差分布规律。

（一）频数分布

某一分析人员，在相同条件下采用配位滴定法测定药物试样中重金属铬的百分含量，共得到200个测量值。由于随机误差的存在，测量值有高有低。为了研究随机误差的分布规律，将这些测量值按照从小到大的顺序排列，求出极差，然后以极差值除以10为组间距分成10个组。统计各组测量值的个数（又称频数，frequency）和相对频数（又称频率，即频数除以测量值总数）。将各组测量值的范围，频数和相对频数——对应列表即可得频数分布表（简称频数表，frequency table），见表2-1。以各组测量值范围为底边长度、相对频数为高度，即可绘制由一排矩形组成的相对频数分布直方图（图2-3）。

表2-1　重金属铬测量结果的频数分布表

测量值范围 /%	频数	相对频数
1.997 0～1.997 6	2	0.010
1.997 6～1.998 2	4	0.020
1.998 2～1.998 8	15	0.075
1.998 8～1.999 4	36	0.180
1.999 4～2.000 0	39	0.195
2.000 0～2.000 6	48	0.240
2.000 6～2.001 2	29	0.145
2.001 2～2.001 8	16	0.080
2.001 8～2.002 4	7	0.035
2.002 4～2.003 0	4	0.020
合计	200	1.00

图2-3可见，200个测量值出现在2.000 0～2.000 6这一组比较多，较集中，占总数的24.0%，称为集中趋势。以此为中心，两侧的相对频数逐渐减小，称为离散特性。

（1）集中趋势：各测量数据虽然是随机、分散出现，但是有向中心值集中的趋势，这个中心值一般是测量值的算术平均值。

（2）离散特性：虽然测量数据是分散的、具有波动性，但均是围绕平均值波动，比平均值稍大或稍小。

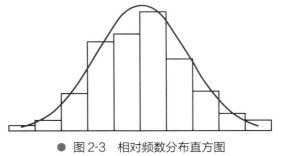

● 图2-3　相对频数分布直方图

（二）正态分布

如果测量数据无限多，组距更小，分组更多，则相对频数分布直方图中的矩形将逐渐变窄，其顶端将趋近于一条平滑的曲线，这条曲线称为正态分布曲线（normal distribution curve），也称为高斯分布曲线（Gaussian distribution curve），其数学表达式为式2-25。

$$y = f(x) = \frac{1}{\sigma\sqrt{2\pi}} e^{-\frac{(x-\mu)^2}{2\sigma^2}} \qquad\qquad 式2\text{-}25$$

式 2-25 中,y 为概率密度(probability density),表示某一测量值出现的概率;x 为测量值;μ 为总体平均值;σ 为总体标准偏差。参数 μ 是曲线最高点的横坐标,决定曲线在坐标轴上的位置。σ 等于总体平均值 μ 到曲线拐点的距离,决定曲线的形状。σ 越小,测量结果的精密度越好,曲线瘦高,反之,精密度越差,曲线矮胖,见图 2-4。由于 μ 和 σ 确定,正态分布曲线就确定,所以通常采用 $N(\mu, \sigma^2)$ 表示该曲线。x-μ 表示随机误差,若以 x-μ 为横坐标(即该曲线沿 x 轴负无穷方向平移 μ 个单位),则得到随机误差的正态分布曲线,此时曲线最高点对应的横坐标为零。测量值正态分布曲线和随机误差正态分布曲线的形状完全一样。

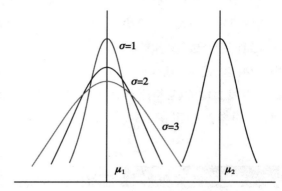

● 图 2-4　不同 μ 和 σ 对应的正态分布曲线的位置和形状

正态分布具有如下特征:

(1)当 $x = \mu$ 时,概率密度 y 取最大值,说明误差为零的测量值出现的概率最大。x 越远离 μ,概率密度越小,说明测量值出现在平均值附近的概率最大,测量值有集中趋势。

(2)正态分布曲线呈钟型,以 $x = \mu$ 这条直线为对称轴左右对称,说明绝对值相等的正负误差出现的概率相等,均为 50%。

(3)当测量值 x 趋于 $-\infty$ 或者 $+\infty$ 时,曲线以 x 轴为渐近线无限接近,说明小误差出现的概率大,大误差出现的概率小。

(三)标准正态分布

由上述可知,正态分布曲线会随着总体平均值 μ 和总体标准偏差 σ 的不同而不同,因此针对不同性质和种类的物理量,即使相同的测量值对应的概率密度也会不同,给实际应用带来不便。为方便应用,在数学上将横坐标 x 按式 2-26 进行变换,即(以 σ 为单位,表示随机误差的大小):

$$u = \frac{x - \mu}{\sigma}$$

式 2-26

将式 2-26 代入式 2-25,可得式 2-27。

$$y = f(x) = \frac{1}{\sigma\sqrt{2\pi}} e^{-\frac{u^2}{2}}$$

式 2-27

对式 2-27 求导,可得

$$du = \frac{dx}{\sigma} \Rightarrow dx = \sigma du$$

$$f(x)\,dx = \frac{1}{\sigma\sqrt{2\pi}} e^{-\frac{u^2}{2}} \sigma du = \frac{1}{\sqrt{2\pi}} e^{-\frac{u^2}{2}} du = \varphi(u)\,du$$

式 2-28

便可得到只有变量 u 的函数表达式(式 2-29)。

$$\varphi(u) = \frac{1}{\sqrt{2\pi}} e^{-\frac{u^2}{2}}$$

式 2-29

如此，曲线的横坐标就为 u，纵坐标仍为概率密度，该曲线称为标准正态分布曲线，用符号 $N(0,1)$ 表示，如图 2-5 所示。经过 u 变换后，曲线的形状与 σ 和 μ 无关，即 σ 大小不等的各种正态分布曲线经过变换后均转化为形状相同的标准正态分布曲线。

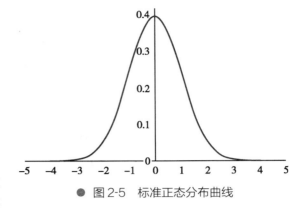

● 图 2-5　标准正态分布曲线

标准正态分布曲线与横坐标由 $-\infty$ 到 $+\infty$ 之间所围的面积，即为正态分布密度函数在此区间的积分值，代表了所有数据出现的概率的总和，若 P 表示概率，则公式为式 2-30。

$$P = \int_{-\infty}^{+\infty} \varphi(u)\,\mathrm{d}u = \int_{-\infty}^{+\infty} \frac{1}{\sqrt{2\pi}}\,\mathrm{e}^{-\frac{u^2}{2}}\,\mathrm{d}u = 1 \qquad \text{式 2-30}$$

对于某次获得的测量值 x，根据随机误差符合正态分布的原理，可以评估该测量值出现在 μ 附近一个区间的概率。考虑正负误差，由 $\pm u = \dfrac{x-\mu}{\sigma}$ 得

$$x = \mu \pm u\sigma$$

测量值出现在 $\mu \pm u\sigma$ 范围内，或者随机误差出现在 $\pm u\sigma$ 范围内的概率称为置信水平（confidence level，又称置信度或置信概率）。当 u 取不同值时（表 2-2），测量值或者随机误差出现在某一区间的概率可根据式 2-30 求出。

表 2-2　正态分布概率积分表

$|u|$	面积	$|u|$	面积	$|u|$	面积
0.0	0.000 0	1.0	0.341 3	2.0	0.477 3
0.1	0.039 8	1.1	0.364 3	2.1	0.482 1
0.2	0.079 3	1.2	0.384 9	2.2	0.486 1
0.3	0.117 9	1.3	0.403 2	2.3	0.489 3
0.4	0.155 4	1.4	0.419 2	2.4	0.491 8
0.5	0.191 5	1.5	0.433 2	2.5	0.493 8
0.6	0.225 8	1.6	0.445 2	2.6	0.495 3
0.7	0.258 0	1.7	0.455 4	2.7	0.496 5
0.8	0.288 1	1.8	0.464 1	2.8	0.497 4
0.9	0.315 9	1.9	0.471 3	3.0	0.498 7

例如，当随机误差出现在 $\pm 3\sigma$ 范围内，测量值出现在 $\mu \pm 3\sigma$ 区间内的概率为

$$P(-3 \leqslant u \leqslant 3) = \int_{-3}^{3} \frac{1}{\sqrt{2\pi}}\,\mathrm{e}^{-\frac{u^2}{2}}\,\mathrm{d}u = 0.997\ 4$$

同理，还可求出随机误差出现在 $\pm 2\sigma$ 和 $\pm 1\sigma$ 范围内的概率为 0.954 6 和 0.682 6。由此可知，随机误差出现在 $\pm 3\sigma$、$\pm 2\sigma$ 和 $\pm 1\sigma$ 范围以外的概率分别为 0.26%、4.54% 和 31.74%。意味着在多次重复测量中，出现较大误差的概率是很小的。所以在实际工作中，超过 3σ 随机误差的数据应舍弃，称为 3σ 原则。

为方便,取不同 u 值进行积分,将对应的面积做成表格,称为正态分布概率积分表(如表2-2)。由 u 值查表即可获得面积,即某一区间内的测量值或者某一范围内随机误差出现的概率。

二、总体平均值的估计

通常分析工作中平行测定次数较少(3~5次),由少量数据无法获得总体平均值 μ 和总体标准偏差 σ。这样就需要采用数理统计的方法,根据样本平均值($\bar{x}$)和样本标准偏差(s)对总体平均值进行估计,在一定的置信度下给出一个包含总体平均值的范围。

(一) t 分布

当无限次测量时,随机误差服从正态分布规律。但在实际工作中测量次数是有限的,随机误差的分布不符合正态分布。若用样本平均值($\bar{x}$)和样本标准偏差(s)替代总体平均值(μ)和总体标准偏差(σ),将使分布曲线变得平坦,导致较大误差。为了弥补这种误差,英国统计学家兼化学家 Gosset 于1908年提出 t 分布(t distribution)对有限次测量数据进行统计处理。

与 u 变换相似,t 定义为式2-31。

$$t = \frac{\bar{x} - \mu}{s_{\bar{x}}} = \frac{\bar{x} - \mu}{\dfrac{s}{\sqrt{n}}}$$

式2-31

t 分布是有限次(通常 $n < 20$)测量数据及其随机误差的分布规律。以 t 为横坐标、概率密度 y 为纵坐标即可获得 t 分布曲线,如图2-6所示。可见:

(1) t 分布曲线与标准正态分布曲线相似,也以0为中心,左右对称。

(2)曲线形状随自由度 f(degree of freedom, $f = n - 1$)改变而改变。自由度越小,曲线越低平;反之,越大则越接近标准正态分布曲线。当 $f \to \infty$ 时,两种曲线严格一致,此时 t 值等于 u 值。

与正态分布曲线一样,t 分布曲线下所包围的面积即是该范围内测量值 x 出现的概率。

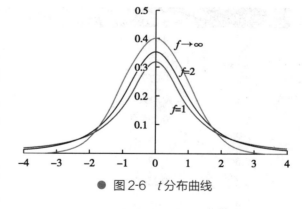

● 图2-6 t 分布曲线

对于标准正态分布曲线,只要 u 值确定,对应的概率(面积)也就确定。但是对于 t 分布曲线,当 t 值一定时,如果 f 值不同,则曲线的形状不同,相应曲线所包括的面积不同,其概率也就不同。在某一 t 值时,样本测量平均值 $\bar{x}$ 落在($\mu \pm t \dfrac{s}{\sqrt{n}}$)范围内的概率($P$)称为置信水平(confidence level,也称置信度或置信概率)。样本测量平均值落在($\mu \pm t \dfrac{s}{\sqrt{n}}$)范围外的概率为 $1 - P$,称为显著性水平(significance level)或显著性水准,用 α 表示。由于 t 值与 f 和 α 有关,故使用时需加脚注,用 $t_{\alpha, f}$ 表示,例如:$t_{0.01, 10} = 3.169$,表示显著性水平为0.01,即置信度为99%,自由度为10时 t 的临界值(critical value)为3.169(表2-3)。

表2-3　t临界值表

f	双侧 α=0.10 单侧 α=0.05	双侧 α=0.05 单侧 α=0.025	双侧 α=0.01 单侧 α=0.005
1	6.314	12.706	63.657
2	2.920	4.303	9.925
3	2.353	3.182	5.841
4	2.132	2.776	4.604
5	2.015	2.571	4.032
6	1.943	2.447	3.707
7	1.895	2.365	3.499
8	1.860	2.306	3.355
9	1.833	2.262	3.250
10	1.812	2.228	3.169
11	1.796	2.201	3.106
12	1.782	2.179	3.055
13	1.771	2.160	3.012
14	1.761	2.145	2.997
15	1.753	2.131	2.947
20	1.725	2.086	2.845
30	1.697	2.042	2.750
40	1.684	2.021	2.704
60	1.671	2.000	2.660
∞	1.645	1.960	2.576

不同 α 和 f 值对应的 t 值如表 2-3 所示,左侧为自由度,上端为常用的双侧概率,数值表示当自由度 f 和显著性水平 α 或置信水平 P 确定时对应的 t 临界值。符号 $t_{\alpha,f}$ 表示单侧概率,$t_{\alpha/2,f}$ 表示双侧概率,例如:当 $f=10$,单侧概率为 0.05 时,$t_{\alpha,f}=t_{0.05,10}=1.812$;当 $f=10$,双侧概率为 0.05 时,$t_{\alpha/2,f}=t_{0.05,10}=2.228$。具有相同的 t 值时,双侧概率为单侧概率的两倍,t 值随测定次数的增加减小。当 $f \to \infty$ 时,$t \to u$。

(二)平均值的置信区间

由于随机误差的存在,在实际分析工作中不可能准确测定真实值。一般可以通过对样本进行有限次的平行测定,利用样本平均值和样本标准偏差估计总体平均值所在的范围,这一范围称为平均值的置信区间(confidence interval)。考虑正负随机误差,由式 2-31 得式 2-32。

$$\mu = \bar{x} \pm t_{\alpha, f} \frac{s}{\sqrt{n}} \qquad 式 2\text{-}32$$

式 2-32 表示在一定置信度下,以测量平均值 $\bar{x}$ 为中心,包含总体平均值 μ 的可靠性范围,这个范围就是平均值的置信区间。置信区间越小,说明样本平均值与总体平均值越接近,即测量准确度越高。由于 t 值随测定次数的增加而减小,因此平行测定次数越多,置信区间范围越小,当测定次数足够大时,样本平均值趋近于总体平均值。置信区间分为双侧置信区间和单侧置信区间两种。双侧置信区间是指在一定置信度下，总体平均值 μ 存在于 $(\overline{x}-t_{\alpha,f}\frac{s}{\sqrt{n}},\overline{x}+t_{\alpha,f}\frac{s}{\sqrt{n}})$ 范围内。单侧置信区间是指在一定置信度下，总体平均值 μ 大于 $(\overline{x}-t_{\alpha,f}\frac{s}{\sqrt{n}})$，或者小于 $(\overline{x}+t_{\alpha,f}\frac{s}{\sqrt{n}})$ 的范围。如没有特殊说明，一般都是求取平均值双侧置信区间。

【例2-3】采用邻菲罗啉分光光度法测定尿素中铁含量，对于尿素溶液得到如下数据（mg/L）：0.213 8、0.214 3、0.214 4、0.214 6、0.214 0、0.214 1。求：①置信度为95%和99%时，测量结果平均值的置信区间；②铁含量总体平均值大于何值时的概率为95%。

解：测量结果的平均值

$$\overline{x}=\frac{\sum\limits_{i=1}^{n}x_i}{n}=0.214\,2(\text{mg/L})$$

标准偏差：

$$s=\sqrt{\frac{\sum\limits_{i=1}^{n}(x_i-\overline{x})^2}{n-1}}=2.898\times10^{-4}(\text{mg/L})$$

（1）双侧置信区间

置信度为95%时，查 t 临界值表得 $t_{0.05,5}=2.571$，所以平均值的置信区间为：

$$\mu=\overline{x}\pm t_{0.05,5}\frac{s}{\sqrt{n}}=0.214\,2\pm2.571\times\frac{2.898\times10^{-4}}{\sqrt{6}}=0.214\,2\pm3.042\times10^{-4}(\text{mg/L})$$

置信度为99%时，查 t 临界值表得 $t_{0.01,5}=4.032$，所以平均值的置信区间为：

$$\mu=\overline{x}\pm t_{0.01,5}\frac{s}{\sqrt{n}}=0.214\,2\pm4.032\times\frac{2.898\times10^{-4}}{\sqrt{6}}=0.214\,2\pm4.770\times10^{-4}(\text{mg/L})$$

（2）单侧置信区间

查 t 临界值表得单侧时，$t_{0.05,5}=2.015$，所以临界值为：

$$x=\overline{x}-t_{0.05,5}\frac{s}{\sqrt{n}}=0.214\,2-2.015\times\frac{2.898\times10^{-4}}{\sqrt{6}}=0.214\,2-2.384\times10^{-4}(\text{mg/L})$$

以上结果说明，若置信区间为 $0.214\,2\pm3.042\times10^{-4}$，则包含总体平均值 u 的概率为95%；若置信区间为 $0.214\,2\pm4.770\times10^{-4}$，则包含总体平均值 u 的概率为99%；总体平均值大于 $0.214\,2-2.384\times10^{-4}$ 的概率为95%。

可见，置信度越高，平均值的置信区间越大。实际工作中，置信度不能太高或太低，过高则导致置信区间过大失去判断意义，过低则导致置信区间过小无法保证判断的可靠性。在分析化学中，一般选取置信度为95%或者90%。

三、显著性检验

在定量分析工作中，经常会遇到对标准试样进行测定时，测量结果平均值与标准值（或真值）不一致；不同实验室、不同分析人员、采用不同分析方法对同一试样进行分析时，测量结果平均值不一致等问题。判断两组分析结果的准确度或精密度是否存在显著性差异的方法称为显著性检验（significance test）。在定量分析中，常用 F 检验法（F test）和 t 检验法（t test）分别检验分析测试方法的准确度和精密度是否存在显著性差异。

（一）F检验法

精密度是保证准确度的前提条件，因此，应首先判断两组数据间存在的偶然误差是否有显著性差异。常采用 F 检验法通过比较两组数据的标准偏差的平方 s^2（方差），以判定它们的精密度是否存在显著性差异，具体步骤如下。

（1）计算两组数据的方差 s_1^2 和 s_2^2。

（2）按方差比 F 计算：

$$F = \frac{s_1^2}{s_2^2} \quad (s_1^2 > s_2^2)$$
式2-33

F 检验法的基本假设是，如果两组测量数据来自同一总体，就应该具有相同或差别很小的方差，F 值等于或接近 1；方差差别越大，则 F 值越大。

（3）将计算所得 F 值与表 2-4 所列 $F_{表}$ 值进行比较，在确定的置信度和自由度下，若 F 计算值小于表值，则认为两组数据的精密度之间不存在显著性差异。反之，则说明两组数据的精密度之间存在显著性差异。

表2-4　置信度95%时单侧检验 F 值

$f_小$ \ $f_大$	2	3	4	5	6	7	8	9	10	∞
2	19.00	19.16	19.25	19.30	19.33	19.36	19.37	19.38	19.39	19.50
3	9.55	9.28	9.12	9.01	8.94	8.88	8.84	8.81	8.78	8.53
4	6.94	6.59	6.39	6.26	6.16	6.09	6.04	6.00	5.96	5.63
5	5.79	5.41	5.19	5.05	4.95	4.88	4.82	4.78	4.74	4.36
6	5.14	4.76	4.53	4.39	4.28	4.21	4.15	4.10	4.06	3.67
7	4.74	4.35	4.12	3.97	3.87	3.79	3.73	3.68	3.63	3.23
8	4.46	4.07	3.84	3.69	3.58	3.50	3.44	3.39	3.34	2.93
9	4.26	3.86	3.63	3.48	3.37	3.29	3.23	3.18	3.13	2.71
10	4.10	3.71	3.48	3.33	3.22	3.14	3.07	3.02	2.97	2.54
∞	3.00	2.60	2.37	2.21	2.10	2.01	1.94	1.88	1.83	1.00

表 2-4 所列 F 值是单侧（单边）检验值，所以可直接用于检验某组数据的精密度是否优于或劣于另一组数据的精密度，此时置信度为 95%。如果是判断两组数据的精密度是否存在显著性差异，而不是孰优孰劣，则属于双侧检验，显著性水平是单侧检验时的两倍，即 0.10，此时置信度为 90%。

【例2-4】采用紫外 - 可见分光光度计测定某一试样中铁的含量，用一台旧仪器测定吸光度 8 次，测量结果标准偏差 $s_1 = 0.046$；用一台新仪器测定 6 次，测量结果标准偏差为 $s_2 = 0.025$。试判断新仪器的精密度是否显著优于旧仪器的精密度。

解：$F = \dfrac{s_大^2}{s_小^2} = \dfrac{0.046^2}{0.025^2} = 3.39$

查表 2-4，$f_大 = 7$，$f_小 = 5$，$F_表 = 4.88 > F_{计算}$，说明新旧仪器的精密度不存在显著性差异，即不能得出新仪器的精密度优于旧仪器精密度的结论，置信度为 95%。

（二）t检验法

t检验法通常用于评价某一分析方法或操作过程的准确度,主要用于样品平均值与标准值(真值)或两组测量数据平均值之间的比较。

1. 测量平均值与标准值的比较　为了检验某一分析方法是否存在系统误差,可对标准试样进行若干次重复测定,然后对测量结果平均值与标准值进行比较判断是否存在显著性差异。根据式2-31,若样品测量平均值$\bar{x}$的置信区间($\bar{x} \pm t \dfrac{s}{\sqrt{n}}$)能将真值$\mu$以一定的置信度包括在此范围内,即可得出$\bar{x}$与$\mu$之间不存在显著性差异的结论。因为按$t$分布规律,这些差异是由于随机误差造成的。将式2-31变换可得式2-34。

$$t = \frac{|\bar{x} - \mu|}{s} \sqrt{n} \qquad \text{式2-34}$$

进行t检验时,首先根据上式计算t值,然后根据置信度和自由度,由表2-3查出对应的$t_\text{表}$,若计算t值$>t_\text{表}$值,则说明平均值$\bar{x}$与真值μ之间存在显著性差异,即分析方法或操作过程存在系统误差;否则,不存在系统误差,两者之间的差异是由随机误差引起的。

【例2-5】某一分析人员采用新方法测定铜标准试样含量(已知真实值25.72%),6次测定结果如下:25.98%、25.56%、25.68%、25.73%、25.80%和25.83%。问该新方法是否存在系统误差(置信度95%)?

解: 测量平均值

$$\bar{x} = \frac{\sum\limits_{i=1}^{n} x_i}{n} = 25.76\%$$

标准偏差

$$s = \sqrt{\frac{\sum\limits_{i=1}^{n} (x_i - \bar{x})^2}{n-1}} = 0.142\,9\%$$

所以

$$t = \frac{|\bar{x} - \mu|}{s} \sqrt{n} = 0.685\,7$$

查表2-3,$P = 0.95$,$f = 5$时,$t_\text{表} = 2.57 > t$,所以平均值与真值之间不存在显著性差异,即新方法没有系统误差。

2. 两组平均值比较　不同实验室、不同分析人员或者同一分析人员采用不同分析方法测定同一份试样,所得结果的平均值通常是不相等的。可以采用t检验法比较两组数据的平均值是否存在显著性差异,即判断不同实验室、不同分析人员或者不同分析方法之间是否存在系统误差。具体步骤如下。

（1）计算两组数据的平均值$\bar{x}_1$和$\bar{x}_2$、标准偏差s_1和s_2。

（2）对两组数据进行F检验,判断两组数据的精密度是否存在显著性差异。如果存在显著性差异,说明较大方差的那一组数据的精密度较低,其准确度不高,没有必要再对两组数据的平均值进行比较。

（3）若两组数据的精密度没有显著性差异,采用式2-35计算合并的标准偏差s。

$$s = \sqrt{\frac{s_1^2 (n_1 - 1) + s_2^2 (n_2 - 1)}{(n_1 - 1) + (n_2 - 1)}} \ \text{或}\ s = \sqrt{\frac{\sum\limits_{i=1}^{n_1} (x_{1i} - \bar{x}_1)^2 + \sum\limits_{i=1}^{n_2} (x_{2i} - \bar{x}_2)^2}{(n_1 - 1) + (n_2 - 1)}} \qquad \text{式2-35}$$

然后根据式 2-36 计算 t 值。

$$t = \frac{|\overline{x}_1 - \overline{x}_2|}{s} \sqrt{\frac{n_1 \times n_2}{n_1 + n_2}} \qquad \text{式 2-36}$$

（4）查表 2-3，此时 $f = f_1 + f_2 = (n_1 - 1) + (n_2 - 1)$。若 $t_\text{表} > t$，则说明两组测量值平均值之间没有显著性差异，两组分析数据属于同一总体，即两组测量值之间不存在系统误差。反之，则存在显著性差异，可能存在系统误差。

【例 2-6】采用经典分析方法和新方法对同一份自来水样中的金属镁浓度进行测定，测定结果如下（mg/L）：

经典分析方法：0.256 2　0.257 5　0.258 2　0.259 4　0.258 8　0.256 8

新方法：0.255 2　0.254 3　0.256 1　0.255 5

试比较两种方法测定结果是否存在显著性差异（置信度 95%）？

解：经典分析方法平均值　　$\overline{x}_1 = \dfrac{\sum\limits_{i=1}^{n} x_i}{n} = 0.257\,8\,(\text{mg/L})$

标准偏差　　$s_1 = \sqrt{\dfrac{\sum\limits_{i=1}^{n}(x_{1i} - \overline{x}_1)^2}{n-1}} = 0.001\,2\,(\text{mg/L})$

新分析方法平均值　　$\overline{x}_2 = \dfrac{\sum\limits_{i=1}^{n} x_i}{n} = 0.255\,3\,(\text{mg/L})$

标准偏差　　$s_2 = \sqrt{\dfrac{\sum\limits_{i=1}^{n}(x_{2i} - \overline{x}_2)^2}{n-1}} = 0.000\,7\,(\text{mg/L})$

首先进行 F 检验：　　$F = \dfrac{s_\text{大}^2}{s_\text{小}^2} = \dfrac{0.001\,2^2}{0.000\,7^2} = 2.94$

两组数据的自由度为 5 和 3，查表 2-4，$F_\text{表} = 9.01 > 2.94$，表明两组数据精密度没有显著性差异。

再进行 t 检验：

合并标准偏差　　$s = \sqrt{\dfrac{0.001\,2^2(6-1) + 0.000\,7^2(4-1)}{(6-1)+(4-1)}} = 0.001\,0\,(\text{mg/L})$

计算 t 值　　$t = \dfrac{|\overline{x}_1 - \overline{x}_2|}{s} \sqrt{\dfrac{n_1 \times n_2}{n_1 + n_2}} = \dfrac{|0.257\,8 - 0.255\,3|}{0.001\,0} \sqrt{\dfrac{6 \times 4}{6 + 4}} = 3.873$

此时，$f = f_1 + f_2 = (n_1 - 1) + (n_2 - 1) = 8$，$P = 0.95$，查表 2-3 得 $t_\text{表} = 2.306 <$ 计算 t 值，说明两种方法测量结果存在显著性差异，即存在系统误差。

四、可疑数据的取舍

在实际分析工作中，往往会发现对同一试样平行测定多次后，总有个别数据明显偏高或偏低，这种数据称为可疑数据，也称为异常值、离群值、逸出值或极端值。在有限次的测量数据中，可疑数据对结果的精密度和准确度具有较大的影响,不能随意取舍。如果确定该可疑数据是由过失引起的,则可弃除,否则应采用统计检验的方法,判断该可疑数据是否由随机误差波动性的极度表现引起,以决定取舍。通常采用的检验方法有 $4\bar{d}$ 检验法、Q 检验法(Q test)和 G 检验法(Grubbs test)。

(一) $4\bar{d}$ 检验法

根据正态分布规律,偏差超过 3σ 的测量值出现的概率小于 0.3%。另外,有统计学可知:$\bar{d}=0.80\sigma$,所以有 $4\bar{d}\approx3\sigma$,故可粗略的认为偏差大于 $4\bar{d}$ 的测量值出现的概率也小于 0.3%,在有限次的测量结果中可以舍弃。采用该方法判断可疑数据取舍时存在较大误差,但是该方法不必查表,较为简单,所以仍被广泛使用。具体步骤如下。

(1)求出除可疑数据以外的其余数据的平均值 $\bar{x}$ 和平均偏差 $\bar{d}$。

(2)求取可疑数据与平均值之差的绝对值。

(3)若绝对值大于 $4\bar{d}$,则舍弃该可疑数据,否则保留。

【例 2-7】测量维生素 B_{12} 中钴的含量($\mu g/g$),5 次测量结果分别为 1.38、1.35、1.39、1.37 和 1.25,试用 $4\bar{d}$ 检验法判断可疑数据 1.25 是否应舍弃。

解:除 1.25 之外的其余数据平均值为

$$\bar{x}=\frac{1.38+1.35+1.39+1.37}{4}=1.37$$

平均偏差为

$$\bar{d}=\frac{|1.38-1.37|+|1.35-1.37|+|1.39-1.37|+|1.37-1.37|}{4}=0.012\ 5$$

可疑数据与平均值之差绝对值为

$$|1.25-1.37|=0.12>4\bar{d}(0.050\ 0)$$

故,1.25 这一可疑数据应舍弃。

(二) Q 检验法

当 3~10 个测量数据中存在可疑数据时,可以采用较严格的 Q 检验法判断异常值的取舍。Q 检验法具体步骤如下。

(1)将所有测量数据按照从小到大的顺序排序:x_1、x_2、$\cdots$、x_{n-1}、x_n,可疑数据为 x_1 或 x_n。

(2)计算可疑数据与邻近值之差:x_n-x_{n-1} 或者 x_1-x_2。

(3)计算所有测量数据中最大值与最小值之差(极差):x_n-x_1。

(4)用可疑数据与邻近值之差的绝对值除以极差,计算统计量 Q(也称舍弃商,rejection quotient),见式 2-37。

$$Q=\frac{|x_n-x_{n-1}|}{x_n-x_1}\quad\text{或者}\quad Q=\frac{|x_1-x_2|}{x_n-x_1}\qquad\text{式 2-37}$$

(5)根据测量次数 n 和置信度 P 查询 Q 临界值表获得 $Q_{表}$(表 2-5),若 Q 大于 $Q_{表}$,表明该可疑数据应舍弃,否则应保留。

表 2-5　Q 检验临界值表

测定次数	置信度		
	90%	95%	99%
3	0.94	0.97	0.99
4	0.76	0.84	0.93
5	0.64	0.73	0.82
6	0.56	0.64	0.74
7	0.51	0.59	0.68
8	0.47	0.54	0.63
9	0.44	0.51	0.60
10	0.41	0.49	0.57

【例 2-8】测定某一水样中钙离子含量,平行测定 5 次,其结果(mg/L)为:0.101 5、0.101 6、0.101 8、0.102 5 和 0.101 3。试用 Q 检验法判断可疑数据 0.102 5 是否应舍弃(置信度 95%)。

解:从小到大排列测量数据为

$$0.101\ 3、0.101\ 5、0.101\ 6、0.101\ 8、0.102\ 5$$

计算 Q 值

$$Q = \frac{x_5 - x_4}{x_5 - x_1} = \frac{0.102\ 5 - 0.101\ 8}{0.102\ 5 - 0.101\ 3} = 0.583\ 3$$

查表 2-5,当测量次数 n 为 5,置信度 P 为 95% 时,$Q_\text{表} = 0.73 > Q$。

故,该异常数据应保留。

(三)G 检验法

G 检验法可用于 10 个以上测量值中存在可疑值检验的情况,且由于在检验过程中引入了两个样本统计量 $\bar{x}$ 和 s,所以可靠性更高。G 检验法具体步骤如下。

(1)将所有测量数据按照从小到大的顺序排序:x_1、x_2、$\cdots$、x_{n-1}、x_n,可疑数据为 x_1 或 x_n。

(2)计算包含可疑数据在内的所有数据的平均值 $\bar{x}$ 和标准偏差 s。

(3)计算可疑值与平均值之差的绝对值。

(4)计算统计量 G(见式 2-38)。

$$G = \frac{|x_n - \bar{x}|}{s} \text{ 或 } G = \frac{|x_1 - \bar{x}|}{s} \qquad\qquad 式 2\text{-}38$$

(5)根据测量次数 n 和置信度 P 查询 G 临界值表获得 $G_\text{表}$(表 2-6),若 G 大于 $G_\text{表}$,表明该可疑数据应舍弃,否则应保留。

表 2-6　G 检验临界值表

测定次数	置信度		
	95%	97.5%	99%
3	1.15	1.15	1.15
4	1.46	1.48	1.49
5	1.67	1.71	1.75
6	1.82	1.89	1.94

测定次数	置信度		
	95%	97.5%	99%
7	1.94	2.02	2.10
8	2.03	2.13	2.22
9	2.11	2.21	2.32
10	2.18	2.29	2.41
11	2.23	2.36	2.48
12	2.29	2.41	2.55
13	2.33	2.46	2.61
14	2.37	2.51	2.63
15	2.41	2.55	2.71
20	2.56	2.71	2.88

【例 2-9】标定某一标准溶液时,测定 5 次数据(mol/L):0.204 4、0.203 8、0.204 6、0.204 2 和 0.204 5。试用 G 检验法判断异常值 0.203 8 是否应舍弃(置信度 95%)。

解:从小到大排列测量数据为

$$0.203\ 8、0.204\ 2、0.204\ 4、0.204\ 5、0.204\ 6$$

计算平均值和标准偏差为

$$\bar{x} = \frac{\sum_{i=1}^{n} x_i}{n} = \frac{(0.203\ 8 + 0.204\ 2 + 0.204\ 4 + 0.204\ 5 + 0.204\ 6)}{5} = 0.204\ 3$$

$$s = \sqrt{\frac{\sum_{i=1}^{n}(x_i - \bar{x})^2}{n-1}} = 0.000\ 316\ 2$$

计算 G 值为

$$G = \frac{|x_1 - \bar{x}|}{s} = \frac{|0.203\ 8 - 0.204\ 3|}{0.000\ 316\ 2} = 1.581\ 3$$

查表 2-6,当测量次数 n 为 5,置信度 P 为 95% 时,$G_{表} = 1.67 > Q$。

故,该异常数据应保留。

第六节　相关与回归

在实际测量分析工作中,对同一类分析对象测量所获得的各种变量之间,可能存在相互联系或相互影响的关系,大致分为确定性关系和非确定性关系。

确定性关系又称为函数关系,是指变量间有完全确定的数量依从关系,可以用精确的数学表达式表示这种关系。非确定性关系是指变量间有不完全确定的数量依从关系,统计学称之为相关关系。变量之间的确定性关系和相关关系可在一定条件下相互转化。例如,本来存在函数关系的变量,当存在系统误差时,其确定性关系往往以相关关系表现出来。相关关系虽然是不完全确定的,但是经过多次测量后,往往呈现出一定的统计学规律。通常采用相关分析(correlation analysis)和回归分析（regression analysis）研究变量间彼此的相关和确定性关系。

（一）相关分析

在分析测量工作中，由于各种测量误差的存在，变量间一般不存在确定的函数关系，而仅是相关关系。在分析两个变量间的相关关系时，最直观的方法就是绘制散点图，即以其中一个变量为横坐标、另一个变量为纵坐标，将实验数据以点的方式标在坐标系中。如果各点的排布接近一条直线，则表明两个变量间的线性相关性较好；如果各点的排布杂乱无章，则表明两个变量间的相关性较差。

统计学中，通常采用相关系数（correlation coefficient，r）定量的描述两个变量间的相关性。设两个变量 x 和 y 的 n 次测量值分别为：x_1、x_2、$\cdots$、x_{n-1}、x_n 和 y_1、y_2、$\cdots$、y_{n-1}、y_n，则可按式 2-39 计算相关系数 r。

$$r = \frac{\sum_{i=1}^{n}(x_i - \overline{x})(y_i - \overline{y})}{\sqrt{\sum_{i=1}^{n}(x_i - \overline{x})^2 \sum_{i=1}^{n}(y_i - \overline{y})^2}} \qquad 式2\text{-}39$$

相关系数 r 没有单位，大小反映两个变量之间相关性的密切程度，取值范围介于 $[-1,1]$ 之间，大于 0 表示正相关，小于 0 表示负相关，等于 0 表示完全无关，绝对值越接近 1 表明相关性越好，等于 1 表示完全线性相关。相关系数仅能衡量两个变量间相关关系的密切程度和方向，无法从一个变量的变化推测另一个变量的变化情况。

（二）回归分析

在分光光度法中，标准溶液的浓度 c 与吸光度 A 在一定的范围内满足朗伯 - 比尔定律，即存在线性关系，可以用线性方程描述。但是由于各种误差的存在，即使同一浓度的溶液，两次测量结果也不完全一致。因此，各测量点会微小偏离以线性方程为基础建立的直线。采用回归分析的方法可以找到一条最接近各测量点的直线。

设有一组测量数据 x_i 和 y_i（$i=1,2,3,\ldots,n$），其中 x 是自变量，y 是因变量。若 x 和 y 符合线性关系，则可拟合线性方程，见式 2-40。

$$y_i = a + bx_i \qquad 式2\text{-}40$$

式 2-40 中，a 为直线的截距，b 为直线的斜率。采用最小二乘法求出截距和斜率。

$$a = \frac{\sum_{i=1}^{n}y_i - b\sum_{i=1}^{n}x_i}{n} = \overline{y} - b\overline{x} \qquad 式2\text{-}41$$

$$b = \frac{\sum_{i=1}^{n}(x_i - \overline{x})(y_i - \overline{y})}{\sum_{i=1}^{n}(x_i - \overline{x})^2} \qquad 式2\text{-}42$$

式 2-41 和式 2-42 中，$\overline{x}$ 和 $\overline{y}$ 分别是自变量 x 和因变量 y 的平均值。当直线的截距 a 和斜率 b 确定后，线性回归方程以及回归直线就确定了。

通常采用决定系数（coefficient of determination）度量回归值与实际测量值的拟合程度，进而

评估回归模型的优劣，其定义为回归平方和SS_r与总平方和SS_t之比，用R^2表示为

$$R^2 = \frac{SS_r}{SS_t} = \frac{(\sum_{i=1}^{n}(x_i - \bar{x})(y_i - \bar{y}))^2}{\sum_{i=1}^{n}(x_i - \bar{x})^2 \sum_{i=1}^{n}(y_i - \bar{y})^2}$$ 式2-43

显然，决定系数等于相关系数的平方，所以取值范围为$[0,1]$。决定系数越接近1，自变量对因变量的解释程度越高，测量值越接近回归线，两者的拟合程度越好。

【例2-10】采用分光光度法测量工业尿素中铁含量，吸光度与铁含量有如下关系：

μg/ml:　　0.10　　　0.20　　　0.40　　　0.60　　　0.80

　　A:　0.124 5　0.162 8　0.192 3　0.234 8　0.272 6

试求出标准曲线的回归方程。

解：浓度和吸光度平均值为

$$\bar{x} = \frac{(0.10 + 0.20 + 0.40 + 0.60 + 0.80)}{5} = 0.42$$

$$\bar{y} = \frac{(0.124 5 + 0.162 8 + 0.192 3 + 0.234 8 + 0.272 6)}{5} = 0.197 4$$

$$\sum_{i=1}^{5}(x_i - \bar{x})(y_i - \bar{y}) = 0.066 4$$

$$\sum_{i=1}^{5}(x_i - \bar{x})^2 = 0.328 0$$

故

$$b = \frac{\sum_{i=1}^{n}(x_i - \bar{x})(y_i - \bar{y})}{\sum_{i=1}^{n}(x_i - \bar{x})^2} = \frac{0.066 4}{0.328 0} = 0.202 4$$

$$a = \frac{\sum_{i=1}^{n} y_i - b \sum_{i=1}^{n} x_i}{n} = \bar{y} - b\bar{x} = 0.197 4 - 0.202 4 \times 0.42 = 0.112 4$$

标准曲线方程为

$$y = 0.112 4 + 0.202 4x$$

相关系数为

$$r = \frac{\sum_{i=1}^{n}(x_i - \bar{x})(y_i - \bar{y})}{\sqrt{\sum_{i=1}^{n}(x_i - \bar{x})^2 \sum_{i=1}^{n}(y_i - \bar{y})^2}} = 0.993 7$$

相关系数接近1，说明在测定浓度范围内，吸光度与浓度线性关系良好。

内容提要

（一）基本概念

1．准确度（accuracy）是测量值与真值（真实值）接近的程度。

2．精密度（precision）为同一份均匀试样多次平行测定结果之间彼此相互接近或离散的程度。

3．系统误差（systematic error）是由分析过程中某些确定的原因所引起的误差。

4．随机误差（random error）为分析过程中各种难以控制且无法避免的偶然的、不确定的因素造成的误差，也称为偶然误差（accidental error）或者不定误差（indeterminate error）。

5．恒定误差（constant error）的大小与试样或者待测物含量的多少无关，在测量过程中绝对误差不变，相对误差随试样质量的增加而减小。

6．比例误差（proportional error）表现为分析结果的绝对误差随试样量的增大而成比例增大，但是相对误差保持不变的一种系统误差。

7．有效数字（significant figure）指在分析工作中能够测量到的有实际意义的数字。

（二）主要计算公式

1．绝对误差（absolute error）$E_a = x - \mu$

2．相对误差（relative error）$E_r = \dfrac{E_a}{\mu} \times 100\% = \dfrac{x - \mu}{\mu} \times 100\%$

3．绝对偏差（absolute deviation）$d = x_i - \overline{x}$

4．相对偏差（relative deviation）$d_r = \dfrac{d}{\overline{x}} \times 100\% = \dfrac{x_i - \overline{x}}{\overline{x}} \times 100\%$

5．平均偏差（average deviation）$\overline{d} = \dfrac{|d_1| + |d_2| + \ldots + |d_n|}{n} = \dfrac{\sum\limits_{i=1}^{n} |x_i - \overline{x}|}{n}$

6．相对平均偏差（relative average deviation）$\overline{d}_r = \dfrac{\overline{d}}{\overline{x}} \times 100\% = \dfrac{\sum\limits_{i=1}^{n} |x_i - \overline{x}| \Big/ n}{\overline{x}} \times 100\%$

7．标准偏差（standard deviation）$s = \sqrt{\dfrac{\sum\limits_{i=1}^{n} (x_i - \overline{x})^2}{n - 1}}$

8．相对标准偏差（relative standard deviation）$RSD = \dfrac{s}{\overline{x}} \times 100\%$

9．Q 检验 $Q = \dfrac{|x_n - x_{n-1}|}{x_n - x_1}$ 或 $Q = \dfrac{|x_1 - x_2|}{x_n - x_1}$

（三）基本内容

1．准确度说明测量结果的可靠性，测量值与真值越接近，测量结果越可靠，准确度越高。分析结果的准确度用误差衡量，误差大，则准确度低。

2．精密度的高低用偏差衡量。偏差越小，说明测量结果间越接近、离散程度越小，精密度越好。

3．精密度是获得高的准确度的前提条件，准确度高，精密度一定好，精密度好，准确度不一定高。

4．系统误差具有重复性、单向性和可测性特点，可以分为方法误差、仪器误差、试剂误差和操作误差，也可以分为恒定误差和比例误差。

5．随机误差单次测量结果的大小、正负不定，多次测量结果符合正态分布规律，即大误差出现的概率小、小误差出现的概率大、正负误差出现的概率相等。

6．绝对误差和相对误差衡量测量结果的准确度。各种偏差衡量测量结果的精密度。重复性、重现性和中间精密度也用于评估测量结果好坏。

7．系统误差传递规律为和、差的绝对误差等于各测量值绝对误差的和、差；积、商的相对误差等于各测量值相对误差的和、差。偶然误差传递规律为和、差的标准偏差的平方等于各测量值的标准偏差的平方和；积、商的相对标准偏差的平方等于各测量值的相对标准偏差的平方和。

8．通常可以采用减小测量误差、消除系统误差和减小随机误差等方法提高分析结果准确度。

9．可以采用对照试验，加标回收试验，空白试验，校准仪器和校正分析结果等方法消除系统误差。

10．一个量值只能记录一位不确定数字。自然数等常数，以及计量比关系等有效数字无限制。pH、pM 和 $\lg K$ 等有效数字位数取决于小数部分的位数。变换单位时，要保持有效数字位数不变。

11．"四舍六入五留双"规则进行数字修约。有效数字加减运算规则：计算结果的小数位数应与小数点后位数最少的数据（绝对误差最大）保持一致。有效数字乘除运算规则：计算结果的有效数字位数应与有效数字位数最少的数据保持一致。乘方和开方，以及对数和反对数运算时，结果的有效数字位数应与原数据的有效数字位数相同。

12．无穷多次测量数据服从标准正态分布，可以根据 $x = \mu \pm u\sigma$ 评估测量值出现在某一区间的概率。有限次测量数据服从 t 分布，可以根据 $\mu = \bar{x} \pm t_{\alpha, f} \dfrac{s}{\sqrt{n}}$ 评估某一区间（即平均值的置信区间）包含真值的概率。

13．F 检验比较两组数据的方差平方，判断两组数据的精密度是否存在显著性差异，即两组数据之间是否存在较大的偶然误差。t 检验用于评价某一分析方法或操作过程的准确度，主要用于样品平均值与标准值（真值）或两组测量数据平均值之间的比较。

14．可以采用 $4\bar{d}$ 检验法、Q 检验法和 G 检验法对可疑值数据进行取舍。

15．相关系数定量的描述两个变量间的相关性，相关系数越接近 ±1，两者相关性越好。决定系数用于度量回归值与实际测量值的拟合程度。

思考题与习题

1．指出下列情况分别造成何种误差。如果是系统误差，区别是方法误差、仪器误差、试剂误差或者操作误差，并思考采用何种方法予以消除。

（1）天平砝码被腐蚀。

（2）称量时试样吸收空气中的水分。

（3）天平零点有微小变动。

（4）滴定管读数时，最后一位估读不准。

（5）滴定管读数时，总是仰视或者俯视。

（6）试剂中含有微量待测组分。

（7）滴定终点与化学计量点不一致。

（8）滴定终点颜色偏深。

（9）沉淀重量法中沉淀物有微小溶解。

2．简述准确度与精密度的关系和异同。

3．简述正态分布与 t 分布的关系与区别。

4．简述 t 检验与 F 检验的区别与联系。

5．可疑数据的取舍可采用哪些方法？

6．简述置信度与显著性水平的区别与联系。

7．简述置信度与置信区间的区别与联系。

8．简述有效数字以及修约和运算规则。

9．简述系统误差与随机误差传递规律的异同。

10．测定某一试样中 NaOH 的质量百分含量，6 次结果如下：60.13%、60.21%、60.20%、60.17%、60.15% 和 60.10%。试计算平均值、平均偏差、相对平均偏差、标准偏差和相对标准偏差。

（60.16%、0.04、0.06、0.05、0.08）

11．计算以下算式的结果（确定有效数字位数）

（1）15.367＋5.156 7－0.036 8＋2.84

（2）1.263 × 2.34 × 3.56

（3）2.89 × 18.12 × 5.50/1.25

（4）pH ＝ 2.07，求 [H$^+$]

（23.33、10.5、34.9、8.5 × 10^{-3}）

12．返滴定法测定明矾中铝的百分含量，最终结果按下式计算：$w = \dfrac{c(V_1 - V_2)M}{m_s \times 1\,000} \times 100\%$。

已知，$V_1 = (22.00 \pm 0.02)$ml，$V_2 = (10.00 \pm 0.02)$ml，$m_s = (0.250\,0 \pm 0.000\,2)$g，求分析结果的相对误差。

（0.4%）

13．重复多次称量一个质量为 2.350 0g 的物体，若总体标准偏差为 0.4mg，那么称得值为 2.350 0～2.350 8g 的概率为多少？

（47.73%）

14．按照标准正态分布，测量值 x 落在区间 $(\mu - 2.0\sigma, \mu + 1.5\sigma)$ 的概率是多少？

（91.05%）

15．采用某方法测量铁矿石中铁的质量百分含量，若重复测量 5 次，标准偏差 s 为 0.05%，平均值 $\bar{x}$ 为 48.36%，计算 95% 和 99% 置信水平时，平均值的置信区间。

（48.36%±0.06%、48.36%±0.10%）

16．测量硫铁矿中硫的质量分数，6 次平行测定结果如下：25.48%、25.43%、25.50%、25.54%、25.56% 和 25.49%，计算置信水平为 95% 时，总体平均值的置信区间。

（25.50%±0.05%）

17．测定 NaCl 溶液的浓度，6 次测量结果分别为：0.103 2、0.102 7、0.102 8、0.103 5、0.103 0 和 0.104 5。

（1）采用 G 检验方法判断测量结果有无可疑数据应当舍弃（$P=0.95$）。

（2）计算置信度为 95% 时，平均值的置信区间。

（没有可疑数据应当舍弃、$0.103\,3\pm0.000\,8$）

18．基于巯基乙酸法，采用分光光度计测定亚铁离子，在波长 605nm 处，测定不同浓度试样吸光度如下：

c（μg/100ml）：　10　　　20　　　40　　　80　　　120

A：0.135 4　0.161 8　0.209 1　0.419 4　0.627 1

试求：吸光度与浓度的关系方程以及相关系数。

（$c=0.064\,5+0.004\,6A$、$0.993\,0$）

第二章同步练习

第三章 重量分析法

第三章课件

学习目标

本章主要介绍重量分析法的基本原理、主要方法和相关计算，要求：

1．掌握沉淀重量法对沉淀的要求，影响沉淀完全和沉淀纯度的因素，沉淀法结果的计算。

2．熟悉重量分析法的应用。

3．了解沉淀形成的过程及其性质。

重量分析法（gravimetric analysis method）简称重量法，是通过称量物质的质量来确定待测组分含量的方法。分析过程为先将试样中待测组分与其他组分分离，并转化成一定的称量形式，然后用分析天平称量，最后计算组分含量。

重量法直接采用分析天平称量获得分析结果，不需要与标准试样或基准物质进行比较，也没有容量器皿引入误差，所以对于常量组分的测定准确度较高，相对误差一般不超过 ±0.2%。但重量法操作烦琐、费时、灵敏度不高，不适于微量及痕量组分的测定。目前在药品质量标准中，重量法在一些药物的含量测定、干燥失重、炽灼残渣以及灰分测定等方面有一定的应用。

重量法包括分离和称量两个过程。根据分离方法的不同，重量法分为挥发法、萃取法、沉淀法和电解法。本章仅介绍前三类方法，重点讨论沉淀法。

第一节 挥发重量法

挥发重量法简称挥发法（volatilization method），该法根据试样中的待测组分具有挥发性或可转化为挥发性物质，利用加热等方法使挥发性组分气化逸出或用适宜已知质量的吸收剂吸收至恒重，通过称量试样减失的质量或吸收剂增加的质量，计算组分含量。

"恒重"系指试样连续两次干燥或灼烧后称得的质量之差不大于 0.3mg。

挥发重量法分为直接挥发法和间接挥发法。直接挥发法利用加热等方法使试样中挥发性组分逸出，用适宜的吸收剂将其全部吸收，称量吸收剂增加的质量来计算该组分的含量。间接挥发法利用加热等方法使试样中挥发性组分逸出后进行称量，根据挥发前后试样质量的差值来计算挥发性组分的含量。

挥发法可以测定药物或其他固体物质中水分的含量。一般在 105℃附近烘干测定的是吸湿水；105～200℃烘干测定的是结晶水；加热几百摄氏度至近千摄氏度测定的是组成水，如 $2Na_2HPO_4 \rightarrow Na_4P_2O_7 + H_2O$、$Ca(OH)_2 \rightarrow CaO + H_2O$。《中国药典》中检测灰分、炽灼残渣和"干燥失重测定法"均采用挥发法。

第二节　萃取重量法

萃取重量法简称萃取法（extraction method），该法根据待测组分在两种不相混溶的溶剂中分配比不同，采用溶剂萃取的方法使之与其他组分分离，求出待测组分含量。萃取法分为液 - 固萃取和液 - 液萃取，在样品分析中多采用后者，即先将试样制成溶液，再用与之不相溶的溶剂进行萃取，然后挥去萃取液中的溶剂，称量干燥萃取物质量，计算待测组分含量。

基本原理为：物质在水相和与水互不相溶的有机相中都有一定的溶解度，平衡时，被萃取物质在有机相和水相中的浓度之比称为分配比（D），如式 3-1。

$$D = \frac{c_{有}}{c_{水}}$$
式 3-1

当两相体积相等时，若 $D > 1$ 说明经萃取后进入有机相的物质量比留在水中的物质量多，在实际工作中一般至少要求 $D > 10$。当 D 不够大，一次萃取不能满足要求时，应采用少量多次连续萃取的方法以提高萃取率。

通常以萃取率（E）表示萃取的完全程度，E 与分配比 D 关系为式 3-2、式 3-3。

$$E = \frac{被萃取物在有机相中的总量}{被萃取物的总量} \times 100\%$$
式 3-2

$$E = \frac{D}{D + V_{水} / V_{有}} \times 100\%$$
式 3-3

E 与 D 及两相体积比 $V_{水}/V_{有}$ 有关。D 越大，体积比越小，则萃取率 E 越高。

在实际工作中，常用等体积的两相进行萃取，即 $V_{水} = V_{有}$，多次萃取是提高萃取率的有效措施。用同样量的萃取液，少量多次萃取比全量一次萃取的萃取率高，但萃取次数的不断增多，萃取率的提高越来越有限，常萃取 3～4 次即可。

第三节　沉淀重量法

一、基本原理

沉淀重量法简称沉淀法（precipitation method），是以沉淀反应为基础的化学分析法。通过加入沉淀剂，使待测组分以沉淀形式（precipitation form）析出，沉淀经过滤、洗涤、烘干或灼烧，转化为可供称量的称量形式（weighing form），根据称量形式的质量，待测组分与称量形式的化学计量关系，计算待测组分含量。

（一）对沉淀形式与称量形式的要求

沉淀形式是沉淀法中析出沉淀的化学组成。称量形式是沉淀经过滤、洗涤、烘干或灼烧之后得到的具有固定组成、可供称量的化学组成。沉淀形式与称量形式有时相同，有时则不同，如用 $BaCl_2$ 作沉淀剂测定 SO_4^{2-}，沉淀形式和灼烧后所得的称量形式相同，都是 $BaSO_4$；又如用 $(NH_4)_2C_2O_4$ 作沉淀剂测定 Ca^{2+}，沉淀形式是 $CaC_2O_4\cdot H_2O$，灼烧后所得的称量形式是 CaO，沉淀形式和称量形式不同。

1．对沉淀形式的要求

（1）沉淀的溶解度要小，以保证待测组分沉淀完全，通常要求沉淀在溶液中溶解损失量小于分析天平的称量误差（±0.2mg）。

（2）沉淀纯度要高，尽量避免杂质的玷污。

（3）沉淀要易于过滤、洗涤，尽量获得粗大的晶形沉淀或致密的无定型沉淀，易于转变为称量形式。

2．对称量形式的要求

（1）要有确定已知的组成，这是定量的依据。

（2）必须十分稳定，不受空气中 H_2O、CO_2 或 O_2 等的影响。

（3）摩尔质量要大，以减少称量误差，提高分析的灵敏度和准确度。

例如，沉淀重量法测定 Al^{3+}，可用氨水沉淀为 $Al(OH)_3$ 后，灼烧成 Al_2O_3 称量。也可用 8- 羟基喹啉作沉淀剂，沉淀形式和称量形式都为 8- 羟基喹啉铝（C_9H_6NO）$_3$Al，由于（C_9H_6NO）$_3$Al 摩尔质量约为 Al_2O_3 摩尔质量的 9 倍，所以用 8- 羟基喹啉作沉淀剂可使测量结果的相对误差小 8 倍。

（二）沉淀溶解度的影响因素

沉淀的溶解度是影响沉淀法准确性的关键因素之一。沉淀法要求待测组分沉淀完全，完全程度要大于 99.9%。沉淀反应是否完全可根据沉淀溶解度大小来判断，因此必须了解影响沉淀溶解度的各种因素，以便降低沉淀的溶解度。

1．同离子效应　当沉淀反应达到平衡后，适量增加某一构晶离子的浓度，可使沉淀溶解度降低的现象，称为同离子效应（common-ion effect）。因此，在沉淀重量法中，常加入过量沉淀剂，以保证沉淀完全，减少沉淀的溶解损失，提高分析结果的准确度。

【例 3-1】欲使 0.02mol/L 草酸盐中 $C_2O_4^{2-}$ 沉淀完全，生成 $Ag_2C_2O_4$，问需过量 Ag^+ 的最低浓度是多少？（忽略 Ag^+ 加入时体积的增加）

解：$2Ag^+ + C_2O_4^{2-} \Longrightarrow Ag_2C_2O_4(s)$　$K_{sp(Ag_2C_2O_4)} = 3.5\times10^{-11}$

若 $C_2O_4^{2-}$ 离子沉淀的完全程度大于 99.9%，则其在溶液中的剩余浓度应小于 $0.02\times0.1\% = 2\times10^{-5}$ mol/L，则 Ag^+ 的浓度为

$$[Ag^+] = \sqrt{\frac{K_{sp(Ag_2C_2O_4)}}{[C_2O_4^{2-}]}} = \sqrt{\frac{3.5\times10^{-11}}{2\times10^{-5}}}$$

$$[Ag^+] = 1.3\times10^{-3}(mol/L)$$

因此，在草酸盐溶液中，必须加入足够的 Ag^+，沉淀反应后，溶液中剩余 $[Ag^+]$ 应至少为

1.3×10^{-3} mol/L，才能保证沉淀完全。

2. **异离子效应**　在难溶化合物的饱和溶液中，加入易溶的强电解质，使难溶化合物的溶解度比同温度时在纯水中的溶解度大的现象称为异离子效应（diverse-ion effect），也称盐效应。发生异离子效应是由于强电解质的存在，使溶液的离子强度增大，活度系数减小，导致沉淀溶解度增大。

由于沉淀剂通常也是强电解质，所以在利用同离子效应保证沉淀完全的同时，应考虑异离子效应的影响，过量沉淀剂的作用是同离子效应和异离子效应的综合。当沉淀剂适当过量时，同离子效应起主导作用，沉淀的溶解度随沉淀剂用量的增加而降低。当溶液中沉淀剂的浓度达到某一数量时，沉淀的溶解度达到最低值，若再继续加入沉淀剂，由于异离子效应增大，使得溶解度反而增大，因此沉淀剂过量要适当。

例如，测定 Pb^{2+} 时用 Na_2SO_4 为沉淀剂，表 3-1 数据显示，随着 Na_2SO_4 浓度的增加，同离子效应使 $PbSO_4$ 溶解度降低，当 Na_2SO_4 浓度增大到 0.04mol/L 时，$PbSO_4$ 的溶解度达到最小，说明此时同离子效应最大。Na_2SO_4 浓度继续增大时，由于异离子效应增强，$PbSO_4$ 的溶解度又开始增大。

表 3-1　$PbSO_4$ 在 Na_2SO_4 溶液中的溶解度

Na_2SO_4/(mol/L)	0	0.001	0.01	0.02	0.04	0.100	0.200
$PbSO_4$/(mol/L)	0.15	0.024	0.016	0.014	0.013	0.016	0.023

一般规律，如果沉淀本身溶解度小，异离子效应影响很小，可以忽略不计。当沉淀的溶解度比较大，并且溶液的离子强度很高时，需考虑异离子效应。

3. **酸效应**　溶液酸度对沉淀溶解度的影响，称为酸效应（acid effect）。发生酸效应的原因主要是溶液中 H^+ 浓度对难溶盐解离平衡的影响。在难溶化合物中有相当一部分是弱酸或多元酸盐，包括硫化物、铬酸盐、草酸盐、磷酸盐以及许多金属离子与有机沉淀剂形成的沉淀，当提高溶液 H^+ 浓度，弱酸根离子与 H^+ 离子结合生成相应共轭酸的倾向增大，因而沉淀的溶解度增大；若降低溶液 H^+ 浓度，难溶弱酸盐中的金属离子有可能水解，也会导致沉淀溶解度增大。

如 CaC_2O_4 沉淀，在溶液中有如下平衡

$$CaC_2O_4 \rightleftharpoons Ca^{2+} + C_2O_4^{2-}$$

$$C_2O_4^{2-} \overset{H^+}{\rightleftharpoons} HC_2O_4^- \overset{H^+}{\rightleftharpoons} H_2C_2O_4$$

当溶液酸度增大，使平衡向生成 $H_2C_2O_4$ 方向移动，CaC_2O_4 的溶解度增大。

酸度对沉淀溶解度的影响是比较复杂的，如 CaC_2O_4 这类弱酸盐及多元酸盐的难溶化合物，与 H^+ 作用后生成难解离的弱酸，而使溶解度增大的效应必须加以考虑。若是强酸盐的难溶化合物，如 $AgCl$、$BaSO_4$ 等，溶液的酸度对沉淀的溶解度影响不大，一般可忽略酸效应。

4. **配位效应**　当难溶化合物的溶液中存在着能与构晶离子生成配合物的配位剂时，沉淀溶解度会增大，甚至不产生沉淀的现象，称为配位效应（coordination effect）。配位效应的产生主要有两种情况，一是外加配位剂，二是沉淀剂本身就是配位剂。

如在 $AgCl$ 沉淀溶液中加入 $NH_3 \cdot H_2O$，则 NH_3 能与 Ag^+ 配位生成 $Ag(NH_3)_2^+$ 配离子，结果使

AgCl 沉淀的溶解度大于在纯水中的溶解度；若 $NH_3 \cdot H_2O$ 浓度足够大，则可能使 AgCl 完全溶解。存在有关平衡如下。

$$AgCl(s) \rightleftharpoons Ag^+ + Cl^- \qquad K_{sp} = [Ag^+][Cl^-]$$

$$Ag^+ + NH_3 \rightleftharpoons Ag(NH_3)^+ \qquad K_1 = \frac{[Ag(NH_3)^+]}{[Ag^+][NH_3]}$$

$$Ag(NH_3)^+ + NH_3 \rightleftharpoons Ag(NH_3)_2^+ \qquad K_2 = \frac{[Ag(NH_3)_2^+]}{[Ag(NH_3)^+][NH_3]}$$

又如用 Cl^- 为沉淀剂沉淀 Ag^+，最初生成 AgCl 沉淀，但若继续加入过量的 Cl^-，则 Cl^- 能与 AgCl 配位生成 $[AgCl_2]^-$、$[AgCl_3]^{2-}$、$[AgCl_4]^{3-}$ 等配离子使 AgCl 沉淀逐渐溶解。如图 3-1 所示，AgCl 的溶解度随 Cl^- 浓度的变化情况，是同离子效应与配位效应共同作用的结果。图中 $[Cl^-]$ 从左到右逐渐增加，即 $-lg[Cl^-]$ 逐渐减小，当过量的 $[Cl^-]$ 由小增大到约 4×10^{-3} mol/L（$-lg[Cl^-] = 2.4$）时，AgCl 的溶解度显著降低，显然在这段曲线中同离子效应

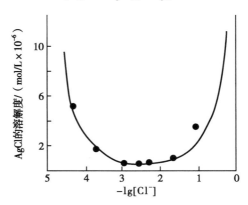

● 图 3-1　AgCl 在不同浓度 NaCl 溶液中的溶解度

起主导作用；但当 $[Cl^-]$ 再继续增大，AgCl 的溶解度反而增大，这时配位效应起主导作用。因此用 Cl^- 沉淀 Ag^+ 时，必须严格控制过量 Cl^- 的浓度。沉淀剂本身是配体的情况也是常见的，对于这种情况，应避免加入过量的沉淀剂。

配位效应使沉淀溶解度增大的程度与难溶化合物的溶度积常数 K_{sp} 和形成配合物的稳定常数 K 的相对大小有关，K_{sp} 和 K 越大，则配位效应越显著。

上述四种效应，其中只有同离子效应是降低沉淀溶解度、保证沉淀完全的有利因素，其他效应均是影响沉淀完全程度的不利因素。在分析工作中应根据具体情况分清主次，如对无配位效应的强酸盐沉淀，应主要考虑同离子效应和异离子效应；对弱酸、多元酸盐或难溶酸沉淀，以及许多与有机沉淀剂形成的沉淀，多数情况应主要考虑酸效应。

5. 其他因素　温度、溶剂、沉淀颗粒大小与形态、胶溶作用及沉淀构晶离子的水解等因素也会影响难溶盐溶解度。

（三）沉淀的纯度及其影响因素

沉淀的纯度是影响沉淀法准确性的另一个关键因素，要求沉淀要纯净。但当沉淀从溶液中析出时，会或多或少地夹杂溶液中的其他组分使沉淀被玷污。影响沉淀纯度的主要因素有共沉淀和后沉淀。

1. 共沉淀　共沉淀（copreci pitation）指一种难溶化合物沉淀时，某些可溶性杂质同时沉淀下来的现象。引起共沉淀的原因主要有以下几方面。

（1）表面吸附：在沉淀的晶格中，正负离子按一定的晶格顺序排列，处在内部的离子都被带相反电荷的离子所包围，晶体内部处于静电平衡状态，如图 3-2 所示。而处于表面的离子至少有一

个面未被包围，由于静电引力，表面上的离子具有吸引带相反电荷离子的能力，尤其是棱角上的离子更为显著。表面吸附有选择性，沉淀对不同杂质离子的吸附能力，主要取决于沉淀和杂质离子的性质。其一般规律为：①第一吸附层优先吸附过量的构晶离子。②第二吸附层易吸附可与第一吸附层的构晶离子生成溶解度小或解离度小的化合物离子。③浓度相同的杂质离子，电荷越高越容易被吸附。

例如，用过量的 $BaCl_2$ 溶液与 Na_2SO_4 溶液作用时，生成的 $BaSO_4$ 沉淀表面首先吸附过量的 Ba^{2+}，形成第一吸附层，使晶体表面带正电荷。第一吸附层中的 Ba^{2+} 又吸附溶液中共存的阴离子 Cl^-，构成中性的双电层，形成第二吸附层。$BaCl_2$ 过量越多，被共沉淀的也越多。如果用 $Ba(NO_3)_2$ 代替一部分 $BaCl_2$，并使两者过量的程度相同时，共存阴离子有 Cl^- 和 NO_3^-，由于 $Ba(NO_3)_2$ 的溶解度小于 $BaCl_2$ 的溶解度，则 NO_3^- 被优先吸附形成第二吸附层（如图 3-2）。第一、二吸附层共同组成沉淀表面的双电层，双电层里的电荷是等衡的。

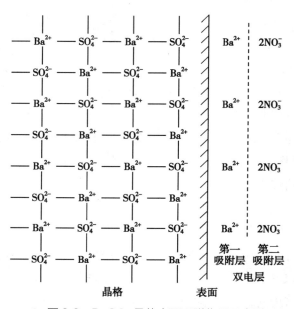

● 图 3-2　$BaSO_4$ 晶体表面吸附作用示意图

此外，在不同条件下，影响沉淀对同一种杂质的吸附能力即吸附量的有关因素为：①沉淀颗粒越小，比表面积越大，吸附杂质量相对越多。②杂质离子浓度越大，被吸附的量也越多。③溶液的温度越高，吸附杂质的量越少，由于吸附过程是一个放热过程，提高温度可减少或阻止吸附作用。

吸附作用是可逆过程，洗涤可使沉淀上吸附的杂质进入溶液，从而净化沉淀。所选的洗涤剂必须是灼烧或烘干时容易挥发除去的物质。

（2）生成混晶：如果杂质离子与沉淀的构晶离子半径相近、电荷相同、形成的晶体结构也相同，杂质离子可进入晶格排列中，取代沉淀晶格中某些离子的固定位置，生成混晶，使沉淀受到严重玷污。例如 Pb^{2+} 与 Ba^{2+} 的电荷相同，离子半径相近，$BaSO_4$ 与 $PbSO_4$ 的晶体结构也相同，Pb^{2+} 就可能混入 $BaSO_4$ 的晶格中，与 $BaSO_4$ 形成混晶而被共沉淀下来。

由混晶引起的共沉淀纯化起来很困难，往往需经过一系列重结晶才能逐步加以除去。

（3）吸留和包藏：吸留是指被吸附的杂质离子机械地嵌入沉淀之中；包藏常指母液机械地嵌入沉淀之中。这类现象的发生是由于沉淀析出过快，表面吸附的杂质来不及离开沉淀表面就被随后生成的沉淀所覆盖，使杂质或母液被吸留或包藏在沉淀内部，当沉淀剂加入过快或有局部过浓现象，吸留和包藏就比较严重。

这类共沉淀不能用洗涤的方法除去，可以通过改变沉淀条件、陈化或重结晶的方法加以消除。

2. 后沉淀　当溶液中某一组分沉淀析出后，另一本来难以析出沉淀的组分，也在沉淀表面逐渐沉积的现象，称之为后沉淀（postprecipitation）。后沉淀产生由沉淀表面吸附作用引起，主要出现在组分形成的稳定过饱和溶液中。例如，Mg^{2+} 存在条件下沉淀 CaC_2O_4 时，最初得到的 CaC_2O_4 不夹杂 MgC_2O_4，但若将沉淀与溶液长时间共置，由于 CaC_2O_4 表面吸附 $C_2O_4^{2-}$ 而使其表面 $C_2O_4^{2-}$ 浓度增大，致使 $[Mg^{2+}][C_2O_4^{2-}]$ 大于 K_{sp, MgC_2O_4}，MgC_2O_4 能沉淀在 CaC_2O_4 上产生后沉淀。沉淀在溶液中放置时间越长，后沉淀现象越显著。因此要消除后沉淀现象，必须缩短沉淀在溶液中的放置时间。

3. 提高沉淀纯度的措施

（1）选择合理的分析步骤：如果试液中有几种含量不同的组分，欲测定低含量组分，应避免首先沉淀高含量组分，否则会引起大量沉淀的析出，使少量待测组分随之共沉淀而增大测定误差。

（2）降低易被吸附杂质离子的浓度：由于吸附作用具有选择性，降低易被吸附杂质离子的浓度，可以减少吸附共沉淀。例如沉淀 $BaSO_4$ 时，与 Cl^- 相比，NO_3^- 优先被 Ba^{2+} 吸附，因此沉淀反应宜在 HCl 溶液中进行，而不宜在 HNO_3 溶液中进行。又如 Fe^{3+} 易被吸附，溶液中含有 Fe^{3+} 时，最好预先将 Fe^{3+} 还原为不易被吸附的 Fe^{2+}，或加入适当的配位剂使 Fe^{3+} 转化为某种很稳定的配合物。

（3）选择合适的沉淀剂：如选用有机沉淀剂常可减少共沉淀。

（4）选择合理的沉淀条件：沉淀的纯度与沉淀剂浓度、加入速度、温度、搅拌情况、洗涤方法及操作有关，因此选择合理的沉淀条件可减少共沉淀。

（5）必要时进行再沉淀：即将沉淀过滤、洗涤、溶解后再进行第二次沉淀。此时由于杂质离子浓度大为降低，可以减少共沉淀或后沉淀。

（四）沉淀的类型和沉淀的形成

1. 沉淀的类型　在沉淀法中，为了得到准确的分析结果，除对沉淀的溶解度和纯度有一定要求外，还要求沉淀尽可能具有易于过滤和洗涤的结构。按沉淀的结构，可粗略地分为晶形沉淀和非晶形沉淀（无定形沉淀）两大类。

$$
沉淀类型
\begin{cases}
晶形沉淀 \begin{cases} 粗晶形沉淀 & 如 MgNH_4PO_4 \\ 细晶形沉淀 & 如 BaSO_4 \end{cases} \\
非晶形沉淀 \begin{cases} 凝胶状沉淀 & 如 AgCl \\ 胶状沉淀 & 如 Fe(OH)_3 \cdot xH_2O \end{cases}
\end{cases}
$$

晶形沉淀颗粒大（直径 0.1～1μm），体积小，内部排列规则，结构紧密，易于过滤和洗涤；而非晶形沉淀颗粒小（直径 <0.02μm），体积庞大，结构疏松，含水量大，容易吸附杂质，难于过滤和洗涤。生成哪类沉淀取决于沉淀的性质、形成沉淀的条件以及沉淀的处理方法。因此，了解沉淀的

形成过程和沉淀性质,控制沉淀条件以获得符合要求的沉淀形式,对沉淀重量分析十分重要。

2.沉淀的形成　沉淀的形成是一个复杂的过程,有关这方面的理论尚不成熟,仅有对沉淀的形成过程的定性解释,以经验公式简单描述。

一般认为沉淀的形成经历晶核形成和晶核成长两大过程。当向试液中加入沉淀剂,构晶离子浓度幂次方的乘积超过该条件下沉淀的 K_{sp} 时,离子通过相互碰撞聚集成微小的晶核,晶核形成后溶液中的构晶离子向晶核表面扩散,并聚积在晶核上,晶核逐渐长大成沉淀微粒。

由离子聚集成晶核,再进一步积聚成沉淀微粒的速度称为聚集速度,又称为晶核生成速度。在聚集的同时,构晶离子在静电引力作用下又能够按一定晶格进行排列,这种定向排列的速度称为定向速度,又称为晶核成长速度。

在沉淀过程中,聚集速度大于定向速度,沉淀微粒聚集形成非晶形沉淀;定向速度大于聚集速度,构晶离子在晶格上定向排列,形成晶形沉淀。

聚集速度主要由沉淀条件决定,其中最重要的是溶液中生成沉淀物质的过饱和度。冯·韦曼(Von Weimarn)用经验公式描述了沉淀生成的聚集速度与溶液的相对过饱和度的关系。

$$v = K\frac{(Q-S)}{S} \qquad \text{式 3-4}$$

式 3-4 中,v 为聚集速度;K 为比例常数;Q 为加入沉淀剂瞬间生成沉淀物质的总浓度;S 为沉淀的溶解度;$Q-S$ 为沉淀物质的过饱和度;$(Q-S)/S$ 为相对过饱和度。

式 3-4 表明,聚集速度与相对过饱和度成正比,若想降低聚集速度,必须设法减小溶液的相对过饱和度,即要求沉淀的溶解度(S)大,加入沉淀剂瞬间生成沉淀物质的浓度(Q)小,可能获得晶形沉淀。反之,若沉淀的溶解度很小,瞬间生成沉淀物质的浓度很大,则形成非晶形沉淀,甚至形成胶体。

定向速度主要取决于沉淀物质的本性。一般极性强,溶解度较大的盐类,如 $MgNH_4PO_4$、$BaSO_4$、CaC_2O_4 等,都具有较大的定向速度,易形成晶形沉淀。而高价金属离子的氢氧化物溶解度较小,沉淀时溶液的相对过饱和度较大,同时又含有大量的水分子,阻碍离子的定向排列,因此氢氧化物沉淀一般为非晶形沉淀或胶状沉淀,如 $Fe(OH)_3$、$Al(OH)_3$ 均为胶状沉淀。

沉淀是哪一种类型,不仅取决于沉淀本性,也取决于沉淀形成时的条件。不同类型的沉淀,在一定条件下可以相互转化。例如常见的 $BaSO_4$ 晶形沉淀,若在浓溶液中沉淀,很快地加入沉淀剂,也可以生成非晶形沉淀。为了得到粗大颗粒沉淀,需控制沉淀的成核和成长过程。

二、沉淀的制备与处理

(一)沉淀的制备

沉淀的制备是沉淀重量分析法的关键步骤之一。为了使待测组分沉淀完全,并得到纯净、易于过滤和洗涤的沉淀,沉淀剂的选择、用量以及沉淀条件的控制必须适当。

1.沉淀剂的选择　合理的选择可以提高分析结果的准确性。

(1)沉淀剂应具有较高的选择性,即要求沉淀剂只与待测组分生成沉淀,而不与其他组分起反应。

(2)沉淀剂与待测组分作用产生沉淀的溶解度要小,例如测定 SO_4^{2-},沉淀剂选择 $BaCl_2$ 而非

$CaCl_2$，因为 $BaSO_4$ 溶解度小，而 $CaSO_4$ 溶解度大。

（3）尽量选择具有挥发性的沉淀剂，以便在干燥或灼烧时，过量的沉淀剂可挥发除去，使沉淀纯净。例如沉淀 Fe^{3+} 时，沉淀剂选用具有挥发性的 $NH_3 \cdot H_2O$ 而非 $NaOH$。

（4）选用有机沉淀剂，可与金属离子作用生成不溶于水的金属配合物或离子配合物。与无机沉淀剂相比，有机沉淀剂的优点：①选择性高。例如丁二酮肟（$C_4H_8N_2O_2$）在 $pH = 9$ 的碱性溶液中，选择性地沉淀 Ni^{2+}，生成鲜红色的 $Ni(C_4H_7N_2O_2)_2^{2+}$ 螯合物沉淀。②生成的沉淀溶解度小，有利于待测组分沉淀完全。③易生成大颗粒的晶形沉淀，对无机杂质吸附少，容易过滤和洗涤。④称量形式摩尔质量大，有利于减小称量相对误差。⑤沉淀的组成恒定，干燥后即可称量，不需要高温灼烧。

2．沉淀剂的用量　沉淀剂用量关系到沉淀的完全程度和纯度。

根据沉淀反应的化学计量关系，可以推算使待测组分完全沉淀所需沉淀剂的量，考虑到影响沉淀溶解度的诸多因素，加入沉淀剂应适当过量。若沉淀剂本身难挥发，则只能过量 20%～30% 或更少些；若沉淀剂易挥发，则过量可达 50%～100%；一般的沉淀剂应过量 30%～50%。

3．沉淀条件的选择　为了获得易于过滤和洗涤的沉淀，对于不同类型的沉淀，应当采取不同的沉淀条件。

（1）晶形沉淀的沉淀条件：为了得到纯净而易于过滤和洗涤的晶形沉淀，应有较小的聚集速度。由式 3-4 可知，降低聚集速度，必须要降低相对过饱和度。因为在饱和度大的溶液中，会迅速产生数目众多的微小晶核，得不到颗粒粗大的晶形沉淀。要形成晶形沉淀，应通过降低沉淀物质的浓度和适当增大沉淀的溶解度来实现。晶形沉淀的沉淀条件可归纳如下。

1）在适当稀的溶液中进行沉淀：减小沉淀物质的浓度，使溶液中沉淀物的过饱和度减小，聚集速度减小，从而得到大颗粒晶形沉淀。但溶液也不能太稀，否则沉淀溶解损失将会增加。

2）在热溶液中进行沉淀：一般难溶化合物的溶解度随温度升高而增大，沉淀对杂质的吸附量随温度升高而减小。在热溶液中进行沉淀，一方面可略增大沉淀的溶解度，有效地降低溶液的相对过饱和度，以利于生成少而大的结晶颗粒，同时还可以减少沉淀表面的吸附作用，以利于获得较纯净的沉淀。但由于晶形沉淀的溶解度一般都比较大，在热溶液中更加大了沉淀损失，所以应在沉淀作用完毕后冷却至室温，然后进行过滤和洗涤。

3）在不断搅拌下缓慢加入沉淀剂：可避免由于局部过浓而产生大量晶核。

4）陈化（熟化）：沉淀完全后，让初生的沉淀与母液共置一段时间，这个过程称为陈化（digestion）。由于小晶体的溶解度比大晶体溶解度大，溶液对于大晶体是饱和的，对于小晶体则是未饱和的。陈化的过程中小晶体不断溶解，溶液中构晶离子浓度增大，便在大晶体表面上析出，使大晶体不断长大。陈化作用可以使沉淀变得更加纯净，因为完整、紧密的大颗粒晶体有较小的比表面积，对杂质的吸附量少。同时小结晶的溶解可以释放出原来吸附、吸留或包藏的杂质，提高沉淀的纯度。但若有后沉淀产生，陈化时间过长，则混入的杂质可能增加。

（2）非晶形沉淀的沉淀条件：非晶形沉淀的溶解度一般很小，溶液中相对过饱和度相当大，很难通过减小溶液的相对过饱和度来改变沉淀的物理性质。非晶形沉淀颗粒小，比表面积大，且体积庞大，结构疏松，不仅易吸附杂质而且难以过滤和洗涤，甚至能够形成胶体溶液。因此，对非晶形沉淀主要考虑的是使沉淀微粒凝聚，减少杂质吸附，破坏胶体，防止胶溶。非晶形沉淀的沉淀条件归纳如下。

1）浓溶液中进行沉淀：迅速加入沉淀剂，使生成的沉淀较为紧密。但注意在浓溶液中，杂质浓度相应增大，吸附杂质的机会增多。

2）在热溶液中进行沉淀：可以防止生成胶体，并减少杂质的吸附作用，使生成的沉淀更加紧密、纯净。

3）加入适当的电解质以破坏胶体：常使用在干燥或灼烧中易挥发的电解质，如盐酸、铵盐等。

4）不必陈化：沉淀完毕后，立即趁热过滤、洗涤。

（3）均匀沉淀法（homogeneous precipitation）：利用化学反应使溶液中缓慢地逐渐产生所需的沉淀剂，从而使沉淀在整个溶液中均匀地、缓慢地析出，获得颗粒较粗、结构紧密、纯净而易于过滤的沉淀。例如测定 Ca^{2+} 时，在中性或碱性溶液中加入沉淀剂（NH_4）$_2C_2O_4$，产生的 CaC_2O_4 是细晶形沉淀。如果先将溶液酸化后再加入（NH_4）$_2C_2O_4$，溶液中的草酸根主要以 $HC_2O_4^-$ 和 $H_2C_2O_4$ 形式存在，不产生沉淀。在加入尿素，加热煮沸后，尿素逐渐水解，生成的 NH_3 与溶液中的 H^+ 作用，使溶液的酸度逐渐降低，[$C_2O_4^{2-}$] 的浓度渐渐增大，最后溶液的 pH 在 4～4.5 之间，CaC_2O_4 沉淀完全。这样得到的 CaC_2O_4 沉淀晶形颗粒大、纯净。

$$CO(NH_2)_2 + H_2O \xrightleftharpoons{90\sim100℃} CO_2 + 2NH_3$$

此外，利用在酸性条件下加热水解硫代乙酰胺，均匀地、逐渐地释放出 H_2S，用于金属离子与 H_2S 生成硫化物沉淀，可避免直接使用 H_2S 时的毒性及臭味，还可以得到易于过滤和洗涤的硫化物沉淀。

$$CH_3CSNH_2 + 2H_2O \xrightleftharpoons[\Delta]{H^+} CH_3COO^- + NH_4^+ + H_2S$$

（二）沉淀的过滤

过滤使沉淀与母液分开，以便于过量的沉淀剂、共存组分或其他可溶性杂质分离，得到纯净的沉淀。

对于需要高温灼烧得到称量形式的沉淀，常使用定量滤纸过滤。滤纸预先已用 HCl 和 HF 处理，其中大部分无机物已被除去，经灼烧后所余灰分不超过 0.2mg，也称为"无灰滤纸"。

根据沉淀的性质，选择疏密程度不同的定量滤纸，以沉淀不易穿过并能保持较快的过滤速度为原则。一般非晶形沉淀，应用疏松的快速滤纸过滤，以免过滤太慢；粗粒的晶形沉淀，可用较紧密的中速滤纸；较细粒的晶形沉淀，应选用最致密的慢速滤纸，以防沉淀穿过滤纸。对于只需烘干即可得到称量形式的沉淀，一般采用玻璃砂芯滤器（也称垂熔玻璃滤器）过滤，包括玻璃砂芯坩埚和玻璃砂芯漏斗，根据沉淀的晶形，选择不同型号的玻璃砂芯滤器。

不论采用何种滤材过滤，过滤方法通常采用"倾泻法"，即沉淀放置至澄清后，将上层溶液沿玻棒分次倾入漏斗或滤器中，沉淀尽可能留在杯底，然后洗涤。

（三）沉淀的洗涤

洗涤沉淀是为了洗去沉淀表面吸附的杂质和混杂在沉淀中的母液。洗涤时要尽量减少沉淀的溶解损失和避免形成胶体,因此需选择合适的洗涤液。选择洗涤液的原则如下。

（1）溶解度较小又不易生成胶体的沉淀,可用蒸馏水洗涤。

（2）溶解度较大的晶形沉淀,可用沉淀剂（干燥或灼烧可除去）的稀溶液或沉淀的饱和溶液洗涤。

（3）溶解度较小的非晶形沉淀,需用热的挥发性电解质（如 NH_4NO_3）的稀溶液进行洗涤,以防止形成胶体。

（4）溶解度随温度变化不大的沉淀,可用热溶液洗涤。

洗涤沉淀也是采用"倾泻法",根据"少量多次"的原则,将少量洗涤液注入沉淀中,充分搅拌,待沉淀下沉后,尽量倾出上层清液。如此洗涤数次后,再将沉淀转移至滤纸上,用少量洗涤液进行洗涤,洗后尽量沥干。

（四）沉淀的干燥与灼烧

洗涤后的沉淀,除吸附有大量水分外,还可能有其他挥发性物质存在。需用烘干或灼烧的方法除去,使之转化成具有固定组成、稳定的称量形式。

干燥通常在 110～120℃烘干至恒重,除去沉淀中的水分和挥发性物质得到沉淀的称量形式。灼烧是在 800℃以上,彻底除去沉淀中的水分和挥发性物质,并使沉淀分解为组成恒定的称量形式。如 $MgNH_4PO_4 \cdot 6H_2O$ 沉淀,在 1 100℃灼烧成 $Mg_2P_2O_7$ 称量形式,放冷后称量,直至恒重。

三、分析结果的计算

（一）换算因数的计算

沉淀重量法是用分析天平准确称取称量形式的质量,换算成待测组分的量,以计算分析结果。

设 A 为待测组分,B 为沉淀剂,C 为沉淀形式,D 为称量形式,其计量关系一般可表示如下。

$$a\,A + b\,B \overset{\triangle}{\rightleftharpoons} c\,C \longrightarrow d\,D$$

A 与 D 的物质的量 n_A 和 n_D 的关系为式 3-5。

$$n_A = \frac{a}{d} n_D \qquad\qquad 式 3\text{-}5$$

将 $n = m/M$ 代入式 3-5 得到式 3-6。

$$m_A = \frac{aM_A}{dM_D} m_D \qquad\qquad 式 3\text{-}6$$

式 3-6 中, M_A 和 M_D 分别为待测组分 A 和称量形式 D 的摩尔质量。 m_D 为称量形式的质量,待测组分的摩尔质量与称量形式的摩尔质量之比（ aM_A/dM_D ）为一常数,称为换算因数（conversion factor）或化学因数（chemical factor）,用 F 表示。

$$F = \frac{aM_A}{dM_D} \qquad\qquad 式 3\text{-}7$$

由式 3-6 及式 3-7 可求得待测组分的质量（见式 3-8）。

$$m_A = Fm_D \hspace{6cm} \text{式 3-8}$$

计算换算因数时,必须注意在待测组分的摩尔质量 M_A 及称量形式的摩尔质量 M_D 上乘以适当系数,使分子分母中含待测组分的原子数或分子数相等。部分待测组分与称量形式之间的换算因数见表3-2。

表3-2 部分待测组分与称量形式之间的换算因数

待测组分	沉淀形式	称量形式	换算因数
Fe	$Fe(OH)_3 \cdot xH_2O$	Fe_2O_3	$2M_{Fe}/M_{Fe_2O_3}$
MgO	$MgNH_4PO_4$	$Mg_2P_2O_7$	$2M_{MgO}/M_{Mg_2P_2O_7}$
$K_2SO_4 \cdot Al_2(SO_4)_3 \cdot 24H_2O$	$BaSO_4$	$BaSO_4$	$M_{K_2SO_4 \cdot Al_2(SO_4)_3 \cdot 24H_2O}/4M_{BaSO_4}$

【例 3-2】为测定某试样中 P_2O_5 的含量,用 $MgCl_2$、NH_4Cl、$NH_3 \cdot H_2O$ 使 P_2O_5 沉淀为 $MgNH_4PO_4$,最后灼烧成 $Mg_2P_2O_7$ 称量,试求 $Mg_2P_2O_7$ 对 P_2O_5 的换算因数。

解:$P_2O_5 \longrightarrow 2\,MgNH_4PO_4 \longrightarrow Mg_2P_2O_7$

$$F = \frac{M_{P_2O_5}}{M_{Mg_2P_2O_7}} = \frac{141.94}{222.55} = 0.637\,8$$

(二)分析结果计算

分析结果常按百分含量计算。待测组分的质量 m_A 与试样量 S 的比值即为结果的百分含量,计算式如式3-9。

$$w_{待测组分} = \frac{m_A}{m_s} \times 100\% = \frac{F \times m_D}{m_s} \times 100\% \hspace{3cm} \text{式 3-9}$$

【例 3-3】称取草酸氢钾试样 0.517 2g,溶解后用 Ca^{2+} 为沉淀剂将其沉淀为 CaC_2O_4,灼烧后称得 CaO 重 0.226 5g,计算试样中 $KHC_2O_4 \cdot H_2C_2O_4 \cdot 2H_2O$ 的含量。

解:$KHC_2O_4 \cdot H_2C_2O_4 \cdot 2H_2O \longrightarrow 2CaC_2O_4 \longrightarrow 2CaO$

$$F = \frac{M_{KHC_2O_4 \cdot H_2C_2O_4 \cdot 2H_2O}}{2M_{CaO}} = \frac{254.2}{2 \times 56.08} = 2.266$$

$$w = \frac{F \times m_{CaO}}{m_s} \times 100\% = \frac{2.266 \times 0.226\,5}{0.517\,2} \times 100\% = 99.21\%$$

第四节　应用与示例

(一)挥发重量法

葡萄糖的干燥失重测定:取样品 1～2g,置于已恒重的称量瓶中,精密称定,在 105℃干燥至恒重。减失的质量即为葡萄糖的干燥失重。若取葡萄糖($C_6H_{12}O_6 \cdot H_2O$)样品为 1.080 0g,失去水分和挥发性物质后的质量为 0.982 8g,则该葡萄糖样品的干燥失重为

$$\frac{1.080\,0 - 0.982\,8}{1.080\,0} \times 100\% = 9.00\%$$

（二）萃取重量法

某些中药材或制剂中生物碱、有机酸等成分，根据它们的盐能溶于水、而游离生物碱或有机酸不溶于水但溶于有机溶剂的性质，常采用萃取重量法进行测定。生物碱或有机酸成盐后以离子状态存在于水溶液中，调节溶液的 pH 可使生物碱或有机酸游离，选用适宜的有机溶剂萃取。

中药颠茄草中总生物碱的含量测定：取一定量颠茄草粉末，加石灰水适量，苯回流提取，提取液用 0.5% 硫酸萃取，酸水层加氢氧化钠，碱化至 pH 11～11.5，用苯分次萃取直至生物碱提尽为止，合并苯萃取液，过滤，滤液在水浴上蒸干得到萃取物，干燥、称重，即可计算颠茄草中总生物碱的含量。

（三）沉淀重量法

中药西瓜霜中 Na_2SO_4 含量测定：取试样 0.4g，精密称定，加水 150ml，振摇 10 分钟，过滤，沉淀用水 50ml 分 3 次洗涤，过滤，合并滤液，加盐酸 1ml，煮沸，不断搅拌，并缓缓加入热氯化钡试液（约 20ml），至不再产生沉淀，置水浴上加热 30 分钟，静置 1 小时，用无灰滤纸或称定质量的古氏坩埚过滤，沉淀用水分次洗涤，至洗液不再显氯化物的反应，干燥，并灼烧至恒重，精密称定，与 0.608 6（换算因数）相乘，即得西瓜霜中含有的硫酸钠（Na_2SO_4）的质量。

内容提要

（一）基本概念

1. 重量分析法（gravimetric analysis method）简称重量法，是通过称量物质的质量来确定待测组分含量的方法。一般是称取一定质量的试样，用适当的方法将待测组分从试样中分离出来，转化成一定的称量形式，用分析天平称量，从而计算该组分含量。

2. 挥发重量法（volatilization method）简称挥发法，是根据试样中的待测组分具有挥发性或可转化为挥发性物质，利用加热等方法使挥发性组分气化逸出或用适宜已知质量的吸收剂吸收至恒重，称量试样减失的质量或吸收剂增加的质量来计算该组分含量的方法。

3. 萃取重量法（extraction method）简称萃取法，是根据待测组分在两种不相混溶的溶剂中分配比不同，采用溶剂萃取的方法使之与其他组分分离，挥去萃取液中的溶剂，称量干燥萃取物质量，求出待测组分含量的方法。

4. 沉淀重量法（precipitation method）简称沉淀法，是利用沉淀反应将待测组分转化成难溶化合物，以沉淀的形式从试液中分离出来，再将析出的沉淀经过滤、洗涤、烘干或灼烧，转化为可供最后称量的形式称量，计算待测组分的百分含量的方法。

5. 沉淀形式（precipitation form）是沉淀法中析出沉淀的化学组成。

6. 称量形式（weighing form）是沉淀经过滤、洗涤、烘干或灼烧后得到的具有固定组成、可供称量的化学组成。

7. 同离子效应（common-ion effect）指当沉淀反应达到平衡后，适量增加某一构晶离子的浓度，可使沉淀溶解度降低的现象。

8. 异离子效应（diverse-ion effect）指在难溶化合物的饱和溶液中，加入易溶的强电解质，会使难溶化合物的溶解度比同温度时在纯水中的溶解度大的现象。

9．酸效应（acid effect）指溶液酸度对沉淀溶解度的影响。

10．配位效应（coordination effect）指当难溶化合物的溶液中存在着能与构晶离子生成配合物的配位剂时，使沉淀溶解度增大，甚至不产生沉淀的现象。

11．共沉淀（coprecipitation）指当一种难溶化合物沉淀时，某些可溶性杂质同时沉淀下来的现象。

12．后沉淀（postprecipitation）指当溶液中某一组分的沉淀析出后，另一本来难以析出沉淀的组分，也在沉淀表面逐渐沉积的现象。

13．陈化（digestion）是指沉淀完全后，让初生的沉淀与母液共置一段时间的过程、可使小颗粒溶解、大颗粒长大。

14．均匀沉淀法（homogeneous precipitation）是利用化学反应使溶液中缓慢地逐渐产生所需的沉淀剂，从而使沉淀在整个溶液中均匀地、缓慢地析出。

（二）主要计算公式

1．换算因数 $F = \dfrac{aM_A}{dM_D}$

2．由称量形式质量计算待测组分质量 $m_A = Fm_D$

3．待测组分百分含量计算 $w_{待测组分} = \dfrac{m_A}{m_s} \times 100\% = \dfrac{F \times m_D}{m_s} \times 100\%$

（三）基本内容

1．重量分析法根据分离方法的不同，分为挥发法、萃取法、沉淀法和电解法。

2．重量分析法对沉淀形式的要求　①沉淀的溶解度必须小；②沉淀纯度要高；③沉淀要易于过滤、洗涤；④易于转变为具有固定组成的称量形式。

3．重量分析法对称量形式的要求　①要有确定已知的组成；②必须十分稳定；③摩尔质量要大。

4．影响沉淀溶解度的因素　同离子效应、异离子效应、酸效应和配位效应。其中，只有同离子效应是降低沉淀溶解度、保证沉淀完全的有利因素，其他效应均是影响沉淀完全程度的不利因素。

5．影响沉淀纯度的主要因素是共沉淀和后沉淀。引起共沉淀的原因主要有：①表面吸附；②生成混晶；③吸留和包藏。

6．沉淀的结构可粗略地分为晶形沉淀和非晶形沉淀两大类。在沉淀过程中，聚集速度大于定向速度，沉淀微粒聚集形成非晶形沉淀；定向速度大于聚集速度，构晶离子在晶格上定向排列，形成晶形沉淀。

7．晶形沉淀的沉淀条件　①在稀溶液中进行沉淀；②在热溶液中进行沉淀；③在不断搅拌下缓慢加入沉淀剂；④陈化。

8．非晶形沉淀的沉淀条件　①浓溶液中进行沉淀，迅速加入沉淀剂；②在热溶液中进行沉淀；③加入适当的电解质以破坏胶体；④不必陈化。

思考题与习题

1．沉淀重量法中，对沉淀形式和称量形式的要求有哪些？

2．影响沉淀溶解度的因素有哪些？

3．简述获得晶形沉淀和非晶形沉淀的主要条件。

4．影响沉淀纯度的因素有哪些？简述提高沉淀溶解度的措施。

5．计算下列各组换算因数。

称量形式	待测组分
Fe_2O_3	Fe_3O_4
$BaSO_4$	S
$Mg_2P_2O_7$	P_2O_5
$PbCrO_4$	Cr_2O_3
$BaSO_4$	$(NH_4)_2Fe(SO_4)_2 \cdot 6H_2O$

（0.966 6；0.137 4；0.637 8；0.235 1；0.625 9）

6．称取某磷肥 2.062 0g，经过适当处理后使磷沉淀为 $MgNH_4PO_4$，最后灼烧成 $Mg_2P_2O_7$ 称量，称得质量为 0.552 8g。计算磷肥中 P_2O_5 的百分含量。

（17.10%）

7．氯霉素的化学式为 $C_{11}H_{12}O_5N_2Cl_2$，现有氯霉素眼膏试样 1.03g，在密闭试管中用金属钠共热以分解有机物并释放出氯化物，将灼烧后的混合物溶于水，过滤除去碳的残渣，用 $AgNO_3$ 沉淀氯化物，得到 0.012 9g AgCl，计算试样中氯霉素的含量。

（1.41%）

8．称 0.175 8g 纯 NaCl 与纯 KCl 的混合物，然后将氯沉淀为 AgCl 沉淀，过滤、洗涤并干燥至恒重后，得 0.410 4g AgCl。计算样品中 NaCl 和 KCl 的百分含量各为多少？

（78.05%；21.95%）

第三章同步练习

第四章　滴定分析法

学习目标

本章主要介绍滴定分析法的基本概念,各种滴定分析法的基本原理和基础知识。要求:

1. 掌握各类滴定分析法的基本原理及有关计算。
2. 掌握基准物质的条件及标准溶液的配制方法;以及常见标准溶液的标定方法及标准溶液浓度的表示方法。
3. 熟悉各种滴定分析法的基本应用范围。
4. 了解各种滴定分析法的主要影响因素。

第一节　概论

滴定分析法(titrimetry)是经典化学分析法之一,主要用于测定常量组分与半微量组分的含量。具有准确度高、操作简便、测定快速、设备简单等特点,在药品、食品的质量控制中被广泛应用。

一、基本概念

滴定分析法,简称滴定法,也称为"容量分析法"(volumetric analysis)。该方法是将滴定剂(titrant)滴加到被测物溶液中,直至化学计量点,然后根据滴定剂的用量(体积)和浓度,计算待测组分的含量。

(一)主要用语

1. 滴定剂(titrant)　滴定分析中所用的一种已知准确浓度的溶液,也称为标准溶液(standard solution),《中国药典》用语为"滴定液"。

2. 滴定(titration)　将滴定剂从滴定管滴加到被测物溶液中的操作过程。

3. 化学计量点(stoichiometric point, sp)　当加入的滴定剂与待测组分按化学反应式的化学计量关系恰好反应完全时的那一点。

4. 滴定终点(end-point, ep)　在滴定过程中溶液的颜色或电位、电导、电流、光度等发生突变之点,简称终点。

5.指示剂(indicator) 滴定分析法中在被测溶液中加入的一种辅助试剂,其颜色突变指示终点到达。

6.基准物质(primary standard) 滴定分析法中的标准物质,用于直接配制标准溶液或标定标准溶液。

(二)滴定分析法类型

根据化学反应平衡的类型,滴定分析法分为四类。

1.酸碱滴定法(acid-base titration) 以质子转移反应为基础的滴定分析方法,又称中和滴定法(neutralization titration)。用于酸、碱以及能直接或间接与酸、碱发生化学反应的物质的含量测定。

2.沉淀滴定法(precipitation method) 以沉淀反应为基础的滴定分析方法。以银量法应用最为广泛,常用于 Ag^+、CN^-、SCN^- 及卤素离子等(通用符号 X^-)的含量测定。

3.配位滴定法(complexometric titration) 以配位反应为基础的滴定分析方法,又称络合滴定法。用于金属离子或配位剂的含量测定。

目前应用广泛的配位剂是氨羧配位剂,其中常见的滴定剂是乙二胺四乙酸钠盐(EDTA),可以测定几十种金属离子的含量,例如,水的硬度、钙制剂中钙含量等,均可采用 EDTA 滴定法测定。

4.氧化还原滴定法(redox titration) 以氧化还原反应为基础的滴定分析方法。可以直接测定具有氧化性和还原性的物质,或者间接测定某些不具有氧化性和还原性的物质。根据所用滴定剂,氧化还原滴定法又分为碘量法、铈量法、高锰酸钾法、溴量法和重铬酸钾法等。

(三)滴定反应的条件

各种类型的化学反应虽然很多,但不一定都能用于滴定分析。适合于滴定分析的化学反应必须满足三个基本要求。

1.反应定量 反应必须定量完成。所谓定量完成,即无副反应发生,待测组分与标准溶液之间的反应要严格按一定的化学计量关系进行,反应定量完成的程度应大于99.9%,这是定量分析计算的基础。

2.反应速率快 反应速率慢将不利于终点的判断,如果反应速率较慢,可以采用加热、加催化剂等措施提高反应速率。如 $KMnO_4$ 滴定草酸的反应速率较慢,可采用加热的方法来促进反应进行。

3.有终点指示 有适当的终点指示方法。即有合适的指示剂或其他简便可靠的方法,以便用于正确指示滴定终点的到达。

(四)滴定方式

根据化学反应的具体情况,滴定分析法采用的滴定方式有四种。

1.直接滴定法(direct titration) 以滴定剂直接滴定待测组分的方法。要求滴定剂和待测组分之间的反应能满足滴定分析的三个基本要求。该法是滴定分析中最基本、最常用的滴定方法,简便、快速,引入的误差因素较少。

例如，用 HCl 标准溶液滴定 Na_2CO_3；用 NaOH 标准溶液滴定 $H_2C_2O_4$；用 $KMnO_4$ 标准溶液滴定 H_2O_2；用 EDTA 标准溶液滴定金属离子如 Ca^{2+}、Mg^{2+}、Zn^{2+} 等；在中性溶液中用 $AgNO_3$ 标准溶液滴定 Cl^- 等。

2. 返滴定法（back titration） 先在被测溶液中加入过量的标准溶液，待其与待测组分反应完全后，再用另一种滴定剂滴定剩余标准溶液的方法，也称回滴定法或剩余滴定法（surplus titration）。通常在滴定剂与待测组分之间反应速率慢、或待测组分是固体、或缺乏适合检测终点方法时，采用该方法。

例如，Al^{3+} 与 EDTA 反应速率较慢，不宜采用直接滴定法。在 2020 年版《中国药典》一部中药白矾项下，含量测定采用先精密加入一定量的标准溶液 EDTA，待通过煮沸的方式使 EDTA 与 Al^{3+} 反应完全后，再用锌滴定液滴定剩余的 EDTA。

3. 置换滴定法（displacement titration） 先选用适当的试剂与待测组分反应，使之置换出一种能被定量滴定的组分，然后再用适当的滴定剂滴定生成物的方法。通常当滴定剂与待测组分之间不发生化学反应，或不按一定化学计量关系进行反应（伴有副反应）时，采用该方法。

例如，$Na_2S_2O_3$ 不能直接滴定氧化剂 $K_2Cr_2O_7$，因为在酸性溶液中，$K_2Cr_2O_7$ 可将 $S_2O_3^{2-}$ 氧化为 $S_4O_6^{2-}$ 及 SO_4^{2-} 等混合物，无确定的化学计量关系。但是，在 $K_2Cr_2O_7$ 的酸性溶液中加入过量的 KI，$K_2Cr_2O_7$ 与 KI 定量反应置换出 I_2，可以用 $Na_2S_2O_3$ 滴定之，其反应式为：

$$Cr_2O_7^{2-} + 6I^- + 14H^+ \rightleftharpoons 3I_2 + 2Cr^{3+} + 7H_2O$$

$$I_2 + 2S_2O_3^{2-} \rightleftharpoons S_4O_6^{2-} + 2I^-$$

4. 间接滴定法（indirect titration） 利用化学反应先将待测组分转变为某种物质，并采用适当方法分离该物质，再将该物质溶解，然后滴定生成物中的另一因素，通过该因素与待测组分之间在化学式中的固有比例关系，间接地测定待测组分含量的方法。

例如，Ca^{2+} 在溶液中不发生氧化还原反应，不能直接用氧化还原滴定法测定。但将其沉淀为 CaC_2O_4，过滤洗净后将 CaC_2O_4 溶解于硫酸中，用 $KMnO_4$ 标准溶液滴定生成的草酸，然后依据 Ca^{2+} 与 $C_2O_4^{2-}$ 之间的比例关系，间接求得 Ca^{2+} 含量。

二、基本原理

（一）滴定曲线

在滴定过程中，随着滴定剂加入，滴定剂与待测组分进行反应，待测组分的浓度逐渐降低，滴定剂的浓度逐渐升高。若以溶液中表示组分浓度的某种性质（如酸碱滴定的 pH，沉淀滴定的 pX，配位滴定的 pM 以及氧化还原滴定的电极电位 φ）作为纵坐标、以加入的滴定剂体积（或滴定百分数）作为横坐标，所绘制的曲线即称为滴定曲线（titration curve）。该曲线可直观地反映滴定过程中待测组分浓度相关函数随滴定剂体积变化的情况。

（二）滴定突跃及突跃范围

滴定曲线体现了在滴定开始时，加入滴定剂所引起的待测组分的浓度或相关参数的变化比较平缓，其变化的速度与滴定反应平衡常数大小有关；至计量点附近，溶液的参数将发生突变，滴定曲线会变得陡直;在化学计量点后,滴定曲线将由陡直逐渐趋于平缓。

定义化学计量点前后 ±0.1%(滴定分析允许误差)范围内的滴定曲线,被测溶液的相关参数发生急剧变化的现象为滴定突跃(titration jump),突跃相应的纵坐标所在的取值范围为滴定突跃范围。

突跃范围在滴定分析中可反映滴定反应的完全程度,是判断能否准确滴定的依据,也是选择指示剂的依据。一般滴定反应进行得越完全,滴定突跃范围就越大,滴定结果就越准确。

(三)指示滴定终点的方法

滴定分析时,大部分滴定反应必须借助于某种方式检测终点。常用检测的方法有指示剂法和仪器指示法。

1. 指示剂法   利用指示剂在化学计量点前后颜色的突变来指示滴定终点的方法,也称目测法。

指示剂法操作简便、无须特殊设备,因此被广泛使用。但指示剂法也有其不足,如有色试样溶液的干扰、指示剂变色的敏锐性问题等。

常用指示剂是一些有机化合物,在溶液中以两种(或两种以上)型体存在,不同型体的颜色明显不同,存在形式取决于溶液的某种性质(如 pH)。在滴定突跃范围,待测组分的浓度或某一参数,如 pH、pX、pM 或 φ,发生急剧变化,选择在此变化范围内能由一种型体转变为另一型体的指示剂,溶液颜色发生突变,从而指示滴定终点到达。

在一般情况下,当两种型体浓度之比大于或等于 10 时,则可观察到浓度较大的型体的颜色。指示剂由一种型体颜色变为另一型体颜色的范围称为指示剂的变色范围(color change interval)。当两者浓度相等时,溶液呈现指示剂的中间过渡颜色(混合色),这一点称为指示剂的理论变色点。

选择指示剂的一般原则是使指示剂的变色范围全部或部分处于滴定突跃范围内,或使指示剂的变色点尽可能接近化学计量点。

常用指示剂种类主要有以下几类。

(1)酸碱指示剂:一类随溶液 pH 改变而发生颜色变化的物质。

(2)沉淀指示剂:一类与滴定剂或待测组分产生有色沉淀、有色溶液或改变沉淀表面颜色的物质。

(3)金属离子指示剂:一类随溶液 pM 改变而发生颜色变化的物质。

(4)氧化还原指示剂:一类随氧化还原电对电极电位(φ)变化而发生颜色变化的物质。

(5)自身指示剂:滴定剂本身有颜色,滴定终点时稍过量的指示剂即可显色,从而指示终点到达,如 $KMnO_4$、I_2。

(6)专用指示剂:能与滴定剂或待测组分以特定的方式产生颜色的物质。例如,淀粉指示剂与碘能生成深蓝色物质,在碘量法中以蓝色的出现或消失可以指示滴定终点的到达。

2. 仪器指示法   根据滴定过程中溶液某些物理或物理化学性质的突变,采用相应仪器测定,以确定终点的方法。

常见仪器确定滴定终点的方法有:根据滴定过程中溶液电极电位的变化以确定终点的

电位滴定法(potentiometric titration); 根据滴定过程中溶液电流的变化以确定终点的电流滴定法(amperometric titration)。此外, 还有电导滴定法(conductometric titration)、光度滴定法(photometric titration)等。

采用仪器法确定终点, 人为的主观因素干扰小, 易实现自动化, 并且可以测定一些常数, 如酸碱解离常数 K_a 和 K_b、配合物稳定常数 $K_稳$、溶度积常数 K_{sp} 等。仪器指示滴定终点的滴定分析属于仪器分析法。

(四)滴定误差

滴定误差(titration error, TE)指在实际分析中滴定终点与化学计量点不一定恰好吻合所造成的分析误差, 又称终点误差(end-point error)。

滴定误差可用林邦(Ringbom)误差公式计算。

$$TE = \frac{10^{\Delta pX} - 10^{-\Delta pX}}{\sqrt{cK_t}} \times 100\% \qquad 式4\text{-}1$$

式4-1中, pX为滴定过程中发生变化的参数, 如pH或pM; ΔpX为终点 pX_{ep} 与计量点 pX_{sp} 之差; K_t 为滴定反应平衡常数, 即滴定常数, c与计量点时滴定产物的总浓度 c_{sp} 有关。

K_t 越大, 被测组分的分析浓度越大, 则滴定误差越小; 终点与计量点越近, 即ΔpX越小, 滴定误差越小。

三、基准物质与标准溶液

基准物质和标准溶液是滴定分析中必须具备的两种试剂, 需要符合一定的要求。

(一)基准物质应具备的条件

1. 纯度高　具有足够的纯度。杂质含量应小于滴定分析所允许的误差限度, 通常纯度为100.00%±0.05%的基准试剂或优级纯试剂。

2. 组成明确　组成要与化学式完全符合。若含结晶水, 如草酸 $H_2C_2O_4 \cdot 2H_2O$ 等, 其结晶水含量也应与化学式相符。

3. 性质稳定　加热干燥时不分解, 称量时不吸湿, 不吸收 CO_2, 不被空气氧化等。

4. 摩尔质量大　具有较大的摩尔质量, 可减少称量误差。

5. 定量反应　参加滴定反应时, 应按反应式定量进行, 没有副反应。

常用的基准物质及其干燥方法和应用范围见表4-1。

表4-1　常用的基准物质及干燥方法和应用范围

基准物质	干燥或保存方法	干燥后化学组成	标定对象
$Na_2B_4O_7 \cdot 10H_2O$	NaCl和蔗糖饱和溶液干燥器中	$Na_2B_4O_7 \cdot 10H_2O$	酸
Na_2CO_3	270~300℃	Na_2CO_3	酸
邻苯二甲酸氢钾	110~120℃	$C_6H_4(COOH)COOK$	碱或 $HClO_4$
$H_2C_2O_4 \cdot 2H_2O$	室温空气干燥	$H_2C_2O_4 \cdot 2H_2O$	碱或 $KMnO_4$

基准物质	干燥或保存方法	干燥后化学组成	标定对象
$Na_2C_2O_4$	130℃	$Na_2C_2O_4$	$KMnO_4$
$K_2Cr_2O_7$	140~150℃	$K_2Cr_2O_7$	$Na_2S_2O_3$
As_2O_3	室温（干燥器中保存）	As_2O_3	I_2
KIO_3	130℃	KIO_3	$Na_2S_2O_3$
ZnO	800℃	ZnO	EDTA
$CaCO_3$	110℃	$CaCO_3$	EDTA
Zn	室温（干燥器中保存）	Zn	EDTA
NaCl	500~600℃	NaCl	$AgNO_3$
$AgNO_3$	280~290℃	$AgNO_3$	NaCl

（二）标准溶液应具备的条件

1. 标准溶液与待测组分的反应，必须满足滴定反应的条件。

2. 标准溶液的浓度必须稳定不变，否则会降低分析结果的准确度。

（三）标准溶液的配制

根据物质的性质和特点，标准溶液一般采用直接配制法或间接配制法。

1. 直接配制法　以基准物质直接配制，配成的标准溶液称为基准溶液，可用于标定其他标准溶液。配制方法为：准确称取一定量的基准物质，用适量溶剂溶解后定量转移至容量瓶中，稀释至刻度，根据称取的质量和容量瓶的体积计算标准溶液浓度。

例如，配制 0.1mol/L NaCl 标准溶液 1 000ml：在分析天平上准确称取 5.855g 优级纯 NaCl，置于烧杯中，加适量水溶解后定量转移到 1 000ml 容量瓶中，再用水稀释至刻度，混匀，即得 0.100 0mol/L NaCl 标准溶液。

直接配制法具有操作简便、无须标定、配好即用的优点，但必须用基准物质配制。

2. 间接配制法　配制方法为：先粗略地称取一定量物质或量取一定量体积溶液，配制成接近所需浓度的溶液（简称待标液），再用基准物质或另一种标准溶液来测定该溶液的准确浓度。

由于许多物质纯度达不到基准物质的要求，或在空气中不稳定，如 $KMnO_4$、$Na_2S_2O_3$ 等不易提纯，NaOH 容易吸收空气中 CO_2 和水分，$AgNO_3$ 见光易分解，其标准溶液不能采用直接法配制，只能采用间接法配制。

（四）标准溶液的标定

利用基准物质或已知准确浓度的标准溶液测定待标液浓度的操作过程称为标定。

1. 标定法　利用基准物质测定待标液浓度的方法。方法为：准确称取一定量的基准物质，溶解后用待标液滴定，根据基准物质的质量和待标液的体积，计算出待标液的准确浓度。

大多数标准溶液采用基准物质"标定"其准确浓度。例如，NaOH 标准溶液用基准物质邻苯二甲酸氢钾"标定"其准确浓度。

2. 比较法　利用已知准确浓度的标准溶液测定待标液浓度的方法。方法为：准确吸取一定量的待标液，用已知准确浓度的标准溶液滴定，或准确吸取一定量标准溶液，用待标液滴定，根据两种溶液的体积和标准溶液的浓度,计算出待标液的准确浓度。

(五)标准溶液浓度的表示方法

1. 物质的量浓度　单位体积溶液中所含溶质的物质的量称为物质的量浓度(amount of substance concentration),即式4-2。

$$c = \frac{n}{V}$$ 　　　　式4-2

式4-2中,c为物质的量浓度(mol/L 或 mmol/L),简称浓度;V为溶液的体积(L 或 ml);n为溶液中溶质的物质的量(mol 或 mmol)。

物质的量 n 与物质的质量 m 之间的关系为式4-3。

$$n = \frac{m}{M}$$ 　　　　式4-3

式4-3中,M为物质的摩尔质量,单位为 g/mol。

溶液中溶质的质量、浓度、摩尔质量、溶液体积之间的关系为式4-4。

$$m = n M = cVM$$ 　　　　式4-4

2. 滴定度　每毫升滴定剂相当于待测组分的克数称为滴定度(titer),是一种以待测组分的质量表示滴定剂浓度的方法,用 $T_{T/A}$ 表示,下标 T 是滴定剂的化学式,A 是待测组分的化学式。

例如,$T_{K_2Cr_2O_7/Fe} = 0.005\,000\,g/ml$ 表示 1ml $K_2Cr_2O_7$ 滴定剂相当于 0.005 000g Fe。

在生产单位的例行分析中使用滴定度表示比较方便,可以直接用滴定度计算待测组分的质量或百分含量。《中国药典》(2020 年)中滴定分析法测定含量均采用滴定度表示。

四、滴定分析的计算

滴定分析中涉及各种计算问题,如标准溶液的配制与标定,标准溶液与待测组分之间的计量关系及分析结果的计算等。

(一)计算的依据

当用滴定剂 T 直接滴定待测组分 A 的溶液时,滴定反应可表示为

$$t\,T + a\,A = P$$

当反应达到化学计量点时,t mol T 恰好与 a mol A 反应完全,即

$$n_T : n_A = t : a$$

则有

$$n_T = \frac{t}{a} n_A \text{ 或 } n_A = \frac{a}{t} n_T$$ 　　　　式4-5

式4-5为滴定剂与待测组分之间化学计量的基本关系式。

(二)基本计算公式

1. 被测物是溶液　若被测物是溶液,其体积为 V_A,浓度为 c_A,滴定至终点时,消耗浓度为 c_T

的滴定剂的体积为 V_T，根据式 4-4 和式 4-5 可得式 4-6。

$$c_A V_A = \frac{a}{t} c_T V_T$$ 式 4-6

2. 被测物是固体 若被测物是固体，配制成溶液后进行滴定，至滴定终点时，消耗浓度为 c_T 的滴定剂的体积为 V_T，根据式 4-2、式 4-3 和式 4-5 可得式 4-7。

$$c_T V_T = \frac{t}{a} \times \frac{m_A}{M_A} \times 1\,000$$ 式 4-7

用于以基准物质标定标准溶液的浓度，则式 4-7 整理为式 4-8。

$$c_T = \frac{t}{a} \times \frac{m_A}{V_T M_A} \times 1\,000$$ 式 4-8

用于以标准溶液滴定，测定某组分的质量，则式 4-7 整理为式 4-9。

$$m_A = \frac{a}{t} \times \frac{c_T V_T M_A}{1\,000}$$ 式 4-9

若用于返滴定法测定某组分的质量，根据滴定反应

$$a\,A + t\,T_1(过量) = D$$

$$t_1\,T_1(剩余) + t_2\,T_2 = P$$

则由式 4-9 可得式 4-10。

$$m_A = \frac{a}{t} \times \frac{\left(c_{T_1} V_{T_1} - \dfrac{t_1}{t_2} c_{T_2} V_{T_2}\right) M_A}{1\,000}$$ 式 4-10

当式 4-9 中 $V_T = 1\text{ml}$ 时，根据滴定度的定义，则有式 4-11。

$$T_{T/A} = \frac{a}{t} \times \frac{c_T M_A}{1\,000} \,(\text{g/ml})$$ 式 4-11

式 4-7、式 4-8、式 4-9、式 4-10 和式 4-11 中，m_A 的单位为 g，M_A 的单位为 g/mol，V 的单位为 ml，c 的单位为 mol/L。

3. 被测物含量 一般以待测组分的质量（m_A）占样品总质量（m）的分数表示被测物的含量。通常以百分比来表示，即称百分含量或质量分数（见式 4-12）。

$$w_A = \frac{m_A}{m} \times 100\%$$ 式 4-12

（1）直接滴定法：若称取试样为 mg，测得待测组分质量为 m_Ag，可由式 4-9 和式 4-12 得待测组分 A 的百分含量（见式 4-13）。

$$w_A = \frac{m_A}{m} \times 100\% = \frac{\dfrac{a}{t} c_T V_T \dfrac{M_A}{1\,000}}{m} \times 100\%$$ 式 4-13

若已知滴定剂的滴定度 $T_{T/A}$，则由式 4-11 代入得式 4-14。

$$w_A = \frac{m_A}{m} \times 100\% = \frac{T_{T/A} V_T}{m} \times 100\%$$ 式 4-14

（2）返滴定法：若采用返滴定法测定被测物的含量，则由式 4-10 和式 4-12 得式 4-15。

$$w_A = \frac{\dfrac{a}{t}\left(c_{T_1} V_{T_1} - \dfrac{t_1}{t_2} c_{T_2} V_{T_2}\right) M_A}{m \times 1\,000} \times 100\%$$ 式 4-15

（三）计算实例

1. 溶液浓度的计算

（1）用固体或液体配制一定浓度的溶液

【例4-1】配制0.1mol/L NaOH溶液1 000ml，需称取固体NaOH多少克？

解：根据式4-4，可得

$$m_{NaOH} = \frac{c_{NaOH}V_{NaOH}M_{NaOH}}{1\,000} = \frac{0.1 \times 1\,000 \times 40.00}{1\,000} = 4(g)$$

【例4-2】现有相对密度为1.84g/ml，含量为98%的浓H_2SO_4溶液，欲配制0.1mol/L H_2SO_4溶液1 000ml，应取浓H_2SO_4多少毫升？（$M_{H_2SO_4} = 98.08g/mol$）

解：根据式4-2，可得

$$n_{H_2SO_4} = c_{浓H_2SO_4}V_{浓H_2SO_4} = 0.1 \times \frac{1\,000}{1\,000} = 0.1(mol)$$

根据式4-3，可得

$$m_{H_2SO_4} = n_{H_2SO_4} \cdot M_{H_2SO_4} = 0.1 \times 98.08 \approx 9.8(g)$$

$$V_{浓H_2SO_4} = \frac{m_{H_2SO_4}}{1.84 \times 98\%} = \frac{9.8}{1.84 \times 98\%} = 5.4(ml)$$

（2）溶液稀释或增浓时浓度的计算：当溶液稀释或增浓时，溶液中溶质的量未改变，只有浓度和体积发生了变化，是式4-6的应用特例。

【例4-3】浓H_2SO_4的浓度约为18mol/L，若配制0.1mol/L H_2SO_4待标液1 000ml，应取浓H_2SO_4多少毫升？

解：根据式4-6，可得

$$V_{浓} = \frac{c_{稀}V_{稀}}{c_{浓}} = \frac{0.1 \times 1\,000}{18} \approx 5.6(ml)$$

（3）标准溶液的标定

【例4-4】标定HCl标准溶液浓度：称取基准物质硼砂（$Na_2B_4O_7 \cdot 10H_2O$）0.403 8g，用HCl待标液滴定至终点时，消耗HCl待标液20.19ml。试计算该HCl待标液的物质的量浓度。（$M_A = 381.37g/mol$）

解：硼砂与盐酸的滴定反应为

$$Na_2B_4O_7 + 2HCl + 5H_2O \rule[0.5ex]{2.5em}{0.4pt} 4H_3BO_3 + 2NaCl$$

$$n_{HCl} : n_{Na_2B_4O_7} = 2 : 1$$

根据式4-8，可得

$$c_{HCl} = \frac{2}{1} \times \frac{m_A}{V_{HCl}M_A} \times 1\,000$$

$$c_{HCl} = \frac{2}{1} \times \frac{0.403\,8}{20.19 \times 381.37} \times 1\,000 = 0.104\,9(mol/L)$$

【例4-5】试计算"例4-4"中HCl标准溶液对$CaCO_3$的滴定度。（$M_{CaCO_3} = 100.1g/mol$）

解：HCl与$CaCO_3$反应的化学计量关系为

$$2HCl \sim CaCO_3$$

根据式4-11，可得

$$T_{T/A} = \frac{1}{2} \times \frac{0.104\,9 \times 100.1}{1\,000} = 5.250 \times 10^{-3}\,(\text{g/ml})$$

2. 估计样品取样量

【例4-6】用 Na_2CO_3 标定 0.2mol/L HCl 溶液时，若使用 25ml 滴定管，问应称取基准物 Na_2CO_3 多少克？

解： $Na_2CO_3 + 2HCl \stackrel{}{=\!=\!=} 2NaCl + H_2O + CO_2\uparrow$

以消耗标准溶液 20ml 计算，由式 4-9 得：

$$m_{Na_2CO_3} = \frac{1}{2} \times \frac{c_{HCl}V_{HCl}M_{Na_2CO_3}}{1\,000} = \frac{1}{2} \times \frac{0.2 \times 20 \times 105.99}{1\,000} = 0.23\,(\text{g})$$

故 Na_2CO_3 的称量范围为（0.23±0.23×10%），在 0.21~0.25g 范围。

3. 被测物含量的计算

【例4-7】按《中国药典》(2020 年) 酸碱滴定法测定山楂中总有机酸的含量。称取山楂细粉 1.015g，精密加水 100ml，室温下浸泡 1 小时，过滤。精密量取续滤液 25ml，加水 50ml，加酚酞指示液 2 滴，用 NaOH 滴定液 (0.020 30mol/L) 滴定至终点，消耗 10.15ml。求山楂中有机酸（以枸橼酸 $C_6H_8O_7$ 计）的百分含量。（$M_{\text{枸橼酸}}$ = 192.14g/mol）。

解： 该滴定的反应式为

$$C_6H_8O_7 + 3NaOH \stackrel{}{=\!=\!=} C_6H_5O_7Na_3 + 3H_2O$$

根据式 4-13，可得

$$w_{\text{枸橼酸}} = \frac{1}{3} \times \frac{0.020\,30 \times 10.15 \times 192.14}{1.015 \times \dfrac{25.00}{100.00} \times 1\,000} \times 100\% = 5.20\%$$

【例4-8】若"例 4-7"中，已知 1ml 氢氧化钠滴定液 (0.100 0mol/L) 相当于 6.404mg 枸橼酸。求"例 4-7"山楂中有机酸（以枸橼酸 $C_6H_8O_7$ 计）的百分含量。

解： 根据式 4-14，可得

$$w_{\text{枸橼酸}} = \frac{6.404 \times 10^{-3} \times \dfrac{0.020\,30}{0.100\,0} \times 10.15}{1.015 \times \dfrac{25.00}{100.0}} \times 100\% = 5.20\%$$

用滴定度计算被测物质的含量比较方便，可由消耗滴定剂毫升数直接进行计算，但是要注意将滴定度换算为实际滴定剂浓度对应的滴定度。

【例4-9】称取 $CaCO_3$ 试样（不含干扰物质）0.200 2g 溶解于 25.00ml 的 HCl 溶液 (0.102 0mol/L) 中，过量的酸用 NaOH 溶液 (0.101 0mol/L) 返滴定，消耗 10.12ml，求试样中 $CaCO_3$ 的含量。（M_{CaCO_3} = 100.1g/mol）

解： HCl 与 $CaCO_3$ 的反应为

$$2HCl + CaCO_3 \stackrel{}{=\!=\!=} CaCl_2 + H_2O + CO_2\uparrow$$

$$HCl + NaOH \stackrel{}{=\!=\!=} NaCl + H_2O$$

根据式 4-15，可得

$$w_{CaCO_3} = \frac{1}{2} \times \frac{[(0.102\,0 \times 25.00) - (0.101\,0 \times 10.12)] \times 100.1}{0.200\,2 \times 1\,000} \times 100\% = 38.20\%$$

第二节　酸碱滴定法

以酸碱反应为基础的滴定分析方法称为酸碱滴定法（acid-base titration）。该法既可测定许多具有酸碱性的物质，也可间接测定一些能与酸碱发生反应的不具有酸碱性的物质。具有操作简便、快速、准确及应用广泛等特点，在药品、食品质量控制中的应用较为普遍。

一、水溶液中的酸碱平衡

（一）酸碱质子理论

1. 酸碱定义　1923 年丹麦物理化学家布朗斯特（Brønsted）和英国化学家劳里（Lowry）提出的酸碱质子理论（acid-base proton theory），或称 Brønsted-Lowry 质子理论，是处理溶液中酸碱平衡的基础。该理论指出凡是能给出质子（H^+）的物质是酸，能接受质子的物质是碱。酸失去质子变成碱、碱接受质子变成酸，这种相互依存又相互转化的性质称为共轭性，彼此只相差一个 H^+，称为共轭酸碱对（conjugate acid-base pair）。

在该理论中，酸和碱可以是中性分子、阳离子或阴离子，例如酸 HCl、NH_4^+、HCO_3^-，可失去一个 H^+；相应生成的碱 Cl^-、NH_3、CO_3^{2-}，可接受一个 H^+。有些物质既能给出 H^+ 又能接受 H^+，被称为两性物质（amphiprotic substance），如 NH_4Ac、HCO_3^-、HPO_4^{2-} 等。

2. 水合质子概念　H^+ 半径很小，电荷密度很高，游离 H^+ 不能在溶液中单独存在，水溶液中 H^+ 与 H_2O 可形成水合质子（H_3O^+）。

3. 酸碱反应实质　酸碱半反应不能独立存在，酸在给出 H^+ 时，必须有另一种能接受 H^+ 的物质。酸、碱在水中解离的实质是质子的转移过程，水在酸的解离过程中起碱的作用、在碱的解离过程中起酸的作用。

酸碱反应实质是通过水合质子实现的质子转移过程，是两个共轭酸碱对共同作用的结果，反应所生成的产物"盐"是酸、碱或两性物质。"盐"水解的实质也是质子的转移过程。

4. 溶剂的质子自递　对于解离性溶剂（SH）均存在平衡。

$$SH \rightleftharpoons H^+ + S^- \qquad K_a^{SH} = \frac{[H^+][S^-]}{[SH]} \qquad\qquad 式 4\text{-}16$$

$$SH + H^+ \rightleftharpoons SH_2^+ \qquad K_b^{SH} = \frac{[SH_2^+]}{[SH][H^+]} \qquad\qquad 式 4\text{-}17$$

式 4-16 中，K_a^{SH} 为溶剂的固有酸度常数，反映溶剂给出质子的能力；式 4-17 中，K_b^{SH} 为溶剂的固有碱度常数，反映溶剂接受质子的能力。

两分子的溶剂自身发生质子转移反应，称为质子自递反应（autoprotolysis reaction），其中一分子起酸的作用，另一分子起碱的作用。反应通式为：

$$2SH \rightleftharpoons SH_2^+ + S^-$$

反应式中 SH_2^+ 为溶剂合质子，S^- 为溶剂阴离子。反应的平衡常数为 K（见式 4-18）。

$$K = \frac{[SH_2^+][S^-]}{[SH]^2} = K_a^{SH} \cdot K_b^{SH}$$ 式 4-18

由于溶剂自身解离甚微, [SH]可视为 1, 故式 4-18 可改写为式 4-19。

$$K_s = [SH_2^+][S^-] = K_a^{SH} \cdot K_b^{SH}$$ 式 4-19

式 4-19 中, K_s 称为溶剂的质子自递常数(autoprotolysis constant)。

在 H_2O 分子之间发生质子转移反应, 结果生成共轭酸 H_3O^+ 和共轭碱 OH^-。水的质子自递常数又称水的离子积(ionic product), 用 K_w 表示(见式 4-20)。

$$K_w = [H_3O^+][OH^-] = 1.0 \times 10^{-14}(\ 25℃\ )$$ 式 4-20

5. 共轭酸碱对　解离常数及相互关系不同类酸或碱的强弱, 通过酸或碱的解离常数(dissociation constant)的大小来表征。

例如, 对于某弱酸 HA、弱碱 A^- 在水溶液中存在的解离反应, 依据化学平衡理论有式 4-21、式 4-22。

$$HA + H_2O \rightleftharpoons H_3O^+ + A^- \qquad K_a = \frac{[A^-][H_3O^+]}{[HA]}$$ 式 4-21

$$A^- + H_2O \rightleftharpoons HA + OH^- \qquad K_b = \frac{[HA][OH^-]}{[A^-]}$$ 式 4-22

式中, K_a 为酸解离常数, K_b 为碱解离常数。在水溶液中, 酸的强度取决于它给出质子的能力, K_a 越大表示该酸的强度越强。同理, 碱的强度取决于它接受质子的能力, K_b 越大表示该碱的强度越强。酸、碱的强度与其共轭碱、酸的强度成反比关系, 共轭酸碱对的 K_a 和 K_b 可以通过 K_w 进行相互换算。

综合式 4-20、式 4-21 和式 4-22 可以得到式 4-23。

$$K_a \cdot K_b = \frac{[A^-][H_3O^+]}{[HA]} \cdot \frac{[HA][OH^-]}{[A^-]} = [H_3O^+] \cdot [OH^-] = K_w$$ 式 4-23

或 $pK_a + pK_b = pK_w$

对于多元酸、碱, 在水溶液中逐级解离, 存在多个共轭酸碱对, 并且各级解离常数的大小有关系为: $K_{a_1} > K_{a_2} > K_{a_3}$ 或 $K_{b_1} > K_{b_2} > K_{b_3}$。根据式 4-23 的关系, 每一个共轭酸碱对则有: $K_{a_1} K_{b_3} = K_{a_2} K_{b_2} = K_{a_3} K_{b_1} = K_w$。

6. 酸碱滴定反应常数　以 K_t 表示滴定反应常数, 其大小反映滴定反应的完全程度, K_t 越大表示滴定反应越完全。K_t 与其解离平衡常数 K_a 或 K_b 有关, 酸、碱性越弱, 反应的完全程度越低。弱酸与弱碱之间反应的平衡常数较小, 不适宜用于滴定分析。

（1）强酸碱之间的滴定: $H^+ + OH^- \rightleftharpoons H_2O$

$$K_t = \frac{1}{[H^+][OH^-]} = \frac{1}{K_w} = 1.0 \times 10^{14}$$

（2）强酸滴定一元弱碱: $H^+ + A^- \rightleftharpoons HA$

$$K_t = \frac{K_b}{K_w}$$

例如, HCl 溶液滴定 $NH_3 \cdot H_2O$ 溶液($K_b = 1.8 \times 10^{-5}$): $K_t = 1.8 \times 10^9$。

（3）强碱滴定一元弱酸: $OH^- + HA \rightleftharpoons H_2O + A^-$

$$K_t = \frac{K_a}{K_w}$$

例如，NaOH 溶液滴定 HAc 溶液（$K_a = 1.8 \times 10^{-5}$）：$K_t = 1.8 \times 10^9$。

（4）一元弱酸与弱碱之间的反应：$HA + B^- \rightleftharpoons A^- + HB$

$$K_t = \frac{[A^-][HB]}{[HA][B^-]} = \frac{K_{a(HA)}}{K_{a(HB)}}$$

例如，HAc 溶液和 $NH_3 \cdot H_2O$ 溶液的反应：$K_t = 3.2 \times 10^4$。

（二）水溶液中酸碱各型体的分布

1. 有关浓度的概念　溶液中 H^+（OH^-）的平衡浓度为酸（碱）度，常以 pH（pOH）表示，pH（pOH）的大小与酸（碱）的强度及其浓度有关。

单位体积溶液中所含某酸（碱）的物质的量为酸（碱）的浓度，包括已解离的和未解离的浓度，即酸（碱）的总浓度，也称酸（碱）的分析浓度，常用符号 c 表示，单位为 mol/L。在平衡状态时溶液中某酸碱存在的各型体的浓度为平衡浓度，常用符号 $[M_i]$ 表示。

例如，0.1mol/L HAc 水溶液，总浓度 c_{HAc} 为 0.1mol/L，部分解离，在平衡状态时溶液中有 HAc 和 Ac^- 两种型体，平衡浓度分别为 [HAc] 和 $[Ac^-]$，两者之和为分析浓度，即 $c_{HAc} = [HAc] + [Ac^-]$。

2. 分布系数　在酸碱水溶液平衡体系中，存在多种型体，其浓度随溶液酸度而变。定义溶液中某种型体的平衡浓度占分析浓度的分数为分布分数（distribution fraction），又称分布系数，用 δ 表示。

以醋酸为例讨论一元弱酸：在水溶液中达到解离平衡后，存在型体 HAc 和 Ac^-。设其分析浓度为 $c$mol/L，根据 $c = [HAc] + [Ac^-]$，则有式 4-24。

$$\delta_{HAc} = \frac{[HAc]}{c} = \frac{[HAc]}{[HAc] + [Ac^-]} = \frac{1}{1 + \frac{K_a}{[H^+]}} = \frac{[H^+]}{[H^+] + K_a} \qquad \text{式 4-24}$$

同理得式 4-25。

$$\delta_{Ac^-} = \frac{[Ac^-]}{c} = \frac{[Ac^-]}{[HAc] + [Ac^-]} = \frac{K_a}{[H^+] + K_a} \qquad \text{式 4-25}$$

并且有

$$\delta_{HAc} + \delta_{Ac^-} = 1$$

以草酸为例讨论二元弱酸：在水溶液中达到平衡时存在 $H_2C_2O_4$、$HC_2O_4^-$、$C_2O_4^{2-}$ 三种型体，设其分析浓度为 c mol/L，以 A 代表 $C_2O_4^{2-}$。

根据 $c = [H_2A] + [HA^-] + [A^{2-}]$，则有式 4-26。

$$\delta_{H_2A} = \frac{[H_2A]}{c} = \frac{[H^+]^2}{[H^+]^2 + [H^+]K_{a_1} + K_{a_1}K_{a_2}} \qquad \text{式 4-26}$$

同理得式 4-27、式 4-28。

$$\delta_{HA^-} = \frac{[HA^-]}{c} = \frac{[H^+]K_{a_1}}{[H^+]^2 + [H^+]K_{a_1} + K_{a_1}K_{a_2}} \qquad \text{式 4-27}$$

$$\delta_{A^{2-}} = \frac{[A^{2-}]}{c} = \frac{K_{a_1}K_{a_2}}{[H^+]^2 + [H^+]K_{a_1} + K_{a_1}K_{a_2}} \qquad 式4\text{-}28$$

并且有

$$\delta_{H_2A} + \delta_{HA^-} + \delta_{A^{2-}} = 1$$

由式4-24～式4-28可知,弱酸的分布系数是溶液中 [H⁺] 的函数,其大小仅与该弱酸的解离常数和溶液的酸度有关,而与其总浓度无关。分布系数的大小能够定量地说明溶液中各型体的分布情况,由分布系数可以计算溶液中各种型体的平衡浓度。

若将式4-24～式4-28中的 [H⁺] 换成 [OH⁻]、K_a 换成 K_b,即可得到一元弱碱和二元弱碱的分布系数。

3. 分布曲线   各型体的分布系数 δ 与溶液 pH 间的关系曲线称为分布曲线,可以直观地给出不同 pH 时溶液中各型体的分布状况。利用分布曲线可了解酸碱滴定过程中各组分的变化情况和分步滴定的可能性。例如图4-1和图4-2分别为 HAc 和 $H_2C_2O_4$ 各型体的分布曲线。

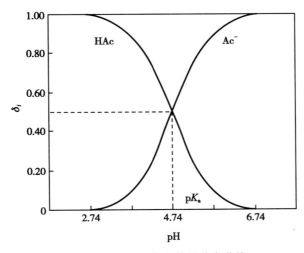

● 图4-1　HAc 各型体的分布曲线

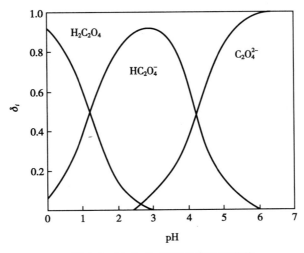

● 图4-2　$H_2C_2O_4$ 各型体的分布曲线

图 4-1 显示，δ_{HAc} 随 pH 升高而减小，δ_{Ac^-} 随 pH 升高而增大。在两条曲线交点处，pH=pK_a=4.74 时，δ_{HAc}=δ_{Ac^-}=0.50，即 [HAc]=[Ac⁻]。当溶液 pH>pK_a 时，主要存在 Ac⁻，当溶液 pH<pK_a 时，以 HAc 为主；当 pH≥pK_a+2 时，δ_{Ac^-} 趋近于 1；当 pH≤pK_a−2 时，δ_{HAc} 趋近于 1。

图 4-2 显示，pH 在 2.5～3.3 范围内有三种型体共存。当溶液 pH<pK_{a_1} 时，以 $H_2C_2O_4$ 为主存在；当 pH>pK_{a_2} 时，以 $C_2O_4^{2-}$ 为主；而当 pK_{a_1}<pH<pK_{a_2} 时，$HC_2O_4^-$ 的浓度明显高于其他两者。

观察图 4-2，对于二元酸 H_2A，pK_{a_1} 与 pK_{a_2} 越接近，以 HA^- 型体为主的 pH 范围就越窄。若 δ_{HA^-} 的最大值小于 1，在滴定分析时 HA^- 将不能被分步滴定。

（三）酸碱水溶液中 [H⁺] 浓度的计算

1. 质子条件式　根据酸碱质子理论，当酸碱反应达到平衡时，酸失去的质子数与碱得到的质子数相等，这种关系称为质子平衡（proton balance），也称质子条件（proton condition）。其数学表达式称为质子条件式（proton condition equation），又称质子平衡式（proton balance equation），简写为 PCE 或 PBE。

由酸碱反应得失质子的等衡关系可以直接写出质子条件式，有关要点如下。

（1）选取质子参考水准（又称零水准），通常选起始酸（碱）组分和溶剂。

（2）根据质子参考水准判断得失质子产物及其得失质子物质的量。

（3）根据得失质子量相等的原则写出质子条件式。

例如，$(NH_4)_2HPO_4$ 水溶液的质子条件式，选择 NH_4^+、HPO_4^{2-} 和 H_2O 作为零水准，零水准、得质子产物及失质子产物分别如下。

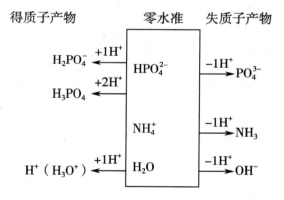

则 PBE 为：

$$[H^+]+[H_2PO_4^-]+2[H_3PO_4]=[PO_4^{3-}]+[NH_3]+[OH^-]$$

在实际应用中为简单起见，以 [H⁺] 表示 [H₃O⁺]。

2. 一元酸溶液 [H⁺] 的计算　设酸浓度为 c_a，一元酸 HA 溶液的质子条件式为式 4-29。

$$[H^+]=[A^-]+[OH^-] \qquad 式4\text{-}29$$

（1）若 HA 为强酸，则 δ_{A^-}=1，[A⁻]=c_a，将式 4-20 代入式 4-29 得：

$$[H^+]=c_a+\frac{K_w}{[H^+]} \quad 或 \quad [H^+]^2-c_a[H^+]-K_w=0$$

解之，得一元强酸溶液 [H⁺] 计算精确式为：

$$[H^+]=\frac{c_a+\sqrt{c_a^2+4K_w}}{2}$$

当 $c_a \geqslant 1.0 \times 10^{-6}$ mol/L 时,可忽略水的解离,则得最简式:

$$[H^+] = c_a$$

(2)若 HA 为弱酸,由式 4-29 结合式 4-25 和式 4-20 可得一元弱酸溶液 $[H^+]$ 计算精确式:

$$[H^+] = \frac{c_a K_a}{[H^+] + K_a} + \frac{K_w}{[H^+]}$$

当 $c_a K_a \geqslant 20 K_w$ 时,水的解离影响很小,可忽略 K_w 项,则得:

$$[H^+] = \frac{c_a K_a}{[H^+] + K_a} \quad 或 \quad [H^+]^2 = K_a(c_a - [H^+])$$

解之,得一元弱酸溶液 $[H^+]$ 计算近似式:

$$[H^+] = \frac{-K_a + \sqrt{K_a^2 + 4K_a c_a}}{2}$$

当 $c_a K_a \geqslant 20 K_w$,且 $c_a/K_a \geqslant 500$ 时,忽略弱酸解离对总浓度的影响,即 $c_a - [H^+] \approx c_a$,则可得一元弱酸溶液 $[H^+]$ 计算最简式(如式 4-30)。

$$[H^+] = \sqrt{K_a c_a} \qquad\qquad 式 4\text{-}30$$

3. 多元酸溶液 $[H^+]$ 的计算 若以某二元酸 H_2A 为例,其溶液质子条件式为 $[H^+] = [HA^-] + 2[A^{2-}] + [OH^-]$。

设 H_2A 的浓度为 c_a mol/L,应用式 4-27、式 4-28 及式 4-20,整理后可得多元酸溶液 $[H^+]$ 计算精确式:

$$[H^+] = \sqrt{c_a K_{a_1}\left(1 + \frac{2K_{a_2}}{[H^+]}\right) + K_w}$$

与处理一元弱酸的方法相似,当 $c_a K_{a_1} \geqslant 20 K_w$ 时,忽略水的解离,略去 K_w 项。通常 $K_{a_1} >> K_{a_2}$,若 $\dfrac{2K_{a_2}}{[H^+]} \approx \dfrac{2K_{a_2}}{\sqrt{c_a K_{a_1}}} < 0.05$,可再忽略酸的二级解离,且 $c_a/K_{a_1} \geqslant 500$ 时,多元酸即简化成一元弱酸,$[H^+]$ 计算最简式为式 4-31。

$$[H^+] = \sqrt{K_{a_1} c_a} \qquad\qquad 式 4\text{-}31$$

4. 两性物质溶液 $[H^+]$ 计算 以某两性物质 NaHA 为例,溶液的质子条件式为:

$$[H^+] + [H_2A] = [A^{2-}] + [OH^-]$$

设其浓度为 c_a mol/L,而 K_{a_1}、K_{a_2} 分别为 H_2A 的一级和二级解离常数,以式 4-26、式 4-28 及式 4-20 代入,得计算 $[H^+]$ 的精确式为:

$$[H^+] + \frac{c_a [H^+]^2}{[H^+]^2 + K_{a_1}[H^+] + K_{a_1} K_{a_2}} = \frac{c_a K_{a_1} K_{a_2}}{[H^+]^2 + K_{a_1}[H^+] + K_{a_1} K_{a_2}} + \frac{K_w}{[H^+]}$$

通常两性物质给出质子和接受质子能力都比较弱;可认为 $[HA^-] \approx c_a$,简化近似为:

$$[H^+] + \frac{c_a [H^+]}{K_{a_1}} = \frac{c_a K_{a_2}}{[H^+]} + \frac{K_w}{[H^+]} \quad 或 \quad [H^+] = \sqrt{\frac{K_{a_2} c_a + K_w}{1 + \dfrac{c_a}{K_{a_1}}}}$$

若 $c_a/K_{a_1} \geqslant 20$,且 $c_a K_{a_2} \geqslant 20 K_w$,忽略 K_w 项及式中分母上的 1,则最简式为式 4-32。

$$[H^+] = \sqrt{K_{a_1} K_{a_2}} \qquad\qquad 式 4\text{-}32$$

由此可见，两性物质溶液的 pH 在一定条件下与浓度无关。因此，在允许范围内，两性物质溶液可以起缓冲溶液的作用。

5．缓冲溶液 [H⁺] 计算　　缓冲溶液（buffer solution）能够抵抗少量强酸、强碱或一定程度的稀释而保持溶液 pH 的基本不变。一般由浓度较大的弱酸 HA 与其共轭碱 A⁻ 组成，如 HAc-Ac⁻、NH₄⁺-NH₃ 等。缓冲溶液所能控制的酸度范围由组成缓冲体系的共轭酸碱对的解离常数以及它们的浓度所决定。

以缓冲溶液 HA-A⁻ 为例，设浓度分别为 $c_a$mol/L 和 $c_b$mol/L，在溶液中存在质子转移平衡：

$$HA + H_2O \rightleftharpoons H_3O^+ + A^- \qquad K_a = \frac{[H^+][A^-]}{[HA]} \text{ 或 } [H^+] = \frac{K_a[HA]}{[A^-]}$$

求负对数，则有式 4-33。

$$pH = pK_a + \lg\frac{[A^-]}{[HA]} \tag{式 4-33}$$

缓冲溶液中，共轭酸碱对的浓度都较大，$[HA] \approx c_a$，$[A^-] \approx c_b$，即有式 4-34。

$$pH = pK_a + \lg\frac{c_b}{c_a} \tag{式 4-34}$$

二、酸碱滴定法的基本原理

（一）酸碱指示剂

滴定分析的关键是滴定进行至化学计量点时，能及时指示终点达到。因此，根据不同分析对象，合理选择指示剂是设计滴定分析的重要内容。

1．酸碱指示剂的变色原理　　酸碱指示剂（acid-base indicator）通常是一些有机弱酸或弱碱，由于它们的共轭酸与共轭碱的结构不同而具有不同的颜色。当溶液的 pH 发生改变时，指示剂失去质子由酸式转变为共轭碱式，或接受质子由碱式转变为共轭酸式，从而能引起溶液颜色的变化。

酸式或碱式为无色的指示剂称为单色指示剂，如酚酞（phenolphthalein，PP）；酸式与碱式各具有颜色的指示剂称为双色指示剂，如甲基橙（methyl orange，MO）。

酚酞是一种有机弱酸，其 $K_a = 6.0 \times 10^{-10}$。一般当 pH ≤ 8.0 时，溶液呈无色；当 pH ≥ 10.0 时，溶液显红色。在水溶液中的解离平衡可表示为：

甲基橙是一种有机弱碱,其 $K_a = 3.5 \times 10^{-4}$。当 pH $\leqslant 3.1$ 时,甲基橙主要以酸式结构(醌型)存在,溶液显红色;当 pH $\geqslant 4.4$ 时,主要以碱式(偶氮)结构存在,溶液呈黄色。在水溶液中的解离平衡可表示为:

$$碱式(黄色) \qquad\qquad 酸式(红色)$$

若以 HIn 表示指示剂酸式、以 In⁻ 表示指示剂碱式,则其解离平衡可表示为:

$$HIn(酸式色) \Longrightarrow In^-(碱式色) + H^+$$

根据化学反应平衡原理,当溶液 pH 升高时,上述反应将利于生成碱式,平衡将向生成碱式方向移动,酸式逐渐转变为其碱式,在主要以碱式存在时,溶液呈碱式颜色;反之,当溶液 pH 降低时,平衡将向生成酸式方向移动,碱式逐渐转变为其酸式,当以酸式存在为主时,溶液呈酸式颜色。

综上所述,酸碱指示剂的变色与溶液的 pH 有关。在酸碱滴定过程中,溶液的 pH 逐渐改变,从而可以使溶液中的指示剂颜色发生变化,关键在于指示剂变色时应能指示滴定反应的计量点。

2．酸碱指示剂的变色范围　指示剂的变色范围与指示剂本身的酸碱性有关,了解指示剂的变色与溶液 pH 之间的关系,有助于准确选择指示剂。以弱酸指示剂 HIn 为例,根据 HIn 在溶液中的解离平衡,可得式4-35。

$$K_{HIn} = \frac{[H^+][In^-]}{[HIn]} \quad 或 \quad \frac{[In^-]}{[HIn]} = \frac{K_{HIn}}{[H^+]} \qquad\qquad 式4-35$$

式4-35 中,K_{HIn} 为指示剂解离平衡常数,称为指示剂常数(indicator constant),在一定温度下为定值,In⁻ 和 HIn 是具有不同颜色的两种型体,其比值大小取决于 K_{HIn} 和溶液 [H⁺]。因此,在一定条件下,指示剂在溶液中的颜色取决于溶液的 pH。

通常认为,当两种颜色物质的浓度之比达到 10 倍时,就仅能看到浓度较大的那种物质的颜色。因此指示剂在溶液中的呈色情况可分为四种。

(1)溶液呈酸式颜色(HIn): $\frac{[In^-]}{[HIn]} \leqslant \frac{1}{10}$,溶液 pH $\leqslant pK_{HIn} - 1$。

(2)溶液呈碱式颜色(In⁻): $\frac{[In^-]}{[HIn]} \geqslant 10$,溶液 pH $\geqslant pK_{HIn} + 1$。

(3)溶液呈过渡色: $\frac{1}{10} < \frac{[In^-]}{[HIn]} < 10$,溶液从 $pK_{HIn} - 1 < pH < pK_{HIn} + 1$,溶液颜色由指示剂的酸式颜色变为碱式颜色。pH $= pK_{HIn} \pm 1$ 称为指示剂的理论变色范围。

(4)溶液呈混合色: $\frac{[In^-]}{[HIn]} = 1$,溶液 pH $= pK_{HIn}$,该点称为指示剂理论变色点。

不同的指示剂,有不同的 K_{HIn},因此,各指示剂具有不同的理论变色点、理论变色范围。表4-2 为一些常用酸碱指示剂。

表 4-2　常用酸碱指示剂

指示剂	变色范围 pH	颜色		pK_{HIn}	指示剂组成		用量 滴 /10ml
		酸色	碱色		浓度 /%	溶剂	
百里酚蓝	1.2~2.8	红	黄	1.65	0.1	20% 乙醇溶液	1~2
甲基黄	2.9~4.0	红	黄	3.25	0.1	90% 乙醇溶液	1
甲基橙	3.1~4.4	红	黄	3.45	0.05	水溶液	1
溴酚蓝	3.0~4.6	黄	紫	4.10	0.1	20% 乙醇溶液或其钠盐水溶液	1
溴甲酚绿	3.8~5.4	黄	蓝	4.90	0.1	20% 乙醇溶液	1
甲基红	4.4~6.2	红	黄	5.10	0.1	60% 乙醇溶液或其钠盐水溶液	1
溴百里酚蓝	6.2~7.6	黄	蓝	7.30	0.1	20% 乙醇溶液或其钠盐水溶液	1
中性红	6.8~8.0	红	黄橙	7.40	0.1	60% 乙醇溶液	1
酚红	6.7~8.4	黄	红	8.00	0.1	60% 乙醇溶液或其钠盐水溶液	1
百里酚蓝	8.0~9.6	黄	蓝	8.90	0.1	20% 乙醇溶液	1~4
酚酞	8.0~10.0	无	红	9.10	0.5	90% 乙醇溶液	1~3
百里酚酞	9.4~10.6	无	蓝	10.00	0.1	90% 乙醇溶液	1~2

虽然理论变色范围为 2 个 pH 单位,但实际上由于人的眼睛观察不同颜色的敏感程度不同,实际测得的指示剂变色范围并不都在 2 个 pH 单位内。例如表 4-2 中,甲基红指示剂的 $pK_{HIn} = 5.10(K_{HIn} = 7.9 \times 10^{-6})$,实际变色范围的 pH 为 4.4~6.2。通过计算实际变色范围 pH 的 $\frac{[In^-]}{[HIn]}$可以进行说明。根据式 4-42:

当 $pH = 4.40([H^+] = 4.0 \times 10^{-5} mol/L)$时,$\frac{[In^-]}{[HIn]} = \frac{7.9 \times 10^{-6}}{4.0 \times 10^{-5}} = \frac{1}{5}$

当 $pH = 6.20([H^+] = 6.3 \times 10^{-7} mol/L)$时,$\frac{[In^-]}{[HIn]} = \frac{7.9 \times 10^{-6}}{6.3 \times 10^{-7}} = 12.5$

计算结果显示,指示剂的变色范围在深色(红色)端要窄些(浓度比为 5 倍),在浅色(黄色)端要宽些(浓度比为 12.5 倍)。这是因为人眼对深色较之对浅色更为敏感。一般而言,人们观察指示剂颜色的变化约有 0.2~0.5 个 pH 单位的误差,称之为观测终点的不确定性,以 ΔpH 表示。通常以 ΔpH = ±0.3 作为目视滴定分辨终点的极限。

3. 影响指示剂变色范围的因素　主要来自两个方面:一是影响指示剂常数 K_{HIn},使指示剂变色范围发生移动,如温度、中性电解质、溶剂极性等,其中温度影响较大。二是影响变色范围的宽度,如指示剂用量、滴定程序等。

(1)温度:指示剂变色范围与其 K_{HIn} 有关,温度变化可使 K_{HIn} 和 K_w 发生变化,因此,指示剂变色范围也发生变化,尤其对弱碱指示剂影响更为明显。

(2)中性电解质影响:一方面中性电解质的存在增大了溶液的离子强度,使指示剂的 K_{HIn} 发生变化,从而影响其变色范围。另一方面电解质的存在可能影响指示剂对光的吸收,使其颜色的强度发生变化,影响变色的敏锐性,从而影响其变色范围。

（3）指示剂用量：对于双色指示剂，理论上用量不会影响指示剂的变色范围，但用量太多会使色调变化不明显，影响对终点的准确判断，并且指示剂本身也会消耗滴定剂，带来滴定误差。对于单色指示剂，用量会影响其变色范围。

（4）滴定程序：指示剂变色范围具有在深色端窄的特点，因此，滴定程序宜由浅色至深色，可使变色敏锐，利于观察颜色变化。例如，酚酞由酸式变为碱式，颜色从无色到红色，变化十分明显，易于辨别，适宜强碱作滴定剂时使用。同理，在强酸滴定强碱时，用甲基橙比酚酞较适宜。

4．混合酸碱指示剂　在某些酸碱滴定中，pH 突跃范围很窄，需要将滴定终点限制在很窄的 pH 范围内。这种情况可采用混合酸碱指示剂。

混合指示剂基于颜色互补的原理，有两种配制方法。一是在某种指示剂中加入惰性染料，使颜色变化敏锐；二是用 pK_a 比较接近的两种或两种以上的指示剂按一定比例混合，不仅可使颜色变化敏锐，还可使变色范围变窄。表4-3 是一些常用混合指示剂。

例如，甲基橙（$pK_{HIn} = 3.45$）与可溶靛蓝组成的混合指示剂：可溶靛蓝作为底色（蓝色），不随 pH 变化而变色。混合指示剂在 pH ≤ 3.1 的溶液中显紫色，在 pH ≥ 4.4 的溶液中显绿色，在 pH = 4.0 的溶液中显浅灰色，变色敏锐。

再如，溴甲酚绿指示剂理论变色点 $pK_{HIn} = 4.9$，变色范围为 4.0～5.6，颜色变化为黄 - 绿 - 蓝，甲基红指示剂理论变色点 $pK_{HIn} = 5.9$，变色范围为 4.4～6.2，颜色变化为红 - 橙 - 黄。用 0.1% 溴甲酚绿乙醇溶液和 0.2% 甲基红乙醇溶液以 3∶1 组成的混合指示剂，变色点 pH = 5.1，变色范围为 5.0～5.2，颜色变化为酒红 - 浅灰 - 绿，变色范围变窄、变色更敏锐。

表4-3　常用混合酸碱指示剂

指示剂组成	比例	变色时 pH	颜色		变色范围 pH
			酸色	碱色	
0.1% 甲基黄乙醇溶液 -0.1% 次甲基蓝乙醇溶液	1∶1	3.25	蓝紫	绿	3.2～3.4
0.1% 甲基橙水溶液 -0.25% 靛蓝二磺酸钠水溶液	1∶1	4.1	紫	绿	3.1～4.4
0.1% 溴甲酚绿钠盐水溶液 -0.2% 甲基橙水溶液	1∶1	4.3	橙	蓝绿	3.5～4.3
0.1% 溴甲酚绿乙醇溶液 -0.2% 甲基红乙醇溶液	3∶1	5.1	酒红	绿	5.0～5.2
0.2% 甲基红乙醇溶液 -0.1% 亚甲基蓝乙醇溶液	1∶1	5.4	红紫	绿	5.2～5.6
0.1% 溴甲酚紫钠盐水溶液 -0.1% 溴百里酚蓝钠盐水溶液	1∶1	6.7	黄	紫蓝	6.2～6.8
0.1% 中性红乙醇溶液 -0.1% 次甲基蓝乙醇溶液	1∶1	7.0	蓝紫	绿	6.9～7.1
0.1% 中性红乙醇溶液 -0.1% 溴百里酚蓝乙醇溶液	1∶1	7.2	玫瑰	绿	7.0～7.4
0.1% 溴百里酚蓝钠盐水溶液 -0.1% 酚红钠盐水溶液	1∶1	7.5	黄	紫	7.2～7.6
0.1% 甲酚红钠盐水溶液 -0.1% 百里酚蓝钠盐水溶液	1∶3	8.3	黄	紫	8.2～8.4
0.1% 百里酚蓝 50% 乙醇溶液 -0.1% 酚酞 50% 乙醇溶液	1∶3	9.0	黄	紫	8.9～9.1
0.1% 酚酞乙醇溶液 - 0.1% 百里酚酞乙醇溶液	1∶1	9.9	无	紫	9.6～10.0

（二）酸碱滴定曲线

以 pH 为纵坐标、所加入滴定剂体积（或滴定百分数）为横坐标所绘制的曲线称为酸碱滴定曲线（pH-V 曲线）。了解滴定过程中溶液 pH 变化，尤其是化学计量点附近 pH 变化，可指导确定滴定终点。根据滴定曲线上的 pH 突跃范围,可以指导选择酸碱指示剂,同时,pH 突跃范围的大小可以指导判断是否可以准确滴定。

pH-V 曲线可以通过试验测定滴定过程中溶液的 pH 变化得到,也可以借助酸碱平衡原理通过计算得到,其中后者更具有理论上的指导意义。

1. 强酸的滴定　强酸、强碱在溶液中完全解离,互滴定的基本反应为:

$$H^+ + OH^- \rightleftharpoons H_2O$$

以 0.100 0mol/L NaOH 溶液滴定 0.100 0mol/LHCl 溶液 20.00ml 为例进行讨论。设 c_1、V_1 分别表示 HCl 的浓度和体积,c_2、V_2 分别表示加入 NaOH 的浓度和体积。整个滴定过程可分为 4 个阶段。

(1)滴定前($V_2=0$):溶液 pH 取决于 HCl 的起始浓度。

$$[H^+] = 0.100\ 0mol/L\ 即\ pH = 1.00$$

(2)滴定开始至化学计量点之前($V_2<V_1$):溶液 pH 取决于剩余 HCl 的浓度。

$$[H^+] = \frac{c_1 V_1 - c_2 V_2}{V_1 + V_2} = \frac{c_1(V_1 - V_2)}{V_1 + V_2}$$

例如,当消耗 NaOH 标准溶液 19.98ml,溶液中 99.9%HCl 被反应(计量点前 0.1%)时:

$$[H^+] = \frac{0.100\ 0 \times (20.00 - 19.98)}{20.00 + 19.98}mol/L = 5.0 \times 10^{-5}(\ mol/L\ )$$

即 pH=4.30。

(3)计量点时($V_2=V_1$):NaOH 与 HCl 恰好反应完全,溶液 $[H^+]$ 由溶剂的解离决定。

$$[H^+] = [OH^-] = \sqrt{K_w} = 1.0 \times 10^{-7}(\ mol/L\ )$$

即 pH=7.00。

(4)计量点后($V_2>V_1$):溶液的 $[OH^-]$ 由过量的 NaOH 的量决定。

$$[OH^-] = \frac{c_2 V_2 - c_1 V_1}{V_1 + V_2} = \frac{c_1(V_2 - V_1)}{V_1 + V_2}$$

例如,当消耗 NaOH 标准溶液 20.02ml,即计量点后 0.1% 时:

$$[OH^-] = \frac{0.100\ 0 \times (20.02 - 20.00)}{20.02 + 20.00}mol/L = 5.0 \times 10^{-5}(\ mol/L\ )$$

即 pOH=4.30,则 pH=9.70。

用相应方法可以计算出测定过程中不同滴定体积对应的 pH,绘制 pH-V 曲线,即得滴定曲线,见图 4-3。

由图 4-3 可知,在滴定完成 99.9% 时,溶液 pH 仅改变了 3.30 个 pH 单位,但在化学计量点前后 ±0.1% 范围内,仅加入 0.04ml(约 1 滴),溶液的 pH 由 4.30 急剧增至 9.70,增加了 5.40 个 pH 单位($[H^+]$ 降低了 25 万倍),溶液的 pH 发生了突变。此后,再继续加入 NaOH 溶液,溶液 pH 变化又减缓,曲线又趋平坦。

上述这种在滴定过程中化学计量点前后 ±0.1% 范围内 pH 突变的现象称为 pH 突跃,突跃所在的 pH 范围称为 pH 突跃范围,即滴定突跃范围。在滴定分析时,只要将滴定终点控制在滴定突跃范围内,就可以保证测定结果符合常量分析的准确性要求。例如图 4-3 中 pH 突跃范围在

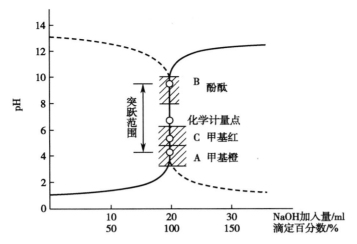

● 图4-3　0.100 0mol/L NaOH 溶液滴定 0.100 0mol/L HCl 溶液的滴定曲线

4.30～9.70，若选择甲基橙、酚酞和甲基红，虽然指示剂的理论变色点与滴定反应计量点并不一致，终点指示并非在计量点，但由此产生的误差都不大于±0.1%。

　　因此，为保证测定结果准确，应合理选择指示剂，了解影响 pH 突跃的因素。图 4-4 为不同浓度的 NaOH 溶液滴定相应浓度 HCl 溶液的滴定曲线，酸碱浓度分别为 1.0mol/L、0.1mol/L、0.01mol/L 时，通过计算可以得到，pH 突跃范围依次为 3.3～10.7、4.3～9.7、5.3～8.7。

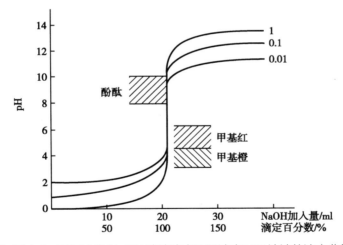

● 图4-4　不同浓度 NaOH 溶液滴定不同浓度 HCl 溶液的滴定曲线

　　由此可见，pH 突跃范围的大小与滴定剂和待滴定物的浓度有关。溶液浓度越大，滴定突跃范围越大。而滴定突跃范围越大，可供选用的指示剂越多；反之，指示剂的选用则受限制。例如，浓度为 0.01mol/L 时，欲使终点误差不超过 0.1%，采用甲基红为指示剂最适宜，酚酞略差一些，甲基橙则不可使用。

　　综上所述，酸碱滴定的 pH 突跃范围是选择指示剂的依据。选择酸碱指示剂的原则为凡是变色范围全部或者部分处于滴定突跃范围内的酸碱指示剂，都可以用来指示酸碱滴定的终点。

2. 一元弱酸的滴定　即用强碱为滴定剂对一元弱酸进行的滴定。

以 0.100 0mol/L NaOH 溶液滴定 0.100 0mol/L HAc 溶液 20.00ml 为例,讨论强碱滴定一元弱酸的滴定曲线。同样可分为 4 个阶段讨论。

(1)滴定之前($V_2=0$):溶液的[H^+]根据 HAc 在水中的解离平衡计算,由于 $cK_a > 20K_w$, $c/K_a > 500$,因而可以用最简式计算。

$$[H^+] = \sqrt{K_a \cdot c} = \sqrt{1.8 \times 10^{-5} \times 0.100\ 0} = 1.3 \times 10^{-3}(mol/L)$$

即 pH = 2.89。

(2)滴定开始至化学计量点之前($V_2 < V_1$):随着 NaOH 溶液的不断加入,溶液中逐渐产生 Ac^-,与未反应的 HAc 组成 HAc-Ac^- 缓冲溶液,溶液的 pH 可根据缓冲溶液 pH 计算公式求得。例如,当滴定消耗 NaOH 溶液 19.98ml,即 99.9%HAc 被滴定时:

$$c_{HAc} = \frac{0.100\ 0 \times (20.00 - 19.98)}{20.00 + 19.98} = 5.0 \times 10^{-5}(mol/L)$$

$$c_{Ac^-} = \frac{0.100\ 0 \times 19.98}{20.00 + 19.98} = 5.0 \times 10^{-2}(mol/L)$$

$$pH = pK_a + \lg\frac{c_b}{c_a} = -\lg(1.8 \times 10^{-5}) + \lg\frac{5.0 \times 10^{-2}}{5.0 \times 10^{-5}} = 7.74$$

(3)化学计量点时($V_2 = V_1$):HAc 全部与 NaOH 反应生成 NaAc,此时溶液的 pH 由生成产物 Ac^- 的解离决定,可根据一元弱碱计算 [OH^-],然后由 pOH 得到 pH。

$$K_b = \frac{K_w}{K_a} = 5.6 \times 10^{-10}$$

$$[OH^-] = \sqrt{K_b \cdot c} = \sqrt{5.6 \times 10^{-10} \times \frac{0.100\ 0}{2}} = 5.3 \times 10^{-6}(mol/L)$$

即 pOH = 5.27。

故,pH = 14.00 - 5.27 = 8.73。

(4)计量点后($V_2 > V_1$):溶液中过量的 NaOH 抑制了 Ac^- 的解离,溶液的 pH 由剩余 NaOH 的量决定,其计算方法与强碱滴定强酸相同。

如此逐一计算即可以得到滴定过程中各阶段溶液 pH 变化的情况,以 NaOH 加入量为横坐标、溶液的 pH 为纵坐标,绘制 pH-V 滴定曲线,见图 4-5。

比较图 4-3 与图 4-5,一元弱酸滴定曲线具有特点如下。

1)滴定曲线起点高:由于 HAc 是弱酸,部分解离,滴定曲线的起点 pH 为 2.89,比滴定相同浓度 HCl 溶液高约 2 个 pH 单位。

2)pH 变化速率不同:滴定开始时,由于生成少量的 Ac^-,抑制了 HAc 的解离,[H^+] 降低较快,曲线斜率较大。随着滴定的继续进行,HAc 浓度不断降低,Ac^- 的浓度逐渐增大,HAc-Ac^- 的缓冲作用使溶液 pH 的增加速度减慢。10%～90% 的 HAc 被滴定,pH 从 3.80 增加到 5.70,只改变了 2 个 pH 单位,曲线斜率很小。接近化学计量点时,HAc 浓度越来越低,缓冲作用减弱,溶液碱性增强,pH 又增加较快,曲线斜率又迅速增大。

3)pH 突跃范围小:滴定弱酸的滴定突跃范围为 pH 7.74～9.70,滴定强酸的滴定突跃在 4.30～9.70。

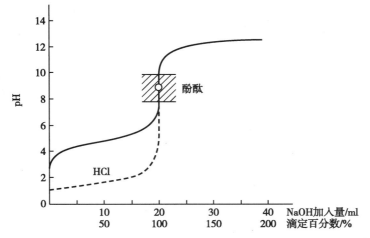

● 图4-5　0.100 0mol/L NaOH 溶液滴定 0.100 0mol/L HAc 的滴定曲线

4）化学计量点处于碱性区域：滴定产物 NaAc 为弱碱，使化学计量点处于碱性区域。显然，在酸性区域变色的指示剂如甲基橙、甲基红等都不能用，而应选用在碱性区域内变色的指示剂，如酚酞或百里酚酞等。

影响一元弱酸滴定 pH 突跃范围的因素主要有两个方面：其一是酸的强度，即 K_a 的大小；其二是溶液的浓度 c。

1）酸的强度：已知 K_a 愈小，酸的强度愈弱。在一定浓度滴定时，滴定反应常数 K_t 愈小，pH 突跃范围愈小。图4-6 为 0.1mol/L NaOH 溶液滴定浓度相同、强度不同一元酸的滴定曲线。显然，随着 K_a 的降低，pH 突跃范围减小。当弱酸的 $K_a \le 10^{-9}$ 时，滴定曲线上已无明显滴定突跃。

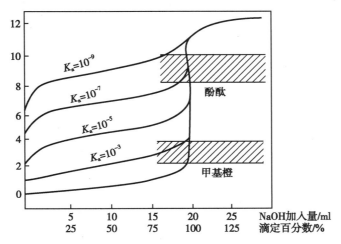

● 图4-6　0.100 0mol/L NaOH 溶液滴定不同强度 0.100 0mol/L 一元酸的滴定曲线

2）酸碱溶液浓度：当待滴定弱酸的 K_a 一定时，溶液浓度越大，滴定突跃范围也越大，终点越明显。但对于 $K_a \le 10^{-9}(K_b \le 10^{-9})$ 的弱酸（碱），即使溶液浓度为 1mol/L 也无明显的滴定突跃，不能被直接准确滴定。

在滴定分析时，为了保证结果的准确性，需有足够的可观察的酸碱指示剂变色的 pH 范围，滴定曲线需具有一定的 pH 突跃范围，一般以 $\Delta pH = \pm 0.3$ 为极限，相应产生的相对误差在 $\pm 0.2\%$ 以内。据此可推导出,在水溶液中弱酸能直接被准确滴定的条件是 $K_a \cdot c_a \geqslant 10^{-8}$。

3．多元酸的滴定　多元酸在水溶液中分步解离,故在滴定过程中情况较复杂,需要考虑:①能否准确滴定;②能否分步滴定;③各步滴定应选择何种指示剂等。以 0.1mol/L NaOH 溶液滴定 0.1mol/L H_3PO_4 溶液为例,H_3PO_4 为三元酸,在水溶液中,H_3PO_4 分三步解离:

$$H_3PO_4 \rightleftharpoons H^+ + H_2PO_4^- \qquad K_{a_1} = 7.6 \times 10^{-3}$$

$$H_2PO_4^- \rightleftharpoons H^+ + HPO_4^{2-} \qquad K_{a_2} = 6.3 \times 10^{-8}$$

$$HPO_4^{2-} \rightleftharpoons H^+ + PO_4^{3-} \qquad K_{a_3} = 4.4 \times 10^{-13}$$

可见,H_3PO_4 的三步解离分别为 $K_{a_1} \cdot c_a > 10^{-8}$、$K_{a_2} \cdot c_a \approx 10^{-8}$、$K_{a_3} \cdot c_a < 10^{-8}$,所以,前两步的解离能被准确滴定,而第三步的解离则不能被准确滴定。

实现分步滴定的条件为:$K_i/K_{i+1} > 10^4$。H_3PO_4 相邻解离常数的比值为:$K_{a_1}/K_{a_2} > 10^4$,$K_{a_2}/K_{a_3} > 10^4$,因此 NaOH 滴定 H_3PO_4 有 2 个突跃,第三步解离的 H^+ 不能被准确滴定。

滴定反应为:

第一计量点前 $H_3PO_4 + NaOH \rightleftharpoons NaH_2PO_4 + H_2O$

第二计量点前 $NaH_2PO_4 + NaOH \rightleftharpoons Na_2HPO_4 + H_2O$

指示剂可以通过计算计量点的 pH 进行选择,或通过仪器测定突跃所在 pH 范围进行选择。在此讨论通过计算进行选择。

第一计量点:生成的产物 NaH_2PO_4 是两性物质,以两性物质的最简式进行计算。

$$[H^+] = \sqrt{K_{a_1} K_{a_2}}, \quad pH = \frac{1}{2}(pK_{a_1} + pK_{a_2}) = \frac{1}{2}(2.12 + 7.20) = 4.66$$

第二计量点:生成的产物 Na_2HPO_4 仍是两性物质,同法计算。

$$[H^+] = \sqrt{K_{a_2} K_{a_3}}, \quad pH = \frac{1}{2}(pK_{a_2} + pK_{a_3}) = \frac{1}{2}(7.20 + 12.36) = 9.78$$

选择变色范围在计量点附近的指示剂,因此,第一计量点可选用甲基橙指示剂。第二计量点可选用酚酞或百里酚酞(无色→浅蓝色)指示剂,也可选用酚酞与百里酚酞的混合指示剂。滴定曲线见图 4-7,曲线显示有滴定 2 个突跃。

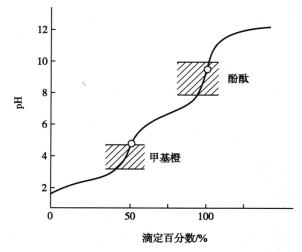

● 图 4-7　NaOH 溶液滴定 H_3PO_4 溶液滴定曲线

（三）滴定误差

酸碱滴定时，如果终点与化学计量点不一致，说明溶液中有剩余的酸或碱未被完全中和，或者是由于多滴加了酸或碱标准溶液。因此终点误差应当是用剩余的或者过量的酸或碱的物质的量除以应加入的酸或碱的物质的量。在此仅讨论滴定一元酸的滴定误差。

1. 强酸的滴定误差　以强碱（NaOH）滴定强酸（HCl）为例，滴定误差为：

$$TE = \frac{(c_{NaOH} - c_{HCl})V_{ep}}{c_{sp}V_{sp}} \times 100\%　\qquad\qquad 式4\text{-}36$$

式4-36中，c_{NaOH} 和 c_{HCl} 分别是 NaOH 和 HCl 滴定的原始浓度，c_{sp}、V_{sp} 为化学计量点时待测酸的实际浓度和体积，V_{ep} 为滴定终点时溶液的体积，因 $V_{sp} \approx V_{ep}$，代入式4-36得：

$$TE = \frac{c_{NaOH} - c_{HCl}}{c_{sp}} \times 100\%$$

滴定中溶液的质子条件式为：

$$[H^+] + c_{NaOH} = [OH^-] + c_{HCl}$$

即

$$c_{NaOH} - c_{HCl} = [OH^-] - [H^+]。$$

因此，强碱滴定强酸时的终点误差公式为：

$$TE = \frac{[OH^-]_{ep} - [H^+]_{ep}}{c_{sp}} \times 100\%$$

滴定至终点时，溶液的体积增加近一倍，$c_{sp} \approx c_a/2$。

若滴定终点在化学计量点处变色，$[OH^-]_{ep} = [H^+]_{ep}$，则 $TE = 0$；若指示剂在化学计量点以后变色，$[OH^-]_{ep} > [H^+]_{ep}$，则 $TE > 0$（终点误差为正值）；若指示剂在化学计量点以前变色，$[OH^-]_{ep} < [H^+]_{ep}$，则 $TE < 0$（终点误差为负值）。

2. 一元弱酸的滴定误差　以强碱 NaOH 滴定一元弱酸 HA（解离常数为 K_a）为例，其滴定误差为 $TE = \dfrac{c_{NaOH} - c_{HA}}{c_{sp}} \times 100\%$。

滴定中溶液的质子条件式为 $[H^+] + c_{NaOH} = [A^-] + [OH^-]$，由于 $[A^-] = c_{HA} - [HA]$，所以 $[H^+] + c_{NaOH} = c_{HA} - [HA] + [OH^-]$。

因为强碱滴定弱酸，终点附近溶液呈碱性，即 $[OH^-]_{ep} >> [H^+]_{ep}$，因而 $[H^+]$ 可忽略，即 $c_{NaOH} - c_{HA} = [OH^-] - [HA]$，则有 $TE = \dfrac{[OH^-]_{ep} - [HA]_{ep}}{c_{sp}} \times 100\%$。

终点时 $[HA]$ 可用分布系数表示，得一元弱酸的滴定误差公式为 $TE = [\dfrac{[OH^-]_{ep}}{c_{sp}} - \delta_{HA}] \times 100\%$。

三、应用与示例

（一）酸碱标准溶液的配制与标定

水溶液中酸碱滴定最常用的标准溶液是 HCl 溶液和 NaOH 溶液，也可用 H_2SO_4、HNO_3、KOH 等其他强酸、强碱，浓度一般在 $0.01 \sim 1mol/L$，最常用的浓度是 $0.1mol/L$ 左右。

1. 酸标准溶液的配制与标定　酸标准溶液都采用间接法配制。

常用 HCl 标准溶液, 以市售分析纯浓 HCl(比重为 1.19, 浓度约为 12mol/L)配制。常用基准物质是无水碳酸钠或硼砂。

（1）无水碳酸钠: 化学式为 Na_2CO_3, 容易获得纯品, 一般可用市售基准试剂作基准物。由于无水碳酸钠易吸收空气中水分, 在使用前应在 270~300℃干燥至恒重, 然后封闭于瓶内, 保存在干燥器中备用。标定产物为 H_2CO_3(pH = 3.9), 采用酸性区域变色的指示剂, 通常选用甲基红 - 溴甲酚绿混合指示剂, 也可用甲基橙作指示剂。无水碳酸钠作基准物的缺点是易吸潮, 摩尔质量小, 终点时指示剂变色不够敏锐。

标定反应为: $CO_3^{2-} + 2H^+ \Longrightarrow H_2O + CO_2\uparrow$

（2）硼砂: 化学式为 $Na_2B_4O_7·10H_2O$, 易制得纯品, 不易吸潮, 摩尔质量较大。当空气中相对湿度低于 39% 时, 易失结晶水, 故应将硼砂基准物保存于相对湿度为 60% 的恒湿器中(如装有食盐及蔗糖饱和溶液的干燥器中)。产物为酸度极弱的硼酸(H_3BO_3), 选甲基红指示剂。

标定反应为: $B_4O_7^{2-} + 2H^+ + 5H_2O \Longrightarrow 4H_3BO_3$

（3）与已知浓度的碱标准溶液比较, 如以 NaOH 标准溶液滴定, 可用酚酞指示剂指示终点。

标定反应为: $OH^- + H^+ \Longrightarrow H_2O$

2. 碱标准溶液的配制与标定　碱标准溶液都采用间接法配制。

最常用碱标准溶液是氢氧化钠(NaOH)溶液。NaOH 易吸潮, 也易吸收空气中的 CO_2 生成 Na_2CO_3。标定碱标准溶液的基准物有邻苯二甲酸氢钾(KHP)、草酸($H_2C_2O_4·2H_2O$)等。

（1）邻苯二甲酸氢钾: 化学式为 $C_8H_4O_4KH$, 可用重结晶法制得纯品, 具有不含结晶水、不吸潮、容易保存、摩尔质量大等优点。使用前应在 105~110℃下干燥, 保存于干燥器中。反应产物为邻苯二甲酸氢钾的共轭碱, 计量点时溶液呈微碱性, 可选酚酞作指示剂。

标定反应为: $p\text{-}Ar(COOK)COOH + NaOH \Longrightarrow p\text{-}Ar(COOK)COONa + H_2O$

（2）草酸: 化学式为 $H_2C_2O_4·2H_2O$, 具有稳定性好、相对湿度在 5%~95% 时不风化不失水等优点, 可保存于密闭容器内备用。反应产物为 $H_2C_2O_4$ 的共轭碱, 计量点时溶液呈微碱性, 可选酚酞作指示剂。

标定反应为: $H_2C_2O_4 + 2OH^- \Longrightarrow C_2O_4^{2-} + 2H_2O$

此外, 为了配制不含 CO_3^{2-} 的 NaOH 标准溶液, 通常先将 NaOH 配制成饱和溶液(比重为 1.56, 浓度为 52%, 约 20mol/L), 贮存于塑料瓶中, 使不溶的 Na_2CO_3 沉于底部, 然后取上层清液稀释成所需配制的浓度, 再进行标定。稀释用水应使用不含 CO_2 的新煮沸冷却的蒸馏水。

（二）应用

【药用 NaOH 的测定】药用 NaOH 在生产和贮存中会吸收空气中 CO_2 而成为 NaOH 和 Na_2CO_3 的混合碱。Na_2CO_3 是二元弱碱, 在水溶液中存在解离平衡:

$$CO_3^{2-} + H_2O \Longrightarrow HCO_3^- + OH^- \qquad K_{b_1} = 1.8 \times 10^{-4}$$

$$HCO_3^- + H_2O \Longrightarrow H_2CO_3 + OH^- \qquad K_{b_2} = 2.4 \times 10^{-8}$$

因 $c_b K_{b_1} > 10^{-8}$, $c_b K_{b_2} \approx 10^{-8}$, $K_{b_1}/K_{b_2} \approx 10^4$, 故可用 HCl 分步直接准确滴定。

在第一计量点，产物为$NaHCO_3$，按$[OH^-]=\sqrt{K_{b_1}K_{b_2}}$ 计算溶液 pH。由$K_{a_1}\cdot K_{b_2}=K_{a_2}\cdot K_{b_1}=K_w$，得$pH=\frac{1}{2}(pK_{a_1}+pK_{a_2})=\frac{1}{2}(6.38+10.25)=8.32$。选用酚酞作指示剂，终点由微红色变至无色。

滴定至第二计量点时溶液是CO_2的饱和溶液，H_2CO_3的浓度约为 0.040mol/L，则：$[H^+]=\sqrt{K_{a_1}c}=\sqrt{4.2\times10^{-7}\times0.040}=1.3\times10^{-4}$ mol/L，即 pH=3.89。可用甲基橙作指示剂。

酸碱滴定法分别测定 NaOH 和 Na_2CO_3 的含量，则可采用双指示剂法。在测定时，先在混合碱试液中加入酚酞，用浓度为c的 HCl 标准溶液滴定至终点；再加入甲基橙并继续滴定至第二终点，前后消耗 HCl 溶液的体积分别为V_1和V_2。滴定过程图解如图 4-8。

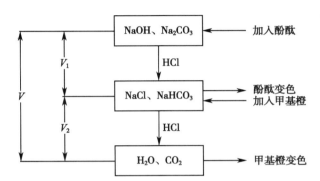

● 图 4-8　双指示剂法测定药用 NaOH 示意图

由图 4-8 可知，滴定 NaOH 用去 HCl 溶液体积为V_1-V_2，滴定 Na_2CO_3 用去的 HCl 体积为$2V_2$。若混合碱试样称量为m_s，则 NaOH 和 Na_2CO_3 的含量分别为式 4-37、式 4-38。

$$w_{NaOH}=\frac{m_{NaOH}}{m_s}\times100\%=\frac{c_{HCl}(V_1-V_2)M_{NaOH}}{m_s\times1\,000}\times100\% \qquad 式4\text{-}37$$

$$w_{Na_2CO_3}=\frac{m_{Na_2CO_3}}{m_s}\times100\%=\frac{c_{HCl}2V_2M_{Na_2CO_3}}{m_s\times2\,000}\times100\% \qquad 式4\text{-}38$$

实际上，如表 4-4 所示，根据V_1、V_2大小还可用于判断混合碱试样的化学组成。

表 4-4　混合碱试样组成判断

	碱样组分	Na_2CO_3	$NaHCO_3$	NaOH	Na_2CO_3+NaOH	Na_2CO_3+$NaHCO_3$
第一计量点（酚酞）	产物	$NaHCO_3$、NaCl	—	NaCl	$NaHCO_3$、NaCl	$NaHCO_3$
	消耗V_{HCl}	V_1	0	V_1	V_1	V_1
第二计量点（甲基橙）	产物	CO_2+H_2O	CO_2+H_2O	—	CO_2+H_2O	CO_2+H_2O
	消耗V_{HCl}	V_2	V_2	0	V_2	V_2
V_1和V_2的关系		$V_1=V_2>0$	$V_1=0$ $V_2>0$	$V_1>0$ $V_2=0$	$V_1>V_2>0$	$V_2>V_1>0$

四、非水滴定法

在非水溶剂中进行的滴定分析方法统称为非水滴定法（nonaqueous titrations）。有机溶剂与不含水的无机溶剂统称为非水溶剂（nonaqueous solvent）。

非水滴定除溶剂较为特殊外,具有一般滴定分析所具有的优点,如准确、快速、无须特殊设备等。以非水溶剂作为滴定介质,不仅能增大有机化合物的溶解度,而且能改变物质的化学性质(如酸碱度及强度),使在水中不能进行完全的滴定反应能够顺利进行,扩大了滴定分析的应用范围。

(一)溶剂的分类

根据酸碱质子理论,可将非水滴定中常用溶剂分为质子与无质子溶剂两大类。

1. 质子溶剂　能给出质子或接受质子的溶剂。其特点是在溶剂分子间有质子转移。根据其授、受质子的能力大小,可分为酸性溶剂、碱性溶剂和两性溶剂。

（1）酸性溶剂:给出质子能力较强的溶剂,冰醋酸、丙酸等是常用的酸性溶剂。酸性溶剂适用于作为滴定弱碱性物质的介质。

（2）碱性溶剂:接受质子能力较强的溶剂,乙二胺、液氨、乙醇胺等是常用的碱性溶剂。碱性溶剂适于作为滴定弱酸性物质的介质。

（3）两性溶剂:既易接受质子又易给出质子的溶剂,又称为中性溶剂,其酸碱性与水相似。醇类一般属于两性溶剂,如甲醇、乙醇、乙二醇等。两性溶剂适于作为滴定不太弱的酸、碱的介质。

2. 无质子溶剂　分子中无转移性质子的溶剂。这类溶剂可分为偶极亲质子溶剂和惰性溶剂。

（1）偶极亲质子溶剂为分子中无转移性质子,与水比较几乎无酸性,亦无两性特征,但却有较弱的接受质子倾向和程度不同的形成氢键能力,如酰胺类、酮类、腈类、二甲亚砜、吡啶等。其中二甲基甲酰胺、吡啶等碱性较明显,形成氢键能力亦较强。该类溶剂适于作弱酸或某些混合物的滴定介质。

（2）惰性溶剂分子不参与酸碱反应,也无形成氢键的能力,如苯、三氯甲烷、二氧六环等。惰性溶剂常与质子溶剂混合使用,以改善试样的溶解性能,增大滴定突跃。

(二)非水溶剂的性质及作用

1. 溶剂的解离性及作用　除惰性溶剂外,非水溶剂均有不同程度的解离,几种常见溶剂的自身解离常数 K_s 及介电常数 E 列于表4-5。

表4-5　常用溶剂的自身解离常数及介电常数（25℃）

溶剂	pK_s	E	溶剂	pK_s	E
水	14.00	78.5	乙腈	28.5	36.6
甲醇	16.7	31.5	甲基异丁酮	>30	13.1
乙醇	19.1	24.0	二甲基甲酰胺	—	36.7
甲酸	6.22	58.5	吡啶	—	12.3
冰醋酸	14.45	6.13	二氧六环	—	2.21
酸酐	14.5	20.5	苯	—	2.3
乙二胺	15.3	14.2	三氯甲烷	—	4.81

溶剂自身解离常数 K_s 的大小对滴定突跃的范围具有一定影响，一般而言，溶剂的自身解离常数越小，滴定突跃范围越大。因此，使原本在水中不能正确滴定的酸碱，在非水溶剂中就有可能被滴定。

2. 溶剂的酸碱性及作用　根据酸碱质子理论，溶剂的酸碱性对溶质的酸碱度有很大的影响。以 HA 代表酸，B 代表碱，若将酸 HA 溶于质子溶剂 SH 中，发生质子转移反应：

$$HA + SH \rightleftharpoons SH_2^+ + A^-$$

反应的平衡常数 K_{HA}，即溶质 HA 在溶剂 SH 中的表观解离常数为：

$$K_{HA} = \frac{[A^-][SH_2^+]}{[HA][SH]} = K_a^{HA} \cdot K_b^{SH} \qquad \text{式 4-39}$$

式 4-39 表明，酸 HA 在溶剂 SH 的表观酸强度取决于 HA 的固有酸度和溶剂 SH 的碱度，即酸给出质子的能力和溶剂接受质子的能力。

同理，碱 B 溶于溶剂 SH 中，质子转移的反应式为：

$$B + SH \rightleftharpoons BH^+ + S^-$$

反应的平衡常数 K_B 为：

$$K_B = \frac{[BH^+][S^-]}{[B][SH]} = K_b^B \cdot K_a^{SH} \qquad \text{式 4-40}$$

因此，碱 B 在溶剂 SH 中的表观碱强度取决于 B 的固有碱度和溶剂 SH 的酸度，即碱接受质子的能力和溶剂给出质子的能力。

在不同的质子性溶剂中，酸（碱）解离常数不同。例如邻苯二甲酸氢钾，在水溶液中，用于标定 NaOH 标准溶液；而在醋酸溶剂中，用于标定 $HClO_4$。KHP 在两种不同溶剂中分别起酸、碱角色的作用是因为两种溶剂的酸碱性不同。又如液氨在水中表现为弱碱，而在醋酸中则为强碱，是由于醋酸的酸性比水强，给出质子的能力比水的强，从而使平衡向生成更弱酸 NH_4^+ 和更弱碱 Ac^- 的方向移动。

显然，溶剂的酸碱性影响酸碱固有酸碱性的性质，对酸碱滴定有着重要的影响。弱酸溶于碱性溶剂，可以使酸的强度提高；弱碱溶于酸性溶剂，可以使碱的强度提高。因此，选择合适的溶剂，可以使在水溶液中不能滴定的弱酸（碱）能采用滴定法进行定量分析。

3. 溶剂的极性及作用　溶剂极性与其介电常数 ε 有关，ε 大的溶剂极性强，ε 小的溶剂极性弱。同一溶质在其他性质相同而介电常数不同的溶剂中，由于解离难易不同会表现出不同的酸碱度。

溶剂的介电常数对带不同电荷的酸或碱的解离作用影响不同。根据库仑定律，两个电荷之间势能的近似关系为：

$$E = \frac{Z_+ Z_- e^2}{\varepsilon r} \qquad \text{式 4-41}$$

式 4-41 中，E 表示势能，Z_+、Z_- 分别是正、负离子价数，e 为单位离子电荷数，r 是两离子电荷中心距离，ε 为溶剂介电常数。可见，溶质在介电常数大的溶剂中解离所需能量小，有利于解离。

电中性分子酸或碱、阴离子酸及一价阳离子碱等在解离时伴随正负电荷离子对的分离，其解离作用随溶剂 ε 增大而增强。胺类在乙醇中的解离常数较在水中减小约 10^4 倍，一价阳离子酸和一价阴离子碱的解离作用不包含不同电荷离子对的分离,故对 ε 变化不敏感。

在酸碱滴定中,常利用溶剂介电常数对某些酸或碱强度影响程度不同的性质来消除共存离子的干扰,以提高滴定的选择性。

(三)均化效应和区分效应及其作用

1. 均化效应　又称拉平效应(leveling effect),指酸或碱固有强度的区别,由于溶剂的作用,其强度统统被均化(拉平)到溶剂合质子或溶剂阴离子水平的现象。其溶剂称为均化(拉平)性溶剂。

例如,常见无机酸的固有酸强度为 $HClO_4 > H_2SO_4 > HCl > HNO_3$,在水中几乎全部解离,都是强酸。

$$HClO_4 + H_2O \Longrightarrow H_3O^+ + ClO_4^-$$

$$H_2SO_4 + H_2O \Longrightarrow H_3O^+ + HSO_4^-$$

$$HCl + H_2O \Longrightarrow H_3O^+ + Cl^-$$

$$HNO_3 + H_2O \Longrightarrow H_3O^+ + NO_3^-$$

根据酸碱质子理论,上述反应中水为碱,水接受了无机酸的质子形成其共轭酸(水合质子 H_3O^+),而酸给出质子成为其共轭碱(ClO_4^-、HSO_4^-、Cl^-、NO_3^-)。通常水是强酸、强碱的均化性溶剂,比 OH^- 强的碱溶解在水里,使水分子失去质子生成 OH^-;在水中能够存在的最强酸是 H_3O^+,最强碱是 OH^-。

若用比水的碱性更强的液氨作为溶剂,则也可将盐酸和醋酸均化到 NH_4^+ 的强度水平,所以液氨是盐酸和醋酸的均化性溶剂。

在均化性溶剂中,溶剂合质子 SH_2^+(如 H_3O^+、NH_4^+)是溶液中能够存在的最强酸,即共存酸都被均化到溶剂合质子的强度水平。同理,共存碱在酸性溶剂中都被均化到溶剂阴离子的强度水平,溶剂阴离子 S^-(如 OH^-、Ac^- 等)是溶液中的最强碱。

2. 区分效应　由于溶剂的作用,酸或碱解离度发生变化,从而使酸或碱的强度能区分的现象称为区分效应(differentiating effect)。具有该作用的溶剂称为区分性溶剂。

例如,常见无机酸的固有酸强度为 $HClO_4 > H_2SO_4 > HCl > HNO_3$,在醋酸中显示其酸度不同,溶解于冰醋酸时,存在解离平衡为如下。

$$HClO_4 + HAc \Longrightarrow H_2Ac^+ + ClO_4^- \qquad K_a = 1.6 \times 10^{-5}$$

$$H_2SO_4 + HAc \Longrightarrow H_2Ac^+ + HSO_4^- \qquad K_a = 6.3 \times 10^{-9}$$

$$HCl + HAc \Longrightarrow H_2Ac^+ + Cl^- \qquad K_a = 1.6 \times 10^{-9}$$

$$HNO_3 + HAc \Longrightarrow H_2Ac^+ + NO_3^- \qquad K_a = 4.2 \times 10^{-10}$$

由于 HAc 碱性比 H_2O 弱,$HClO_4$、H_2SO_4、HCl 和 HNO_3 不能被均化到相同的程度。K_a 显示在冰醋酸中 $HClO_4$ 是比其余三者更强的酸。显然,冰醋酸是上述四种矿酸的区分性溶剂。同样,水是盐酸和醋酸的区分性溶剂。

3. 均化效应与区分效应的作用　一般规律下,酸性溶剂是碱的均化性溶剂,是酸的区分性溶剂;碱性溶剂是碱的区分性溶剂,是酸的均化性溶剂。因此可以利用均化效应测定酸(碱)的总含量,利用区分效应测定混合酸(碱)中各组分的含量。

惰性溶剂没有质子转移,是一种很好的区分性溶剂。如图 4-9 显示了 5 种不同强度的酸在甲基异丁酮中用四丁基氢氧化铵滴定所得的滴定曲线,可以观察到高氯酸是比盐酸更强的酸,5 种酸的混合物,包括最强的高氯酸和极弱的苯酚($K_a = 1.1 \times 10^{-10}$)都明显地被区分滴定。

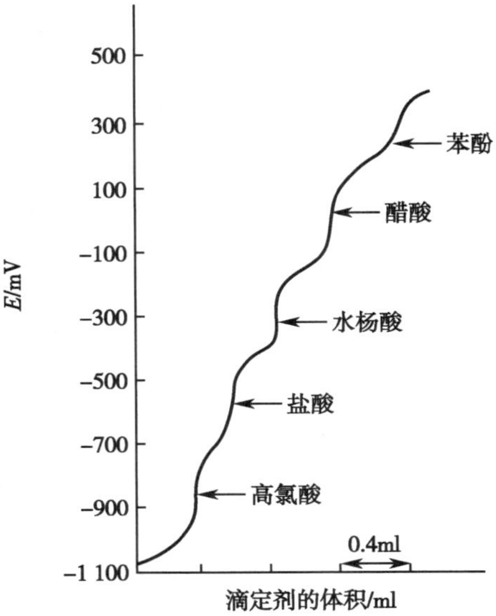

● 图 4-9　5 种混合酸的区分滴定曲线

(四)溶剂的选择

在非水酸碱滴定中,溶剂的选择十分重要。所选溶剂应有利于滴定反应完全,终点明显,而又不引起副反应。此外,选择溶剂时,还应考虑以下要求。

(1)溶剂应有一定的纯度,黏度小,挥发性低,易于精制、回收、价廉、安全。

(2)溶剂应能溶解试样及滴定反应的产物,一种溶剂不能溶解时,可采用混合溶剂。

(3)常用的混合溶剂一般由惰性溶剂与质子溶剂结合而成,混合溶剂能改善试样溶解性,并且能增大滴定突跃,使终点时指示剂变色敏锐。

常用的混合溶剂如:冰醋酸 - 醋酐、冰醋酸 - 苯、冰醋酸 - 三氯甲烷及冰醋酸 - 四氯化碳等,适于弱碱性物质的滴定;苯 - 甲醇、苯 - 异丙醇、甲醇 - 丙酮、二甲基甲酰胺 - 三氯甲烷等,适于弱酸性物质的滴定。

(4)溶剂应不引起副反应,存在于溶剂中的水分会严重干扰滴定终点,应采用精制的方法或加入能与水作用的试剂将其除去。

(五)碱的滴定

1. 溶剂　冰醋酸是最常用的酸性溶剂。市售冰醋酸含有少量水分,为避免水分对滴定的影响,一般需加入一定量的醋酐,使其与水反应转变成醋酸[$(CH_3CO)_2O + H_2O = 2CH_3COOH$],根据反应式应有 $n_{水} = n_{醋酐}$,因此有式 4-42。

$$\frac{\rho_{酸} \times 1\,000 \times w_{H_2O}\%}{M_{H_2O}} = \frac{\rho_{醋酐} \times V_{醋酐} \times w_{醋酐}\%}{M_{醋酐}} \qquad 式\ 4\text{-}42$$

2. 标准溶液　滴定碱的标准溶液常采用高氯酸的冰醋酸溶液($HClO_4$-HAc)。$HClO_4$ 在 HAc 中稳定性、酸性最强,且绝大多数有机碱的高氯酸盐易溶于有机溶剂,对滴定反应有利。市售高氯酸为含 70.0%~72.0% $HClO_4$ 的水溶液,故需加入醋酐除去水分。

冰醋酸在低于 16℃ 会凝固,可采用冰醋酸 - 醋酐(9:1)的混合试剂配制溶液,能防止凝固,且吸湿性小;也可在冰醋酸中加入 10%~15% 丙酸防冻。

标定 $HClO_4$ 标准溶液常用邻苯二甲酸氢钾为基准物质,结晶紫为指示剂,其滴定反应为

$p\text{-Ar}(COOK)COOH + HClO_4 \Longrightarrow p\text{-Ar}(COOH)_2 + KClO_4$

非水溶剂膨胀系数较大,若温度在测定时与标定时有显著差别,应重新标定或按式 4-43 校正。

$$c_1 = \frac{c_0}{1+\alpha(t_1-t_0)}$$
式 4-43

式 4-43 中，α 为溶剂膨胀系数（冰醋酸的膨胀系数为 0.001 1），t_0 为标定时的温度，t_1 为测定时的温度，c_0 为标定时的浓度，c_1 为测定时的浓度。

3．指示剂　非水酸碱滴定法常见指示剂有结晶紫、α-萘酚苯甲醇、喹哪啶红等。

（1）结晶紫：常用于以冰醋酸作滴定介质、高氯酸作滴定剂滴定碱。结晶紫分子中的氮原子能结合多个质子而表现为多元碱性，在滴定中，随着滴定酸度的增加，结晶紫由紫色（碱式颜色）变至蓝紫、蓝、蓝绿、绿、黄绿，最后转变为黄色（酸式颜色）。

在滴定不同强度的碱时，终点的颜色不同。滴定较强碱时应以蓝色或蓝绿色为终点，滴定极弱碱则应以蓝绿色或绿色为终点。

（2）α-萘酚苯甲醇：适用在冰醋酸-四氯化碳、醋酐等溶剂中使用，常用 0.5% 冰醋酸溶液，其酸式颜色为绿色，碱式颜色为黄色。

（3）喹哪啶红：适用于在冰醋酸中滴定大多数胺类化合物，常用 0.1% 甲醇溶液，其酸式颜色为无色，碱式颜色为红色。

（六）酸的滴定

1．溶剂　可用醇类、乙二胺或偶极亲质子溶剂二甲基甲酰胺作为溶剂，混合酸的区分滴定以甲基异丁酮为区分性溶剂，也常用混合溶剂甲醇-苯、甲醇-丙酮。

2．标准溶液　常用的滴定剂为甲醇钠的苯-甲醇溶液。

0.1mol/L 甲醇钠溶液的配制：取无水甲醇 150ml，置于冷水冷却的容器中，分次少量加入新切的金属钠 2.5g，完全溶解后加适量无水苯，使成 1 000ml 即得。标定碱标准溶液常用的基准物质为苯甲酸。

3．指示剂　常用指示剂有百里酚蓝、偶氮紫、溴酚蓝等。

（1）百里酚蓝：在苯、丁胺、二甲基甲酰胺、吡啶或叔丁醇溶剂中滴定羧酸和中等强度酸时作指示剂，变色敏锐，终点清楚，其碱式颜色为蓝色，酸式颜色为黄色。

（2）偶氮紫：用于在碱性溶剂或偶极亲质子溶剂中滴定较弱酸，其碱式颜色为蓝色，酸式颜色为红色。

（3）溴酚蓝：用于在甲醇、苯和三氯甲烷等溶剂中滴定羧酸或磺胺类、巴比妥类等药物，其碱式颜色为蓝色，酸式颜色为红色。

第三节　沉淀滴定法

沉淀滴定法（precipitation titration）是以沉淀反应为基础的滴定分析方法。虽然沉淀反应很多，但是能用于滴定分析的沉淀反应必须符合下列条件。

（1）沉淀反应必须迅速，并按一定的化学计量关系进行。

（2）生成的沉淀应具有恒定的组成，而且溶解度必须小于 10^{-6}g/ml。

（3）有确定化学计量点的适当方法。

（4）沉淀的吸附现象不影响滴定结果和终点判断。

由于这些条件的限制，能用于滴定分析的沉淀反应并不多，目前应用较多的是生成难溶性银盐的反应：

$$Ag^+ + Cl^- \longrightarrow AgCl\downarrow \qquad (K_{sp} = 1.8 \times 10^{-10})$$

$$Ag^+ + SCN^- \longrightarrow AgSCN\downarrow \qquad (K_{sp} = 1.0 \times 10^{-12})$$

利用生成难溶性银盐的沉淀滴定法被称为银量法（argentometric titration）。本法可用于测定 Cl^-、Br^-、I^-、CN^-、SCN^- 和 Ag^+ 等离子，也可以测定经处理后能定量产生这些离子的有机物。此外，$K_4[Fe(CN)_6]$ 与 Zn^{2+}、$Ba^{2+}(Pb^{2+})$ 与 SO_4^{2-}、Hg^{2+} 与 S^{2-}、$NaB(C_6H_5)_4$ 与 K^+ 等能形成沉淀的反应也可以用于滴定，但其实际应用不及银量法普遍。根据确定终点所用的指示剂不同，银量法可分为铬酸钾指示剂法（莫尔法，Mohr 法）、铁铵矾指示剂法（佛尔哈德法，Volhard 法）和吸附指示剂法（法扬司法，Fajans 法）。本节主要讨论银量法。

一、沉淀滴定法的基本原理

（一）滴定曲线

沉淀滴定法在滴定过程中的溶液离子浓度（或其负对数）的变化情况也可以用滴定曲线表示。以 $AgNO_3$ 溶液（0.100 0mol/L）滴定 20.00ml NaCl 溶液（0.100 0mol/L）为例进行讨论：

$$Ag^+ + Cl^- \longrightarrow AgCl\downarrow \qquad K_{sp} = 1.8 \times 10^{-10}$$

（1）滴定开始前：

$$[Cl^-] = 0.100 \ 0mol/L \qquad pCl = -\lg 0.100 \ 0 = 1.00$$

（2）滴定开始至化学计量点前：溶液中的氯离子浓度，取决于剩余的氯化钠的浓度。例如，加入 $AgNO_3$ 溶液 19.98ml 时（相对误差 -0.1%），溶液中 Cl^- 的浓度如下计算。

$$[Cl^-] = \frac{0.100 \ 0 \times 0.02}{20.00 + 19.98} = 5.0 \times 10^{-5}(mol/L) \qquad pCl = 4.30$$

而 Ag^+ 浓度则因为 $[Ag^+][Cl^-] = K_{sp} = 1.8 \times 10^{-10}$

$$pAg + pCl = -\lg K_{sp} = 9.74$$

故 $pAg = 9.74 - 4.30 = 5.44$

（3）化学计量点时：溶液是 AgCl 的饱和溶液，Cl^- 来源于 AgCl 沉淀的溶解平衡。

$$[Cl^-] = \sqrt{K_{sp}} = \sqrt{1.8 \times 10^{-10}} = 1.34 \times 10^{-5}(mol/L)$$

$$pCl = pAg = \frac{1}{2}pK_{sp} = 4.87$$

（4）化学计量点后：溶液的 Ag^+ 浓度由过量的 $AgNO_3$ 浓度决定，当加入 $AgNO_3$ 溶液 20.02ml 时（相对误差 $+0.1\%$），则如下。

$$[Ag^+] = \frac{0.100 \ 0 \times 0.02}{20.00 + 20.02} = 5.0 \times 10^{-5}(mol/L) \qquad pAg = 4.30$$

$$pCl = 9.74 - 4.30 = 5.44$$

利用上述方法求得滴定过程中的一系列数据（表 4-6），以 AgNO₃ 溶液滴入体积（或滴定百分数）为横坐标、响应的 pX 为纵坐标，绘制滴定曲线如图 4-10 所示。

表 4-6　AgNO₃ 溶液滴定 NaCl 或 KBr 溶液的 pX 和 pAg 变化

（$c_{AgNO_3} = c_{NaCl/KBr} = 0.100\ 0\ mol/L$，$V_{NaCl/KBr} = 20.00ml$）

V_{AgNO_3}/ml	滴定百分数 /%	滴定 Cl		滴定 Br	
		pCl	pAg	pBr	pAg
0.00	0	1.00	—	1.00	—
18.00	90.0	2.28	7.46	2.28	10.02
19.80	99.0	3.30	6.44	3.30	9.00
19.98	99.9	4.30	5.44	4.30	8.00
20.00	100.0	4.87	4.87	6.15	6.15
20.02	100.1	5.44	4.30	8.00	4.30
20.20	101.0	6.44	3.30	9.00	3.30
22.00	110.0	7.42	2.32	10.00	2.30
40.00	200.0	8.26	1.48	10.82	1.48

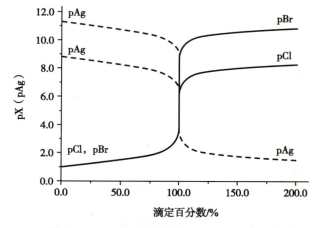

● 图 4-10　AgNO₃ 溶液滴定 Cl⁻、Br⁻ 的滴定曲线

图 4-10 显示：

（1）pX 与 pAg 两条曲线以化学计量点对称，表示随着滴定的进行，溶液中 Ag^+ 浓度增加时，X^- 浓度以相同的比例减小；而化学计量点时，两种离子浓度相等，即两条曲线在化学计量点相交。

（2）突跃范围的大小，取决于沉淀的溶度积常数 K_{sp} 和溶液的浓度。K_{sp} 越小，突跃范围大。如 $K_{sp}(AgI) < K_{sp}(AgBr) < K_{sp}(AgCl)$，所以相同浓度的 Cl⁻、Br⁻ 和 I⁻ 与 Ag^+ 的滴定曲线上，突跃范围是 I⁻ 的最大，Cl⁻ 的最小，若溶液的浓度较低，则突跃范围变小。

（二）分步滴定

溶液中如果同时含有 Cl⁻、Br⁻ 和 I⁻，由于 AgI、AgBr、AgCl 的溶度积常数差别较大，当浓度差别不太大时，可利用分步滴定的原理，用 AgNO₃ 溶液连续滴定，测出它们各自的含量。溶度积常数最小的 AgI 最先被滴定，AgCl 最后被滴定。在滴定曲线上显示出三个突跃。

二、铬酸钾指示剂法

以 $AgNO_3$ 为标准溶液、铬酸钾为指示剂,在中性或弱碱性溶液中,直接测定氯化物或溴化物的滴定方法,为铬酸钾指示剂法。

(一)原理

以 $AgNO_3$ 标准溶液直接滴定 Cl^-(或 Br^-)时,以 K_2CrO_4 为指示剂,有如下反应。

滴定反应:$Ag^+ + Cl^- \longrightarrow AgCl\downarrow$(白色) $K_{sp} = 1.8 \times 10^{-10}$

指示终点反应:$2Ag^+ + CrO_4^{2-} \longrightarrow Ag_2CrO_4\downarrow$(砖红色) $K_{sp} = 1.1 \times 10^{-12}$

由于 AgCl 溶解度小于 Ag_2CrO_4,并且 Cl^- 浓度大于 CrO_4^{2-},故根据分步沉淀原理,首先发生滴定反应析出白色 AgCl 沉淀。待 Cl^- 被定量沉淀后,稍过量的 Ag^+ 就会与 CrO_4^{2-} 反应,产生砖红色 Ag_2CrO_4 沉淀而指示滴定终点。

(二)滴定条件

1. 指示剂的用量   指示剂的用量要适当。溶液中指示剂 CrO_4^{2-} 的浓度与滴定终点出现的迟早有着密切的关系,并直接影响分析结果的准确度。根据溶度积原理,可以计算出滴定反应至计量点时,恰能生成 Ag_2CrO_4 沉淀所需 $[CrO_4^{2-}]$ 的理论量。

计量点时,Ag^+ 与 Cl^- 的物质的量恰好相等,即在 AgCl 的饱和溶液中,$[Ag^+]=[Cl^-]$。

由于 $[Ag^+][Cl^-] = K_{sp(AgCl)} = 1.8 \times 10^{-10}$

则 $[Ag^+]^2 = K_{sp(AgCl)} = 1.8 \times 10^{-10}$

此时,要求刚好析出 Ag_2CrO_4 沉淀以指示终点,因为 $[Ag^+]^2[CrO_4^{2-}] = K_{sp(Ag_2CrO_4)} = 1.1 \times 10^{-12}$,代入 $[Ag^+]^2$ 即可计算出:

$$[CrO_4^{2-}] = \frac{K_{sp(Ag_2CrO_4)}}{[Ag^+]^2} = \frac{1.1 \times 10^{-12}}{1.8 \times 10^{-10}} = 6.1 \times 10^{-3}(mol/L)$$

由于 K_2CrO_4 指示剂的黄色较深,在其中不易观察砖红色 Ag_2CrO_4 沉淀的形成,所以实际用量比理论用量少。实践证明,在 50～100ml 的总体积溶液中,加入 5%(w/v)K_2CrO_4 指示液 1ml 即可。此时 $[CrO_4^{2-}]$ 为 2.6×10^{-3}～5.2×10^{-3}mol/L,$AgNO_3$ 溶液过量引起的误差很小,可忽略不计。

2. 溶液的酸度   滴定应在中性或弱碱性介质中进行。若酸度过高,CrO_4^{2-} 将因酸效应致使其浓度降低,导致 Ag_2CrO_4 沉淀出现过迟甚至不沉淀;但溶液的碱性太强,又将生成 Ag_2O 沉淀,故适宜的酸度范围为 pH = 6.5～10.5。若试液中有铵盐存在,在碱性溶液中它与 Ag^+ 生成 $Ag(NH_3)^+$ 或 $Ag(NH_3)_2^+$,致使 AgCl 和 Ag_2CrO_4 的溶解度增大,测定的准确度降低。实验证明,当 $c_{NH_4^+} < 0.05$mol/L 时,控制溶液的 pH 在 6.5～7.2 范围内,滴定可得到满意的结果。若 $c_{NH_4^+} > 0.15$mol/L,则仅仅通过控制溶液酸度已不能消除其影响,须在滴定前将大量铵盐除去。

3. 滴定时应剧烈振摇,使被 AgCl 或 AgBr 沉淀吸附的 Cl^- 或 Br^- 及时被释放出来,防止终点提前。

4. 预先分离干扰离子   凡能与 Ag^+ 生成沉淀的阴离子,如 PO_4^{3-}、AsO_4^{3-}、SO_3^{2-}、S^{2-}、CO_3^{2-} 和 CrO_4^{2-} 等;能与 CrO_4^{2-} 生成沉淀的阳离子,如 Ba^{2+}、Pb^{2+} 等和 Cu^{2+}、Co^{2+}、Ni^{2+} 等有色离子;以及在中性或弱碱性溶液中易发生水解反应的离子,如 Fe^{3+}、Al^{3+}、Bi^{3+} 和 Sn^{4+} 等,均会干扰测定,应预先分离。

（三）应用范围

本法主要用于 Cl^-、Br^- 和 CN^- 的测定。不适用于滴定 I^- 和 SCN^-，因为 AgI 和 $AgSCN$ 沉淀对 I^- 和 SCN^- 有较强烈的吸附作用，即使剧烈振摇也无法使之释放出来；也不适用于以 NaCl 标准溶液直接滴定 Ag^+，因为在 Ag^+ 试液中加入指示剂 K_2CrO_4 后，会立即析出 Ag_2CrO_4 沉淀，用 NaCl 标准溶液滴定时 Ag_2CrO_4 再转化成 AgCl 的速率极慢，使滴定终点推迟。

三、铁铵矾指示剂法

本法是以 KSCN 或 NH_4SCN 为标准溶液、铁铵矾 $[NH_4Fe(SO_4)_2 \cdot 12H_2O]$ 为指示剂，在酸性溶液中滴定 Ag^+ 的滴定方法。可分为直接滴定法和返滴定法。

（一）原理

1. 直接滴定法　测定 Ag^+ 滴定反应如下。

滴定反应：$Ag^+ + SCN^- \longrightarrow AgSCN \downarrow \qquad K_{sp(AgSCN)} = 1.0 \times 10^{-12}$
（白色）

指示终点反应：$Fe^{3+} + SCN^- \longrightarrow Fe(SCN)^{2+} \qquad K = 138$
（红色）

滴定时，溶液的酸度一般控制在 $0.1 \sim 1mol/L$ 之间。酸度过低，Fe^{3+} 易水解。为使终点时刚好能观察到 $Fe(SCN)^{2+}$ 明显的红色，所需 $Fe(SCN)^{2+}$ 的最低浓度为 $6 \times 10^{-6}mol/L$。要维持 $Fe(SCN)^{2+}$ 的配位平衡，Fe^{3+} 的浓度应远远高于这一数值，但 Fe^{3+} 的浓度过大，它的黄色会干扰终点的观察。因此，终点时 Fe^{3+} 的浓度一般控制在 $0.015mol/L$。

在滴定过程中，不断有 AgSCN 沉淀形成，由于它具有强烈的吸附作用，所以有部分 Ag^+ 被吸附于其表面，因此往往会产生终点出现过早的情况，使结果偏低。滴定时，必须充分振摇，使被吸附的 Ag^+ 及时被释放出来。

2. 返滴定法　在含有卤素离子的 HNO_3 溶液中加入一定量过量的 $AgNO_3$，以铁铵矾为指示剂，用 NH_4SCN 标准溶液返滴定过量的 $AgNO_3$。

滴定反应：Ag^+（定量，过量）$+ X^- \longrightarrow AgX \downarrow$

Ag^+（剩余量）$+ SCN^- \longrightarrow AgSCN \downarrow$

指示终点反应：$SCN^- + Fe^{3+} \longrightarrow Fe(SCN)^{2+}$
（红色）

由于滴定是在 HNO_3 介质中进行的，PO_4^{3-}、AsO_4^{3-}、S^{2-} 等弱酸盐都不干扰卤素离子的测定，因此，该法选择性高。

应用此法测定 Cl^- 时，由于 AgCl 的溶解度比 AgSCN 大，当剩余的 Ag^+ 被滴定完之后，过量的 SCN^- 将与 AgCl 发生沉淀转化反应：

$$AgCl \downarrow + SCN^- \longrightarrow AgSCN \downarrow + Cl^-$$

该反应使得本应产生的红色 $Fe(SCN)^{2+}$ 不能及时出现，或已经出现的红色随着振摇又消失。因此，要想得到持久的红色就必须继续滴入 SCN^-，直到 SCN^- 与 Cl^- 之间建立以下平衡为止：

$$\frac{[\text{Cl}^-]}{[\text{SCN}^-]}=\frac{K_{\text{sp}(\text{AgCl})}}{K_{\text{sp}(\text{AgSCN})}}=\frac{1.8\times10^{-10}}{1.0\times10^{-12}}=180$$

这样势必多消耗了 NH_4SCN 标准溶液,造成一定的滴定误差。因此在滴定氯化物时,为了避免上述沉淀转化反应的发生,可以采取下列措施之一。

（1）将生成的 AgCl 沉淀滤去,再用 NH_4SCN 标准溶液滴定滤液。此法需要过滤、洗涤等操作,操作烦琐。

（2）在用 NH_4SCN 标准溶液回滴前,向待测 Cl^- 的溶液中加入 $1\sim3ml$ 硝基苯等有机溶剂,使其包裹在 AgCl 沉淀表面,减少 AgCl 沉淀与溶液中的 SCN^- 接触,防止沉淀的转化。此法操作简便易行。

（3）提高 Fe^{3+} 的浓度,从而减小终点时 SCN^- 的浓度,达到减小滴定误差的目的。实验证明,当溶液中 Fe^{3+} 浓度为 $0.2mol/L$ 时,滴定误差将小于 0.1%。

（二）滴定条件

1. 滴定应在酸性溶液中进行。在中性或碱性溶液中,Fe^{3+} 易水解生成 $Fe(OH)_3$ 沉淀而失去指示剂的作用。因此,一般控制溶液 $[H^+]$ 在 $0.1\sim1mol/L$ 之间。

2. 测定氯化物时,临近终点应轻轻振摇,以免沉淀转化,直到溶液出现稳定的淡棕红色为止。

3. 在测定碘化物时,应先加入准确量的 $AgNO_3$ 标准溶液,再加入铁铵矾指示剂。否则 Fe^{3+} 可氧化 I^- 生成 I_2,造成误差。其反应为:$2I^-+2Fe^{3+}\Longrightarrow I_2+2Fe^{2+}$。

4. 测定不宜在较高温度下进行,否则红色配合物褪色,不能指示终点。

5. 强氧化剂及 Cu^{2+}、Hg^{2+} 等离子可与 SCN^- 作用,干扰测定,应预先除去。

（三）应用范围

采用直接滴定法可测定 Ag^+ 等;采用返滴定法可测定 Cl^-、Br^-、I^-、SCN^-、PO_4^{3-} 和 AsO_4^{3-} 等离子。由于莫尔法影响因素较多,而本法干扰少,故更多用本法返滴定测定一些阴离子含量。

四、吸附指示剂法

吸附指示剂法是以吸附剂为指示剂的银量法。

（一）原理

吸附指示剂是一类有机染料,当它被沉淀表面吸附后,会因结构的改变引起颜色的变化,从而指示滴定终点。吸附指示剂可分为两类:一类是酸性染料,如荧光黄及其衍生物,它们是有机弱酸,解离出指示剂阴离子;另一类是碱性染料,如甲基紫、罗丹明 6G 等,解离出指示剂阳离子。例如,用 $AgNO_3$ 标准溶液滴定 Cl^- 时,可采用荧光黄作指示剂。荧光黄是一种有机弱酸,用 HFIn 表示,在溶液中存在解离平衡如下。

$$HFIn \Longrightarrow FIn^-（黄绿色）+H^+ \qquad pK_a=7$$

在化学计量点之前,溶液中 Cl^- 过量,AgCl 沉淀吸附 Cl^- 而带负电荷,FIn^- 不被吸附,溶液呈现 FIn⁻ 的黄绿色。在化学计量点后，溶液中有过量的 Ag^+，这时 AgCl 沉淀吸附 Ag^+ 使沉淀颗粒带正电荷（AgCl·Ag^+），它将强烈地吸附 FIn⁻。荧光黄阴离子被吸附后，因结构发生变化而呈粉红色，从而指示滴定终点。此过程可示意如下。

终点前 Cl⁻ 过量　　　AgCl·Cl⁻ + FIn⁻（黄绿色）

终点后 Ag^+ 过量　　AgCl·Ag^+ + FIn⁻ = AgCl·Ag^+·FIn⁻（粉红色）

如果用 NaCl 滴定 Ag^+，则颜色的变化正好相反。

（二）滴定条件

1. 由于颜色的变化发生在沉淀表面，欲使终点变色明显，应尽量使沉淀的比表面积大一些。为此可加入糊精等保护胶体，阻止卤化银凝聚，使其保持胶体状态。

2. 溶液的 pH 应适当。溶液的酸度必须有利于指示剂的显色离子存在。例如，荧光黄的 $pK_a = 7.0$，只能在 pH 7.0～10.0 的中性或弱碱性溶液中使用。若 pH < 7.0，则主要以 HFIn 形式存在，它不能被沉淀吸附，无法指示终点。二氯荧光黄的 $pK_a = 4$，可以在 pH 4.0～10.0 范围内使用。曙红的酸性更强（$pK_a ≈ 2.0$），即使 pH 低至 2.0，也能指示终点。甲基紫为阳离子指示剂，它必须在 pH 1.5～3.5 的酸性溶液中使用。

3. 胶体颗粒对指示剂的吸附能力应略小于对被测离子的吸附能力，否则指示剂将在化学计量点前变色。但也不能太小，否则终点出现过迟。

卤化银对卤化物和几种常见吸附指示剂的吸附能力的次序为：

I⁻ > 二甲基二碘荧光黄 > Br⁻ > 曙红 > Cl⁻ > 荧光黄

因此，滴定 Cl⁻ 时只能选荧光黄，滴定 Br⁻ 则宜选曙红为指示剂。

4. 指示剂的呈色离子与加入标准溶液离子应带有相反电荷。如用 Cl⁻ 滴定 Ag^+ 时，可用甲基紫（MV^+Cl^-）作吸附指示剂。

5. 滴定应避免在强光下进行。因为吸附着指示剂的卤化银胶体对光极为敏感，遇光易分解析出金属银，溶液会很快变为灰色或黑色。

（三）应用范围

本法可用于 Cl⁻、Br⁻、I⁻、SCN⁻ 和 Ag^+ 等离子的测定。

常用的吸附指示剂及其适用范围和条件列于表 4-7 中。

表 4-7　常用的吸附指示剂

指示剂名称	待测离子	滴定剂	适用的 pH 范围
荧光黄	Cl⁻	Ag^+	7.0～10.0
二氯荧光黄	Cl⁻	Ag^+	4.0～10.0
曙红	Br⁻、I⁻、SCN⁻	Ag^+	2.0～10.0
甲基紫	SO_4^{2-}、Ag^+	Ba^{2+}、Cl⁻	1.5～3.5
橙黄素IV	Cl⁻、I⁻ 混合液		
氨基苯磺酸	及	Ag^+	弱酸性
溴酚蓝	生物碱盐类		
二甲基二碘荧光黄	I⁻	Ag^+	中性

第四节 配位滴定法

配位滴定法（complexometric titration）又称络合滴定法，是以配位反应为基础的滴定分析方法。广泛应用于医药工业、化学工业、地质、冶金等各个领域中金属离子的测定。

配位剂有无机配位剂和有机配位剂（螯合剂）。以氨羧配位剂为代表的有机配位剂（螯合剂）能提供多个配位原子，与金属离子以螯合物的形式配位，反应迅速且生成的配合物非常稳定。

目前已经过研究的氨羧配位剂有十几种，其中应用最广泛的是乙二胺四乙酸（ethylenediamine-tetraacetic acid，EDTA），属于"NO"型的氨羧配位剂，即以氨基二乙酸 [—N(CH_2COOH)_2] 为基体的有机配位剂。以下主要讨论以 EDTA 为配位剂的滴定分析法，又称 EDTA 滴定法。

一、EDTA 及其配合物的特性

（一）EDTA 的存在形式

乙二胺四乙酸（EDTA，简写 H_4Y）为白色晶状固体，微溶于水（0.02g/100ml，22℃），易溶于氨水和 NaOH 溶液。实际应用其二钠盐 $Na_2H_2Y·2H_2O$（11.1g/100ml，22℃，约为 0.3mol/L），也简称为 EDTA。

瑞士化学家施瓦岑巴赫（G. Schwarzenbach）提出，在水溶液中，EDTA 具有双偶极离子结构：

$$^-OOCH_2C \diagdown \quad H^+ \qquad\qquad H^+ \quad \diagup CH_2COO^- $$
$$ N—CH_2—CH_2—N$$
$$HOOCH_2C \diagup \qquad\qquad\qquad\qquad \diagdown CH_2COOH$$

乙二胺四乙酸（EDTA）

EDTA 在强酸性溶液中，H_4Y 的两个 —COO⁻ 可接受 H⁺ 形成 H_6Y^{2+}，相当于六元酸，存在六级解离如下：

$$H_6Y^{2+} \underset{+H^+}{\overset{-H^+}{\rightleftharpoons}} H_5Y^+ \underset{+H^+}{\overset{-H^+}{\rightleftharpoons}} H_4Y \underset{+H^+}{\overset{-H^+}{\rightleftharpoons}} H_3Y^- \underset{+H^+}{\overset{-H^+}{\rightleftharpoons}} H_2Y^{2-} \underset{+H^+}{\overset{-H^+}{\rightleftharpoons}} HY^{3-} \underset{+H^+}{\overset{-H^+}{\rightleftharpoons}} Y^{4-}$$

$$K_{a_1}=10^{-0.90} \quad K_{a_2}=10^{-1.60} \quad K_{a_3}=10^{-2.00} \quad K_{a_4}=10^{-2.67} \quad K_{a_5}=10^{-6.16} \quad K_{a_6}=10^{-10.26}$$

根据溶液 pH 不同，EDTA 可得到或失去 H⁺ 形成七种型体，不同 pH 下其主要型体见表4-8，各型体分布曲线见图4-11。其中能与金属离子配位的是 Y^{4-}（简写为 Y），当 pH 大于 10.26 时 Y^{4-} 为主要的存在型体，因此较高 pH 下有利于 Y^{4-} 的存在和 EDTA 滴定。之后本节中讨论的均为 Y^{4-}（简写为 Y）与 M 的配位反应。

表4-8 不同 pH 下 EDTA 的主要型体

主要型体	H_6Y^{2+}	H_5Y^+	H_4Y	H_3Y	H_2Y^{2-}	HY^{3-}	Y^{4-}
pH	＜0.90	0.90～1.60	1.60～2.00	2.00～2.67	2.67～6.16	6.16～10.26	＞10.26

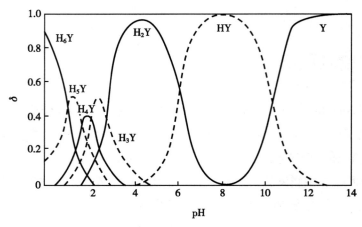

● 图 4-11　EDTA 各型体的分布曲线

（二）金属 -EDTA 配合物的特点

EDTA 能与多种金属离子形成配合物,其特点主要如下。

1.配位性能广　几乎能与除碱金属外的所有金属离子形成稳定的配位物。

2.配位比简单　与大多数金属离子反应的计量关系为 1 : 1。

3.形成配合物的稳定性高　EDTA 分子中具有 2 个氨氮和 4 个羧氧配位原子,与金属离子形成具有多个五元环的稳定配合物(又称螯合物,chelate compound)。EDTA 配合物的立体构型如图 4-12 所示。

4.配位反应速率快　能满足直接滴定的条件。

5.配合物水溶性好　有利于水溶液中的滴定分析。

6.生成的配合物一般无色　有利于滴定分析时对终点颜色的观察。

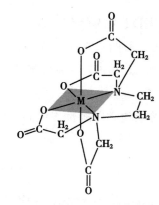

● 图 4-12　EDTA 配合物的立体结构

（三）配合物稳定常数

稳定常数(stability constant)实质是指配位反应的平衡常数,又称形成常数,反映金属离子与配位体相互作用的强度。EDTA 与金属离子配位的平衡反应为(为方便、简化,省略电荷):

$$M + Y \rightleftharpoons MY$$

反应的平衡常数为:

$$K_{MY} = \frac{[MY]}{[M][Y]} \qquad \text{式 4-44}$$

式 4-44 中,K_{MY} 为一定温度下配合物 MY 的稳定常数。稳定常数越大,配合物越稳定。

K_{MY} 或 $\lg K_{MY}$ 的大小,可体现配位反应完成的程度,据此可判断配位反应能否用于滴定分析。常见金属离子与 EDTA 配合物的稳定常数见表 4-9。

表 4-9 EDTA 配合物的稳定常数 lgK_{MY}（25℃，I = 0.1，KNO_3 溶液）

金属离子	lgK_{MY}	金属离子	lgK_{MY}	金属离子	lgK_{MY}
Na^+	1.66*	Mn^{2+}	13.87	Ni^{2+}	18.62
Li^+	2.79*	Fe^{2+}	14.32	Cu^{2+}	18.80
Ag^+	7.32	Ce^{3+}	15.98	Hg^{2+}	21.70
Ba^{2+}	7.86*	Al^{3+}	16.30	Cr^{3+}	23.40
Mg^{2+}	8.79*	Co^{2+}	16.31	Fe^{3+}	25.10*
Sr^{2+}	8.73*	Cd^{2+}	16.46	Bi^{3+}	27.80
Be^{2+}	9.20	Zn^{2+}	16.50	Zr^{4+}	29.50
Ca^{2+}	10.69	Pb^{2+}	18.04	Co^{3+}	41.40

注: * 表示在 0.1mol/L KCl 溶液中，其他条件均相同。

表 4-9 显示，不同金属离子与 EDTA 形成的配合物稳定性取决于其离子半径、离子电荷及电子层结构的差异。碱金属离子的配合物稳定性最差；碱土金属离子配合物的 lgK_{MY} 在 8～11 之间；过渡元素、稀土元素、Al^{3+} 配合物的 lgK_{MY} 约为 15～19；而三价、四价金属离子及 Hg^{2+} 配合物的 lgK_{MY} > 20。

（四）影响配合物稳定性的因素

配位滴定所涉及的化学平衡比较复杂，在配位滴定体系中存在待测金属离子、其他金属离子、缓冲体系、掩蔽剂、氢离子、氢氧根离子等多种成分。因此，在待测离子 M 与滴定剂 Y 之间的主反应外，还存在各种副反应（side reaction）。

整个反应体系的化学平衡关系可表示为：

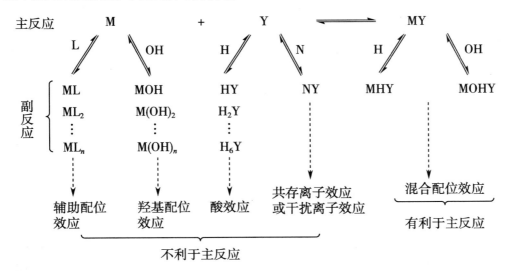

除反应产物 MY 的副反应有利于主反应之外，其他副反应都对主反应产生不利影响。为了定量表示副反应进行的程度，引入副反应系数 α。

1. 配位剂（Y）的副反应系数 配位剂（Y）的副反应系数是未参加主反应的 EDTA 各种型体总浓度 [Y′] 与游离 EDTA（Y^{4-}）浓度 [Y] 的比值，用 α_Y 表示，其表达式为式 4-45。

$$\alpha_Y = \frac{[Y']}{[Y]} \qquad\qquad 式 4\text{-}45$$

α_Y 越大表明直接参与主反应的游离 EDTA(Y^{4-})浓度越小,副反应越大。配位剂 Y 的副反应主要是与 H^+ 及其他共存离子的反应,分别用酸效应系数 $\alpha_{Y(H)}$ 和共存离子效应系数 $\alpha_{Y(N)}$ 表示其副反应程度。

(1)酸效应系数 $\alpha_{Y(H)}$:在酸性溶液中,EDTA 能与溶液中 H^+ 结合,使 Y 的平衡浓度降低,主反应化学平衡向左移动。这种由于 H^+ 的存在使配位剂参加主反应能力降低的现象称为酸效应(acid effect)。酸度影响大小以酸效应系数 $\alpha_{Y(H)}$ 来衡量(式 4-46)。

$$\alpha_{Y(H)} = \frac{[Y']}{[Y]} \qquad \text{式 4-46}$$

式 4-46 中,[Y] 表示游离的参与主反应的 Y^{4-} 平衡浓度,[Y'] 表示未参加主反应的 EDTA 所有存在型体总浓度。酸效应系数的倒数即分布系数 δ_Y。

酸效应系数 $\alpha_{Y(H)}$ 的大小,可以根据 EDTA 的各级解离常数和溶液中 H^+ 的浓度计算。常用指数或对数形式表示,如 $\lg\alpha_{Y(H)}$。

$\alpha_{Y(H)}$ 是 $[H^+]$ 的函数,不同 pH 时 EDTA 的 $\lg\alpha_{Y(H)}$ 见表 4-10。$[H^+]$ 越大,pH 越小,酸度越大,$\alpha_{Y(H)}$ 越大,酸效应越强,EDTA 参与主反应的能力越低;反之,随着 pH 的增大,酸效应降低,当 pH 增至一定程度时,EDTA 酸效应的影响可基本忽略;当 $\alpha_{Y(H)} = 1$ 时,即 [Y'] = [Y],EDTA 全部以 Y^{4-} 形式存在,表明 EDTA 未与 H^+ 发生副反应。

表 4-10　EDTA 在不同 pH 时的 $\lg\alpha_{Y(H)}$

pH	$\lg\alpha_{Y(H)}$	pH	$\lg\alpha_{Y(H)}$	pH	$\lg\alpha_{Y(H)}$	pH	$\lg\alpha_{Y(H)}$
0.0	23.64	2.8	11.09	5.6	5.33	8.4	1.87
0.2	22.47	3.0	10.60	5.8	4.98	8.6	1.67
0.4	21.32	3.2	10.14	6.0	4.65	8.8	1.48
0.6	20.18	3.4	9.70	6.2	4.34	9.0	1.29
0.8	19.08	3.6	9.27	6.4	4.06	9.2	1.10
1.0	18.01	3.8	8.85	6.6	3.79	9.4	0.92
1.2	16.98	4.0	8.44	6.8	3.55	9.6	0.75
1.4	16.02	4.2	8.04	7.0	3.32	9.8	0.59
1.6	15.11	4.4	7.64	7.2	3.10	10.0	0.45
1.8	14.27	4.6	7.24	7.4	2.88	10.5	0.20
2.0	13.51	4.8	6.84	7.6	2.68	11.0	0.070
2.2	12.84	5.0	6.45	7.8	2.47	11.5	0.020
2.4	12.19	5.2	6.07	8.0	2.27	12.0	0.010
2.6	11.62	5.4	5.69	8.2	2.07	13.0	0.000 8

(2)共存离子效应系数 $\alpha_{Y(N)}$:当用 EDTA 滴定金属离子 M 时,若溶液中存在其他干扰金属离子 N,EDTA 与 N 发生配位反应,导致 EDTA 与 M 离子发生反应的浓度降低,这种现象称为共存离子效应。其副反应系数用 $\alpha_{Y(N)}$ 表示。

只考虑共存离子效应时:

$$\alpha_{Y(N)} = \frac{[Y] + [NY]}{[Y]} = 1 + \frac{[N][Y]K_{NY}}{[Y]} = 1 + [N]K_{NY} \qquad \text{式 4-47}$$

式 4-47 中，K_{NY} 为配合物 NY 的稳定常数。由此可见，干扰离子 N 的浓度越大，形成配合物 NY 的稳定性越高，副反应系数 $\alpha_{Y(N)}$ 越大，产生干扰越大。

（3）配位剂（Y）的总副反应系数 α_Y：当反应平衡体系中既有共存离子 N，又有酸效应影响时，配位剂 Y 的总副反应系数如下。

$$\alpha_Y = \frac{[Y']}{[Y]} = \alpha_{Y(H)} + \alpha_{Y(N)} - 1 \qquad \text{式 4-48}$$

式 4-48 中，[Y'] 为平衡体系中未与 M 反应的总浓度，[Y] 为游离的 Y^{4-} 型体的平衡浓度。在处理实际问题时，如果 $\alpha_{Y(H)}$ 和 $\alpha_{Y(N)}$ 相差几个数量级，可以只考虑一项而忽略另一项。

2. 金属离子 M 的副反应系数（用 α_M 表示）　包括溶液中其他配位剂 L 与 M 发生的配位反应和金属离子本身的水解反应。

（1）辅助配位效应系数 $\alpha_{M(L)}$：当滴定体系中存在其他配位剂 L 时，M 与 L 发生副反应，使主反应受到影响。这种由于其他配位剂存在使金属离子 M 与配位剂 Y 发生副反应而使主反应能力降低的现象，称为辅助配位效应，其大小用辅助配位效应系数 $\alpha_{M(L)}$ 来衡量（式 4-49）。

$$\alpha_{M(L)} = \frac{[M']}{[M]} \qquad \text{式 4-49}$$

式 4-49 中，[M'] 表示未参加主反应的金属离子 M 所有存在型体的总浓度，[M] 表示参与主反应的游离金属离子浓度。$\alpha_{M(L)}$ 越大，金属离子 M 与其他配位剂 L 发生的副反应越严重，M 参加主反应的能力越低。当无其他辅助配位剂存在时，$\alpha_{M(L)}=1$，表示无辅助配位效应。

（2）羟基配位效应系数 $\alpha_{M(OH)}$：当在 pH 较高的水溶液中滴定时，金属离子 M 常与 OH^- 发生羟基配位反应（即水解反应），形成金属羟基配合物，副反应系数用 $\alpha_{M(OH)}$ 表示。羟基配位效应也可看作是辅助配位效应的一种。

（3）金属离子的总副反应系数 α_M：若溶液中存在多种配位剂 $L_1, L_2, ..., L_n$，则

$$\alpha_M = \alpha_{M(L_1)} + \alpha_{M(L_2)} + ... + \alpha_{M(L_n)} - (n-1) \qquad \text{式 4-50}$$

3. 配合物 MY 的副反应及副反应系数 α_{MY}　由于配合物（MY）性质稳定，与 H^+ 或 OH^- 副反应程度低，一般忽略不计，即 $[MY'] \approx [MY]$。

（五）条件稳定常数

条件稳定常数（conditional stability constant）又称表观稳定常数，以 K'_{MY} 表示，是在一定条件下，考虑了副反应影响因素后的实际稳定常数。可得：

$$K'_{MY} = \frac{[MY']}{[M'][Y']} = \frac{[MY]\alpha_{MY}}{[M][Y]\alpha_M\alpha_Y} = \frac{K_{MY}\alpha_{MY}}{\alpha_M\alpha_Y}$$

$$\text{或} \quad \lg K'_{MY} = \lg K_{MY} - \lg \alpha_Y - \lg \alpha_M \qquad \text{式 4-51}$$

式 4-51 表明，条件稳定常数只有在具体的滴定条件下，在 α_M 和 α_Y 确定后方能视为常数。故 K'_{MY} 反映一定条件下，有副反应发生时主反应进行的程度。

综上所述，副反应系数越小，条件稳定常数越大，说明配合物在该条件下越稳定；反之，则说明配合物的实际稳定性越低。

二、配位滴定法的基本原理

（一）滴定曲线

配位滴定平衡体系中，随着滴定剂 EDTA 的不断加入，体系中金属离子浓度的负对数（pM′）也随之改变，到达化学计量点附近时产生滴定突跃。若以滴定剂加入的体积（V_T）为横坐标、pM′ 为纵坐标，可绘出配位滴定的滴定曲线。

1. 滴定曲线　以 0.010 00mol/L 的 EDTA 标准溶液滴定 20.00ml 0.010 00mol/L 的 Ca^{2+} 溶液为例，计算在 pH＝12 时溶液的 pCa 值（假设滴定体系中不存在其他副反应，并忽略酸效应）。

将滴定过程分为四个阶段来进行讨论：

（1）滴定前：$[Ca^{2+}]$＝0.010 00mol/L

$$pCa＝-lg[Ca^{2+}]＝-lg0.010\ 00＝2.0$$

（2）化学计量点前：考虑滴定剂加入的体积分数为 99.9%，即加入 EDTA 溶液 19.98ml 时，$[Ca^{2+}]$ 为剩余 Ca^{2+} 的浓度。

$$[Ca^{2+}]＝0.010\ 00×\frac{20.00-19.98}{20.00+19.98}＝5.0×10^{-6}(mol/L)$$

$$pCa＝5.3$$

（3）化学计量点时：忽略配合物 CaY 的解离，则

$$[CaY]＝c_{Ca(sp)}＝\frac{c_{Ca^{2+}}}{2}＝0.010\ 00×\frac{20.00}{20.00+20.00}＝5.0×10^{-3}(mol/L)$$

又因 $[Ca^{2+}]＝[Y^{4-}]$，得

$$[Ca^{2+}]＝\sqrt{\frac{[CaY]}{K_{CaY}}}＝\sqrt{\frac{5.0×10^{-3}}{10^{10.69}}}＝3.2×10^{-7}(mol/L)$$

$$pCa＝6.5$$

（4）化学计量点后：计算滴定剂加入的体积分数为 100.1%，即加入 EDTA 溶液 20.02ml，则

$$[Y^{4-}]＝0.010\ 00×\frac{20.02-20.00}{20.02+20.00}＝5.0×10^{-6}(mol/L)$$

$$[Ca^{2+}]＝\frac{[CaY]}{K_{CaY}[Y^{4-}]}＝\frac{5.0×10^{-3}}{10^{10.69}×5.0×10^{-6}}＝10^{-7.7}(mol/L)$$

$$pCa＝7.7$$

按上述方法计算不同滴定阶段的 pCa，并以 pCa 为纵坐标、EDTA 体积（或滴定百分数）为横坐标绘制滴定曲线，如图 4-13 所示。

2. 影响滴定突跃的主要因素　由图 4-14 和图 4-15 可知，待测金属离子浓度和条件稳定常数影响滴定突跃大小。

（1）待测金属离子起始浓度（c_M）：当 K'_{MY} 一定时，c_M 越大，滴定突跃范围越大；反之，越小。当 $c_M＜10^{-4}$mol/L 时，无明显滴定突跃。

（2）条件稳定常数（K'_{MY}）：当 c_M 一定时，配合物 K'_{MY} 越大，突跃范围越大。当 $lgK'_{MY}＜8$ 时，无明显滴定突跃。

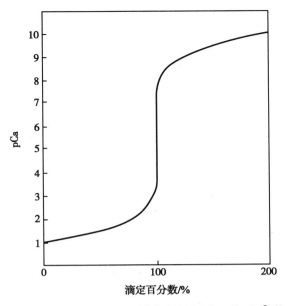

● 图4-13　0.010 00mol/L EDTA 滴定 0.010 00mol/L Ca^{2+} 的滴定曲线

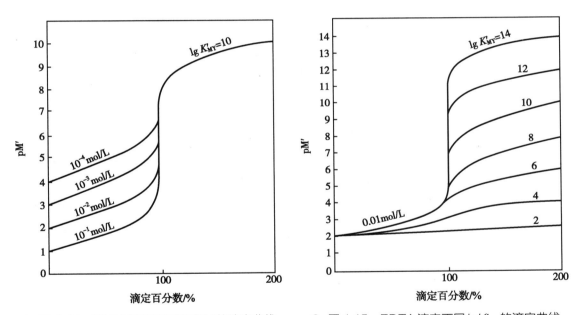

● 图4-14　EDTA 滴定不同浓度 M 的滴定曲线　　● 图4-15　EDTA 滴定不同 lgK'_{MY} 的滴定曲线

（3）影响 K'_{MY} 的因素：主要因素包括绝对稳定常数 K_{MY}、酸度及其他配位剂的配位效应。其中，K_{MY} 越小，K'_{MY} 越小；滴定体系的酸度越高，则 $\alpha_{Y(H)}$ 越大，K'_{MY} 越小；其他配位剂的浓度越大，一方面使 $\alpha_{M(L)}$ 越大，K'_{MY} 越小，另一方面使 c_M 起始浓度降低，影响突跃范围。

3．EDTA 准确滴定金属离子的条件　配位滴定通常采用指示剂颜色的转变来确定滴定终点，指示剂的变色点常不能与化学计量点完全一致。由于人眼对颜色的辨识度使得偏离 0.2 个单位，为达到终点误差 TE≤0.1%，通过林邦公式可推导出式 4-52。

$$\lg c_M K'_{MY} \geqslant 6 \qquad\qquad 式\ 4\text{-}52$$

式 4-52 可作为 EDTA 准确滴定金属离子 M 的判别式。

【例 4-10】在 pH=5.5 时，EDTA 可否准确滴定 0.01mol/L 的 Ca^{2+} 或 Zn^{2+}？（已知 $\lg K_{CaY}=10.69$，$\lg K_{ZnY}=16.50$）

解： 查表 4-10 得 pH=5.6 时，$\lg\alpha_{Y(H)}=5.33$

则
$$\lg c_{Ca}K'_{CaY}=-2.0+10.69-5.33=3.4<6$$
$$\lg c_{Zn}K'_{ZnY}=-2.0+16.50-5.33=9.2>6$$

故在 pH=5.6 时，可用 EDTA 准确滴定 0.01mol/L Zn^{2+}，不能准确滴定 0.01mol/L Ca^{2+}。

（二）金属离子指示剂

配位滴定中，能与金属离子生成有色配合物从而指示滴定过程中金属离子浓度变化的有机染料，称为金属离子指示剂，又称金属指示剂（metallochromic indicator，记作 In）。

1. 金属指示剂作用原理　金属指示剂本身是一种配位剂，也是一种多元酸（碱）。其与金属离子形成的配合物与游离指示剂的颜色有显著差别，因此可以用于指示配位滴定的终点。其作用原理为：

滴定前　　　　　M ＋ In ⇌　　　MIn
　　　　　　　　（颜色 A）　　　（颜色 B）

终点时　　　　　MIn ＋ Y ⇌　MY ＋ In
　　　　　　　（颜色 B）（颜色 A）

2. 金属指示剂应具备的条件

（1）金属配合物（MIn）与游离指示剂（In）应具有显著的颜色差别。

（2）显色反应必须灵敏、迅速，且有良好的变色可逆性。

（3）金属配合物 MIn 的稳定性应适当。金属离子与指示剂形成的配合物要有足够的稳定性，但要比 MY 配合物的稳定性低。一般要求 $K'_{MIn}\geqslant10^{4}$，并且 $K'_{MY}/K'_{MIn}>10^{2}$。

（4）指示剂与金属离子生成的金属配合物应易溶于水。若金属指示剂或金属指示剂配合物在水中的溶解度太小，生成胶体或沉淀，则影响颜色反应的可逆性，使得滴定剂 Y 与金属指示剂配合物 MIn 交换缓慢，终点延长。一般通过加入有机溶剂或加热以增大其溶解度。

（5）金属离子指示剂性质应稳定，便于贮存和使用。

3. 金属指示剂的变色点

金属 - 指示剂配合物在溶液中存在平衡：

$$MIn \rightleftharpoons M+In$$

条件稳定常数：$\lg K'_{MIn}=pM+\lg\dfrac{[MIn]}{[In']}$

当 $[MIn]=[In']$ 时，指示剂颜色发生突变，此即指示剂的变色点，用 pM_t 表示。

$$pM_t=\lg K'_{MIn}=\lg K_{MIn}-\lg\alpha_{In(H)} \qquad 式\ 4-53$$

由式 4-53 可知，金属指示剂变色点的 pM_t 受 $\lg K_{MIn}$ 和溶液 pH 所引起的指示剂的酸效应系数两个因素的影响。故在选择指示剂时，需要考虑金属 - 指示剂配合物的稳定性和溶液的酸度，使指示剂的变色点与化学计量点尽量一致，或至少应在滴定突跃范围以内。

4. 金属指示剂的异常现象及消除方法

（1）指示剂封闭：若金属离子与指示剂生成极稳定的配合物，过量的 EDTA 不能从金属离子与指示剂形成的配合物 MIn 中将金属离子夺出，因而在化学计量点时指示剂不变色，或变色不敏锐，使终点推迟或没有终点出现。这种现象称为指示剂封闭。

产生封闭现象的原因及消除方法：①待测金属离子 M 与指示剂生成极稳定的配合物，使指示剂不变色或变色不敏锐，可采用返滴定方式加以避免。例如，以二甲酚橙为指示剂测定 Al^{3+} 含量，采用返滴定方式消除 Al^{3+} 对二甲酚橙的封闭现象。②由干扰离子 N 引起的封闭现象，通常加入掩蔽剂与 N 反应，使封闭离子不能再与指示剂配位以消除干扰。例如，用 EDTA 滴定水中 Ca^{2+} 和 Mg^{2+} 时，常有 Fe^{3+} 和 Al^{3+} 的干扰产生指示剂封闭，可加入三乙醇胺掩蔽剂，使之与 Fe^{3+} 和 Al^{3+} 生成更稳定的配合物，从而消除其干扰。

（2）指示剂僵化：化学计量点时，指示剂变色缓慢的现象，称为指示剂僵化现象。

产生僵化原因是指示剂 In 或 MIn 在水中溶解度太小，使得滴定剂与 MIn 的置换反应速率缓慢，终点拖长，颜色转变不明显。解决的办法是加入有机溶剂或加热，以增大其溶解度。例如，用吡啶偶氮萘酚（PAN）作指示剂时，加入少量乙醇，可使指示剂变色较明显。

（3）指示剂的氧化变质现象：由于金属指示剂大多为含双键的有色化合物，易被日光、氧化剂、空气所分解，在水溶液中多不稳定，日久会变质。解决方法为对水溶液不稳定的指示剂，采用具有还原性的溶液（如加入盐酸羟胺、抗坏血酸）来配制或配成固体混合物使用。对易聚合变质的指示剂溶液，可加入三乙醇胺防止聚合变质。例如，铬黑 T 指示剂和钙指示剂，常用固体 NaCl 或 KCl 作稀释剂配制。

5．常用的金属指示剂　常用的有铬黑 T（EBT）、二甲酚橙（XO）、吡啶偶氮萘酚（PAN）和钙指示剂（NN），其应用范围、颜色变化、直接测定的离子、封闭离子及掩蔽剂的选择情况见表 4-11。

表 4-11　常用金属指示剂

指示剂	pH 范围	颜色变化		直接测定离子	封闭离子	掩蔽剂
		In	MIn			
EBT	7～10	纯蓝	红	Mg^{2+}、Zn^{2+}、Pb^{2+}、Mn^{2+}、Cd^{2+}、稀土	Al^{3+}、Fe^{3+}、Cu^{2+}	三乙醇胺
					Co^{2+}、Ni^{2+}、Fe^{3+}	NH_4F
XO	<6	亮黄	红紫	pH<1　ZrO^{2+}	Fe^{3+}	NH_4F
				pH 1～3　Bi^{3+}、Th^{4+}	Al^{3+}	返滴定法
				pH 5～6　Zn^{2+}、Pb^{2+}、Cd^{2+}、Hg^{2+}、稀土	Cu^{2+}、Co^{2+}、Ni^{2+}	邻二氮菲
PAN	2～12	黄	红	pH 2～3　Bi^{3+}、Th^{4+} pH 4～5　Cu^{3+}、Ni^{2+}		
NN	10～13	纯蓝	酒红	Ca^{2+}		三乙醇胺、NH_4F

（1）铬黑 T（eriochrome black T，EBT）：化学名称是 1-（1-羟基 -2- 萘偶氮)-6- 硝基 -2- 萘酚 -4- 磺酸钠，为黑褐色粉末，它在溶液中主要存在以下三种型体。

$$H_2In^- \xrightleftharpoons{pK_a=6.3} HIn^{2-} \xrightleftharpoons{pK_a=11.5} In^{3-}$$

（紫红）　　　　（蓝）　　　（橙）

当 pH < 6.3 时呈紫红色，pH > 11.5 时呈橙色，均与铬黑 T 金属配合物的红色相近。为使终点变化明显，使用铬黑 T 的酸度应在 pH 6.3～11.5 范围之间，游离指示剂以蓝色的 HIn^{2-} 型体存在。

EBT 水溶液只能存放几天，而固体性质稳定，故常将 EBT 与磨细的干燥 NaCl 按 1∶100 研匀配成固体合剂，密闭保存。

（2）二甲酚橙（xylenol orange，XO）：化学名称是 3，3′- 双 [N，N- 二（羧甲基）氨基甲基] 邻甲酚磺酞酞，为紫红色粉末，易溶于水。XO 为一种有机弱酸，其颜色受 pH 影响，当 pH > 7.3 时呈红色，pH < 5.3 时呈黄色，与金属离子形成的配合物一般为鲜红色，须选择在 pH < 5.3 的酸性溶液中使用。

XO 常配成 0.2% 或 0.5% 的水溶液使用，可稳定数月。

（3）钙指示剂（calcon，NN）：化学名称是 2- 羟基 -1-（2- 羟基 -4- 磺酸 -1- 萘偶氮基）-3- 萘甲酸，纯的钙指示剂为紫黑色粉末。NN 为专属型指示剂，在 pH 8～13 范围内，游离指示剂自身呈蓝色，当特异性与 Ca^{2+} 配位后则生成红色配合物。故实际工作中，控制溶液 pH 为 12～13，采用 NN 为指示剂，选择性滴定 Ca^{2+}，终点由红色变为纯蓝色。

钙指示剂的水溶液和醇溶液均不稳定，常采用 NaCl 固体与钙指示剂固体按 100∶1 配制成固体合剂使用。

三、配位滴定的条件

（一）配位滴定中的酸度条件

1. 缓冲溶液的作用　由于 EDTA 的实质是六元弱酸，其与金属离子形成配合物的同时，会不断地释放出 H^+：

$$M + H_2Y \rightleftharpoons MY + 2H^+$$

随着滴定过程中溶液酸度的不断升高，导致酸效应增大，使 K'_{MY} 变小，突跃范围变窄；此外，金属指示剂颜色的变化也受溶液 pH 的影响。故在配位滴定中常加入适当的缓冲溶液来维持溶液酸度的相对稳定。

2. 最高允许酸度　简称最高酸度。在配位反应平衡体系中，若酸度太高，则酸效应系数增大，配合物的实际稳定性下降，滴定误差增大。当酸度高于某一限度时，则无法满足准确滴定的条件，其限度为配位滴定允许的最高酸度。

为满足 EDTA 准确滴定金属离子 M 的条件 $\lg c_M K'_{MY} \geqslant 6$

仅考虑酸效应时，则需　　　　　　$\lg c_M + \lg K_{MY} - \lg \alpha_{Y(H)} \geqslant 6$

$$\lg \alpha_{Y(H)} \leqslant \lg c_M + \lg K_{MY} - 6$$

若 $c_M = 1.0 \times 10^{-2} mol/L$，则 $\lg \alpha_{Y(H)} \leqslant \lg K_{MY} - 8$

用 EDTA 滴定浓度相同的不同金属离子，由于 MY 配合物稳定常数 $\lg K_{MY}$ 不同，滴定允许的最高酸度也不同（以不同的 $\lg K_{MY}$ 与相应的最高酸度作图，得到的关系曲线称为酸效应曲线，也称为林邦曲线，如图 4-16）。配合物稳定性高的金属离子，可在较高的酸度下滴定。用 EDTA 滴定浓度不同的同一金属离子，浓度越小，要求滴定的酸度越低。

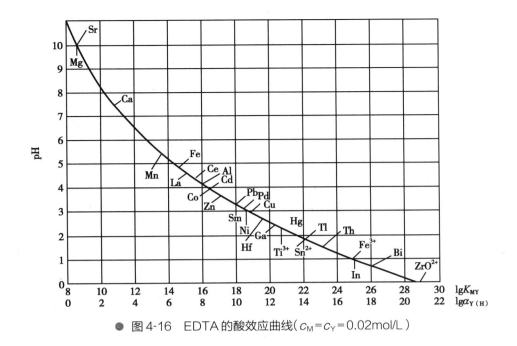

● 图4-16 EDTA 的酸效应曲线（$c_M = c_Y = 0.02mol/L$）

3.最低允许酸度 简称最低酸度。pH 太高则体系中 OH^- 浓度增加,使金属离子的水解效应增大,故在配位滴定过程中还存在着最低允许酸度。一般根据 $M(OH)_n$ 的溶度积求出最低酸度。

$$[OH^-] \leqslant \sqrt[n]{K_{sp}/c_M} \qquad \text{式4-54}$$

由式4-54求出 pOH,再计算出最低酸度。式4-54中 K_{sp} 为 $M(OH)_n$ 的溶度积常数。

（二）干扰离子消除影响的条件

实际工作中,被滴定分析的溶液往往含有多种金属离子,当采用 EDTA 滴定溶液中某一种离子时,其他离子有可能同时被滴定而产生干扰。因此,提高配位滴定选择性应设法消除共存金属离子 N 的干扰,以便准确地滴定待测离子 M。

干扰离子可能带来两个方面的干扰。

（1）对滴定反应的干扰:即在 M 离子被滴定的过程中,干扰离子 N 也与滴定剂 Y 发生反应,多消耗滴定剂造成滴定误差。

（2）对滴定终点颜色的干扰:干扰离子 N 与金属指示剂 In 反应,其颜色往往会干扰终点的判断,致使 M 无法检测。

通常可通过减小 c_N、lgK'_{NY} 及 lgK'_{NIn} 来消除干扰。

1.分步滴定的条件 假设溶液中同时含有金属离子 M 和 N,能否像酸碱滴定中多级解离的 H^+ 被分步滴定的情况,M 离子先被滴定,反应完全后,N 离子再开始与 EDTA 发生作用？显然这主要取决于 K'_{MY}/K'_{NY}。

当 $\Delta pM' = 0.2$,$TE = 0.1\%$ 时,准确滴定 M 离子的条件是:$lgc_M K'_{MY} \geqslant 6$。

若金属离子 M 无副反应,并且在适宜酸度条件下,可得到:

$$\Delta lg cK = lg c_M K_{MY} - lg c_N K_{NY} \geqslant 6 \qquad \text{式4-55}$$

若允许误差 TE＝0.3%，根据林邦公式可以推导出准确滴定 M 离子的条件是：$\lg c_M K'_{MY} \geqslant 5$，此时可选择滴定金属离子 M 的条件为 $\Delta \lg cK \geqslant 5$。

因此，在 M 与 N 的共存溶液中准确滴定 M，而 N 不干扰，必须满足以下两个条件：

（1）$\lg c_M K'_{MY} \geqslant 6$（M 离子准确滴定的条件，$\Delta pM' = 0.2$，TE＝0.1%）。

（2）$\Delta \lg cK \geqslant 6$（N 离子不产生干扰的滴定反应条件，$\Delta pM' = 0.2$，TE＝0.1%）；或 $\Delta \lg cK \geqslant 5$（N 离子不产生干扰的滴定反应条件，$\Delta pM' = 0.2$，TE＝0.3%）。

2．指示剂条件　为了消除干扰离子的影响，除了满足分步滴定的条件，还必须考虑指示剂的条件。

指示剂与干扰离子 N 的配位平衡式为：

$$N + In \Longrightarrow NIn \qquad K_{NIn} = \frac{[NIn]}{[N][In]}$$

在 M 的化学计量点附近，N 被配位的很少，所以 $[N] \approx c_N$。

故 $K_{NIn} c_N = [NIn]/[In]$

一般情况下，当 $[NIn]/[In] \leqslant 1/10$ 时，溶液显示游离指示剂 In 的颜色，配合物 NIn 的颜色不干扰终点的确定。

故
$$\lg c_N K_{NIn} = \lg \frac{[NIn]}{[In]} \leqslant \lg \frac{1}{10} = -1$$

若考虑副反应，则上式改写为：$\lg c_N K'_{NIn} \leqslant -1$

上式就是金属指示剂与 N 不产生干扰颜色的判别式。

3．综合条件　结合分步滴定条件和指示剂条件，为了实现混合离子的分步准确滴定，必须同时满足如下三个条件。

（1）$\lg c_M K'_{MY} \geqslant 6$（M 离子准确滴定的条件，$\Delta pM' = 0.2$，TE＝0.1%）。

（2）$\Delta \lg cK \geqslant 6$（N 离子不产生干扰的滴定反应条件，$\Delta pM' = 0.2$，TE＝0.1%），或 $\Delta \lg cK \geqslant 5$（N 离子不产生干扰的滴定反应条件，$\Delta pM' = 0.2$，TE＝0.3%）。

（3）$\lg c_N K'_{NIn} \leqslant -1$（N 与 In 不产生干扰颜色的条件）。

（三）提高配位滴定选择性的措施

1．控制酸度

（1）单一离子的酸度控制：选择适宜酸度范围，实际工作中，控制酸度处于最高酸度和最低酸度之间。此外，由于指示剂也存在酸效应，指示剂的颜色转变点同样受溶液酸度的影响，故使指示剂的变色点与 pM 基本一致的酸度称为最佳酸度。

（2）共存离子溶液的酸度控制：M 和 N 的共存溶液，当 MY 与 NY 的稳定性相差足够大且符合 $\Delta \lg cK \geqslant 5$ 时，可通过控制溶液的酸度，使溶液体系只能满足某一种离子形成稳定的配合物，而其他离子不易配位，实现对待测离子选择性的准确滴定。应用指示剂指示终点时，M 离子的最高酸度至 $\alpha_{Y(H)} = 1/10 K_{NY} c_{N(sp)}$ 或 $\lg \alpha_{Y(H)} = \lg K_{NY} c_{N(sp)} - 1$ 所对应的酸度区间即为利用酸效应选择滴定 M 离子、而 N 离子不干扰的酸度范围。

2．掩蔽法　利用掩蔽剂 L 在一定 pH 条件下与干扰离子 N 生成配合物，降低干扰离子 N 浓度以消除干扰的方法,称为配位掩蔽法。常用的掩蔽法分为配位掩蔽法、沉淀掩蔽法、氧化还原掩蔽法。

(1)配位掩蔽法:利用掩蔽剂与干扰离子形成稳定的配合物,从而降低干扰离子的浓度,以消除干扰。如水硬度测定时,采用 EDTA 滴定水中 Ca^{2+} 和 Mg^{2+} 的总量,常加入三乙醇胺使之与 Fe^{3+}、Al^{3+} 生成更稳定的配合物,从而消除其对 Ca^{2+}、Mg^{2+} 滴定的干扰。

(2)沉淀掩蔽法:通过加入沉淀剂与干扰离子形成沉淀而降低游离 N 浓度,在不分离沉淀的情况下直接滴定待测离子。如在 Ca^{2+}、Mg^{2+} 共存的溶液中,用 EDTA 滴定 Ca^{2+},先加入 NaOH 使 pH > 12,NaOH 与 Mg^{2+} 形成沉淀而不干扰 Ca^{2+} 的滴定,此时的 OH^- 就是 Mg^{2+} 的沉淀掩蔽剂。

(3)氧化还原掩蔽法:通过氧化还原反应改变干扰离子 N 的价态,降低其与 EDTA 配合物的条件稳定常数,从而消除干扰。如当 Fe^{3+} 为干扰离子时,已知 $\lg K_{Fe(III)Y} = 25.1$,$\lg K_{Fe(II)Y} = 14.33$,故通过加入还原剂将 Fe^{3+} 还原成 Fe^{2+},使干扰离子的稳定常数值降低,即可在适宜的酸度条件下测定待测离子而不受 Fe^{3+} 干扰。

四、应用与示例

(一)标准溶液的配制与标定

1. EDTA 标准溶液配制及标定　EDTA 标准溶液常用浓度是 0.01~0.05mol/L。

一般采用 EDTA 二钠盐($Na_2H_2Y \cdot 2H_2O$)以间接法配制,贮存于硬质玻璃瓶或聚乙烯塑料瓶中。

标定一般采用纯金属 Zn 或氧化锌作为基准物质,常用的指示剂为铬黑 T 或二甲酚橙。

2. 锌标准溶液(0.05mol/L)的配制及标定　锌标准溶液可用直接法配制,也可用间接法配制,用 EDTA 标准溶液标定。

(二)滴定方式

在配位滴定中,根据滴定要求不同,可分别采用直接滴定法、返滴定法、置换滴定法和间接滴定法四种滴定方式。

1. 直接滴定法　用 EDTA 标准溶液直接滴定待测离子,是配位滴定中常用的滴定方式。只要配位反应体系符合滴定分析要求:$\lg c_M K'_{MY} \geq 6$、反应速率快、有合适指示剂,应尽量采用直接滴定法。能直接滴定的常见离子有 Ca^{2+}、Mg^{2+}、Cu^{2+}、Zn^{2+}、Co^{2+} 和 Ni^{2+} 等。

2. 返滴定法　下列情况考虑采用。

(1)待测离子(如 Ba^{2+}、Sr^{2+} 等)虽能与 EDTA 形成稳定的配合物,但缺少变色敏锐的指示剂。

(2)待测离子(如 Al^{3+}、Cr^{3+} 等)与 EDTA 的反应速率很慢、或本身易水解或对指示剂有封闭作用等。

3. 置换滴定法　置换滴定是利用置换反应,置换出另一金属离子或置换出 EDTA,然后滴定。利用置换滴定的原理可改善指示剂终点的敏锐性。例如,EBT 与 Mg^{2+} 显色很灵敏,但与 Ca^{2+} 显色的灵敏度较差,为此,在 pH = 10 的溶液中用 EDTA 滴定 Ca^{2+} 时,常向溶液中先加入少量 MgY。

4．间接滴定法　某些不与 EDTA 配位或与 EDTA 生成不稳定配合物的金属离子和非金属离子，可以采用间接滴定法进行测定。

（三）应用示例

1．水硬度的测定　水硬度是指测定水中钙、镁离子的总量，常将其折算成每升水中含碳酸钙或氧化钙的毫克数表示。如 1ppm 相当于每 1L 水中含 1mg 碳酸钙；或 1 度相当于 1L 水中含有 10mg CaO。

测定法：取水样 100ml，加 NH_3·H_2O-NH_4Cl 缓冲液（pH=10）10ml 与铬黑 T 指示剂适量，用 0.01mol/L EDTA 标准溶液滴定至溶液由酒红色转变为纯蓝色，即为终点。

计算公式为：

$$总硬度（度）= \frac{(cV)_{EDTA} \cdot M_{CaO}}{V_{水样}} \times 10^5$$

2．含金属离子药物的测定　含金属离子的药品大多可用配位滴定法测定其含量。如各类补钙产品（氯化钙、乳酸钙、葡萄糖酸钙等）、各类抗酸药（氢氧化铝、硫糖铝等）、硫酸镁等药物，《中国药典》（2020 年版）均采用配位滴定法。

例如，氢氧化铝的含量测定。精密称取本品，置锥形瓶中，加盐酸及水各 10ml，加热溶解后，放冷，过滤，吸取滤液置 250ml 容量瓶，洗涤，稀释至刻度。精密量取 25ml，加氨试液中和至恰好析出沉淀，再滴加稀盐酸至沉淀恰好溶解，加 HAc-NH_4Ac 缓冲溶液（pH=6.0）10ml，再精密加入 0.05mol/L EDTA 标准溶液 25ml，煮沸 3～5 分钟，放冷，加二甲酚橙指示剂 1ml，用 0.05mol/L 锌滴定液回滴剩余的 EDTA，滴至溶液由黄色变为橙红色，即达终点。

第五节　氧化还原滴定法

氧化还原滴定法（redox titration）是以氧化还原反应为基础的滴定分析法，它不仅能够直接测定本身具有氧化还原性的物质，而且还能够间接测定一些能够与氧化剂或还原剂发生定量反应的无机物或有机物。

由于氧化还原反应是基于氧化剂与还原剂间的电子转移的反应，反应过程往往比较复杂。有的反应虽然进行得很完全但反应速率慢；有的反应有副反应的发生，使反应物间没有确定的化学计量关系；有的反应可能由于反应条件的变化而改变了主反应的反应方向。因此，在采用氧化还原滴定法时应综合考虑有关反应平衡、反应速率、反应条件等问题，控制好滴定条件，以满足滴定分析对滴定反应的要求。

一、氧化还原平衡与反应速率

（一）电极电位与 Nernst 方程式

1．电极电位（electrode potential）　电极与溶液接触处存在的双电层产生的电位，可以衡量物质的氧化还原性质。氧化还原电对（redox couple）是由物质的氧化型和与之对应的还原型构成的整体，如 Fe^{3+}/Fe^{2+}、Ce^{4+}/Ce^{3+}、MnO_4^-/Mn^{2+}、$Cr_2O_7^{2-}/Cr^{3+}$。一般情况下，电极电位越高，氧化型的氧化能力越强；电极电位越低，还原型的还原能力越强。

氧化还原电对可粗略地分为可逆电对与不可逆电对两大类。可逆电对（如 Fe^{3+}/Fe^{2+}、Ce^{4+}/Ce^{3+}、I_2/I^- 等）在氧化还原反应的任一瞬间均能建立起氧化还原平衡且表现出与 Nernst 方程理论电位值相符合的实际电极电位。不可逆电对（如 $S_4O_6^{2-}/S_2O_3^{2-}$、MnO_4^-/Mn^{2+}、$Cr_2O_7^{2-}/Cr^{3+}$ 等）在氧化还原反应的任一瞬间均不能建立真正的氧化还原平衡，实际电极电位与 Nernst 方程理论电位值存在较大差异。

2. Nernst 方程式　对于可逆氧化还原电对来说，若以"Ox"代表氧化型，"Red"代表还原型，则可逆氧化还原电对 Ox/Red 的氧化还原半反应表示为：

$$Ox + ne \Longleftrightarrow Red$$

电极电位可按 Nernst 方程式计算：

$$\varphi_{Ox/Red} = \varphi_{Ox/Red}^\ominus + \frac{RT}{nF} \ln \frac{a_{Ox}}{a_{Red}} = \varphi_{Ox/Red}^\ominus + \frac{2.303RT}{nF} \lg \frac{a_{Ox}}{a_{Red}} \qquad 式4\text{-}56$$

$$\varphi_{Ox/Red} = \varphi_{Ox/Red}^\ominus + \frac{0.059\,2}{n} \lg \frac{a_{Ox}}{a_{Red}} \qquad （25℃） \qquad 式4\text{-}57$$

式 4-56 与式 4-57 中，$\varphi_{Ox/Red}^\ominus$ 为标准电极电位，是温度为 25℃、相关离子的活度均为 1mol/L、气压为 $1.013 \times 10^5 Pa$ 时，测出的相对于标准氢电极的电极电位（规定标准氢电极电位为零）。R 为气体常数 $[8.314 J/(K \cdot mol)]$；T 为绝对温度（K）；F 为法拉第常数（96 487C/mol）；n 为氧化还原半反应转移的电子数目；a_{Ox}/a_{Red} 为氧化态活度和还原态活度之比。

规定纯金属、纯固体的活度为 1。如 AgCl/Ag 电对的半反应为：

$$AgCl + e \Longleftrightarrow Ag + Cl^-$$

则 $\varphi_{AgCl/Ag} = \varphi_{AgCl/Ag}^\ominus + 0.059\,2 \lg \dfrac{1}{a_{Cl^-}}$。

（二）条件电极电位及影响因素

1. 条件电极电位　在用 Nernst 方程式计算相关电对的电极电位时，有两个问题：①通常只知道电对氧化型和还原型的浓度，不知道它们的活度，但用浓度代替活度计算有误差；②当条件改变时，电对氧化型、还原型存在型体变化，导致电对氧化型、还原型的浓度改变，使电对的电极电位改变。

根据 $\qquad\qquad a_{Ox} = [Ox] \cdot \gamma_{Ox} \qquad a_{Red} = [Red] \cdot \gamma_{Red}$

$$[Ox] = \frac{c_{Ox}}{\alpha_{Ox}} \qquad [Red] = \frac{c_{Red}}{\alpha_{Red}}$$

则 $\qquad\qquad a_{Ox} = \dfrac{c_{Ox}\gamma_{Ox}}{\alpha_{Ox}} \qquad a_{Red} = \dfrac{c_{Red}\gamma_{Red}}{\alpha_{Red}}$

代入式 4-57 得：

$$\varphi_{Ox/Red} = \varphi_{Ox/Red}^\ominus + \frac{0.059\,2}{n} \lg \frac{c_{Ox} \cdot \gamma_{Ox} \cdot \alpha_{Red}}{c_{Red} \cdot \gamma_{Red} \cdot \alpha_{Ox}} \qquad 式4\text{-}58$$

当 $c_{Ox} = c_{Red} = 1mol/L$（或其比值为 1）时：

$$\varphi_{Ox/Red} = \varphi_{Ox/Red}^{\ominus} + \frac{0.059\,2}{n} \lg \frac{\gamma_{Ox} \cdot \alpha_{Red}}{\alpha_{Ox} \cdot \gamma_{Red}} = \varphi_{Ox/Red}^{\ominus\prime} \qquad 式4-59$$

式 4-59 中，$\varphi_{Ox/Red}^{\ominus\prime}$ 称为条件电极电位（conditional electrode poential），亦称表观电位（formal potential），是在特定条件下，电对的氧化型、还原型分析浓度均为 1mol/L 或其比值为 1 时的实际电位。因此，Nernst 方程式可表示为式 4-60。

$$\varphi_{Ox/Red} = \varphi_{Ox/Red}^{\ominus\prime} + \frac{0.059\,2}{n} \lg \frac{c_{Ox}}{c_{Red}} \qquad 式4-60$$

条件电极电位 $\varphi^{\ominus\prime}$ 和标准电极电位 $\varphi^{\ominus}$ 的关系与配合物的条件稳定常数 K'_{MY} 和绝对稳定常数 K_{MY} 的关系有些类似。但是，到目前为止，分析工作者只是测出了少数电对在一定条件下的 $\varphi^{\ominus\prime}$。当缺少相同条件的 $\varphi^{\ominus\prime}$ 时，可选用条件相近的 $\varphi^{\ominus\prime}$；若无合适的 $\varphi^{\ominus\prime}$，则用 $\varphi^{\ominus}$ 代替 $\varphi^{\ominus\prime}$。在近似认为 $\gamma = 1$ 时，电极电位一般用式 4-61 计算。

$$\varphi_{Ox/Red} = \varphi_{Ox/Red}^{\ominus} + \frac{0.059\,2}{n} \lg \frac{[Ox]}{[Red]} \qquad 式4-61$$

2. 影响条件电极电位的因素　由式 4-59 可知，影响条件电极电位的因素即为影响物质的活度系数和副反应系数的因素，主要体现在盐效应、酸效应、配位效应和生成沉淀四个方面。

（1）盐效应：指溶液中电解质浓度对条件电极电位的影响。电解质浓度越大，离子强度越大，而活度系数的大小受溶液离子强度的影响。若电对的氧化型和还原型为多价离子，则盐效应较为明显。在氧化还原反应中，溶液的离子强度一般比较大，但由于离子活度系数精确值不容易求得，且各种副反应等其他影响更重要，故一般予以忽略。

（2）酸效应：酸度对条件电位的影响表现在以下两个方面。

有些电对氧化还原反应中，伴有 H^+ 或 OH^- 参加反应，此时酸度将对电对的电极电位产生较大的影响。如：

$$MnO_4^- + 5Fe^{2+} + 8H^+ \rightleftharpoons Mn^{2+} + 5Fe^{3+} + 4H_2O$$

有些电对的氧化型或还原型本身是弱酸或弱碱，酸度改变时，将导致弱酸、弱碱浓度的改变，从而使电对的电极电位改变。如氧化还原反应：

$$H_3AsO_4 + 2I^- + 2H^+ \rightleftharpoons H_3AsO_3 + I_2 + H_2O$$

该氧化还原反应涉及的两个氧化还原半反应为：

$$H_3AsO_4 + 2e + 2H^+ \rightleftharpoons H_3AsO_3 + H_2O \qquad \varphi_{AsO_4^{3-}/AsO_3^{3-}}^{\ominus} = 0.560V$$

$$I_2 + 2e \rightleftharpoons 2I^- \qquad \varphi_{I_2/I^-}^{\ominus} = 0.535V$$

上述两个氧化还原电对的 $\varphi^{\ominus}$ 相差不大，但是 H_3AsO_4/H_3AsO_3 电对的电极电位受 H^+ 浓度影响较大，而 I_2/I^- 电对的电极电位与 H^+ 浓度的变化基本无关。因此，该氧化还原反应的方向会受到溶液酸度的影响。事实证明，当 $[H^+] = 1.0mol/L$ 时，反应向右进行，而当溶液呈中性或弱碱性时，上述反应可向左进行。

（3）配位效应：溶液中有能与电对氧化型、还原型生成配合物的配位剂存在时，也会影响到条件电极电位。

其影响规律是：若配位剂与电对的氧化型发生配位反应，降低电对氧化型的游离浓度，会使电对的条件电极电位降低;若配位剂与电对的还原型发生配位反应,降低电对还原型的游离浓度,会使电对的条件电极电位升高。

例如,间接碘量法测定 Cu^{2+} 时,如有 Fe^{3+} 存在会干扰测定。这是由于 $\varphi^{\ominus}_{Fe^{3+}/Fe^{2+}}$（ 0.771V ） $> \varphi^{\ominus}_{I_2/I^-}$（ 0.535V ）,可发生 $2Fe^{3+}+2I^- \Longleftrightarrow Fe^{2+}+I_2$ 的反应。若向溶液中加入 NaF,则 F^- 会与 Fe^{3+} 生成稳定的配合物,使 Fe^{3+} 的浓度降低,从而降低 Fe^{3+}/Fe^{2+} 电对的条件电极电位,使其失去对 I^- 的氧化能力,从而消除干扰。

（4）生成沉淀:在氧化还原反应过程中,若氧化型生成沉淀,条件电极电位会降低;若还原型生成沉淀,条件电极电位会升高。

例如,间接碘量法测定 Cu^{2+} 时,反应为 $2Cu^{2+}+4I^- \Longleftrightarrow 2CuI\downarrow + I_2$,析出的 I_2 再用 $Na_2S_2O_3$ 标准溶液滴定。但是从 $\varphi^{\ominus}_{Cu^{2+}/Cu^+}=0.153V$, $\varphi^{\ominus}_{I_2/I^-}=0.535V$ 来看,似乎 Cu^{2+} 无法氧化 I^- 。然而,由于 Cu^+ 生成了溶解度很小的 CuI,大大降低了 Cu^+ 的游离浓度,从而使 Cu^{2+}/Cu^+ 的电极电位显著升高,使上述反应向右进行。当 $[Cu^{2+}]=[I^-]=1mol/L$ 时,有如下计算。

$$\varphi_{Cu^{2+}/Cu^+}=\varphi^{\ominus}_{Cu^{2+}/Cu^+}+0.059\,2\lg\frac{[Cu^{2+}]}{[Cu^+]}$$

$$=\varphi^{\ominus}_{Cu^{2+}/Cu^+}+0.059\,2\lg\frac{[Cu^{2+}][I^-]}{K_{sp(CuI)}}$$

$$=0.153-0.059\,2\lg(1.3\times10^{-12})$$

$$=0.85(V)$$

显然, φ_{Cu^{2+}/Cu^+}（ 0.85V ） $> \varphi^{\ominus}_{I_2/I^-}$（ 0.535V ）, Cu^{2+} 可以氧化 I^- ,反应向右进行。

（三）氧化还原反应进行的程度

氧化还原反应进行的程度可用相关反应的平衡常数 K 来衡量。而平衡常数 K 可根据相关氧化还原反应,用 Nernst 方程式求得。

例如,氧化还原反应: $mOx_1+nRed_2 \Longleftrightarrow nOx_2+mRed_1$

平衡常数为:
$$K=\frac{c^m_{Red_1}\cdot c^n_{Ox_2}}{c^m_{Ox_1}\cdot c^n_{Red_2}}$$ 式4-62

与上述氧化还原反应相关的氧化还原半反应和电对的电极电位为:

$$Ox_1+ne \Longleftrightarrow Red_1 \qquad \varphi_{Ox_1/Red_1}=\varphi^{\ominus'}_{Ox_1/Red_1}+\frac{0.059\,2}{n}\lg\frac{c_{Ox_1}}{c_{Red_1}}$$

$$Ox_2+me \Longleftrightarrow Red_2 \qquad \varphi_{Ox_2/Red_2}=\varphi^{\ominus'}_{Ox_2/Red_2}+\frac{0.059\,2}{m}\lg\frac{c_{Ox_2}}{c_{Red_2}}$$

当氧化还原反应达到平衡时,两个电对的电极电位相等:

$$\varphi^{\ominus'}_{Ox_1/Red_1}+\frac{0.059\,2}{n}\lg\frac{c_{Ox_1}}{c_{Red_1}}=\varphi^{\ominus'}_{Ox_2/Red_2}+\frac{0.059\,2}{m}\lg\frac{c_{Ox_2}}{c_{Red_2}}$$

整理得:

$$\lg K=\frac{l(\varphi^{\ominus'}_{Ox_1/Red_1}-\varphi^{\ominus'}_{Ox_2/Red_2})}{0.059\,2}$$ 式4-63

由式 4-63 可知,两个氧化还原电对的条件电极电位之差（即 $\Delta\varphi^{\ominus'}$ ）越大,以及两个氧化还原半反应转移电子数的最小公倍数 l 越大,反应的平衡常数 K 越大,反应进行越完全。若无相关电对的条件电极电位,亦可用相应的标准电极电位代替进行计算,用于初步预测或判断反应进行的程度,亦有一定意义。

将上述氧化还原反应用于滴定分析,反应到达化学计量点时误差 $\leqslant\pm0.1\%$,则可满足滴定分析对滴定反应的要求,即有:

$$\frac{c_{Red_1}}{c_{Ox_1}} \geqslant 10^3, \frac{c_{Ox_2}}{c_{Red_2}} \geqslant 10^3$$

将上述关系代入式4-62、式4-63,整理得:

当 $m=n=1$ 时,$K \geqslant 10^6$,则 $\Delta\varphi^{\ominus\prime} \geqslant 0.36V$。

当 $m=1$,$n=2$(或 $m=2$,$n=1$),则 $K \geqslant 10^9$,则 $\Delta\varphi^{\ominus\prime} \geqslant 0.27V$。

当 $m=1$,$n=3$(或 $m=3$,$n=1$),则 $K \geqslant 10^{12}$,则 $\Delta\varphi^{\ominus\prime} \geqslant 0.24V$。

其他以此类推。上述计算说明,若仅考虑反应进行的程度,通常认为 $\Delta\varphi^{\ominus\prime} \geqslant 0.40V$ 的氧化还原反应能满足氧化还原定量分析的要求。

(四)氧化还原反应速率

根据氧化还原电对的标准电极电位 $\varphi^{\ominus}$ 或条件电极电位 $\varphi^{\ominus\prime}$ 可以判断反应进行的方向及程度,但无法判断反应速率。如 $K_2Cr_2O_7$ 与 KI 的反应,其平衡常数 $K \geqslant 10^{80}$,但反应速率却很慢,以至于必须放置一段时间后反应才得以进行完全。所以,在讨论氧化还原滴定时,除要考虑反应进行的方向、程度外,还要考虑反应速率。影响氧化还原反应速率的因素主要有以下几个方面。

(1)氧化剂、还原剂本身的性质:不同的氧化剂和还原剂,反应速率会相差很大,这与它们的电子层结构以及反应机理有关。

(2)反应物浓度:根据质量作用定律,反应速率与反应物浓度的乘积成正比。所以,一般来说,反应物浓度越大,反应速率越快。

(3)反应温度:升高反应温度,不仅可以增加反应物之间碰撞的概率,而且可以增加活化分子数目。实践证明,对绝大多数氧化还原反应来说,升高反应温度可提高反应速率。一般情况下,温度每升高 10℃,反应速率可提高 2~4 倍。应该注意,并非在任何情况下均可用升高温度的办法来提高反应速率。

(4)催化剂:催化剂是能改变反应速率,而其本身反应前后的组成和质量并不发生改变的物质。催化剂分为正催化剂和负催化剂两类。正催化剂可提高反应速率;负催化剂可降低反应速率,负催化剂又称"阻化剂"。一般所说的催化剂,通常是指正催化剂。如 MnO_4^- 滴定 $C_2O_4^{2-}$ 的反应,若加入少量 Mn^{2+},则反应速率明显加快。

(5)诱导作用:在氧化还原反应中,一种反应(主要反应)的进行诱发反应速率极慢或本来不能进行的另一反应的现象,称为诱导作用。如 MnO_4^- 氧化 Cl^- 的反应进行得很慢,但当溶液中存在 Fe^{2+} 时,由于 MnO_4^- 与 Fe^{2+} 反应的进行,诱发 MnO_4^- 与 Cl^- 反应加快进行。这种本来难以进行或进行很慢,但在另一反应的诱导下得以进行或加速进行的反应,称为被诱导反应,简称诱导反应。

二、氧化还原滴定法的基本原理

（一）滴定曲线

在氧化还原滴定过程中，以氧化剂或还原剂为滴定剂滴定待测组分时，溶液中氧化型和还原型的浓度都在发生着变化，导致电对的电极电位也在不断变化。因此，氧化还原滴定的滴定曲线是以体系的电极电位为纵坐标，以加入滴定剂的体积或滴定百分数为横坐标绘制的。氧化还原滴定曲线一般用实验的方法测绘，而对于可以得到条件电极电位的可逆的氧化还原电对亦可根据Nernst方程式进行计算得到。

以在 1mol/L H_2SO_4 溶液中，用 0.100 0mol/L Ce^{4+} 标准溶液滴定 20.00ml 0.100 0mol/L Fe^{2+} 溶液为例介绍滴定曲线的理论计算方法。相关的氧化还原半反应为：

$$Ce^{4+} + e \rightleftharpoons Ce^{3+} \qquad \varphi^{\ominus'}_{Ce^{4+}/Ce^{3+}} = 1.44V$$

$$Fe^{3+} + e \rightleftharpoons Fe^{2+} \qquad \varphi^{\ominus'}_{Fe^{3+}/Fe^{2+}} = 0.68V$$

滴定反应为：

$$Ce^{4+} + Fe^{2+} \rightleftharpoons Ce^{3+} + Fe^{3+}$$

滴定过程中相关电对的电极电位根据 Nernst 方程式计算如下。

1. 滴定前　此时体系为 0.100 0mol/L 的 Fe^{2+} 溶液。由于空气中氧气可氧化 Fe^{2+} 为 Fe^{3+}，不可避免地存在少量 Fe^{3+}，然而 Fe^{3+} 的浓度难以确定，故此时电极电位难以根据 Nernst 方程式进行计算。

2. 滴定开始至化学计量点前　这个阶段体系存在 Fe^{3+}/Fe^{2+}、Ce^{4+}/Ce^{3+} 两个电对。但由于 Ce^{4+} 在此阶段的溶液中存在极少且其浓度难以确定，故采用 Fe^{3+}/Fe^{2+} 电对计算该阶段的电极电位。

$$\varphi_{Fe^{3+}/Fe^{2+}} = \varphi^{\ominus'}_{Fe^{3+}/Fe^{2+}} + 0.059\,21\lg\frac{c_{Fe^{3+}}}{c_{Fe^{2+}}}$$

（1）若加入 Ce^{4+} 标准溶液 10.00ml（此时距化学计量点 50%）

$$n_{Fe^{3+}} = 10.00 \times 0.100\,0 = 1.000\,(mmol)$$

$$n_{Fe^{2+}} = (20.00 - 10.00) \times 0.100\,0 = 1.000\,(mmol)$$

$$\varphi_{Fe^{3+}/Fe^{2+}} = 0.68 + 0.059\,21\lg\frac{1.000}{1.000} = 0.68\,(V)$$

（2）若加入 Ce^{4+} 标准溶液 19.98ml（此时距化学计量点 0.1%）

$$n_{Fe^{3+}} = 19.98 \times 0.100\,0 = 1.998\,(mmol)$$

$$n_{Fe^{2+}} = (20.00 - 19.98) \times 0.100\,0 = 0.002\,(mmol)$$

$$\varphi_{Fe^{3+}/Fe^{2+}} = 0.68 + 0.059\,21\lg\frac{1.998}{0.002} = 0.86\,(V)$$

3. 化学计量点　此时加入 Ce^{4+} 标准溶液 20.00ml，与 Fe^{2+} 全部定量反应，以两者的 Nernst 方程联立求解。

$$\varphi_{sp} = \varphi^{\ominus'}_{Ce^{4+}/Ce^{3+}} + 0.059\,21\lg\frac{c_{Ce^{4+}}}{c_{Ce^{3+}}}$$

$$\varphi_{sp} = \varphi^{\Theta'}_{Fe^{3+}/Fe^{2+}} + 0.059\,2\lg\frac{c_{Fe^{3+}}}{c_{Fe^{2+}}}$$

两式相加得：

$$2\varphi_{sp} = \left(\varphi^{\Theta'}_{Ce^{4+}/Ce^{3+}} + \varphi^{\Theta'}_{Fe^{3+}/Fe^{2+}}\right) + 0.059\,2\lg\frac{c_{Ce^{4+}}\,c_{Fe^{3+}}}{c_{Ce^{3+}}\,c_{Fe^{2+}}}$$

达到化学计量点时，　　　　　　　$c_{Ce^{4+}} = c_{Fe^{2+}},\ c_{Ce^{3+}} = c_{Fe^{3+}}$

故　　　　　$\varphi_{sp} = \dfrac{\varphi^{\Theta'}_{Ce^{4+}/Ce^{3+}} + \varphi^{\Theta'}_{Fe^{3+}/Fe^{2+}}}{2} = \dfrac{1.44 + 0.68}{2} = 1.06\,(V)$

4. 化学计量点后　因 Fe^{2+} 已被 Ce^{4+} 氧化完全，虽然可能尚有少量 Fe^{2+} 存在，但其浓度难以确定，故应按 Ce^{4+}/Ce^{3+} 电对计算这个阶段体系的电极电位。

$$\varphi_{Ce^{3+}/Ce^{2+}} = \varphi^{\Theta'}_{Ce^{3+}/Ce^{2+}} + 0.059\,2\lg\frac{c_{Ce^{4+}}}{c_{Ce^{3+}}}$$

若加入 Ce^{4+} 标准溶液 20.02ml（此时超过化学计量点 0.1%）

$$n_{Ce^{4+}} = 0.02 \times 0.100\,0 = 0.002\,(mmol)$$

$$n_{Ce^{3+}} = 20.00 \times 0.100\,0 = 2.000\,(mmol)$$

$$\varphi_{Ce^{3+}/Ce^{2+}} = 1.44 + 0.059\,2\lg\frac{0.002}{2.000} = 1.26\,(V)$$

用同样的方法可计算出该阶段其他各点相应的电极电位，将滴定过程中计算出的结果列于表4-12中，滴定曲线如图4-17所示。

对于氧化还原反应 $mOx_1 + nRed_2 \rightleftharpoons nOx_2 + mRed_1$，若用 Ox_1 滴定 Red_2，化学计量点时电位计算通式为：

$$\varphi_{sp} = \frac{n\varphi^{\Theta'}_{Ox_1/Red_1} + m\varphi^{\Theta'}_{Ox_2/Red_2}}{n+m} \qquad\qquad 式4\text{-}64$$

化学计量点前后 ±0.1% 范围内电位突跃范围为：

$$\left(\varphi^{\Theta'}_{Ox_2/Red_2} + \frac{3\times0.059\,2}{m}\right) \sim \left(\varphi^{\Theta'}_{Ox_1/Red_1} - \frac{3\times0.059\,2}{n}\right) \qquad\qquad 式4\text{-}65$$

由式4-64可知，影响氧化还原滴定电位突跃范围的主要因素如下。

（1）两个氧化还原电对的条件电极电位之差 $\Delta\varphi^{\Theta'}$ 越大，突跃范围越大。

（2）两个氧化还原半反应中转移的电子数 m 和 n 越大，突跃范围也越大。两个可逆电对之间的氧化还原滴定的突跃范围及其大小，与两个氧化还原电对相关离子的浓度无关。

表4-12　0.100 0mol/L Ce^{4+} 滴定 20.00ml 0.100 0mol/L Fe^{2+} 溶液电极电位数据表

加入 Ce^{4+} 体积 /ml	滴定百分数 /%	φ/V
1.00	5.0	0.60
10.00	50.0	0.68
19.80	99.0	0.80
19.98	99.9	0.86
20.00	100.0	1.06
20.02	100.1	1.26
22.00	110.0	1.38

突跃范围（对应 0.86、1.06、1.26 三行）

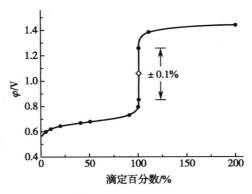

● 图 4-17　0.100 0mol/L Ce^{4+} 滴定 20.00ml 0.100 0mol/L Fe^{2+} 溶液的滴定曲线

（二）指示剂

氧化还原滴定中常用的指示剂有自身指示剂、特殊指示剂和氧化还原指示剂。

1. 自身指示剂　利用标准溶液或被滴定物质自身颜色的改变来确定终点,称为自身指示剂（self indicator）。例如,$KMnO_4$ 浓度达到 2×10^{-6}mol/L 时,即可使溶液呈现明显的淡红色。酸性介质中,用高锰酸钾标准溶液滴定无色的 H_2O_2,在滴定到化学计量点时,稍过量的高锰酸钾就可以使溶液显淡红色,从而指示滴定终点的到达。

2. 特殊指示剂　某些物质本身不具有氧化性和还原性,但它能与氧化剂或还原剂发生可逆的显色反应,引起颜色变化,从而指示终点,这类物质称为特殊指示剂（specific indicator）。例如,可溶性直链淀粉遇 I_3^- 时即可发生显色反应,生成蓝色的吸附配合物;当 I_3^- 被还原为 I^- 后,蓝色的吸附配合物不复存在,蓝色亦消失。所以可溶性直链淀粉是碘量法的专属指示剂。

3. 氧化还原指示剂　本身是具有氧化还原性质的有机试剂,其氧化型和还原型具有明显的颜色差异。在滴定过程中随着滴定体系电位的变化,指示剂的氧化型或还原型相互转化,从而引起颜色的改变而指示终点。

氧化还原指示剂的氧化还原半反应可表示为: $\text{In}_{Ox} + ne \rightleftharpoons \text{In}_{Red}$

In_{Ox} 为氧化型,In_{Red} 为还原型。随着氧化还原滴定过程中溶液电位的变化,指示剂 $\dfrac{c_{\text{In}_{Ox}}}{c_{\text{In}_{Red}}}$ 的比值亦按 Nernst 方程式的关系改变。

$$\varphi_{\text{In}_{Ox}/\text{In}_{Red}} = \varphi_{\text{In}_{Ox}/\text{In}_{Red}}^{\ominus'} + \frac{0.059\,2}{n}\lg\frac{c_{\text{In}_{Ox}}}{c_{\text{In}_{Red}}} \qquad\qquad 式 4\text{-}66$$

与酸碱指示剂的颜色变化情况类似,当 $\dfrac{c_{\text{In}_{Ox}}}{c_{\text{In}_{Red}}} \geqslant 10$ 时,溶液显指示剂氧化型的颜色;当 $\dfrac{c_{\text{In}_{Ox}}}{c_{\text{In}_{Red}}} \leqslant \dfrac{1}{10}$ 时,溶液显指示剂还原型的颜色。故氧化还原指示剂的理论变色电位范围如下。

$$\varphi_{\text{In}_{Ox}/\text{In}_{Red}}^{\ominus'} \pm \frac{0.059\,2}{n} \qquad\qquad 式 4\text{-}67$$

氧化还原指示剂的选择原则与酸碱指示剂选择的原则类似,要求指示剂变色的电位范围在滴定突跃电位范围内,并尽量使指示剂的 φ 与化学计量点的 φ_{sp} 相接近。

若可供选择的指示剂只有部分变色范围在滴定突跃范围内,则必须设法改变滴定突跃范围,使所选用的指示剂成为适宜的指示剂。如 Ce^{4+} 测定 Fe^{2+} 的滴定突跃范围为 $0.86\sim1.26V$，若用二苯胺磺酸钠为指示剂（$\varphi^{\ominus'}=0.84V$），其变色范围为 $0.84\pm\dfrac{0.059\,2}{2}$（$0.81\sim0.87V$）。可加入适量的磷酸，使之与 Fe^{3+} 形成稳定的 $FeHPO_4^+$，降低 $c_{Fe^{3+}}/c_{Fe^{2+}}$ 的比值，从而达到降低滴定突跃起点的电极电位（即化学计量点前 0.1% 处电极电位）、增大滴定突跃范围的目的，使二苯胺磺酸钠成为适合的指示剂。

不同的氧化还原指示剂 $\varphi^{\ominus}$ 不同，其变色电位范围亦不同。常用氧化还原指示剂的 $\varphi^{\ominus}$ 及其颜色变化见表4-13。

表4-13　常用氧化还原指示剂的 $\varphi^{\ominus}$ 及颜色

指示剂	$\varphi^{\ominus}/V$ [H⁺]=1mol/L	氧化型颜色	还原型颜色
亚甲基蓝	0.53	蓝色	无色
二苯胺	0.75	紫色	无色
二苯胺磺酸钠	0.84	紫红	无色
邻苯氨基苯甲酸	0.89	紫红	无色
邻二氮菲—亚铁	1.06	浅蓝	红
硝基邻二氮菲—亚铁	1.25	浅蓝	紫红

三、常用氧化还原滴定方法

（一）碘量法

1. 基本原理　碘量法（iodimetry）是以 I_2 作氧化剂或以 I^- 作还原剂的氧化还原滴定法。其氧化还原半反应为：

$$I_2 + 2e \rightleftharpoons 2I^- \qquad \varphi^{\ominus}_{I_2/I^-} = 0.534\,5V$$

由于 I_2 在水中的溶解度很小，25℃时约为 0.001\,18mol/L，且有挥发性，故在配制碘溶液时通常将 I_2 溶解在 KI 溶液中，此时 I_2 以 I_3^- 形式存在，以增大 I_2 在水中的溶解度并减少其挥发损失。

$$I_2 + I^- \rightleftharpoons I_3^-$$

$$I_3^- + 2e \rightleftharpoons 3I^- \qquad \varphi^{\ominus}_{I_3^-/I^-} = 0.535\,0V$$

$\varphi^{\ominus}_{I_2/I^-}$ 与 $\varphi^{\ominus}_{I_3^-/I^-}$ 相差很小，为了方便起见，I_3^- 通常仍简写作 I_2。从电极电位的数值可以看出，I_2 是一种较弱的氧化剂，能氧化具有较强还原性的物质；而 I^- 是一种中等强度的还原剂，可以还原许多具有氧化性的物质。因此，碘量法是应用广泛的重要的氧化还原滴定法之一。碘量法可以分为直接碘量法和间接碘量法。

（1）直接碘量法：凡 $\varphi^{\ominus}$ 低于 $\varphi^{\ominus}_{I_3^-/I^-}$ 的电对，其还原型常可用 I_2 标准溶液直接滴定，这种滴定方式称为直接碘量法或碘滴定法。

$$I_2 + Red \rightleftharpoons I^- + Ox$$

直接碘量法可用来测定含有 S^{2-}、SO_3^{2-}、$S_2O_3^{2-}$、Sn^{2+}、AsO_3^{3-}、SbO_3^{3-} 及含有二烯醇基、硫基（—SH）等基团的还原性物质。

该方法只能在酸性、中性、弱碱性溶液中进行。如果 pH>9，则会发生如下歧化反应：

$$3I_2 + 6OH^- \rightleftharpoons IO_3^- + 5I^- + 3H_2O$$

（2）间接碘量法：凡 $\varphi^\ominus$ 高于 $\varphi^\ominus_{I_2/I^-}$ 的电对，其氧化型可将溶液中的 I^- 氧化成 I_2，再用 $Na_2S_2O_3$ 标准溶液滴定所生成的 I_2，这种滴定方式属于置换滴定法；有的还原性物质，可先使之与过量的 I_2 标准溶液反应（反应可以是氧化还原反应，也可以是有机物的碘代反应），待反应完全后，再用 $Na_2S_2O_3$ 标准溶液滴定剩余的 I_2，这种滴定方式属于返滴定法。以上两种滴定方式习惯上称为间接碘量法或滴定碘法。

$$I^-（过量）+ Ox \longrightarrow Red + I_2 \quad 或 \quad I_2（过量）+ Red \longrightarrow I^- + Ox$$

$$I_2（置换或剩余）+ 2S_2O_3^{2-} \rightleftharpoons 2I^- + S_4O_6^{2-}$$

间接碘量法一般在中性、弱酸性条件下使用。该方法可以用来测定含有 ClO_3^-、ClO^-、CrO_4^{2-}、$Cr_2O_7^{2-}$、IO_3^-、BrO_3^-、SbO_3^{3-}、MnO_4^-、AsO_3^{3-}、NO_3^-、NO_2^-、Cu^{2+}、H_2O_2 等组分的含量；也可以测定还原性的糖类、甲醛、丙酮及硫脲等；能与 I_2 发生碘代反应的有机酸、有机胺类；某些能与 $Cr_2O_7^{2-}$ 定量生成难溶性化合物的生物碱类（如盐酸小檗碱等）。

2．误差来源及减小误差的措施　误差来源主要有两个方面：一是 I_2 易挥发；二是 I^- 在酸性条件下易被空气中的 O_2 氧化。为减小误差常采取如下措施。

（1）防止 I_2 的挥发：①对于直接碘量法，配制碘标准溶液时，应将 I_2 溶解在 KI 溶液中；对于间接碘量法，应加入过量 KI（一般比理论值大 2～3 倍），使之与 I_2 作用形成溶解度较大、挥发性较小的 I_3^- 配离子。②反应需在室温条件下进行。温度升高，不仅会增大 I_2 的挥发损失，还会降低淀粉指示剂的灵敏度，并能加速 $Na_2S_2O_3$ 的分解。③反应容器用碘量瓶，且应在加水封口的情况下使氧化剂与 I^- 反应。④滴定时避免剧烈振摇。

（2）防止 I^- 被空气中 O_2 氧化：①溶液酸度不宜太高。酸度越高，空气中 O_2 氧化 I^- 的速率越大；②在间接碘量法中，当析出 I_2 的反应完成后，应立即用 $Na_2S_2O_3$ 滴定，且滴定速度可适当加快；③溶液中如存在 Cu^{2+}、NO_2^- 等对 I^- 氧化起催化作用的成分，应设法除去；④光对空气中 O_2 氧化 I^- 亦有催化作用，故滴定时应避免长时间光照。

3．指示剂　淀粉是碘量法中最常用的指示剂。可溶性直链淀粉遇 I_2 即显蓝色，反应灵敏且可逆性好，故可根据蓝色的出现或消失确定滴定终点。

在使用淀粉指示剂时应注意以下几点。

（1）淀粉指示剂加入时间：用直接碘量法分析样品时，淀粉指示剂应在滴定前加入；而用间接碘量法分析样品时，淀粉指示剂应在近终点时加入，否则会有较多 I_2 被淀粉吸附，不易与 $Na_2S_2O_3$ 立即作用，使终点滞后。

（2）淀粉指示剂在弱酸性介质中最灵敏。pH>9 时，I_2 易发生歧化反应，生成 IO^-、IO_3^-，而 IO^-、IO_3^- 不与淀粉发生显色效应；pH<2 时，淀粉易水解成糊精，糊精遇 I_2 显红色，该显色反应可逆性差。

（3）直链淀粉遇 I_2 显蓝色，且显色反应可逆性好；支链淀粉遇 I_2 显紫色，且显色反应不敏锐。

（4）醇类的存在会降低指示剂的灵敏度。在 50% 以上乙醇溶液中，I_2 与淀粉甚至不发生显色反应。

（5）淀粉指示剂适宜在室温下使用。温度升高会降低指示剂的灵敏度。

（6）淀粉指示剂最好在使用前现配，不宜久放，否则会被微生物分解、腐败变质。配制时将淀粉悬浊液煮至半透明，且加热时间不宜过长，并应迅速冷却至室温。

4. 标准溶液的配制与标定

（1）I_2 标准溶液配制与标定

1）配制：用升华法可制得纯 I_2，但考虑到碘的挥发性及其对分析天平有一定的腐蚀作用，所以常采用间接法配制。在托盘天平上称取一定量的碘，加过量的 KI，置于研钵中，加少量蒸馏水研磨，待碘全部溶解后将溶液稀释，转入棕色试剂瓶中，于暗处保存。

2）标定：方法一为比较法，用已知准确浓度的 $Na_2S_2O_3$ 标准溶液标定。两者的反应式如下。

$$I_2 + 2S_2O_3^{2-} \Longleftrightarrow 2I^- + S_4O_6^{2-}$$

方法二为用基准物标定，常用基准物质 As_2O_3（本品剧毒！使用时应谨慎！）标定 I_2 溶液。As_2O_3 难溶于水，可先溶于碱溶液生成 AsO_3^{3-}，在弱碱性溶液中 I_2 可以定量氧化 AsO_3^{3-} 为 AsO_4^{3-}。

$$As_2O_3 + 6OH^- \Longleftrightarrow 2AsO_3^{3-} + 3H_2$$

$$I_2 + AsO_3^{3-} + H_2O \Longleftrightarrow AsO_4^{3-} + 2I^- + 2H^+$$

（2）$Na_2S_2O_3$ 标准溶液的配制与标定

1）配制：$Na_2S_2O_3 \cdot 5H_2O$ 易风化、氧化，且含少量 S、S^{2-}、SO_3^{2-}、CO_3^{2-}、Cl^- 等杂质，故只能用间接法配制。

另外，$Na_2S_2O_3$ 溶液不稳定，在水中的微生物、空气中的 O_2 和 CO_2 的作用下，会发生反应：蒸馏水中有 CO_2 时会促使 $Na_2S_2O_3$ 分解。

$$S_2O_3^{2-} + CO_2 + H_2O \Longleftrightarrow HSO_3^- + HCO_3^- + S\downarrow$$

空气中 O_2 氧化 $S_2O_3^{2-}$，使 $Na_2S_2O_3$ 浓度降低。

$$2S_2O_3^{2-} + O_2 \Longleftrightarrow 2SO_4^{2-} + 2S\downarrow$$

蒸馏水中嗜硫菌等微生物作用，促使 $Na_2S_2O_3$ 分解。

因此，配制 $Na_2S_2O_3$ 溶液时，需要用新煮沸放冷的蒸馏水，以除去 CO_2 和杀灭微生物；并且在溶液中加入少量 Na_2CO_3（约 0.02%）使溶液显弱碱性，抑制微生物的生长。配制好的溶液置于棕色试剂瓶中，放置 7～10 天后予以标定。即使这样配制的溶液也不能长期保存，使用一段时间后要重新标定。

2）标定：标定 $Na_2S_2O_3$ 溶液常用的基准物质有 $K_2Cr_2O_7$、KIO_3 等，其中以 $K_2Cr_2O_7$ 基准物质最为常用。标定方法为，精密称取一定量的 $K_2Cr_2O_7$ 基准物质（于 105℃ 干燥至恒重），在酸性溶液中与过量的 KI 作用生成 I_2，生成的 I_2 再用待标定的 $Na_2S_2O_3$ 溶液滴定，淀粉为指示剂，有关反应如下。

$$Cr_2O_7^{2-} + 6I^- + 14H^+ \Longleftrightarrow 2Cr^{3+} + 3I_2 + 7H_2O$$

$$I_2 + 2S_2O_3^{2-} \Longleftrightarrow 2I^- + S_4O_6^{2-}$$

（二）高锰酸钾法

1. 基本原理　高锰酸钾法（potassium permanganate method）是以 $KMnO_4$ 为氧化剂，直接或间接滴定被测物质的方法。$KMnO_4$ 是一种强氧化剂，其氧化能力随酸度不同而有较大差异。

在强酸性溶液中，与还原剂作用本身被还原为 Mn^{2+}：

$$MnO_4^- + 8H^+ + 5e \rightleftharpoons Mn^{2+} + 4H_2O \qquad \varphi_{MnO_4^-/Mn^{2+}}^{\ominus} = 1.51V$$

在弱酸性、中性或弱碱性溶液中，MnO_4^- 被还原为 MnO_2 沉淀：

$$MnO_4^- + 2H_2O + 3e \rightleftharpoons MnO_2 \downarrow + 4OH^- \qquad \varphi_{MnO_4^-/MnO_2}^{\ominus} = 0.588V$$

在 $[OH^-] > 2mol/L$ 的强碱性溶液中，MnO_4^- 被还原为绿色的 MnO_4^{2-}：

$$MnO_4^- + e \rightleftharpoons MnO_4^{2-} \qquad \varphi_{MnO_4^-/MnO_4^{2-}}^{\ominus} = 0.564V$$

本方法主要在强酸性条件下使用，酸度控制在 $[H^+] = 1 \sim 2mol/L$。常用 H_2SO_4 调节溶液的酸度，而不使用具有氧化性的 HNO_3 和具有还原性的 HCl。指示剂为 $KMnO_4$ 自身指示剂。

在使用 $KMnO_4$ 法时，可根据待测组分的性质，选择不同的滴定方式。

（1）直接滴定法：许多还原性较强的物质，如 Fe^{2+}、Sb^{3+}、AsO_3^{3-}、H_2O_2、$C_2O_4^{2-}$、NO_2^-、W^{5+}、U^{4+} 等均可用 $KMnO_4$ 标准溶液直接滴定。

（2）返滴定法：某些氧化性物质不能用 $KMnO_4$ 溶液直接滴定，但可用返滴定法测定。如测定 MnO_2 时，可在 H_2SO_4 溶液中加入一定量过量的 $Na_2C_2O_4$ 标准溶液，待 MnO_2 与 $Na_2C_2O_4$ 反应完全后，再用 $KMnO_4$ 标准溶液滴定剩余的 $Na_2C_2O_4$。

（3）间接滴定法：某些非氧化还原性物质测定，如 Ca^{2+} 的测定，可向其中加入一定量过量的 $Na_2C_2O_4$ 溶液，使 Ca^{2+} 全部沉淀为 CaC_2O_4，沉淀经过滤洗涤后，再用稀 H_2SO_4 溶解游离出 $C_2O_4^{2-}$，最后用 $KMnO_4$ 标准溶液滴定沉淀溶解释放出的 $C_2O_4^{2-}$，从而求出 Ca^{2+} 的含量。

2．标准溶液的配制与标定

（1）配制：因市售的 $KMnO_4$ 中常含有少量 MnO_2 和其他杂质，且蒸馏水中常含有微量还原性物质，它们在外界条件作用下会促使 $KMnO_4$ 分解，故 $KMnO_4$ 标准溶液需要间接法配制。①称取稍多于理论量的 $KMnO_4$，溶于一定体积的蒸馏水中；②将配好的 $KMnO_4$ 溶液加热至沸，并保持微沸约 1 小时，然后放置 2～3 天；③用垂熔玻璃漏斗过滤，去除沉淀；④过滤后的 $KMnO_4$ 溶液贮存在棕色瓶中，置阴凉干燥处存放，待标定。

（2）标定：标定 $KMnO_4$ 溶液常用的基准物有 $Na_2C_2O_4$、$H_2C_2O_4 \cdot 2H_2O$ 等。在酸性溶液中，$KMnO_4$ 与 $C_2O_4^{2-}$ 的反应如下。

$$2MnO_4^- + 5C_2O_4^{2-} + 16H^+ \rightleftharpoons 2Mn^{2+} + 10CO_2 \uparrow + 8H_2O$$

标定时应注意以下几点。

1）温度：该反应在室温下反应速率很慢，一般水浴加热控制溶液温度在 70～85℃进行滴定，以提高滴定反应的速率，但温度不能高于 90℃，否则会使 $H_2C_2O_4$ 分解，导致标定的 $KMnO_4$ 浓度偏高。

$$H_2C_2O_4 \longrightarrow CO_2 \uparrow + CO \uparrow + H_2O$$

2）酸度：应保持适宜、足够的酸度，一般控制开始滴定时 $[H^+]$ 约为 $1mol/L$。酸度太低，$KMnO_4$ 会分解为 MnO_2；酸度太高，$H_2C_2O_4$ 会发生分解。

3）滴定速度：开始滴定时速度不宜太快，否则会使来不及反应的 $KMnO_4$ 在热酸性溶液中分解。

$$4MnO_4^- + 12H^+ \longrightarrow 4Mn^{2+} + 5O_2 \uparrow + 6H_2O$$

4）催化剂：由于此反应是自催化反应，随着产物 Mn^{2+} 的增多，Mn^{2+} 可以催化反应速率加快，故也可在滴定前加几滴 $MnSO_4$ 溶液作为催化剂。

⑤指示剂：$KMnO_4$ 自身可作指示剂，以出现粉红色 30 秒不褪为滴定终点。

（三）重铬酸钾法

重铬酸钾法（potassium dichromate method）是以 $K_2Cr_2O_7$ 为滴定剂的氧化还原滴定法。$K_2Cr_2O_7$ 是一种强氧化剂，在酸性介质中与还原性物质作用可被还原为 Cr^{3+}，其氧化还原半反应和电极电位为：

$$Cr_2O_7^{2-} + 6e + 14H^+ \rightleftharpoons 2Cr^{3+} + 7H_2O \qquad \varphi_{Cr_2O_7^{2-}/Cr^{3+}}^{\ominus'} = 1.33V$$

$Cr_2O_7^{2-}/Cr^{3+}$ 的条件电极电位随酸的种类和浓度的变化而变化，见表 4-14。

表 4-14　不同介质中 $Cr_2O_7^{2-}/Cr^{3+}$ 电对的条件电极电位

介质	1mol/L HCl	3mol/L HCl	1mol/L HClO₄	2mol/L H₂SO₄	4mol/L H₂SO₄
$\varphi^{\ominus}$/V	1.00	1.08	1.02	1.10	1.15

$K_2Cr_2O_7$ 法与 $KMnO_4$ 法比较，有如下特点：①易提纯。$K_2Cr_2O_7$ 易制纯品，纯品在 120℃干燥到恒重后，可直接精密称取一定量的该试剂后配成标准溶液，无须再行标定。②稳定。$K_2Cr_2O_7$ 标准溶液非常稳定，可长期保存使用。③选择性好。$K_2Cr_2O_7$ 的氧化能力较 $KMnO_4$ 弱，在 1mol/L HCl 溶液中 $\varphi^{\ominus'} = 1.00V$，室温下不与 Cl^- 作用（$\varphi_{Cl_2/Cl^-}^{\ominus} = 1.33V$），故可在 HCl 溶液中用 $K_2Cr_2O_7$ 标准溶液滴定 Fe^{2+}。④受其他还原性物质的干扰也比高锰酸钾法少。

$K_2Cr_2O_7$ 法常用二苯胺磺酸钠、邻苯氨基苯甲酸等作指示剂。虽然 $K_2Cr_2O_7$ 本身显橙色，但其还原产物 Cr^{3+} 显绿色，对橙色的观察有严重影响，故不能用自身指示终点。

采用 $K_2Cr_2O_7$ 法可以测定 Fe^{2+}、VO_2^+、Na^+、COD 及土壤中有机质和某些有机化合物的含量。

（四）亚硝酸钠法

亚硝酸钠法（sodium nitrite method）分为重氮化滴定法（diazotization titration）和亚硝基化滴定法（nitrozation titration）。

1. 重氮化滴定法　利用 $NaNO_2$ 标准溶液在无机酸介质中，滴定芳伯胺类化合物的滴定分析法。滴定反应为：

$$ArNH_2 + NaNO_2 + 2HCl \longrightarrow [Ar\overset{+}{N}\equiv N]Cl^- + NaCl + 2H_2O$$

这类反应称为重氮化反应（diazotization reaction），故此法称重氮化滴定法。反应产物为芳伯胺的重氮盐。

进行重氮化滴定时，应注意以下几点：①酸的种类和浓度。一般以 1～2mol/L HCl 介质为宜。②反应温度。重氮化反应的速率随温度升高而加快，但生成的重氮盐随温度升高而加速分解。所以，一般在室温下进行滴定，最好在 15℃以下。③滴定速度。重氮化反应一般速率较慢，故滴定速度不宜太快。④苯环上取代基团的影响。苯环上，特别是对位上有亲电子基团，如—NO_2、—SO_3H、—COOH、—X 等，可使反应加快；若是斥电子基团，如—CH_3、—OH、—OR 等，则会使反应速率降低。

2．亚硝基化滴定法　用 $NaNO_2$ 标准溶液在酸性条件下，滴定芳仲胺类化合物的分析方法。滴定反应不是重氮化反应，而是亚硝基化反应（nitrozation reaction），故称亚硝基化滴定法。反应为：

$$ArNHR + NaNO_2 + HCl \longrightarrow ArN(NO)R + NaCl + H_2O$$

3．标准溶液及确定终点的方法　亚硝酸钠法所用的标准溶液为 $NaNO_2$ 标准溶液，该溶液不稳定，放置时浓度显著下降。因此 $NaNO_2$ 标准溶液应采用间接法配制，且需要加入少量碳酸钠，使溶液 pH 维持在 10 左右，保持其浓度稳定。标定 $NaNO_2$ 标准溶液常用氨基苯磺酸作基准物质。

亚硝酸钠法确定终点的方法有永停滴定法（见第五章）、外指示剂法、内指示剂法等。外指示剂法常用 KI- 淀粉试纸，利用滴定终点时稍过量的 $NaNO_2$ 将 KI 氧化成 I_2，I_2 遇淀粉显蓝色来指示终点。若将 KI- 淀粉加入到滴定液中，$NaNO_2$ 将会氧化 KI，无法指示终点。所以需要在近终点时，用细玻璃棒蘸出少许滴定液与指示剂接触，观察是否出现蓝色以确定滴定终点的到达。内指示剂法，应用较多的是橙黄 IV- 亚甲蓝、中性红等，其中中性红因其溶液稳定、显示明显，是比较优良的内指示剂。

（五）溴酸钾法及溴量法

1．溴酸钾法（potassium bromate method）　用 $KBrO_3$ 标准溶液在酸性溶液中直接滴定还原性物质的分析方法。$KBrO_3$ 在酸性溶液中是一种强氧化剂，易被一些还原性物质还原为 Br^-，氧化还原半反应为：

$$BrO_3^- + 6e + 6H^+ \rightleftharpoons Br^- + 3H_2O \qquad \varphi^{\ominus}_{BrO_3^-/Br^-} = 1.44V$$

滴定反应到达化学计量点后，稍过量的 BrO_3^- 与 Br^- 作用产生黄色的 Br_2，指示终点的到达。

$$BrO_3^- + 5Br^- + 6H^+ \longrightarrow Br_2 + 3H_2O$$

但这种指示终点的方法灵敏度不高，常用甲基橙或甲基红作指示剂。化学计量点前，指示剂在酸性溶液中显红色；化学计量点后，稍过量的 BrO_3^- 立即破坏甲基橙或甲基红的呈色结构，红色消失，指示终点到达。由于指示剂的这种颜色变化是不可逆的，在终点前常因 $KBrO_3$ 溶液局部过浓而与指示剂作用，因此，最好在近终点加入或在近终点时再补加一点指示剂。

$KBrO_3$ 法可以测定 As^{3+}、Sb^{3+}、Sn^{2+}、Cu^+、Fe^{2+}、I^- 及联胺等还原性物质。

2．溴量法（bromimetry）　以溴的氧化作用和溴代作用为基础的方法。

许多有机物可与 Br_2 定量地发生取代反应或加成反应，利用此类反应，可先向试液中加入一定量过量的 Br_2 标准溶液，待反应进行完全后，再加入过量 KI，析出与剩余 Br_2 等物质的量的 I_2，最后用 $Na_2S_2O_3$ 标准溶液滴定 I_2。根据 Br_2 和 $Na_2S_2O_3$ 两种标准溶液的浓度和用量，可求出待测组分的含量。

由于 Br_2 易挥发，故常配成一定浓度 $KBrO_3$ 的 KBr（质量比为 1∶5）溶液，两者加到酸性溶液中后即生成一定量的 Br_2。

溴量法用于测定能与 Br_2 发生取代或加成反应的有机物，如酚类及芳胺类化合物的含量。

（六）铈量法

铈量法（cerium sulphate method）　以 Ce^{4+} 为氧化剂，在酸性溶液中测定具有还原性物质含量的氧化还原滴定法。其氧化还原半反应为：

$$Ce^{4+} + e \xrightleftharpoons{} Ce^{3+} \qquad \varphi^{\ominus'}_{Ce^{4+}/Ce^{3+}} = 1.61V（1mol/L\ HNO_3\ 溶液）$$

一般能用 $KMnO_4$ 溶液滴定的物质，都可用 $Ce(SO_4)_2$ 溶液滴定，且 $Ce(SO_4)_2$ 溶液具有如下特点：①$Ce(SO_4)_2$ 标准溶液很稳定，经长时间曝光、加热、放置，均不会导致浓度改变；②标准溶液可以直接配制；③Ce^{4+} 还原为 Ce^{3+} 只有一个电子转移，无中间价态的产物，反应简单且无副反应；④多选用邻二氮菲-$Fe(II)$ 为指示剂。

采用 $Ce(SO_4)_2$ 法可以直接滴定 Fe^{2+} 等一些金属低价离子，以及 H_2O_2 和某些有机物；用间接滴定法可以测定某些氧化性物质，如过硫酸盐等，亦可测定一些还原性物质，如羟胺等。采用间接滴定法测定还原性物质，大多是因为直接滴定时反应较慢。

四、应用与示例

（一）直接碘量法测定维生素 C 的含量

维生素 C（$C_6H_8O_6$）中含有的烯二醇基具有还原性，I_2 可以将其氧化为二酮基。由于维生素 C 的还原性很强，易被空气中 O_2 氧化，在碱性溶液中更为严重，所以在滴定时加入适量稀 HAc，可使溶液保持弱酸性，避免空气氧化。

2020 年版《中国药典》二部对维生素 C 的含量测定方法如下。

取本品约 0.2g，精密称定，加新沸过的冷水 100ml 与稀醋酸 10ml 使溶解，加淀粉指示液 1ml，立即用碘滴定液（0.05mol/L）滴定，至溶液显蓝色并在 30 秒内不褪色。1ml 碘滴定液（0.05mol/L）相当于 8.806mg 的 $C_6H_8O_6$。

（二）间接碘量法测定中药胆矾中 $CuSO_4 \cdot 5H_2O$ 的含量

中药胆矾的主要成分是 $CuSO_4 \cdot 5H_2O$。其中的 Cu^{2+} 在弱酸性条件下可与过量 KI 反应定量生成 I_2，再以淀粉为指示剂，用 $Na_2S_2O_3$ 标准溶液滴定。具体方法如下。

1. 溶解　在弱酸性介质中（pH=3.0～4.0）溶解试样胆矾，并加入过量 KI，则会发生如下反应。

$$2Cu^{2+} + 4I^- \xrightleftharpoons{} 2CuI\downarrow + I_2$$

这里加入的过量 KI 既是还原剂、沉淀剂，又是配位剂（与 I_2 生成 I_3^-）；同时增大 I^- 浓度，亦可提高 φ_{Cu^{2+}/Cu^+} 值，使反应向右进行完全。

2. 滴定　生成的一定的 I_2 用 $Na_2S_2O_3$ 标准溶液滴定，以淀粉为指示剂。因 CuI 沉淀可强烈吸附 I_2，导致结果偏低，故可在近终点时加入适量 NH_4SCN，使 CuI 沉淀转化为 CuSCN 沉淀，而 CuSCN 沉淀对 I_2 的吸附作用很弱，可减小误差。

待测组分 $CuSO_4 \cdot 5H_2O$ 与滴定剂 $Na_2S_2O_3$ 的物质的量关系如下。

$$CuSO_4 \cdot 5H_2O \sim Na_2S_2O_3$$

（三）高锰酸钾法测定 H_2O_2 的含量

H_2O_2 可用 $KMnO_4$ 标准溶液在酸性条件下直接进行滴定,反应如下:

$$2MnO_4^- + 5H_2O_2 + 6H^+ \Longrightarrow 2Mn^{2+} + 5O_2\uparrow + 8H_2O$$

反应在室温下进行。开始滴定时速度不宜太快,这是由于此时 MnO_4^- 与 H_2O_2 反应速率较慢。但随着 Mn^{2+} 的生成,反应速率逐渐加快。亦可预先加入少量 Mn^{2+} 作催化剂。由滴定反应可知:

$$KMnO_4 \sim \frac{5}{2}H_2O_2$$

（四）亚硝酸钠法测定盐酸普鲁卡因的含量

盐酸普鲁卡因($C_{13}H_{20}N_2O_2 \cdot HCl$)为局麻药,其结构中含有芳伯氨基,可以与亚硝酸钠发生重氮化反应。2020 年版《中国药典》二部对盐酸普鲁卡因的含量测定方法如下。

取本品约 0.6g,精密称定,照永停滴定法,在 15～25℃,用亚硝酸钠滴定液(0.1mol/L)滴定。1ml 亚硝酸钠滴定液(0.1mol/L)相当于 27.28mg 的 $C_{13}H_{20}N_2O_2 \cdot HCl$。

（五）铈量法测定葡萄糖酸亚铁的含量

葡萄糖酸亚铁为抗贫血药物,其中含有的二价铁具有还原性,可以被硫酸铈氧化。2020 年版《中国药典》二部采用铈量法测定葡萄糖酸亚铁的含量,具体方法如下。

精密称取本品 1.5g,置具塞锥形瓶中,加水 75ml 与 1 mol/L 硫酸溶液 15ml,溶解后,加锌粉 0.75g,密塞,放置约 20 分钟,直至溶液脱色。用铺有锌粉的 4 号垂熔漏斗过滤,滤器用新煮沸放冷的蒸馏水 20ml 洗涤,合并洗液与滤液,加邻二氮菲指示液 0.2ml,用硫酸铈滴定液(0.1mol/L)滴定至溶液由橘黄色转变为绿色,并将滴定的结果用空白试验校正。1ml 硫酸铈滴定液(0.1mol/L)相当于 44.61mg 的 $C_{12}H_{22}FeO_{14}$。

内容提要

（一）基本概念

1. 滴定分析法简称滴定法,也称为"容量分析法"(volumetric analysis),是一种将标准溶液(standard solution)滴加到被测物溶液中,直到化学计量点,然后根据标准溶液的用量(体积)和浓度,计算待测组分含量的分析方法。

2. 化学计量点(stoichiometric point)指当加入的标准溶液与待测组分按化学反应式的化学计量关系恰好反应完全时的那一点,用 sp 表示;滴定终点(end-point),简称终点,指在滴定过程中溶液的颜色或电位、电导、电流、光度等发生突变之点,用 ep 表示。

3. 滴定终点误差又称终点误差(end-point error)或滴定误差(titration error),指在实际分析中滴定终点与化学计量点不一定恰好吻合所造成的分析误差,以 TE 表示。

4. 返滴定法(back titration)也称回滴定法或剩余滴定法(surplus titration)。该法先在被测物溶液中加入一定过量的标准溶液,待其与待测组分反应完全后,再用另一种滴定剂滴定剩余的标准溶液。

5. 置换滴定法(displacement titration)指先选用适当的试剂与待测组分反应,使之置换出一种能被定量滴定的组分,然后再用适当的滴定剂滴定生成物的方法。

6. 滴定度(titer)指 1ml 滴定剂相当于待测组分的克数,用 $T_{T/A}$ 表示,下标 T 是滴定剂,A 是待测组分。

7. 铬酸钾指示剂法(Mohr method)是以 $AgNO_3$ 为标准溶液、铬酸钾为指示剂,在中性或微碱性溶液中,直接测定氯化物或溴化物的滴定方法。

8. 铁铵矾指示剂法(Volhard method)是以 KSCN 或 NH_4SCN 为标准溶液、铁铵矾 [NH_4Fe(SO_4)$_2$·$12H_2O$] 为指示剂,在酸性溶液中用直接滴定法测定 Ag^+、返滴定法测定卤化物等的方法。

9. 吸附指示剂法(Fajans method)是以 $AgNO_3$ 或 NaCl 为标准溶液,吸附指示剂确定滴定终点,测定 Ag^+ 和卤化物等的滴定方法。

10. 配合物的稳定常数(stability constant)实质是指配位反应的平衡常数,又称形成常数,反映金属离子与配位体相互作用的强度。

11. 配合物的条件稳定常数(conditional stability constant)又称表观稳定常数,是在一定条件下,考虑了副反应影响因素后的实际稳定常数。

12. 用 EDTA 滴定浓度相同的不同金属离子,以不同的 $\lg K_{MY}$ 与相应的最高酸度作图,得到的关系曲线称为酸效应曲线,也称为林邦曲线。

13. 电极电位(electrode potential)是电极与溶液接触处存在的双电层产生的电位。

14. 条件电极电位(conditional electrode potential)是在特定条件下,电对的氧化型、还原型分析浓度均为 1mol/L 或其比值为 1 时的实际电位。

15. 自身指示剂(self indicator)指有些标准溶液或被滴定的组分本身有很深的颜色,而反应后的产物颜色很浅或无色,滴定时可以不用另外添加指示剂,利用标准溶液或被滴定物质自身颜色的改变来确定终点的指示剂。

16. 碘量法(iodimetry)是以 I_2 作氧化剂或以 I^- 作还原剂的氧化还原滴定法。

17. 高锰酸钾法(potassium permanganate method)是以 $KMnO_4$ 为氧化剂,直接或间接滴定被测物质的方法。

(二)主要计算公式

1. 林邦(Ringbom)误差公式 $TE = \dfrac{10^{\Delta pX} - 10^{-\Delta pX}}{\sqrt{cK_t}} \times 100\%$

2. 滴定剂与被测物之间的关系计算式 $c_T V_T = \dfrac{t}{a} \times \dfrac{m_A}{M_A} \times 1\,000$

3. 滴定度及其与物质量浓度之间的关系 $T_{T/A} = \dfrac{a}{t} \times \dfrac{c_T M_A}{1\,000} \,(\text{g/ml})$

4. 被测物的含量 $w_A = \dfrac{m_A}{m} \times 100\%$

$$w_A = \dfrac{m_A}{m} \times 100\% = \dfrac{\dfrac{a}{t} c_T V_T \dfrac{M_A}{1\,000}}{m} \times 100\%$$

$$w_A = \dfrac{m_A}{m} \times 100\% = \dfrac{T_{T/A} V_T}{m} \times 100\%$$

$$w_A = \frac{\frac{a}{t}\left(c_{T_1} V_{T_1} - \frac{t_1}{t_2} c_{T_2} V_{T_2}\right) M_A}{m \times 1\,000} \times 100\%$$

5. 非水溶剂及高氯酸除水用醋酐体积计算 $\dfrac{\rho_{酸} \times 1\,000 \times w_{H_2O}\%}{M_{H_2O}} = \dfrac{\rho_{醋酐} \times V_{醋酐} \times w_{醋酐}\%}{M_{醋酐}}$

6. 水硬度的计算　总硬度(度) $= \dfrac{(cV)_{EDTA} \cdot M_{CaO}}{V_{水样}} \times 10^5$

7. 氧化还原反应的平衡常数 $\lg K = \dfrac{l\left(\varphi^{\ominus'}_{Ox_1/Red_1} - \varphi^{\ominus'}_{Ox_2/Red_2}\right)}{0.059\,2}$

8. 氧化还原滴定化学计量点时的电极电位 $\varphi_{sp} = \dfrac{n\varphi^{\ominus'}_{Ox_1/Red_1} + m\varphi^{\ominus'}_{Ox_2/Red_2}}{n+m}$

（三）基本内容

1. 滴定分析法有酸碱滴定法、沉淀滴定法、配位滴定法和氧化还原滴定法。滴定分析有三个基本要求：①反应必须定量完成。②反应速率要快。③有适当终点指示方法。滴定分析方式有直接滴定法、返滴定法、置换滴定法和间接滴定法。

2. 滴定曲线(titration curve)是以滴定剂体积(或滴定百分数)为横坐标，以溶液中与待测组分浓度相关的某种参数(pH、pX、pM 或 φ)为纵坐标所绘制的曲线。滴定曲线可直观地反映滴定过程中待测组分浓度随滴定剂体积的渐变情况。滴定突跃(titration jump)是指滴定曲线上，化学计量点前后±0.1%范围内，待测溶液的相关参数发生急剧变化的现象。滴定突跃范围是指突跃相应的纵坐标所在的取值范围，可反映滴定反应的完全程度，是判断能否准确滴定的依据，也是选择指示剂的依据。

3. 基准物质应具备的条件有：①具有足够的纯度。②组成要与化学式完全符合。③性质稳定。④具有较大的摩尔质量。⑤参加滴定反应时，应按反应式定量进行。常见的基准物质有 $Na_2B_4O_7 \cdot 10H_2O$、Na_2CO_3、邻苯二甲酸氢钾、$H_2C_2O_4 \cdot 2H_2O$、$K_2Cr_2O_7$、As_2O_3、ZnO、$Na_2C_2O_4$、$NaCl$、$AgNO_3$。

4. 标准溶液的配制方法有直接配制法和间接配制法。标准溶液的标定方法分为标定法(利用基准物质测定待标液浓度)和比较法(利用已知准确浓度的标准溶液测定待标液浓度)。

5. 酸碱质子理论(proton theory of acids and bases)表示凡能给出质子的物质是酸，凡能接受质子的物质是碱。两性物质(amphiprotic substance)是既能给出 H^+ 又能接受 H^+ 的物质。物质分为酸、碱和两性物质，可以是中性分子、阳离子或阴离子。酸(碱)授(受)质子后，形成其共轭碱(酸)，共轭酸碱对(conjugate acid-base pair)彼此之间只差一个质子。酸碱反应实质是通过溶剂合质子实现的质子转移过程。

6. 两性溶剂在自身相互之间发生的质子转移反应称为质子自递反应(autoprotolysis reaction)，其反应平衡常数称为质子自递常数 K_s(autoprotolysis constant)。水是两性溶剂，水的质子自递常数又称为水的离子积 K_w，$K_w = [H_3O^+][OH^-] = 1.0 \times 10^{-14}$(25℃)。在溶液中酸(碱)解离常数的大小表征酸(碱)的强弱，酸(碱)的强度与其共轭碱(酸)的强度成反比关系。

7. 酸(碱)浓度指在一定体积中含有某种酸(碱)溶质的量，即酸(碱)总浓度或分析浓度(analytical concentration)。酸(碱)度表示溶液中氢(氢氧根)离子的活度，用 pH(pOH)表示。酸(碱)

分布系数(distribution fraction)指溶液中某种型体的平衡浓度(equilibrium concentration)占分析浓度的分数,是溶液中 $[H^+]$ 的函数。分布曲线指各型体的分布系数 δ 与溶液 pH 之间的关系曲线。

8.酸碱反应达到平衡时,酸失去的质子数与碱得到的质子数相等的关系称为质子平衡(proton balance),也称质子条件,其数学表达式称为质子条件式或质子平衡式,简写为 PBE。

9.酸碱指示剂(acid-base indicator)是一些有机弱酸或弱碱,其共轭酸与共轭碱具有不同的结构,呈现不同的颜色。在溶液中所呈颜色取决于溶液 pH;pH = pK_{HIn} 称为指示剂的理论变色点。pH = pK_{HIn} ±1 称为指示剂的理论变色范围。指示剂的选择原则是指示剂的变色范围应全部或部分处于 pH 突跃范围之内。影响指示剂变色范围的因素有温度、中性电解质、溶剂极性、指示剂用量、滴定程序等。混合指示剂利用颜色互补原理,可使变色敏锐、变色范围变窄。

10.酸碱滴定法(acid-base titration)是以酸碱反应为基础的滴定分析法。在水溶液中酸、碱能直接准确滴定的条件为 $K_a \cdot c \geq 10^{-8}$、$K_b \cdot c \geq 10^{-8}$。多元酸或碱准确滴定的条件为 $K_i \cdot c \geq 10^{-8}$;分步滴定的条件为 $K_i/K_{i+1} > 10^4$;一元弱酸或碱混合物分步滴定的条件应为 $K_{a_1}c_{a_1}/K_{a_2}c_{a_2} > 10^4$ 或 $K_{b_1}c_{b_1}/K_{b_2}c_{b_2} > 10^4$。

11.水溶液中滴定最常用的酸标准溶液是 HCl,最常用的浓度是 0.1mol/L,以市售分析纯浓 HCl 配制,标定常用无水碳酸钠 Na_2CO_3 或硼砂 $Na_2B_4O_7 \cdot 10H_2O$。水溶液中滴定最常用的碱标准溶液是 NaOH,标定常用邻苯二甲酸氢钾、草酸($H_2C_2O_4 \cdot 2H_2O$)等,以酚酞作指示剂。

12.双指示剂法是根据溶液中达到分步滴定条件的混合酸碱的关联性,采用分次加入两种具有不同变色范围的指示剂,一般选择先加单色指示剂。双指示剂法不仅用于混合碱(酸)的定量分析,且可用于判断未知碱(酸)样品的组成。

13.溶剂自身解离常数 K_s 的大小影响滴定突跃范围,溶剂的自身解离常数越小,滴定突跃范围越大。酸(碱)强度不仅与酸(碱)自身授(受)质子能力大小有关,且与溶剂受(授)质子能力大小有关。弱酸(碱)溶于碱(酸)性溶剂,可以提高弱酸(碱)的强度。

14.均化效应(leveling effect)又称拉平效应,指酸或碱固有强度的区别,由于溶剂的作用,其强度统统被均化(拉平)到溶剂合质子或溶剂阴离子水平的现象,其溶剂称为均化(拉平)性溶剂。区分效应(differentiating effect)指由于溶剂的作用,使酸或碱解离度发生变化,酸或碱的强度能区分的现象,其溶剂称为区分性溶剂。酸(碱)性溶剂是碱(酸)的均化性溶剂,是酸(碱)的区分性溶剂。利用均化效应可测定酸(碱)的总含量,利用区分效应测定混合酸(碱)中各组分的含量。

15.非水滴定法(nonaqueous titration)是在非水溶剂中进行的滴定分析方法的统称。非水溶剂(nonaqueous solvent)是有机溶剂与不含水的无机溶剂的统称。非水酸碱滴定法中,滴定碱的标准溶液常用 $HClO_4$-HAc 溶液,标定常用基准物质邻苯二甲酸氢钾,指示剂用结晶紫;标准碱溶液常用甲醇钠的苯-甲醇溶液,标定常用基准物质苯甲酸。

16.沉淀滴定法(precipitation titration)是以沉淀反应为基础的滴定分析方法。银量法是利用生成难溶性银盐的沉淀滴定法。根据确定终点所用的指示剂不同,银量法有铬酸钾指示剂法(莫尔法,Mohr 法)、铁铵矾指示剂法(佛尔哈德法,Volhard 法)和吸附指示剂法(法扬司法,Fajans 法)。铬酸钾指示剂法滴定适宜的酸度范围为 pH = 6.5~10.5,主要用于 Cl^-、Br^- 和 CN^- 的测定,不适用于滴定 I^- 和 SCN^-。铁铵矾指示剂法适宜在酸性溶液中进行滴定,可分为直接滴定法和返滴定法。吸附指示剂法滴定的酸度条件随吸附指示剂不同而不同,以直接滴定法或返滴定法可测定 Cl^-、Br^-、I^-、SCN^-、SO_4^{2-} 和 Ag^+ 等离子。

17. EDTA 能与多种金属离子形成配合物,其特点主要如下。

(1)配位性能广:几乎能与除碱金属外的所有金属离子形成稳定的配合物。

(2)配位比简单:与大多数金属离子反应的计量关系为 1∶1。

(3)形成配合物的稳定性高:EDTA 分子中具有 2 个氨氮和 4 个羧氧配位原子,与金属离子形成具有多个五元环的稳定配合物(又称螯合物,chelate compound)。

18. 副反应(side reaction)指在一种环境下发生多种反应,相对于主反应而言的其他反应。酸效应指由于 H^+ 的存在使配位剂参加主反应能力降低的现象,大小以酸效应系数 $\alpha_{Y(H)}$ 来衡量。辅助配位效应是指当滴定体系中存在其他配位剂 L 时,M 与 L 发生副反应,使主反应受到影响。这种由于其他配位剂存在使金属离子 M 与配位剂 Y 发生副反应而使主反应能力降低的现象,称为配位效应,大小用辅助配位效应系数 $\alpha_{M(L)}$ 来衡量。

19. 配位滴定法(complexometric titration)是以配位反应为基础的滴定分析方法,也称络合滴定法。EDTA 准确滴定金属离子 M 的判别式 $\lg c_M K'_{MY} \geq 6$;混合离子的分步准确滴定,必须同时满足如下三个条件:①$\lg c_M K'_{MY} \geq 6$(M 离子准确滴定的条件,$\Delta pM' = 0.2$,TE = 0.1%);②$\Delta \lg cK \geq 6$(N 离子不产生干扰的滴定反应条件,$\Delta pM' = 0.2$,TE = 0.1%),或 $\Delta \lg cK \geq 5$(N 离子不产生干扰的滴定反应条件,$\Delta pM' = 0.2$,TE = 0.3%);③$\lg c_N \cdot K'_{NIn} \leq -1$(N 与 In 不产生干扰颜色的条件)。

20. 能与金属离子生成有色配合物从而指示滴定过程中金属离子浓度变化的有机染料,称为金属离子指示剂,又称金属指示剂(metallochromic indicator,记作 In)。金属指示剂本身是一种配位剂,也是一种多元酸碱,其与金属离子形成的配合物与游离指示剂的颜色有显著差别,因此可以用于指示配位滴定的终点。

21. 金属指示剂应具备的条件:①金属配合物(MIn)与游离指示剂(In)应具有显著的颜色差别。②显色反应必须灵敏、迅速,且有良好的变色可逆性。③金属配合物 MIn 的稳定性应适当。一般要求 $K'_{MIn} > 10^4$,并且 $K'_{MY}/K'_{MIn} > 10^2$。④指示剂与金属离子生成的金属配合物应易溶于水。⑤金属离子指示剂性质较稳定,便于贮存和使用。金属指示剂的异常现象有封闭、僵化、变质。

22. 可逆电对指在氧化还原反应的任一瞬间均能建立起氧化还原平衡且表现出与 Nernst 方程理论电位值相符合的实际电极电位的电对。不可逆电对指在氧化还原反应的任一瞬间均不能建立真正的氧化还原平衡,实际电极电位与 Nernst 方程理论电位值存在较大差异的电对。

23. 氧化还原滴定的电位突跃范围:$(\varphi^{\ominus'}_{Ox_2/Red_2} + \dfrac{3 \times 0.059\,2}{m}) \sim (\varphi^{\ominus'}_{Ox_1/Red_1} - \dfrac{3 \times 0.059\,2}{n})$;氧化还原指示剂的理论变色电位范围:$\varphi^{\ominus'}_{In_{Ox}/In_{Red}} \pm \dfrac{0.059\,2}{n}$。

思考题与习题

1. 解释以下术语:滴定分析法,标定,化学计量点,滴定终点,滴定误差,指示剂,基准物质。

2. 滴定分析法有什么特点?能用于滴定分析的化学反应必须具备哪些条件?为什么用于滴定分析的化学反应必须有确定的化学计量关系?

3. 滴定分析法有哪些滴定方式?并举例说明。

4．什么是滴定度？$T_{T/A}$ 表示的意义是什么？滴定度与物质的量浓度如何换算？以 $AgNO_3$ 滴定 NaCl 为例，推导出滴定度与物质的量浓度的换算关系。

5．基准物质应符合哪些要求？邻苯二甲酸氢钾（$KHC_8H_4O_4$，$M = 204.22g/mol$）和二水合草酸（$H_2C_2O_4 \cdot 2H_2O$，$M = 126.07g/mol$）都可以作为标定碱标准溶液的基准物质，你认为选择哪一种更好？为什么？

6．以下哪些物质可用直接法配制标准溶液？哪些物质只能用间接法配制标准溶液？

NaOH，H_2SO_4，HCl，$KMnO_4$，$K_2Cr_2O_7$，$AgNO_3$，NaCl，$Na_2S_2O_3$。

7．基准试剂①$H_2C_2O_4 \cdot 2H_2O$ 因保存不当而部分风化；②Na_2CO_3 因吸潮带有少量湿存水。用①标定 NaOH 溶液、用②标定 HCl 溶液的浓度时，结果是偏高还是偏低？用此 NaOH（HCl）溶液测定某有机酸（有机碱）的摩尔质量时结果是偏高还是偏低？

8．已知浓硝酸的相对密度 1.42，其中含 HNO_3 约为 70%，求其物质的量浓度。如欲配制 0.25mol/L HNO_3 溶液 1 000ml，应取这种浓硝酸多少毫升？

（16mol/L、16ml）

9．欲配制 $c_{KMnO_4} \approx 0.02mol/L$ 的溶液 500ml，需称取 $KMnO_4$ 多少克？采用何法配制？

（1.6g）

10．相对密度为 1.01 的含 3.00% 的 H_2O_2 溶液 2.50ml，与物质的量浓度为 0.040 0mol/L 的 $KMnO_4$ 溶液完全作用，需此浓度的 $KMnO_4$ 溶液多少毫升？

已知滴定反应为 $5H_2O_2 + 2MnO_4^- + 6H^+ = 2Mn^{2+} + 8H_2O + 5O_2 \uparrow$。

（22.3ml）

11．如果将 $AgNO_3$ 溶液 30.00ml 作用于 0.117 3g NaCl，过量的 $AgNO_3$ 需用 NH_4SCN 溶液 3.20ml 滴定，已知滴定 $AgNO_3$ 溶液 20.00ml 需要 NH_4SCN 溶液 21.00ml。试计算：

（1）$AgNO_3$ 溶液的物质的量浓度。

（2）$AgNO_3$ 溶液对 Cl^- 的滴定度。

（3）NH_4SCN 溶液的物质的量浓度。

（已知 $M_{NaCl} = 58.44g/mol$，$M_{Cl^-} = 35.45g/mol$）

（0.074 47mol/L；2.640mg；0.070 93mol/L）

12．写出下列各酸的共轭碱：H_2O，$H_2C_2O_4$，$H_2PO_4^-$，HCO_3^-，C_6H_5OH，$C_6H_5NH_3^+$，HS^-，$Fe(H_2O)_6^{3+}$，$R-NH_2^+CH_2COOH$。

13．写出下列各碱的共轭酸：H_2O，NO_3^-，HSO_4^-，S^{2-}，$C_6H_5O^-$，$Cu(H_2O)_2(OH)_2$，$(CH_2)_6N_4$，$R-NHCH_2COO^-$。

14．某试液可能是 NaOH、$NaHCO_3$、Na_2CO_3 或它们的固体混合物的溶液。用 20.00ml 0.100 0mol/L HCl 标准溶液，以酚酞为指示剂可滴定至终点。问在下列情况下，继以甲基橙作指示剂滴定至终点，还需加入多少毫升 HCl 溶液？第三种情况试液的组成如何？

（1）试液中所含 NaOH 与 Na_2CO_3 物质的量比为 3:1。

（2）原固体试样中所含 $NaHCO_3$ 和 NaOH 的物质的量比为 2:1。

（3）加入甲基橙后滴加半滴 HCl 溶液，试液即呈终点颜色。

（5.00ml；40.00ml；纯 NaOH）

15．将下列电解质溶液等体积混合，计算混合液的 pH。

（1）pH 1.00＋pH 2.00

（2）pH 1.00＋pH 5.00

（3）pH 1.00＋pH 14.00

（1.26；1.30；13.65）

16．称取枸橼酸钾（$C_6H_5O_7K_3 \cdot H_2O$）0.800 0g，冰醋酸定容至 100ml，移取 10.00ml，用 0.100 0mol/L 的 $HClO_4$ 标准溶液滴定消耗 7.185ml，空白校正消耗该 $HClO_4$ 溶液 0.035ml。求枸橼酸钾的质量分数。（$M_{C_6H_5O_7K_3 \cdot H_2O} = 324.41g/mol$）

（96.65%）

17．比较银量法几种指示终点的方法。

18．下列试样：NH_4Cl，$BaCl_2$，$KSCN$，$Na_2CO_3 + NaCl$，$NaBr$，KI。如果用银量法测定其含量，用何种确定终点的方法好？为什么？

19．称取烧碱样品 0.503 8g，溶于水，用硝酸调节 pH 后，溶于 250ml 容量瓶中，摇匀。吸取 25.00ml 置于锥形瓶中，加入 25.00ml 0.104 1mol/L $AgNO_3$，过量的 $AgNO_3$ 用 0.115 8mol/L NH_4SCN 溶液滴定消耗 21.45ml，计算烧碱中 NaCl 的百分含量。

（13.76%）

20．影响 EDTA 配合物稳定性的本质因素和外界因素主要有哪些？

21．何谓 EDTA 配合物的条件稳定常数？它与其绝对稳定常数有何关系？

22．配位滴定时，影响滴定突跃范围的因素有哪些？

23．何谓配位滴定允许的最高酸度和最低酸度？如何求算？

24．M、N 离子的浓度各为 0.010mol/L，已知 $\lg K_{MY} = 23.2$，$\lg K_{NY} = 15.50$，欲用二甲酚橙作指示剂，用 EDTA 以控制酸度的方法分别滴定，求 M、N 离子的适宜酸度范围。

（M：pH1.54～4.50；N：pH＞4.4）

25．移取 Ca^{2+}、Mg^{2+} 的混合溶液 50.00ml 两份，其中一份于 pH = 12.0，以 0.02mol/L EDTA 溶液滴定至计量点，消耗 20.00ml；另一份于 pH = 10.0 时，以 0.02mol/L EDTA 滴定至计量点，消耗 32.50ml。计算混合溶液中 Mg^{2+} 的摩尔浓度。

（5.0×10^{-3}mol/L）

26．测定铝盐中的铝时，称取试样 0.250 0g，溶解后加入 0.050 00mol/L EDTA 溶液25.00ml，在适当条件下配位后，调节 pH 为 5.0～6.0，加入二甲酚橙，最后以 0.020 00mol/L 的 $Zn(Ac)_2$ 溶液滴定至终点，消耗 21.50ml，计算试样中铝的百分含量。

（8.85%）

第四章同步练习

第五章　电位分析法与永停滴定法

第五章课件

学习目标

本章主要介绍电化学分析基础知识，电位分析法和永停滴定法的基本原理和主要方法。通过本章学习，要求：

1. 掌握直接电位法测定溶液 pH 的原理、方法及注意事项；电位滴定法和永停滴定法的原理及滴定终点的判断方法。
2. 熟悉电化学分析法的基础知识，指示电极与参比电极的种类及作用原理。
3. 了解 pH 玻璃电极与离子选择电极的结构与性能；离子选择电极的分类及溶液中其他离子浓度的测定方法。

电化学分析法（electrochemical analysis）是基于测量物质在溶液中电化学性质及其变化规律进行分析的一类分析方法。通常将试样溶液与适当的电极组成化学电池，通过测量化学电池的电信号（如电位、电流、电导和电量等），或者测量其他物理量（如质量、体积等），并根据所测信号的强度或变化对待测物质进行分析的分析方法，是一类应用最早的仪器分析方法。根据所测定的电信号种类的不同，电化学分析法可以分为电位分析法（potentiometry）、伏安法（voltammetry）、电导法（conductometry）和电解法（electrolytic analysis method）。

电位分析法简称电位法，是基于测定原电池的电动势进行待测物含量测定的分析方法。根据测定方法的不同分为直接电位法（direct potentiometry）和电位滴定法（potentiometric titration）。直接电位法指通过测量原电池的电动势确定指示电极的电极电位，再根据 Nernst 方程计算待测离子活（浓）度的分析方法；电位滴定法指通过测定滴定过程中电池电动势的变化来确定滴定终点的滴定分析方法，广泛应用于各类滴定分析方法的滴定终点的判断。

伏安法是根据电解过程中电流和电位变化曲线对待测物质进行定性和定量分析的一类分析方法，包括极谱法（polarography）、溶出法（stripping voltammetry）和电流滴定法（amperometric titration）。电流滴定法指在固定外加电压下，根据滴定过程中电池电流的变化确定滴定终点的方法，属于伏安法。

电解法是根据通电时，待测物在电极上发生电解作用而建立的分析方法，包括电重量法（electrogravimetry）、库仑分析法（coulometry）及库仑滴定法（coulometric titration）。

电导法是基于测定溶液的电导或电导的变化而确定待测物质含量的分析方法，包括直接电导法（direct conductometry）和电导滴定法（conductometric titration）。

电化学分析法是仪器分析法的一个重要组成部分,具有仪器设备简单、便于携带,易于微型化,灵敏度高、选择性好和分析速度快等优点,在分析过程中不受样品溶液颜色、浊度等因素的干扰,广泛用于化学、医药、环境、生物、材料等领域的分析和研究,特别适合于自动分析、现场分析和遥控遥感等领域,在医药卫生、生命科学、环境科学、材料科学等领域中有着广泛的应用前景。

本章主要介绍在药品、食品生产、环境监测与分析和研究领域应用较多的直接电位法、电位滴定法和永停滴定法。

第一节　电化学分析法基础

一、化学电池

在各种电化学分析法中都涉及化学电池。化学电池是将化学能与电能进行相互转换的电化学反应容器,由至少两根相同或不相同的电极(electrode)和与之接触的电解质溶液及外电路构成。一根电极和电解质溶液构成一个半电池,两个半电池构成一个化学电池。

根据电化学反应是否自发进行,化学电池可分为原电池(galvanic cell)和电解池(electrolytic cell)。原电池的电极反应能自发进行,将化学能转变为电能(图 5-1A);电解池的电极反应不能自发进行,在外加电压的情况下发生电化学反应,将电能转变成化学能(图 5-1B)。同一组成的化学电池,通过实验条件的改变,可以实现原电池与电解池的相互转化。

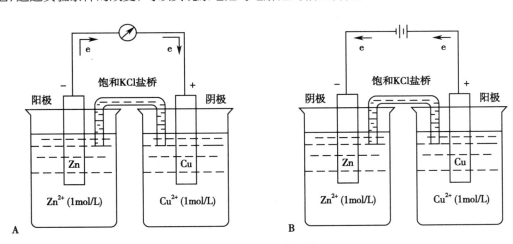

A—原电池;B—电解池。

● 图 5-1　铜 - 锌化学电池示意图

电池的书写规定为:发生氧化反应的电极写在左边,发生还原反应的电极写在右边;半电池的相界面以单竖线"|"表示;两个半电池通过盐桥连接时以双竖线"‖"表示;溶液注明活(浓)度,气体注明压力,不特别说明时温度系指25℃。例如,铜 - 锌原电池(Daniell)可表示为:

$$(-)Zn|ZnSO_4(1mol/L)\|CuSO_4(1mol/L)|Cu(+)$$

电极半反应为:

锌电极:$Zn \rightleftharpoons Zn^{2+} + 2e$(氧化反应、阳极、负极)

铜电极：$Cu^{2+}+2e \rightleftharpoons Cu$（还原反应、阴极、正极）

原电池总反应：$Cu^{2+}+Zn \rightleftharpoons Cu+Zn^{2+}$

在化学电池中，发生氧化反应的电极是阳极，发生还原反应的电极是阴极。电子由锌电极流向铜电极，故铜极为正极、锌极为负极。

若外加电压大于原电池的电动势（electomotive force，EMF），则铜-锌原电池转变成电解池。

电解池表示为：$Cu|CuSO_4（1mol/L）||ZnSO_4（1mol/L）|Zn$

电极半反应为：

铜极：$Cu \rightleftharpoons Cu^{2+}+2e$（氧化反应、阳极）

锌极：$Zn^{2+}+2e \rightleftharpoons Zn$（还原反应、阴极）

电解池总反应：$Zn^{2+}+Cu \rightleftharpoons Zn+Cu^{2+}$

在电化学分析法中，电位分析法使用的测量电池是原电池，而永停滴定法使用的测量电池是电解池。

二、液接电位

液体接界电位（liquid-junction potential）简称液接电位，又称扩散电位，指两种组成不同或组成相同但浓度不同的电解质溶液接触形成界面时，在界面两侧产生的电位差，记为 φ_j。液接电位产生的主要原因是离子在通过不同溶液相界面时扩散速率不同。

例如，0.1mol/L HCl（Ⅰ）与 0.01mol/L HCl（Ⅱ）相接触时，由于扩散作用，浓度大的 H^+ 和 Cl^- 将向浓度小的溶液一侧扩散，如图 5-2A 所示，由于 H^+ 的扩散速率大于 Cl^- 的扩散速率，单位时间内越过相界面的 H^+ 比 Cl^- 多，使得低浓度界面一侧 H^+ 过量，带"+"电荷，高浓度界面一侧 Cl^- 过量，带"–"电荷，在液接界面上形成双电层，双电层的形成使得离子的扩散达到平衡状态，由此在界面上产生稳定的液接电位 φ_j，产生的液接电位大约为 40mV。φ_j 的大小与界面两侧溶液中离子的种类和浓度有关。在常见的电解质溶液中，凡是与 KCl 或 KNO_3 浓溶液接触的溶液界面，其 φ_j 都较小。例如，若将图 5-2A 中左边的溶液更换为 3.5mol/L KCl 溶液，平衡时的 φ_j 仅有 3mV。

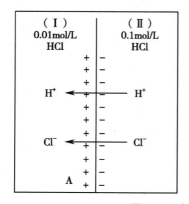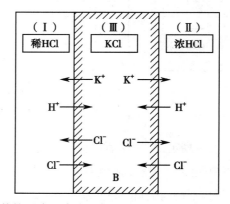

● 图 5-2　液接电位的形成及消除示意图

实际分析中液接电位很难计算或准确测量，应尽量减小液接电位。通常采用盐桥（salt bridge）将两电解质溶液相连，以降低或消除液接电位。

盐桥是由含 3% 琼脂的高浓度 KCl 溶液或其他适宜电解质溶液填充到一个"U"形管中构成。用盐桥连接两个浓度不同的溶液,以减小溶液接触处的液接电位。其原理是利用 K^+ 和 Cl^- 的扩散速率接近,当盐桥与不太浓的电解质溶液接触时,如图 5-2B 所示盐桥(Ⅲ)中 K^+ 和 Cl^- 将以绝对优势扩散,几乎同时进入 Ⅰ 和 Ⅱ 相,使 φ_j 变得很小(1~2mV),一般可以忽略不计。

电化学分析法中,盐桥的作用主要表现为:①将两个半电池分开,避免两种电解质溶液混合;②沟通内电路,消除或减小液接电位;③稳定电极电位;④维持电荷平衡使电极反应顺利进行。

三、电极类型

电极是电化学分析法的一个重要组成部分,有多种类型。基本电极有指示电极和参比电极,此外还有工作电极、辅助电极等。

(一)指示电极

指示电极(indicator electrode)指电极电位随待测组分活度(浓度)变化而变化的一类电极,其电极电位大小可以指示待测组分活度(浓度)的变化。

理想的指示电极应满足以下条件:①电极电位与待测组分活度(浓度)符合 Nernst 方程关系;②对待测组分响应速度快、线性范围宽、重现性好;③对待测组分具有选择性;④结构简单,便于使用。

电位分析法中常用的指示电极有两大类:金属基电极(metallic indicator electrode)和离子选择性电极(ion selective electrode, ISE)。

1. 金属基电极　以金属为基体,基于电子转移的一类电极。按其组成不同分为以下几种。

(1)金属 - 金属离子电极:由能发生氧化还原反应的金属插入该金属离子的盐溶液中构成的电极,用 $M|M^+$ 表示。该类电极只有一个界面,又称为第一类电极。能作为金属 - 金属离子电极的金属有 Ag、Cu、Hg、Zn 等。

例如,将银丝浸入 Ag^+ 溶液中组成的银电极。

电极组成: $Ag|Ag^+(a)$

电极反应: $Ag^+ + e \rightleftharpoons Ag$

电极电位(25℃): $\varphi = \varphi^{\ominus}_{Ag^+/Ag} + 0.059\,2\lg c_{Ag^+}$

金属 - 金属离子电极的电极电位与溶液中待测金属离子的活度(浓度)符合 Nernst 方程关系,可用于测定溶液中该金属离子的活(浓)度。

(2)金属 - 金属难溶盐电极:由表面覆盖有同一种金属难溶盐的金属插入该难溶盐的阴离子溶液中组成的电极,用 $M|M_mX_n|X^{m-}$ 表示。该类电极有两个界面,又称为第二类电极。

例如,将表面涂有 AgCl 的银丝浸入 Cl^- 溶液中组成 Ag-AgCl 电极。

电极组成: $Ag|AgCl(s), KCl(a)$

电极反应: $AgCl + e \rightleftharpoons Ag + Cl^-$

电极电位(25℃): $\varphi = \varphi^{\ominus}_{AgCl/Ag} - 0.059\,2\lg c_{Cl^-}$

该类电极的电极电位与溶液中难溶盐的阴离子的活度(浓度)符合 Nernst 方程关系,可用于测定溶液中阴离子的活(浓)度。

（3）金属 - 金属氧化物电极：该类电极是由金属和金属难溶氧化物组成的电极。

例如，由高纯金属锑表面镀一层 Sb_2O_3 浸入 H^+ 溶液组成的锑电极。

电极组成：$Sb|Sb_2O_3,H^+(a)$

电极反应：$Sb_2O_3 + 6H^+ + 6e \rightleftharpoons 2Sb + 3H_2O$

电极电位(25℃)：$\varphi = \varphi^{\ominus}_{Sb_2O_3/Sb} + 0.059\,2\lg\alpha_{H^+} = \varphi^{\ominus}_{Sb_2O_3/Sb} - 0.059\,2pH$

由上式可知，锑电极是氢离子指示电极，可用于测定溶液的 pH。但氧化锑能溶于强酸性或强碱性溶液，所以锑电极只适于在 pH = 3～12 的溶液中使用。

（4）惰性金属电极：由惰性金属(Pt 或 Au)插入某种元素的两种不同氧化态的离子溶液中构成的电极，用"$Pt|M^{m+},M^{n+}$"表示，又称为零类电极。该类电极的电极电位能反映溶液中氧化态与还原态的活(浓)度比值，因此该类电极可用于测定溶液中氧化态与还原态的活(浓)度或它们的比值。

例如，将金属铂片插入含有 Fe^{3+} 和 Fe^{2+} 的溶液中组成的铂电极。

电极组成：$Pt|Fe^{3+},Fe^{2+}$

电极反应：$Fe^{3+} + e \rightleftharpoons Fe^{2+}$

电极电位(25℃)为：$\varphi = \varphi^{\ominus}_{Fe^{3+}/Fe^{2+}} + 0.059\,2\lg\dfrac{c_{Fe^{3+}}}{c_{Fe^{2+}}}$

该类电极的电极电位同溶液中氧化态与还原态的活(浓)度比符合 Nernst 方程关系，因此该类电极可用于测定溶液中氧化态与还原态的活(浓)度或它们的比值。该类电极往往作为指示电极应用于氧化还原类电位滴定终点的判断。

2. 离子选择性电极　亦称为膜电极(membrane electrode)。以固体膜或液体膜为传感器，对溶液中某特定离子产生选择性响应的电极。在膜电极上没有电子转移，其响应机制是基于响应离子在敏感膜上发生离子交换和扩散等作用形成膜电位，其电极电位与溶液中某特定响应离子的活度(浓度)的关系符合 Nernst 方程式。

$$\varphi = K \pm \frac{2.303RT}{nF}\lg c_i \qquad\qquad 式\,5\text{-}1$$

式 5-1 中，K 为电极常数，阳离子取"+"，阴离子取"-"；n 是待测离子电荷数。

离子选择性电极具有选择性好、灵敏度高等特点，是电位分析法中发展最快、应用最广的一类指示电极，其商品电极已有很多种类，如 pH 玻璃电极、钾电极、钠电极、钙电极、氟电极等。

（二）参比电极

参比电极(reference electrode)指在一定条件下，电极电位不随溶液组成和活(浓)度变化而变化的电极，其电极电位基本恒定。

理想的参比电极应具备以下基本要求：①电极电位恒定且已知；②重现性好；③可逆性好，装置简单，方便耐用。其中标准氢电极、饱和甘汞电极和银 - 氯化银电极是电化学分析中最常用的参比电极。

1. 标准氢电极(standard hydrogen electrode，SHE)　是最早使用的参比电极，如图 5-3 所示。

标准氢电极是铂电极在氢离子活度为 1mol/L 的理想溶液中，并在 101.3kPa 压力的氢气平衡共存时所构成的电极。

电极组成：Pt（镀铂黑）|H$_2$（101.3kPa），H$^+$（1mol/L）

电极反应：$2H^+ + 2e \rightleftharpoons H_2$

标准氢电极的电极电势被规定为零，但由于标准氢电极在制作和使用上不方便，所以实际测定中很少采用标准氢电极作为参比电极。

2. 饱和甘汞电极（saturated calomel electrode，SCE）　由金属汞、甘汞（Hg$_2$Cl$_2$）与饱和 KCl 溶液构成，如图 5-4 所示。饱和甘汞电极属于金属 - 金属难溶盐电极。电极由内外两个玻璃套管组成，内管上端封接一根金属铂丝，铂丝上部与电极引线相连，铂丝下部插入汞层中（汞层厚 0.5～1cm）。汞层下部为汞和甘汞的混合糊状物，内玻璃管下端用石棉或纸浆类多孔物堵塞。外玻璃管内充饱和 KCl 溶液，最下端用素烧瓷微孔物质封紧，能将电极内外溶液隔开，并提供内外溶液离子通道，起盐桥的作用。

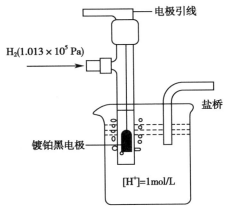

● 图 5-3　标准氢电极示意图

电极组成：Hg|Hg$_2$Cl$_2$（s），KCl（a）

电极反应：$Hg_2Cl_2 + 2e \rightleftharpoons 2Hg + 2Cl^-$

电极电位（25℃）：$\varphi = \varphi^{\ominus}_{Hg_2Cl_2/Hg} - 0.059\,2\lg\alpha_{Cl^-}$

由上式可知，温度一定时，甘汞电极的电极电位与 Cl$^-$ 浓度有关，当 KCl 溶液浓度一定时，其电极电位为一定值，如表 5-1 所示。饱和甘汞电极因结构简单、电位稳定、使用方便，是最常用的一种参比电极。

表 5-1　25℃时不同 KCl 浓度的甘汞电极电位（相对于 SHE）

名称	0.1mol/L 甘汞电极	标准甘汞电极（NCE）	饱和甘汞电极（SCE）
c_{KCl}/（mol/L）	0.1	1.0	饱和
φ/V	0.333 7	0.280 1	0.241 2

3. 双盐桥饱和甘汞电极　亦称双液接 SCE，如图 5-5 所示，是在饱和甘汞电极下端接一玻璃管，内充适当的电解质溶液（一般为 KNO$_3$ 溶液）。

当使用饱和甘汞电极遇到下列情况时，应采用双盐桥饱和甘汞电极。

（1）饱和甘汞电极中 KCl 与试样中的离子发生化学反应。如测 Ag$^+$ 时，SCE 中 Cl$^-$ 与 Ag$^+$ 反应生成 AgCl 沉淀，不但降低了测量的准确度，也会因为沉淀堵塞盐桥通道使测量无法进行。

（2）待测离子为 Cl$^-$ 或 K$^+$，饱和甘汞电极中 KCl 渗透到试液中将引起干扰。

（3）试液中含有 I$^-$、CN$^-$、Hg^{2+} 和 S^{2-} 等离子，会使饱和甘汞电极的电位随时间缓慢有序地改变（漂移），严重时甚至破坏饱和甘汞电极功能。

（4）饱和甘汞电极与试液间的残余液接电位大且不稳定。

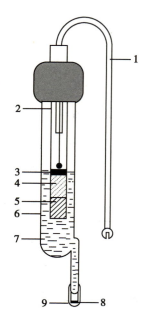

1—电极引线；2—玻璃管；3—汞；4—甘汞糊（Hg_2Cl_2 和 Hg 研成的糊）；5—石棉或纸浆；6—玻璃管外套；7—饱和 KCl；8—素烧瓷片；9—小橡皮塞。

● 图 5-4　饱和甘汞电极示意图

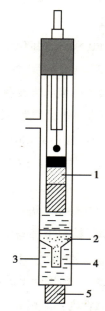

1—饱和甘汞电极；2—磨砂接口；3—玻璃套管；4—硝酸钾溶液；5—素烧瓷。

● 图 5-5　双盐桥饱和甘汞电极示意图

4．银 - 氯化银电极（silver-silver chloride electrode，SSE）　由表面镀有一层 AgCl 的银丝插入到一定浓度的 KCl 溶液中构成，属于金属 - 金属难溶盐电极，如图 5-6 所示。Ag-AgCl 具有结构简单、体积小的特点，常作为各种离子选择电极的内参比电极。

电极组成：Ag|AgCl，KCl（a）

电极反应：$AgCl + e \rightleftharpoons Ag + Cl^-$

电极电位（25℃）：$\varphi = \varphi_{AgCl/Ag}^{\ominus} - 0.059\,2\lg a_{Cl^-}$

当 Cl^- 浓度一定时，银 - 氯化银电极的电极电位恒定不变，不同浓度 KCl 溶液中电极电位见表 5-2。由于 Ag-AgCl 电极构造更为简单，常用作玻璃电极和其他离子选择性电极的内参比电极，以及复合电极的内、外参比电极。此外，Ag-AgCl 电极可以制成很小的体积，且可以在高于 60℃的体系中使用。

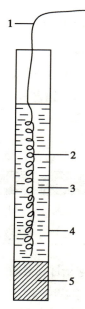

1—银丝；2—银 - 氯化银；3—饱和氯化钾溶液；4—玻璃管；5—素烧瓷芯。

● 图 5-6　Ag-AgCl 参比电极示意图

表 5-2　25℃时不同 KCl 浓度的 Ag-AgCl 电极电位（相对 SHE）

名称	0.1mol/L Ag-AgCl 电极	标准 Ag-AgCl 电极	饱和 Ag-AgCl 电极
c_{KCl}/（mol/L）	0.1	1	饱和
φ/V	0.288 0	0.222 3	0.199 0

（三）复合电极

复合电极（combination electrode）是将指示电极和参比电极组装构成的一种单一电极体形式。复合电极具有结构简单、体积小、使用方便、坚固耐用的特点。如在 pH 测定中广泛使用的复合 pH 电极，由 pH 玻璃电极（指示电极）与 Ag-AgCl 电极（参比电极）组成，如图 5-7 所示。

四、电位分析法原理

在电位法中，根据 Nernst 方程，如果知道指示电极的电极电位，即可计算出待测组分的活度或氧化型与还原型的活（浓）度的比值。但单个电极的电极电位是无法测量的，必须将指示电极与参比电极插入待测溶液中组成化学电池，通过测量化学电池的电动势来得到指示电极的电极电位。

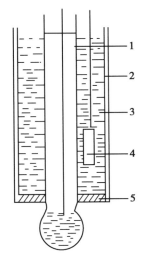

1—玻璃电极；2—电极管；3—参比电极电解液；
4—参比电极元件；5—微孔隔离材料。

● 图 5-7　复合 pH 电极结构示意图

一般电池的电动势（E）可表示为：

$$E = \varphi_+ - \varphi_- + \varphi_j - iR \qquad 式5-2$$

式 5-2 中：

φ_+——原电池正极（参比电极）的电极电位

φ_-——原电池负极（指示电极）的电极电位

φ_j——原电池的液接电位

i——电池的电流强度

R——电池的内阻

iR——在电池内阻作用下产生的电压降

由式 5-2 可见，因电池内阻的存在，电池电动势的测定要在零电流或仅有微电流通过的条件下进行，即 i 趋于零，则 iR 趋于零，同时应减小液接电位。

因参比电极的电极电位 φ 为定值，因此，电池电动势的大小只与指示电极的电极电位大小有关。根据 Nernst 方程可以确定指示电极的电极电位与待测组分的活（浓）度的关系，通过一定的定量分析方法，测定溶液中待测组分的活（浓）度。或根据测定滴定过程中电池的电动势，根据滴定终点时溶液活（浓）度的突变引起电池电动势突变的现象，可以指示滴定分析的滴定终点。

第二节　直接电位法

直接电位法（direct potentiometry）是根据待测组分的电化学性质，选择合适的指示电极和参比电极，与待测溶液组成原电池，测量原电池的电动势，根据 Nernst 方程求待测溶液中待测组分活（浓）度的电化学分析方法。直接电位法常用于溶液 pH 的测定和其他阴、阳离子活（浓）度的测定。

一、离子选择电极

直接电位法测定溶液中离子活（浓）度常用的指示电极是离子选择电极，离子选择电极是一类对溶液中某种特定离子具有选择性响应的膜电极，如 pH 玻璃电极等。

（一）pH 玻璃电极

1. 构造　pH 玻璃电极（glass electrode）简称玻璃电极，是膜电极的一种，一般由内参比电极、内参比溶液、玻璃膜、玻璃管、电极插头和导线等部分组成，其构造如图 5-8 所示。玻璃管下端是由特殊玻璃制成的厚度为 0.05～0.1mm 的球形玻璃膜，玻璃球内含有 pH 为 7 或 pH 为 4 的 KCl 内参比缓冲溶液，内插有 Ag-AgCl 内参比电极。因为玻璃电极的内阻很高（>100MΩ），为防止漏电和静电干扰，电极上端是高度绝缘的导线及引出线，线外需套有屏蔽隔离层。

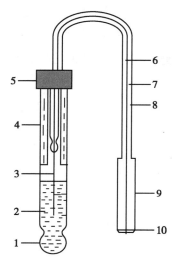

1—玻璃膜球；2—内参比溶液；3—Ag-AgCl 内参比电极；4—玻璃管；5—电极帽；
6—电极导线；7—塑料高绝缘；8—金属隔离罩；9—高绝缘塑料；10—电极接头。

● 图 5-8　pH 玻璃电极示意图

2. pH 玻璃电极响应机制　玻璃电极对溶液中 H^+ 产生选择性响应主要与其特殊组成有关。普通的玻璃电极膜一般由 72.2%SiO_2、21.4%Na_2O 和 6.4%CaO 组成。在特殊玻璃组成的硅酸晶格中 Na^+ 可以自由移动，溶液中的 H^+ 可以进入晶格占据 Na^+ 位点，但其他高价阳离子或阴离子均不能进出晶格发生离子交换。当 pH 玻璃电极浸入水溶液后，溶液中 H^+ 进入玻璃膜内与 Na^+ 进行交换。

$$H^+（溶液）+Na^+Gl^-（玻璃膜） \rightleftharpoons Na^+（溶液）+H^+Gl^-（玻璃膜）$$

H^+ 与 Na^+ 的交换反应在中性或酸性溶液中可进行完全。一般认为 pH 玻璃膜的作用存在水化、H^+-Na^+ 离子交换和 H^+ 扩散三个主要过程。当 pH 玻璃电极在水中充分浸泡时，H^+ 向玻璃膜内渗透并使离子交换反应达到平衡，在玻璃膜表面形成厚度为 $10^{-5}～10^{-4}$mm 的溶胀水化层或水化凝胶层，简称水化层，这一过程称为玻璃膜的水化。

将充分浸泡的玻璃电极插入待测溶液中，由于待测溶液中的 H^+ 活（浓）度与水化层中 H^+ 活（浓）度不同，H^+ 将发生浓差扩散，改变玻璃膜外表面与试液间两相界面的电荷分布，形成双电层产生电位差。当扩散达到动态平衡时,电位差达到一个稳定值,称为外相界电位($\varphi_{外}$);同理,在玻璃膜内表面与内参比溶液两相界面间也产生电位差,称为内相界电位($\varphi_{内}$),如图 5-9 所示。

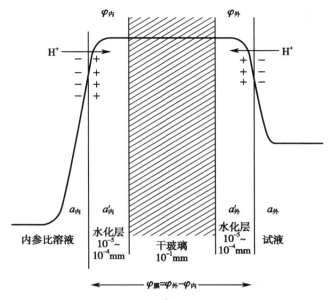

● 图 5-9　玻璃电极膜电位形成示意图

热力学实验表明,相界电位 $a_{外}$、$a_{内}$ 的大小与两相间 H^+ 活(浓)度有关,并符合 Nernst 方程。

$$\varphi_{外} = K_1 + \frac{2.303RT}{F} \lg \frac{a_{外}}{a'_{外}} \qquad \text{式 5-3}$$

$$\varphi_{内} = K_2 + \frac{2.303RT}{F} \lg \frac{a_{内}}{a'_{内}} \qquad \text{式 5-4}$$

式 5-3 和式 5-4 中,$a_{外}$、$a_{内}$ 分别为待测溶液和内参比溶液中 H^+ 活度,$a'_{外}$、$a'_{内}$ 分别为玻璃膜外表面和内表面水化层中 H^+ 活度,K_1、K_2 为玻璃膜水化层的结构参数。

由于待测溶液与内参比溶液中的 H^+ 活度不同,相界电位 $\varphi_{外}$ 和 $\varphi_{内}$ 的大小也不相同,由此在玻璃膜内、外侧之间产生的电位差称为膜电位,用 $\varphi_{膜}$ 表示。

$$\varphi_{膜} = \varphi_{外} - \varphi_{内} = \left(K_1 + \frac{2.303RT}{F} \lg \frac{a_{外}}{a'_{外}} \right) - \left(K_2 + \frac{2.303RT}{F} \lg \frac{a_{内}}{a'_{内}} \right) \qquad \text{式 5-5}$$

若玻璃电极膜内外表面性质基本相同,内外表面的 Na^+ 点位全部被 H^+ 占据,有 $K_1 = K_2$,$a'_{外} = a'_{内}$,则:

$$\varphi_{膜} = \frac{2.303RT}{F} \lg \frac{a_{外}}{a_{内}} \qquad \text{式 5-6}$$

由于玻璃电极内参比溶液的 H^+ 浓度一定,即 $a_{内}$ 为一定值,所以:

$$\varphi_{膜} = K' + \frac{2.303RT}{F} \lg a_{外} \qquad \text{式 5-7}$$

对于整个玻璃电极,其电极电位 φ 应为膜电位和内参比电极电位之和。因此 pH 玻璃电极电位与试液中 H^+ 活度的关系为:

$$\varphi = \varphi_{内参比} + \varphi_{膜} = \varphi_{AgCl/Ag} + \left(K' + \frac{2.303RT}{F} \lg a_{外} \right)$$

$$= (\varphi_{\mathrm{AgCl/Ag}} + K') - \frac{2.303\mathrm{R}T}{\mathrm{F}}\mathrm{pH} = K - \frac{2.303\mathrm{R}T}{\mathrm{F}}\mathrm{pH} \qquad \text{式 5-8}$$

25℃时，
$$\varphi = K - 0.059\,2\mathrm{pH} \qquad \text{式 5-9}$$

式 5-9 中，K 称为电极常数，与玻璃电极的性能有关。

式 5-9 表明，在一定温度下，玻璃电极的电极电位 φ 与待测溶液的 pH 成线性关系，这是 pH 玻璃电极测定溶液 pH 的理论依据。

3. pH 玻璃电极的性能

（1）转换系数：又称为电极斜率，指溶液 pH 每变化一个单位引起玻璃电极电位的变化值，用 S 表示。

$$S = -\frac{\Delta\varphi}{\Delta\mathrm{pH}} \qquad \text{式 5-10}$$

S 的理论值为 $2.303\mathrm{R}T/\mathrm{F}$。$S$ 为 φ-pH 曲线的斜率，与温度有关，25℃时 $S = 0.059\,2\mathrm{V}$（59.2mV）。通常玻璃电极的 S 值略小于理论值（但不超过 2mV），而且 S 值将随电极使用时间的延长而偏离理论值。

（2）碱差和酸差：一般玻璃电极的 φ-pH 曲线只在 pH 1～9 范围内成良好的线性关系，否则会产生碱差或酸差，如图 5-10 所示。

碱差也称为钠差，指在较强的碱性溶液（pH＞9）中，测定的 pH 低于真实值，产生负误差。主要原因是当溶液 pH＞9 时，溶液中 H^+ 浓度较低，Na^+ 浓度较高，玻璃膜水化层中的位点没有全部被 H^+ 占据，Na^+ 也进入玻璃膜水化层占据一些位点，使玻璃电极不仅对 H^+ 有响应，而且对 Na^+ 也有响应，从而使得测定的 H^+ 活度高于真实值，pH 降低。

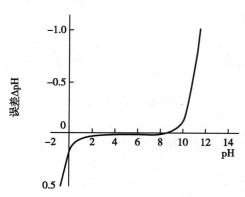

● 图 5-10　玻璃电极的酸差与碱差

为了降低碱差对测定结果的影响，可以使用 Li_2O、Cs_2O、La_2O、SiO_2 的高碱锂玻璃电极，该电极在 pH 1～14 范围内均可使用。

酸差是指在较强的酸性溶液（pH＜1）中，pH 的测定值高于真实值，产生正误差。主要原因一般认为是当溶液 pH＜1 时，H^+ 以 H_3O^+ 形式传递，水分子活度减小，使达到玻璃膜水化层的 H_3O^+ 减少，溶液测定的 pH 增高。

（3）不对称电位：由式 5-6 可知，玻璃膜内外两侧 H^+ 活度相等即 $a_{外} = a_{内}$ 时，膜电位应等于零。但实际上膜电位有 1～3mV 的电位差存在，该电位差称为不对称电位（asymmetry potential），用 φ_{as} 表示。主要原因是玻璃膜内外表面的结构和性能不完全相同、电极膜外表面发生化学腐蚀、玷污和机械损伤等。干玻璃电极的不对称电位较大且不稳定，在纯水中浸泡可使 φ_{as} 降低且趋于稳定。

（4）电极内阻：玻璃电极的内阻很大，一般在 50～500MΩ。测定由其所组成的电池电动势时，只允许有微小的电流流过，否则会造成较大的误差。电极内阻随着使用时间的增长而加大（俗称电极老化）。内阻增加将使测定灵敏度下降，所以当玻璃电极老化至一定程度时应予以更换。

（5）使用温度：玻璃电极使用温度通常在 0～50℃。如果温度过低，玻璃电极的内阻增大；温度过高,电极使用寿命降低。

(二)离子选择电极的基本结构与电极电位

1. 离子选择电极的结构和响应机制 离子选择电极一般包括电极膜、电极管(支持体)、内参比电极和内参比溶液四个基本部分,结构如图5-11所示。电极膜是离子选择电极最重要的组成部分,膜材料和内参比溶液中均含有与待测离子相同的离子。当电极浸入溶液时,在电极膜内、外具有选择性响应的离子通过离子交换或扩散作用在电极膜和溶液界面形成双电层结构,在膜两侧建立电位差,平衡后形成稳定的膜电位。离子选择电极的电位只与待测溶液中响应离子的活(浓)度有关,并符合Nernst方程。

$$\varphi = K \pm \frac{2.303RT}{nF}\lg \alpha_i = K' \pm \frac{2.303RT}{nF}\lg c_i \qquad \text{式 5-11}$$

式5-11中,K 和 K' 为电极常数,n 为响应离子的电荷数;响应离子为阳离子时取"+"号,为阴离子时取"−"号。

2. 电极性能

(1)线性范围:以离子选择电极的电极电位对响应离子的活(浓)度的负对数作图,所得曲线称为工作曲线。工作曲线的直线部分所对应的离子活(浓)度范围即为线性范围。实际测定时,应使待测溶液的浓度处在电极的Nernst响应线性范围以内。图5-12中CD所对应的活度范围即为线性范围。

(2)检测限:指离子选择电极能检测出的待测离子的最低浓度,检测限可由工作曲线确定,检测限是离子选择电极的主要性能指标之一。当活度降低时,电极响应发生变化,曲线逐渐发生弯曲,如图5-12中的AB部分。其中AB延长线与CD延长线的交点G所对应的活(浓)度即为检测限。

(3)选择性:指电极对被测离子和共存干扰离子响应程度的差异。IUPAC中选择性以"选择性系数"(selectivity coefficient,$K_{X,Y}$)表示离子选择电极对响应离子选择性能的高低。选择性系数指在相同条件下,同一电极对X(响应离子)和Y(干扰离子)响应能力的差异或比值,即产生相同电极电位时所需响应离子X离子和Y离子的活(浓)度之比。

(4)响应时间:指离子选择电极与参比电极同时插入待测离子溶液中,电极电位达到稳定所需的时间。电极响应时间一般为数秒到几分钟,与电极的性能有关。一般响应时间越短,电极性能越高。在实际工作中,一般通过搅拌试液来提高离子扩散速度,缩短响应时间。

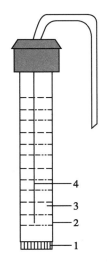

1—电极膜;2—电极管;3—内参比溶液;4—内参比电极。

● 图 5-11 离子选择电极基本结构

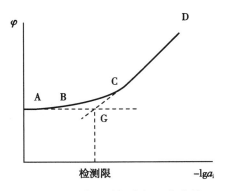

● 图 5-12 离子选择电极工作曲线及检测限示意图

（5）有效 pH 范围：一般指离子选择电极的 pH 使用范围，超出该范围，将会产生较大的测量误差。

除上述主要性能以外，离子选择电极的性能还包括不对称电位、电阻、检测限、准确度、使用寿命和漂移等其他性能参数。

3. 离子选择电极分类　根据 IUPAC 关于离子选择电极命名和分类建议，离子选择电极主要分为基本电极和敏化电极。

（1）基本电极（primary electrode）：又称原电极，是可直接测定溶液中有关离子活（浓）度的离子选择电极。根据电极膜材料的不同分为晶体电极和非晶体电极。

晶体电极（crystalline electrode）指由难溶盐单晶、多晶或混晶化合物均匀混合制成的一类膜电极。根据电极膜的制备方法不同，晶体电极又分为均相膜电极（homogeneous membrane electrode）和非均相膜电极（heterogeneous membrane electrode）。其中由难溶盐的单晶、多晶或混晶制成电极膜的电极为均相膜电极，而由电活性物质均匀分散在某种憎水性惰性材料（如硅橡胶、聚氯乙烯或石蜡等）制成电极膜的一类晶体电极为非均相膜电极。

非晶体电极（non-crystalline electrode）指电极膜由非晶体材料或化合物均匀分散在惰性支持物中制成的一类电极，根据电极膜的状态分为刚性基质电极和流动载体电极两类。其中电极膜由特定玻璃吹制而成的玻璃电极称为刚性基质电极（rigid matrix electrode），如钠电极、钾电极、锂电极等。用浸有某种液体离子交换剂或中性载体的惰性多孔支持体制成电极膜的电极称为流动载体电极（electrode with a mobile carrier），也称为液膜电极（liquid membrane electrode）。根据流动载体的带电性质，又进一步分为带正、负电荷和中性流动载体电极。

（2）敏化电极（sensitized ion-selective electrode）：利用界面反应敏化将有关待测组分转化为可供基本电极测定的离子，间接测定待测组分的离子选择性电极。根据界面反应的性质不同，可分为气敏电极（gas-sensing electrode）和酶电极（enzyme electrode）。

气敏电极是一种气体传感器，是由基本电极、参比电极、内电解液（中介液）和憎水性透气薄膜（具有疏水性，只允许气体通过，不允许溶液中的离子通过）等组成的复合电极。如 NH_3 气敏电极以 pH 玻璃电极为基本电极，Ag-AgCl 为参比电极，0.1mol/L NH_4Cl 溶液为内电解液，以聚四氟乙烯微孔薄片为透气膜组合而成。测定时，在待测试液中加入一定试剂使待测组分转变成 NH_3，NH_3 通过透气膜向内扩散进入中介液，中介液的 pH 发生改变，通过测定 pH 玻璃电极的电位变化即可间接测定溶液中 NH_3 的含量，进而测定待测试液中待测组分的含量。除了 NH_3 气敏电极，还有 CO_2、SO_2、H_2S、NO_2、HCN、HAc 和 Cl_2 等气敏电极。

酶电极是在基本电极上覆盖一层能和待测组分发生酶催化反应的生物酶膜或酶底物膜制成的一类电极，因此酶电极是由原电极与生物膜制成的复膜电极。酶电极的研制关键是寻找一个合适的酶催化反应，确定酶反应的产物，并用一种离子选择电极加以测定。

在酶电极的基础上，现代电化学分析又提出了电化学生物传感器（electrochemical biosensor）。生物传感器是以生物体成分（酶、抗原、抗体、激素等）或生物体本身（细胞、细胞器、组织等）作为敏感元件，以电化学电极为转换元件，以电势或电流作为特征检测信号的传感器。20 世纪 80 年代以来，有许多离子选择电极作为生物传感器要件，近年来随着修饰电极、微电极、纳米电极的发生、发展，电化学生物传感器在生命科学研究中发挥了重要作用。

二、pH 测量原理及方法

直接电位法测定溶液 pH 常用饱和甘汞电极为参比电极,以氢电极、醌 - 氢醌电极、锑电极或 pH 玻璃电极为指示电极,其中以 pH 玻璃电极最常用。测量时,将电极插入待测溶液中组成原电池:

$$(-)Ag|AgCl(s),内部缓冲溶液|玻璃膜|试液 KCl(饱和),Hg_2Cl_2(s)|Hg(+)$$

则原电池电动势为:

$$E = \varphi_{甘汞电极} - \varphi_{玻璃电极} \qquad 式 5\text{-}12$$

将式 5-8 代入式 5-12,得:

$$E = \varphi_{甘汞电极} - \left(K - \frac{2.303RT}{F}pH\right)$$

在一定条件下,饱和甘汞电极的电极电位为常数,得:

$$E = K' + \frac{2.303RT}{F}pH \qquad 式 5\text{-}13$$

由式 5-13 可知,在一定条件下,原电池的电动势 E 与待测溶液 pH 之间成线性关系。通过测定原电池电动势 E,就可以求出溶液的 H^+ 浓度或 pH。

在实际测定中,由于式 5-13 中 K' 受到电极种类、溶液组成及电极使用时间等诸多因素的影响,既难以准确测定,又不易理论计算得到,通常采用两次测定法进行测定计算,即玻璃电极先后测定 pH 准确且已知的标准缓冲溶液和未知试液的 pH,将 K' 抵消。

在相同条件下,先测定已知 pH 的标准缓冲溶液的电动势:

$$E_s = K' + \frac{2.303RT}{F}pH_s \qquad 式 5\text{-}14$$

再测定待测溶液组成电池的电动势:

$$E_x = K' + \frac{2.303RT}{F}pH_x \qquad 式 5\text{-}15$$

式 5-14 减去式 5-15 可得:

$$pH_x = pH_s + \frac{E_x - E_s}{2.303RT/F} \qquad 式 5\text{-}16$$

根据式 5-16,由标准缓冲溶液的 pH_s、通过测定标准缓冲溶液及待测溶液分别与电极组成电池的电动势 E_s 和 E_x,即可求出待测试液的 pH_x。

在两次测定法中,若标准缓冲溶液与待测试液 pH 不同,饱和甘汞电极在两者中产生不相等的液接电位,差值称为残余液接电位(residual liquid junction potential),数值较小,很难准确测定。因此,在两次测定法中,应选择与待测试液离子强度、pH 接近的标准缓冲溶液,以消除残余液接电位的影响。实际测定时,一般先用两种 pH 不同的标准缓冲溶液校正仪器,然后测定待测溶液,即可直接得到待测溶液的 pH。

两次测定法测定溶液 pH 时,应注意:①普通 pH 玻璃电极适宜测量的 pH 范围为 1～9;②标准缓冲液 pH_s 应尽可能与待测溶液 pH_x 相接近,通常控制 pH_s 和 pH_x 相差在 3 个 pH 单位之内;③pH 玻璃电极使用前需在蒸馏水中浸泡至少 24 小时;④标准缓冲溶液与待测液的温度必须相同并尽量保持恒定;⑤标准缓冲溶液配制、使用及保存应严格按规定进行;⑥ F^- 腐蚀玻璃膜,玻璃电极不能用于含氟化合物酸性溶液 pH 的测定。

三、其他离子活度的测定

溶液中其他离子的测定与溶液中 pH 测定的原理和方法相似,以待测离子的离子选择电极为指示电极,饱和甘汞电极为参比电极,浸入待测溶液中组成原电池,通过测量原电池的电动势,按 Nernst 方程求出待测离子的浓度。

电池表示为:

(-)离子选择电极 | 试液 || KCl(饱和),$Hg_2Cl_2(s)$|Hg(+)

电池电动势为:$E = \varphi_{\text{甘汞电极}} - \varphi_{\text{指示电极}}$

将式 5-11 代入得:

$$E = \varphi_{\text{甘汞}} - (K' \pm \frac{2.303RT}{nF}\lg c_i) = K \pm \frac{2.303RT}{nF}\lg c_i \qquad \text{式 5-17}$$

式 5-17 中,K 为常数,包括参比电极电位、液接电位、指示电极的电极常数及试液的组成等因数,具有不确定性。在测量时,为了使电极在试液和标准溶液中 K 相等,要求溶液中的离子强度足够大且稳定,一般需要加入大量的惰性电解质、缓冲溶液以及掩蔽剂组成的混合溶液(总离子强度调节剂,total ion strength adjustment buffer,TISAB)。

(一) 定量方法

常用的定量方法有两次测定法、标准曲线法和标准加入法。

1. 两次测定法 又称直接比较法或标准对照测量法,此法与用玻璃电极测定溶液 pH 的方法相似。

在相同条件下,用同一对电极分别与标准溶液(c_s)和待测溶液(c_x)组成原电池的电动势(E_s 和 E_x),将其代入式 5-17,则有

$$E_s - E_x = \pm \frac{2.303RT}{nF}(\lg c_x - \lg c_s) \qquad \text{式 5-18}$$

式 5-18 中,测定阳离子取"-"号,测定阴离子取"+"号,而且标准溶液浓度与待测离子溶液的浓度应接近。

2. 标准曲线法 也称为工作曲线或校正曲线法。

根据电池电动势 E 与 $\lg c$ 之间的线性关系,用待测离子的对照品配制系列标准溶液(基质应与试样相同),在相同条件下,用选定的指示电极和参比电极按浓度由低到高分别测量标准溶液与电极组成的原电池的电动势 E_s,以测得的 E_s 对 $\lg c_s$ 作图得到标准曲线,如图 5-13 所示。再在同样条件下用同一对电极与待测溶液组成原电池测量原电池的电动势 E_x,由工作曲线即可确定试液中待测离子的浓度 c_x。该方法适用于大批量样品分析。

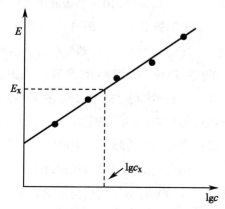

● 图 5-13 标准曲线示意图

3．标准加入法　又称为添加法或增量法，是将标准溶液加入到试样溶液中进行测定的方法。

将指示电极、参比电极与待测溶液组成原电池，先测定体积为 V_X、浓度为 c_X 的待测溶液原电池的电动势 E_X，然后向待测溶液中加入小体积 V_S（比试液体积小 $10\sim100$ 倍），高浓度 c_S（比试液浓度大 $10\sim100$ 倍）的待测离子标准溶液，测定加入后的电池电动势 E，即可计算得到待测离子浓度。

$$c_X = \frac{c_S V_S}{V_X}(10^{\Delta E/S} - 1)^{-1} \qquad\qquad 式\ 5\text{-}19$$

式 5-19 中，$S = \pm\dfrac{2.303RT}{nF}$，$V_X \gg V_S$，$V_X + V_S \approx V_X$。

标准加入法在加入前后试液的性质基本不变，因此准确度较高，而且在测定过程中不需加入总离子强度调节剂 TISAB，具有操作简单快速的特点，适合于组成复杂、变动性大的复杂样品体系的分析。

（二）电动势测量误差

电池电动势的测量引起的误差，通过对式 5-19 微分，得测定浓度的相对误差（25℃）为：

$$\frac{\Delta c}{c} = \frac{nF\Delta E}{RT} \approx 39 \times n\Delta E \approx 3\,900 n\Delta E\% \qquad\qquad 式\ 5\text{-}20$$

由式 5-20 可知，浓度测定的相对误差与电池电动势的绝对误差 ΔE 和离子价数 n 有关。随待测离子价数 n 的升高而增大。若电池电动势的测量误差 ΔE 为 $\pm1mV$，一价离子的相对误差达 $\pm3.9\%$，二价离子的相对误差为 $\pm7.8\%$；若电动势测量误差 ΔE 为 $\pm0.1mV$，一价离子的相对误差达 $\pm0.39\%$，二价离子的相对误差为 $\pm0.78\%$。故直接电位法测高价离子有较大的测量误差。

第三节　电位滴定法

电位滴定法（potentiometric titration）指根据滴定过程中电池电动势的变化来确定滴定终点的一类滴定分析方法。

一、原理与装置

在待测溶液中插入相应的参比电极和指示电极组成原电池，并与电子电位计相连，如图 5-14 所示。在不断搅拌下通过滴定管加入滴定剂，记录滴定剂的体积及电池对应的电动势。随着滴定进行，溶液中待测离子浓度不断降低，导致指示电极的电极电位相应发生变化。在化学计量点附近，待测离子浓度发生突变，指示电极的电位发生急剧的变化，引起电池电动势发生突变，以此确定终点。因此测量电池电动势的变化即可确定滴定分析的终点。

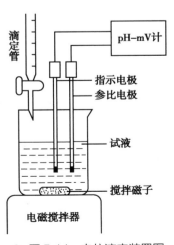

● 图 5-14　电位滴定装置图

电位滴定法与常规滴定法相比,具有测定结果准确度高、客观可靠、不受溶液颜色及浑浊等的限制、易于实现连续自动化分析等特点,对于使用指示剂难以判断终点或没有合适的指示剂利用电位滴定法更为有利。并且可用于沉淀溶度积常数、酸碱的解离平衡常数等热力学常数的测定。

二、滴定终点的确定方法

在滴定过程中通过记录标准溶液消耗体积(ml)和电池对应的电动势(mV),得到一系列的滴定剂用量(ml)和相应的电动势(V)数值,计算ΔE、ΔV、$\Delta E/\Delta V$(一级微商)和$\Delta^2 E/\Delta V^2$(二级微商),并列表。0.100 0mol/L $AgNO_3$溶液滴定NaCl溶液的电位滴定记录数据及数据处理如表5-3所示。

表5-3　0.100 0mol/L $AgNO_3$溶液滴定NaCl溶液的电位滴定数据记录和处理表

V/ml	E/V	ΔE/V	ΔV/ml	$\Delta E/\Delta V$	$\bar{V}$/ml	$\Delta(\Delta E/\Delta V)$	$\Delta^2 E/\Delta V^2$
22.00	0.123						
		0.015	1.00	0.015	22.50		
23.00	0.138					0.021	0.021
		0.036	1.00	0.036	23.50		
24.00	0.174					0.054	0.098
		0.009	0.10	0.09	24.05		
24.10	0.183					0.02	0.2
		0.011	0.10	0.11	24.15		
24.20	0.194					0.028	2.8
		0.039	0.10	0.39	24.25		
24.30	0.233					0.44	4.4
		0.083	0.10	0.83	24.35		
24.40	0.316					−0.59	−5.9
		0.024	0.10	0.24	24.45		
24.50	0.340					−0.13	−1.3
		0.011	0.10	0.11	24.55		
24.60	0.310					−0.05	−0.2
		0.024	0.40	0.06	24.80		
25.00	0.375						

电位滴定法中确定滴定终点(V_{ep})的方法主要有图解法和二级微商内插法,图解法主要有E-V曲线法、$\Delta E/\Delta V$-$\bar{V}$曲线法和$\Delta^2 E/\Delta V^2$-V曲线法三种方法。

(一)图解法

1. E-V曲线法　以滴定剂的体积V为横坐标、电池电动势E为纵坐标作图得到E-V曲线,如图5-15(a)所示。

曲线的转折点(拐点)所对应的体积V_{ep}即滴定终点的体积。该法应用简便,但要求滴定突跃明显。

2. $\Delta E/\Delta V$-$\bar{V}$曲线法　又称一级微商法。

数据处理是以相邻两次滴定中加入的滴定剂体积的算术平均值$\bar{V}$为横坐标、以$\Delta E/\Delta V$(相邻两次滴定剂体积变化引起电池电动势的变化值)为纵坐标作图,得到一条峰状曲线,即$\Delta E/\Delta V$-$\bar{V}$曲线,如图5-15(b)所示。曲线的最高点所对应的体积V_{ep}即为滴定终点体积。

3. $\Delta^2 E/\Delta V^2$-V曲线法　又称二级微商法。

以滴定剂体积V为横坐标、$\Delta^2 E/\Delta V^2$(滴定剂单位体积改变引起的$\Delta E/\Delta V$变化值)为纵坐标作图,得到一条具有两个极值的曲线,即$\Delta^2 E/\Delta V^2$-V曲线,如图5-15(c)所示。该方法的原理是根据函数微分的原理和性质,E-V曲线拐点的二阶导数为零,因此$\Delta^2 E/\Delta V^2$-V曲线与纵坐标零的交点就是滴定终点,即$\Delta^2 E/\Delta V^2 = 0$所对应的体积$V_{ep}$即为滴定终点体积。

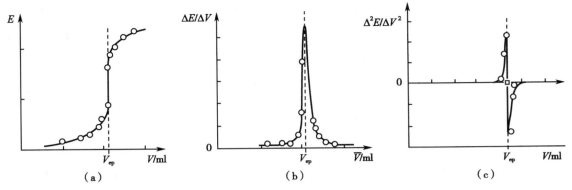

（a）E-V 曲线；（b）$\Delta E/\Delta V$-V 曲线；（c）$\Delta^2 E/\Delta V^2$-V 曲线。

● 图 5-15　电位滴定终点的确认

（二）二级微商内插法

二级微商内插法主要是基于二阶为零（$\Delta^2 E/\Delta V^2 = 0$）所对应的体积为滴定终点的特点，通过计算来确定滴定终点。此时在 $\Delta^2 E/\Delta V^2$ 值发生正（A）、负（B）值变化所对应的滴定体积之间，两点间视为直线线段，与横坐标交点为 $\Delta^2 E/\Delta V^2 = 0$，可用内插法确定滴定终点。如表 5-3 中，加入滴定剂体积 24.30ml 时，$\Delta^2 E/\Delta V^2 = 4.4$；加入滴定剂体积 24.40ml 时，$\Delta^2 E/\Delta V^2 = -5.9$；可以按下列方法内插计算：

$$\frac{A - B}{V_A - V_B} = \frac{A}{V_A - V_{ep}}$$　　　　式 5-21

以式 5-21 计算表 5-3 的滴定终点体积：

$$\frac{4.4 + 5.9}{24.30 - 24.40} = \frac{4.4}{24.30 - V_{ep}}$$

得：$V_{ep} = 24.34$（ml）。

三、应用与示例

电位滴定法在滴定分析中应用广泛，如酸碱滴定、沉淀滴定、配位滴定、氧化还原滴定等滴定分析滴定终点的判断，而且还能用于各类化学常数如 K_a、K_b、K_{sp}、$K_稳$ 等的测定。本部分主要简单介绍电位滴定法在各类滴定分析中的应用。滴定反应类型不同，选用的参比电极和指示电极也不同。

（一）酸碱滴定

在酸碱滴定（包括非水酸碱滴定）中，常用 pH 玻璃电极为指示电极、饱和甘汞电极为参比电极。通过测定滴定过程中溶液 pH 的变化，绘制 pH-V 滴定曲线，确定滴定终点。本方法不仅能用于酸碱滴定终点的判断，还能用于弱酸碱、多元酸碱、混合酸碱等体系能否准确滴定的判断，以及滴定中最佳指示剂的选择和指示剂终点颜色的判断等，并用于弱酸或弱碱的解离常数的测定。

例如,强碱 NaOH 滴定一元弱酸 HA,在半计量点时,$[HA]=[A^-]$,因此 $K_a=[H^+]$,即 $pK_a=pH$。因此通过滴定过程中的 pH-V 曲线可求出半计量点时的 pH,即可求得弱酸的解离常数 K_a。

在非水溶液的酸碱滴定中,为避免甘汞电极漏出的水溶液影响测定结果,必须用饱和氯化钾的无水乙醇溶液代替饱和氯化钾水溶液。若测定生物碱或有机碱的氢卤酸盐,可采用适当的盐桥隔开甘汞电极与待测溶液,避免漏出的氯化物干扰测定。

(二)配位滴定

在配位滴定中,根据被滴定金属离子的不同,可选择相应的金属离子选择电极或 Pt 电极作为指示电极、饱和甘汞电极作为参比电极。在配位滴定中,要选好适宜的电极,并注意分析试验条件的选择,如温度、pH、干扰离子的掩蔽等。

(三)氧化还原滴定

滴定分析中的氧化还原滴定,一般均可采用电位滴定法判断滴定终点。在氧化还原滴定中,一般选择 Pt 电极为指示电极、饱和甘汞电极为参比电极。

(四)沉淀滴定

在沉淀滴定中根据滴定剂的不同选用适宜的指示电极。常用银盐或汞盐为滴定剂,当用银盐为滴定剂时,通常用银电极(纯银丝)或 X^- 离子选择电极为指示电极,饱和甘汞电极为参比电极;用汞盐为滴定剂时,通常用汞电极(铂丝上镀汞或汞池,或将金电极浸入汞中制成金汞齐)或 X^- 离子选择电极为指示电极,饱和甘汞电极为参比电极。

第四节　永停滴定法

永停滴定法(dead-stop titration),又称双指示电极电流或双安培滴定法,是根据滴定过程中电池电流的变化确定滴定终点的方法,属于电流滴定法。具有装置简单、准确度高、终点确定快捷方便、易实现自动化等优点,是《中国药典》中芳胺类药物亚硝酸钠滴定法及卡氏(Karl Fischer)水分测定等的终点确定的法定方法。

一、原理与装置

永停滴定法在测量时,将两个相同的指示电极(通常为铂电极)插入待测溶液中,在两个电极间外加一个小电压(10~200mV),并连接一个灵敏的检流计 G,如图 5-16 所示。在不断搅拌下加入滴定剂,观察滴定过程中检流计指针位置的变化,当指针位置发生突变,所对应的滴定体积即为滴定终点。通常在滴定过程中,通过记录滴定剂体积 V 和对应的电流 I,绘制 I-V 滴定曲线,判断滴定终点。

在氧化还原反应中,氧化还原电对分为可逆电对与不可逆电对两种。可逆电对在氧化还反应的任一瞬间均能建立起氧化还原平衡且表现出与 Nernst 方程理论电位值相符合的实际电极电位,如 Fe^{3+}/ Fe^{2+}、Ce^{4+}/Ce^{3+}、I_2/I^-、Br_2/Br^-、HNO_2/NO 等电对。不可逆电对在氧化还原反应的任一瞬间均不能建立真正的氧化还原平衡,实际电极电位与 Nernst 方程理论电位值存在较大差异,如 $S_4O_6^{2-}$/$S_2O_3^{2-}$、$KMnO_4$/Mn^{2+}、$Cr_2O_7^{2-}$/Cr^{3+}、BrO_3^-/Br^- 等电对。

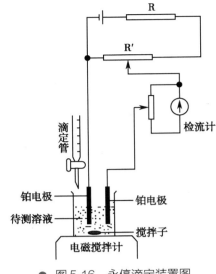

● 图 5-16 永停滴定装置图

可逆电对在溶液中与双铂电极组成电池,在外加电压时能发生电解作用,有电解电流产生。不可逆电对与待测溶液及双铂电极组成电池,在外加电压时不能发生电解作用,没有电解电流产生。

若溶液中同时存在可逆电对的氧化态和还原态,如 I_2/I^- 溶液,当两支相同的铂电极插入溶液中,因两电极电位相同其电动势为零,无电流通过。如果在两电极间外加一个小电压,则:

阳极(正极)发生氧化反应:$2I^- \rightleftharpoons I_2 + 2e$

阴极(负极)发生还原反应:$I_2 + 2e \rightleftharpoons 2I^-$

由于两支电极上同时发生电极反应,两电极之间有电流流过。在滴定过程中,当反应电对氧化态与还原态的浓度相等时,电解电流最大;若氧化态与还原态的浓度不相等,电解电流的大小由浓度低的氧化态与还原态的浓度决定。

若为不可逆电对,则不具有上述性质,如不可逆电对 $S_4O_6^{2-}$/$S_2O_3^{2-}$ 的氧化态($S_4O_6^{2-}$)和还原态($S_2O_3^{2-}$)溶液,插入双铂电极,在外加一个小电压下:

阳极(正极)发生氧化反应:$S_2O_3^{2-} \longrightarrow S_4O_6^{2-} + 2e$

而阴极不能发生反应。所以当溶液中仅存在不可逆电对 $S_4O_6^{2-}$/$S_2O_3^{2-}$ 时,即使双铂电极外加一个小电压,也不能发生电解,电路中没有电流通过。

永停滴定法就是依据电池在外加小电压下,可逆电对可发生电解反应,产生电解电流,不可逆电对不发生电解反应,无电解电流产生的现象,通过观察滴定过程中电流的变化来确定滴定终点。

二、滴定终点的确定方法

永停滴定中,根据滴定剂与待测组分电对的种类以及化学计量点附近电流的变化,可以确定滴定终点。永停滴定中电流的变化主要有三种情况。

(一)可逆电对滴定不可逆电对

例如,I_2 滴定 $Na_2S_2O_3$,其氧化还原反应式为:

$$I_2 + 2S_2O_3^{2-} \rightleftharpoons S_4O_6^{2-} + 2I^-$$

化学计量点前,溶液中只有 I^- 和不可逆电对 $S_4O_6^{2-}$/$S_2O_3^{2-}$,不发生电解反应,无电流产生,检流计的指针始终停留在零电流的位置不动。化学计量点后，加入稍过量的I_2，溶液中存在I_2/I^-可逆电对，电极上发生电解反应，产生电解电流，且电流强度随过量的I_2浓度的增加而增大，电流计指针发生偏转并不再返回零电流的位置。其I-V曲线如图5-17（a）所示。因此可逆电对滴定不可逆电对时，以检流计的指针从零刻度附近向右发生偏转并不再回到零位时为滴定终点，图中V_{ep}为滴定终点时消耗的滴定剂体积。

（二）不可逆电对滴定可逆电对

例如，$Na_2S_2O_3$溶液滴定含有KI的I_2溶液，其氧化还原反应式为：

$$2S_2O_3^{2-} + I_2 \rightleftharpoons S_4O_6^{2-} + 2I^-$$

在化学计量点前，溶液中存在I_2/I^-可逆电对，在外加电压下发生电解反应，有电解电流产生。随着滴定的进行，I_2浓度逐渐变小，电解电流也逐渐变小，计量点时降至零电流。计量点后，溶液中只有I^-及不可逆电对$S_4O_6^{2-}/S_2O_3^{2-}$，电解反应基本停止。电流计指针将停留在零电流附近并不再变化，其I-V曲线如图5-17（b）所示。因此不可逆电对滴定可逆电对时，以检流计的指针突然下降至零位并保持不动时为滴定终点，图中V_e为滴定终点时消耗的滴定剂体积。

（三）可逆电对滴定可逆电对

例如，$Ce(SO_4)_2$滴定$FeSO_4$，其氧化还原反应式为：

$$Ce^{4+} + Fe^{2+} \rightleftharpoons Ce^{3+} + Fe^{3+}$$

滴定前，溶液中只有Fe^{2+}，无Fe^{3+}，不发生电解反应，无电解电流。滴定开始随着Ce^{4+}不断滴加，溶液中生成Fe^{3+}形成Fe^{3+}/Fe^{2+}可逆电对，发生电解反应，产生电解电流；且随着滴定进行Fe^{3+}浓度的增加，电流增大。当$c_{Fe^{3+}} = c_{Fe^{2+}}$，电流达到最大；继续滴入$Ce^{4+}$滴定剂，$Fe^{2+}$浓度逐渐下降，电流逐渐变小，达到化学计量点时，溶液中的Fe^{2+}几乎全部反应完毕，电流降至最低点。计量点后，继续滴加Ce^{4+}滴定剂，Ce^{4+}过量，溶液中存在Ce^{4+}/Ce^{3+}可逆电对，随着Ce^{4+}浓度不断增加，电流又开始上升，其I-V曲线如图5-17（c）所示。因此可逆电对滴定可逆电对时，以检流计的指针下降至最低又突然增大时的滴定点为滴定终点，图中V_{ep}为滴定终点时消耗的滴定剂体积。

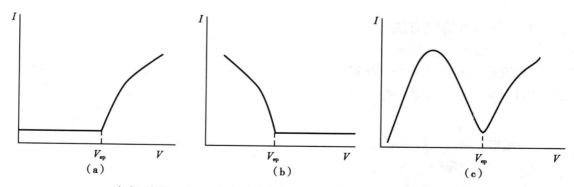

（a）I_2滴定$Na_2S_2O_3$；（b）$Na_2S_2O_3$滴定I_2；（c）$Ce(SO_4)_2$滴定$FeSO_4$。

● 图5-17　永停滴定的电流变化曲线

三、应用与示例

（一）Karl Fischer 法测量药物中微量水分

试样中的水分与 Karl Fischer 滴定剂定量反应,属于可逆电对滴定不可逆电对:

$$I_2 + SO_2 + 3 \underset{}{\text{[吡啶]}}N + CH_3OH + H_2O \rightleftharpoons 2 \underset{}{\text{[吡啶]}}\overset{H}{N}I + \underset{}{\text{[吡啶]}}\overset{H}{N}SO_4CH_3$$

计量点前溶液中不存在可逆电对,不发生电解反应,无电流产生,电流计指针停止在零位。计量点后,加入稍过量的 I_2,溶液中存在 I_2/I^- 可逆电对,发生电解反应,产生电解电流,电流计指针向右发生偏转并不再回至零位为滴定终点。以电流计指针从零位到发生偏转所对应的体积为消耗的滴定剂体积,可以计算出药物中水分的含量。

（二）亚硝酸钠滴定法的终点确定

亚硝酸钠滴定法是在酸性条件下,用 $NaNO_2$ 为滴定剂滴定药物中芳伯胺类化合物的含量,属于可逆电对滴定不可逆电对。滴定反应为:

$$R\underset{}{\text{[苯环]}}NH_2 + NaNO_2 + 2HCl \rightleftharpoons \left[R\underset{}{\text{[苯环]}}N\overset{+}{\equiv}N \right] Cl^- + 2H_2O + NaCl$$

计量点前溶液中只存在不可逆电对,不发生电解反应,无电流产生,电流计指针停止在零位;计量点后,稍滴加过量的 $NaNO_2$,$NaNO_2$ 在酸性条件下形成 NO,与溶液中的 HNO_2 组成可逆电对 HNO_2/NO,发生电解反应,产生电解电流,检流计指针发生偏转。以电流计指针从零位到发生偏转所对应的体积为消耗的滴定剂体积,可以计算出药物中芳伯胺类化合物的含量。

内容提要

一、基本概念

1. 电化学分析法(electrochemical analysis)是依据物质电化学原理和物质的电化学性质而建立的一类分析方法。根据所测电信号的不同,电化学分析法可以分为电位法、伏安法、电导法和电解法。

2. 指示电极(indicator electrode)指电极电位随待测组分活度(浓度)改变而改变的一类电极,其电极电位大小可以指示待测组分活(浓)度的变化。

3. 参比电极(reference electrode)指电极电位不随待测组分活(浓)度改变而改变的电极。

4. 离子选择电极(ion selective electrode, ISE),亦称膜电极(membrane electrode),是以固体膜或液体膜为传感器,选择性地对溶液中某特定离子产生响应的电极。

5. 直接电位法(direct potentiometry)是根据待测组分的电化学性质,选择合适的指示电极和参比电极与待测溶液中组成原电池,测量原电池的电动势,根据 Nernst 方程求待测溶液中待测组分活(浓)度的方法。

6. 电位滴定法（potentiometric titration）指根据滴定过程中电池电动势的变化来确定滴定终点的一类滴定分析方法。

7. 永停滴定法（dead-stop titration）又称双指示电极电流滴定法。永停滴定法是根据滴定过程中电池电流的变化来确定滴定终点的方法。

8. 液体接界电位（liquid junction potential）简称液接电位，又称扩散电位，指两种组成不同或组成相同浓度不同的电解质溶液接触形成界面时，在界面两侧产生的电位差。产生液接电位的主要原因是离子在溶液中扩散速率不同。

二、基本公式

1. 金属 - 金属离子电极：$\varphi = \varphi_{\mathrm{Ag^+/Ag}}^{\ominus} + 0.059\,2\lg c_{\mathrm{Ag^+}}$

2. 金属 - 金属难溶盐电极：$\varphi = \varphi_{\mathrm{AgCl/Ag}}^{\ominus} - 0.059\,2\lg c_{\mathrm{Cl^-}}$

3. 惰性金属电极：$\varphi = \varphi_{\mathrm{Ox/Red}}^{\ominus} + 0.059\,2\lg \dfrac{c_{\mathrm{Ox}}}{c_{\mathrm{Red}}}$

4. 离子选择电极：$\varphi = K \pm \dfrac{2.303\mathrm{R}T}{n\mathrm{F}}\lg c_{\mathrm{i}}$

5. 玻璃电极电位与 pH 的关系：$\varphi = K - 0.059\,2\mathrm{pH}$

6. 溶液 pH 测量两次测量法：$\mathrm{pH_X} = \mathrm{pH_S} + \dfrac{E_{\mathrm{X}} - E_{\mathrm{S}}}{2.303\mathrm{R}T/\mathrm{F}}$

7. 其他离子测定

（1）直接比较测定法：$E_{\mathrm{S}} - E_{\mathrm{X}} = \pm\dfrac{2.303\mathrm{R}T}{n\mathrm{F}}(\lg c_{\mathrm{X}} - \lg c_{\mathrm{S}})$

（2）标准加入法：$c_{\mathrm{X}} = \dfrac{c_{\mathrm{S}}V_{\mathrm{S}}}{V_{\mathrm{X}}}(10^{\Delta E/S} - 1)^{-1}$

8. 电动势测量误差：$\dfrac{\Delta c}{c} = \dfrac{n\mathrm{F}\Delta E}{\mathrm{R}T} \approx 39 \times n\Delta E \approx 3\,900 n\Delta E\%$

三、基本内容

1. 化学电池的分类　根据电极反应是否自发进行，化学电池分为原电池和电解池。

2. 金属电极的分类　金属 - 金属离子电极、金属 - 金属难溶盐电极、金属 - 金属氧化物电极和惰性金属电极。

3. 离子选择电极　亦称为膜电极，以固体膜或液体膜为传感器，选择性地对溶液中某特定离子产生响应的电极，其响应机制是基于响应离子在膜上发生交换和扩散等作用，其电极电位与溶液中待测离子浓度的关系符合 Nernst 方程式。

4. 电化学分析中常用的参比电极有标准氢电极、甘汞电极和银 - 氯化银电极。

5. 离子选择电极一般包括电极膜、电极管（支持体）、内参比电极和内参比溶液四个基本部分。

6. 离子选择电极的性能　线性范围、检测限、选择性、响应时间、有效 pH 范围、不对称电位、电阻、检测限、准确度、使用寿命和漂移等。

7. 离子选择电极分类　基本电极与敏化电极，基本电极可分为晶体电极和非晶体电极，敏化电极可分为气敏电极和酶电极。

8. 直接电位法测定溶液 pH 常用饱和甘汞电极为参比电极,以氢电极、醌 - 氢醌电极、锑电极和 pH 玻璃电极为指示电极,其中以 pH 玻璃电极最常用。

9. 玻璃电极测定溶液 pH 的原理为 $\varphi = K - 0.059\,2\text{pH}$。玻璃电极的性能有转换系数、碱差和酸差、不对称电位、电极内阻、使用温度。

10. 玻璃电极测定溶液 pH 的方法　直接电位法测定溶液 pH 通常是以 pH 玻璃电极作为指示电极,饱和甘汞电极作为参比电极,分别插入标准缓冲溶液和待测溶液中组成原电池,计算 pH:

$$\text{pH}_X = \text{pH}_s + \frac{E_X - E_s}{2.303\text{R}T\,/\,F}$$

11. 电位滴定法终点确定方法一般有图解法和内插法,图解法主要有 $E\text{-}V$ 曲线法、$\Delta E/\Delta V\text{-}\bar{V}$ 曲线法和 $\Delta^2 E/\Delta V^2\text{-}V$ 曲线法三种方法。其中 $E\text{-}V$ 曲线法以曲线的转折点(拐点)为滴定终点;$\Delta E/\Delta V\text{-}V$ 曲线法以曲线的最高点为滴定终点;$\Delta^2 E/\Delta V^2\text{-}V$ 曲线法以曲线与纵坐标零的交点即 $\Delta^2 E/\Delta V^2 = 0$ 为滴定终点。

12. 电位滴定法中指示电极的选择　酸碱滴定法以 pH 玻璃电极为指示电极,饱和甘汞电极为参比电极;配位滴定以待测离子的金属离子选择电极或 Pt 电极为指示电极,饱和甘汞电极为参比电极;氧化还原滴定一般以 Pt 电极为指示电极,饱和甘汞电极为参比电极;沉淀滴定时,若用银盐为滴定剂,则用银电极(纯银丝)或 X^- 离子选择电极为指示电极,饱和甘汞电极为参比电极;若用汞盐为滴定剂,则用汞电极(铂丝上镀汞或汞池,或将金电极浸入汞中制成金汞齐)或 X^- 离子选择电极为指示电极,饱和甘汞电极为参比电极。

13. 永停滴定法中电流变化主要有三种情况:①可逆电对滴定不可逆电对,其电流变化特征为终点前电流为零、终点后电流增大;②不可逆电对滴定可逆电对,其电流变化特征为电流逐渐减小、达到终点时电流为零;③可逆电对滴定可逆电对,其电流变化特征为电流先增后减、半计量点时最高、后逐渐减小、达到终点时电流最低、终点后电流又上升。

思考题与习题

1. 简述 pH 玻璃电极的工作原理。

2. 简述电位滴定法和永停滴定法的差异。

3. 简述电位滴定法的原理。其终点确定的方法有哪些?

4. 电位法中原电池的盐桥作用有哪些?

5. 在下列各电位滴定中,应选择何种指示电极和参比电极? NaOH 滴定 HA($K_a c = 10^{-8}$);$K_2Cr_2O_7$ 滴定 Fe^{2+};EDTA 滴定 Ca^{2+};$AgNO_3$ 滴定 NaCl。

6. 当 Cl^- 浓度分别为 0.1mol/L、1.0mol/L 时,计算 Ag-AgCl 电极的电极电位各为多少。(已知 $\varphi^{\ominus}_{\text{AgCl/Ag}} = 0.222\,6$)

(0.281 8V;0.222 6V)

7. 计算下列电池的电动势(25℃)

Hg|Hg$_2$Cl$_2$, KCl(0.10mol/L) || 邻苯二甲酸氢钾(0.050mol/L)|H$_2$, (101.3kPa)|Pt

(−0.585V)

8．下述电池的电动势为0.981V（25℃）

$Zn|Zn^{2+}(5.0×10^{-3}mol/L)，NH_3(0.120mol/L)\|SHE$，计算$Zn^{2+}$与$NH_3$配位反应的平衡常数。

（$1.2×10^9$）

9．下述电池的电动势为0.584V（25℃）

$SHE\|C_2O_4^{2-}(1.00×10^{-3}mol/L)，Ag_2C_2O_4(饱和)|Ag$，试计算$Ag_2C_2O_4$的$K_{sp}$（25℃）。

（$5.4×10^{-11}$）

10．用pH玻璃电极和SCE组成如下测量电池：

（$-$）pH玻璃电极 | 标准缓冲溶液或未知溶液 ‖ SCE（$+$）

在25℃时，测得pH为4.00的标准缓冲溶液的电动势为0.208V，若用未知pH溶液代替标准缓冲溶液，测得电动势为0.313V。计算未知溶液的pH。

（pH 5.77）

11．用0.200 0mol/L氢氧化钠溶液电位滴定0.02mol/L苯甲酸溶液，从pH-V滴定曲线上可知计量点时溶液pH为8.22，半计量点时溶液的pH为4.18，问：苯甲酸的K_a为多少？

（$K_a=6.61×10^{-5}$）

12．某酸碱指示剂酸式色呈黄色，碱式色呈红色。为测定其pH变色范围，将pH复合电极插入含该指示剂的HCl溶液中，然后逐滴加入稀碱溶液，恰发生颜色变化时电池电动势为82mV；继续滴加NaOH溶液，至溶液刚显红色，电池电动势为177mV。已知玻璃电极常数K为692mV，$\varphi_{SCE}=0.241\ 2V$。试计算该指示剂pH变色范围（设测量温度为25℃）。

（pH 9.00～10.60）

13．用钙离子选择电极测量溶液中Ca^{2+}浓度，将其插入100ml试液中，与SCE组成原电池。25℃时测得电动势为0.368 0V，加入浓度为1.00mol/L的Ca^{2+}标准溶液1.00ml后，电动势为0.326 6V，计算试液中Ca^{2+}离子浓度。

（0.411 6mmol/L）

第五章同步练习

第六章课件

第六章　光谱分析法概述

学习目标

本章学习光谱分析法基本概念,为后续各类光谱分析方法的学习奠定基础。要求:
1. 掌握光谱定量分析法基础、光吸收定律和吸收系数的概念。
2. 熟悉光学分析法和光谱分析法分类,常见分光光度仪的基本结构;电磁辐射和电磁波谱及其与物质的相互作用。
3. 了解光谱分析法的发展概况。

光学分析法(optical analysis)是基于物质发射的电磁辐射(electromagnetic radiation)或电磁辐射与物质相互作用后发生的信号变化以获得物质的组成、含量和结构信息的一类仪器分析方法。光学分析法均包含三个主要过程:①能源提供能量;②能量与待测物质相互作用;③产生被检测讯号。

光学分析法是仪器分析的重要分支,种类很多,有许多不同的分类方法,应用范围很广。原子发射光谱法和原子吸收光谱法常用于痕量金属的测定;紫外-可见吸收光谱法和荧光光谱法主要用于有机物质和某些无机物质的定量分析;红外光谱法、拉曼光谱法和核磁共振波谱法可用于化合物的定性分析和结构解析;旋光光谱法和圆二色谱法可用于研究光学活性化合物的构型和构象。

随着光学、电子学、数学和计算机科学的发展,光学分析法越来越多地被应用于物理、化学和生命科学等各个学科领域,特别在物质组成和化学结构等方面的研究,光学分析法已成为分析化学的主要组成部分。

第一节　光与物质的相互作用

一、电磁辐射和电磁波谱

光是一种电磁辐射(又称电磁波),是一种以巨大速度通过空间而不需要任何物质作为传播媒介的光(量)子流,具有波动性和微粒性。

(一)波动性

光的波动性主要体现为光的干涉、衍射、反射和折射等现象,用波长 λ、波数 σ 和频率 ν 作为表征。λ 是在波的传播路径上具有相同振动相位相邻两点之间的直线距离。σ 是每厘米长度包含波的数目,单位为 cm^{-1}。ν 是每秒内的波动次数,单位为 Hz。在真空中波长、波数和频率的关系为:

$$\nu = \frac{c}{\lambda} \qquad\qquad 式6\text{-}1$$

$$\sigma = \frac{1}{\lambda} = \frac{\nu}{c} \qquad\qquad 式6\text{-}2$$

式 6-2 中,c 是光在真空中的传播速度,不同波长的电磁辐射在真空中的传播速度均相同,$c = 2.997\,925 \times 10^8 m/s$。在非真空的透明介质中,由于电磁辐射与介质分子的相互作用,传播速度比在真空中稍慢一些,波长也相应变化,但相差甚微,故也常用上述两式表示空气中三者的关系。

(二) 微粒性

光的微粒性主要体现在光电效应、光的吸收和发射等现象,以每个光子具有的能量 E 作为表征。光子的能量与频率成正比,与波长成反比。它与频率、波长和波数的关系为:

$$E = h\nu = \frac{hc}{\lambda} = hc\sigma \qquad\qquad 式6\text{-}3$$

式 6-3 中,h 是普朗克常数(Plank constant),其值等于 $6.626\,2 \times 10^{-34} J\cdot s$;能量 E 的单位常用电子伏特(eV)和焦耳(J)等表示($1eV = 1.602\,0 \times 10^{-19} J$)。

应用式 6-3 可以计算不同波长或频率电磁辐射光子的能量。如 1mol(6.023×10^{23} 个)波长为 200nm 的光子的能量为:

$$E = \frac{6.626\,2 \times 10^{-34} \times 2.997\,925 \times 10^8 \times 6.023 \times 10^{23}}{2.00 \times 10^{-7}} = 5.98 \times 10^5 (J)$$

(三) 电磁波谱

从 γ 射线一直至无线电波都是电磁辐射,光仅是电磁辐射的一部分,它们在性质上是完全相同的,区别仅在于波长或频率不同,即光子具有的能量不同。将电磁辐射按照光子能量大小排列,组成电磁波谱(electromagnetic spectrum)。表 6-1 表示电磁波谱的分区、相对应的能量范围和能级跃迁类型。

表6-1　电磁波谱分区示意表

波长(常用单位)	频率/Hz	光子能量/eV	辐射区段	能级跃迁类型
<0.005nm	$>6.0 \times 10^{19}$	$>2.5 \times 10^5$	γ 射线	原子核
0.005~10nm	$3.0 \times 10^{16} \sim 6.0 \times 10^{19}$	$1.2 \times 10^2 \sim 2.5 \times 10^5$	X 射线	原子内层电子
10~760nm	$3.9 \times 10^{14} \sim 3.0 \times 10^{16}$	$1.6 \sim 1.2 \times 10^2$	紫外 - 可见光	原子及分子外层电子
0.76~1 000μm	$3.0 \times 10^{11} \sim 3.9 \times 10^{14}$	$1.2 \times 10^{-3} \sim 1.6$	红外光	分子振动和转动
0.1~100cm	$3.0 \times 10^8 \sim 3.0 \times 10^{11}$	$1.2 \times 10^{-6} \sim 1.2 \times 10^{-3}$	微波	电子自旋
1~10 000m	$3.0 \times 10^4 \sim 3.0 \times 10^8$	$1.2 \times 10^{-10} \sim 1.2 \times 10^{-6}$	无线电波	核自旋

二、电磁辐射与物质的相互作用

电磁辐射与物质的相互作用是普遍发生的复杂的物理现象,有涉及物质内能变化的吸收、发射和拉曼散射等，以及不涉及物质内能变化的透射、折射、非拉曼散射、衍射和旋光等。

当辐射通过固体、液体或气体等透明介质时，电磁辐射的交变电场导致分子（或原子）外层电子相对其核的振荡，造成这些分子（或原子）周期性的极化。如果入射的电磁辐射能量正好与介质分子（或原子）基态和激发态之间的能量差相等，介质分子（或原子）就会选择性地吸收这部分辐射能，从基态跃迁到激发态（激发态的寿命很短，约 10^{-8} 秒），并通常以热的形式释放出能量，回到基态。在某些情况下，处于激发态的分子（或原子）可发生化学变化（光化学反应），或以荧光及磷光或电磁辐射的形式发射出所吸收的能量并回到基态。

如果入射的电磁辐射能量与介质分子（或原子）基态和激发态之间的能量差不相等，则这部分辐射能不被吸收，分子（或原子）极化所需的能量仅被介质分子（或原子）瞬间（ $10^{-15} \sim 10^{-14}$ 秒）保留，然后被再发射，从而产生光的透射、非拉曼散射、反射、折射等物理现象。

常见的电磁辐射与物质作用的术语如下。

（1）吸收：是原子、分子或离子吸收光子的能量（等于基态和激发态能量之差），从基态迁至激发态的过程。

（2）发射：是粒子吸收能量后，从基态跃迁至激发态，处于激发态的粒子不稳定，在极短时间内从激发态跃迁回至基态，并以电磁辐射的形式释放出多余能量的过程。

（3）散射：电磁辐射通过不均匀介质时会发生散射。散射中多数是光子与介质微粒之间发生弹性碰撞所致，碰撞时没有能量交换，光频率不变，但光子的运动方向改变。

（4）拉曼散射：是光子与介质微粒之间发生了非弹性碰撞，碰撞时光子不仅改变了运动方向，而且还有能量的交换，光频率发生变化。

（5）反射和折射：当电磁辐射从介质 1 照射到与介质 2 的界面时，一部分电磁辐射在界面上改变方向返回介质 1，称为电磁辐射的反射；另一部分电磁辐射则改变方向，以一定的折射角度进入介质 2，称为电磁辐射的折射。

（6）干涉和衍射：在一定条件下电磁波会相互作用，当其叠加时，将产生一个强度视各电磁波的相位而定的加强或减弱的合成波，称为干涉。当两个波长的相位差 $180°$ 时，发生最大相消干涉。当两个波同相位时，则发生最大相长干涉。电磁波绕过障碍物或通过狭缝时，以约 $180°$ 的角度向外辐射，波前进的方向发生弯曲，此现象称为衍射。

三、可见光与物质的相互作用

一般波长在 $360 \sim 760nm$ 范围的光称为可见光（visible light），具有同一波长、同一能量的光称为单色光（monochromatic light），由不同波长的光组合成的称为复合光（polychromatic light）。如人眼可以感觉到的太阳光或白炽灯发出的光是复合光，颜色为紫 - 蓝 - 青 - 绿 - 黄 - 橙 - 红。

复合光在与物质相互作用时，往往表现出其中某些波长的光被物质所吸收，而另一些波长的光则透过物质或被物质所反射，透过物质的光（或反射光）能被人眼观察到的即为物质所呈现的颜色。不同波长的光具有不同的颜色，因此，物质的颜色由透射光（transmitted light）或反射光的波长所决定。

透射光和吸收光（absorbed light）按一定比例混合成白光，互为补色（complementary color）。

例如高锰酸钾溶液呈紫红色,吸收的是白光中的绿色光,波长500～560nm;绿色与紫红色互为补色。物质之所以呈现不同颜色,是它对不同波长的光选择性吸收的结果。如果溶液对白光中各种颜色的光都不吸收,则此溶液为无色透明;如果各种颜色的光都被吸收,则呈黑色。

第二节 光谱分析法类型

由于各分区电磁辐射能量不同,与物质相互作用的机制不同,因此所产生的物理现象亦不同,由此可建立各种不同的光学分析方法(表6-2)。

表6-2 常用光学分析方法

原理	分析方法
辐射的发射	1.(可见、紫外、X射线等)发射光谱 2. 荧光光谱法 3. 火焰光度法 4. 放射化学法
辐射的吸收	1. 比色法 2.(可见、紫外、红外、X射线等)分光光度法 3. 原子吸收法 4. 核磁共振法 5. 电子自旋共振法
辐射的散射	1. 拉曼光谱 2. 散射浊度法
辐射的折射	1. 折射法 2. 干涉法
辐射的衍射	1. X射线衍射法 2. 电子衍射法
辐射的旋转	1. 偏振法 2. 旋光法 3. 圆二色谱法

一、光谱法与非光谱法

当物质与外界能量(辐射)相互作用时,物质内部发生能级跃迁,记录由能级跃迁所产生的辐射能强度随波长(或相应单位)的变化,所得的图谱称为光谱(spectrum),也称为波谱。利用物质的光谱进行定性定量和结构分析的方法称为光谱分析法(spectroscopic analysis),简称光谱法。光谱法种类很多,吸收(absorption)光谱法、发射(emission)光谱法和散射(scattering)光谱法是光谱法的三种基本类型,应用甚广,是现代仪器分析的重要组成部分。

非光谱法指那些不涉及物质内部能级的跃迁,仅通过测量与物质的性质有关的电磁辐射的某些基本性质(反射、折射、干涉、衍射和偏振)的变化的分析方法。这类方法主要有折射法、旋光法、浊度法和X射线衍射法等。

二、原子光谱法与分子光谱法

（一）原子光谱法

原子光谱法（atomic spectroscopy）是以测量气态原子（或离子）外层或内层电子能级跃迁所产生的原子光谱为基础的分析方法。原子光谱是由一条条彼此分立的谱线组成的线状光谱，每一条光谱线对应于一定的波长，这种线状光谱只反映原子或离子的性质，与原子或离子来源的分子状态无关，所以原子光谱可以确定试样物质的元素组成和含量，但不能给出物质分子结构的信息。

原子光谱法包括：基于原子外层电子跃迁的原子发射光谱法、原子吸收光谱法、原子荧光光谱法；基于原子内层电子跃迁的 X 射线荧光光谱法；基于原子核与 γ 射线相互作用的穆斯堡尔谱法等。药物分析领域常用原子吸收光谱法和原子荧光光谱法。

（二）分子光谱法

分子光谱法（molecular spectroscopy）是基于物质分子与电磁辐射作用时，分子内部发生了量子化能级之间的跃迁，测量由此产生的反射、吸收或散射辐射的波长和强度而进行分析的方法，如红外吸收光谱法、紫外 - 可见吸收光谱法、分子荧光和磷光光谱法等，表现形式为带状光谱。分子光谱比原子光谱复杂，这是因为在分子中，除了电子能级跃迁（n），还有组成分子的各原子之间的振动能级（v）和分子作为整体的转动能级（J）跃迁，这三种不同的能级跃迁均量子化（图 6-1）。

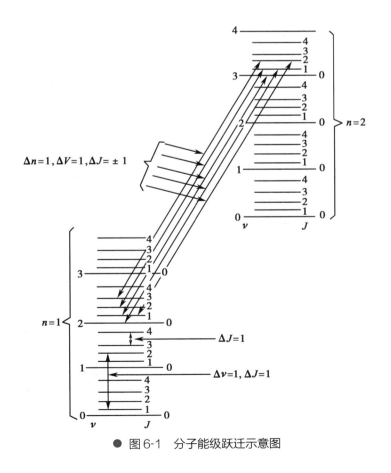

● 图6-1　分子能级跃迁示意图

其中电子能级的能量差 ΔE_e 一般为 $1 \sim 20eV$（$1\,250 \sim 60nm$），相当于紫外线和可见光的能量；振动能级间的能量差 ΔE_v 一般比电子能级差要小 10 倍左右，在 $0.05 \sim 1eV$（$25\,000 \sim 1\,250nm$），相当于红外光的能量；转动能级间的能量差 ΔE_r 一般为 $0.005 \sim 0.05eV$（$250 \sim 25\mu m$），比振动能级差要小 $10 \sim 100$ 倍，相当于远红外至微波的能量。实际上，只有用远红外光或微波照射分子时才能得到纯粹的转动光谱，无法获得纯粹的振动光谱和电子光谱。

因为在同一电子能级上还有许多间隔较小的振动能级和间隔更小的转动能级，当用紫外 - 可见光照射时，不仅发生电子能级的跃迁，同时又有许多不同振动能级的跃迁和转动能级的跃迁。因此在一对电子能级间发生跃迁时，得到的是很多光谱带，这些光谱带都对应于一个 E_e 值，并且包含有许多不同的 E_v 和 E_r 值，形成一个光谱带系。对于一种分子，可以观察到相当于许多不同电子能级跃迁的许多个光谱带系，所以分子的紫外 - 可见吸收光谱实际上是"电子—振动—转动"光谱，是复杂的带状光谱。如图 6-2，为四氮杂苯的紫外吸收光谱，其蒸气光谱呈现出明显的振动和转动精细结构，在非极性溶剂环己烷中还可以观察到振动（含转动）效应的谱带，而在强极性溶剂水中，精细结构完全消失，呈现宽谱带。

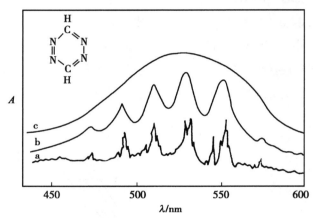

a—四氮杂苯蒸气；b—四氮杂苯溶于环己烷中；c—四氮杂苯溶于水中。
● 图 6-2　四氮杂苯的吸收光谱

三、吸收光谱法与发射光谱法

（一）吸收光谱法

吸收光谱是物质吸收相应的辐射能而产生的光谱，其产生的必要条件是所提供的辐射能量恰好满足该吸收物质的两能级间跃迁所需的能量。利用物质的吸收光谱进行定性定量及结构分析的方法称为吸收光谱法。根据物质对不同波长的辐射能的吸收，建立了各种吸收光谱法（表 6-3）。

表 6-3　常见的吸收光谱法

方法名称	辐射源	作用物质	检测信号
γ 射线光谱法	γ 射线	原子核	吸收后的 γ 射线
X 射线吸收光谱法	X 射线 放射性同位素	$Z>10$ 的重金属原子的内层电子	吸收后透过的 X 射线

方法名称	辐射源	作用物质	检测信号
原子吸收光谱法	紫外 - 可见光	气态原子外层电子	吸收后透过的紫外 - 可见光
紫外 - 可见吸收光谱法	远紫外光 5~200nm 近紫外光 200~360nm 可见光 360~760nm	具有共轭结构的有机分子外层电子和有色无机物价电子	吸收后透过的紫外 - 可见光
红外吸收光谱法	近红外光 760~2 500nm 中红外光 4 000~400cm^{-1} 远红外光 50~500μm	低于 1 000nm 为分子价电子，100~2 500nm 为分子基团振动 分子振动 分子转动	吸收后透过的红外光
电子自旋共振波谱法	1 000~800 000MHz 微波	未成对电子	吸收
核磁共振波谱法	60~900MHz 射频	原子核磁量子	共振吸收

（二）发射光谱法

发射光谱是指构成物质的原子、离于或分子受到辐射能、热能、电能或化学能的激发跃迁到激发态后，由激发态回到基态时以辐射的方式释放能量而产生的光谱。物质的发射光谱分三种：线状光谱、带状光谱和连续光谱。线状光谱是由气态或高温下物质在解离为原子或离子时被激发后而发射的光谱；带状光谱是由分子被激发后而发射的光谱；连续光谱是由炽热的固体或液体所发射的光谱。

利用物质的发射光谱进行定性定量分析的方法称为发射光谱法。常见的发射光谱法有原子发射光谱法、原子荧光光谱法、分子荧光光谱法和磷光光谱法等。

气态原子或离子在热激发或电激发下，外层电子由基态跃迁到激发态。处于激发态的电子十分不稳定，在极短时间内便返回到基态或其他较低的能级。在返回过程中，特定元素可发射出一系列不同波长的特征光谱线，这些谱线按一定的顺序排列，并保持一定强度比例，通过这些谱线的特征来识别元素，测量谱线的强度来进行定量，这就是原子发射光谱法（atomic emission spectroscopy）。

气态金属原子和物质分子受电磁辐射（一次辐射）激发后，以发射辐射的形式（二次辐射）释放能量返回基态，这种二次辐射称为荧光或磷光，测量由原子发射的荧光和分子发射的荧光或磷光的强度和波长所建立的方法分别叫原子荧光光谱法、分子荧光光谱法和分子磷光光谱法。

分子荧光和分子磷光的发光机制不同，荧光是由单线态 - 单线态跃迁产生的，而磷光是由三线态 - 单线态跃迁产生的。由于激发三线态的寿命比单线态长，在分子三线态寿命时间内更容易发生分子间碰撞导致磷光淬灭，所以测定磷光光谱需要用刚性介质"固定"三线态分子或特殊溶剂，以减少无辐射跃迁，达到定量测定的目的。

四、其他相关方法

除上述类型的光谱分析法外，用于同时采集光谱及空间信息的高光谱成像法、研究高分子化合物性质的太赫兹时域光谱法、通过采集化学反应过程中产生的活性中间体或自由基的光谱信息，研究反应机制的低温基质隔离光谱法、增强拉曼信号强度的表面增强拉曼光谱法和按质荷比顺序检测离子的质谱法等已逐渐应用于包括医药专业在内的各个研究领域。

第三节　分光光度计组成部分

研究吸收或发射的电磁辐射强度和波长关系的仪器称为光谱仪或分光光度计（spectrophotometer），其基本结构如图 6-3 和表 6-4 所示。这一类仪器都有 5 个最基本的组成部分：①辐射源，即光源（source）；②将光源辐射分解为"单色"光部分的分光系统（wavelength selector）；③样品容器，即样品池；④辐射检测器（detector）；⑤信号处理及输出装置。

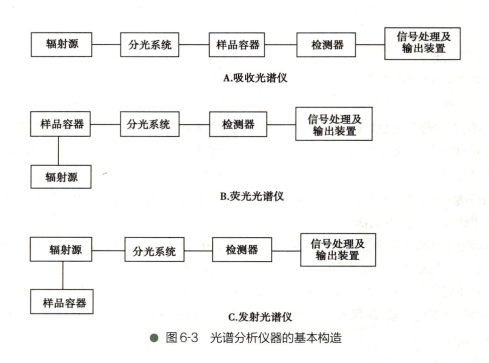

● 图 6-3　光谱分析仪器的基本构造

表 6-4　各种光学仪器的主要部件

波段	γ射线	X射线	紫外	可见	红外	微波	射频
辐射源	原子反应堆粒子加速器	X射线管	氢（氘）灯 氘灯	钨灯 氙灯	硅碳棒 Nernst 辉光器	速调管	电子振荡器
单色器	脉冲高度鉴别器	晶体光栅	石英棱镜 光栅	玻璃棱镜 镜光栅	盐棱镜 光栅 Michelson 干涉仪		单色辐射源
检测器	闪烁计数管 半导体计数管		光电管 光电倍增管	光电池 光电管	差热电偶 热辐射检测器	晶体 二极管	二极管 晶体 三极管

（一）辐射源

光谱测量使用的辐射源（光源）应该稳定并具有一定的强度。因此，对辐射源最主要的要求是必须有足够的输出功率和稳定性。光学分析仪器一般都有良好的稳压或稳流装置。这是因为光源辐射功率的波动与电源功率的变化成指数关系，必须有稳定的电源才能保证光源输出有足够的稳定性。在光学分析中，通常用连续光源（continuous source）和线光源（line source）。分子吸收光谱常采用连续光源，原子吸收光谱常采用线光源。

连续光源是在较宽的波长范围内，发射强度平稳且具有连续光谱的光源。常见的连续光源有氢灯和氘灯（紫外光区）、钨灯（可见光和近红外区）和氙灯（紫外和可见光区）、硅碳棒和 Nernst 灯（红外光区）。线光源发射数目有限的辐射线或辐射带。常见的线光源有金属蒸汽灯、空心阴极灯和激光。发射光谱采用电弧、火花、等离子体光源。

（二）分光系统

分光系统（wavelength selector）的作用是将复合光分解成单色光或有一定波长范围的谱带。现代光谱仪器的分光系统主要以单色器为主，是由入射狭缝、准直镜、色散元件和出射狭缝组成。色散元件是分光系统的心脏部分，为棱镜（prism）或光栅（grating）。

图 6-4 是分光系统的光路示意图。聚焦于入射狭缝的光，经准直镜变成平行光，投射于色散元件。色散元件的作用是将光源的复合光色散为连续光谱。光源光谱经准直镜聚焦于出口狭缝上，形成按波长排列的光谱。转动色散元件或准直镜的方位可在一个很宽的范围内，任意选择所需波长的单色光。

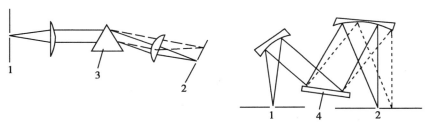

1—入射狭缝；2—出射狭缝；3—棱镜；4—光栅。

● 图 6-4 分光器光路示意图

（三）样品池

样品池是用于盛放样品的容器，由光透明的材料制成。根据待测试样的物态和使用辐射光源的波长范围，样品池的材料、规格和形态各异。

（四）检测器

早期的仪器采用肉眼观察或照相的方法进行辐射的检测。在现代光谱仪器中，多采用光电转换器作为检测器。光电转换器一般分为两类。

1. 量子化检测器（光子检测器）　即对光子产生响应的光检测器，其中有单道光子检测器，如硒光电池、光电管、光电倍增管以及硅二极管,以及多道光子检测器,如光二极管阵列检测器和电荷转移元件阵列检测器。

2. 热检测器　对热产生响应的检测器,如真空热电偶、热电检测器等。由于红外区辐射的能量比较低,很难引起光电子反应,采用热检测器可根据辐射吸收引起的热效应来测量入射辐射的功率。

（五）数据处理与显示系统

光信号经检测器转变为电信号后,通过模数转换器输入计算机,进行数学运算或直接打印。现代光谱仪器多由计算机搭载的光谱工作站对数字信号进行采集、处理与显示,并对光谱仪器各部件进行自动控制。

第四节　光吸收定律

一、光吸收的表示

（一）光吸收

物质分子或原子被特定波长的光照射时,吸收该特定波长 λ 的光,从低能态跃迁至高能态,产生吸收光谱。因波长 λ 的光具有的能量为 $h\nu$,由光吸收发生的能级跃迁可由式6-4进行定量描述。

$$h\nu = E_n - E_m \qquad\qquad 式6\text{-}4$$

E_n 和 E_m 分别表示高能态和低能态的能量。

（二）吸收强度

热平衡状态下,粒子（分子、原子、原子核等）在低能态和高能态之间的分布遵循玻尔兹曼分配定律。

$$\frac{N_n}{N_m} = \exp\left\{-\frac{(E_n - E_m)}{kT}\right\} \qquad\qquad 式6\text{-}5$$

式6-5中,N_n、N_m 分别表示处于高能态和低能态的粒子数;k 表示玻尔兹曼常数,其值为 1.38×10^{-23}J/K;T 表示绝对温度。处于低能态的粒子吸收某波长的电磁辐射后能级跃迁至高能态,而高能态不稳定,通过碰撞等过程,损失能量回到低能态。当上述过程达到动态平衡时,高能态粒子数占总粒子数的百分比称为跃迁概率。跃迁概率可以用吸收强度来度量,跃迁概率越大,其吸收强度越高。

二、Lambert-Beer 定律

朗伯 - 比尔定律（Lambert-Beer law）是吸收光谱法的基本定律,是描述物质对单色光吸收的强弱与吸光物质的浓度和厚度间关系的定律,是吸收光谱法进行定量分析的依据和基础。

（一）Lambert-Beer 定律的数学表达式

光束在单位时间内所传输的能量或光子数是光的功率（辐射功率），可用符号 P 表示。在光谱法中，习惯上用光强这一名词代替光功率，并以符号 I 代表。

假设一束平行单色光通过一个含有吸光物质的物体（气体、液体或固体）。物质的截面积为 S，厚度为 l，如图 6-5 所示。物体中含有 n 个吸光质点（原子、离子或分子）。光通过此物体后，一些光子被吸收，光强从 I_0 降低至 I。

取物体中一个极薄的断层进行讨论，设此断层中所含吸光质点数为 $\mathrm{d}n$，能捕获光子的质点可以看作截面 S 上被占去一部分不让光子通过的面积 $\mathrm{d}S$，即：

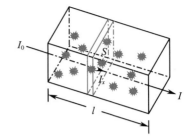

● 图 6-5 光通过截面积为 S 厚度为 l 的吸光介质

$$\mathrm{d}S = k\mathrm{d}n \qquad \text{式 6-6}$$

当光子通过断层时，被吸收的概率为：

$$\frac{\mathrm{d}S}{S} = \frac{k\mathrm{d}n}{S}$$

因而使投射于此断层的光强 I_x 被减弱了 $\mathrm{d}I_x$，所以有：

$$-\frac{\mathrm{d}I_X}{I_X} = \frac{k\mathrm{d}n}{S}$$

由此可得，光通过厚度为 l 的物体时：

$$\int_{I_0}^{I} \frac{\mathrm{d}I_X}{I_X} = \int_{0}^{n} \frac{k\mathrm{d}n}{S} - \ln\frac{I}{I_0} = \frac{kn}{S}$$

$$-\lg\frac{I}{I_0} = \lg e \cdot k \cdot \frac{n}{S} = K \cdot \frac{n}{S} \qquad \text{式 6-7}$$

又因截面积 S 与体积 V，质点总数 n 与浓度 c 等有关系：

$$S = \frac{V}{l}n = V \cdot c,\ \frac{n}{S} = l \cdot c$$

所以
$$-\lg\frac{I}{I_0} = Kcl \qquad \text{式 6-8}$$

式 6-8 即为 Lambert-Beer 定律的数学表达式。其中 I/I_0 称为透光率（transmittance，T），是投射光的强度与入射光的强度之比，常用百分数表示；又以 A 代表 $-\lg T$，并称之为吸光度（absorbance）。于是：

$$A = -\lg T = Kcl \text{ 或 } T = 10^{-A} = 10^{-Kcl} \qquad \text{式 6-9}$$

式 6-9 说明：

（1）单色光通过吸光介质后，透光率 T 与浓度 c 或厚度 l 之间的关系是指数函数的关系。例如，浓度增大 1 倍时，透光率从 T 降至 T^2。

（2）吸光度与浓度或厚度之间是简单的正比关系。

（二）吸光系数

式 6-9 中 K 是吸光系数（absorptivity），其物理意义为吸光物质在单位浓度及单位厚度时的吸光度。

在给定单色光、溶剂和温度等条件下，吸光系数是物质的特性常数，表明物质对某一特定波长光的吸收能力。不同物质对同一波长的单色光，可有不同吸光系数，吸光系数愈大，表明该物质的吸光能力愈强，测定的灵敏度愈高，所以吸光系数是定性和定量的依据。

吸光系数的表示方式有两种。

（1）摩尔吸光系数：指在一定波长时，溶液浓度为1mol/L、厚度为1cm的吸光度，用ε或E_M标记，其单位为L/（mol·cm）。

（2）百分吸光系数：或称比吸光系数，指在一定波长时，100ml溶液中含被测物质1g、厚度为1cm的吸光度，用$E_{1cm}^{1\%}$表示，其单位为ml/（g·cm）。

摩尔吸光系数和百分吸光系数之间的关系是：

$$\varepsilon = \frac{M}{10} \cdot E_{1cm}^{1\%}$$ 式6-10

式6-10中，M是吸光物质的摩尔质量。摩尔吸光系数一般不超过10^5数量级，通常ε在$10^4 \sim 10^5$之间为强吸收，小于10^2为弱吸收，介于两者之间称中强吸收。吸光系数ε或$E_{1cm}^{1\%}$不能直接测得，需要用已知准确浓度的稀溶液测得吸光度换算而得。

【例6-1】黄柏提取物盐酸小檗碱（M为371.81）的甲醇溶液在265nm处有吸收峰。设用纯品配制100ml含有盐酸小檗碱2.00mg的甲醇溶液，以1.00cm厚的吸收池在265nm处测得透光率为32.6%。问该物质在265nm处的吸光系数ε和$E_{1cm}^{1\%}$为多少？

解：

$$E_{1cm}^{1\%} = \frac{-\lg T}{c \cdot l} = \frac{0.487}{0.002\,00} = 243$$

$$\varepsilon = \frac{371.81}{10} \times E_{1cm}^{\%} = 9\,035$$

（三）吸光度的加和性

若溶液中同时存在两种或两种以上吸光物质（a、b、c……），只要共存物质不互相影响吸光性质，即不因共存物而改变本身的吸光系数，则溶液的总吸光度是各组分吸光度的总和，即$A_总 = A_a + A_b + A_c + ……$，而各组分的吸光度由各自的浓度与吸光系数所决定。

吸光度的这种加和性质是计算光谱法测定混合组分的依据。

三、透光率测量误差

透光率测量误差ΔT是测量中的随机误差，来自仪器的噪声（noise）。一类与光讯号无关，称为暗噪声（dark noise）；另一类随光讯号强弱而变化，称散粒噪声（signal shot noise）。

测量结果相对误差与透光率测量误差间的关系可由Lambert-Beer定律导出：

$$c = \frac{A}{El} = \lg\frac{1}{T} \cdot \frac{1}{El}$$

微分后并除以上式即可得浓度的相对误差$\Delta c/c$为

$$\frac{\Delta c}{c} = \frac{0.434\Delta T}{T\lg T}$$ 式6-11

式 6-11 表明测定结果的相对误差取决于透光率 T 和透光率测量误差 ΔT 的大小。

（一）暗噪声

暗噪声是光电检测器或热检测器与放大电路等各部件的不确定性引起的,这种噪声的强弱取决于各种电子元件和线路结构的质量、工作状态以及环境条件等。不论是有光照射或无光照射,ΔT 可视为一个常量。高精度的分光光度计暗噪声 ΔT 可低至 0.01%,但大多数分光光度计的 ΔT 在 ±0.2%～±1% 之间。假定 ΔT 为 0.5%,代入式 6-11,算出不同透光率或吸光度值时的浓度相对误差,作图得图 6-6 中的实线。

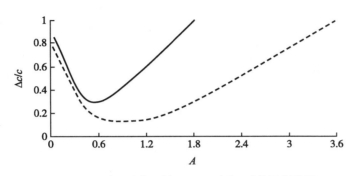

● 图 6-6 暗噪声(—)与讯号噪声(----)的误差曲线

图 6-6 实线显示,当 A 值在 0.2～0.7,相对误差较小,是测量的最适宜范围,测量的吸光度过低或过高,$\Delta c/c$ 值急剧上升。曲线最低点所对应的 T 值或 A 值,即为最小误差的读数。可将式 6-11 的导数取零值求得,显示当测量浓度相对误差最小时,吸光度为 0.434,百分透光率为 36.8%。

$$\left(\frac{\Delta c}{c}\right)' = \left(\frac{\Delta T}{T \ln T}\right)' = -\Delta T \cdot \frac{1 + \ln T}{(T \ln T)^2} = 0$$

$$\ln T = -1$$

$$T = 0.368 \, ; \, A = 0.434$$

（二）讯号噪声

讯号噪声亦称讯号散粒噪声。光敏元件受光照射时电子是一个一个地受激发而迁移的。用很小的时间单位来衡量,每一单位时间中电子迁移数量是不相等的,而是在某一均值周围的随机数,形成测量光强时的不确定性。随机数变动的幅度随光照增强而增大,讯号噪声与被测光强的平方根成正比,其比值 K 与光的波长及光敏元件的品质有关。由讯号噪声产生的 ΔT 可用下式表示:

$$\Delta T = TK\sqrt{\frac{1}{T} + 1}$$

代入式 6-11 得:

$$\frac{\Delta c}{c} = \frac{0.434K}{\lg T} \cdot \sqrt{\frac{1}{T} + 1} \qquad\qquad 式 6-12$$

按式 6-12 所得的浓度相对误差与测得值间的关系如图 6-6 中虚线所示。误差较小的范围一直延伸到高吸光度区。这对测定是个有利因素。

第五节　光谱分析法的发展概况

　　长期以来,光谱分析一直是分析化学中的热点领域。在各种分析方法中,光谱分析法是研究最多和最广的分析技术之一。

　　物理学、电子学及数学等相邻学科的发展对光谱分析的发展起到了巨大的推动作用。20 世纪 40 年代中期,电子学中光电倍增管的出现,促进了原子发射光谱、红外吸收光谱、紫外 - 可见吸收光谱及 X 射线荧光光谱等一系列光谱法的发展。20 世纪 50 年代原子物理的发展,使原子吸收及原子荧光光谱兴起。同时,圆二色谱仪进入实验室。圆二色性和旋光性均是光学活性物质分子中的不对称生色团与左旋圆偏振光和右旋圆偏振光发生不同的作用引起,圆二色性反映光与分子间能量的交换,旋光性则是与分子中电子的运动有关。至 20 世纪 60 年代,等离子体、傅里叶变换与激光技术的引入,出现了电感耦合等离子体原子发射光谱(ICP-AES)、傅里叶变换红外光谱(FT-IR)、傅里叶变换磁共振波谱(FT-NMR)及激光拉曼光谱等一系列光谱分析技术。20 世纪 70 年代以来,随着激光、微电子学、微波、半导体、自动化、化学计量学等科学技术和各种新材料的应用,光学分析仪器在仪器功能范围的扩展、仪器性能指标的提高、自动化智能化程度的完善以及运行可靠性的提高等方面有了长足的改进,进一步推动了光谱分析方法的发展。例如,超导、高频率的核磁共振仪(目前已有 900MHz 的仪器)的不断更新换代,使核间高级耦合的复杂光谱可以变为一级耦合的简单光谱,加上二维核磁共振技术(H—H 相关与 C—H 相关谱等)使核磁共振谱的解析及分子结构的测定更加容易、更加迅速。

　　不同分析方法的联用是当前分析化学的研究趋势之一。三维光谱 - 色谱图(波长 - 强度 - 时间)是较早的联用技术,在一张三维光谱 - 色谱图上可同时获得定性与定量信息。GC-FTIR、GC-MS、HPLC-MS、HPLC-NMR、HPCE-MS 等将高分离效率的色谱方法与高灵敏的光谱方法有机地结合起来,为解决复杂体系的组分分析提供了有效的手段。传统分光光度法与色谱、毛细管电泳的联用和与仿生学、化学计量学、动力学和流动分析的结合将是光谱分析中最具发展前景的研究方向。

　　化学计量学能协助分析工作者将光谱分析原始数据转化为有用的信息和知识,使分析化学成为名副其实的信息科学。如近红外光谱法的应用就得益于化学计量学的发展。其中,偏最小二乘法(partial least squares,PLS)已被广泛应用,卡尔曼滤波、褶合光谱、人工神经网络等的出现,使复杂成分混合物无须事先分离即可进行多组分同时定量分析。

　　为提高计算结果的准确度和可靠性,近年来化学计量学还涉及光谱分析中的条件优化、背景校正、谱带平滑、提高信噪比等研究领域。针对实际分析体系的非线性问题,各种非线性校正模型和方法,如人工神经网络、遗传算法、小波变换等亦取得了较好的结果。

内容提要

(一)基本概念

1. 电磁辐射是一种以巨大速度通过空间而不需要任何物质作为传播媒介的光子流。

2．磁辐射性质有波动性、粒子性。

3．电磁波谱　所有的电磁辐射在本质上是完全相同的，它们之间的区别仅在于波长或频率不同。若把电磁辐射按波长长短顺序排列起来，即为电磁波谱。

4．光谱和光谱法　当物质与辐射能相互作用时，物质内部发生能级跃迁，记录由能级跃迁所产生的辐射能强度随波长（或相应单位）的变化，所得的图谱称为光谱。利用物质的光谱进行定性、定量和结构分析的方法称光谱法。

5．非光谱法　指那些不以光的波长为特征讯号，仅通过测量电磁辐射的某些基本性质（反射、折射、干涉、衍射和偏振）的变化的分析方法。

6．原子光谱法　测量气态原子或离子外层电子能级跃迁所产生的原子光谱为基础的成分分析方法，为线状光谱。

7．分子光谱法　以测量分子转动能级、分子中原子的振动能级（包括分子转动能级）和分子电子能级（包括振-转能级跃迁）所产生的分子光谱为基础的定性、定量和物质结构分析方法，为带状光谱。

8．吸收光谱法　物质吸收相应的辐射能而产生的光谱，其产生的必要条件是所提供的辐射能量恰好满足该吸收物质两能级间跃迁所需的能量。利用物质的吸收光谱进行定性、定量及结构分析的方法称为吸收光谱法。

9．发射光谱法　发射光谱是指构成物质的原子、离子或分子受到辐射能、热能、电能或化学能的激发跃迁到激发态后，由激发态回到基态时以辐射的方式释放能量，而产生的光谱。利用物质的发射光谱进行定性定量及结构分析的方法称为发射光谱法。

10．摩尔吸光系数　一定波长时，溶液浓度为 1mol/L、厚度为 1cm 的吸光度。

11．百分吸光系数或比吸光系数　一定波长时，100ml 溶液中含被测物质 1g、厚度为 1cm 的吸光度。

（二）主要计算公式

1．光能量与频率、波长和波数的关系 $E = h\nu = hc/\lambda = hc\sigma$

2．玻尔兹曼分布式 $\dfrac{N_n}{N_m} = \exp\left\{-(E_n - E_m)/kT\right\}$

3．Lambert-Beer 定律 $A = -\lg T = Kcl$

4．两吸收系数的关系 $\varepsilon = \dfrac{M}{10} \cdot E_{1cm}^{1\%}$

5．测定结果的相对误差与透光率和透光率测量误差的关系 $\dfrac{\Delta c}{c} = \dfrac{0.434\Delta T}{T \lg T}$

（三）基本内容

1．电磁辐射具有波动性，表现为干涉、衍射、反射和折射等现象。同时也具有微粒性，表现为光电效应、光的吸收和发射等现象。

2．物质分子（或原子）吸收电磁辐射的条件　入射的电磁辐射能量正好与物质分子（或原子）基态与激发态之间的能量差相等。

3．根据电磁辐射与物质相互作用的机制不同，可以将光学分析法分为光谱分析法和非光谱分析法、原子光谱法和分子光谱法、吸收光谱法和发射光谱法等。

4．光谱仪最基本的组成部分　①辐射源；②分光系统；③样品池；④检测器；⑤数据记录与处理系统。

5．物质对单色光吸收的强弱（吸光度）与吸光物质的浓度和厚度间的关系符合朗伯 - 比尔定律，且吸光度具有加和性。

6．透光率测量误差 ΔT 是测量中的随机误差，来自仪器的噪声。可分为暗噪声和散粒噪声两类。

思考题与习题

1．吸收光谱法有哪些类型？

2．原子光谱法和分子光谱法有何异同？

3．什么是吸收光谱法？什么是发射光谱法？

4．为什么分子的紫外 - 可见光谱是带状光谱？

5．简述光学仪器常用的辐射源的种类、典型的光源及其应用范围。

6．简述色散元件光栅的工作原理。

7．简述现代光谱仪器常用的检测器的种类及响应特点。

8．已知丙酮产生电子跃迁的吸收波长为 195nm 和 265nm，试计算电子跃迁能量（以电子伏特表示）。

（6.36eV；4.68eV）

9．计算下述电磁波波长的频率（Hz）和波数（cm^{-1}）。

（1）620nm

（2）6μm

（3）12cm

（$4.83 \times 10^{14}Hz$、$1.61 \times 10^{4}cm^{-1}$；$4.99 \times 10^{13}Hz$、$1.67 \times 10^{3}cm^{-1}$；$2.49 \times 10^{9}Hz$、$0.083cm^{-1}$）

10．钯（Pd）与硫代米蚩酮反应生成 1:4 的有色配位化合物，用 1.00cm 吸收池在 510nm 处测得浓度为 $0.200 \times 10^{-6}g/ml$ 的 Pd 溶液的吸光度值为 0.326，试求钯 - 硫代米蚩酮配合物的 $E_{1cm}^{1\%}$ 及 ε 值。（钯 - 硫代米蚩酮配合物的摩尔质量为 106.4g/mol）

（1.73×10^{5}；1.85×10^{6}）

第六章同步练习

第七章　紫外 - 可见分光光度法

本章学习紫外 - 可见分光光度法的有关基础知识、仪器组成和基本分析方法,要求:

1. 掌握紫外 - 可见吸收光谱的基本概念;紫外 - 可见分光光度法的常规分析方法和应用。
2. 熟悉紫外 - 可见分光光度计的基本组成;影响定量分析的因素和分析条件的选择方法。
3. 了解紫外吸收光谱的产生及特性。

紫外 - 可见分光光度法(ultraviolet-visible spectrophotometry, UV-Vis),又称紫外 - 可见吸收光谱法,是应用紫外 - 可见吸收光谱对物质进行定性、定量分析的方法。紫外 - 可见吸收光谱主要产生于分子价电子在电子能级间的跃迁,属于电子光谱。紫外 - 可见光区可分为远紫外光区(< 200nm)、近紫外光区(200~360nm)和可见光区(360~800nm),常规分析仅限于近紫外光区和可见光区。通过测定分子的紫外 - 可见吸收光谱,可以定性鉴别具有共轭体系化学结构的无机或有机化合物、定量测定单一组分或多组分样品,或与其他分析方法配合解析有机化合物分子结构。

紫外 - 可见分光光度法的特点:①灵敏度较高,检测限可达 10^{-7}~10^{-4}g/ml;②准确度较好,相对误差一般在 0.5%,精度高的仪器,准确度可达 0.2%;③仪器设备简单,操作方便,分析速度较快。因此紫外 - 可见分光光度法广泛用于无机物和有机物的定性和定量分析,是中药、药学研究领域常用的分析方法之一。

第一节　基本原理

一、电子跃迁类型

由于分子结构的复杂性,在发生电子能级跃迁的同时,会伴随振动能级和转动能级的跃迁,使电子光谱中的谱线间隔缩小,甚至连在一起,形成连续的吸收带,因此,紫外 - 可见吸收光谱属于带状光谱。

分子中价电子处于成键轨道 σ 键、π 键，或非成键 n 轨道，具有不同的能量。在 σ 电子、π 电子和 n 电子在获取能量后，按照电子跃迁禁阻规律，从低能量轨道向相应的高能量轨道跃迁，如图 7-1 所示。

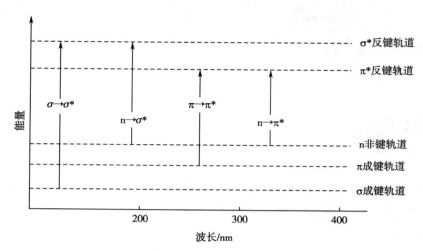

● 图 7-1　电子跃迁类型与能量及波段示意图

1. σ → σ* 跃迁　σ 电子从 σ 成键轨道向 σ* 反键轨道跃迁。σ → σ* 跃迁所需能量最大，吸收辐射波长最短，一般小于 150nm，在普通紫外 - 可见分光光度计测量范围之外。例如甲烷最大吸收波 λ_{max} 为 125nm。这是所有有机化合物在适当能量下都会发生的跃迁类型，烷烃仅有 σ → σ* 跃迁，常用作紫外 - 可见分光光度法分析的溶剂。

2. n → σ* 跃迁　非成键 n 电子（孤对电子）从 n 非成键轨道向 σ* 反键轨道的跃迁。n → σ* 跃迁所需的能量小于 σ → σ* 跃迁，吸收峰波长一般在 200nm 附近，处于紫外末端吸收区，例如甲胺（CH_3NH_2）的 λ_{max} 为 213nm。含有杂原子（如 N、O、S、P 和卤素原子）的饱和有机化合物，含有 n 电子，可发生这类跃迁。

3. π → π* 跃迁　π 电子从成键 π 轨道向 π* 反键轨道的跃迁。跃迁所需的能量小于 σ → σ* 跃迁。孤立的 π → π* 跃迁，吸收峰的波长在 200nm 左右，吸收强度大（$\varepsilon > 10^4$）。例如乙烯的 λ_{max} 为 165nm，ε_{max} 为 10^4。含有 π 电子的不饱和有机化合物，如具有 C＝C、C≡C 或 C＝N 等基团的有机化合物，都会产生 π → π* 跃迁。并且随双键共轭程度增加，所需能量降低，波长向长波方向移动，λ_{max} 和 ε_{max} 均会增加，如 1, 3- 丁二烯的 λ_{max} 为 217nm，ε_{max} 为 2.1×10^4；已三烯的 λ_{max} 为 258nm，ε_{max} 为 3.5×10^4。

4. n → π* 跃迁　非成键 n 电子从 n 非成键轨道向 π* 反键轨道的跃迁。n → π* 跃迁所需的能量最低，吸收的辐射波长最长，一般在近紫外光区，甚至在可见光区，但吸收强度较弱（ε 在 10 ～ 100）。例如丙酮在 279nm 处的吸收峰，其 ε 为 15。含有杂原子的不饱和基团，如 C＝O、C＝S、N＝N 等基团的有机物分子，可以发生这类跃迁。

5. 电荷迁移跃迁　化合物接受电磁辐射时，电子从给予体向接受体相联系的轨道上跃迁称为电荷迁移跃迁，所产生的吸收光谱称为电荷迁移光谱。电荷转移跃迁实质上是分子内的氧化 - 还原过程，电子给予部分是一个还原基团，电子接受部分是一个氧化基团，激发态是氧化 - 还原的产物，是一种双极分子。该类吸收带较宽，吸收强度大，一般 $\varepsilon_{max} > 10^4$，对定量分析很有价值。

某些取代芳烃分子同时具有电子给予体和电子接受体两部分，可以产生电荷转移吸收光谱。与此相似的许多无机配合物也有电荷迁移跃迁所产生的电荷迁移光谱。如某些过渡金属离子与含生色团的试剂反应所产生的配合物以及许多水合无机物离子均可产生电荷迁移跃迁。

　　6. 配位场跃迁　元素周期表中第 4、5 周期过渡金属水合离子或过渡金属离子与显色剂所形成的配合物在电磁辐射作用下，吸收适当波长的紫外光或可见光，获得相应的吸收光谱。如 $[Ti(H_2O)_6^{3+}]$ 水合离子的配位场跃迁吸收带 λ_{max} 为 490nm，出现在可见光区。配位场跃迁吸收强度较弱，一般 $\varepsilon_{max} < 10^2$，对定量分析用处不大，但可用于配合物的结构及无机配合物键合理论研究。

　　此外，大多数镧系和锕系元素的离子，由于 4f 或 5f 电子的 f→f* 跃迁，在紫外-可见光区都有吸收，也属于配位场跃迁。

二、吸收曲线与常用术语

（一）吸收曲线

　　吸收光谱（absorption spectrum）又称吸收曲线，是以波长 λ（nm）为横坐标、吸光度 A 为纵坐标所绘制的曲线，如图 7-2 所示。

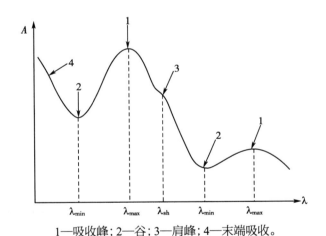

1—吸收峰；2—谷；3—肩峰；4—末端吸收。
● 图 7-2　吸收光谱示意图

　　（1）吸收峰（absorption peak）：吸收曲线上吸收最大（或较大）的峰称为吸收峰，所对应的波长称为最大吸收波长（λ_{max}）。

　　（2）吸收谷（absorption valley）：峰与峰之间最低的部位称为吸收谷，所对应的波长称最小吸收波长（λ_{min}）。

　　（3）肩峰（shoulder peak）：吸收峰上的曲折处称为肩峰，以 λ_{sh} 表示。

　　（4）末端吸收（end absorption）：在吸收曲线的最短波长处呈现强吸收而不成峰形的部分称为末端吸收。

（二）常用术语

　　（1）生色团（chromophore）：分子结构中含有 n→π*、π→π* 跃迁的基团，如 C＝C、C＝O、

—N＝N—、—NO₂ 等，能在紫外 - 可见光范围内产生吸收的基团，称为生色团，亦称发色团。

（2）助色团（auxochrome）：能使生色团的吸收峰向长波方向位移并增强其吸收强度的基团。一般是含有非成键电子的杂原子基团，如—NH₂、—OH、—NR₂、—OR、—SH、—SR、—Cl、—Br 等。

（3）蓝移（blue shift）：因化合物的结构改变或溶剂效应等引起的吸收峰向短波方向移动的现象称蓝移，亦称紫移（hypsochromic shift）。

（4）红移（red shift）：因化合物的结构改变或溶剂效应等引起的吸收峰向长波方向移动的现象称红移，亦称长移（bathochromic shift）。

（5）增色效应和减色效应：由于化合物的结构发生某些变化或外界因素的某些影响，使化合物的吸收强度增大的现象，称为增色效应或浓色效应（hyperchromic effect）；使吸收强度减弱的现象，称为减色效应或淡色效应（hypochromic effect）。

（6）强带和弱带（strong band and weak band）：紫外 - 可见吸收光谱中出现的摩尔吸光系数 ε_{max} 大于 10^4 的吸收峰称为强带；小于 10^2 的吸收峰称为弱带。

三、吸收带及其影响因素

（一）吸收带

吸收带（absorption band）可说明吸收峰在紫外 - 可见吸收光谱中的位置，与化合物的结构有关。根据电子和轨道种类，主要有四种类型。

1. R 带　从德文 radikal（基团）得名，是由 $n \rightarrow \pi^*$ 跃迁引起的吸收带。含杂原子的不饱和基团，如 C＝O、—NO、—NO₂、—N＝N— 等发色团的特征吸收。处于较长波长范围（250～500nm），一般 $\varepsilon < 100$，为弱吸收。

2. K 带　从德文 konjugation（共轭作用）得名，相当于共轭双键中 $\pi \rightarrow \pi^*$ 跃迁引起的吸收带。出现在大于 200nm，$\varepsilon > 10^4$，为强带。随着共轭双键的增加，吸收峰红移，吸收强度增加。

3. B 带　从 benzenoid（苯）得名，是芳香族（包括杂芳香族）化合物的特征吸收带之一。由苯环的骨架伸缩振动与苯环内的 $\pi \rightarrow \pi^*$ 跃迁叠加引起，吸收峰在 230～270nm 之间，其中心在 256nm 附近。

在蒸汽状态下，分子间相互作用弱，分子的振动、转动能级跃迁能够在图谱中得到反映，故苯及其同系物的 B 吸收带呈现精细结构，亦称苯的多重吸收带（图 7-3）。当苯溶解在溶剂中时，B 吸收带的精细结构受到溶剂影响，溶剂分子包围溶质分子，限制了溶质分子的自由转动，导致转动光谱精细结构消失。

4. E 带　也是芳香族化合物的特征吸收带，由苯环结构中 3 个乙烯的环状共轭系统的 $\pi \rightarrow \pi^*$ 跃迁所产生，分为 E₁ 及 E₂ 两个吸收带。E₁ 带约在 180nm，E₂ 带的吸收峰在 200nm，均属于强吸收。当苯环上有生色团取代并与苯环发生共轭时，E₂ 带便与 K 带合并，且吸收带红移，同时 B 带亦发生红移；当苯环上有助色团取代时，E₂ 带发生红移，但一般波长不超过 210nm。

一些化合物的电子结构、跃迁类型和吸收带的关系见表 7-1。

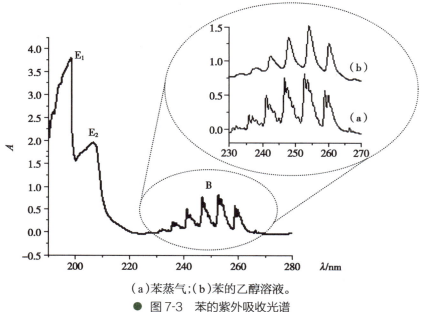

（a）苯蒸气；（b）苯的乙醇溶液。

● 图 7-3　苯的紫外吸收光谱

表 7-1　一些化合物的电子结构、跃迁和吸收带

电子结构	化合物	跃迁	λ_{max}/nm	ε_{max}	吸收带
σ	乙烷	$\sigma \rightarrow \sigma^*$	135	10 000	
π	乙烯 $\pi \rightarrow \pi^*$	165	10 000		
π	乙炔 $\pi \rightarrow \pi^*$	173	6 000		
π 和 n	丙酮 $\pi \rightarrow \pi^*$	约 160	16 000		
		$n \rightarrow \sigma^*$	194	9 000	
	$n \rightarrow \pi^*$	279	15	R	
π-π	$CH_2=CH-CH=CH_2$	$\pi \rightarrow \pi^*$	217	21 000	K
π-π 和 n	$CH_2=CH-CHO$	$\pi \rightarrow \pi^*$	210	11 500	K
	$n \rightarrow \pi^*$	315	14	R	
芳香族 π	苯芳香族 $\pi \rightarrow \pi^*$	约 180	60 000	E_1	
同上	约 200	8 000	E_2		
同上	255	215	B		

（二）影响吸收带的主要因素

紫外 - 可见吸收光谱主要取决于分子中价电子的能级跃迁，但分子的内部结构和外部环境等各种因素对吸收谱带也有影响，主要表现为谱带位移、谱带强度的变化、谱带精细结构的改变等。

1. 位阻影响　化合物中若有两个生色团产生共轭效应，可使吸收带长移。但如果两个生色团由于立体阻碍妨碍它们处于同一平面上，就会影响共轭效应。

二苯乙烯反式结构的 K 带 λ_{max} 比顺式明显红移，且吸收系数也增加，如图 7-4 所示。这是由于顺式结构有立体阻碍，苯环不能与乙烯双键在同一平面上，不易产生共轭。

2. 跨环效应　在环状体系中，分子中非共轭的两个生色团因为空间位置的原因，发生轨道间的相互作用，也可使吸收带红移，并使吸收强度增强，这种非共轭基团之间的相互作用称为跨环效应。不同于共轭效应，形成跨环效应的两个生色团仍各自呈现吸收峰。

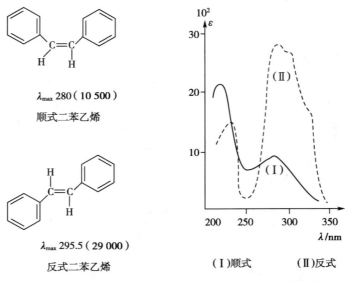

$\lambda_{max} 280 (10\ 500)$

顺式二苯乙烯

$\lambda_{max} 295.5 (29\ 000)$

反式二苯乙烯

（Ⅰ）顺式　　（Ⅱ）反式

● 图 7-4　二苯乙烯顺式、反式异构体的紫外吸收光谱

如对亚甲基环丁酮在 214nm 处出现一中等强度的吸收带，同时 284nm 处出现 R 带。这是由于结构中虽然双键与酮基不产生共轭体系，但适当的立体排列，使羰基氧的孤电子对与双键的 π 电子发生作用，相当于 $n \rightarrow \pi^*$ 跃迁的 R 带向长波移动。

3. 溶剂效应　溶剂影响吸收峰位置、吸收强度和光谱形状。一般溶剂极性增大会使 $\pi \rightarrow \pi^*$ 跃迁红移，而使 $n \rightarrow \pi^*$ 跃迁蓝移，且后者的移动一般比前者的移动大，这种现象称为溶剂效应。原因为在 $\pi \rightarrow \pi^*$ 跃迁中，分子激发态的极性大于基态，与极性溶剂之间的静电作用更强，故在极性溶剂中，激发态能量降低的程度大于基态，跃迁所需能量减小，吸收带向长波长方向移动；在 $n \rightarrow \pi^*$ 跃迁中，n 电子可与极性溶剂形成氢键，故基态能量降低程度更大，跃迁所需能量增大，因此吸收带向短波长方向移动。如图 7-5 所示。

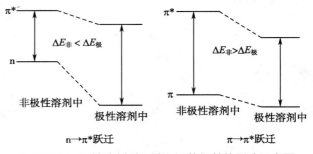

● 图 7-5　极性溶剂对两种跃迁能级差的影响示意图

随着溶剂极性增大，溶剂效应更为显著。如异丙叉丙酮 $[CH_3-CO-CH=C(CH_3)_2]$ 的溶剂效应，见表 7-2。由于溶剂对化合物的紫外 - 可见吸收光谱影响较大，所以一般在吸收光谱图上或数据表中应注明所用的溶剂；与已知化合物的谱图进行对照时也应注意所用的溶剂是否相同。

表 7-2　溶剂极性对异丙叉丙酮的两种跃迁吸收峰的影响

跃迁类型	正己烷	三氯甲烷	甲醇	水
$\pi \rightarrow \pi^*$	230nm	238nm	237nm	243nm
$n \rightarrow \pi^*$	329nm	315nm	309nm	305nm

4. 体系 pH 的影响　体系酸碱度对酸碱性有机化合物吸收光谱的影响普遍存在。如酚类化合物由于体系的 pH 不同，其解离情况不同，而产生不同的吸收光谱。

$$\text{C}_6\text{H}_5\text{—OH} \underset{\text{H}^+}{\overset{\text{OH}^-}{\rightleftharpoons}} \text{C}_6\text{H}_5\text{—O}^-$$

λ_{max}/nm	210	270	236	287
ε_{max}	6 200	1 450	9 400	2 600

第二节　紫外 - 可见分光光度计

一、主要部件

各种型号的紫外 - 可见分光光度计都是由 5 个基本部分组成,即光源、单色器、吸收池、检测器及信号显示系统。

(一)光源

光源(source)的作用是提供激发能,使待测分子产生吸收。

1.光源的要求　在仪器操作所需的光谱区域内能够发射连续辐射;应有足够的辐射强度及良好的稳定性;辐射强度随波长的变化应尽可能小;光源的使用寿命长,操作方便。

2.光源的种类　常用的光源有热辐射光源和气体放电光源两类。前者用于可见光区,如钨灯和卤钨灯等;后者用于紫外光区,如氢灯和氘灯等。

(1)钨灯和碘钨灯:可使用波长范围为 340~2 500nm。这类光源的辐射强度与施加的外加电压有关,在可见光区,辐射的强度与工作电压的 4 次方成正比,光电流也与灯丝电压的 n 次方($n>1$)成正比。因此,使用时必须严格控制灯丝电压,必要时需配备稳压装置,以保证光源的稳定。

(2)氢灯和氘灯:可使用波长范围为 160~375nm,由于受石英窗吸收的限制,通常紫外光区波长的有效范围一般为 200~375nm。灯内氢气压力为 100Pa 时,用稳压电源供电,放电十分稳定,光强度大且恒定。氘灯的灯管内充有氢的同位素氘,其光谱分布与氢灯类似,但光强度比同功率的氢灯大 3~5 倍,使用寿命长,更常用。

近年来,具有高强度和高单色性的激光已被开发用作紫外光源。已商品化的激光光源有氩离子激光器和可调谐染料激光器。

(二)单色器

单色器(monochromator)是从光源的复合光中分出单色光的光学装置,其主要特点是产生光谱纯度高、色散率高且波长可调节。由进光狭缝、准直镜(透镜或凹面反射镜使入射光变成平行光)、色散元件、聚焦元件和出光狭缝等几个部分组成,如图 7-6 所示。

1.色散元件　核心部分,起分光作用。有棱镜(prism)和光栅(grating)。

(1)棱镜:对不同波长的光有不同的折射率,可将复色光从长波到短波色散成为一个连续光谱。折射率差别越大,色散作用(色散率)越大。早期生产的仪器多用棱镜,如图 7-7 所示。

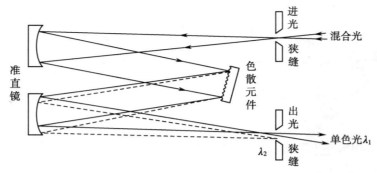

● 图 7-6　单色器光路示意图

（2）光栅：利用光的衍射与干涉作用制成。现用的光栅是一种称为闪耀光栅（blazed grating）的反射光栅，如图 7-7 所示。用于紫外区的光栅，用铝作反射面，在平滑玻璃表面上刻槽，一般每毫米刻槽为 600～1 200 条。每条刻线起着一个狭缝的作用，光在未刻部分发生反射，各反射光束间的干涉引起色散。它具有色散波长范围宽、分辨率高、成本低、便于保存和易于制作等优点，是目前用得较多的色散元件。采用激光技术生产的全息光栅（holographic grating）质量更高，也被广泛应用。

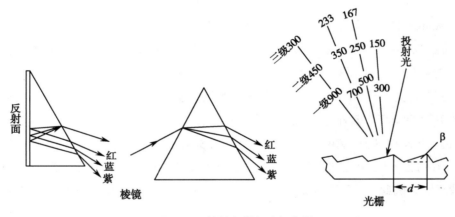

● 图 7-7　棱镜色散与光栅色散

2. 准直镜（collimation lens）　以狭缝为焦点的聚光镜，既能将进入单色器的发散光变成平行光，又可作聚光镜，将色散后的平行单色光聚集于出光狭缝。

3. 狭缝（slit）　宽度直接影响单色光的纯度，狭缝过宽，单色光不纯。狭缝太窄，光通量过小，灵敏度降低。定性分析时宜采用较小的狭缝宽度，而定量分析时可采用较大的狭缝宽度以保证有足够的光通量，以提高灵敏度。

（三）吸收池

吸收池亦称比色皿，盛放待测溶液的容器。用玻璃制成的吸收池对紫外线有吸收，只能用于可见光区；用熔融石英制成的吸收池可用于可见光区及紫外光区。分析测定时，比色皿应配对，彼此的透光率之差应小于 0.5%，否则应进行校正。

（四）检测器

分光光度计的检测器是光电转换元件，将光信号转变成电信号，产生的电信号与照射光强成正比。通常对检测器的要求是在测量的光谱范围内具有高的灵敏度；对辐射能量的响应快、线性关系好、线性范围宽;对不同波长的辐射响应性能相同且可靠;有好的稳定性和低的噪声水平等。检测器有光电池、光电管和光电倍增管等。早期分光光度计上使用光电池或光电管作为检测器。目前常见是光电倍增管,也有用光二极管阵列作为检测器。

1. 光电池　有硒光电池和硅光电池。硒光电池只能用于可见光区,硅光电池能同时适用于紫外光区和可见光区。硒光电池敏感光区为 300～800nm,其中以 500～600nm 最为灵敏。由于它容易出现"疲劳效应"、寿命较短,而仅用于低档的分光光度计中。

2. 光电管　以一弯成半圆柱形的金属片为阴极,阴极的内表面镀有碱金属或碱金属氧化物等光敏层;在圆柱形的中心置一金属丝为阳极,接受阴极释放出的电子。两电极密封于玻璃管或石英管内并抽真空。阴极上光敏层材料不同,可分为红敏(阴极表面上沉积银和氧化铯)和蓝敏(阴极表面上沉积锑和铯)两种光电管,前者用于 625～1 000nm 波长,后者用于 200～625nm 波长。光电管检测器如图 7-8 所示。与光电池比较,光电管具有灵敏度高、光敏范围宽、不易疲劳等优点。

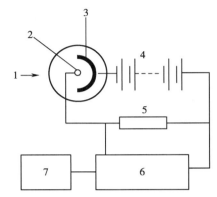

1—照射光;2—阳极;3—光敏阴极;4—90V 直流电源;5—高电阻;6—直流放大器;7—指示器。

● 图 7-8　光电管检测器示意图

3. 光电倍增管　一种加上多级倍增电极的光电管,原理和光电管相似。结构的差别是在光敏金属的阴极和阳极之间有多个倍增极,如图 7-9 所示。外壳由玻璃或石英制成,阴极表面涂上光敏物质,在阴极和阳极之间装有一系列次级电子发射极,即电子倍增极。阴极和阳极之间加直流高压(约 900V),当辐射光子撞击阴极时发射光电子,该电子被电场加速并撞击第一倍增极,撞出更多二次电子,依此不断进行,最后阳极收集到的电子数将是阴极发射电子的 10^5～10^6 倍,产生较强的电流,再经放大,由指示器显示或用记录器记录下来。光电倍增管检测器大大提高了仪器测量的灵敏度。

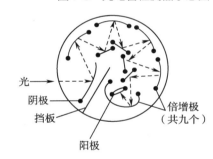

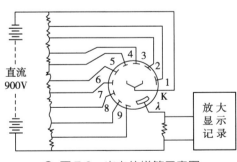

● 图 7-9　光电倍增管示意图

(五)信号处理和显示系统

光电管输出的电信号很弱,需经过放大才能以某种方式将测量结果显示。一般的分光光度计多具有荧屏显示、结果打印及吸收曲线扫描等功能。现代的分光光度计装备有计算机光谱工作站,可对数字信号进行采集、处理与显示,并对各系统进行自动控制。

二、紫外-可见分光光度计的分类

按照光路系统,紫外-可见分光光度计可分为单光束、双光束和光二极管阵列分光光度计等。

（一）单光束分光光度计

在单光束光学系统中,单色器色散后的单色光进入吸收池,经单色器分光后形成一束平行光,通过样品池,光路示意如图7-10所示。这种类型的分光光度计结构简单,操作方便,维修容易,适用于常规分析。

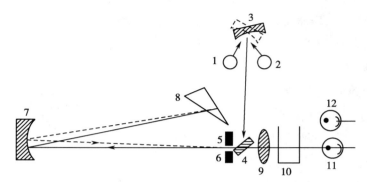

1—氢灯;2—钨灯;3、4—反射镜;5、6—进、出光狭缝;7—准直镜;8—石英棱镜;
9—聚光镜;10—吸收池;11—紫敏光电管;12—红敏光电管。

● 图7-10　单光束分光光度计光路示意图

测定时先将参比溶液放入光路中,吸光度调零,然后移动吸收池架的拉杆,使样品溶液进入光路,即可在信号显示系统上读出样品溶液的吸光度。

（二）双光束分光光度计

光源发出光经单色器分光后,经旋转扇面镜(切光器)分为强度相等的两束光,一束通过参比池,另一束通过样品池,光度计能自动比较两束光的强度,该比值即为试样的透射比,经对数变换将它转换成吸光度,并作为波长的函数记录下来。双光束分光光度计一般都能自动记录吸收光谱曲线。其光路示意如图7-11所示。由于两束光同时分别通过参比池和样品池,因而能自动消除光源强度变化所引起的误差。

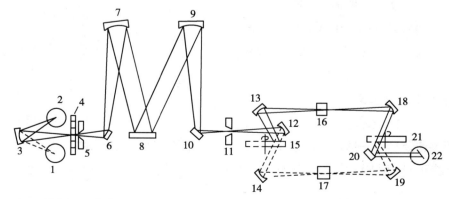

1—钨灯;2—氢灯;3、12、13、14、18、19—凹面镜;4—滤色镜;5—入光狭缝;
6、10、20—平面镜;7、9—准直镜;8—光栅;11—出光狭缝;15、21—扇面镜;
16—参比池;17—样品池;22—光电倍增管。

● 图7-11　双光束分光光度计光路示意图

（三）双波长分光光度计

双波长分光光度计是由同一光源发出的光被分为两束,分别经过两个单色器,得到两束不同波长(λ_1和λ_2)的单色光,光路示意如图 7-12 所示。

利用切光器使两束光以一定的频率交替照射同一吸收池,然后测得两个波长处的吸光度差值 ΔA。

$$\Delta A = A_{\lambda_1} - A_{\lambda_2} = (\varepsilon_1 - \varepsilon_2)lc \qquad\qquad 式\ 7\text{-}1$$

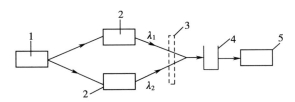

1—光源;2—单色器;3—切光器;4—吸收池;5—检测器。

● 图 7-12　双波长分光光度计光路示意图

由式 7-1 可知,ΔA 与吸光物质的浓度 c 成正比,这是双波长分光光度计进行定量分析的理论依据。

双波长分光光度计只用一个吸收池,消除了吸收池及参比池所引起的测量误差。因为用同一光源得到的两束单色光,可以减小因光源电压变化产生的影响。

（四）全波长分光光度计（光电二极管阵列检测器）

光电二极管阵列(photo-diodearray detector, PDA)分光光度计属于光学多通道检测器,其光路示意如图 7-13 所示。光电二极管阵列在晶体硅上紧密排列一系列光电二极管检测管,光经全息栅表面色散并透射到二极管阵列检测器上,被二极管阵列中的光二极管接受。当光透过晶体硅时,二极管输出的电信号强度与光强度成正比。每一个二极管相当于一个单色器的出光狭缝,两个二极管中心距离的波长单位称为采样间隔,因此二极管阵列分光光度计中,二极管数目愈多,分辨率

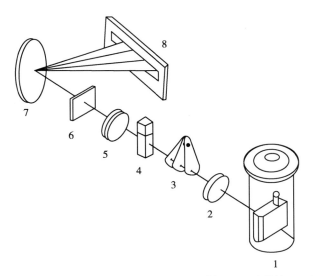

1—光源:钨灯或氘灯;2—消色差聚光镜;3—关闸;4—吸收池;5—透镜;
6—入光狭缝;7—全息光栅;8—二极管陈列检测器。

● 图 7-13　二极管阵列分光光度计光路图

愈高。可在极短时间内获得 190～820nm 范围内的全光光谱。光电二极管阵列检测器同时检测透过样品的是复合光。具有灵敏度高、噪声低、线性范围宽等优点,可用作高效液相色谱检测器。

三、光学性能与仪器校正

在使用分光光度计前,须对仪器的主要性能指标进行检查或校正,如波长的准确度、吸光度的准确度以及吸收池的准确度等。

(一)光学性能

分光光度计型号众多,以中档分光光度计光学性能加以说明。

1. 辐射波长　以波长范围、光谱带宽、波长准确度、波长重复性等参数表示。波长范围是指仪器所能测量的波长范围,通常为 200～800nm。光谱带宽是指在最大透光强度半处曲线的宽度,此数值越小越好,通常小于 6nm。波长准确度表示仪器所显示的波长数值与单色光的实际波长值之间的误差,2020 年版《中国药典》规定紫外光区 ≤1nm、500nm 附近 ≤±2mm。波长重复性是指重复使用同一波长,单色光实际波长的变动值,此数值亦是越小越好,通常 ≤1nm。

2. 仪器的测量范围　以透光率或吸光度测量范围表示,仪器测量透光率($T\%$)范围一般要求为 −1.0～200.0,若以吸光度(A)表示则为 −0.5～3.000。

3. 仪器的重复性及准确度　光度重复性是同样情况下重复测量透光率($T\%$)的变动,此数值亦是越小越好,通常 ≤±0.5%。光度准确度是以透光率($T\%$)测量值的误差表示,透光率满量程误差为 ≤±0.5%(铬酸钾溶液)。

4. 杂散光　通常以测光信号较弱的波长处所含杂散光的强度百分比为指标。2020 年版《中国药典》规定 220nm 处 NaI(1g/100ml)透光率 <0.8%,340nm 处 Na_2NO_2(5g/100ml)透光率 <0.8%。

(二)仪器的校正和检定

1. 波长的校正　由于环境因素对机械部分的影响,仪器的波长经常会略有变动,除应定期对所用的仪器进行全面校正检定外,还应于测定前校正测定波长。

常用汞灯(237.83nm、253.65nm 等)或氘灯(486.0nm、656.10nm)中的较强谱线进行校正。近年来,常使用高氯酸钬溶液校正双光束仪器。

2. 吸光度的校正　使用重铬酸钾的硫酸溶液,在规定的波长处测定并计算其吸收系数,并与规定的吸收系数比较,检定分光光度计吸光度的准确度。

3. 杂散光的检查　测定规定浓度的碘化钠或亚硝酸钠溶液在规定波长处的透光率来进行检查。

第三节　测量条件的选择

为保证分光光度法的灵敏度与准确度,应选择和控制合适的测量条件,如测定波长的选择、显色条件的选择等。

一、偏离 Lambert-Beer 定律的因素

根据 Lambert-Beer 定律,当波长和入射光强度一定时,吸光度 A 与吸光物质的浓度 c 之间是一条通过原点的直线。实际中常会出现偏离定律的现象,导致偏离定律的因素主要有化学因素与光学因素。

(一)化学因素

溶液中的吸光物质可因浓度的改变而发生解离、缔合、溶剂化以及配合物生成等变化,使吸光物质的存在形式发生变化,影响物质对光的吸收能力,从而偏离朗伯-比尔定律。如苯甲酸在溶液中电离平衡,其酸式与酸根阴离子具有不同的吸收特性。

$$C_6H_5COOH + H_2O \rightleftharpoons C_6H_5COO^- + H_3O^+$$

λ_{max}/nm	273	268
ε_{max}	970	560

(二)光学因素

1. 非单色光　朗伯-比尔定律只适用于单色光,但真正的单色光是难以得到的。实际用于测量的都是具有一定谱带宽度的复合光,由于吸光物质对不同波长光的吸收能力不同,导致偏离朗伯-比尔定律。

由入射光的非单色性造成的朗伯-比尔定律的偏离,可以通过选择合适的入射光波长范围而得到控制。例如,在图 7-14 显示的吸收光谱中,谱带 a 和谱带 b 的宽度相同,但在谱带 b 范围内,吸光系数差别较大,选择此处波长测定会造成较大的线性偏离;而在谱带 a 范围内,吸光系数差别很小,选择此处波长测定结果则偏离很小。

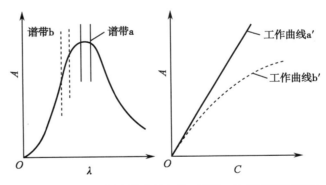

● 图 7-14　入射光的非单色性对朗伯-比尔定律的影响

2. 杂散光　从单色器得到的单色光中,还有一些不在谱带范围内的、与所需波长相隔甚远的光,称为杂散光。这是由于仪器光学系统的缺陷或光学元件受灰尘、霉蚀的影响。在透光率很弱的情况下,会产生明显的作用。

设入射光的强度为 I_0、透过光的强度为 I,杂散光强度为 I_s,则观测到的吸光度为:

$$A = \lg T = \frac{I_0 + I_s}{I + I_s} \qquad \text{式 7-2}$$

若样品不吸收杂散光,则 $(I_0 + I_s)/(I + I_s) < I_0/I$,因此测得的吸光度小于真实吸光度,产生负偏离。随着仪器制造工艺的提高,绝大部分波长内杂散光的影响可忽略不计,但在接近紫外末端吸收处,杂散光的比例相对增大,因而干扰测定,有时还会出现假峰。

3. 散射光和反射光　吸光质点对入射光有散射作用,吸收池内外界面之间入射光通过时会

有反射作用。散射和反射作用致使透射光强度减弱。真溶液散射作用较弱,可用空白进行补偿。混浊溶液散射作用较强,影响结果测定,故要求待测溶液为澄清溶液。

4. 非平行光　倾斜光通过吸收池的实际光程大于垂直照射的平行光的光程,影响测量值,产生偏离朗伯-比尔定律的现象。

二、显色反应及显色条件

对于不能产生吸收的物质或者吸收系数较小的物质,可选用适当的试剂与待测物质定量反应,生成对紫外或可见光有较大吸收的物质再进行测定。

若产物生成有颜色的物质,则可在可见光区测量,这种将待测物转变为有色化合物的反应称为显色反应,所用的试剂称为显色剂。通过显色反应进行物质测量的方法称为比色法。显色反应类型很多,有氧化还原、配位反应、缩合反应等,其中最常用的是配位反应。

(一)显色反应要求

显色反应必须符合一定要求:①待测物质和所生成的有色物质之间必须有确定的计量关系;②反应产物必须有较高的吸光能力($\varepsilon = 10^3 \sim 10^5$)和足够的稳定性;③反应产物的颜色与显色剂的颜色必须有明显的差别;④显色反应必须有较好的选择性,以减免干扰。

(二)显色条件的选择

1. 显色剂用量　根据溶液平衡的原理,为了使显色反应进行完全,常需要加入过量的显色剂。显色剂用量可通过实验选择,在固定待测物质浓度的情况下,作吸光度随显色剂浓度的变化曲线,选取吸光度恒定时的显色剂用量。

2. 溶液酸碱度　很多显色剂是有机弱酸或弱碱,溶液的酸碱度会直接影响显色剂存在的形式和有色化合物的浓度变化,以致改变溶液的颜色。如 Fe^{3+} 与水杨酸的配合物,组成随介质 pH 的不同而变化,pH<4 溶液呈紫红色,pH 4～7 溶液呈棕橙色,pH 8～10 溶液呈黄色。

其他如氧化还原反应、缩合反应等,溶液的酸碱性也有重要的影响,常常需要用缓冲溶液保持溶液在一定 pH 下进行显色反应。合适的 pH 可以通过绘制 A-pH 曲线来确定。

3. 显色时间　由于各种显色反应的速率不同,有的瞬间完成,有的需要很长时间才能显色。显色产物也会在放置过程中发生变化,使颜色逐渐减退或加深,有的反应产物颜色能保持长时间不变。同时介质酸度、显色剂浓度都将会影响显色时间。因此,必须固定其他显色条件,通过实验作出 A-t 曲线,才能确定适宜的显色时间和测定时间。

4. 温度　显色反应与温度有很大关系,有些涉及氧化还原反应,提高温度可促进反应,但也可产生副反应。因此,显色反应须在适当温度下进行,一般的显色反应也可以在室温下进行。

5. 溶剂　溶液性质可直接影响被测物质对光的吸收,使其呈现不同的颜色。例如,苦味酸在水溶液中呈黄色,而在三氯甲烷中呈无色。显色反应产物的保证稳定性也与溶剂有关。例如,硫氰酸铁红色配合物在丁醇中比在水溶液中稳定。

三、测量条件的选择

（一）检测波长的选择

检测波长一般按照"吸收最大,干扰最小"原则,选择在待测组分最大吸收波长处,以保证测定灵敏度和准确度。若待测组分有几个最大吸收波长时,可选择不易出现干扰吸收、吸光度较大而且峰顶比较平坦的最大吸收波长。若干扰物质在最大吸收波长处有较强的吸收,可选用非最大吸收处的波长。

（二）溶剂的选择

采用紫外 - 可见分光光度法分析的样品一般都需要用溶剂溶解,而溶剂在一定波长范围内有吸收。表 7-3 列出了常用溶剂的截止波长。实际工作中一般选择溶剂规则为,在溶解度许可的条件下,尽量选择截止波长范围小的极性溶剂,但要注意溶剂的挥发性。

表 7-3　常用溶剂的截止波长

溶剂	截止波长 /nm	溶剂	截止波长 /nm
水	200	环己烷	200
乙腈	210	正己烷	220
95% 乙醇	210	二氯甲烷	235
乙醚	210	三氯甲烷	245
异丙醇	210	四氯甲烷	265
正丁醇	210	苯	280
甲醇	215	丙酮	330

（三）参比溶液的选择

测量试样溶液的吸光度时,需要消除溶液中其他成分、吸收池以及溶剂对光的反射和吸收所带来的误差,并且校正仪器零点。因此,需要根据试样溶液的性质,选择合适的空白溶液作参比。

1. 溶剂空白　指用溶剂(如蒸馏水、乙醇等)作为空白溶液。当试样溶液的组成较为简单、共存的其他组分很少且对测定波长的光几乎没有吸收,以及显色剂没有吸收时,可采用纯溶剂作为空白溶液作参比,这样可消除溶剂、吸收池等因素的影响。

2. 试剂空白　指完全按照显色反应的相同条件,只是不加试样,依次加入各种试剂和溶剂所得到的空白溶液。如果显色剂或其他试剂在测定波长有吸收,可采用试剂空白作为参比溶液,可消除试剂中组分所产生吸收的影响。

3. 试样空白　指在与显色反应同样条件下取同样量试样溶液,只是不加显色剂所制备的空白溶液。如果试样基体(除待测组分外的其他共存组分)在测定波长处有吸收,而与显色剂不起显色反应时,可采用试样空白作为参比溶液。

4. 不显色空白　指加入适当的掩蔽剂,使待测组分不与显色剂作用;或改变加入试剂的顺序,使待测组分不发生显色反应所制得空白溶液。适用于在测量波长下,显色剂和试样溶液中的干扰物质均有吸收的情况。

（四）吸光度的范围

吸光度在0.2～0.7范围,样品测定相对误差较小,是测量的适宜范围。按照《中国药典》(2020年版)要求,吸光度的 A 值控制在0.3～0.7。可通过调节待测溶液的浓度和吸收池的厚度来获得适宜的 A 。

第四节　应用与示例

一、定性分析

（一）定性分析

利用紫外吸收光谱的形状、吸收峰的数目、各吸收峰的波长和相应的吸收系数等可对部分有机化合物进行定性鉴别。

由于紫外 - 可见吸收光谱仅与分子结构中发色团、助色团等可产生吸收的官能团有关,不能表征分子的整体结构;光谱较简单,特征性不强,即使吸收光谱完全相同也不一定为相同的化合物。因此,这种方法的应用有较大的局限性。但是它适用于不饱和有机化合物,尤其是共轭体系的鉴定,并以此推测未知物的骨架结构。此外,可配合红外光谱法、核磁共振波谱法和质谱法等,对化合物进行定性鉴定和结构分析。定性分析一般采用对比法。

（1）比较吸收光谱的一致性:两个相同化合物,在同一条件下测定其吸收光谱应完全一致。利用这一特性,将试样与对照品用同一溶剂配制成相同浓度的溶液,分别测定其吸收光谱,然后比较光谱图是否完全一致。另外也可利用与标准谱图相同条件下测试得到的样品图谱与标准谱图比较。

（2）比较吸收光谱的特征数据:常用于鉴别的光谱特征数据有吸收峰 λ_{max} 和峰值吸收系数 ε 或 $E_{1cm}^{1\%}$ 。

例如,醋酸甲羟孕酮和炔诺酮分子中都存在 α, β- 不饱和羰基的特征吸收结构,最大吸收波长相同但相对分子量不同, $E_{1cm}^{1\%}$ 有明显差异,可用于鉴别。

醋酸甲羟孕酮（M=386.53）
λ_{max}240nm ± 1nm, $E_{1cm}^{1\%}$=408

炔诺酮（M=298.43）
λ_{max}240nm ± 1nm, $E_{1cm}^{1\%}$=571

（3）比较吸光度（或吸收系数）比值:有多个吸收峰的化合物,可利用在不同吸收峰(谷)处测得吸光度的比值 A_1/A_2 ,或 $\varepsilon_1/\varepsilon_2$ 作为鉴别的依据。

例如,2020年版《中国药典》对叶酸的鉴别方法:将检品按规定方法配成 10μg/ml 的溶液,分别测定256mm和365nm处的吸光度,两者比值应为2.8～3.0。

（二）纯度检查

1. **杂质检查** 利用试样与所含杂质在紫外-可见光区吸收的差异,可用作杂质检查。例如,苯在256nm处有吸收,环己烷则在此波长无吸收,可用于环己烷中含少量杂质苯的检出。

2. **杂质的限量** 检测药物地蒽酚中常有其制备的原料和氧化分解产物二羟基蒽醌。在三氯甲烷溶液中两者的紫外吸收光谱有显著差异,二羟基蒽醌在432nm处有最大吸收,而地蒽酚没有,如图7-15所示。2020年版《中国药典》规定,0.01%地蒽酚三氯甲烷溶液用1cm吸收池在432nm处测定,吸光度不得大于0.12,即相当于含二羟基蒽醌的含量不大于2.0%。

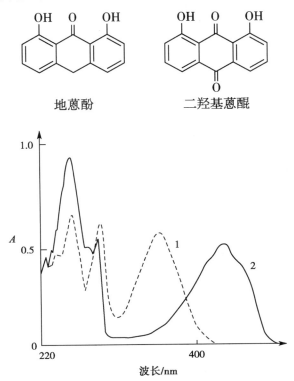

地蒽酚　　　　　　　　二羟基蒽醌

1—0.001%地蒽酚三氯甲烷溶液;2—0.000 9%二羟基蒽醌三氯甲烷溶液。
● 图7-15 地蒽酚和二羟基蒽醌的紫外吸收光谱

二、定量分析

（一）单组分样品的定量分析

如果在一个试样中只要测定一种组分,且在选定的测量波长下,试样中其他组分对该组分不干扰,这种单组分的定量分析较简单。常用的定量分析方法有吸收系数法、标准曲线法、标准对照法。

1. **吸收系数法** 根据Lambert-Beer定律,若l和吸收系数ε或$E_{1cm}^{1\%}$已知,即可根据供试品溶液测得的A值,求出待测组分的浓度。通常吸收系数可从手册或文献中查到。这种方法对仪器精度要求较高。

【例7-1】维生素B_{12}的水溶液在361nm处的$E_{1cm}^{1\%}$值为207,盛于1cm吸收池中,测得溶液的吸光度为0.621,计算溶液的浓度。

解: 根据Lambert-Beer定律:

$$c = \frac{A}{E_{1cm}^{\%}l} = \frac{0.621}{207 \times 1} = 0.003\,00\,(\text{g}/100\text{ml})$$

2. 标准曲线法 实际分析工作中最常用的一种方法。根据 Lambert-Beer 定律在一定条件下吸光度与浓度成线性关系,可借此进行定量分析。

先配制一系列浓度的对照品溶液,以不含待测组分的空白溶液作参比,测定系列溶液的吸光度,绘制 A-c 曲线,如图 7-16 所示,或根据两者的数值求出回归方程。在相同条件下测定试样溶液的吸光度,从标准曲线上找出与之对应的待测组分的浓度,或从回归方程中求出待测组分的浓度。

本法在仪器分析中广泛使用,简便易行,而且对仪器精度的要求不高;但不适合组成复杂的样品分析。

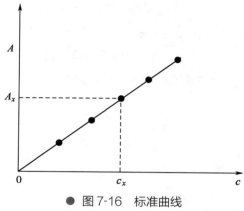

● 图 7-16 标准曲线

3. 标准对照法 在相同条件下配制对照品溶液和供试品溶液,在选定波长处,分别测其吸光度,根据朗伯-比尔定律,因对照品溶液和供试品溶液是同种物质、同台仪器及同一波长于厚度相同的吸收池中测定,故 l 和 K 均相等,则

$$c_{样} = \frac{A_{样} c_{标}}{A_{标}}$$
式 7-3

标准对照法应用的前提是方法学考察时制备的标准曲线过原点。

(二)多组分样品的定量分析

若样品中有两种或两种以上的吸光组分共存时,可根据吸收光谱相互重叠的情况分别采用不同的测定方法。

第一种情况是各组分的吸收峰互不重叠,如图 7-17(1)所示。此种情况下可按单组分的测定方法,分别在 λ_1 处测 a 的浓度而在 λ_2 处测 b 的浓度。

第二种情况是 a、b 两组分的吸收光谱有部分重叠,如图 7-17(2)所示。此种情况下可先在 λ_1 处按单组分测定法测出混合物中 a 的浓度 c_a,再在 λ_2 处测得混合物的吸光度 A_2^{a+b},然后根据吸光度的加和性,计算出 b 的浓度 c_b。

$$A_2^{a+b} = A_2^a + A_2^b = E_2^a c_a l + E_2^b c_b l$$

$$c_b = \frac{1}{E_2^b l}(A_2^{a+b} - E_2^a \cdot c_a l)$$
式 7-4

第三种情况是在混合物的测定中最常见的情况,各组分的吸收光谱相互重叠,如图 7-17(3)所示。原则上只要各组分的吸收光谱有一定的差异,都可以根据吸光度具有加和性原理设法测定,即采用计算分光光度法,如解线性方程组法、双波长分光光度法、导数光谱法等。

1. 解线性方程组法 吸收光谱相互重叠的两组分,若事先测出 λ_1 与 λ_2 处两组分各自的吸收系数,再在两波长处分别测得混合溶液吸光度 A_1^{a+b} 与 A_2^{a+b},即可通过解线性方程组法分别计算出试样中两组分的浓度(假定液层厚度 l 为 1cm)。

λ_1 波长处: $A_1^{a+b} = A_1^a + A_1^b = K_1^a c_a + K_1^b c_b$
式 7-5

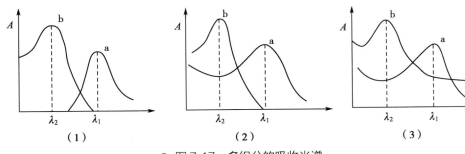

● 图 7-17　多组分的吸收光谱

λ_2 波长处：$A_2^{a+b} = A_2^a + A_2^b = K_2^a c_a + K_2^b c_b$　　　　　　　　　　式 7-6

解式 7-5 和式 7-6 得：

$$c_a = \frac{A_1^{a+b} \cdot K_2^b - A_2^{a+b} \cdot K_1^b}{K_1^a \cdot K_2^b - K_2^a \cdot K_1^b}$$　　　　　　式 7-7

$$c_b = \frac{A_2^{a+b} \cdot K_1^a - A_1^{a+b} \cdot K_2^a}{K_1^a \cdot K_2^b - K_2^a \cdot K_1^b}$$　　　　　　式 7-8

从理论上说，只要选用的波长点数等于或大于溶液所含的组分数，就可用于任意多组分试样的测定，但一般要求各组分的浓度相近，否则测定误差较大。

2. 等吸收双波长法　吸收光谱重叠的 a、b 两组分混合物中，若要消除组分 b 的干扰以测定 a，可从干扰组分 b 的吸收光谱上选择两个吸光度相等的波长 λ_1 和 λ_2，然后测定混合物的吸光度差值，最后根据 ΔA 值来计算 a 的含量。

$$A_1 = A_1^a + A_1^b \quad A_1 = A_1^a + A_1^b \quad A_2 = A_1^b$$

$$\Delta A = A_2 - A_1 = A_2^a - A_1^a = (E_2^a - E_1^a) c_a \cdot l$$　　　式 7-9

等吸收双波长消去法的关键是两个测定波长的选择，其原则是必须符合以下两个基本条件：①干扰组分 b 在这两个波长应具有相同的吸光度，即 $\Delta A^b = A_1^b - A_2^b = 0$；②待测组分在这两个波长处的吸光度差值 ΔA^a 应足够大。

用作图法说明两个波长的选定方法。如图 7-18 所示，a 为待测组分，可以选择组分 a 的最大吸收波长作为测定波长 λ_2，在这一波长位置作 x 轴的垂线，此直线与干扰组分 b 的吸收光谱相交于某一点，再从这一点作一条平行于轴的直线，此直线可与干扰组分 b 的吸收光谱相交于一点或数点，则选择与这些交点相对应的波长作为参比波长 λ_1。当 λ_1 有若干波长可供选择时，应当选择使待测组分的 ΔA 尽可能大的波长。若待测组分的最大吸收波长不适合作为测定波长 λ_2，也可以选择吸收光谱上其他波长，关键是要能满足两个基本条件。

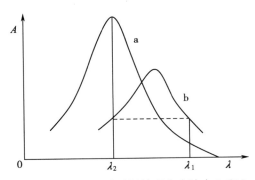

● 图 7-18　作图法选择等吸收点法中 λ_1 和 λ_2

根据式 7-9，待测组分 a 在两波长处的 ΔA 值越大越有利于测定。同样方法可消去组分 a 的干扰，测定 b 组分。

三、结构分析

（一）初步推断官能团

从紫外吸收光谱中可以初步推断官能团，一般规律如下。

（1）化合物在220～700nm之间无吸收，说明该化合物是脂肪烃、脂环烃或它们的简单衍生物（氯化物、醇、醚、羧酸类等），或非共轭烯烃。

（2）在210～250nm范围有强吸收带（$\varepsilon = 10^4$），说明分子中存在两个共轭的不饱和键（共轭二烯或 α，β- 不饱和羰基化合物）。

（3）在200～250nm范围有强吸收带（$\varepsilon = 10^3 \sim 10^4$），结合250～290nm范围的中等强度吸收带（$\varepsilon = 10^2 \sim 10^3$）或显示不同程度的精细结构，说明分子中有苯环存在。

（4）在270～350nm范围有弱吸收带（$\varepsilon = 10 \sim 100$），并且在200nm以上无其他吸收，说明分子中可能含有羰基。

（5）如果在300nm以上有强吸收带，说明化合物具有较大的共轭体系。

（二）判别顺反异构体

在紫外光谱法的应用中，一般顺式异构体的最大吸收波长比反式异构体短且 ε 小，如顺式和反式肉桂酸。

反式肉桂酸	顺式肉桂酸
$\lambda_{max} = 295nm$（$\varepsilon_{max} = 27\ 600$）	$\lambda_{max} = 280nm$（$\varepsilon_{max} = 13\ 500$）

（三）判别互变异构体

当某些有机物在溶液中有两个或两个以上容易互变的异构体处于动态平衡中，常导致紫外吸收光谱特征参数的变化。

例如乙酰乙酸乙酯有酮式和烯醇式间的互变异构。酮式异构体在近紫外光区的 λ_{max} 为272nm，是 $n \rightarrow \pi^*$ 跃迁所产生 R 吸收带。烯醇式异构体的 λ_{max} 为243nm，是 $\pi \rightarrow \pi^*$ 跃迁共轭体系的 K 吸收带。

酮式	烯醇式
$\lambda_{max} = 272nm$（$\varepsilon_{max} = 16$）	$\lambda_{max} = 243nm$（$\varepsilon_{max} = 16\ 000$）

四、其他应用

（一）酸碱解离常数的测定

如果有机弱酸或弱碱的酸式体和碱式体在紫外 - 可见光区有吸收，并且吸收曲线不重叠，就

有可能用紫外 - 可见分光光度法测定其解离常数。这种方法对于溶解度较小的有机弱酸或弱碱特别适用。

以一元弱酸 HA 为例, 解离反应平衡为:

$$HA \rightleftharpoons H^+ + A^-$$

为了求得解离常数 K_a, 配制一系列不同 pH 的浓度均为 c 的 HA 溶液, 用酸度计测得各溶液的 pH, 并在某一确定波长处测量各溶液的吸光度。吸光度与酸式体和碱式体的平衡浓度之间存在如下关系:

$$A = \varepsilon_{HA}[HA] + \varepsilon_{A^-}[A^-]$$ 式 7-10

由于 HA 与 A^- 互为共轭酸碱, 并且它们的平衡浓度之和等于总浓度 c, 故有:

$$A = \varepsilon_{HA}\delta_{HA}c + \varepsilon_{A^-}\delta_{A^-}c$$
$$= \varepsilon_{HA}\frac{[H^+]}{K_a + [H^+]}c + \varepsilon_{A^-}\frac{K_a}{K_a + [H^+]}c$$ 式 7-11

在强酸性溶液中, 可认为该弱酸全部以酸式体 HA 存在, 此时测得的吸光度为:

$$A_{HA} = \varepsilon_{HA}c$$

即

$$\varepsilon_{HA} = \frac{A_{HA}}{c}$$ 式 7-12

在强碱性溶液中, 可认为该弱酸全部以碱式体 A^- 存在, 此时测得的吸光度为:

$$A_{A^-} = \varepsilon_{A^-}c$$

即

$$\varepsilon_{A^-} = \frac{A_{A^-}}{c}$$ 式 7-13

将式 7-12 和式 7-13 代入式 7-11, 可得:

$$A = A_{HA}\frac{[H^+]}{K_a + [H^+]} + A_{A^-}\frac{K_a}{K_a + [H^+]}$$

整理得

$$K_a = \frac{A_{HA} - A}{A - A_{A^-}}[H^+]$$

或

$$pK_a = pH + \lg\frac{A - A_{A^-}}{A_{HA} - A}$$ 式 7-14

上式也可以改写为:

$$\lg\frac{A - A_{A^-}}{A_{HA} - A} = pK_a - pH$$ 式 7-15

式 7-14 和式 7-15 是利用紫外 - 可见分光光度法测定一元弱酸解离常数的基本公式, 式中 A_{HA} 和 A_{A^-} 分别为弱酸完全以酸式体和碱式体存在时溶液的吸光度, A 为一定 pH 时溶液的吸光度。吸光度 A_{HA}、A_{A^-}、A 及溶液的 pH 均可由实验测得。

由 n 个不同 pH 的浓度均为 c 的 HA 溶液, 根据式 7-14 可求得 n 个 pK_a, 最后取其平均值, 或根据式 7-15, 采用线性回归分析法或作图法求得 pK_a。

(二) 配合物组成及稳定常数的测定

根据配位反应中金属离子 M 被配位剂 L (或相反)所饱和的原则, 可用紫外 - 可见分光光度法测定配合物的组成。

（一）基本概念

1. 紫外 - 可见分光光度法是应用紫外 - 可见吸收光谱对物质进行定性、定量分析的方法，又称紫外 - 可见吸收光谱法。

2. 吸收光谱以波长 λ 为横坐标、吸光度 A（或透光率 T）为纵坐标绘制的待测物的吸收曲线。

3. 生色团（chromophore）系指分子中能在紫外 - 可见光范围内产生吸收的基团，也称为发色团。主要是可产生 $\pi \to \pi^*$ 或 $n \to \pi^*$ 跃迁的不饱和基团，如 $\mathrm{\rangle C=C\langle}$、$\mathrm{\rangle C=O}$、$\mathrm{\rangle C=S}$、$\mathrm{-N=N-}$、$\mathrm{-N=O}$ 等。

4. 助色团（auxochrome）系指含有非键电子的杂原子饱和基团，本身不能吸收波长大于 200nm 的光，但当它们与生色团相连时，能使该生色团的吸收峰向长波长方向移动，并使吸收强度增强。如 $\mathrm{-OH}$、$\mathrm{-SH}$、$\mathrm{-OR}$、$\mathrm{-SR}$、$\mathrm{-NH_2}$、$\mathrm{-Cl}$、$\mathrm{-Br}$、$\mathrm{-I}$ 等。

5. 红移和蓝移指化合物常因结构的变化（发生共轭作用、引入助色团等）或溶剂的改变而导致吸收峰的最大吸收波长 $\lambda_{\max}$ 发生移动。$\lambda_{\max}$ 向长波长方向移动称为红移，也称为长移；$\lambda_{\max}$ 向短波长方向移动称为蓝移或紫移，也称为短移。

6. 增色效应和减色效应指因化合物的结构改变或其他原因而导致吸收强度增强的现象称为增色效应，有时也称为浓色效应；反之，导致吸收强度减弱的现象称为减色效应，也称为淡色效应。

7. 强带和弱带是指摩尔吸收系数 ε 大于 10^4 的吸收带称为强带；摩尔吸收系数 ε 小于 10^2 的吸收带称为弱带。

8. 参比溶液测量时用于校正仪器零点及消除背景干扰的溶液，又称空白溶液。

9. 显色反应选用适当的试剂与不吸收紫外 - 可见光的待测物质定量反应生成对紫外 - 可见光有较大吸收的物质的反应称为显色反应，反应中所加试剂称为显色剂。

10. 试剂空白系指完全按照显色反应的相同条件，只是不加试样，依次加入各种试剂和溶剂所得到的空白溶液。

11. 试样空白系指在与显色反应相同条件下取同样量试样溶液，只是不加显色剂所制备的空白溶液。

（二）主要公式

1. 吸收系数法 $c_x = \dfrac{A_x}{E_{1cm}^{1\%} \cdot l}$ 或 $c_x = \dfrac{A_x}{\varepsilon \cdot l}$

2. 标准对照法 $c_x = \dfrac{A_x}{A_R} c_R$

（三）基本内容

1. 紫外 - 可见分光光度法的特点　灵敏度、准确度较高，选择性好，仪器设备简单、操作便捷。

2. 电子跃迁类型有 $\sigma \to \sigma^*$ 跃迁、$\pi \to \pi^*$ 跃迁、$n \to \pi^*$ 跃迁、$n \to \sigma^*$ 跃迁、电荷迁移跃迁、配位场跃迁；吸收带有 R 带、K 带、B 带、E 带；影响吸收带的因素位阻效应、跨环效应、溶剂效应及体系 pH 影响。

3．紫外 - 可见分光光度计

（1）主要部件：光源（钨灯或卤钨灯、氢灯或氘灯）、单色器（棱镜、光栅）、吸收池（玻璃、石英）、检测器（光电池、光电管、光电倍增管、光二极管阵列检测器）、信号处理与显示器。

（2）类型：单光束、双光束、双波长、光二极管阵列分光光度计。

4．偏离 Lambert-Beer 定律的因素分为化学因素（解离、缔合、溶剂化）和光学因素（非单色光、杂散光、非平行光、反射作用和散射作用）。

5．显色反应条件及其选择

（1）基本要求：灵敏度较高、定量关系确定、选择性好、显色产物稳定性好、显色剂与显色产物之间应有显著的颜色差别（显色产物与显色剂的最大吸收波长的差别应在 60nm 以上）。

（2）条件选择：影响显色反应的主要因素有显色剂用量、溶液酸度、反应时间、温度、溶剂等。通常采用单因素变化法确定各影响因素的最佳取值范围。

6．测量条件的选择

（1）测量波长的选择：最大吸收原则，吸收最大、干扰最小原则。

（2）溶剂的选择：溶剂的截止波长应小于待测组分的测量波长。

（3）狭缝宽度的选择：仪器的狭缝谱带宽度应小于待测组分吸收带半高宽度的 1/10。

（4）吸光度范围的选择：吸光度读数一般以在 0.3～0.7 之间为宜。

（5）参比溶液的选择：溶剂空白、试剂空白、试样空白、不显色空白等。

7．干扰消除方法　选择适当的测量波长、选择适当的参比溶液、控制酸度、选择适当的掩蔽剂、采用数学校正法、分离。

8．定性分析　对比吸收光谱的特征数据、对比吸光度或吸收系数的比值、对比吸收光谱的一致性。

9．定量分析

（1）单组分试样的定量分析：吸收系数法、标准曲线法、标准对照法。

（2）多组分试样的定量分析：解线性方程组法、等吸收双波长消去法。

10．结构分析　根据吸收谱带的位置及其强度，可以提供化合物的共轭体系和某些生色团、助色团的特征信息，用以推断化合物的骨架结构和官能团、判断异构体等。

思考题与习题

1．简述电子跃迁类型与分子结构的关系。

2．简述吸收带类型及其影响因素。

3．何为生色团？何为助色团？分别举例说明。

4．产生增色和减色效应、红移和蓝移的主要原因分别是什么？何为强带、弱带？

5．简述紫外 - 分光光度计的一般组成和各主要部件及其功能。

6．简述导致偏离 Lambert-Beer 定律的原因。

7．简述显色反应要求、类型及其条件选择。

8．空白溶液的作用是什么？简述空白溶液的类型及其怎样选择使用。

9．利用紫外 - 可见分光光度法进行定量分析时，为什么尽可能选择待测物质的最大吸收波长作为测量波长？如果最大吸收波长处存在其他吸光物质干扰测定怎么办？

10. 解释下列化合物在紫外光谱图上可能出现的吸收带及其跃迁类型。

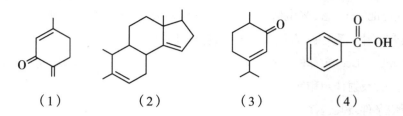

（1）　　　　　（2）　　　　　（3）　　　　　（4）

11. 某化合物的摩尔吸光系数为 13 000L/(mol·cm)，该化合物的水溶液在 1.0cm 吸收池中的吸光度为 0.425，试计算此溶液的浓度。

（3.27×10^{-5}mol/L）

12. 称取维生素 C 试样 0.050 0g 于 100ml 容量瓶中，用 0.02mol/L H_2SO_4 溶液溶解并定容，精密吸取此溶液 2ml，定容至 100ml，以 1cm 石英比色皿于 243nm 波长下测得吸光度为 0.551。已知维生素 C 的吸收系数 $E_{1cm}^{1\%} = 560$。求维生素 C 的质量分数。

（98.4%）

13. 称取维生素 B_{12} 对照品 20.00mg，加水准确稀释至 1 000ml，将此溶液置厚度为 1cm 的吸收池中，在 $\lambda = 361$nm 处测得 $A = 0.414$。另取两个试样，一为维生素 B_{12} 的原料药，称取 20.00mg，加水准确稀释至 1 000ml，同样条件下测得 $A = 0.390$，另一为维生素 B_{12} 注射液，吸取 1.00ml，稀释至 10.00ml，同样条件下测得 $A = 0.510$。试分别计算原料药中维生素 B_{12} 的质量分数和注射液中维生素 B_{12} 的质量浓度。

（94.2%；0.246g/L）

14. 有一化合物的醇溶液，其 $\lambda_{max} = 240$nm，$\varepsilon = 1.7 \times 10^4$，相对分子质量为 314.47。若仪器的 $\Delta T = 0.5\%$，试问配制什么浓度范围测定较为合适。

（$1.2 \times 10^{-5} \sim 4.1 \times 10^{-5}$mol/L）

15. A、B 两组分的混合溶液，已知 A 组分在波长 282nm 和 238nm 处的百分吸收系数分别为 720 和 270；而 B 组分在上述两波长处的吸光度相等。现把混合溶液盛于 1.0cm 吸收池，测得在 282nm 处的 $A = 0.442$，在 238nm 处的 $A = 0.278$，求混合溶液中 A 组分的浓度。

（0.364mg/100ml）

16. 一种有机弱酸，准确称取 3 份相同量的该物质，置于相同体积的 3 种不同介质中，配制成 3 份试液，在 25℃时于 427nm 波长处分别测量其吸光度。在 0.01mol/L HCl 溶液中，该酸不解离，吸光度为 0.062；在 0.01mol/L NaOH 溶液中，该酸完全解离，吸光度为 0.855；在 pH 6.22 的缓冲溶液中吸光度为 0.356。试计算该酸在 25℃时的解离常数。

（3.55×10^{-7}）

第七章同步练习

第八章　红外分光光度法

本章主要介绍红外分光光度法的基本原理、基本概念、仪器构件和基本分析方法,要求:

1. 掌握红外分光光度法的基本原理。
2. 熟悉主要有机化合物基团的典型光谱;红外分光光度法在定性分析、结构解析中的应用。
3. 了解红外光谱仪的构造与红外制样技术。

第一节　概述

红外分光光度法(infrared spectrophotometry, IR)是以红外光作为辐射源照射样品,记录样品吸收曲线的一种分析方法,又称红外吸收光谱法或红外光谱法。

红外光波是介于可见光与微波之间的电磁波,波长范围为 $0.80 \sim 500\mu m$,可分为近红外区、中红外区和远红外区。近红外区的波长范围为 $0.80 \sim 2.5\mu m$($12\ 500 \sim 4\ 000cm^{-1}$),中红外区的波长范围为 $2.5 \sim 25\mu m$($4\ 000 \sim 400cm^{-1}$),远红外区的波长范围为 $25 \sim 500\mu m$($400 \sim 20cm^{-1}$)。相应有近红外光谱(NIR)、中红外光谱(MIR)和远红外光谱(FIR),通常的红外光谱法指研究中红外区,是有机化合物红外吸收的重要区域。

红外光谱具有信息丰富、适用对象广泛(气态、液态、固态的样品都可进行测试)、样品用量少、仪器价格低廉、测试和维护费用低等优点,对于特征基团的判别快速而简便,在有机化合物结构鉴定中应用广泛。

近年来,红外光谱的定量分析应用有不少报道,尤其是近红外区、远红外区的研究。如近红外区用于含有 C、N、O 等原子相连基团化合物的定量分析,远红外区用于无机化合物研究等。本章主要介绍中红外区的相关内容。

第二节　基本原理

分子的红外光谱由分子中各基团和化学键的振动能级及转动能级跃迁所引起,故又叫振 - 转光谱,是一种分子吸收光谱。

红外吸收曲线的特征主要由吸收峰的位置（$\lambda_{\max}$、$\sigma_{\max}$）、吸收峰的数目及吸收峰的强度来描述。本节主要讨论红外吸收峰产生的原因、峰数、峰位、峰强及其影响因素。

一、红外光谱的产生

当红外光辐射物质时，若 $\Delta E_{总}$ 满足分子的振动、转动跃迁所需能量，引起分子振 - 转能级跃迁，则可能产生红外吸收光谱。

分子的振动能级大于转动能级，在分子发生振动能级跃迁时，不可避免有转动能级跃迁，通常无法测得纯振动光谱，为了学习方便，先讨论双原子分子的纯振动光谱。

（一）振动能级与振动光谱

若把双原子分子中 A 与 B 两个原子视为两个小球，其间的化学键看成质量可以忽略不计的弹簧，则两个原子间的伸缩振动，可近似看成沿键轴方向的简谐振动，双原子分子可视为谐振子（具有简谐振动性质的振子），如图 8-1。

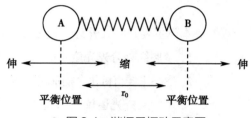

● 图 8-1 谐振子振动示意图

分子中原子以平衡点为中心以非常小的振幅做周期性振动，即简谐振动。若 r_0 为平衡时两原子之间的距离，r 为振动时某瞬间两原子之间的距离，U 为谐振子位能，三者之间的关系为：

$$U = \frac{1}{2}k(r - r_0)^2 \qquad \text{式 8-1}$$

式 8-1 中，k 为化学键力常数（N/cm）。当 $r = r_0$ 时，$U = 0$；当 $r > r_0$ 或 $r < r_0$ 时，$U > 0$。

谐振子模型的位能曲线如图 8-2 中 a-a' 所示。分子在振动时总能量 $E_V = U + T$，T 为动能。当 $r = r_0$ 时，$U = 0$，则 $E_V = T$。在 A、B 两原子距离平衡位置最远时，$T = 0$，$E_V = U$。

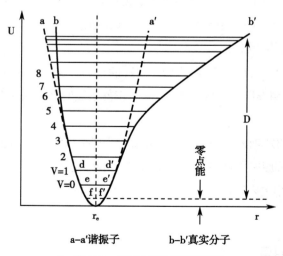

● 图 8-2 双原子分子位能曲线

为方便讨论问题，首先将微观物体宏观化，然后用经典力学理论来研究宏观物体在振动过程中势能随 r 的变化，并按式 8-1 绘制势能曲线。再将宏观物体应用量子力学理论向微观物体逼近，解薛定谔方程,得微观物体在振动过程中势能随振动量子数 V 的变化,见式 8-2。

$$E_V = \left(V + \frac{1}{2}\right) h\nu \qquad 式8\text{-}2$$

式 8-2 中,ν 是分子振动频率。V 是振动量子数,V = 0,1,2,3……,当 V = 0 时分子振动能级处于基态,$E_V = \frac{1}{2}h\nu$,为振动体系的零点能;当 V ≠ 0 时,分子的振动能级处于激发态。双原子分子(非谐振子)的振动位能曲线如图 8-2 中 b-b′所示。

分子吸收适当频率的红外辐射($h\nu_L$)后,由基态跃迁至激发态,其所吸收的光子能量必须等于分子振动能量之差,即 $h\nu_L = \Delta E_V = \Delta V h\nu$,则有:

$$\nu_L = \Delta V \cdot \nu \quad 或 \quad \sigma_L = \Delta V \cdot \sigma \qquad 式8\text{-}3$$

由式 8-3 可知,若把双原子分子视为谐振子,吸收红外线发生能级跃迁时所吸收的红外线频率(ν_L),只能是谐振子振动频率的 ΔV 倍。

若分子吸收某一频率的红外辐射后,由振动基态(V = 0)跃迁到第一激发态(V = 1)时,ΔV = 1,$\nu_L = \nu$,则所产生的吸收峰称为基频峰,为红外吸收光谱主要吸收峰。

(二)振动类型与振动自由度

分子中的化学键都能发生振动,各键的振动频率与化学键的性质及原子的质量有关。

1. 振动类型 双原子分子仅有一种振动类型,即伸缩振动;多原子分子则有两种振动类型。

(1)伸缩振动(stretching vibration):沿着键的方向的振动,只改变键长,不改变键角,以 ν 表示。可分为对称伸缩振动(ν_s)和不对称伸缩振动(ν_{as})。

(2)弯曲振动(bending vibration):为垂直化学键方向的振动,只改变键角而不影响键长,也称变角振动,以 δ 表示。可分为面内弯曲振动(β)和面外弯曲振动(γ)。面内弯曲振动又分为剪式振动(δ_s)和面内摇摆振动(ρ);面外弯曲振动又分为面外摇摆振动(ω)和扭曲振动(τ)。

以亚甲基(—CH₂—)为例,各种振动类型如图 8-3 所示。

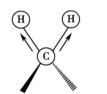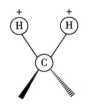

对称伸缩振动(ν_s)　不对称伸缩振动(ν_{as})　剪式振动(δ_s)　面内摇摆振动(ρ)　面外摇摆振动(ω)　扭曲振动(τ)
~2 850cm⁻¹　　　　~2 925cm⁻¹　　　~1 465 ± 20cm⁻¹　　~720cm⁻¹　　　~1 300cm⁻¹　　　~1 250cm⁻¹

"→":表示纸面上的振动; "+、−":表示垂直于纸面的振动。

● 图 8-3　亚甲基的振动类型

以上六种振动,以对称伸缩振动、不对称伸缩振动、剪式振动和面外摇摆振动较多。按能量高低顺序排列,通常是:

高频 ⟵ $\nu_{as} > \nu_s > \delta_s > \omega$ ⟶ 低频

此外,甲基(—CH₃)的弯曲振动还有对称和反对称之分,—CH₃ 的三个碳氢键,同时向中心或同时向外振动称为 δ_s(CH₃);—CH₃ 的三个碳氢键,其中一个向内而同时其他两个向外的不对

称振动称为 $\delta_{as}(CH_3)$。

2. 振动自由度　研究多原子分子时,常把其复杂振动分解为许多简单的基本振动(简正振动),基本振动的数目称为振动自由度(vibrational degree of freedom),以 f 表示。

因为标定一个原子在空间的位置,需要有 x、y、z 三个坐标,故一个原子有 3 个自由度。在含有 N 个原子的分子中,每一个原子都有 3 个自由度,所以分子自由度的总数应是 $3N$ 个自由度。分子作为一个整体,其运动状态又可分为平动、转动和振动三类,故:

分子自由度数($3N$)=平动自由度+振动自由度+转动自由度

则:f=分子自由度($3N$)$-$(平动自由度+转动自由度)

因为线性分子只有 2 个转动自由度,因其沿 z 轴转动时空间位置不发生变化,故不产生自由度。因此有:

非线性分子 $f=3N-(3+3)=3N-6$

线性分子 $f=3N-(3+2)=3N-5$

例如,线型分子 CO_2 分子有 4 个振动自由度;非线型分子 H_2O 有 3 个振动自由度;苯分子有 30 个振动自由度。

通常分子振动自由度数目越大,在红外吸收光谱中的峰数越多。

二、吸收峰的峰数

(一)吸收峰峰数

理论上,每个振动自由度(基本振动数)在红外光谱区均产生一个吸收峰带。但实际上,基频峰数目往往少于基本振动数目。主要原因有:①当振动过程中分子不发生瞬间偶极矩变化时,不引起红外吸收(称为红外非活性的振动);②频率完全相同的振动彼此发生简并;③强宽峰通常要覆盖与它频率相近的弱而窄的吸收峰;④吸收峰有时落在中红外区域以外;⑤吸收强度太弱,以致无法测定。

【例8-1】水分子基本振动形式及 IR 光谱。

水分子属于非线性分子,振动自由度 $= 3 \times 3 - 6 = 3$。分别为 $\nu_{s(O-H)}3\,652\text{cm}^{-1}$; $\nu_{as(O-H)}3\,756\text{cm}^{-1}$; $\delta_{s(O-H)}1\,595\text{cm}^{-1}$。

【例8-2】CO_2 分子的基本振动形式及 IR 光谱。

CO_2 为线性分子,其振动自由度为 4,具体振动形式及其红外光谱如图8-4所示。

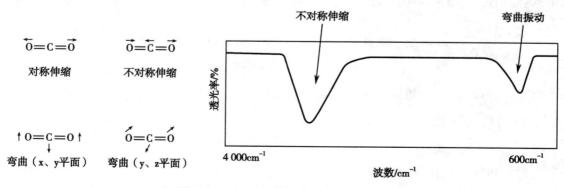

● 图8-4　CO_2 分子的振动形式及红外光谱图

CO_2分子理论上应有四种基本振动形式,但实际上只在$667cm^{-1}$和$2\,349cm^{-1}$处出现两个基频吸收峰,如图8-4所示。这是因为其中对称伸缩振动不引起偶极矩的改变,是红外非活性的振动,因此无吸收峰;而面内弯曲振动($\beta_{C=O}\,667cm^{-1}$)和面外弯曲振动($\gamma_{C=O}\,667cm^{-1}$)又因频率完全相同,峰带发生简并。

(二)吸收峰相关术语

化合物的红外光谱有很多吸收峰,根据吸收峰的频率与基本振动频率的关系,可将其分为基频峰与泛频峰。根据吸收峰与基团的相关性有特征峰与相关峰。根据吸收峰所处区域红外光谱图可划为特征区与指纹区。

1.基频峰与泛频峰

(1)基频峰:当分子吸收一定频率的红外辐射后,从振动能级基态(V_0)跃迁至第一激发态(V_1)时,产生的吸收峰叫基频峰(fundamental band)。

基频峰频率为分子中某种基团的基本振动频率。基频峰的强度一般较大,是红外光谱上最重要的一类吸收峰。

(2)泛频峰:包括倍频峰(overtone band)、合频峰、差频峰和泛频峰。

当分子吸收某一频率的红外光后,振动能级从基态(V_0)跃迁至第二激发态(V_2)、第三激发态(V_3)等所产生的吸收峰,分别称为二倍频峰、三倍频峰等。实际上,倍频峰(overtone band)的振动频率总是比基频峰频率的整数倍略低一点。倍频峰的强度比基频峰弱得多,三倍频以上的峰因强度极弱而难以直接测出。

红外光谱中还会产生合频峰或差频峰,分别对应两个或多个基频之和或之差。合频峰、差频峰又叫组频峰,其强度也很弱,一般不易辨认。倍频峰、合频峰和差频峰统称为泛频峰,泛频峰都是弱峰,且多数出现在近红外区,泛频峰的存在增加了红外光谱鉴别分子结构的特征性。

2.特征峰与相关峰

(1)特征峰:凡能证明某官能团的存在又易辨认的吸收峰称为特征吸收峰(characteristic absorption band),简称特征峰。

(2)相关峰:一个基团除了有特征峰外,还有很多其他振动形式的吸收峰,习惯上把这些相互依存又相互佐证的吸收峰叫相关峰。

例如,羧基(—COOH)的红外吸收峰:v_{O-H}在$3\,400\sim2\,400cm^{-1}$区间有很宽的吸收峰,$v_{C=O}$在$1\,710cm^{-1}$附近有强、宽吸收峰,v_{C-O}在$1\,260cm^{-1}$附近有中等强度吸收峰,δ_{O-H}(面外弯曲)在$930cm^{-1}$附近有弱宽峰。这一组特征峰是因羧基的存在而存在的,故为相关峰。

在确定有机化合物中是否存在某种官能团时,首先应当注意有无特征峰,但是相关峰的存在也是有力的辅证。

3.特征区与指纹区

(1)特征区:有机化合物分子中一些主要官能团的特征吸收多发生在红外区域$4\,000\sim1\,333cm^{-1}$($2.5\sim7.5\mu m$)。该区域吸收峰比较容易辨认,故通常把该区域叫特征谱带区。

(2)指纹区:红外光谱上$1\,333\sim400cm^{-1}$($7.5\sim25\mu m$)的低频区,通常称为指纹区。在该区域中各种官能团的特征频率不具有鲜明的特征性。出现的峰主要是C—X(X=C,N,O)单键的伸缩振动及各种弯曲振动。由于这些单键的键强差别不大,原子质量又相似,所以峰带特别密集,就像人的指纹,故称指纹区,因而指纹区能够识别不同的化合物。通常将红外光谱划分为九个区段,见表 8-1。

表 8-1　红外光谱的九个重要区段

σ/cm^{-1}	$\lambda/\mu m$	振动形式
3 750~3 000	2.7~3.3	ν_{OH}、ν_{NH}
3 300~3 000	3.0~3.4	$\nu_{\equiv CH} > \nu_{=CH} \approx \nu_{Ar-H}$
3 000~2 700	3.3~3.7	ν_{CH}(—CH_3,—CH_2 及 CH,—CHO)
2 400~2 100	4.2~4.9	$\nu_{C\equiv C}$、$\nu_{C\equiv N}$
1 900~1 650	5.3~6.1	$\nu_{C=O}$(酸酐、酰氯、酯、醛、酮、羧酸、酰胺)
1 675~1 500	5.9~6.2	$\nu_{C=C}$、$\nu_{C=N}$
1 475~1 300	6.8~7.7	β_{CH}、β_{OH}(各种面内弯曲振动)
1 300~1 000	7.7~10.0	ν_{C-O}(酚、醇、醚、酯、羧酸)
1 000~650	10.0~15.4	$\gamma_{=CH}$(不饱和碳氢面外弯曲振动)

三、吸收峰的位置

吸收峰的位置简称峰位,通常用 σ_{max}(或 ν_{max}、λ_{max})表示,即振动能级跃迁时所吸收的波数 σ_L(或频率 ν_L、波长 λ_L)。对基频峰而言,$\sigma_{max} = \sigma$,基频峰的峰位即是基团或分子的基本振动频率。其他峰,则有 $\sigma_{max} = \Delta V \sigma$。

每种基频峰的峰位都在一段区间内,这是因为同一种基团、同一种振动形式跃迁,会受不同化学环境的影响,使吸收峰的位置有所差异。基频峰的位置主要由四方面因素决定:化学键两端原子的质量、化学键力常数、分子内部影响因素和外部影响因素。

(一)基本振动频率

由于在常温下,分子的振动能级都处于基态,即使受到外能的作用,振动量子数的变化(ΔV)也很小(通常为 1~3)。由图 8-2 可见,当势能变化不大时,两条曲线的重合性较好,可用经典力学的理论与方法处理微观物体所遇到的问题,如振动频率公式的导出等分子中每个谐振子的振动频率(ν)可由 Hooke 定律导出。

$$\nu = \frac{1}{2\pi}\sqrt{\frac{k}{\mu}}(s^{-1})　　　　式 8-4$$

式 8-4 中,ν 为化学键的振动频率;k 为化学键力常数,即两原子由平衡位置伸长 0.1nm 后的恢复力;μ 为双原子的折合质量,即 $\mu = \dfrac{m_A m_B}{m_A + m_B}$,$m_A$、$m_B$ 分别为化学键两端的原子 A、B 的质量。

因为 $\sigma = \dfrac{1}{\lambda} = \dfrac{\nu}{c}$ 所以 $\sigma = \dfrac{1}{2\pi c}\sqrt{\dfrac{k}{\mu}}$

为应用方便计算,用原子 A、B 的折合相对原子质量(简称原子量)μ' 代替折合质量 μ,于是可得式 8-5。

$$\sigma = 1\,307\sqrt{\frac{k}{\mu'}}\ (\text{cm}^{-1})\qquad\qquad \text{式 8-5}$$

式 8-5 说明双原子基团的基本振动频率的大小取决于键两端原子的折合原子量和键力常数,即取决于分子的结构特征。某些键的伸缩力常数见表 8-2。

表 8-2　某些键的伸缩力常数 /(N/cm)

化学键	分子	k	化学键	分子	k
H—F	HF	9.7	H—C	$CH_2{=}CH_2$	5.1
H—Cl	HCl	4.8	C—Cl	CH_3Cl	3.4
H—Br	HBr	4.1	C—C		4.5~5.6
H—I	HI	3.2	C=C		9.5~9.9
H—O	H_2O	7.8	C≡C		15~17
H—S	H_2S	4.3	C—O		5.0~5.8
H—N	NH_3	6.5	C=O		12~13
C—H	CH_3X	4.7~5.0	C≡N		16~18

【例 8-3】由表 8-2 中查得 C=C 键的 $k=9.5\sim9.9$,取 9.6,计算波数。

解　$\sigma = 1\,307\sqrt{\dfrac{k}{\mu'}} = 1\,307\sqrt{\dfrac{9.6}{12\times12/(12+12)}} = 1\,650\,(\text{cm}^{-1})$

正己烯中 C=C 键伸缩振动频率实测值为 $1\,652\text{cm}^{-1}$。

(二)基频峰分布

由式 8-5 可知,折合相对质量相同时,化学键力常数越大,则基本振动频率越大。化学键相同时,折合相对质量 μ' 越大,其吸收频率越低。

例如,$\mu_{C\equiv C}=\mu_{C=C}=\mu_{C-C}$,而 $k_{C\equiv C}>k_{C=C}>k_{C-C}$,则 $\sigma_{C\equiv C}>\sigma_{C=C}>\sigma_{C-C}$,分别约为 $2\,060\text{cm}^{-1}$、$1\,680\text{cm}^{-1}$ 和 $1\,190\text{cm}^{-1}$。

图 8-5 是一些主要基团的基频峰峰位分布图。由图横向比较可得:

(1)折合质量越小,伸缩振动频率越高。

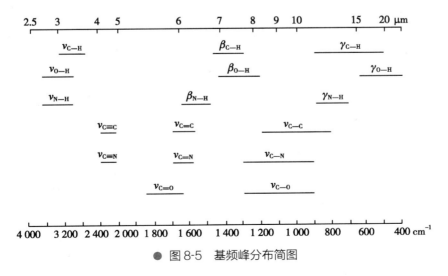

● 图 8-5　基频峰分布简图

（2）折合质量相同，键力常数越大，伸缩振动频率越高。

（3）同一基团的各种振动形式，伸缩振动频率 $\nu > \beta > \gamma$。

（三）影响因素

吸收峰的位置可由化学键两端的原子质量和化学键的键力常数来估算。简单的分子其计算值与实测值差异不大，在较复杂的分子中，基团间存在相互影响，使峰位产生 $100 \sim 10 \text{cm}^{-1}$ 的位移，其原因是受内部及外部因素影响所致。

1. 内部因素　指化合物的内部结构因素。

（1）电子效应（electronic effect）：主要有诱导效应（inductive effect，简称 I 效应）和共轭效应（conjugative effect，简称 +C 效应）。

1）诱导效应：因分子中的电负性取代基的静电诱导作用，使键的极性变化，改变了键的力常数，进而改变了化学键或官能团的特征吸收频率，这种现象叫诱导效应。以羰基为例，当一强吸电子基团和羰基邻接时，它就要和 C=O 氧原子争夺电子，降低羰基的极性，增强其双键性，力常数 K 增加，因而 $\bar{\nu}$ 就越大。故 $\nu_{C=O}$ 吸收峰将移向高波数区，如：

	R—C(=O)—R	R—C(=O)—H	R—C(=O)→Cl	R—C(=O)→F	F←C(=O)→F
$\nu_{C=O}$（cm^{-1}）	1 715	1 730	1 800	1 920	1 928

2）共轭效应：因分子中形成 π-π 共轭或 p-π 共轭而引起的某些键的振动频率和强度改变的现象叫共轭效应。共轭效应引起电子密度平均化，使 C=O 的双键性降低，力常数 K 减小，故吸收峰移向低波数区。对 π-π 共轭体系而言，共轭效应比较简单，两个 C=C 的共轭（如共轭多烯）或 C=C 和 C=O 的共轭（如 α，β- 不饱和羰基化合物），其结果都是双键的振动频率向低波数区位移。但在 p-π 共轭体系中，诱导效应与共轭效应常同时存在，谱带位移方向取决于哪一种作用占主导地位，使 π 键伸缩振动频率可能减小或增大。例如，下列化合物的 $\nu_{C=O}$ 变化：

化合物	R—C(=O)—R	R—C(=O)—NH₂	R—C(=O)—Cl	R—C(=O)—O—R
$\nu_{C=O}$（cm^{-1}）	1 710~1 725	1 650~1 690	约 1 800	约 1 735

因此对酰胺来说，共轭效应的影响超过了诱导效应，使羰基的双键性减弱，吸收频率降低，而对于酰氯来说，诱导效应的影响超过了共轭效应，故使 $\nu_{C=O}$ 吸收频率升高。

（2）空间效应（steric effect）：主要有空间位阻和环张力。

1）空间位阻：指同一分子中各基团间在空间的位阻作用。共轭作用对空间位阻最为敏感，空间位阻使共轭体系的共平面性受到影响或破坏，吸收频率向高波数方向移动。

	A	B	C
$\nu_{C=O}$（cm^{-1}）	1 663	1 686	1 693

化合物 C 的空间障碍比较大,使环上双键与 C=O 的共轭受到限制,故 C 中 C=O 的双键性强于 A 和 B,吸收峰出现在高波数区。

2）环张力:当形成环状分子时,必须改变原来正常的键角而产生键的弯曲,于是就存在抵抗弯曲的张力,随着环的缩小,键角减小,键的弯曲程度随之增大,环的张力也逐渐增加,这使得环内双键被减弱,$v_{C=C}$ 频率降低,$v_{=C-H}$ 频率升高;而使得环外双键、环上羰基被加强,$v_{C=C}$ 和 $v_{C=O}$ 的频率升高。例如:

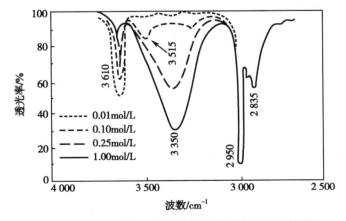

$$v_{C=C}（cm^{-1}）\quad 1\,650\quad\quad 1\,657\quad\quad 1\,678\quad\quad 1\,781$$

（3）氢键效应（hydrogen bond effect）:氢键的形成,对谱带位置和强度都有极明显的影响。通常可使伸缩频率向低波数位移,谱带变宽变强。分为分子内氢键和分子间氢键。

1）分子内氢键:分子内氢键的形成可使伸缩振动谱带大幅度地向低波数方向移动,与浓度无关。例如,羟基和羰基形成分子内氢键,$v_{C=O}$ 及 v_{OH} 都向低波数区移动。

	形成分子内氢键	未形成分子内氢键
$v_{C=O}（cm^{-1}）$	1 622（缔合）	1 675（游离）
	1 676（游离）	1 673（游离）
$v_{OH}（cm^{-1}）$	2 843（缔合）	3 615~3 605（游离）

2）分子间氢键:醇与酚的羟基,在极稀的溶液中呈游离状态,在 3 650～3 600cm^{-1} 出现吸收峰;随着浓度增加,分子间形成氢键,故 v_{OH} 向低波数方向移动至 3 515cm^{-1}（二聚体）及 3 350cm^{-1}（多聚体）。不同浓度乙醇的四氯化碳溶液的红外光谱如图 8-6 所示。

● 图 8-6　不同浓度乙醇的四氯化碳溶液的红外光谱图

（4）互变异构：分子发生互变异构，吸收峰也将发生位移。例如，乙酰乙酸乙酯有酮式和烯醇式的互变异构，产生不同的吸收峰。

$$H_3C-\overset{\overset{O}{\|}}{C}-CH_2-\overset{\overset{O}{\|}}{C}-OC_2H_5 \rightleftharpoons H_3C-\overset{\overset{OH}{|}}{C}=CH-\overset{\overset{O}{\|}}{C}-OC_2H_5$$

	A 酮式	B 烯醇式
$v_{C=O}$（cm^{-1}）	1 738, 1 717	1 650
v_{OH}（cm^{-1}）	3 000	

（5）振动耦合效应和 Fermi（费米）共振：当两个频率相同或相近的基团在分子中靠得很近时，其相应的特征吸收峰常发生裂分，形成两个峰，这种现象叫振动耦合效应。

例如，丙二烯的两个双键的振动耦合，产生了 1 960cm⁻¹ 和 1 070cm⁻¹ 处的裂分吸收峰。

当某一振动的倍频或组频位于另一强的基频峰附近时，由于相互间强烈的振动耦合作用，使原来很弱的泛频峰强化（或出现裂分双峰），这种特殊的振动耦合称为 Fermi 共振。

例如，醛基的 v_{C-H} 基频与 δ_{C-H} 倍频接近，产生 Fermi 共振，在 2 840cm⁻¹、2 720cm⁻¹ 左右产生两个中等强度的吸收峰，是鉴定醛的特征吸收峰。

2. 外部因素　通常，同一种物质的分子在不同的物理状态下进行测试、溶剂极性不同、溶液浓度和温度的改变、红外光谱仪类型的差异等外部条件都可能使溶质的红外光谱发生变化。在解析红外光谱时，也必须考虑这些外部因素对峰位的影响。

四、吸收峰的强度

红外吸收峰的强度通常是指各峰的相对强度，主要取决于振动时分子偶极矩变化的大小。只有偶极矩发生变化的振动形式，才能吸收与其振动具有相同频率的红外线能量，产生相应的吸收峰。而且瞬间偶极矩越大，吸收峰越强。而偶极矩与分子结构的对称性有关，振动的对称性越高，振动中分子偶极矩变化越小，谱带强度也就越弱。因而一般说来，极性较强的基团（如 C=O，C—X 等）振动，吸收强度较大；极性弱的基团（如 C=C、C—C、N=N 等）振动，吸收较弱。

红外光谱的绝对峰强可以用摩尔吸光系数 ε 表示，通常，$\varepsilon > 100$ 时，表示峰很强，用 vs 表示；$\varepsilon = 20\sim100$ 时，为强峰，用 s 表示；$\varepsilon = 10\sim20$ 时，为中强峰，用 m 表示；$\varepsilon = 1\sim10$ 时，为弱峰，用 w 表示；$\varepsilon < 1$ 时，为极弱峰，用 vw 表示。

红外光谱用于定性分析时所指的峰强一般是指相对强度。峰的强度和性状表示方式：s（强），m（中），w（弱），b（宽峰），sh（肩峰）。

五、典型光谱

通过了解各类有机化合物的红外光谱特征，可以识别红外光谱与分子结构的关系。

（一）烷烃类

烷烃类化合物的红外光谱中，有价值的特征峰是 v_{C-H} 3 000～2 850cm⁻¹（s）和 δ_{C-H}1 470～

1 375cm^{-1}。饱和化合物的碳氢的伸缩振动均在 3 000cm^{-1} 以下区域，不饱和化合物的碳氢伸缩振动均在 3 000cm^{-1} 以上区域，由此可以区分饱和及不饱和化合物。

1. ν_{C-H} 主要有甲基和亚甲基，有对称与不对称伸缩振动。

CH$_3\nu_{as}$(2 960±15)cm^{-1}(s); ν_s(2 870±15)cm^{-1}(s)

CH$_2\nu_{as}$(2 926±10)cm^{-1}(s); ν_s(2 852±10)cm^{-1}(s)

CHν(2 890±10)cm^{-1}(w)；一般被 CH$_3$ 和 CH$_2$ 的 ν_{CH} 所掩盖，不易检出。

2. δ_{C-H} 由甲基和亚甲基产生。

CH$_3\delta_{as}$(1 450±20)cm^{-1}(m); δ_s(1 375±10)cm^{-1}(s)

CH$_2\delta_{as}$(1 465±10)cm^{-1}(m)

（1）当两个或三个 CH$_3$ 在同一碳原子上时，由于同碳位的两个同相位或反相位的面内弯曲振动耦合使 δ_s(1 375±10)cm^{-1} 吸收带裂分为双峰。异丙基—CH(CH$_3$)$_2$ 的 δ_s 吸收峰大约位于 1 385cm^{-1} 和 1 370cm^{-1} 处，其强度几乎相等，或分叉为主带和肩带(见图 8-7)。叔丁基—C(CH$_3$)$_3$ 振动耦合使对称弯曲振动裂分为位于 1 395cm^{-1} 和 1 365cm^{-1} 处两条谱带，低频吸收带的强度比高频吸收带强一倍。

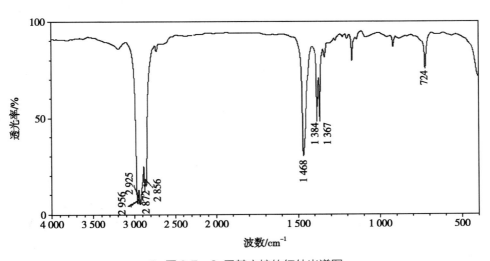

● 图 8-7　2- 甲基辛烷的红外光谱图

（2）CH$_2$ 的面内摇摆振动频率(ρ_{CH})随邻 CH$_2$ 数目而变化。在—(CH$_2$)$_n$—中 $n \geqslant 4$ 时，ρ_{CH} 峰出现在(722±10)cm^{-1}(m)处。随着相连 CH$_2$ 个数的减少，峰位有规律地向高频移动。据此可判断分子中—CH$_2$ 链的长短。

（3）在环烷烃中，CH$_2$ 的伸缩振动频率，随着环张力的增加，sp^2 杂化程度增加，ν_{C-H} 向高频位移，如环丙烷中的 $\nu_{as(CH)}$ 出现在 3 050cm^{-1}，强度减弱。

（二）烯烃类

烯烃类化合物的红外光谱特征是 $\nu_{C=C}$1 695～1 540cm^{-1}(w)，$\nu_{=C-H}$ 3 095～3 000cm^{-1}(m)，$\gamma_{=C-H}$1 010～667cm^{-1}(s)。

（1）$\nu_{=C-H}$：凡是未全部取代的双键在 3 000cm^{-1} 以上区域应有键的伸缩振动吸收峰。结合碳碳双键特征峰可确定其是否为烯烃类。

（2）$\nu_{C=C}$：烯烃的$\nu_{C=C}$大多在1 650cm^{-1}附近，一般强度较弱。

$\nu_{C=C}$的强度和取代情况有关，乙烯或具有对称中心的反式烯烃和四取代烯烃的$\nu_{C=C}$峰消失；共轭双键或C=C与C=O、C≡N、芳环等共轭时，$\nu_{C=C}$频率降低10～30cm^{-1}。

（3）$\gamma_{=C-H}$：烯烃的$\gamma_{=C-H}$受其他基团的影响较小，峰较强，具有高度特征性，可用于烯烃的定性，确定烯类化合物的取代类型（图8-8）。

如乙烯基的$\gamma_{=C-H}$于（990±5）cm^{-1}和（910±5）cm^{-1}出现双峰；反式单烯取代的$\gamma_{=C-H}$出现在（965±10）cm^{-1}，顺式单烯双取代的$\gamma_{=C-H}$出现在（690±10）cm^{-1}。

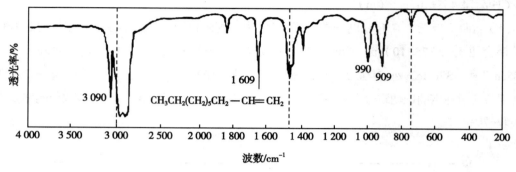

● 图8-8　1-癸烯的红外光谱图

（三）炔烃类

炔烃类化合物主要有三种类型的振动：$\nu_{C≡C}$2 270～2 100cm^{-1}（尖锐），$\nu_{≡C-H}$3 300cm^{-1}（s，尖锐），$\gamma_{≡C-H}$645～615cm^{-1}（强，宽吸收），如图8-9。

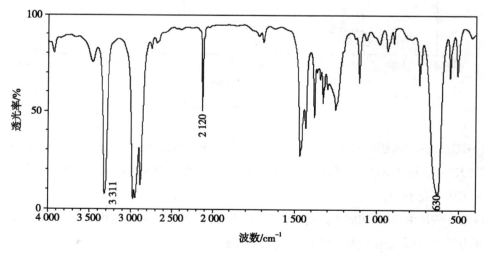

● 图8-9　1-己炔的红外光谱图

（四）芳烃类

芳烃类主要特征吸收峰有ν_{Ar-H}3 100～3 000cm^{-1}（m），$\nu_{C=C(Ar)}$1 600cm^{-1}、1 500cm^{-1}（m～s），γ_{Ar-H}910～665cm^{-1}（s）及泛频峰2 000～1 667cm^{-1}（w，vw）。

（1）$\nu_{=C-H}$: 芳氢伸缩振动（$\nu_{=C-H}$）大多出现在 3 070～3 030cm^{-1}，峰形尖锐，常和苯环骨架振动（$\nu_{C=C}$）的合频峰在一起，形成整个吸收带。

（2）$\nu_{C=C}$: 苯环骨架振动（$\nu_{C=C}$）在 1 650～1 430cm^{-1} 区域出现 2～4 个强度不等而尖锐的峰。

（3）$\beta_{=C-H}$: 芳氢面内弯曲振动（$\beta_{=C-H}$）在 1 250～1 000cm^{-1} 出现强度较弱的吸收峰。

（4）$\gamma_{=C-H}$: 芳氢面外弯曲振动（$\gamma_{=C-H}$）常在 910～665cm^{-1} 处出现吸收峰，用于芳环的取代位置和数目的鉴定。单取代的 $\gamma_{=C-H}$ 出现在 690cm^{-1} 和 750cm^{-1}；邻二取代的 $\gamma_{=C-H}$ 出现在 750cm^{-1}；间二取代的 $\gamma_{=C-H}$ 有三个峰出现在 690cm^{-1}、780cm^{-1}、880cm^{-1}；对二取代的 $\gamma_{=C-H}$ 是单峰，出现在 860～800cm^{-1}。如图 8-10。

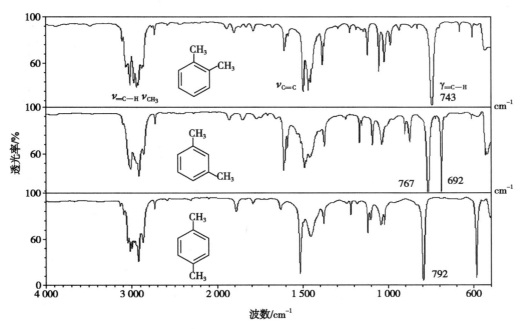

● 图 8-10　邻、间及对位二甲苯的红外光谱光谱图

（5）取代苯的泛频峰: 来源于 $\gamma_{=C-H}$ 910～665cm^{-1} 的倍频峰和合频峰，峰强较弱，常与 $\gamma_{=C-H}$ 峰联用来鉴别芳环的取代基的数目与位置。

（五）醇、酚及羧酸类

醇、酚及羧酸类化合物均含有羟基。对比正辛醇、丙酸、苯酚的红外光谱图（图 8-11），发现它们具有某些相同的特征峰，如 ν_{O-H} 和 ν_{C-O}。此外，羧酸有 $\nu_{C=O}$，酚具有苯环特征吸收峰。

1. ν_{O-H}　在气态或非极性稀溶液中，游离的醇或酚 ν_{O-H} 位于 3 650～3 590cm^{-1} 范围内，强度不定但峰形尖锐。

羧酸的羟基与醇类不同，具有很强的结合力，在通常测定条件下，都要形成氢键缔合，在 3 300～2 500cm^{-1} 范围内形成独特的一个宽峰。

在液态或极性溶液中，该类化合物均产生氢键缔合，形成二聚体或多聚体，导致向低频方向移动。通常二聚体的 ν_{O-H} 比游离羟基频率低 120cm^{-1}，多聚体的 ν_{O-H} 约低 30cm^{-1}。

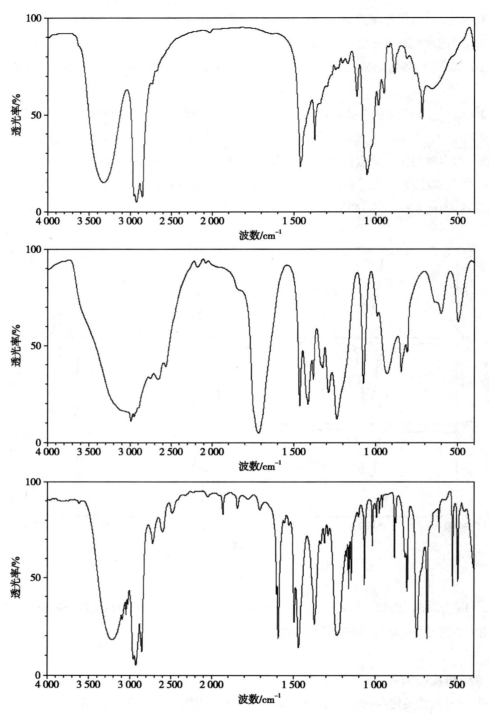

● 图 8-11　正辛醇、丙酸、苯酚的红外光谱图

2. ν_{C-O} 及 δ_{O-H}　ν_{C-O} 峰较强，是羟基化合物的第二特征峰。

醇的 ν_{C-O} 为 1 250～1 000cm^{-1}；酚的 ν_{C-O} 为 1 335～1 165cm^{-1}；羧酸 ν_{C-O} 出现在 1 266～1 205cm^{-1}。

δ_{O-H} 较弱，且峰位与 ν_{C-O} 接近，因此，常把此区段出现的双峰视为 ν_{C-O} 及 δ_{O-H} 耦合所致，不细分它们的归属。

3. $\nu_{C=O}$　羧酸独有的重要特征吸收峰，峰位为 1 740～1 650cm^{-1} 的高强吸收峰，干扰较少。可据此区别羧酸与醇和酚。

（六）醚类

醚类化合物最主要的吸收峰主要是 $1\,300\sim1\,000cm^{-1}$ 的 v_{C-O}。由于醇、酚和酯类化合物在这个区间也存在 v_{C-O}，因此只有在否定了羟基和羰基存在的前提下，才能肯定 $1\,300\sim1\,000cm^{-1}$ 的 v_{C-O} 是来自醚类化合物。

苯基醚和乙烯基醚在 $1\,300\sim1\,000cm^{-1}$ 区间两端各呈现一个强峰，它们分别是 $v_{s(C-O-C)}$ $1\,275\sim1\,200cm^{-1}(s)$，$v_{as(C-O-C)}1\,075\sim1\,020cm^{-1}$，如图 8-12 为苯甲醚的红外光谱图。而脂肪醚在该区间的右方呈现一个峰：$v_{as(C-O-C)}1\,150\sim1\,050cm^{-1}$，如图 8-13 为乙醚的红外光谱图。

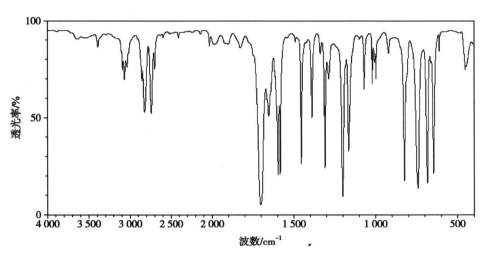

● 图 8-12　苯甲醚的红外光谱图

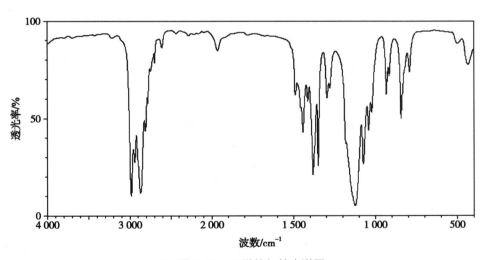

● 图 8-13　乙醚的红外光谱图

（七）醛和酮类

醛、酮类化合物均含羰基。羰基峰强度大，易识别，且很少与其他峰重叠。$v_{C=O}$ 受羰基相连的基团影响，峰位变化较大。

饱和脂肪醛为 $1\,755\sim1\,695cm^{-1}$，α、β- 不饱和醛为 $1\,705\sim1\,680cm^{-1}$，芳醛为 $1\,725\sim1\,665cm^{-1}$。饱和链状酮为 $1\,725\sim1\,705cm^{-1}$，α、β- 不饱和酮为 $1\,685\sim1\,665cm^{-1}$，而芳酮为 $1\,700\sim1\,680cm^{-1}$。

醛类化合物的红外光谱除 $\nu_{C=O}$ 外,在 2 900～2 700cm^{-1} 区域出现 Fermi 共振峰(ν_{C-H}),一般这两个峰在 2 820cm^{-1} 和 2 740～2 720cm^{-1} 出现,后者较尖,强度中等。与其他 C—H 伸缩振动互不干扰,很易识别,是鉴别醛基最有用的吸收峰,由此区别酮类化合物。如图 8-14、图 8-15。

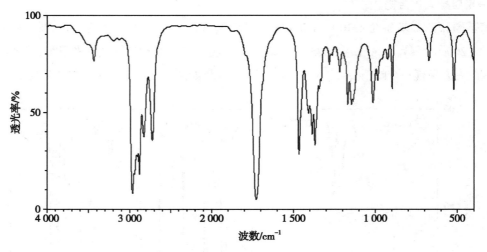

● 图 8-14　异戊醛的红外光谱图

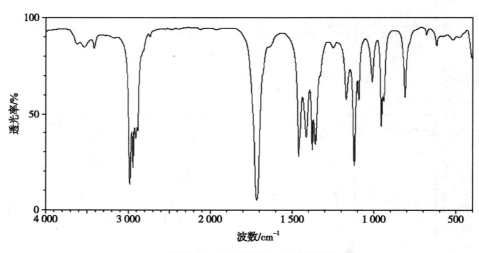

● 图 8-15　3-戊酮的红外光谱图

(八)酯和内酯类

酯类主要特征峰有 $\nu_{C=O}$1 750～1 735cm^{-1}(s), $\nu_{as(C-O-C)}$1 330～1 150cm^{-1}, $\nu_{s(C-O-C)}$1 240～1 030m^{-1}。

1. $\nu_{C=O}$　酯类化合物的第一特征峰,一般为谱图中最强峰。

通常酯的 $\nu_{C=O}$ 吸收峰(1 740cm^{-1})比酮的吸收峰(1 720cm^{-1})高,因为酯分子中的氧原子吸电子诱导效应($-I$)大于供电子共轭效应(M),从而使振动频率向高频移动。

内酯的 $\nu_{C=O}$ 吸收峰位置与环的张力大小密切相关。六元环无张力,同正常开链酯, $\nu_{C=O}$1 740cm^{-1}。环变小,张力增加,键力常数加大, $\nu_{C=O}$ 吸收峰向高频移动。如丙内酯的 $\nu_{C=O}$ 吸收峰值比开链酯或六元环酯峰增加85cm^{-1}。

2. ν_{C-O-C} 酯的$\nu_{as(C-O-C)}$强度大,峰较宽,是鉴别酯的第二特征峰。

如图 8-16。$\nu_{as(C-O-C)}$ 1 330~1 150cm^{-1},$\nu_{s(C-O-C)}$1 240~1 030cm^{-1},内酯的$\nu_{s(C-O-C)}$强度一般都较大。

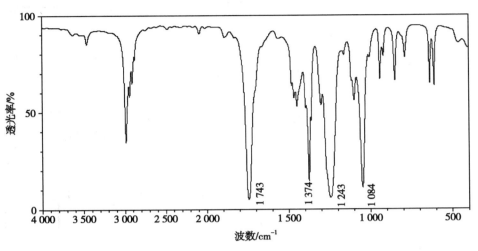

● 图 8-16 乙酸乙酯的红外光谱图

（九）胺及酰胺类

胺及酰胺类化合物的共同特征峰:ν_{N-H}3 500~3 100cm^{-1}(s),δ_{N-H}1 650~1 550cm^{-1}(m 或 s),ν_{C-N}1 430~1 020cm^{-1}。

1. ν_{N-H} 胺的ν_{N-H}吸收峰多出现在 3 500~3 300cm^{-1}区域。

伯、仲和叔胺因氮原子上氢原子的数目不同,ν_{N-H}吸收峰的数目也不同,若不考虑分子间氢键的影响,伯胺(R—NH$_2$)有对称和不对称两种 N—H 伸缩方式,在此区域ν_{N-H}有两个尖而中强的峰,如图 8-17。仲胺只有一种 N—H 伸缩方式,故仅有一个吸收峰。而叔胺氮上无质子,故无 N—H 伸缩振动吸收峰。同理,在 3 500cm^{-1}附近,伯酰胺为双峰,$\nu_{as(N-H)}$3 350cm^{-1}及$\nu_{s(N-H)}$3 180cm^{-1};仲酰胺为单峰,ν_{N-H}3 270cm^{-1};叔酰胺无ν_{N-H}峰。伯、仲酰胺受缔合作用的影响,ν_{N-H}向低波数位移。

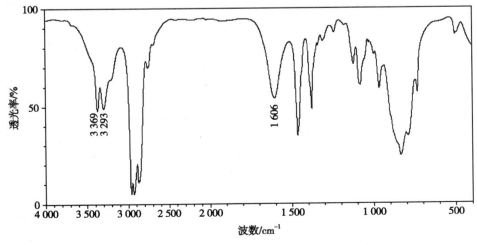

● 图 8-17 正丁胺的红外光谱图

2．δ_{N-H}　伯胺的 δ_{N-H} 吸收峰较强，出现在 1 650～1 570cm^{-1}；仲胺峰强较弱，出现在 1 500cm^{-1}。伯、仲酰胺分子中 δ_{N-H} 吸收峰吸收强度是仅次于羰基的第二强吸收峰，特征性较强。

3．ν_{C-N}　脂肪胺的 ν_{C-N} 吸收峰在 1 235～1 065cm^{-1} 区域，峰较弱，不易辨别。芳香胺的 ν_{C-N} 吸收峰在 1 360～1 250cm^{-1} 区域，其强度比脂肪胺大，较易辨认。酰胺的 ν_{C-N} 吸收峰很多，一般只做基团识别的旁证。

4．$\nu_{C=O}$　酰胺的主要特征峰，多出现在 1 690～1 620cm^{-1} 区域，如图 8-18。伯、仲酰胺受缔合作用影响，$\nu_{C=O}$ 吸收峰频率较低，叔酰胺不受此影响，据此可对它们加以区别。

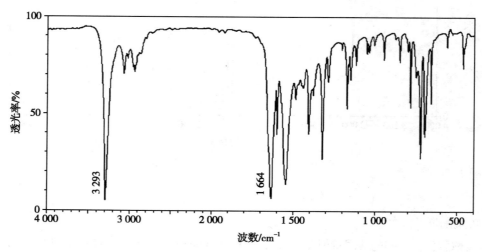

● 图 8-18　N-甲基邻甲苯酰胺的红外光谱图

（十）硝基化合物

硝基化合物的特征峰是硝基的不对称伸缩振动和对称伸缩振动。前者峰强度大且宽，后者峰较弱。脂肪族硝基化合物 $\nu_{as(NO_2)}$ 多在 1 565～1 540cm^{-1} 及 $\nu_{s(NO_2)}$ 1 385～1 340cm^{-1}，容易辨认。芳香族硝基化合物的 $\nu_{as(NO_2)}$ 和 $\nu_{s(NO_2)}$ 均为强峰，分别出现在 1 550～1 510cm^{-1} 和 1 365～1 335cm^{-1} 区域。由于硝基的存在，使苯环的 $\nu_{=C-H}$ 及 $\nu_{C=C}$ 明显减弱。如图 8-19。

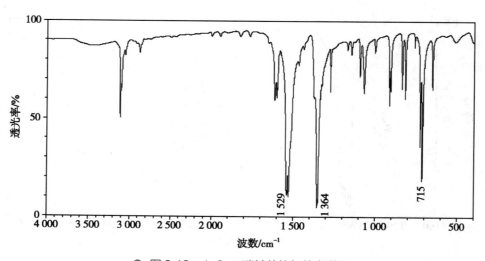

● 图 8-19　1,3-二硝基苯的红外光谱图

第三节　红外分光光度仪及制样

红外分光光度仪的发展大体经历了三个阶段,其主要区别表现在单色器。第一代仪器为棱镜红外光谱仪,色散元件为岩盐棱镜,易吸潮损坏,且分辨率低,已淘汰。第二代仪器为 20 世纪 60 年代后研制的光栅型红外光谱仪,其分辨能力超过棱镜红外光谱仪,而且能量较高,价格便宜,对环境要求不高,在 20 世纪 80 年代以前取代棱镜红外光谱仪,成为我国应用较多的红外光谱仪,但扫描速度慢、灵敏度较低。到 20 世纪 70 年代后出现了基于干涉调频分光的傅里叶变换红外光谱仪(Fourier transform infrared spectrophotometer, FT-IR),为第三代红外光谱仪,其具有很高的分辨率,极快的扫描速度,体积小,重量轻,是目前应用最为广泛的红外光谱仪。

红外光谱分光光度仪可分为色散型及干涉型两大类,前者习惯称为红外分光光度仪,后者称为傅里叶变换红外光谱仪。当前国内许多实验室主要采用的为干涉型红外光谱仪,因此主要介绍傅里叶变换红外光谱仪。

一、傅里叶变换红外光谱仪简介

(一)傅里叶变换红外光谱仪的工作原理

傅里叶变换红外光谱仪简称 FT-IR,是 20 世纪 70 年代出现的一种新型非色散型红外光谱仪。其工作原理与色散型红外光谱仪的工作原理有很大不同,最主要的差别是单色器的差别,FT-IR 常用单色器为 Michelson(迈克尔逊)干涉仪,它由光源、Michelson 干涉仪、检测器和计算机组成,工作原理示意图如图 8-20。

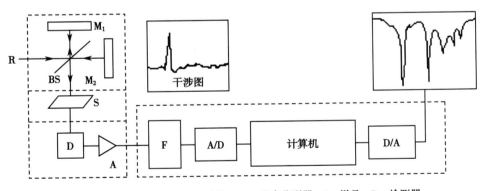

R—红外光源;　M₁—定镜;　M₂—动镜;　BS—光束分裂器;　S—样品;　D—检测器;
A—放大器;　F—滤光器;　A/D—模数转换器;　D/A—数模转换器。

● 图 8-20　傅里叶变换红外光谱仪工作原理示意图

由图 8-20 可知,傅里叶变换红外光谱仪的核心部分为干涉仪和计算机系统。光源发出的红外辐射,经 Michelson 干涉仪,转变为干涉光,再让干涉光照射样品,得到带有样品信息的干涉光到达检测器,得到含样品信息的干涉图。再经计算机系统解出干涉图函数的傅里叶余弦变换,最后将干涉图还原为通常解析所见的红外光谱图。

（二）傅里叶变换红外光谱仪的主要部件

1. 光源　傅里叶变换红外光谱仪所使用的红外光源与色散型红外光谱仪所采用的光源相同，一般常用 Nernst 灯、硅碳棒和金属线圈。

2. Michelson 干涉仪　为傅里叶变换红外光谱仪的单色器。Michelson 干涉仪由固定镜（M_1）、动镜（M_2）及光束分裂器（BS）组成（如图 8-21）。M_2 沿图示方向移动，故称动镜。在 M_1 与 M_2 间放置呈 45° 的半透膜光束分裂器。由光源发出的光，经准直镜后其平行光射到分束器上，分束器可使 50% 的入射光透过，其余 50% 的光反射，被分裂为透过光 I 与反射光 II，I 与 II 两束光分别被动镜与固定镜反射而形成相干光。因动镜 M_2 的位置是可变的，因此，可改变两光束的光程差，当动镜 M_2 以匀速向光束分裂器 BS 移动时，可连续改变 I 与 II 两光束的光程差即可得到干涉图。

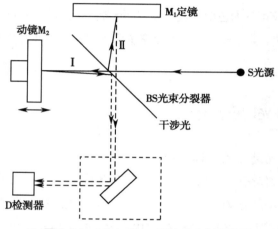

● 图 8-21　Michelson 干涉仪光学示意图

3. 检测器　目前多采用热电型和光电导型检测器。常见傅里叶变换红外光谱仪检测器多采用热电型硫酸三苷肽单晶（TGS）或光电导型如汞镉碲（MCT）检测器，响应时间均约为 1 微秒。

4. 计算机系统　傅里叶变换红外光谱仪的核心部分为干涉仪和计算机系统。计算机系统主要是傅里叶余弦变换计算，将带有样品光谱信息的干涉图，转换成以波数为横坐标的普通红外光谱图。

（三）傅里叶变换红外分光光度法的优点

1. 扫描速度快　一般在 1 秒内便可对全谱进行快速扫描，比色散型仪器提高数百倍，使得色谱 - 红外光谱联用成为现实。已有 GC-FTIR 等联用仪器投入使用。

2. 分辨率高　色散型仪器（如光栅型红外分光光度计）的分辨率 $1\,000cm^{-1}$ 处为 $0.2cm^{-1}$，傅里叶变换红外光谱仪的分辨率取决于干涉图形，波数准确度一般可以达 $0.1\sim0.005cm^{-1}$，大大提高了仪器的性能。

3. 灵敏度高　干涉型仪器的输出能量大，可分析 $10^{-12}\sim10^{-9}g$ 超微量样品。

4. 精密度高　波数精密度可准确测量到 $0.01cm^{-1}$。

5. 测定光谱范围宽　测定光谱范围可达 $10^4\sim10cm^{-1}$。

二、样品测定

（一）对样品的要求

1. 样品应干燥无水,若含水,对羟基峰有干扰,样品更不能是水溶液。

2. 样品的纯度一般需大于98%,以便与纯化合物光谱图比较。

（二）制样方法

气态、液态及固态样品均可测定其红外光谱,但以固态样品最为方便。

1. 固态样品　固态样品的制备有压片法、石蜡糊法及薄膜法,其中压片法应用最为广泛。

（1）压片法:固态样品测定使用最多的样品制备方法,KBr是压片法中最常用的固体分散介质。要求KBr为光谱纯(或分析纯以上精制)、粒度约200目。

方法:将样品1~2mg、纯的干燥KBr粉末约200mg置于玛瑙乳钵中研细均匀,装入压片模具制备KBr样片。

样品和KBr都应经干燥处理,而且整个操作应在红外灯下进行,以防止压片过程吸潮。

（2）石蜡糊法:将干燥处理后的试样研细,与其折射率接近的液体介质如液体石蜡或全氟代烃混合,调成糊状,再将糊状样品夹在两个氧化物盐片之间压制成一薄片,即可进行测定。

（3）薄膜法:对于熔点较低且熔融后不分解的物质,通常用熔融法制成薄片。将少许样品放在一盐片上,加热熔融后,压制而成膜。而对于高分子化合物,可先将试样溶解在低沸点的易挥发溶剂中,再将其滴在盐片上,待溶剂挥发后成膜即可进行测定。

2. 液态样品　有液体池法、夹片法或涂片法。

（1）液体池法:对于液态样品和一些可以找到恰当溶剂的固态样品,直接采用液体池法。将样品装入具有岩盐窗片的液体池中,即可测定样品的红外吸收光谱。沸点较低,挥发性较大的试样,可注入封闭液体池中,液层厚度一般为0.01~1mm。常用溶剂有CCl_4、CS_2、环己烷等。

（2）夹片法或涂片法:对于挥发性不大的液态样品可采用夹片法。先压制两个空白KBr薄片,然后将液态样品滴在其中一个KBr片上,再盖上另一KBr片后夹紧后放入光路中即可测定其红外吸收光谱。而对于黏度大的液态样品可采用涂片法,将液态样品涂在一个KBr片上进行测定。KBr空白片在天气干燥时可用合适的溶剂洗净干燥后保存,再使用几次。

3. 气态样品　气态样品和沸点较低的液态样品用气体池测定,将气态样品直接充入已预先抽真空的气体池中进行测量。

第四节　应用与示例

红外光谱的应用包括定性分析、定量分析和结构分析。定量分析应用较少,且多用近红外光谱进行定量分析,此处不做陈述。

一、定性分析

（一）鉴定已知成分

1. 标准物质对照法　与标准物质对照，在相同的测定条件下图谱完全相同则为同一化合物（光学异构体或同系物除外）。

2. 标准图谱对照法　与标准图谱进行核对，如 Sadtler 标准光谱等，图谱完全相同为同一化合物（光学异构体或同系物除外）。但要注意所用的仪器是否相同、测绘条件（如检品的物理状态、浓度及使用的溶剂）是否相同，这些都会影响红外光谱。

（二）判断化学反应情况

对于比较简单的化学反应，检验其是否进行或某些基团是否引入或消去，可根据红外图谱中该基团相应特征峰的存在或消失加以判断。

（三）研究化合物分子的几何构型与立体构象

如化合物 $CH_3HC=CHCH_3$ 具有顺式和反式两种构型，这两种化合物的红外光谱 1 000～650cm^{-1} 区域内有显著不同，顺式 $\gamma_{=CH}$ 690cm^{-1} 出现吸收峰（s），反式 $\gamma_{=CH}$ 970cm^{-1} 出现吸收峰（vs）。

（四）测定未知物的结构

在了解样品的来源、纯度（＞98%）、灰分及物理化学常数的前提下，利用红外光谱进行化合物的结构解析。根据典型基团的红外特征吸收，识别未知化合物谱图上特征吸收峰的起源，鉴别基团，并结合其他性质推断其结构。对于复杂的化合物，需进行综合光谱解析（包括元素分析、UV、IR、NMR 及 MS 等），单靠红外吸收光谱一般不易解决问题。

二、谱图解析

（一）谱图解析一般顺序

每个化合物都有其特定的红外光谱，其谱图能提供化合物分子中的基团、化合物类别、结构异构等信息，是有机化合物结构鉴定的有力工具。但红外光谱解析前应知道以下信息。

1. 了解样品的来源和性质　了解样品的来源和背景，测定熔点和沸点，进行元素分析和相对分子量推测化合物的分子式，计算化合物的不饱和度 Ω，提供化合物一定的结构信息。在光谱解析中，常利用分子式计算化合物的不饱和度，估计分子结构中是否含有双键、三键及芳环等不饱和基团，并验证光谱解析结果的合理性。

不饱和度（U）是表示有机分子结构中碳原子的饱和程度，指分子结构距离达到饱和时所缺少的一价元素的"对数"，即每缺两个一价元素原子，不饱和度为一个单位（$U=1$）。

若分子中只含有一、二、三、四价元素（C、H、O、N 等），不饱和度（U）按经验公式计算：

$$U = 1 + n_4 + \frac{n_3 - n_1}{2}$$

式 8-6

式8-6中，n_1、n_3、n_4分别为分子中所含的四价、三价和一价元素原子的数目，二价原子如S、O等不参加计算。此式不适于含五价、六价元素的分子，如含—NO_2的化合物。

【例8-4】计算对乙氧基苯乙酰胺（$C_{10}H_{13}O_2N$）的不饱和度。

解：$U = 10 - (13-1)/2 + 1 = 10 - 6 + 1 = 5$

苯环相当于正己烷缺四对氢（三个双键，一个六元环），苯环4个不饱和度，一个羰基1个不饱和度，因此对乙氧基苯乙酰胺的不饱和度$U = 5$。

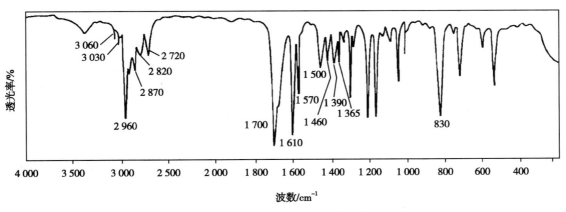

2. 解析红外光谱图一般顺序　常用四先、四后、相关法。

遵循先特征区，后指纹区；先最强峰，后次强峰；先粗查（查红外光谱的九个区段），后细找（主要基团的红外特征吸收频率）；先否定，后肯定的次序及由一组相关峰确认一个官能团的存在，单一吸收峰不能确定官能团的存在。最后与已知化合物红外光谱或标准红外谱图对比，确定未知化合物的结构。

（二）红外光谱的解析示例

【例8-5】某化合物的分子式为$C_{10}H_{12}O$，测得其红外吸收光谱如图8-22所示，试推测其化学结构。

![图8-22 C₁₀H₁₂O的红外光谱图]

● 图8-22　$C_{10}H_{12}O$的红外光谱图

解：不饱和度的计算

$U = 10 - 12/2 + 1 = 5$，不饱和度为5，分子中可能有1个双键加1个苯环。

分子在3 700～3 200cm^{-1}区域无吸收峰，表明无羟基存在；1 700cm^{-1}有吸收，应含有羰基，且在2 820cm^{-1}和2 720cm^{-1}产生醛基的特征双峰，表明分子中有醛基的存在。

3 060cm^{-1}处有吸收表明有不饱和碳氢伸缩振动，1 610cm^{-1}、1 570cm^{-1}和1 500cm^{-1}处的吸收表明有苯环的存在，而830cm^{-1}处的吸收则表明苯环为对二取代结构。

1 460cm^{-1}为碳氢的弯曲振动，1 390cm^{-1}和1 365cm^{-1}的双峰，且裂距在30cm^{-1}以内，表明结构中有异丙基的存在。由上所述，化合物结构为对异丙基苯甲醛：

$$(H_3C)_2CH \underset{}{\overset{}{\bigcirc}} CHO$$

验证:不饱和度正确。峰归属:3 060cm^{-1} Ar-H 碳氢伸缩振动峰,1 610cm^{-1}、1 570cm^{-1} 和 1 500cm^{-1} 苯环骨架振动,1 700cm^{-1}、2 820cm^{-1} 和 2 720cm^{-1},醛基吸收峰;甲基面内不对称和对称变形振动峰:1 465cm^{-1}、1 390cm^{-1} 和 1 365cm^{-1};对二取代芳香氢的面外弯曲振动吸收峰 830cm^{-1},与 Sadtler 纯化合物标准红外光谱一致。

知识拓展

近红外分光光度法应用简介

近红外分光光度法是将光谱测量技术、计算机技术、化学计量学技术与基础测试技术进行有机结合的分析测试技术,可用于定性和定量分析。根据近红外光谱的发生机理的不同,近红外光谱分析仪器分为透射、漫射和反射测定型等 3 种类型。该技术具有方便快速、样品无须预处理、可同时测定多组分、无污染、无损伤、适用于在线分析等优点,目前在药品的质量控制中发挥越来越重要的作用。

内容提要

(一)基本概念

1. 红外分光光度法(infrared spectrophotometry,IR)是以连续波长的红外光作为辐射源照射样品,记录样品吸收曲线的一种分析方法,又称红外吸收光谱法或红外光谱法。

2. 基频峰(fundamental band)是指当分子吸收一定频率的红外辐射后,从振动能级基态(V_0)跃迁至第一激发态(V_1)时所产生的吸收峰。

3. 泛频峰是倍频峰、合频峰和差频峰统称。当分子吸收某一频率的红外光后,振动能级从基态(V_0)跃迁至第二激发态(V_2)、第三激发态(V_3)等所产生的吸收峰,分别称为二倍频峰、三倍频峰等。除此外,红外光谱中还会产生合频峰或差频峰,它们分别对应两个或多个基频之和或之差。合频峰、差频峰又叫组频峰,其强度也很弱,一般不易辨认。

4. 振动自由度(vibrational degree of freedom)是指研究多原子分子时,常把其复杂振动分解为许多简单的基本振动(简正振动),基本振动的数目即为振动自由度。

5. 特征区是指有机化合物分子中一些主要官能团的特征吸收多发生在红外区域 4 000～1 333cm^{-1}(2.5～7.5μm)。该区域吸收峰比较容易辨认,故通常把该区域叫特征谱带区。

6. 指纹区通常指红外光谱上 1 333～400cm^{-1}(7.5～25μm)的低频区。在此区域中各种官能团的特征频率不具有鲜明的特征性。出现的峰主要是 C—X(X=C,N,O)单键的伸缩振动及各种弯曲振动。由于这些单键的键强差别不大,原子质量又相似,所以峰带特别密集,就像人的指纹,故称指纹区。

7. 相关峰是指一个基团除了有特征峰外,还有很多其他振动形式的吸收峰,习惯上把这些相互依存又相互佐证的吸收峰叫相关峰。

（二）主要计算公式

1．不饱和度（U）经验公式 $U = 1 + n_4 + \dfrac{n_3 - n_1}{2}$

2．振动能计算式 $E_V = \left(V + \dfrac{1}{2}\right)h\nu$

3．双原子分子或基团的伸缩振动波数 $\sigma(cm^{-1})$、化学键力常数 $K(N/cm)$ 与两原子的相对原子质量（m_A、m_B）之间的关系

$$\sigma = \frac{1}{\lambda} = \frac{\nu}{c} = \frac{1}{2\pi c}\sqrt{\frac{K}{\mu}}$$

$$\mu = \frac{m_A \cdot m_B}{m_A + m_B}$$

（三）基本内容

1．影响谱带位置的因素，有内部因素和外部因素。其中内部因素分为：①电子效应。②空间效应。③氢键效应。④互变异构。⑤振动耦合效应和 Fermi（费米）共振。

2．红外光谱有九个重要区段。具有典型光谱的有机化合物包括烷烃类，烯烃类，炔烃类，芳烃类，醇、酚及羧酸类，醚类，醛、酮类，酯和内酯类，胺及酰胺类，硝基化合物。

3．红外分光光度计的发展经历了三个阶段，其主要区别表现在单色器。第一代仪器为棱镜红外光谱仪，第二代仪器为光栅型红外光谱仪，第三代仪器为傅里叶变换红外光谱仪。

4．红外光谱分光光度仪可分为色散型及干涉型两大类，前者习惯称为红外分光光度仪，后者称为傅里叶变换红外光谱仪。傅里叶变换红外光谱仪的主要部件包括光源、单色器、检测器、计算机系统等四个部分。

5．样品制备对样品的要求。①样品应干燥无水，若含水，则对羟基峰有干扰，样品更不能是水溶液；②样品的纯度一般需大于98%，以便与纯化合物光谱图比较。

6．固态样品的制备有压片法、石蜡糊法及薄膜法三种，其中压片法应用最广。

7．红外光谱的应用包括定性分析、定量分析和结构分析，主要用于结构分析。例如鉴定是否为某已知成分，检验反应进行情况，研究分子几何构型与立体构象以及测定未知物的结构等。

思考题与习题

1．什么是伸缩振动、弯曲振动？

2．什么是简并、红外非活性振动？红外光谱产生的必要及充分条件是什么？简述红外光谱图上吸收峰数与基频峰数不等的原因。

3．什么是基频峰、相关峰？什么是特征峰、泛频峰？

4．简述影响红外吸收峰位置和强度的因素。

5．红外光谱图的特征区和指纹区分别有何特点？

6．如何利用红外光谱区别以下物质？

（1）醇、酚与醚

（2）羧酸、酯与酸酐

（3）醛与酮

（4）伯、仲、叔醇

（5）伯、仲、叔胺

（6）烷烃、烯烃、炔烃与芳香烃

7. 写出下列各类化合物的特征吸收峰。

（1）烷烃、烯烃、炔烃、芳烃

（2）醇、酚、醚、羧酸

（3）醛、酮

（4）胺、酰胺

8. 写出 CS_2 分子的平动、转动和振动自由度数目，并指出哪种振动为红外活性振动。

9. 下面两个化合物的红外光谱有何不同？

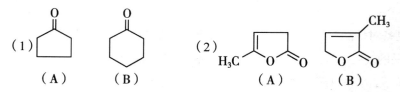

10. 试解释化合物（A）的 $\nu_{C=O}$ 频率大于（B）的原因。

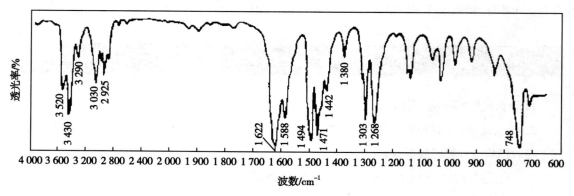

（A）$\nu_{C=O}$ 1 690cm^{-1} （B）$\nu_{C=O}$ 1 690cm^{-1}

11. 试用红外光谱法区别下列各组化合物。

（1）

（A）   （B）   （2）

（A）   （B）

12. 某化合物的化学式 C_7H_9N，测得其红外光谱如图 8-23 所示，推导其结构。

图 8-23 C_7H_9N 的红外光谱图

13. 某化合物的化学式为 $C_6H_{10}O$，红外光谱如图 8-24 所示，试推断其分子结构式。

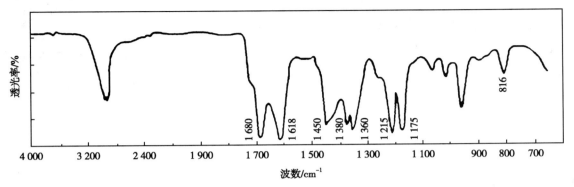

● 图 8-24　$C_6H_{10}O$ 的红外光谱图

$$[\, C(H_3C)_2{=}C(CH_3)CHO\,]$$

14. 某化合物分子式为 $C_{12}H_{10}$，红外光谱如图 8-25 所示，试确定其分子化学结构。

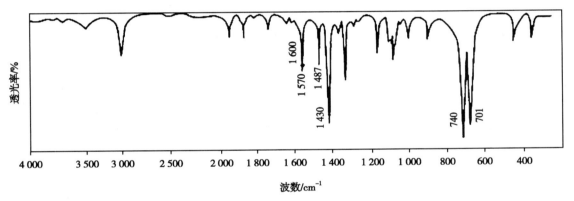

● 图 8-25　$C_{12}H_{10}$ 的红外光谱图

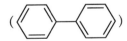

第八章同步练习

第九章　原子光谱分析法

学习目标

本章主要介绍原子吸收与原子发射光谱法的基本原理、仪器组成及其应用。要求：

1. 掌握原子吸收光谱法定量分析方法、原子发射光谱法定性分析方法。
2. 熟悉一般原子吸收分光光度计的基本组成和特点。
3. 了解原子吸收光谱法的基本原理，测定的干扰情况与抑制方法；ICP-AES 的基本原理、特点及应用。

原子光谱分析法是由原子核外电子在不同能级的跃迁产生的光谱分析法。辐射能与待测物质相互作用，使物质原子的电子产生能级跃迁，并通过作用后的光谱信号来确定物质的组成和含量的分析方法。

原子光谱分析法在金属元素痕量分析方面具有突出优点，广泛应用于材料、环境、食品、药物及生物化学等方面。物质中的各原子有不同的光谱，反映了原子内部电子运动的规律性。

原子光谱分析法有原子吸收光谱法（atomic absorption spectrometry，AAS）、原子发射光谱法（atomic emission spectrometry，AES）和原子荧光光谱法（atomic fluorescence spectrometry，AFS）。本章主要介绍 AAS 和 AES 两种方法。

第一节　原子吸收光谱法

原子吸收光谱法（AAS）又称为原子吸收分光光度法。该方法是基于待测元素的基态原子在蒸气状态下对特征电磁辐射吸收进行元素定性、定量分析的方法，具有灵敏度高、选择性好、准确度高、抗干扰能力强、分析速度快、仪器简单、操作方便等特点。目前能够直接测定的元素达 70 余种，是一种常规的分析测试手段，应用广泛。

一、基本原理

（一）原子吸收线的产生

原子吸收是一个受激吸收跃迁过程。当基态原子吸收一定辐射后，会被激发跃迁到不同的较高能态,产生相应且不同的原子吸收线。当电子吸收的辐射能从基态跃迁到能量最低激发态,即第一激发态时,所产生的吸收谱线称为共振吸收线(简称共振线),为元素的特征谱线,也是所有谱线中最灵敏的谱线,在原子吸收分析中常用此吸收线的强度进行定量分析。

例如,图 9-1 是钠原子部分电子能级图,当钠原子的价电子从基态向第一激发态 3P 轨道跃迁时,可产生两种跃迁,因此钠原子最强的 D 成为双线,即共振线波长为 589.6nm 的 D_1 线和 589.0nm 的 D_2 线。

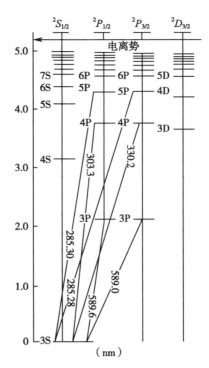

● 图 9-1　钠原子部分电子能级图

(二)原子吸收线的轮廓

当一束强度为 I_0 的平行光,通过厚度为 L 的基态原子蒸气时,透过光的强度减弱为 I_v,其原子蒸气对光的吸收亦服从 Lambert 定律(式 9-1):

$$I_v = I_0 e^{(-K_v L)} \qquad 式 9\text{-}1$$

作 I_v 对频率 v 的关系曲线及吸收系数 K_v 对频率 v 曲线,见图 9-2。图 9-2 中左图表示吸收线强度 I_v 大小随频率 v 而变,并在中心频率 v_0 处透过光最小,即吸收最大;右图表示 K_v-v 关系曲线,即为吸收线轮廓(形状)图。在中心频率 v_0 处有最大的中心吸收系数。

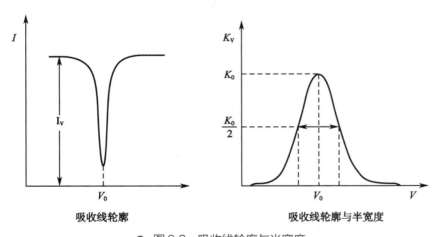

吸收线轮廓　　　　　　　　吸收线轮廓与半宽度

● 图 9-2　吸收线轮廓与半宽度

理论上原子光谱产生线状光谱,吸收线应是很尖锐的。但实际上谱线具有一定的宽度和一定的形状,即谱线的轮廓。吸收线轮廓的表征参数是中心吸收系数 K_0(或极大值吸收系数)、中心频率 v_0 和半宽度 Δv。中心频率 v_0(峰值频率)是指最大吸收系数对应的频率;半宽度 Δv 是指峰高一半($K_0/2$)时所对应的频率范围。

(三)影响吸收线轮廓的因素

谱线变宽会影响原子吸收的灵敏度和准确度。因此分析谱线变宽的因素,并设法控制谱线变宽是非常重要的。

（1）自然宽度：无外界条件影响时的谱线固有宽度称为自然宽度（natural width），用 $\Delta\nu_N$ 表示。它与激发态原子的平均寿命有关，激发态原子的平均寿命越短，谱线的自然宽度越大。对于大多数元素而言，自然宽度在 10^{-5}nm 数量级，一般可以忽略不计。

（2）多普勒变宽：由于原子的无规则热运动所引起的变宽称为多普勒变宽（Doppler broadening），又称温度变宽，用 $\Delta\nu_D$ 表示。当原子向着检测器做热运动时，被检测到的频率较静止辐射的频率高，波长紫移；反之，则被检测到的频率较静止辐射的频率低，波长红移，于是引起谱线变宽，即产生多普勒效应。它是谱线变宽的主要因素。谱线多普勒变宽由式 9-2 决定：

$$\Delta\nu_D = 7.16 \times 10^{-7} \cdot \nu_0 \sqrt{\frac{T}{M}} \qquad \text{式 9-2}$$

式 9-2 中，T 是绝对温度，M 是吸光原子的原子量，ν_D 是谱线的中心频率。$\Delta\nu_D$ 与 $T^{1/2}$ 成正比，温度越高，$\Delta\nu_D$ 越大。一般 $\Delta\nu_D$ 多在 $10^{-4} \sim 10^{-3}$nm 内，是影响谱线变宽的主要因素。

（3）压力变宽：在一定蒸汽压力下，原子之间的相互碰撞引起谱线变宽称为压力变宽，也称碰撞变宽。根据与其碰撞粒子的不同，压力变宽又分为霍尔兹马克变宽和洛伦茨变宽。由同种原子碰撞而引起的变宽叫共振变宽，或称为霍尔兹马克（Holtsmark）变宽（$\Delta\nu_R$）；由待测元素的原子与蒸气中其他原子或分子等碰撞而引起的谱线轮廓变宽称为洛伦茨（Lorentz）变宽（$\Delta\nu_L$）。通常在 $10^{-4} \sim 10^{-3}$nm 内；$\Delta\nu_R$ 随着待测元素原子密度升高而增大，在原子吸收分析中，待测元素浓度较低，$\Delta\nu_R$ 常被忽略。压力变宽随气体压力增大和温度升高而增大，是影响谱线变宽的主要因素之一。

（4）自吸变宽：由自吸现象引起的谱线变宽称为自吸变宽。自吸现象是光源阴极发射的共振线被灯内被测元素的基态原子所吸收而产生自吸收现象。灯电流越大，自吸现象越严重。

（5）其他变宽：斯塔克（Stark）变宽是由外界电场或带电粒子作用导致谱线变宽；塞曼（Zeemann）变宽是由外界磁场作用导致谱线变宽。斯塔克变宽和塞曼变宽，二者均为场致变宽。

通常在原子吸收光谱测定条件下，谱线的宽度主要是由多普勒效应和洛伦茨效应引起。用火焰原子化器时，以压力变宽（$\Delta\nu_L$）为主；用无火焰原子化器时，以多普勒变宽（$\Delta\nu_D$）为主。

二、原子吸收分光光度计

原子吸收分光光度计又称原子吸收光谱仪，国内外生产厂家很多，仪器型号也很多，但其组成结构及工作原理基本相似。

（一）仪器组成

原子吸收分光光度计由光源、原子化器、单色器、检测器等几个部分组成（图 9-3）。

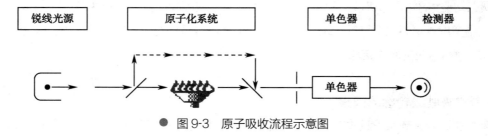

● 图 9-3　原子吸收流程示意图

（二）主要部件及功能

1. **光源** 其作用是发射出能被待测元素吸收的特征波长谱线。基本要求是发射特征波长比吸收线宽度更窄的共振线；辐射强度大，稳定性好，连续背景低；操作方便，噪声小以及使用寿命长。最常用的光源为空心阴极灯，或称元素灯。

（1）结构：空心阴极灯结构如图9-4所示，包括阳极（粘有吸气剂，如钽片或钛丝）、阴极（由待测元素材料制成的空心圆筒，故称空心阴极）。充有0.1～0.7kPa压力的惰性气体，如氖或氩等，惰性气体作为载气载带电流。

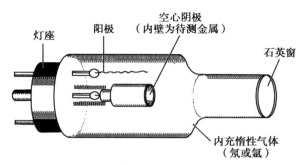

● 图9-4　空心阴极灯的结构

（2）工作原理：空心阴极灯是辉光放电，放电集中在阴极空腔内。当在两极施加一定的电压，在电场的作用下，电子将从阴极内壁流向阳极做加速运动，与充入的惰性气体发生非弹性碰撞，能量交换，使惰性气体电离并放出二次电子，使电子与正离子数目增加。正离子向阴极内壁猛烈轰击，使阴极表面的金属原子溅射出来，溅射出来的金属原子再与电子、惰性气体发生非弹性撞碰而被激发，当返回基态时，发射出相应元素的特征共振辐射。不同待测元素可制成相应的空心阴极灯。

空心阴极灯辐射光强度大且稳定，谱线宽度窄，且灯易于更换。

2. **原子化系统** 其作用是提供能量，将试样中的分析物干燥、蒸发并转变为气态原子。主要分为火焰原子化、非火焰原子化两大类。

（1）火焰原子化器：用化学火焰的能量将试样原子化的一种装置。常用的火焰原子化器是预混合式，组成为雾化器、混合室和燃烧器，见图9-5。

雾化器（喷雾器）是原子化系统的主要部件，其结构如图9-6所示。雾化器的作用是将试

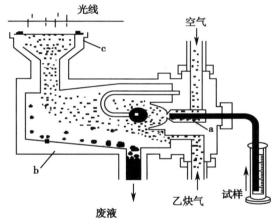

a—雾化器；b—混合室；c—燃烧器。
● 图9-5　火焰原子化示意图

样溶液雾化，使它成为微米级的气溶胶。对雾化器的主要要求是喷雾速度稳定、喷雾多、雾粒要细微且均匀、雾化效率要高。为了提高喷雾效率和质量，可在喷雾器前增设附件，如撞击球（细化雾粒）和节流管（加大气流的运动速度）。最常用的雾化器是同心型气动雾化器。

混合室的作用是使进入火焰的气溶胶更小、更均匀，使燃气与助燃气和气溶胶充分混合后进入燃烧器。较大的气溶胶在室内凝聚为大的溶胶，并沿室壁流入排液管排走，这样进入火焰的气溶胶更为均匀，同时燃气与助燃气和气溶胶也得到充分混合以

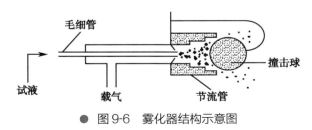

● 图9-6　雾化器结构示意图

减少它们进入火焰时对火焰的扰动。

燃烧器的作用是产生火焰,使进入火焰的气溶胶蒸发和原子化。对燃烧器的要求:①不"回火";②喷口不容易被试样沉积堵塞,火焰平稳,无"记忆效应";③燃烧器高度和位置应能上下调节和旋转一定角度,以便选择合适的火焰部位。对于常用的单缝型燃烧器,缝长有 5cm 和 10cm 两种规格。

火焰原子化器利用化学火焰产生的热能蒸发溶剂、解离分析物分子、产生待测元素的原子蒸气,是一种开发最早、应用广泛及适应性较强的原子化器。

火焰是使试样中待测元素原子化的能源,故要求火焰有足够高的温度,火焰燃烧速度适中、稳定性好,以保证测试有较高的灵敏度和准确度。火焰温度是表征火焰特性的主要指标。火焰温度取决于燃气与助燃气类型,空气 - 乙炔火焰是应用最广泛的化学火焰,能测 35 种元素。但由于火焰温度不够高,不能用于高温元素原子化。几种常用的火焰特性见表 9-1。

表9-1　各种火焰的特性

火焰	化学反应	温度 /K
丙烷 - 空气焰	$C_3H_8 + 5O_2 \rightarrow 3CO_2 + 4H_2O$	2 200
氢气 - 空气焰	$H_2 + \frac{1}{2}O_2 \rightarrow H_2O$	2 300
乙炔 - 空气焰	$C_2H_2 + \frac{5}{2}O_2 \rightarrow 2CO_2 + H_2O$	2 600
乙炔 - 氧化亚氮(笑气)焰	$C_2H_2 + 5N_2O \rightarrow 2CO_2 + H_2O + 5N_2$	3 200

同一火焰其燃气和助燃气的流量比不同,表现出性质方面的差异,见表 9-2 所示。当燃气与助燃气之比与化学反应计量关系相近时称为化学计量火焰,又称中性火焰,这类火焰的特点为温度高、干扰小、稳定、背景低,大多数元素都适用。当燃气流量大于化学计量时,形成富燃火焰(具有还原性),适用于易生成难溶氧化物元素的测定,但它的干扰较多、背景值高。当助燃气流量大于化学计量的火焰时,形成贫燃火焰(具有氧化性),温度较低,有利于测定易解离、易电离元素,如碱金属的测定。在实际测量时应通过实验确定燃气和助燃气的最佳流量比。

表9-2　火焰的种类和性能

火焰类型	燃助比	温度 /K	性能	适用性
化学计量火焰	1:4	～2 400	火焰层次清晰,温度高,稳定	多数元素
富燃火焰	3:1	～2 400	燃烧不完全,含碳多,具有还原性	难解离的氧化物
贫燃火焰	1:6	～2 400	燃烧完全,氧化性强,温度低	碱金属元素

火焰原子化器结构简单,易于操作、重现性好、造价低廉,故应用普遍。但原子化效率低(大约只有 10%),所以它的灵敏度提高受到限制。

(2)非火焰原子化器:非火焰原子化器有多种,如石墨炉原子化器、化学原子化器、激光原子化器、阴极溅射原子化器、等离子喷焰原子化器等。此处简要介绍石墨炉原子化器和化学原子化器。

1)石墨炉原子化器:石墨炉原子化器如图 9-7 所示。由加热电源、保护气控制系统、石墨管炉三部分组成。石墨管长 20～60mm、外径 6～9mm、内径 4～8mm,管中央开一小孔,用于加样和使保护气体流通。外电源加于石墨管两端，供给原子化器能量，电流通过石墨管可在 1～2 秒内产生高达 3 000℃的温度。原子化器的外气路中的氩气沿石墨管外壁流动，以保护石墨管，内气路中的氩气由管两端流向管中心，从管中心孔流出，用来除去干燥和灰化过程中产生的基体蒸气，同时保护已原子化的原子不被氧化。

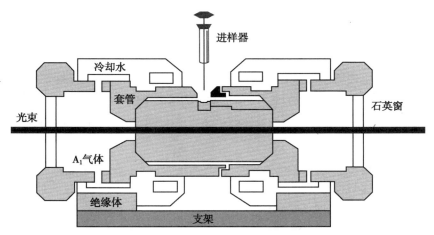

● 图 9-7　石墨炉原子化器

石墨炉原子化过程可大致分为干燥、灰化（分解）、高温原子化及高温净化四个阶段。干燥时温度一般在 110℃左右，每微升溶液的干燥时间需 1.5 秒，其目的是蒸发除去样品溶液的溶剂；灰化阶段的温度可根据待测元素及其化合物的性质在 1 800～3 000℃选择，时间 5～10 秒，其目的是尽可能把样品中的共存物质全部或大部分除去，并保证没有待测元素的损失；原子化温度与时间取决于待测元素的性质，一般在 1 800～3 000℃，5～10 秒，其作用是使待测元素在高温下成为自由状态的原子；最后升温至 2 700～3 500℃，3～5 秒，以除去石墨炉的残留，消除记忆效应。

表 9-3 为火焰原子化法与石墨炉原子化法的一些特点。

表9-3　火焰法与石墨炉法比较

项目	火焰原子化法	石墨炉原子化法
能源	火焰	电热
进样量	～1ml	10～100μl
稀释	10 000 倍	40 倍
原子停留时间	10^{-4}s	1～2s
原子化效率	～10%	～90%
分析周期	短	长
灵敏度	10^{-6}级	10^{-9}级

2）化学原子化器利用还原反应使待测元素直接原子化，或者使其还原为易挥发的氢化物，再在低温下原子化的方法，常用的有氢化物原子化法及冷原子蒸气测汞法。①氢化物原子化法是在一定的酸性条件下，将待测元素与强还原性物质（如硼氢化物）反应而生成极易挥发的氢化物，这些氢化物用载气经石英管引入电热或火焰加热使其原子化。原子化温度为 700～900℃，主要用于测定 As、Sb、Bi、Sn、Ge、Se、Pb、Te 等元素。这类方法可以从溶液中分离出待测元素，故灵敏度高、选择性好、干扰少、原子化温度低，但氢化物有毒，应在良好的通风条件下进行。

②冷原子蒸气测汞法是用强还原剂将无机汞和有机汞都还原为金属汞,产生的汞蒸气用载气(Ar或N_2)带入原子吸收池内进行测定。冷原子蒸气测汞法具有常温测量、灵敏度高、准确度较高的特点。

3.单色器 原子吸收分光光度计的分光系统,由色散元件、准直镜和狭缝等组成。其主要作用是将待测元素的光源共振线与邻近的非吸收谱线分开。单色器的分光元件常用光栅,光栅配置在原子化器之后的光路中,以阻止来自原子化器内的所有不需要的辐射进入检测器。

4.检测系统 主要由检测器、放大器、对数转换器、显示器所组成。

检测器通常是光电倍增管,其特点是放大倍数高、信噪比大、线性关系好;工作波段在190～900nm之间,以满足原子吸收光谱分析。光电倍增管的供电电压一般在−1 000～−200V可调,通过改变电压来改变增益。为了使光电倍增管输出的信号稳定,要求光电倍增管的负高压电源必须稳定。

现代原子吸收光谱仪配有计算机工作站,有自动点火、自动调零、自动校准、自动增益、自动取样、自动处理数据、火焰原子化系统与石墨炉原子化系统自动切换等装置。

(三)原子吸收分光光度计类型

原子吸收分光光度计的类型较多,按光束分类有单光束型与双光束型;按波道分类有单道型、双道型和多道型;按调制方法分类有直流型和交流型。

(1)单道单光束型:此类仪器结构简单、灵敏度较高、便于维护,能满足一般分析要求。缺点是光源强度波动较大,易造成基线漂移,需要预热时间较长,测量过程中要经常进行零点校正。

(2)单道双光束型:如图9-8所示,由光源(HCL)发出的共振线被切光器分成两束光,一束通过试样被吸收(S束),另一束作为参比(R束),两束光交替地进入单色器和检测器(PM)。由于两束光由同一光源发出,经同一检测器,因此,光源的任何漂移及检测器灵敏度的变动,都将由此而得到补偿,其稳定性和检出限均优于单光束型仪器。缺点是仍不能消除原子化系统的不稳定和背景吸收的影响。

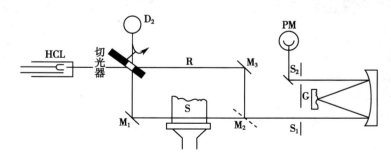

D_2—氘灯;M_1、M_2、M_3—反光镜;S_1、S_2—狭缝;G—光栅。

● 图9-8 单道双光束型仪器光路图

(3)双道型或多道型:此类型仪器同时使用两种或多种元素光源,并匹配多个"独立"的单色器和检测系统,可以同时测定两种或多种元素,或用于内标法测定,也可以进行背景校正,并消除原子化系统带来的干扰,但制造复杂,尚未得到推广。如图9-9为双道双光束型仪器光路示意图。

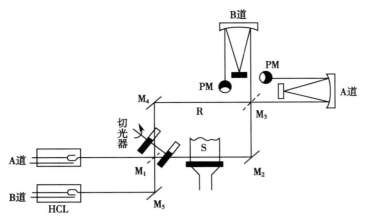

M$_1$、M$_2$、M$_3$、M$_4$、M$_5$—反光镜；S—狭缝。

● 图9-9　双道双光束型仪器光路图

三、分析方法与条件选择

（一）原子吸收法定量依据

1. 积分吸收系数　根据 Lambert 定律，吸收值计算方法见式9-3。

$$A = -\lg \frac{I}{I_0} = 0.434\,3 K_\nu L \tag{式9-3}$$

式9-3中，K_ν 是基态原子对频率 ν 单色光的吸收系数。

在原子吸收光谱分析条件下，基态原子数 N_0 正比于吸收曲线下面所包括的整个面积。以吸收线轮廓内的吸收系数 K_ν 进行积分代表总吸收，称为积分吸收系数，简称为积分吸收，表示吸收的全部能量（见式9-4）。

$$\int K_\nu \mathrm{d}\nu = \frac{\pi e^2}{mc} \cdot f \cdot N_0 \tag{式9-4}$$

式9-4中，e 为电子电荷；m 为电子质量；c 为光速；N_0 为单位体积内基态原子；f 为振子强度，代表每个原子中能够吸收或发射特定频率光的平均电子数，正比于原子吸收概率。式9-4表明，积分吸收与吸收辐射的基态原子数成正比，是原子吸收的理论基础。但在实际工作中，要测定半宽度很窄的原子吸收线的吸收系数积分值存在一定的困难。

2. 峰值吸收系数　直接测量吸收线中心频率所对应的峰值吸收系数 K_0 以确定待测的原子浓度的方法，称为峰值吸收系数法，简称峰值吸收。在一般的原子吸收光谱分析条件下，吸收谱线展宽主要是多普勒变宽（$\Delta \nu_D$），吸光系数计算方法见式9-5：

$$K_\nu = K_0 \cdot \mathrm{e}^{-[\frac{2(\nu-\nu_0)\sqrt{\ln 2}}{\Delta \nu_D}]^2} \tag{式9-5}$$

式9-5积分，得式9-6：

$$\int_0^\infty K_\nu \mathrm{d}\nu = \frac{1}{2}\sqrt{\frac{\pi}{\ln 2}} K_0 \Delta \nu_D \tag{式9-6}$$

联合式9-5和式9-6，得式9-7：

$$K_0 = \frac{2}{\Delta \nu_D} \sqrt{\frac{\ln 2}{\pi}} \cdot \frac{\pi e^2}{mc} \cdot f \cdot N_0 \qquad \text{式 9-7}$$

在原子发射线中心频率 ν_0 的很窄频率变化 $\Delta \nu$ 范围内,可用 K_0 代替式 9-3 中的 K_ν,得式 9-8:

$$A = 0.434\,3 \times \frac{2}{\Delta \nu_0} \sqrt{\frac{\ln 2}{\pi}} \cdot \frac{\pi e^2}{mc} \cdot f \cdot N_0 \cdot L \qquad \text{式 9-8}$$

在原子吸收光谱条件下,处于激发态的原子数很少,基态原子数可近似等于吸收原子数,即试样中待测元素的浓度 c 与原子化器中基态原子的浓度 N_0 有恒定的比例关系,式 9-8 的其他参数都是常数,可整理为式 9-9:

$$A = K'c \qquad \text{式 9-9}$$

式 9-9 为原子吸收光谱分析的定量基础。在实际工作中与分光光度法一样,只要测得中心波长处吸光度,就可以求出待测元素的浓度。

(二)定量分析方法

原子吸收法的定量分析方法很多,如标准曲线法、标准加入法、插入法、内标法以及浓度直读法等,前两种最为常用。

1. 标准曲线法　配制与样品溶液相近的一系列不同浓度的标准试样,按从低到高的浓度顺序依次分析,以空白为参比溶液,测定相应吸光度,将获得的吸光度 A 数据对相应的浓度作标准曲线;在相同条件下测定未知试样的吸光度,由标准曲线得到对应的浓度值。吸光度在 $0.2 \sim 0.8$ 范围的测量误差较小。

2. 标准加入法　当试样的基体比较复杂,干扰不易消除,又无纯净的基体空白,待测元素含量较低时,可采用标准加入法(standard addition method),以消除基体效应或干扰元素(化学干扰)的影响,但不能消除背景干扰。

(1)作图法:取至少四份体积相同的试样溶液(c_x),依次加入一系列浓度的标准溶液,配制浓度为 c_x、$c_x + c_0$、$c_x + 2c_0$、$c_x + 3c_0$、$c_x + 4c_0$……的溶液,分别测得吸光度为 A_x、A_1、A_2、A_3、A_4……。

以吸光度 A 对标准溶液浓度 c 作图,得图 9-10 所示的直线,直线反向延长线与横坐标的交点 c_x,即待测元素溶液的浓度。

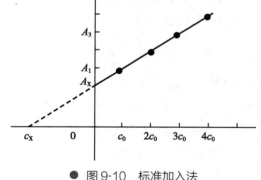

● 图 9-10　标准加入法

使用标准加入法应注意以下几点:①待测元素的浓度应在通过原点的标准曲线的线性范围内。②最少采用四个点(包括不加标准溶液的试样溶液)来作外推线,并且要求第一份加入的标准溶液浓度与待测元素的浓度差别不能太大(即尽可能使 $c_x \approx c_0$),以免引入较大误差。③标准加入法应该进行试剂空白的扣除。④该法只能消除基体效应和化学干扰,不能消除分子吸收、背景吸收等引起的干扰。

(2)计算法:取相同体积的溶液两份,其中一份加入待测元素的标准溶液(c_0,c_0 与试样含量 c_x 相近),稀释到体积相同,在相同条件下测定两溶液的吸光度。则有

$$A_x = kc_x ; A_0 = k(c_x + c_0)$$

联立解得:

$$c_x = c_0 \times \frac{A_x}{A_0 - A_x} \qquad \text{式 9-10}$$

式 9-10 中,A_x,A_0,c_0 均为已知,故可求得 c_x。

3．内标法(internal standard method) 在标准溶液和试样中,分别加入一定量的试样中不存在的内标元素。同时测定待测元素和内标元素的吸光度,以它们的比值对待测的浓度绘制 $(A/A_0 - c)$ 标准曲线。A 和 A_0 分别为标准溶液中待测元素和内标元素的吸光度,由标准曲线可以求得试样中待测元素的含量。

内标法所选内标元素应与待测元素在原子化过程中具有相同的特性,通常在双道(或多道)型仪器上进行,可消除燃气与助燃气流量、基体组成、表面张力、火焰状态等因素变动所造成的误差。

4．分析方法的评价

(1)灵敏度(sensitivity, S):表示当待测元素浓度或含量改变一个单位时吸收值的变化量,用工作曲线的斜率来评价元素的灵敏度(式 9-11)。

$$S = dA/dc \qquad \text{式 9-11}$$

用浓度单位表示的灵敏度称为相对灵敏度,用质量单位表示的灵敏度称为绝对灵敏度。火焰原子分析法为溶液进样,用相对灵敏度,而在石墨炉原子分析法中,吸收值取决于石墨管中被测元素的绝对量,用绝对灵敏度更为方便。S 越大,灵敏度越高。

(2)特征浓度(characteristic concentration, S^*):指产生 1% 吸收或 0.004 4 吸光度时,所对应待测元素的浓度或质量。

在火焰原子吸收法中计算式为式 9-12:

$$特征浓度(g/ml \cdot 1\%)S^* = 0.004\ 4C/A \qquad \text{式 9-12}$$

在石墨炉原子吸收法中计算式为式 9-13:

$$特征含量(g 或 g/1\%)S^* = 0.004\ 4CV/A \qquad \text{式 9-13}$$

式中,C 为待测元素的质量浓度,V 为进样量,A 为吸光度。

(3)检出极限(detection limit, D):指能以适当的置信度检出的待测元素的最低浓度(相对检出限 C_L)或最低含量(绝对检出限 q_L)。用接近于空白的溶液,经足够多次(如 20 次)测定所得吸光度的标准差的 3 倍求得。

$$最低浓度(g/ml):C_L(或 D_L) = C \times 3\sigma/A \qquad \text{式 9-14}$$

$$最低质量(g):q_L = C \times V \times 3\sigma/A \qquad \text{式 9-15}$$

式 9-14 和式 9-15 中,C 为待测溶液的质量浓度,A 为待测溶液多次测得的平均吸光度,V 为待测溶液用量(ml)。

检出限不但与影响灵敏度的诸因素有关,而且与仪器的噪音有关,它可反映包括仪器及其使用方法和分析技术在内的极限性能。检出限越低,说明仪器的性能越好,对元素的检测能力越强。

(三) 干扰及其抑制

按照性质和产生的原因,干扰可以分为四类:光谱干扰、物理干扰、化学干扰和电离干扰。

1. 光谱干扰（spectral interference） 由于分析元素的吸收线与其他吸收线或辐射不能完全分离所引起的干扰。主要包括以下几种:

（1）光谱通带内存在多于一条的吸收线,可以用减小狭缝的方法来抑制这种干扰。

（2）谱线重叠:在光谱通带内如有其他物质（空心阴极灯材料中的杂质、灯内填充气）以及光谱元素本身发射的谱线,单色器不能分开,产生谱线重叠干扰。可另选分析线或用化学方法分离加以消除。

（3）分子吸收:指在原子化过程中生成的气体分子、氧化物等对辐射的吸收,分子吸收是连续光谱,会在一定波长范围内形成干扰。如 NaCl、KCl 在紫外区有吸收带;在波长小于 250nm 时,H_2SO_4 和 H_3PO_4 有很强的吸收,而 HNO_3 和 HCl 的吸收很小,因此原子吸收分析中多用 HNO_3、HCl 及它们的混合物来配制溶液。

（4）光的散射和折射:主要是原子化过程中产生的微小固体颗粒对光产生的散射和折射,使光不能被检测器完全检测,导致透过光减小,吸收度值增加。可进行背景校正扣除。

2. 物理干扰（physical interference） 指试样在转移、蒸发和原子化过程中,由于试样任何物理特性（例如密度、压力、黏度、表面张力）的变化而引起的原子吸收强度下降的效应,主要影响试样喷入火焰的速度、雾化效率、雾滴大小等。物理干扰是一种非选择性干扰,对试样中各元素的影响基本上是相似的。消除物理干扰的主要方法有配制与待测试样相似组成的标准样品;采用标准加入法进行分析;稀释样品溶液以减小黏度的变化。

3. 化学干扰（chemical interference） 原子吸收分光光度法中常见的一种干扰,为选择性干扰,由待测元素与其他组分之间的化学作用所引起的干扰效应,主要影响到待测元素的原子化效率。

（1）化学干扰的类型:①待测元素与其他共存物质作用生成热力学上更稳定的化合物,使参与吸收的基态原子数减少,是引起化学干扰的主要原因之一。如磷酸盐、硅酸盐与铝酸盐,对碱土金属易产生化学干扰。②生成难溶氧化物。这是火焰原子吸收分析中常见现象,一般电离电位大于 5eV 的氧化物在火焰中稳定,难以解离。③在石墨表面形成难解离碳化物。如 B、Si、Zr、Ta、W 等在石墨表面形成稳定的碳化物,使原子化率降低,产生严重记忆效应。④分析元素生成易挥发化合物而引起挥发损失。

（2）化学干扰的抑制:消除化学干扰,一般采取以下抑制方法。①加入释放剂。释放剂的作用是与干扰组分形成更稳定或更难挥发的化合物,使待测元素释放出来。例如,在溶液中加入锶和镧可有效地消除磷酸根对测定钙的干扰,此时锶或镧能与磷酸根形成更稳定的磷酸锶或磷酸镧,从而将钙释放出来。②加入保护剂。保护剂的作用是与待测元素生成稳定的配合物,防止待测元素与干扰组分的反应。保护剂通常是有机配合剂。例如,测定 Ca 时,加入 EDTA 可与钙形成 EDTA-Ca,避免钙与磷酸根作用。③加入饱和剂。饱和剂的应用是在标准溶液和试样溶液中加入足够的干扰元素,使干扰趋于恒定（即达到饱和）。例如,用 N_2O-C_2H_2 火焰测钛时,在试样和标准溶液中加入 300mg/L 以上的铝盐,可使铝对钛的干扰趋于稳定。

4. 电离干扰（ionization interference） 指待测元素在原子化过程中发生电离而引起的干扰效应。如果元素的电离电位低于 6eV,则这些元素在火焰中易发生电离,生成离子,从而不能吸收共振线,影响测量结果,在碱金属及碱土金属元素中比较显著。火焰温度越高,干扰越严重。采用低温火焰和加入消电离剂可以有效地抑制和消除电离干扰。常用的消电离剂是易电离的碱金属元素如铯盐等。

5．背景干扰及校正方法　背景干扰主要是原子化过程中所产生的连续光谱干扰,在光谱干扰中已作介绍,主要包括分子吸收、光的散射及折射等,是造成光谱干扰的重要原因。背景干扰校正方法有以下几种。

（1）邻近非吸收线校正背景:用分析线测量总吸光度(包括原子吸收与背景吸收),再用与吸收线邻近的非吸收线测量背景吸光度,因为非吸收线不产生原子吸收,然后两次测量值相减即得到校正背景之后的原子吸收的吸光度。

（2）氘灯背景校正:在测定时,氘灯提供的连续光谱和空心阴极灯提供的共振线交替通过原子化器,当空心阴极灯照射时,得到待测元素吸收与背景吸收的总和;氘灯辐射的连续光谱通过时,测定的是背景吸收(此时待测元素共振线吸收相对于总吸收可忽略),两者进行差减,即得校正背景后的待测元素的吸光度值。装置见图9-11。

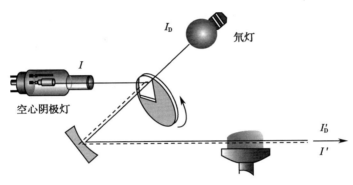

● 图9-11　氘灯连续光谱背景校正示意

（3）塞曼(Zeeman)效应背景校正法:塞曼效应是指在外磁场的作用下,谱线发生分裂的现象,为一种磁光效应。塞曼效应背景校正法是强磁场将吸收线分裂成偏振方向不同波长相近的三条谱线,利用这些分裂的偏振谱线分离待测原子吸收和背景吸收从而进行背景校正。平行磁场的偏振光通过火焰时,能被待测原子吸收,故作为测量光;背景吸收与偏振方向无关,作为参比光,由此可以扣除背景。塞曼效应校正可在190～900nm背景波长范围内进行,准确度高,校正能力比氘灯校正强。

（四）分析条件的选择

分析条件的选择影响测定灵敏度、稳定性、线性和重现性等。

1．溶液的制备

（1）待测试样的处理:原子吸收光谱法分析一般是溶液进样,待测样品应转化为溶液。无机固体试样通常采用稀酸、浓酸或混合酸处理样品,常用的酸主要有盐酸、硝酸和高氯酸,有时也用磷酸与硫酸的混合酸,如果将少量的氢氟酸与其他酸混合使用,有助于试样成为溶液状态;不溶于酸时可采用碱熔融法,目前微波溶样法得到了广泛应用。有机试样一般先进行消化处理,有干法或湿法两种消化方法,消化后的残留物溶解在合适的溶剂中,待测元素如果是易挥发元素如

Hg、As、Gd、Pd、Sb、Se 等则不宜采用干法消化,因为这些元素在消化过程中损失严重。

污染是限制灵敏度和检出限量的重要原因之一,在样品制备过程中要特别防止,主要污染来源是水、容器、试剂和大气。避免待测元素的损失是样品制备过程中另一关键问题,一般来说,作为储备液,配制浓度应较大(例如 1 000g/ml 以上),浓度小于 1g/ml 的溶液不宜作为储备液,无机溶液宜放在聚乙烯容器内,并维持一定的酸度。有机溶液在储存过程中,应避免与塑料、胶木瓶盖等直接接触。

如果使用非火焰原子化法,例如石墨炉原子化法,可直接进固体试样,采用程序升温,分别控制试样干燥、灰化和原子化过程,使易挥发或易热解基体在原子化阶段之前除去。

(2)标准溶液的制备:溶液中总含盐量影响喷雾过程和蒸发过程,标准溶液的组成要尽可能接近未知样品。当样品中含盐量大于 0.1% 时,在标准溶液中应加入等量的同一盐类,使在喷雾时和在火焰中发生的过程相似。

2.分析条件的选择

(1)分析线的选择:一般选待测元素的共振线作为分析线。但当测量元素浓度较高(避免过度稀释),或为了避免相邻光谱线的干扰时,也可选次灵敏线作为分析线;当待测元素的共振线附近有其他谱线干扰时,不宜采用。此外,稳定性差时,也不宜选用共振线作为分析线。

(2)通带宽度的选择:单色器光谱通带是指单色仪出口狭缝每毫米距离内包含的波长范围,狭缝宽度直接影响光谱通带宽度与检测器接收的能量。狭缝宽度影响光谱通带宽度与检测器接收的能量。在原子吸收分析中,检测碱金属、碱土金属元素谱线时,选较大的通带,以提高信噪比。检测过渡及稀土金属,宜选较小通带,以提高灵敏度。

(3)灯电流的选择:空心阴极灯的发射光谱特征与灯电流有关,一般需要预热 10~30 分钟,才能达到稳定输出。灯电流小,放电不稳定,光谱输出的强度小,灵敏度高;灯电流大,发射谱线强度大,灵敏度下降,信噪比小,灯的寿命缩短。所以,在保证有稳定输出和足够的辐射光强度情况下,尽量选用较低的电流。

(4)原子化条件的选择:火焰类型和状态是影响原子化效率的主要因素。根据不同试样元素选择不同火焰类型。在石墨炉原子化法中,合理选择干燥、分解、高温原子化及高温净化的温度与时间是十分重要的。

(5)测量高度的选择:燃烧器高度直接影响测量的灵敏度、稳定性及干扰程度。调节到最佳的测量高度,可使测量光束从自由原子浓度最大的火焰区通过,此时,测定稳定性好,并获得较高的灵敏度高。

(6)光电倍增管负高压的选择:光电倍增管的工作电压是根据空心阴极灯的谱线强度和光谱带宽而定。

四、应用与示例

《中国药典》(2020 年版)收载的采用原子吸收测定重金属及有害元素的中药材有山楂、蜂胶、白芍、甘草、丹参、昆布、黄芪等,规定含重金属铅(Pb)不得过 5.0mg/kg、镉(Cd)不得过 1mg/kg、汞(Hg)不得过 0.2mg/kg、砷(As)不得过 2.0mg/kg、铜(Cu)不得过 20.0mg/kg。

【示例】火焰原子吸收光谱法测定尿中镉

方法提要：在火焰装置上加一个双缝石英管，使原子蒸气在管内滞留，起富集作用，可使镉的吸光度提高一倍，增加了火焰原子吸收的检测灵敏度。

仪器与试剂：220双光束原子吸收分光光度计（美国瓦里安公司），镉空心阴极灯、双缝石英管。硝酸（优级纯），镉标准溶液（国家标准物质中心）。

样品制备：取不接触镉的正常人尿液，按100∶1的比例加入硝酸。用具盖聚乙烯塑料瓶收集尿样，不少于100ml，混匀后，按100∶1的比例加入硝酸，及时测定。

测定条件：分析波长Cd 228.8nm，光谱通带0.5nm，空心阴极灯电流5mA，氘灯扣除背景。乙炔流量1.5L/min，压力0.5kgf/cm²；空气流量8.0L/min，压力3.5kgf/cm²。标准曲线法定量。

方法评价：标准曲线的线性动态范围上限50μg/L，检出限为0.6μg/L，平均回收率为88.7%～101.0%，RSD为2.1%～4.1%。

第二节　原子发射光谱法

原子发射光谱分析法（AES）是根据待测元素的激发态原子所辐射的特征谱线的波长和强度，对元素进行定性和定量测定的分析方法。

原子发射光谱分析的特点有以下几点。①灵敏度高。许多元素绝对灵敏度为$10^{-13}\sim10^{-11}$g。②选择性好。一些化学性质相近而用化学方法难以分别测定的元素，其光谱性质有较大差异，用原子发射光谱法则容易进行各元素的单独测定。③分析速度快。可进行多元素同时测定。④试样消耗少（毫克级）。适用于微量样品和痕量无机物组分分析。⑤非金属元素不能检测或灵敏度低。

一、基本原理

（一）谱线的产生及特征

1. 谱线的产生　原子的外层电子由高能级向低能级跃迁，多余的能量以电磁辐射的形式发射出来，即得到发射光谱。原子发射光谱是线光谱。一般情况下，原子处在基态，基态原子在激发光源的作用下，获得足够的能量，外层电子由基态跃迁到较高能级状态的激发态。处在激发态的原子很不稳定，在极短的时间内（10^{-8}s）外层电子便跃迁回基态或其他较低的能态，多余的能量以一定波长的电磁波形式辐射出，得到一条光谱线，光谱线是定性、定量分析的基础。

原子中某一外层电子由基态跃迁到激发态所需的能量，称高能态的激发能（即激发电位），以电子伏特（eV）表示。原子光谱中每一条谱线的产生各有其相应的激发能，在表格或手册上可以查到。而由最低激发态（第一激发态）跃迁回基态所发射的谱线，称为第一共振线，通常把第一共振线称为共振线。共振线具有最小的激发能，因此最容易被激发，一般是该元素最强的谱线。

原子在激发光源中得到足够能量时，会发生电离。原子电离失去一个电子称为一次电离，一次电离的离子再失去一个电子称为二次电离,依此类推。离子也可能被激发,其外层电子跃迁也发射光谱,这种谱线称为离子线。由于原子和离子具有不同的能量,发射光谱也不一样。在原子谱线表中,用罗马字"I"表示中性原子发射的谱线,称为原子线;一次电离的离子发出的谱线,称为一级离子线,用罗马字"II"表示;二次电离的离子发出的谱线,称为二级离子线,用罗马字"III"表示。例如,Mg I 285.21nm 为原子线,Mg II 280.27nm 为第一次电离的离子线。

2. 谱线的特征 原子各个能级的激发电位不同,电子跃迁至各个能级所需的能量也不同,激发原子所发射的每一条谱线的波长是由跃迁前后两个能级之差决定的,且这些跃迁遵循一定的规则。原子的能级有很多,而且原子的各个能级是量子化的,因此,对某一元素而言,其原子跃迁所产生的谱线是一系列不同波长的特征谱线,这些谱线即为该元素的灵敏线。这些谱线按一定顺序排列,并保持一定的强度比。越易激发的元素,灵敏线的波长越长,反之越短。易激发元素的灵敏线多分布于近红外及可见光区,难激发的元素多分布于紫外区。

在光谱分析中,并不需要找出元素的所有谱线,只需找出一条或几条灵敏线即可。当元素含量逐渐减小时,谱线的强度会随之减弱,可检测到的谱线数目亦随之减少。最后仍然观察到的少数几条谱线,称为元素的最后线。最后线也是最灵敏线,也称为分析线。原子发射光谱定性分析就是根据分析线来判断元素的存在。试样中待测原子数目越多(浓度越高),则被激发的该种原子的数目也就越多,相应发射的特征谱线的强度也就越大,将它和已知含量标样的谱线强度相比较,即可测定试样中该种元素含量,这是原子发射光谱的定量分析。

(二)电感耦合等离子体

电感耦合等离子体(inductively coupled plasma,ICP)是 20 世纪 60 年代提出、70 年代获得迅速发展的一种新型的激发光源。等离子体是一种由自由电子、离子、中性原子与分子所组成的,在总体上呈电中性的气体,其电离度大于 0.1% 以上。电感耦合高频等离子炬的装置示意图如图 9-12 所示。它是由高频发生器、进样系统(包括供气系统)和等离子炬管三部分组成。

如图 9-12 所示,当有高频电流通过等离子炬管外的负载感应线圈时,产生轴向高频磁场。此时若用高频点火装置引燃,产生的载流子(离子与电子)在电磁场作用下,与原子碰撞并使之电离,形成更多的载流子,当载流子多到足以使气体有足够的导电率时,在垂直于磁场方向的截面上就会感生出环形涡电流。强大的感应电流将气体加热,瞬间使气体形成温度可达 1 000K 以上的火炬状的稳定等离子

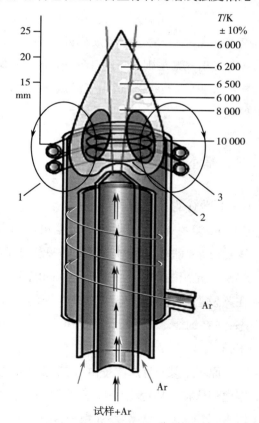

1—高频电流产生的磁场;2—高频感应电流;
3—射频感应线圈。

● 图 9-12 ICP 光源示意图

炬,成为试样原子化和激发发光的热源。由于等离子环形感应与感应圈是同心的,故形成一个如同变压器的耦合器。感应线圈将能量耦合给等离子体,维持等离子炬。当雾化器产生的试样气溶胶被载气带入等离子焰炬中时,试样被蒸发、原子化和激发,产生原子发射光谱。

ICP光源是较理想的激发光源,其突出的特点是:①激发温度高,一般在5 000～8 000K,有利于难激发元素的测定;②稳定性好、准确度好、精密度高、检出限低(许多元素可达1μg/L)、线性范围宽(可达4～6个数量级);③基体效应和自吸效应小;④不受电极材料污染;⑤选择合适的观测高度光谱背景小;⑥ICP光源仍然存在一定的缺点,如仪器昂贵,等离子工作气体费用较高,测定非金属元素时灵敏度低等。

(三)影响因素

1.谱线强度　原子由某一激发态 i 向低能级 j 跃迁,所发射的谱线强度与激发态原子数成正比。在热力学平衡时,单位体积的基态原子数 N_0 与激发态原子数 N_i 之间的分布遵守玻耳兹曼(Boltzmann)分布定律:

$$N_i = N_0 \frac{g_i}{g_0} e^{-E_i/kT} \qquad\qquad 式9-16$$

式中,g_i、g_0 为激发态与基态的统计权重;E_j 为激发能;k 为玻耳兹曼常数;T 为激发温度。

当原子外层电子在 i、j 两个能级之间跃迁时,所产生的谱线强度以 I_{ij} 表示。

$$I_{ij} = N_i A_{ij} h\nu_{ij} \qquad\qquad 式9-17$$

式中,A_{ij} 为两个能级之间跃迁的概率;h 为普朗克常数;ν_{ij} 为发射谱线的频率。根据玻耳兹曼分布定律得式9-18。

$$I_{ij} = \frac{g_i}{g_0} A_{ij} h\nu_{ij} N_0 e^{-E_i/kT} \qquad\qquad 式9-18$$

由式9-18可知,影响谱线强度的因素如下。

(1)统计权重:谱线强度与激发态的统计权重之比成正比。

(2)激发电位:谱线强度与激发电位是负指数关系。激发电位愈高,处在相应激发态的原子数目愈少,谱线强度愈小。

(3)跃迁概率:谱线强度与跃迁概率成正比,两能级之间的跃迁概率愈大,该频率谱线强度愈大。

(4)激发温度:温度升高,谱线的强度增加,但易电离。

(5)基态原子数:谱线强度与待测元素浓度成正比,单位体积内基态原子的数目和试样中的该元素浓度成正比。这是发射光谱定量分析的依据。

2.自吸自蚀　物质在高温条件下被激发时,其中心区域激发态原子多,边缘处基态及低能量的原子较多。某元素的原子从中心发射某一波长的辐射光必须通过边缘射出,其辐射就可能被处在边缘的同种元素的基态或较低能态的原子吸收,因此检测器接收到的谱线强度就会减弱。这种处于光源中心部位原子或离子的发射辐射被边缘的同种基态原子吸收,使辐射强度降低的现象称为自吸(self-absorption),自吸对谱线中心处的强度影响大。当元素浓度低时,不出现自吸。随浓度增加,自吸逐渐严重。当达到一定值时,谱线中心完全吸收,如同出现两条线,这种现象称为自蚀(self-reversal),见图9-13谱线的自吸和自蚀。由于共振线跃迁所需的能量最低,所以基态原子对共振线的自吸最为严重,当元素浓度很大时,常产生自蚀。在光谱定量分析中,自吸现象严重影响谱线强度,定量分析时必须注意。

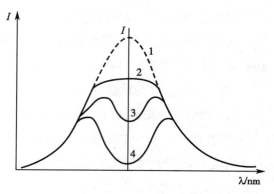

1—无自吸;2—有自吸;3—自蚀;4—严重自蚀。

● 图9-13 谱线的自吸和自蚀

由式9-18可得出,在一定条件下谱线强度 I 与待测元素浓度 c 成正比。实验证明,在大多数情况下,谱线强度 I 与待测元素浓度 c 的函数为式9-19。

$$I = ac^b \qquad\qquad 式9-19$$

式9-19中,a、b 均为特定条件下的常数;b 为自吸收常数,当元素浓度很小时,没有自吸,$b=1$。式9-19是光谱定量分析的基本关系式,称为赛伯-罗马金(Schiebe-Lomakin)公式。

二、仪器组成与类型

(一)主要部件

原子发射光谱仪由激发源、进样系统、分光系统、检测系统和计算机处理系统等组成。

1. 激发源　具有使试样蒸发、解离、原子化、激发、跃迁产生光辐射的作用。它对光谱分析的检出限、精密度和准确度都有很大的影响。目前常用的光源有直流电弧、交流电弧、电火花及电感耦合高频等离子体光源(ICP)等,以ICP光源应用最为广泛。

2. 分光系统　其作用是将试样中待测元素的激发态原子所发射的特征光经分光后,得到按波长顺序排列的光谱。目前主要采用棱镜和光栅两种分光系统。电感耦合等离子体发射光谱仪的单色器通常采用棱镜或棱镜与光栅的组合。

3. 检测系统　检测器主要有光电倍增管和阵列检测器两类。

光电倍增管不但起到光电的转换的作用,而且还起到电流放大的作用。在光电倍增管中,每个倍增极可产生2～5倍的电子,在第 n 个倍增极上,就产生 2^n～5^n 倍于阴极的电子。由于光电倍增管具有灵敏度高,线性影响范围宽等特点,因此被广泛用于光谱分析仪器中。

目前阵列检测器的发展迅速,应用越来越普遍,主要有以下三种类型:光敏二极管阵列检测器,是较早使用的阵列检测器;光导摄像管阵列检测器;电荷转移阵列检测器。

(二)原子发射分光光度计类型

原子发射分光光度计根据记录光谱的方式可分为三类:以肉眼观察元素光谱的称为看谱镜;以照相法摄取光谱的称为摄谱仪;以光电法记录光谱的称为光量计、分光计或光电直读光谱仪。它们对应三种 n 不同的光谱分析技术,即看谱法、摄谱法和光电光谱法。通过看谱镜观看元素光谱的强度,一般用于钢中合金元素的定性、半定量分析。

光电直读光谱仪(光量计)是利用光电测量方法直接测定谱线强度的光谱仪器。在摄谱仪的焦面位置上安置若干条出射狭缝,将待测元素的分析线引出,使其投射在检测器上,将光能转变为电能,由积分电容储存,当曝光结束后由测量系统逐个测量积分电容上的电压。由于积分电压与检测器的光电流成正比,光电流与谱线强度成正比,故积分电压与谱线强度成正比,因而可根据测得的积分电压求出待测试样中所求元素的含量。

光电光谱法的优点为可用较宽波长范围内的谱线进行分析;可用同一分析条件测定试样中含量范围差别大的各元素;与摄谱法相比,有更高的准确度,特别利于高含量元素的分析;分析速度快,一般2~3分钟可给出结果。缺点为不能利用波长相近的谱线进行分析;不能广泛用于痕量元素的分析;对分析任务的变化适应能力较差,能分析的元素有限;仪器设备昂贵,要求安装条件高,不易普及。

(三)电感耦合等离子发射光谱仪

电感耦合等离子发射光谱仪(ICP-AES)有两种类型:光电直读型光谱仪(见图9-14)和全谱直读型光谱仪(见图9-15)。

光电直读等离子体原子发射光谱仪按出射狭缝的工作方式分为多道固定狭缝式和单道扫描式。一个出射狭缝和一个光电倍增管,可接受一条谱线,构成一个测量通道。单道扫描式是转动光栅进行扫描,在不同时间检测不同谱线,多道固定狭缝式则是安装多个光电倍增管,同时测定多个元素的谱线。多道固定狭缝式仪器具有多达70个通道可选择设置,能同时进行多元素分析,这是其他金属分析方法所不具备的,而且分析速度快、准确度高、线性范围宽达4~5个数量级,在高、中、低浓度范围都可进行分析。不足之处是出射狭缝固定,各通道检测的元素谱线一定。

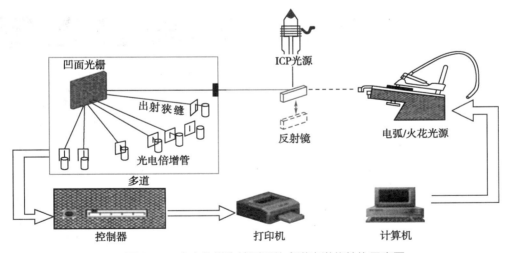

● 图9-14 光电倍增为检测器的多道光谱仪结构示意图

全谱直读型光谱仪(见图9-15)是近几年随着固态成像器件的成熟而发展起来的新型光谱仪,采用中阶梯光栅+棱镜的交叉色散二维半导体固态检测器。中阶梯光栅的交叉色散不同于平面光栅的一维色散,它产生的是兼有较大的波长范围和高分辨率及高色散率的二维光谱,正好与二维固态检测器相匹配。全谱直读型光谱仪可任意选择分析谱线且同时测定,既有单道扫描型的灵活,又有多道直读型的快速和准确。

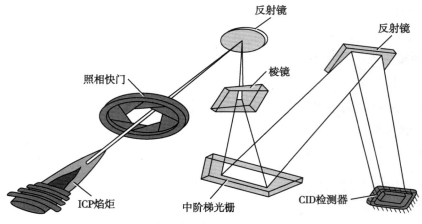

● 图 9-15　全谱直读等离子体发射光谱仪示意图

（图中标注：照相快门、反射镜、棱镜、反射镜、ICP焰炬、中阶梯光栅、CID检测器）

三、应用与示例

原子发射光谱法具有不经过分离就可以同时进行多种元素快速定性定量分析的特点,特别是 ICP 光源的引入使原子发射光谱分析法在生命科学、材料科学、环境科学等方面发挥了重要作用。例如中药及土壤中元素分析、植物与食品分析、药物制备过程中的检测、生态和环境保护分析、生化临床分析、材料分析等。

《中国药典》收载了采用电感耦合等离子体质谱法测定重金属及有害元素的方法,如检测牡蛎、蜂胶、蛤壳、黄芪、海藻、枸杞子、珍珠、金银花、西洋参等。

知识拓展

（一）连续光源简介与应用

连续光源优点是辐射的波长范围宽,是多元素同时测定的最佳选择。连续光源及相配所需单色器和检测器等方面都进行了开创性的改进。①采用特制的高聚焦短弧氙灯作为连续光源（189～900nm）取代了传统的空心阴极灯。一个高强度、高能量的稳定连续光源氙灯可测量元素周期表中 67 个金属元素,还可能测量更多的元素（如放射性元素）。②采用石英棱镜和高分辨率的大面积中阶梯光栅组成的双单色器,可得约 0.002nm 的极高分辨率,使连续光源在近似单色光的条件下测量原子吸收。③高灵敏度电荷耦合器（Charge coupled device,CCD）线阵检测器,一根谱线由多个像素组成,可得到时间 - 波长 - 信号的三维信息,并将所有背景信号（包括特征谱线干扰和连续背景）同时扣除。氙灯可满足全波长（190～900nm）所有元素的吸收测定,且无须预热,开机即可测量,能满足多元素连续测定。

（二）电感耦合等离子体质谱法简介与应用

电感耦合等离子体质谱法（Inductively coupled plasma mass spectrometry,ICP-MS）是以电感耦合等离子体为离子源的一种质谱型元素分析方法。主要用于进行多种元素的同时测定,并可与其他色谱分离技术联用,进行元素价态分析。测定时样品由载气（氩气）引入雾化系统进行雾化后,以气溶胶形式进入等离子体中心区,在高温和惰性气体中被去溶剂化、汽化解离和电离,转化成带正电荷的正离子,经离子采集系统进入质谱仪,质谱仪根据质荷比进行分离,根据元素质谱峰强度测定样品中相应元素的含量。本法具有很高的灵敏度,适用于各类药品从痕量到微量的元素分析,尤其是痕量重金属元素的测定。

内容提要

(一)基本概念

1. 共振吸收线是基态原子吸收的辐射能使电子从基态跃迁到能量最低的激发态,即第一激发态时,所产生的吸收谱线称为共振吸收线(简称共振线)。

2. 谱线半宽度是峰值强度(或峰值吸收系数)一半处所对应的吸收轮廓上两点间距离。

3. 元素的特征谱线是指由于各种元素的原子结构和外层电子排布不同,吸收的能量亦不相同,各元素的共振线不同并各有其特征性的共振线。

4. 积分吸收指吸收线轮廓所包围的面积,即气态原子吸收共振线的总能量。

5. 峰值吸收指通过测量中心频率处的吸收系数来测定吸收度和原子总数。

6. 自然宽度(natural width)指无外界条件影响时的谱线固有宽度称为自然宽度,以 $\Delta\nu_N$ 表示。

7. 多普勒变宽(Doppler broadening)指由于原子的无规则热运动所引起的变宽,又称温度变宽,用 $\Delta\nu_D$ 表示。

8. 压力变宽指在一定蒸汽压力下,原子之间的相互碰撞引起的谱线变宽。压力变宽可以分为两种,即由同种原子碰撞而引起的变宽叫共振变宽,或称为霍尔兹马克(Holtsmark)变宽($\Delta\nu_R$);由待测元素的原子与蒸气中其他原子或分子等碰撞而引起的谱线轮廓变宽称为洛伦茨(Lorentz)变宽($\Delta\nu_L$)。

9. 锐线光源指发射谱线宽度很窄的元素共振线。空心阴极灯是最常用锐线光源。

10. 原子化系统的作用是提供能量,将试样中的分析物干燥、蒸发并转变为气态原子。

11. 低温原子化方法(化学原子化法)是利用还原反应使待测元素直接原子化,或者使其还原为易挥发的氢化物,再在低温下原子化的方法。常用的有氢化物原子化法及冷原子蒸气测汞法。

12. 电离干扰指待测原子在火焰中发生电离,使参与吸收的基态原子数量减少而造成吸光度下降的现象。

13. 光谱干扰(spectral interference)指由于分析元素的吸收线与其他吸收线或辐射不能完全分离所引起的干扰。

14. 物理干扰(physical interference)指试样在转移、蒸发和原子化过程中,由于试样任何物理特性(例如密度、压力、黏度、表面张力等)的变化而引起的原子吸收强度下降的效应,主要影响试样喷入火焰的速度、雾化效率、雾滴大小等。

15. 化学干扰(chemical interference)是原子吸收分光光度法中常见的一种干扰,为选择性干扰,是由待测元素与其他组分之间的化学作用所引起的干扰效应,主要影响到待测元素的原子化效率。

16. 塞曼(Zeeman)效应指在外磁场的作用下,谱线发生分裂的现象,为一种磁光效应。

17．原子发射光谱分析法(atomic emission spectroscopy，AES)指根据待测元素的激发态原子所辐射的特征谱线的波长和强度，对元素进行定性和定量测定的分析方法。

18．等离子体(plasma)指在近代物理学中，电离度大于0.1%、其正负电荷相等的电离气体。

（二）基本内容

1．原子吸收光谱法是基于待测元素的基态原子在蒸气状态下对特征电磁辐射吸收进行元素定性、定量分析的方法。

2．原子发射光谱产生的原理，原子的外层电子由高能级向低能级跃迁，能量以电磁辐射的形式发射出去，从而得到发射光谱。

3．吸收线轮廓指具有一定频率范围和形状的谱线，它可用谱线的半宽度来表征。吸收线轮廓是由自然变宽、热变宽、压力变宽等原子本身的性质和外界因素影响而产生的。

4．采用测量峰值吸收的方法来代替测量积分吸收，必须满足以下条件：①发射线轮廓小于吸收线轮廓；②发射线与吸收线频率的中心频率重合。

5．原子吸收光谱分析法的定量关系式为$A=KC$，常用的方法有校正曲线法、标准加入法、内标法等。

6．原子吸收分光光度计主要组成有锐线光源、原子化器、分光系统和检测系统。

7．空心阴极灯的工作原理，当外加适当电压时，阴极发射的电子定向向阳极高速运动；与充入的惰性气体碰撞而使之电离，产生正离子，其在电场作用下，向阴极内壁猛烈撞击；使阴极表面的金属原子溅射出来，溅射出来的金属原子再与电子、惰性气体原子及离子发生撞碰而被激发，去激时辐射一定频率的特征谱线。

8．原子化器的作用指提供能量，使试样干燥、蒸发并转化为气态的基态原子。常用的原子化器有火焰原子化和非火焰原子化器。

9．石墨炉原子化器的特点为原子化效率高；灵敏度高，试样用量少；有利于难溶氧化物的原子化；可用于固体试样；比火焰法安全可靠；准确度与精密度较差，基体效应及记忆效应较大，仪器装置较复杂。

10．石墨炉原子化过程可大致分为干燥、灰化、高温原子化及高温净化四个阶段。

11．在原子吸收分光光度法中，干扰效应主要有电离干扰、物理干扰、光谱干扰、化学干扰等。消除方法有加入缓冲剂、保护剂、消电离剂、配位剂等；采用标准加入法和改变仪器条件（如分辨率、狭缝宽度）或背景扣除等。

12．实验分析条件的选择，包括分析线的选择、狭缝宽度的选择、灯电流的选择、原子化条件的选择等。

13．谱线的自吸(self-absorption)是指处于光源中心部位原子或离子的发射辐射被边缘的同种基态原子吸收，使辐射强度降低的现象称为自吸，自吸对谱线中心处的强度影响大。当元素浓度低时，不出现自吸。随浓度增加，自吸越严重。谱线的自蚀(self-reversal)是指当达到一定值时，谱线中心完全吸收的现象。

14．原子发射光谱法包括了三个主要的过程，即由光源提供能量使样品蒸发，形成气态原子，并进一步使气态原子激发而产生光辐射；将光源发出的复合光经单色器分解成按波长顺序排列的谱线，形成光谱；用检测器检测光谱中谱线的波长和强度。

15．由于待测元素原子的能级结构不同，发射谱线的特征不同，因而可对样品进行定性分析；而待测元素原子的浓度不同，发射强度不同，可实现元素的定量测定。

16．原子发射光谱仪器的基本结构由三部分组成，即激发光源、单色器和检测器。常用的重要的光源电感耦合等离子体（inductively coupled plasma，ICP）。

17．电感耦合等离子体（ICP）是由高频感应电流产生的类似火焰的激发光源。

18．元素的分析线、最后线、灵敏线　①分析线：复杂元素的谱线可能多至数千条，只选择其中几条特征谱线检验，称其为分析线。②最后线：浓度减小，谱线强度减小，最后消失的谱线。③灵敏线：最易激发的能级所产生的谱线，每种元素有一条或几条谱线最强的线，即灵敏线，最后线也是最灵敏线。④共振线：由第一激发态回到基态所产生的谱线，通常也是最灵敏线、最后线。

思考题与习题

1．词语解释

原子吸收光谱法、共振吸收线、半宽度、多普勒变宽、劳伦兹变宽、空心阴极灯、分析线、共振线、灵敏线、最后线、原子线、离子线

2．解释原子吸收分析采用锐线光源的理由。

3．简述火焰原子化装置的主要部件及作用。

4．简述石墨炉原子化器的程序升温的四个阶段和作用。

5．简述原子发射光谱的分析过程。

6．简述 ICP 光源的优缺点。

7．原子发射光谱法的特点是什么？

8．测定血浆试样中锂的含量时，取四份 0.5ml 血浆试样分别加入浓度为 0.050 0mol/L LiCl 标准溶液 0、10.0μl、20.0μl、30.0μl，然后用水稀释到 5.00ml。在原子吸收分光光度计上测得吸光度分别为 0.201、0.414、0.622 和 0.835，请计算血浆样品中锂的浓度，以 μg/ml 表示。

（6.59μg/ml）

9．用原子吸收法内标法测定未知溶液中锑的浓度，铅为内标物。取 5.00ml 试样溶液，加入 2.00ml 浓度为 4.13μg/ml 的铅标准溶液并稀释到 10.0ml，测得 $A_{Sb}/A_{Pb} = 0.808$。另取相同浓度锑和铅溶液分别测吸光度，$A_{Sb}/A_{Pb} = 1.31$，试求算未知样品中锑的质量浓度。

（1.02μg/ml）

第九章同步练习

第十章 分子荧光分析法

本章主要介绍分子荧光分析法的基本原理和基础知识,要求:

1.掌握分子荧光法的基本原理及荧光发射光谱的特点。

2.熟悉荧光光谱仪的基本组成及各部分作用。

3.了解分子荧光分析法的定量分析方法及主要应用范围。

    有些物质受到光照射时,除吸收某种波长的光之外还会发射出比原来所吸收光的波长更长的光,这种现象称为光致发光,最常见的光致发光现象是荧光和磷光。荧光(fluorescence)是物质分子接受光子能量被激发后,从激发态的最低振动能级返回基态时发射出的光。荧光分析法(fluorometry)是根据物质的荧光谱线位置及其强度进行物质鉴定和含量测定的方法。荧光分析法的主要优点是灵敏度高、选择性好,其检测限达 10^{-10}g/ml 甚至 10^{-12}g/ml,比紫外 - 可见分光光度法低 3 个数量级以上。如果待测物质是分子,则称为分子荧光;如果待测物质是原子,则称为原子荧光。根据激发光的波长范围又可分为紫外 - 可见荧光、红外荧光和 X 射线荧光。本章仅介绍分子荧光分析法(molecular fluorometry)。

第一节 基本原理

一、分子荧光的产生

(一)分子中电子能级的多重性

    物质的分子体系中存在着电子能级、振动能级和转动能级,在室温时,大多数分子处在电子基态的最低振动能级,当受到一定的辐射能作用时,就会发生能级间的跃迁。

    在基态时,分子中的电子成对地填充在能量最低的各轨道中。根据 Pauli 不相容原理,一个给定轨道中的两个电子,必定具有相反方向的自旋,即自旋量子数分别为 1/2 和 - 1/2,其总自旋量子数 s 等于 0,即基态没有净自旋。电子能级的多重性可用 $M=2s+1$ 表示。当 $s=0$ 时,分子的多重性 $M=1$,此时分子所处的电子能态称为单重态(siglet state),用符号 s 表示;当 $s=1$ 时,分子的

多重性 $M=3$，此时分子所处的电子能态称为三重态（triplet state），用符号 T 表示。

当基态的一个电子吸收光辐射被激发而跃迁至较高的电子能态时，通常电子不发生自旋方向的改变，即两个电子的自旋方向仍相反，总自旋量子数 s 仍等于 0，这时分子处于激发单重态（$M=2s+1=1$）。在某些情况下，电子在跃迁过程中还伴随着自旋方向的改变，这时分子的两个电子的自旋方向相同，自旋量子数都为 $1/2$，总自旋量子数 s 等于 1，这时分子处于激发三重态（$M=2s+1=3$）。这是由于电子自旋方向的改变使能级稍低，如图 10-1 所示。

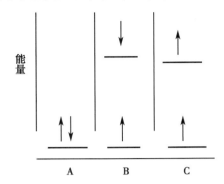

A—单重基态；B—激发单重态；C—激发三重态。
● 图 10-1　单重态和三重态的电子分布

（二）荧光的产生

处于激发态的电子是不稳定的，通常以通过辐射跃迁和无辐射跃迁等方式释放多余的能量而返回至基态。无辐射跃迁是指以热能形式释放其多余的能量，它既可为荧光和磷光的产生创造条件，又能与其相竞争使之减弱或熄灭。无辐射跃迁方式包括振动弛豫、内部能量转换、体系间跨越及外部能量转换等，其发生的可能性及程度与荧光物质本身的结构及激发时的物理和化学环境有关，现分述如下，相应的示意图见图 10-2。图中 S_0、S_1^* 和 S_2^* 分别表示分子的基态、第一和第二电子激发的单重态，T_1^* 表示第一电子激发的三重态。

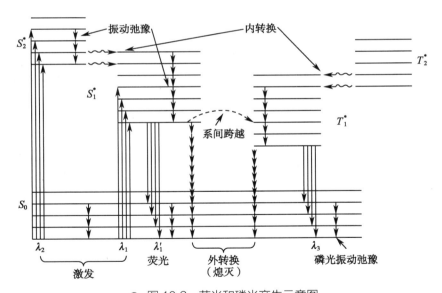

● 图 10-2　荧光和磷光产生示意图

（1）振动弛豫（vibrational relexation）：处于激发态各振动能级的分子通过与溶剂分子的碰撞而将部分振动能量传递给溶剂分子，其电子则返回到同一电子激发态的最低振动能级的过程。由于能量不是以光辐射的形式放出，故振动弛豫属于无辐射跃迁。振动弛豫只能在同一电子能级内进行，发生振动弛豫的时间约为 10^{-12} 秒数量级。

（2）内部能量转换（internal conversion）：简称内转换，是当两个电子激发态之间的能量相差较小以致其振动能级有重叠时，受激分子常由高电子能级以无辐射方式转移至低电子能级的过程。如在图 10-2 中，S_1^* 的较高振动能级与 S_2^* 的较低振动能级的势能非常接近，内转换过程（$S_1^* \rightarrow S_2^*$）很容易发生。

（3）荧光发射：无论分子最初处于哪一个激发单重态，通过内转换及振动弛豫，均可返回到第一激发单重态的最低振动能级，然后再以辐射形式发射光量子而返回至基态的任一振动能级上，这时发射的光量子称为荧光。由于振动弛豫和内转换损失了部分能量，故荧光的波长总比激发光波长要长。发射荧光的过程约为 $10^{-9} \sim 10^{-7}$ 秒。由于电子返回基态时可以停留在基态的任一振动能级上，因此得到的荧光谱线有时呈现几个非常靠近的峰。通过进一步振动弛豫，这些电子都能很快地回到基态的最低振动能级。

（4）外部能量转换（external conversion）：简称外转换，是溶液中的激发态分子与溶剂分子或与其他溶质分子之间相互碰撞而失去能量，并以热能的形式释放能量的过程。外转换常发生在第一激发单重态或激发三重态的最低振动能级向基态转换的过程中。外转换会降低荧光强度。

（5）体系间跨越（intersystem crossing）：是处于激发态分子的电子发生自旋反转而使分子的多重性发生变化的过程。如图 10-2 所示，S_1^* 的最低振动能级同 T_1^* 的最高振动能级重叠，则有可能发生体系间跨越（$S_1^* \rightarrow T_1^*$）。分子由激发单重态跨越到激发三重态后，荧光强度减弱甚至熄灭。含有重原子如碘、溴等的分子时，体系间跨越最为常见，原因是在高原子序数的原子中，电子的自旋与轨道运动之间的相互作用较大，有利于电子自旋反转的发生。另外，在溶液中存在氧分子等顺磁性物质也容易发生体系间跨越，从而使荧光减弱。

（6）磷光发射：经过体系间跨越的分子再通过振动弛豫降至激发三重态的最低振动能级，分子在激发三重态的最低振动能级可以存活一段时间，然后返回至基态的各个振动能级而发出光辐射，这种光辐射称为磷光。由于激发三重态的能级比激发单重态的最低振动能级能量低，所以磷光辐射的能量比荧光更小，即磷光的波长比荧光更长。因为分子在激发三重态的寿命较长，所以磷光发射比荧光更迟，需要 $10^{-4} \sim 10$ 秒甚至更长的时间。由于荧光物质分子与溶剂分子间相互碰撞等因素的影响，处于激发三重态的分子常常通过无辐射过程失活回到基态，因此在室温下很少呈现磷光，只有通过冷冻或固定化而减少外转换才能检测到磷光，所以磷光法不如荧光分析法普遍。

二、荧光光谱的特征

（一）激发光谱与荧光光谱

荧光物质分子都具有两个特征光谱，即激发光谱（excitation spectrum）和发射光谱或称荧光光谱（fluorescence spectrum）。

激发光谱表示不同激发波长的辐射引起物质发射某一波长荧光的相对效率。绘制激发光谱时，固定发射单色器在某一波长，通过激发单色器扫描，以不同波长的入射光激发荧光物质，记录荧光强度(F)对激发波长(λ_{ex})的关系曲线,即激发光谱,其形状与吸收光谱极为相似。

荧光光谱表示在所发射的荧光中各种波长组分的相对强度。绘制发射光谱时,使激发光的波长和强度保持不变,通过发射单色器扫描以检测各种波长下相应的荧光强度,记录荧光强度(F)对发射波长(λ_{em})的关系曲线,即荧光光谱。

激发光谱和荧光光谱可用来鉴别荧光物质,而且是选择测定波长的依据。图 10-3 是硫酸奎宁的激发光谱和荧光光谱。

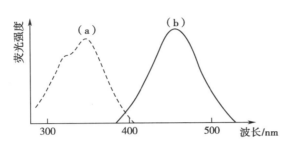

● 图 10-3　硫酸奎宁的激发光谱(a)及荧光光谱(b)

(二)荧光光谱的特征

(1)斯托克斯位移(Stokes shift):荧光发射波长总是大于激发光波长的现象。因斯托克斯在 1852 年首次观察到而得名。

激发态分子通过内转换和振动弛豫过程而迅速到达第一激发单重态 S_1^* 的最低振动能级,是产生斯托克斯位移的主要原因。荧光发射可能使激发态分子返回到基态的各个不同振动能级,然后进一步损失能量,也可产生斯托克斯位移。此外,激发态分子与溶剂分子的相互作用,会加大斯托克斯位移。

(2)荧光光谱的形状与激发波长无关:虽然分子的电子吸收光谱可能含有几个吸收带,但其荧光光谱却只有一个发射带。因为即使分子被激发到高于 S_1^* 的电子激发态的各个振动能级,由于内转换和振动弛豫的速度很快,也都会下降至 S_1^* 的最低振动能级,然后才发射荧光,所以荧光发射光谱只有一个发射带,而且荧光光谱的形状与激发波长无关。

(3)荧光光谱与激发光谱的镜像关系:图 10-4 是蒽的激发光谱和荧光光谱。由图可见,蒽的激发光谱有两个峰,a 峰是由分子从基态 S_0 跃迁到第二电子激发态 S_2^* 而形成的。在高分辨的荧光图谱上可观察到 b 峰由一些明显的小峰 b_0、b_1、b_2、b_3 和 b_4 组成,它们分别由分子吸收光能后从基态 S_0 跃迁至第一电子激发态 S_1^* 的各个不同振动能级而形成(如图 10-5 所示),b_0 峰相当于 b_0 跃迁线,b_1 峰相当于 b_1 跃迁线,依次类推。各小峰间波长递减值 $\Delta\lambda$ 与振动能级差 ΔE 有关,各小峰的高度与跃迁概率有关。蒽的荧光光谱同样包含 c_0、c_1、c_2、c_3 和 c_4 等一组小峰。它们分别由分子从第一电子激发态 S_1^* 的最低振动能级跃迁至基态 S_0 的各个不同振动能级而发出光辐射所形成,c_0 峰相当于 c_0 跃迁线,c_1 峰相当于 c_1 跃迁线,依次类推。同样,各小峰的高度与跃迁概率有关。由于电子基态的振动能级分布与激发态相似,故激发光谱与荧光光谱的各峰之间都以 λ_{b0} 为中心基本对称,形成了激发光谱和荧光光谱的对称镜像现象。

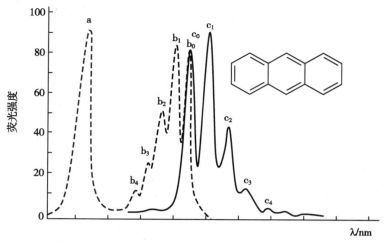

● 图 10-4　蒽的激发光谱和荧光光谱

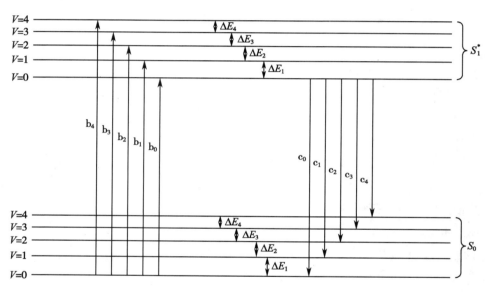

● 图 10-5　蒽的能级跃迁

三、影响荧光强度的因素

（一）荧光与分子结构的关系

1. 荧光寿命和荧光效率　这是荧光物质的重要发光参数。

荧光寿命（fluorescence lift time）是当除去激发光源后，分子的荧光强度降低到最大荧光强度的 1/e 所需的时间，常用 τ_f 表示。当荧光物质受到一个及其短暂的光脉冲激发后，从激发态到基态的变化可用指数衰减定律表示。

$$F_t = F_0 e^{-Kt}$$

式 10-1

式中，F_0 和 F_t 分别是在激发时 $t=0$ 和激发后时间 t 时的荧光强度，K 是衰减常数。假定在时间 $t=\tau_f$ 时测得的 F_t 为 F_0 的 1/e，即 $F_t=(1/e)F_0$，则根据式 10-1，可得：

$$F_0/e = F_0 e^{-K\tau_f}$$

即
$$1/e = e^{-K\tau_f}, K\tau_f = 1, K = \frac{1}{\tau_f}$$

式 10-1 可写成
$$F_0/F_t = e^{Kt}$$

得

$$\ln \frac{F_0}{F_t} = \frac{t}{\tau_f}$$

如果以 $\ln \dfrac{F_0}{F_t}$ 对 t 作图,直线斜率即为 $\dfrac{1}{\tau_f}$,由此可计算荧光寿命。利用分子荧光寿命的差别,可以进行荧光物质混合物的分析。

荧光效率(fluorescence efficiency)又称荧光量子产率(fluorescence quantum yield),指激发态分子发射荧光的光子数与基态分子吸收激发光的光子数之比,常用 φ_f 表示。

$$\varphi_f = \frac{\text{发射荧光的光子数}}{\text{吸收激发光的光子数}}$$

如果在受激分子回到基态的过程中没有其他去活化过程与发射荧光过程竞争,那么在这一段时间内所有激发态分子都将以发射荧光的方式回到基态,这一体系的荧光效率就等于 1。一般物质的荧光效率在 0~1 之间。例如,荧光素钠在水中 $\varphi_f = 0.92$;荧光素在水中 $\varphi_f = 0.65$;蒽在乙醇中 $\varphi_f = 0.30$;菲在乙醇中 $\varphi_f = 0.10$。荧光效率低的物质虽然有较强的紫外吸收,但所吸收的能量都以无辐射跃迁形式释放,内转换和外转换的速度很快,所以没有荧光发射。

2. 荧光强度与分子结构的关系 一个化合物能否产生荧光,荧光强度的大小,$\lambda_{ex(max)}$ 和 $\lambda_{em(max)}$ 的波长位置均与其分子结构有关,即有强的紫外 - 可见吸收和一定的荧光效率。下面简述影响分子荧光强弱的一些结构规律。

一般来说,长共轭分子具有 $\pi \to \pi^*$ 跃迁的较强紫外吸收(K 带),刚性平面结构分子具有较高的荧光效率,而在共轭体系上的取代基对荧光光谱和荧光强度也有很大影响。

(1)长共轭结构:绝大多数能产生荧光的物质都含有芳香环或杂环,因为芳香环和杂环分子具有长共轭的 $\pi \to \pi^*$ 跃迁。π 电子共轭程度越大,荧光强度(荧光效率)越大,而荧光波长也长移。如下面三个化合物的共轭结构与荧光的关系:

化合物	苯	萘	蒽
结构			
λ_{ex}/nm	205	286	356
λ_{em}/nm	278	321	404
φ_f	0.11	0.29	0.36

除芳香烃外,含有长共轭双键的脂肪烃也可能有荧光,但这一类化合物的数目不多。维生素 A 是能发射荧光的脂肪烃之一。

(2)分子的刚性:在同样的长共轭分子中,分子的刚性越强,荧光效率越大,荧光波长越长。

例如,在相似的测定条件下,联苯和芴的荧光效率 φ_f 分别为 0.2 和 1.0,二者的结构差别在于芴的分子中加入亚甲基成桥,使两个苯环不能自由旋转,成为刚性分子,结果共轭 π 电子的共平面性增加,荧光效率大大增加。

联苯 $\varphi_f = 0.2$ 芴 $\varphi_f = 1.0$

本不发生荧光或荧光较弱的物质与金属离子形成配位化合物后,如果刚性和共平面性增加,就可能发射荧光或增强荧光。例如 8- 羟基喹啉是弱荧光物质,与 Mg^{2+}、Al^{3+} 形成配位化合物后,荧光增强。

相反,如果原来结构中共平面性较好,但由于位阻效应使分子共平面性下降,则荧光减弱。例如,1- 二甲氨基萘 -7- 磺酸盐的 $\varphi_f = 0.75$,1- 二甲氨基萘 -8- 磺酸盐的 $\varphi_f = 0.03$,这是因为后者的二甲氨基与磺酸盐之间的位阻效应,使分子发生了扭转,两个环不能共平面,因而使荧光大大减弱。

对于顺反异构体,顺式分子的两个基团在同一侧,由于位阻效应使分子不能共平面而没有荧光。例如 1,2- 二苯乙烯的反式异构体有强烈荧光,而其顺式异构体没有荧光。

(3)取代基:取代基可分为三类。第一类取代基能增加分子的 π 电子共轭程度,常使荧光效率提高,荧光波长长移,如—NH_2、—OH、—OCH_3、—NHR、—NR_2、—CN 等,常为给电子取代基。第二类基团减弱分子的 π 电子共轭程度,使荧光减弱甚至熄灭,如—$COOH$、—NO_2、—C=O、—NO、—SH、—$NHCOCH_3$、—F、—Cl、—Br、—I 等,常为吸收电子取代基。第三类取代基对 π 电子共轭体系作用较小,如—R、—SO_3H、—NH_3^+ 等,对荧光的影响也不明显。

(二)影响荧光强度的外部因素

分子所处的外界环境,如温度、溶剂、酸度、荧光熄灭剂等都会影响荧光效率,甚至影响分子结构及立体构象,从而影响荧光光谱的形状和强度。了解和利用这些因素的影响,可以提高荧光分析的灵敏度和选择性。

(1)温度:对溶液的荧光强度有显著的影响,在一般情况下,随着温度的升高,溶液中荧光物质的荧光效率和荧光强度将降低。这主要是因为温度升高时,分子运动速度加快,分子间碰撞概率增加,使无辐射跃迁增加,从而降低了荧光效率。例如荧光素钠的乙醇溶液,在 0℃ 以下,温度每降低 10℃,φ_f 增加 3%,在 -80℃ 时,φ_f 为 1。

(2)溶剂:同一物质在不同溶剂中,其荧光光谱的形状和强度都有差别。一般情况下,荧光波长随着溶剂极性的增强而长移,荧光强度也增强。如第九章所述,在极性溶剂中,$\pi \to \pi^*$ 跃迁的能量差 ΔE 小,从而使紫外吸收波长和荧光波长均长移。此外,跃迁概率增加,故强度也增强。

溶剂黏度低时,分子间碰撞机会增加,使无辐射跃迁增加,而荧光减弱。故荧光强度随溶剂黏度的降低而减弱。上述温度对荧光强度的影响也与溶剂的黏度有关,温度上升,溶剂黏度降低,因此荧光强度下降。

（3）酸度：当荧光物质本身是弱酸或弱碱时，溶液的酸度对其荧光强度有较大影响,这主要是因为在不同酸度中分子和离子间的平衡改变,因此荧光强度也有差异。每一种荧光物质都有它最适宜的发射荧光的存在形式,也就是有它最适宜的 pH 值范围。例如苯胺在 pH 7～12 的溶液中主要以分子形式存在,由于—NH_2 是提高荧光效率的取代基,故苯胺分子会发生蓝色荧光。但在 pH<2 和 pH>13 的溶液中均以离子形式存在,故不能发射荧光。

（4）荧光熄灭剂：荧光熄灭又称荧光猝灭,指荧光物质分子与溶剂分子或其他溶质分子相互作用引起荧光强度降低的现象。引起荧光熄灭的物质称为荧光熄灭剂（quenching medium）。如卤素离子、重金属离子、氧分子以及硝基化合物、重氮化合物、羰基和羧基化合物均为常见的荧光熄灭剂。荧光熄灭的原因很多,机理也很复杂,主要类型包括①因荧光物质的分子和熄灭剂分子碰撞而损失能量;②荧光物质的分子与熄灭剂分子作用生成了本身不发光的配位化合物;③溶解氧的存在,使荧光物质氧化,或是由于氧分子的顺磁性,促进了体系间跨越,使激发单重态的荧光分子转变至三重态;④浓度较大（超过 1g/L）时,发生自熄灭现象。

荧光物质中引入荧光熄灭剂会使荧光分析产生误差,但是,如果一个荧光物质在加入某种熄灭剂后,荧光强度的减弱和荧光熄灭剂的浓度成线性关系,则可以利用这一性质测定荧光熄灭剂的含量,这种方法称为荧光熄灭法（fluorescence quenching method）。如利用氧分子对硼酸根—二苯乙醇酮配合物的荧光熄灭效应,可进行微量氧的测定。

（5）散射光：当一束平行单色光照射在液体样品上时,大部分光线透过溶液,小部分由于光子和物质分子相碰撞,使光子的运动方向发生改变而向不同角度散射,这种光称为散射光（scattering light）。

光子和物质分子发生弹性碰撞时,不发生能量的交换,仅仅是光子运动方向发生改变,这种散射光叫作瑞利光（Reyleigh scattering light）,其波长与入射光波长相同。

光子和物质分子发生非弹性碰撞时,在光子运动方向发生改变的同时,光子与物质分子发生能量的交换,光子把部分能量转移给物质分子或从物质分子获得部分能量,而发射出比入射光稍长或稍短的光,这种散射光叫作拉曼光（Raman scattering light）。

散射光对荧光测定有干扰,尤其是波长比入射光波长更长的拉曼光,因其波长与荧光波长接近,对荧光测定的干扰更大,必须采取措施消除。

选择适当的激发波长可消除拉曼光的干扰。以硫酸奎宁为例,从图 10-6a 可见,无论选择 320nm 或 350nm 为激发光,荧光峰总是在 448nm,将空白溶剂分别在 320nm 及 350nm 激发光照射下进行测定,从图 10-6b 可见,当激发光波长为 320nm 时,溶剂的拉曼光波长是 360nm,对荧光测定无干扰;当激发光波长为 350nm 时,拉曼光波长是 400nm,对荧光测定有干扰,因而应选择 320nm 为激发波长。

表 10-1 为水、乙醇、环己烷、四氯化碳及三氯甲烷五种常用溶剂在不同波长激发光照射下拉曼光的波长,可供选择激发波长或溶剂时参考,从表中可见,四氯化碳的拉曼光与激发光的波长极为相近,所以其拉曼光几乎不干扰荧光测定。而水、乙醇及环己烷的拉曼光波长较长,使用时必须注意。

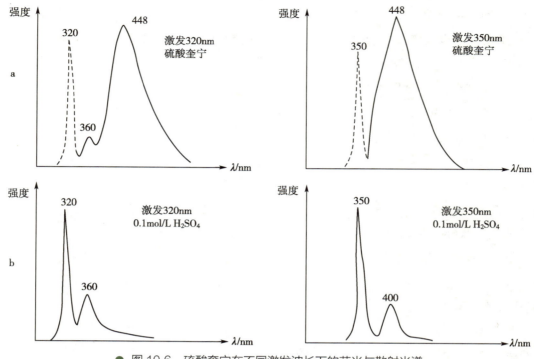

● 图 10-6　硫酸奎宁在不同激发波长下的荧光与散射光谱

表 10-1　在不同波长激发光下主要溶剂的拉曼光波长

溶剂	激发光 /nm				
	248	313	365	405	436
水	271	350	416	469	511
乙醇	267	344	409	459	500
环己烷	267	344	408	458	499
四氯化碳	—	320	375	418	450
三氯甲烷	—	346	410	461	502

注:"—"表示无。

第二节　荧光分光光度计

用于测量荧光强度的仪器有滤光片荧光计、滤光片 - 单色器荧光计和荧光分光光度计三类。滤光片荧光计的激发滤光片让激发光通过;发射滤光片常用截止滤光片,截去所有的激发光和散射光,只允许试样的荧光通过,这种荧光计不能测定光谱,但可用于定量分析。滤光片 - 单色器荧光计是将发射滤光片用光栅代替,这种仪器不能测定激发光谱,但可测定荧光光谱。荧光分光光度计是两个滤光片都用光栅取代,它既可测量某一波长处的荧光强度,还可绘制激发光谱和荧光光谱。

一、仪器的主要部件

荧光分光光度计的种类很多,但均包括激发光源、单色器、样品池、检测器及读出装置,如图10-7所示:

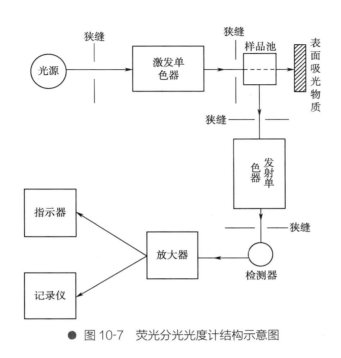

● 图 10-7　荧光分光光度计结构示意图

(一)激发光源

荧光分光光度计所用的激发光源一般要比紫外 - 可见分光光度计所用的光源强度大,常用的有氢灯、汞灯、氙灯及卤钨灯等。汞灯产生强烈的线光源,高压汞灯能发射 365nm、398nm、405nm、436nm、546nm、579nm、690nm 及 734nm 谱线,它主要供给近紫外光作为激发光源。低压汞灯发射的是线光源,主要集中在紫外光区,其中最强的是 253.7nm。汞灯大都作为滤光片荧光计的光源。

氙灯能发射出强度大,且是在 250~700nm 范围内的连续光谱,在 300~400nm 波段内的谱线强度几乎相等。目前,荧光分光光度计都以其作光源。

(二)单色器

荧光分光光度计具有两个单色器。置于光源和样品池之间的单色器称为激发单色器,其作用是分离得到所需特定波长的激发光。置于样品池后和检测器之间的单色器叫发射单色器。在滤光片荧光计中,通常使用滤光片作单色器。在荧光分光光度计中,激发单色器可以是滤光片也可以是光栅,而发射单色器均为光栅。在定量分析时,选择滤光片或光谱条件的原则是以获得最强的荧光和最低的背景为准。

（三）样品池

测定荧光用的样品池必须由低荧光的玻璃或石英材料制成。样品池常为四面透光且散射光较少的方形池,适用于作 90° 测量,以消除透射光的背景干扰。但为了一些特殊的测量需要,如浓溶液、固体样品等,可改用正面检测,30° 或 45° 检测,后两种检测应用管形样品池。

（四）检测器

荧光分光光度计上多采用光电倍增管检测。目前也有些仪器采用光电二极管阵列检测器（PDA）,它具有检测效率高、线性响应好、寿命长、扫描速度快等优点,有利于光敏性荧光体和复杂样品的分析。

（五）读出装置

荧光分光光度计的读出装置有数字电压表、记录仪等。数字电压表用于常规定量分析,既准确方便又便宜。在带有波长扫描的荧光分光光度计中,则常使用记录仪来记录光谱。现在大多仪器都由专用微型计算机控制,它们都带有计算机控制的读数装置,如荧光屏显示终端、XY 绘图仪及打印装置等。

二、仪器的校正

（一）灵敏度校正

荧光分光光度计的灵敏度可用被检测出的最低信号来表示,或用某一对照品的稀溶液在一定激发波长光的照射下能发射出最低信噪比时的荧光强度的最低浓度表示。由于影响荧光分光光度计灵敏度的因素很多,同一型号的仪器,甚至同一台仪器在不同时间操作,所得的结果也不尽相同。因而在每次测定时,在选定波长及狭缝宽度的条件下,先用一种稳定的荧光物质,配成浓度一致的对照品溶液对仪器进行校正,即每次将其荧光强度调节到相同数值（50% 或 100%）。如果待测物质所产生的荧光很稳定,自身就可作为对照品溶液。紫外 - 可见光范围内最常用的是 1μg/ml 的硫酸奎宁对照品溶液（0.05mol/L 硫酸中）。

（二）波长校正

若仪器的光学系统或检测器有所变动,或在较长时间使用之后,或在重要部件更换之后,有必要用汞灯的标准谱线对单色器波长刻度重新校正,这一点在要求较高的测定工作中尤为重要。

（三）激发光谱和荧光光谱的校正

用荧光分光光度计所测得的激发光谱或荧光光谱往往是表观的,其原因较多,最主要的原因是光源的强度随波长而变以及每个检测器（如光电倍增管）对不同波长光的接受程度不同,及检测器的感应与波长不成线性。尤其是当波长处在检测器灵敏度曲线的陡坡时,误差最为显著。因此,在用单光束荧光分光光度计时,先用仪器上附有的校正装置将每一波长的光源强度调整到一致,然后以表观光谱上每一波长的强度除以检测器对每一波长的感应强度进行校正,以消除误差。目前生产的荧光分光光度计大多采用双光束光路,故可用参比光束抵消光学误差。

第三节　分析方法

一、定量分析方法

(一)荧光强度与物质浓度的关系

由于荧光物质是在吸收光能而被激发之后才发射荧光的,因此溶液的荧光强度与该溶液中荧光物质吸收光能的程度以及荧光效率有关。溶液中荧光物质被入射光(I_0)激发后,可以在溶液的各个方向观察荧光强度(F)。但由于一部分激发光会被透过,因此,在激发光的方向观察荧光是不适宜的。一般是在与激发光源垂直的方向观测,如图 10-8 所示。设溶液中荧光物质浓度 c,液层厚度为 l。

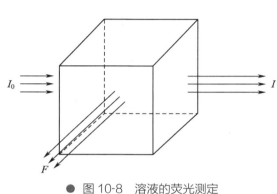

● 图 10-8　溶液的荧光测定

荧光强度正比于被荧光物质吸收的光强度,即 $F \propto (I_0 - I)$。

$$F = K'(I_0 - I) \qquad \text{式 10-2}$$

K' 为常数,其值取决于荧光效率。根据 Beer 定律:

$$I = I_0 10^{-Ecl} \qquad \text{式 10-3}$$

将式 10-3 代入式 10-2,得到:

$$F = K'I_0(1 - 10^{-Ecl}) = K'I_0(1 - e^{-2.3Ecl}) \qquad \text{式 10-4}$$

展开:

$$F = K'I_0[1 - (1 + \frac{(-2.3Ecl)}{1!} + \frac{(-2.3Ecl)^2}{2!} + \frac{(-2.3Ecl)^3}{3!} + \dots)] $$

$$F = K'I_0[2.3Ecl - \frac{(-2.3Ecl)^2}{2!} + \frac{(-2.3Ecl)^3}{3!} + \dots\dots] \qquad \text{式 10-5}$$

若浓度 c 很小,Ecl 的值也很小,当 $Ecl \leqslant 0.05$ 时,式 10-5 的内第二项以后的各项可以忽略。所以:

$$F = 2.3\,K'I_0 Ecl = Kc \qquad \text{式 10-6}$$

因此,在低浓度时,溶液的荧光强度与溶液中荧光物质的浓度成线性关系;但是当 $Ecl > 0.05$ 时,式 10-5 中第二项以后的数值就不能忽略,此时荧光强度与溶液浓度之间不成线性关系。

式 10-6 是荧光定量分析法的依据。荧光分析测定的是在很弱背景上的荧光强度,且其测定的灵敏度取决于检测器的灵敏度,即只要改进光电倍增管和放大系统,使极微弱的荧光也能被检测到,就可以测定很稀的溶液,因此,荧光分析法的灵敏度很高。而紫外 - 可见分光光度法测定的是透过光强和入射光强的比值,即 I/I_0,当浓度很低时,检测器难以检测两个大讯号(I_0 和 I)之间的微小差别,而且即使将光强信号放大,由于透过光强和入射光强都被放大,比值仍然不变,对提高检测灵敏度不起作用,故紫外-可见分光光度法的灵敏度不如荧光分析法高。

(二)定量分析方法

1. 校正曲线法 与紫外-可见分光光度法相似,只是以荧光强度为纵坐标、对照品溶液的浓度为横坐标绘制校正曲线。然后在同样条件下测定试样溶液的荧光强度,由校正曲线求出试样中荧光物质的含量。

与紫外-可见分光光度法不同的是,在绘制校正曲线时,常采用系列中某一对照品溶液作为基准,将空白溶液的荧光强度读数调至0,将该对照品溶液的荧光强度读数调至100%或50%,然后测定系列中其他各个对照品溶液的荧光强度。在实际工作中,当仪器调零之后,先测定空白溶液的荧光强度,然后测定对照品溶液的荧光强度,从后者中减去前者,就是对照品溶液本身的荧光强度。再绘制校正曲线。为了使在不同时间所绘制的校正曲线能一致,在每次绘制校正曲线时均采用同一对照品溶液对仪器进行校正。如果该对照品溶液在紫外光照射下不稳定,可改用另一稳定的对照品溶液作为基准,只要其荧光峰和试样溶液的荧光峰相近似。例如在测定维生素 B_1 时,采用硫酸奎宁作为基准。

2. 比例法 如果荧光分析的校正曲线通过原点,就可选择其线性范围,用比例法进行测定。取已知量的对照品,配置对照品溶液(c_s),使其浓度在线性范围之内,测定荧光强度(F_s),然后在同样条件下测定试样溶液的荧光强度(F_x)。按比例关系计算试样中荧光物质的含量(c_x)。

在空白溶液的荧光强度调不到0时,必须从 F_s 及 F_x 值中扣除空白溶液的荧光强度(F_0),然后进行计算(见式10-7)。

$$\frac{F_s - F_0}{F_x - F_0} = \frac{c_s}{c_x} \quad c_x = \frac{F_x - F_0}{F_s - F_0} \times c_s \qquad \text{式 10-7}$$

例如,《中国药典》(2020年版)采用荧光法测定利血平片含量。利血平的三甲氧基苯甲酰结构被氧化后产生的物质具有较高的荧光效率。测定时,分别取供试品溶液与对照品溶液,加五氧化二矾试液,剧烈振摇后,在30℃放置1小时使其氧化后,取出,置于室温,在激发光波长400nm、发射光波长500nm处测定荧光读数。按式10-7计算供试品溶液的浓度。

3. 联立方程式法 用于多组分混合物的荧光分析。荧光分析法也可像紫外-可见分光光度法一样,不经分离就可测得混合物中待测组分含量。

如果混合物中各组分荧光峰相距较远,而且相互之间无显著干扰,则可分别在不同波长处测定各个组分的荧光强度,从而直接求出各个组分的浓度。如果各个组分的荧光光谱相互重叠,可利用荧光强度的加和性质,在适宜的荧光波长处,测定混合物的荧光强度,再根据各组分在该荧光波长处的荧光强度,列出联立方程式,分别求出它们各自的含量。

二、荧光分析法类型

随着仪器分析的日趋发展,分子荧光法的新技术发展亦很迅速。现对荧光分析法的类型简述如下:

（一）激光荧光分析法

激光荧光分析法与一般荧光法的主要区别在于使用了单色性极好、强度更大的激光作为光源，因而大大提高了荧光分析法的灵敏度和选择性，特别是可调谐激光器用于分子荧光具有很突出的优点。另外，普通的荧光分光光度计一般用两个单色器，而以激光为光源仅用一个单色器。目前，激光分子荧光分析法已成为分析超低浓度物质的灵敏而有效的方法。

（二）时间分辨荧光分析法

时间分辨荧光分析法（time-resolved fluorometry）是利用不同物质的荧光寿命不同、在激发和检测之间延缓的时间不同，以实现分别检测的目的。时间分辨荧光分析采用脉冲激光作为光源。激光照射试样后所发射的荧光是混合光，它包括待测组分的荧光、其他组分或杂质的荧光和仪器的噪声。如果选择合适的延缓时间，可测定待测组分的荧光而不受其他组分、杂质的荧光及噪声的干扰。目前已将时间分辨荧光法应用于免疫分析，发展成为时间分辨荧光免疫分析法（time-resolved fluorimmunoassay）。

（三）同步荧光分析法

同步荧光分析（synchronous fluorometry）指在荧光物质的激发光谱和荧光光谱中选择一适宜的波长差值 $\Delta\lambda$（通常选用 λ_{ex}^{max} 与 λ_{em}^{max} 之差），同时扫描发射波长和激发波长，得到同步荧光光谱。若 $\Delta\lambda$ 值相当于或大于斯托克斯位移，就能获得尖而窄的同步荧光峰。因荧光物质浓度与同步荧光峰峰高成线性关系，故可用于定量分析。同步荧光光谱的信号 $F_{sp}(\lambda_{ex}, \lambda_{em})$ 与激发光信号 F_{ex} 及荧光发射信号 F_{em} 间的关系见式10-8：

$$F_{sp}(\lambda_{ex}, \lambda_{em}) = KcF_{ex}F_{em} \qquad \text{式10-8}$$

式中，K 为常数。可见当物质浓度 c 一定时，同步荧光信号与所用的激发波长信号及发射波长信号的乘积成正比，所以此法的灵敏度较高。

（四）胶束增敏荧光分析法

除上述仪器和测量技术上的改进外，还可用化学方法提高荧光效率，从而提高荧光分析的灵敏度。例如胶束溶液对荧光物质有增溶、增敏和增稳的作用。20世纪70年代后发展成胶束增敏荧光分析法。

胶束溶液即浓度在临界浓度以上的表面活性剂溶液。表面活性剂（如十二烷基硫酸钠）的化学结构中都具有一个极性的亲水基和一个非极性的疏水基。在极性溶剂（如水）中，几十个表面活性剂分子聚合成团，将非极性的疏水基尾部靠在一起，形成亲水基向外、疏水基向内的胶束。

极性较小而难溶于水的荧光物质在胶束溶液中溶解度显著增加，例如室温时芘在水中的溶解度为 $5.2 \times 10^{-7} \sim 8.5 \times 10^{-7}$ mol/L，而在十二烷基硫酸钠的胶束水溶液中溶解度为 0.043mol/L。胶束溶液对荧光物质的增敏作用是因非极性的有机物与胶束的非极性尾部有亲和作用，减弱了荧光质点之间的碰撞，减少了分子的无辐射跃迁，增加了荧光效率，从而增加了荧光强度。除此之外，因为荧光物质被分散和定域于胶束中，降低由于荧光熄灭剂的存在而产生的熄灭作用，也降低了荧光物质荧光自熄灭，从而使荧光寿命延长，对荧光起到增稳作用。胶束溶液的增溶、增稳和增敏的作用，可大大提高荧光分析法的灵敏度和稳定性。

第四节 应用与示例

（一）无机化合物和有机化合物的荧光分析

本身能产生荧光并用于测定的无机化合物数量不多,主要还是依赖于待测元素与有机试剂所组成能发荧光的配合物,通过检测配合物的荧光强度以测定该元素的含量。这种方法称为间接荧光法。较常用间接荧光法进行测定的元素为铍、铝、硼、镓、硒、镁、锌、镉及某些稀土元素等。

采用荧光熄灭法进行间接荧光法测定的元素有氟、硫、铁、钴、镍等。铜、铍、铁、钴、锇及过氧化氢,可采用催化荧光法进行测定。铬、铌、铀、碲等元素可在液氮温度(-196℃),用低温磷光法进行分析。

脂肪族有机化合物分子结构较为简单,本身能产生荧光的很少,只有与其他有机试剂作用后才可产生荧光。

芳香族化合物具有不饱和共轭体系,多能产生荧光。此外,如胺类、蛋白质、酶和辅酶类、氨基酸、维生素类、抗生素等均可用荧光法进行分析。

（二）荧光分析法在中药研究中的应用

不同的药物,其化学成分不同,产生荧光的颜色亦有不同,据此可用药物真伪的鉴别;同一药物有效化学成分的多寡产生荧光的强弱不同,据此可用于药物优劣的鉴别。如川牛膝显淡绿黄色荧光,其伪品红牛膝显红棕色荧光;如大黄新鲜切面显棕色荧光,其伪品河套大黄、华北大黄、藏边大黄和天山大黄皆显紫色荧光。

【示例】采用色谱荧光观察法,即将药物的浸出液点于层析滤纸或薄层色谱板上,用特定的展开剂展开后,置荧光灯下观察。如大黄与土大黄的鉴别,可将样品用甲醇溶解,分别点于同一硅胶 G 薄层板上,以乙酸乙 - 丁酮 - 甲酸 - 水(10∶7∶1∶1)为展开剂展开。取出晾干,置紫外线灯(365nm)下检视,即可作出鉴别。

荧光作为检测器与高效液相色谱联用,可发挥高效液相色谱高分离效率与荧光高灵敏度检测的优点,在体内微量成分分析中得到应用。

知识拓展

（一）化学发光简介及应用

化学发光(chemiluminescence, CL)是由化学反应引起的发光现象。化学反应的反应物或生成物吸收了反应释放的化学能,电子由基态跃迁至激发态,再由激发态返回基态时所产生的光辐射。化学发光法是根据化学反应产生的辐射光的强度来确定物质含量的分析方法,具有灵敏度高、线性范围宽、仪器设备简单、分析快速、易实现自动化等优点。

化学发光法与流动注射、电化学、高效液相色谱、毛细管电泳等其他技术的联用,使其成为一种有效的分析技术,在中药成分分析中得到了广泛应用。例如流动注射与化学发光分析法联用

（FIA-CL）技术克服了化学发光分析重现性较差的缺点，从而使化学发光分析法作为一种灵敏高效的痕量分析方法在药物分析领域得到了迅速发展。

（二）量子点荧光知识简介及应用

量子点（quantum dots，QDs）是一种半径小于或接近于激子玻尔半径的新型半导体纳米材料，因具有特有的量子尺寸效应和表面效应，在发光材料、光敏传感器等方面具有广阔的应用前景。量子点含有成百上千个原子，可由Ⅱ-Ⅵ族元素（如 CdS、CdSe、CdTe 和 ZnS）、Ⅲ-Ⅴ族元素（如 InP）、Ⅳ-Ⅵ族元素（如 PbS、PbSe）或仅Ⅳ族元素（如 Si、Ge）组成。由于量子点外观如同一个极小的点状物，使得其内部电子的运动受到一定的限制，这种特殊的结构赋予量子点许多特性，展现出不同于传统有机荧光材料的理化性质和光学性质。

量子点荧光技术在中药安全性评价中有广泛的应用。例如中药材在种植、采收、加工、贮藏与流通过程中处理不当易被真菌毒素、重金属、农残等外源性污染物污染。量子点具有"一元激发，多元发射"的特点，可激发出不同颜色的光，实现同时标记和多重检测的目的，解决有害残留物的共存问题。

内容提要

（一）基本概念

1. 光致发光是物质受到光照射时，除吸收某种波长的光之外还会发射出比原来所吸收光的波长更长的光。

2. 荧光（fluorescence）是物质分子接受光子能量被激发后，从激发态的最低振动能级返回基态时发射出的光。

3. 荧光分析法（fluorometry）是根据物质的荧光谱线位置及其强度进行物质鉴定和含量测定的方法。

4. 振动弛豫（vibrational relexation）是处于激发态各振动能级的分子通过与溶剂分子的碰撞而将部分振动能量传递给溶剂分子，其电子则返回到同一电子激发态的最低振动能级的过程。

5. 内部能量转换（internal conversion）简称内转换，是当两个电子激发态之间的能量相差较小以致其振动能级有重叠时，受激分子常由高电子能级以无辐射方式转移至低电子能级的过程。

6. 外部能量转换（external conversion）简称外转换，是溶液中的激发态分子与溶剂分子或与其他溶质分子之间相互碰撞而失去能量，并以热能的形式释放能量的过程。

7. 体系间跨越（intersystem crossing）是处于激发态分子的电子发生自旋反转而使分子的多重性发生变化的过程。

8. 磷光是物质分子接受光子能量被激发后，从激发三重态的最低振动能级返回至基态的各个振动能级而发出光辐射。

9. 斯托克斯位移（Stokes shift）是荧光发射波长总是大于激发光波长的现象。

10. 荧光寿命（fluorescence lift time）是当除去激发光源后，分子的荧光强度降低到最大荧光强度的 1/e 所需的时间，常用 τ_f 表示。

11. 荧光效率（fluorescence efficiency）又称荧光量子产率（fluorescence quantum yield），指激发态分子发射荧光的光子数与基态分子吸收激发光的光子数之比，常用 φ_f 表示。

12. 荧光熄灭又称荧光猝灭,指荧光物质分子与溶剂分子或其他溶质分子相互作用引起荧光强度降低的现象。引起荧光熄灭的物质称为荧光熄灭剂(quenching medium)。

13. 拉曼散射(Raman scattering light)指光子和物质分子发生非弹性碰撞时,在光子运动方向发生改变的同时,光子与物质分子发生能量的交换,光子把部分能量转移给物质分子或从物质分子获得部分能量,而发射出比入射光稍长或稍短的光。

14. 瑞利散射(Reyleigh scattering light)指光子和物质分子发生弹性碰撞时,不发生能量的交换,仅仅是光子运动方向发生改变,其波长与入射光波长相同。

（二）主要计算公式

1. 荧光寿命 $\ln \dfrac{F_0}{F_t} = \dfrac{t}{\tau_f}$

2. 荧光效率 $\varphi_f = \dfrac{发射荧光的光子数}{吸收激发光的光子数}$

3. 荧光强度与物质浓度的关系 $F = 2.3\, K'I_0 Ecl = Kc$

4. 比例法定量分析

$$\frac{F_s - F_0}{F_x - F_0} = \frac{c_s}{c_x} \quad c_x = \frac{F_x - F_0}{F_s - F_0} \times c_s$$

（三）基本内容

1. 荧光物质分子都具有两个特征光谱,即激发光谱(excitation spectrum)和发射光谱或称荧光光谱(fluorescence spectrum)。

2. 荧光光谱具有以下特征 ①斯托克斯位移(Stokes shift);②荧光光谱的形状与激发波长无关;③荧光光谱与激发光谱的镜像关系。

3. 荧光强度与分子以下结构有关 ①长共轭结构;②分子的刚性;③取代基。

4. 影响荧光强度的外部因素 ①温度;②溶剂;③酸度;④荧光熄灭剂;⑤散射光等。

5. 荧光分光光度计包括激发光源、单色器、样品池、检测器和读出装置。

6. 荧光分光光度计常用的激发光源有氢灯、汞灯、氙灯及卤钨灯等,其光源强度一般要比紫外-可见分光光度计所用的光源强度大。

7. 荧光分光光度计具有两个单色器。①激发单色器,置于光源和样品池之间,其作用是分离得到所需特定波长的激发光。②发射单色器,置于样品池后和检测器之间。

8. 荧光样品池常为四面透光且散射光较少的方形池,用低荧光的玻璃或石英材料制成。样品池适用于作90°测量,以消除透射光的背景干扰。

9. 定量分析方法有校正曲线法、比例法和联立方程式法。

10. 荧光分析法类型有激光荧光分析、时间分辨荧光分析(time-resolved fluorometry)、同步荧光分析(synchronous fluorometry)、胶束增敏荧光分析等。

思考题和习题

1. 如何区别荧光、磷光、瑞利光和拉曼光? 如何减少散射光对荧光测定的干扰?

2. 何谓荧光效率? 具有哪些分子结构的物质有较高的荧光效率?

3．哪些因素会影响荧光波长和强度？

4．请设计两种方法测定溶液 Al^{3+} 的含量。（一种化学分析方法，一种仪器分析方法）

5．试分析溶剂的极性、pH 值及温度对荧光发射波长和荧光强度的影响。

6．指明下列几组化合物的荧光强弱顺序，并简要说明原因。

（1）苯、萘、蒽

（2）酚酞、荧光素、四碘荧光素

（3）苯胺、苯、苯甲酸

7．1.00g 谷物制品试样，用酸处理后分离出核黄素及少量无关杂质，加入少量 $KMnO_4$，将核黄素氧化，过量的 $KMnO_4$ 用 H_2O_2 溶液除去。将此溶液移入 50ml 量瓶，稀释至刻度。吸取 25ml 放入样品池中以测定荧光强度（核黄素中常含有发生荧光的杂质叫光化黄）。事先将荧光计用硫酸奎宁调至刻度 100 处。测得氧化液的读数为 60。加入少量连二亚硫酸钠（$Na_2S_2O_4$），使氧化态核黄素（无荧光）重新转化为核黄素，这时荧光计读数为 55。在另一样品池中重新加入 24ml 被氧化的核黄素溶液，以及 1ml 核黄素标准溶液（0.5μg/ml），这种溶液的读数为 92，计算试样中核黄素的含量。

（0.569 8μg/g）

8．用荧光法测定复方炔诺酮片中炔雌醇的含量时，取供试品 20 片（每片含炔诺酮应为 0.54～0.66mg，含炔雌醇应为 31.5～38.5μg），研细溶于无水乙醇中，稀释至 250ml，过滤，取滤液 5ml，稀释至 10ml，在激发波长 285nm 和发射波长 307nm 处测定荧光强度。如炔雌醇对照品的乙醇溶液（1.4μg/ml）在同样测定条件下荧光强度为 65，请计算合格片的荧光读数范围。

（58.5～71.5）

第十章同步练习

第十一章　核磁共振波谱法

第十一章课件

学习目标

本章主要介绍核磁共振氢谱和碳谱相关内容,要求:

1. 掌握各个原子基团在核磁共振氢谱和碳谱中的峰位、峰形和强度;影响化学位移的的因素;氢信号和碳信号的耦合裂分规律。

2. 熟悉核磁共振氢谱和碳谱在结构解析中的一般顺序和应用;简单化合物的氢和碳的信号归属。

3. 了解核磁共振氢谱和碳谱的测试技术和复杂图谱的简化技术;核磁共振波谱仪的结构。

在外磁场的作用下,具有磁性的原子核存在不同的能级,当用一定频率的射频照射分子时,可引起原子核自旋能级的跃迁,即产生核磁共振。这种利用核磁共振波谱进行结构鉴定、定性及定量分析的方法称为核磁共振波谱法(nuclear magnetic resonance spectroscopy, NMR)。^{1}H-NMR 和 ^{13}C-NMR 在化合物结构解析中广泛使用,尤其是傅里叶变换的应用,提高了核磁共振波谱仪的灵敏度,使其成为有机化合物结构分析中最有用的一种工具。

第一节　基本原理

一、原子核的自旋与磁矩

核的自旋角动量 P(Spin angular momentum)量子化,可用自旋量子数 I(spin quantum number)表示。I 可以为 0, 1/2, 1……等值。常见原子核的性质见表 11-1。质量数和原子序数均为偶数的核,自旋量子数 $I=0$,没有自旋现象。当 $I=1/2$,核电荷呈球形分布于核表面,核磁共振现象较为简单,是目前研究的主要对象。属于这类的原子核有 ^{1}H、^{13}C、^{19}F、^{31}P,其中研究最多、应用最广的为 ^{1}H 和 ^{13}C 核的核磁共振谱。

原子核自旋运动将产生磁矩 μ(magnetic moment),是自旋核磁性强弱的矢量参数,方向服从右手螺旋法则(图 11-1)。

表 11-1　自旋量子数与原子的质量数及原子序数的关系

原子序数	质量数	自旋量子数	自旋核电荷分布	NMR 信号	原子核
偶数	偶数	0	—	无	$^{12}_{6}C, ^{16}_{8}O, ^{32}_{16}S,$
奇或偶数	奇数	1/2	呈球形	有	$^{1}_{1}H, ^{13}_{6}C, ^{19}_{9}F, ^{15}_{7}N, ^{31}_{15}P$
奇或偶数	奇数	3/2, 5/2...	扁平椭圆形	有	$^{17}_{8}O, ^{32}_{16}S$
奇数	偶数	1, 2, 3	伸长椭圆形	有	$^{1}_{1}H, ^{14}_{7}N$

角动量和磁矩方向平行,并成正比关系(见式 11-1):

$$\mu = \gamma \cdot P \qquad 式11\text{-}1$$

式 11-1 中,γ 为磁旋比(magnetic rotation ratio),是原子核的特征参数;P 为自旋角动量。γ 值大的核,检测灵敏度高,共振信号强度大,易于被观察。

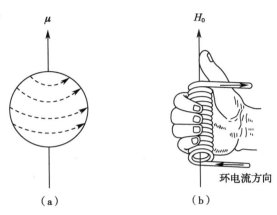

● 图 11-1　原子核的自旋示意图

二、原子核在磁场中的行为

(一)原子核的磁矩在外加磁场中的取向

若将磁性核放入磁场强度为 H_0 的磁场中,由于核磁矩与磁场相互作用,核磁矩具有不同的取向。可用磁量子数 m(magnetic quantum number)进行描述(见式 11-2)。

$$m = I, I-1, I-2, \cdots\cdots -I \qquad 式11\text{-}2$$

自旋量子数为 I 的核在外磁场中可有(2I+1)个取向,每种取向分别对应一定的能量。自旋核能级的能量可表示:

$$E = -m \cdot \gamma \cdot \frac{h}{2\pi} H_0 \qquad 式11\text{-}3$$

式 11-3 中,m 为磁量子数,γ 为磁旋比,h 为普朗克常数,H_0 为外加磁场强度。以 ^{1}H 为例,I = 1/2,取向数 $n = 2I+1 = 2 \times 1/2 + 1 = 2$,如图 11-2 所示。在没有外加磁场时,原子核自旋运动随机,核磁矩的取向任意。若将原子核置于磁场中,核磁矩共有 2 个取向,m = +1/2 为顺磁场方向,m = -1/2 为逆磁场方向。

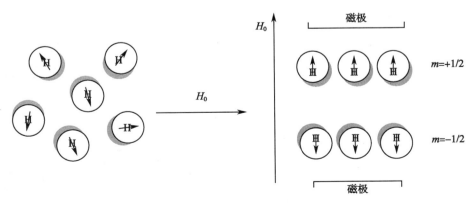

● 图 11-2　^{1}H 核的在外加磁场中的空间取向

（二）原子核的自旋能级在外加磁场中的分裂

对于低能态（$m=+1/2$），核磁矩方向与外磁场相同；对于高能态（$m=-1/2$），核磁矩与外磁方向相反，其高低能态的能量差应由下式确定。

$$\Delta E = E_{-1/2} - E_{+1/2} = \frac{\gamma \cdot \mathrm{h}}{2\pi} H_0 \qquad \text{式 11-4}$$

式 11-4 中，γ 为磁旋比，h 为普朗克常数，H_0 为外加磁场强度。磁场中 H 核的两能级的能量差 ΔE 与外加磁场强度的磁场强度 H_0 成正比。

三、原子核在磁场中的共振吸收

（一）原子核的进动

磁性自旋核在外加磁场的作用下，除了绕自旋轴自旋外，有绕顺磁场方向的一个轴进动，这种运动形式被称为拉莫尔进动（Larmor precession），如图 11-3 所示。

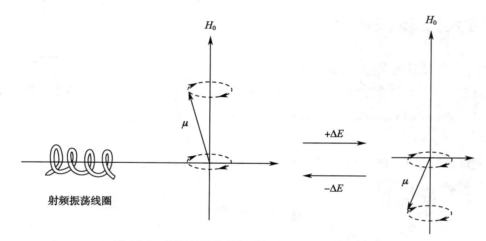

● 图 11-3　原子核的在外加磁场 H_0 中的进动分裂示意图

原子核的进动频率（ν）与外加磁场（H_0）之间的关系可用拉莫尔进动方程式表示：

$$\nu = \frac{\gamma}{2\pi} \cdot H_0 \qquad \text{式 11-5}$$

由式 11-5 可见，对于某一特征核的进动频率与外加磁场强度成正比。不同核在同一外加磁场中的进动频率不同。

（二）原子核的核磁共振

如果以射频照射处于外磁场 H_0 中的核，且射频频率 ν_0 恰好满足式 11-6 的关系时，处于低能态的核将吸收射频能量而跃迁至高能态，这种现象称为核磁共振现象，如图 11-4 所示。

$$\nu_0 = \frac{\gamma H_0}{2\pi} \qquad \text{式 11-6}$$

（三）核磁共振产生的必备条件

1. 原子核为磁性核。

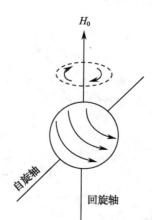

● 图 11-4　^{1}H 核的在外加磁场 H_0 中的能级分裂示意图

2. 磁性核置于强磁场中。

3. $\nu_0 = \nu$，即当具有磁性的原子核在外加磁场中所吸收的电磁辐射的能量 $h\nu_0$ 等于自旋能级差 ΔE 时，才能发生自旋状态的能级跃迁。

四、原子核的自旋弛豫过程

（一）波茨曼分布

处于高能态和低能态核数的比例服从波茨曼分布（见式11-7）：

$$\frac{N_n}{N_m} = \exp\left\{-\frac{(E_n - E_m)}{kT}\right\} \qquad \text{式 11-7}$$

式11-7中 N_m 和 N_n 分别代表处于低能态和高能态的氢核数，k 为波茨曼常数，T 为绝对温度（K）。

经过一段时间照射后，高、低能态的核数量相等，试样达到"饱和"，不能再观察到共振信号。被激发到高能态的核必须通过适当的途径将其获得的能量释放到周围环境中去，使核从高能态降回到原来的低能态，产生弛豫过程。

（二）弛豫形式

自旋核的弛豫形式包括自旋-晶格弛豫和自旋-自旋弛豫两种。

1. 自旋-晶格弛豫　又称纵向弛豫。晶格中的各种类型磁性质点对应于共振核做不规则的热运动，高能态的核可通过电磁波的形式将自身能量传递到周围的运动频率与之相等的磁性粒子（晶格）。弛豫时间用半衰期 T_1 表示，固体物质的 T_1 值较大，有时可达几小时；液体和气体的 T_1 值较小，一般为 10^{-2} 秒至数秒。

2. 自旋-自旋弛豫　又称横向弛豫。指邻近的两个同类的磁等价核处在不同的能态时，它们之间可以通过电磁波进行能量交换，处于高能态的核将能量传递给低能态的核后弛豫到低能级。弛豫时间用半衰期 T_2 表示，固体物质的 T_2 较小，一般为 $10^{-5} \sim 10^{-4}$ 秒，而液体和气体的 T_2 约为几秒。

第二节　化学位移

一、化学位移的产生及表示方法

（一）化学位移的产生

原子核外部被电子所包围，在外磁场作用下，核外电子绕核运动产生一个与外磁场方向相反的磁场，如图11-5所示。这种对抗外磁场的作用称为电子的屏蔽效应（shielding effect）。由于屏蔽效应的存在，所处化学环境不同的同种核共振频率不同的现象称为化学位移（chemical shift）。各类氢核在分子中位置不同，所受电子的屏蔽程度不同，化学位移也不同。

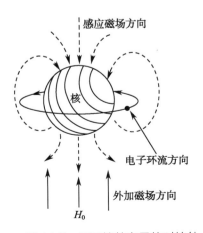

● 图 11-5　原子核外电子的对抗外磁场的屏蔽效应

质子实际上受到的磁场强度 H 等于外加磁场 H_0 减去感应磁场 H'，其关系可表示：

$$H = H_0 - H'$$ 式 11-8

由于感应磁场的大小正比于所加的外磁场强度，故式 11-8 可写成：

$$H = H_0 - \sigma H_0 = H_0(1 - \sigma)$$ 式 11-9

式 11-9 中，σ 为屏蔽常数，与原子核外的电子云密度及所处的化学环境有关。电子云密度越大，屏蔽程度越大，σ 值也越大。由于屏蔽效应的存在，拉莫尔公式应修正为：

$$\nu = \frac{\gamma}{2\pi}(1 - \sigma)H_0$$ 式 11-10

由此可见，屏蔽常数 σ 不同的质子，其共振峰将分别出现在核磁共振谱的不同频率或不同磁场强度区域。

（二）化学位移的表示方法

当样品以有机试剂作为溶剂，常用四甲基硅烷（TMS）为标准物。主要因为：①TMS 的 12 个化学环境相同的 H，只产生一个尖峰；②TMS 中质子所处于高电子密度区，屏蔽效应强度大，化学位移最小，与有机化合物中的其他质子峰不重叠；③TMS 为化学惰性试剂，且性质稳定；④TMS 易溶于有机溶剂，沸点低、易回收。

由于不同化学环境氢核共振频率相差很小，精确测定绝对值较困难。通常用试样和标准品共振频率之差与所用仪器频率的比值 δ 来表示。

$$\delta = \frac{\nu_{\text{试样}} - \nu_{\text{TMS}}}{\nu_0} \times 10^6 = \frac{\Delta \nu}{\nu_0} \times 10^6$$ 式 11-11

式 11-11 中，δ 和 $\nu_{\text{试样}}$ 分别为试样中质子的化学位移及共振频率；ν_{TMS} 是 TMS 的共振频率（一般 $\nu_{\text{TMS}} = 0$）；ν_0 是操作仪器选用的频率。

用 δ 表示化学位移，可以使不同磁场强度的核磁共振仪测得的数据统一起来。例如，用 60MHz 和 100MHz 仪器上测得的 1，1，2- 三氯丙烷中甲基质子的 δ 均为 2.23。原子核的振动频率与 H_0 的大小有直接关系，但 δ 不随 H_0 的变化而变化。相同化合物在测试条件都相同的条件下测得的 δ 值一致。

核磁共振谱图的表示方法：横坐标为 δ，TMS 的 δ 为 0，在图谱最右端。从右向左其 δ 值逐渐增大，如图 11-6 所示。核磁共振氢谱的 δ 值一般在 0～10.0。

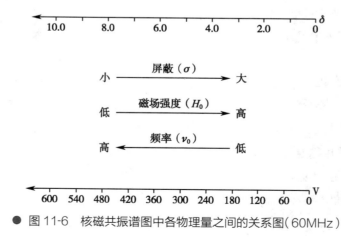

● 图 11-6 核磁共振谱图中各物理量之间的关系图（60MHz）

二、化学位移的影响因素

影响质子 δ 的因素主要分两大类,一类是内部因素,包括电性效应、磁各向异性效应等;另一类是外部因素。

(一)电性效应的影响

电性效应主要是由于电子云密度不同,导致质子周围所受的屏蔽效应不同,呈现不同的化学位移值。主要有诱导效应和共轭效应。

1. 诱导效应   电负性大的元素能减低氢核周围的电子云密度,即减小了对氢核的屏蔽(去屏蔽作用, deshielding), δ 值增大。取代甲烷的 δ 值见表 11-2 所示。

表 11-2   不同取代甲烷的化学位移值

CH_3X	CH_3F	CH_3OH	CH_3Cl	CH_3Br	CH_3I	CH_4	$(CH_3)_4Si$
X 的电负性	4.0	3.5	3.1	2.8	2.5	2.1	1.8
化学位移 δ	4.26	3.40	3.05	2.68	2.16	0.23	0

2. 共轭效应   共轭效应使氢核周围电荷分布发生变化,如与苯环相连的是供电子基团($-CH_3$、$-OR$、$-OCH_3$、$-NH_2$ 等),由于 p-π 共轭作用,使其邻、对位质子周围的电子云密度增大, δ 值减小,向高场位移。而吸电子基团($-CHO$、$-NO_2$、$-COOH$ 等),由于 π-π 共轭作用,使其邻、对位质子周围的电子云密度降低, δ 值增大,向低场位移,如图 11-7 所示。

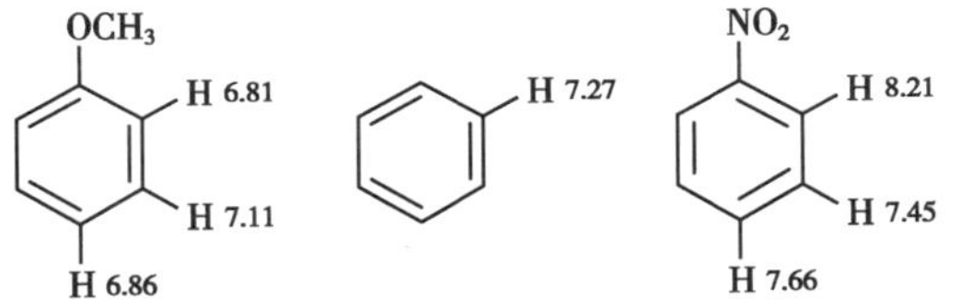

● 图 11-7   不同取代基对苯环上氢的 δ 值影响

(二)磁各向异性效应的影响

磁各向异性(magnetic anisotropy)是一种空间屏蔽效应,指化学键在外磁场作用下,环形电流所产生感应磁场的强度和方向在化学键的周围具有磁各向异性,空间位置不同的氢核所受屏蔽强度不同的现象。不饱和键、环状共轭体系的磁各向异性尤为明显。

1. 苯环 π 电子在外磁场诱导下,形成 π 电子环流,从而产生感应磁场。如图 11-8 所示。处于苯环平面上下方是反磁的,即 π 电子环流对苯环上的氢核产生屏蔽作用;在苯环周围,感应磁场与外磁场方向相同,即顺磁,这种作用称为去屏蔽效应。苯环质子的化学位移值为 7.27,是因为处于去屏蔽区。

如图 11-9 所示,由于苯环的磁各向异性的存在,导致 1,4-十甲烯基苯中各个亚甲基质子的化学位移值相差很大。

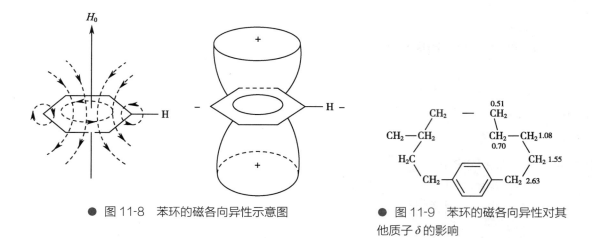

● 图 11-8　苯环的磁各向异性示意图

● 图 11-9　苯环的磁各向异性对其他质子 δ 的影响

2. 双键（C＝C 或 C＝O）　π 电子形成平面，π 电子在外磁场作用下形成电子环流，并产生感应磁场。如图 11-10 所示。平面的上下方为屏蔽区，处于平面四周的空间为去屏蔽区。例如乙烯质子处于去屏蔽区化学位移值 5.25。醛基质子与烯烃质子的磁各向异性比较相似，但由于氧原子的电负性较强，共振吸收峰向更低场位移，化学位移 δ 值可达 9.69。

3. 三键（C≡C 或 C≡N）　π 电子以键轴为中心呈圆柱体对称分布，在外磁场的诱导下 π 电子可以形成绕键轴的电子环流，从而产生次级磁场，如图 11-11 所示，在键轴方向的上下区域为正屏蔽区，与键轴垂直方向为负屏蔽区，例如乙炔质子与碳原子在同一直线上，处于 C≡C 电子环流的正屏蔽区，δ 值为 2.88。

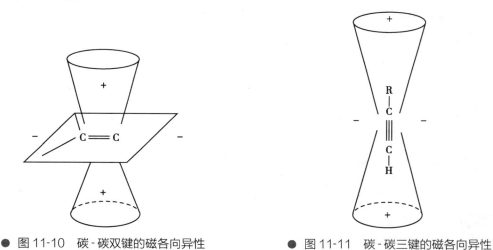

● 图 11-10　碳 - 碳双键的磁各向异性

● 图 11-11　碳 - 碳三键的磁各向异性

（三）氢键的影响

分子间氢键对质子的化学位移影响较大。例如，羟基氢在非常稀的溶液中不形成氢键时，化学位移 δ 值为 0.5～1.0；当在浓溶液中时，形成氢键，化学位移 δ 值为 4～5。

三、不同化学环境质子的化学位移

各类质子由于所处化学环境不同，具有不同的化学位移值。各类质子在核磁共振谱上出现的大致范围如图 11-12 所示, 化学位移值的大小规律可归纳为: 芳烃＞烯烃＞炔烃＞烷烃、次甲基＞亚甲基＞甲基、RCOOH＞ArOH＞ROH≈RNH_2。

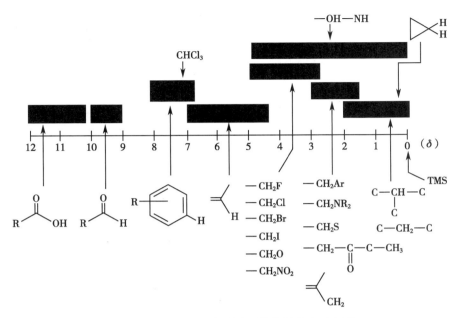

● 图 11-12　不同类型质子的化学位移示意图

第三节　耦合常数与自旋系统

一、自旋耦合与自旋裂分

屏蔽效应使不同化学环境的磁核产生了化学位移, 分子中各个磁性核的磁矩间的互相作用, 虽然不影响化学位移, 但影响核磁图谱的峰形。例如, 氯乙烷中甲基的核磁信号为三重峰（图 11-13a）; 亚甲基为四重峰（图 11-13b）。

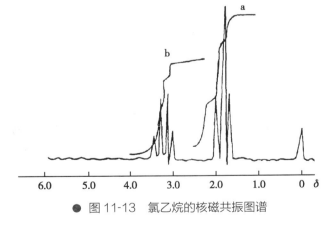

● 图 11-13　氯乙烷的核磁共振图谱

（一）自旋分裂的产生

原子核自旋产生的核磁矩之间的相互作用干扰被称为自旋 - 自旋耦合（spin-spin coupling）, 简称自旋耦合。由自旋耦合所引起共振峰裂分的现象被称为自旋 - 自旋裂分（spin-spin splitting）, 简称自旋裂分。

在氢 - 氢耦合中, 邻近碳上质子的核磁矩的作用可产生共振峰分裂。磁核与磁核的耦合作用通过成键电子传递,通常只考虑相隔两个或三个键的磁核之间的耦合作用。

例如,氯乙烷中—CH₃和—CH₂—的氢核的自旋裂分如下。

(1)—CH₃质子受到邻近亚甲基两个 H 的干扰分裂为三重峰:亚甲基中每一个 H 都有两种自旋取向,由于这两个质子的化学环境相同,这两种自旋取向概率几乎相等,则有了四种自旋取向组合,其中两种组合是相同的,如图 11-14 所示,—CH₃质子的吸收峰分裂成三重峰,峰面积之比为 1:2:1。

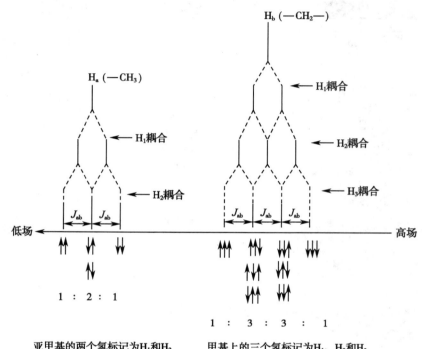

● 图 11-14　氯乙烷的—CH₃和—CH₂—的自旋分裂简图

(2)—CH₂—质子受到—CH₃三个 H 的耦合作用:同理,甲基三个 H 的自旋状态可以有八种组合,实际四种局部磁场对亚甲基质子产生耦合作用,其概率为 1:3:3:1,所以,—CH₂—质子将呈现四重峰,峰面积比值为 1:3:3:1。

(二)自旋裂分规律

某基团的质子的共振峰数目取决于邻近氢核的数目为 n 个,则共振峰数分裂之后的数目为 $(n+1)$ 个,而与该基团本身的氢核数目无关,此规则为 $(n+1)$ 规则。满足 $(n+1)$ 规则的一组多重峰的峰面积之比为 $(a+b)^n$ 二项式展开后的系数之比。

二、耦合常数及其影响因素

磁性核的自旋耦合会使共振峰发生裂分。由自旋裂分导致的峰裂距称为耦合常数,单位为 Hz,用 $^nJ_c^s$ 表示,n 代表耦合核间隔的化学键数,s 代表结构关系,c 代表相互耦合的核的种类。

$$J = |\Delta\delta| \times \nu_0 \qquad\qquad \text{式 11-12}$$

式 11-12 中，$\Delta\delta$ 为多重峰相邻两峰的化学位移之差，ν_0 是操作仪器选用的频率。例如，用 60MHz 的核磁共振波谱仪测定 1,1-二氯 -2,2-二乙氧基乙烷时，H_a 对 H_b 的影响使其峰裂分为二重峰，如图 11-15 所示，其每一个峰的 δ 分别是 5.411 和 5.311，则 J_{ab} 值为 $|5.411 - 5.311| \times 60 = 6.0Hz$。

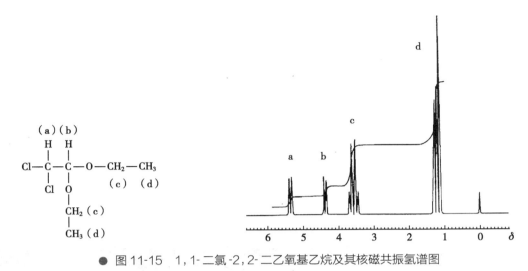

● 图 11-15 1,1-二氯 -2,2-二乙氧基乙烷及其核磁共振氢谱图

J 反映了磁性核之间互相耦合作用的强弱，J 大小与 H_0 强度无关，只取决于耦合磁性核间距、键长、键角以及电负性等。

（一）耦合核间的距离

一般规律，相互耦合核间距离越远，耦合常数的绝对值越小，根据耦合核之间间隔的化学键数，耦合类型可分为偕耦（geminal coupling）、邻耦（vicinal coupling）及远程耦合（long range coupling）。

（1）偕耦：同一碳原子上两个质子之间的耦合，也称同碳耦合，中间间隔两个化学键，H—C—H，用 ^2J 表示。其值一般为负值，范围变化较大，饱和烷烃的 ^2J 一般为 $-15 \sim -10Hz$，而烯烃的 ^2J 一般为 $0 \sim 5Hz$。见表 11-3。

表 11-3 同碳质子之间的耦合常数

类型	J_{ab}/Hz	类型	J_{ab}/Hz
R_1 R_2 C H_a H_b	12.0～18.0	R_1 R_2 C=C H_a H_b	0.5～3.0
HO—N=C H_a H_b	7.5～10.0（在不同溶剂中）	R_1—N=C H_a H_b	7.5～17.0
R_1 R_2 C—C—O H_a H_b	5.5～6.3	H_a H_b	12.5

（2）邻耦：相邻碳上两个质子之间的耦合，也称邻碳耦合。中间间隔两个化学键，H—C—C—H，用 ^3J 表示。其值一般为正值，对于饱和化合物的 ^3J 为 $0 \sim 16Hz$。见表 11-4。

表 11-4　邻碳质子之间的耦合常数

类型	J_{ab}/Hz	类型	J_{ab}/Hz
$R_1-CH-CH-R_2$（H_a、H_b）	6.0～8.0	H_a、H_b、R_1、R_2 环氧（O）结构	4.0
环己烷（H_a、H_b）	0～5.0	$R_1-HC=C-C=CH-R_2$（H_a、H_b）	9.0～13.0
H_a、R_1、R_2、H_b 顺式 $C=C$	12.0～18.0	H_a、H_b、R_2、R_1 反式 $C=C$	6.0～12.0

（3）远程耦合：相隔四个或四个以上化学键的质子之间的耦合，J 比较小，可为负值或正值。其绝对值大小一般为 0～3Hz，在饱和化合物远程耦合中，J 小于 1Hz，难以被观察到，在不饱和化合物（芳香烃、烯烃、炔烃）、杂环化合物以及环状结构的化合物中，远程耦合最易出现。见表 11-5。

表 11-5　共轭 π 体系质子之间的远程耦合常数

类型	J_{ab}/Hz	类型	J_{ab}/Hz
苯环（H_a、H_b）	$J_{邻}$ 6.0～10.0 $J_{间}$ 1.0～3.0 $J_{对}$ 0～5.0	吡啶（4、3、2、1-N）	$J_{(1-2)}$ 5.0～6.0 $J_{(2-3)}$ 7.0～9.0 $J_{(1-3)}$ 1.0～2.0 $J_{(1-4)}$ 0～1.0
吡咯（3、2、N-H1）	$J_{(1-2)}$ 2.0～3.0 $J_{(1-3)}$ 2.0～3.0 $J_{(2-3)}$ 2.0～3.0	H_a、R_2、$C=C$、R_1、CH_b	0～3.0

（二）键角

键角的变化对耦合常数影响很大，如环烯烃 ^3J 随键角的减小而增大，如图 11-16 所示。

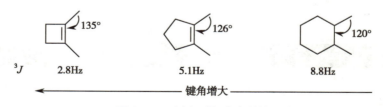

^3J　　2.8Hz　135°　　　　5.1Hz　126°　　　　8.8Hz　120°

← ————————————— 键角增大 —————————————

● 图 11-16　键角对耦合常数的影响

（三）电负性

磁核的耦合作用一般依靠电子的传递来实现的，在 H—C—CH—X 体系中，取代基 X 的电负性越强，^3J 越小，如图 11-17 所示。

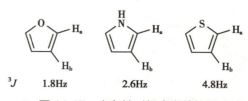

^3J　　1.8Hz　　　　2.6Hz　　　　4.8Hz

● 图 11-17　电负性对耦合常数的影响

三、核的等价性质

在核磁共振波谱中,磁性核的等价性包括化学等价和磁等价两类。

(一)化学等价

化学等价(chemical equivalence)的核是指分子中化学环境完全相同,化学位移相等的一组磁核。

(二)磁等价

分子中化学等价的一组核,若每个磁核对组外任何一个磁核的耦合常数都彼此相同,则这组磁核就称为磁等价(magnetic equivalence)的核,或称磁全同(又可称为磁全同质子,简称全同质子)。

例如,碘乙烷(CH_3CH_2I)中甲基上的三个质子化学等价 $\delta1.69$,而亚甲基上两个质子化学等价 $\delta3.38$。甲基质子对亚甲基质子的 ^3J 为 7.5Hz,同时亚甲基质子对甲基质子的 ^2J 同样为 7.5Hz,所以甲基上的三个质子为磁等价的核,亚甲基质子上的两个质子也是磁等价的核。

磁等价核具有特征:①组内磁核的化学位移相同;②与组外磁核的耦合常数相同;③无组外磁核干扰时,组内磁核虽然也相互耦合,但峰不裂分。

注意事项:磁等价的核一定是化学等价的核,化学等价不一定磁等价,但化学不等价磁一定不等价。化学等价磁不等价的情况较常见,例如 1,1-二氟乙烯分子中 H_1 和 H_2 是化学等价的磁核。如图 11-18 所示,由于双键不能自由旋转造成的双键同碳质子的磁不等价,$J_{H_1F_1} \neq J_{H_2F_1}$,$J_{H_1F_2} \neq J_{H_2F_2}$,$H_1$ 和 H_2 是磁不等价的核。对羟基苯甲酸中 H_A 与 $H_{A'}$、H_B 与 $H_{B'}$ 也是化学等价,但磁不等价。

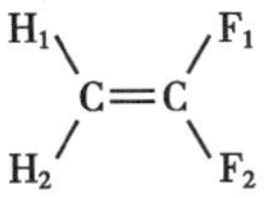

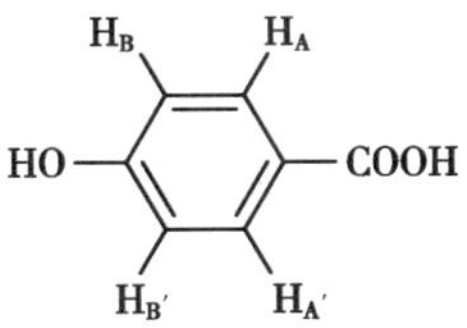

● 图 11-18　1,1-二氟乙烯及对羟基苯甲酸结构示意图

四、自旋系统的定义及分类

(一)自旋系统的定义

分子中相互耦合的几个磁性核组构成的独立体系称为自旋系统,在该系统内的磁核是相互独立的,系统与系统之间的磁核不发生耦合。例如,丙基丁烯醚 $CH_3CH_2CH_2OCH_2CH_2CH_2CH_3$ 中,$CH_3CH_2CH_2-$ 与 $-CH_2CH_2CH_2CH_3$ 这两个基团之间被氧原子分隔,不能相互耦合,分为 $CH_3CH_2CH_2-$ 与 $-CH_2CH_2CH_2CH_3$ 两个自旋系统。

（二）自旋系统的分类

自旋系统的分类方法比较多,按照耦合强弱可分为一级耦合(弱耦合)和高级耦合(强耦合),一般规定 $\Delta v/J > 10$ 为一级耦合, $\Delta v/J < 10$ 为高级耦合。

（三）自旋系统的命名

1. 化学等价的磁核构成的一组核。用一个大写的英文字母表示,如 A。

2. 若组内核为磁全同质子,则将核组的核数标在大写英文字母的右下角。例如 CH_3CH_2Cl 中的甲基的三个 H 为磁全同核,可记为 A_3。

3. 几个核组之间若化学位移差值较大($\Delta v/J > 10$)时,用英文字母中相距较远的两个字母来表示,即可用 A 与 X 两个字母来表示,如 CH_3CH_2Cl 中 CH_3CH_2 一用 A_3X_2;若化学位移差值较大($\Delta v/J < 10$)时,用英文字母中距离较近的两个字母来表示,即可用 A 与 B 两个字母来表示,如 $Cl-CH_2CH_2-COOH$ 中两个 $-CH_2-$ 就构成了 A_2B_2 系统。

4. 若一组磁性核中的核是化学等价但磁不等价,则用两个相同的字母表示,并在其中的一个字母右上角加"′"来表示。例如,对氨基苯酚的四个质子就构成了 AA′BB′ 系统。

五、核磁共振氢谱的分类

核磁共振氢谱可根据复杂程度分为一级图谱和高级图谱。

（一）一级图谱

一级耦合所产生的图谱称为一级图谱(first order spectrum)。其特征有:

（1）磁全同质子彼此之间相互耦合,但不会引起共振峰的分裂。

（2）自旋裂分服从 $n+1$ 规则。

（3）多重峰的峰面积之比为二项式展开式的各项系数之比。

（4）耦合作用弱。即 $\Delta v/J > 10$,且耦合作用随距离增加而降低。

（5）相互作用的一对质子,其耦合常数相等。

（6）化学位移为多重峰的中间位置,峰裂距为耦合常数。

（二）高级图谱

高级耦合的形成图谱称为二级图谱(second order spectrum),又称为高级谱图。其特征有:

（1）自旋裂分不服从 $n+1$ 规则。

（2）多重峰的峰面积之比不符合二项式展开式的各项系数之比。

（3）耦合作用比较强,即 $\Delta v/J < 10$,耦合作用随距离增加而降低。

（4）峰裂距与耦合常数不相等。

（5）化学位移不在多重峰的中间位置,无法直接读出,需要计算得出。

二级图谱一般包括 AB、AB_2、ABC、ABX、AA′BB′、AX′BX′ 等。

二级图谱的解析比一级图谱复杂,计算过程也复杂。

第四节 核磁共振波谱仪

一、核磁共振波谱仪的分类

（一）连续波核磁共振波谱仪

连续波核磁共振波谱仪（continuous wave NMR spectrometer，CW-NMR）是通过连续改变射频的频率或外加磁场的强度，进行依次激发所要研究的磁核，使之产生核磁共振信号。基本结构如图 11-19 所示，基本组成包括磁铁、探头、射频振荡器、射频接收器、信号放大器及记录仪等部分。

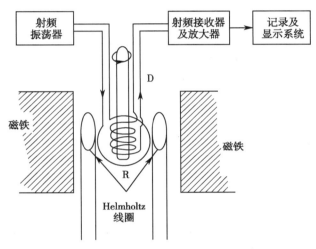

● 图 11-19　核磁共振波谱仪结构示意图

固定照射频率，改变磁场强度来获得 NMR 图谱的扫描方式称为扫场（swept field）法。若固定磁场强度改变照射频率而获得不同化学环境磁核的共振信号的方法称为扫频（swept frequency）法。

（二）脉冲傅里叶变换核磁共振波谱仪

脉冲傅里叶变换核磁共振波谱仪（pulsed fourier transform NMR spectrometer，PFT-NMR）是采用一台强大的射频发生器，用强度大而短的射频脉冲方式照射样品，激发处于不同化学环境的 H 核发生核磁共振，再由接收线圈接收自由感应衰减信号（FID），之后通过傅里叶变换，得到普通的 NMR 图谱。傅里叶变换核磁共振波谱仪与连续波核磁共振波谱仪相比，测定速度非常快，仪器有非常强大的信号累加能力，能够对核磁信号微弱的磁核（如 ^{13}C、^{15}N 等）进行测定。

二、样品的制备

核磁共振波谱测定时一般要求样品的纯度＞98%，制备样品溶液时需加入标准物质，以便对零点进行校准。测试样品只能溶于有机溶剂时，常用 TMS 为标准物；以 D_2O 为溶剂的样品，由于

TMS不溶于水,可采用4,4-二甲基-4-硅代戊磺酸钠(DSS)作为标准物质。

三、核磁共振图谱的简化

对复杂图谱常需要进行图谱简化。常用简化方法包括使用高磁场的核磁共振仪、使用溶剂位移、试剂位移、双照射去耦及重水交换等方法。

(一)使用高磁场的核磁共振波谱仪

使用高磁场强度核磁共振仪测定化合物,可以提高共振信号与信号之间的分离度,使核磁共振信号之间的高级耦合转变为一级耦合,从而简化图谱。图11-20是阿司匹林的核磁共振氢谱,阿司匹林苯环上四个质子在60MHz的仪器上呈现难以直接分辨的多重峰,以及几组不同峰的重叠,但在250MHz的仪器上可以还原为一级图谱。

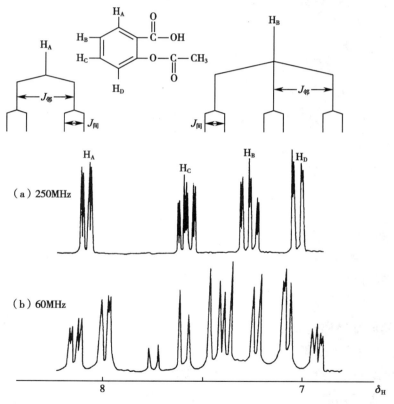

● 图11-20　阿司匹林的结构及核磁共振氢谱(在CDCl₃中)

(二)使用位移试剂

如果不具备高磁场核磁共振仪,最简单的简化图谱的方法就是改变测定溶剂。如图11-21所示,用CDCl₃(a)测定硫代苯甲酯时,甲氧基与亚甲基质子共振信号完全重叠,化学位移$\delta 4.05$;而选用C_6D_6(b)为溶剂时,两类氢的共振信号分离效果很好,甲基质子$\delta 3.53$,亚甲基质子$\delta 3.86$。

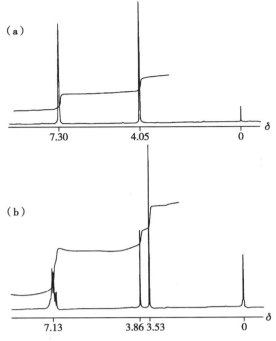

● 图 11-21　硫代苯乙酸甲酯在不同溶剂中的核磁共振氢谱（在 $CDCl_3$ 中）

（三）双照射去耦法

在 NMR 测定过程中,除了施加一个激发磁核共振的射频场(H_{01})外,还可以再施加另一个射频场(H_{02}),这样的照射方式称为双照射法(double irridiation)。

1. 自旋去耦(spin decoupling)　相互耦合的 H_a 和 H_b,H_b 有两种自旋取向,对 H_a 的干扰使其裂分成两重峰。用一个射频(其频率恰等于 H_b 的频率)照射 H_b 核,使其达到自旋饱和,此时 H_b 核对 H_a 核不干扰,H_b 核消磁,使 H_a 核的双重峰变成单峰,这种技术称为自旋去耦。

图 11-22 为乙酸异丙酯的核磁共振氢谱,a 是常规条件得到的图谱,b 是照射异丙基中次甲基

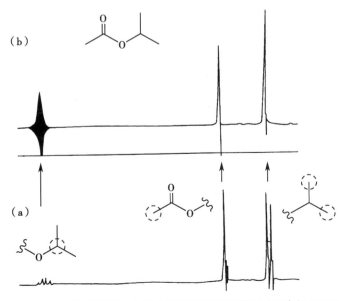

● 图 11-22　乙酸异丙酯的自旋去耦核磁共振氢谱对比图（在 $CDCl_3$ 中）

质子得到的去耦图谱。采用与次甲基质子共振频率相等的电磁波持续照射该质子,使次甲基的一个质子达到自旋饱和状态,共振信号消失。此时的次甲基质子对与之相邻的甲基六个质子将不再有耦合作用,甲基质子信号呈现单峰,强度增加。

2. 核 Overhauser 效应　分子内有空间接近的两个质子,用双照射法照射其中一个核,并使其达到自旋饱和状态,另一个核的信号会增强,这种现象称核 Overhauser 效应,简称 NOE(nuclear overhauser effect)。

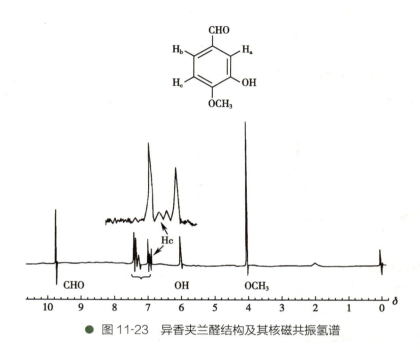

● 图 11-23　异香夹兰醛结构及其核磁共振氢谱

图 11-23 为异香夹兰醛的核磁共振氢谱,异香夹兰醛的结构中含有一个—CHO、—OCH$_3$ 和一个酚羟基。在核磁共振氢谱做了相应的归属:$\delta 3.91$(3H, s)为甲氧基的信号,$\delta 6.92$(1H, d, $J = 8.4$Hz)为 H$_c$ 的信号,$\delta 7.24$(1H, d, $J = 2.1$Hz)为 H$_a$ 的信号,$\delta 7.38$(1H, dd, $J = 2.1, 8.4$Hz)为 H$_b$ 的信号。为了确定—OCH$_3$ 在苯环上的连接位置,进行了 NOE 测定,照射 $\delta 3.91$ 处的甲氧基信号时,H$_c$ 的信号强度增加了 30%,据此可以判断出—OCH$_3$ 连接在 H$_c$ 的邻位。

第五节　氢谱解析方法

(一)氢谱信息

核磁共振氢谱提供的主要信息:

1. 化学位移提供所处不同化学环境各类质子的信息,因为不同类型的质子有其特定的化学位移范围。

2. 多重峰信息包括多重峰的峰形、裂分情况以及耦合常数,可以说明含氢官能团的相互连接情况和立体结构信息。

3. 各组峰的强度提供各类质子的个数比,说明化合物氢分布的情况。氢谱中每一个吸收峰所覆盖的面积与引起该吸收的质子数是成正比的,通常以积分曲线高度来表示,其总高度和吸收峰的总面积相当。如果该化合物氢原子的总数已知,根据积分高度就可以计算出图谱中各类峰所对应的氢原子的数目。

(二)氢谱解析顺序

1. 找到内标物峰(TMS),内标物峰一般出现在图谱最右端,δ 为 0。

2. 若已知分子式计算不饱和度 U。

3. 根据峰面积积分曲线(或积分高度)计算 H 的分布,需注意考虑分子的对称性问题。

4. 对每组峰的化学位移值进行分析,判断质子属于哪种类型。

5. 计算 $\Delta v/J$ 值,确定所属的自旋系统及耦合类型。

6. 如果是含有活泼氢的未知化合物,可通过重水交换。

7. 根据各组分的化学位移值及其耦合关系,推断可能存在的结构式。

8. 通过查表或计算各官能团的化学位移值,核对耦合关系与耦合常数是否合理,也可以参考其他图谱(^{13}C-NMR、IR、UV-VIS、MS)给出的信息,对推出的结构是进行验证。

(三)氢谱解析示例

【例 11-1】化合物 $C_8H_{12}O_4$ 的核磁共振氢谱如图 11-24 所示,已知 $\delta_a 1.30$(t,$J=7.5Hz$)、$\delta_b 4.20$(q,$J=7.5Hz$)、$\delta_c 6.73$(s),积分高度比值 a:b:c=3:2:1,而 IR 显示有羰基和碳碳双键。试推测其结构。

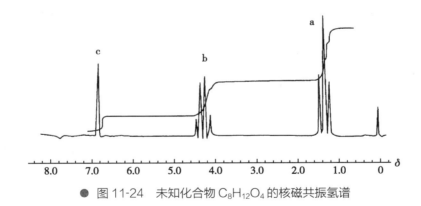

● 图 11-24 未知化合物 $C_8H_{12}O_4$ 的核磁共振氢谱

解:

(1)分子式已知,计算不饱和度 $U=\dfrac{2+2\times 8-12}{2}=3$,根据已知条件提示含有羰基及碳碳双键。

(2)积分高度比值 a:b:c=3:2:1,分子式中共有 12 个 H,则可知分子具有对称结构,a、b、c 处所对应的氢的个数分别为 6、4、2。

(3)由 $\delta_a 1.30$(t,$J=7.5Hz$)、$\delta_b 4.20$(q,$J=7.5Hz$)可知,分子结构中存在—OCH_2CH_3 结构片段;$\delta_c 6.73$(s)显示出分子结构中存在受到去屏蔽作用的烯氢质子,综合已知条件,推测该官能团可能是:

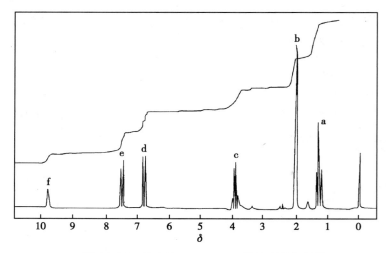

（4）综合以上信息，可推测出该未知化合物的结构式为：

（Ⅰ）　　　　　　　　　　　　　（Ⅱ）

（5）以上两个结构，只能查对 Saltler 标准 NMR 图谱，最终确定为（Ⅱ）反式丁烯二酸二乙酯。

【例 11-2】某化合物分子式为 $C_{10}H_{13}O_2N$，已知 $\delta_a 1.26$（t，1.0cm）、$\delta_b 2.0$（s，1.0cm）、$\delta_c 3.95$（q，0.6cm）、$\delta_d 6.78$（m，0.6cm）、$\delta_e 7.52$（m，0.6cm）、$\delta_f 9.7$（s，0.3cm），核磁共振氢谱如图 11-25 所示，试推测其结构。

● 图 11-25　化合物 $C_{10}H_{13}O_2N$ 的核磁共振氢谱

解：

（1）分子式已知，计算不饱和度 $U = \dfrac{2 + 2 \times 10 + 1 - 13}{2} = 5$，根据已知条件提示可能含有苯环（$U=4$）。

（2）氢个数的计算

$$\delta_a 1.26: H个数 = \frac{1.0}{1.0 + 1.0 + 0.6 + 0.6 + 0.6 + 0.3} \times 13 = 3H$$

$\delta_b 2.0$：同理可得 H 个数为 3 个；$\delta_c 3.95$ 为 2 个 H；$\delta_d 6.78$ 为 2 个 H；$\delta_e 7.52$ 为 2 个 H；$\delta_f 9.7$ 为 1 个 H。

（3）根据化学位移、峰形及氢的分布情况可以推测以下信息：

1）a 裂分为三重峰，说明应与—CH_2 相连，同时 c 裂分为四重峰，这说明 a 和 c 处应该是—CH_2CH_3 结构片段。$\delta_c 3.95$ 说明其与电负性较强的基团相连，根据分子式提供的原子信息，可能与 O 原子直接相连。

2）$\delta_d 6.78$ 为 2 个 H；$\delta_e 7.52$ 为 2 个 H，典型的 dd 峰，应该是苯环上的四个 H，结构可能是对位

二取代（AA'BB'系统）。

3）$\delta_b 2.0$ 处有 3 个 H，而且是一个孤立的单峰，可能与—C=O相连。

4）$\delta_f 9.7$ 只有 1 个 H，同样是一个单峰，根据以上的分析，减去已经推测出的官能团只剩下 NH，说明 NH 只能与苯环直接相连，并处于苯环和羰基的去屏蔽区，所以其化学位移值较大。

（4）综上信息可以推测出可能的结构式为：

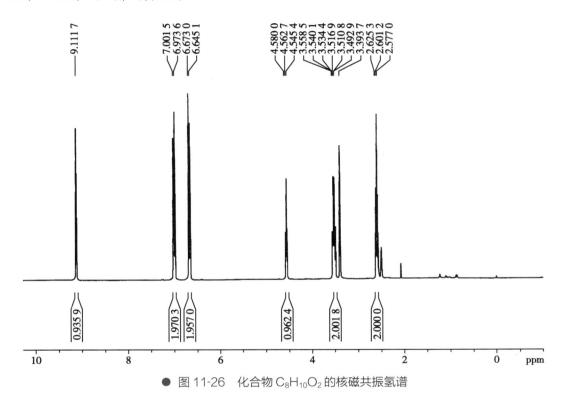

（5）验证：不饱和度计算结果一致；查对 Saltler 标准 NMR 图谱，结果同样一致。

【例 11-3】某无色化合物为针状晶体，分子式为 $C_8H_{10}O_2$，核磁共振氢谱（300MHz，DMSO-d_6）如图 11-26 所示，试推测其结构。

● 图 11-26 化合物 $C_8H_{10}O_2$ 的核磁共振氢谱

解：

（1）分子式已知，计算不饱和度 $U = \dfrac{2+2\times 8 - 10}{2} = 4$，根据已知条件化学位移 $\delta 6\sim 7$ 的吸收峰，提示可能含有苯环（$U=4$）。

（2）$\delta 9.11$（1H，s）处信号显示分子结构中可能含有 1 个酚羟基或醛基；$\delta 6.89$（2H，d，$J=8.4$Hz）、$\delta 6.66$（2H，d，$J=8.4$Hz）信号显示结构中含有一个 AA'BB' 自旋耦合系统，为苯环的对位二取代的结构片段。$\delta 4.56$（1H，t，$J=5.4$Hz）应是—OH 的氢的信号；$\delta 3.52$（2H，dt，$J=5.4$，7.2Hz）应是与—OH 直接相连的—CH$_2$—信号；$\delta 2.60$（2H，t，$J=7.2$Hz）应是与—CH$_2$—直接相连的—CH$_2$—信号；所以该结构碎片可能是—CH$_2$—CH$_2$—OH。

（3）综合以上信息，可以推测出以下结构式：

$$HO-\bigcirc-CH_2-CH_2-OH$$

（4）通过计算不饱和度，查对 Saltler 标准 NMR 图谱，结果一致。

第六节　核磁共振碳谱

1957 年首次观察到天然有机物的核磁共振碳谱，简称碳谱。但因碳谱信号微弱，限制了碳谱的应用，直到 1970 年脉冲傅里叶变换核磁共振仪研制成功并实际应用，碳谱才得到应用，逐渐成为结构解析的实用手段。

一、碳谱的特点及影响因素

（一）碳谱的特点

1. 信号强度低，^{13}C 的信号强度只有 ^1H 的 1/6 000，测定时常需要多次扫描并累加才能得到信噪比较好的图谱，测定时间比较长。

2. 化学位移范围相比较于氢谱非常宽，分辨率比较高。碳谱化学位移一般为 0～250，极大地减少了信号间的相互重叠，有利于共振峰的归属。

3. 给出结构的信息比较全面，能够给出化合物分子骨架的信息，同时能够给出季碳的结构信息。

4. 弛豫时间长。

5. 共振方法多，谱线简单。

（二）碳谱的化学位移及影响因素

碳谱与氢谱基本原理是相同的，化学位移定义及其表示方法与氢谱基本一致，测定时同样需要用 TMS 作为内标物。影响碳谱化学位移的因素与氢谱也类似，主要有杂化效应、诱导效应、共轭效应、磁各向异性效应及氢键效应等。

1. 杂化效应　碳谱的化学位移受到 C 原子轨道杂化状态影响，碳原子的杂化状态有 sp、sp^2、sp^3 三种，不同杂化的碳原子的化学位移见表 11-6。

表 11-6　不同杂化碳原子的化学位移值

杂化类型	所属原子基团	碳的化学位移
sp^3	$CH_3<CH_2<CH<$季碳	0～60
sp	炔碳	60～90
sp^2	烯碳或芳香碳	100～167
sp^2	羰基碳	160～220

2. 诱导效应　电负性较强的吸电子基团产生的诱导效应与氢谱中类似，当 C 原子上连接的官能团的电负性越强，去屏蔽效应越强，C 核的化学位移就越大，例如卤代甲烷中 C 核的化学位移见表 11-7。

表 11-7　卤代甲烷中碳核的化学位移

分子式	X＝F	X＝Cl	X＝Br	X＝I
CH₃X	75.0	24.9	9.8	−20.8
CH₂X₂	109.0	54.0	21.4	−54.0
CHX₃	116.4	77.0	12.1	−139.0
CX₄	118.6	96.5	−29.0	−292.5

3. 共轭效应　与氢谱相似,碳谱中的共轭效应也会使电荷分布发生变化,例如芳香环上供电子基团的 p-π 共轭,就会使其邻位和对位 C 核的化学位移减小;吸电子基团所产生的 π-π 共轭,使其邻位和对位 C 核的化学位移增大,尤其是邻位 C 核的化学位移增大明显。

C 核所处的化学环境对其化学位移的影响非常大,化学位移值变化幅度比氢谱的化学位移值宽得多,信号范围为 0~250,共振峰重叠少。常见有机化合物的碳谱化学位移值如图 11-27 所示。

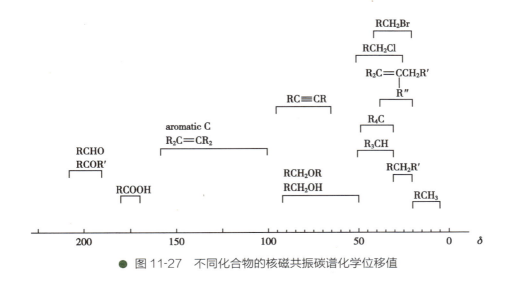

● 图 11-27　不同化合物的核磁共振碳谱化学位移值

二、核磁共振碳谱的耦合及去耦技术

(一) 碳谱的耦合方式

碳谱主要有三种耦合方式,分别是 $^{13}C—^{1}H$、$^{13}C—^{13}C$、^{13}C 与其他磁性核的耦合。因为 ^{13}C 在自然界的丰度低,所以 $^{13}C—^{13}C$ 之间的相互耦合概率非常低,基本可以忽略不计。但是 ^{1}H 丰度很大,^{13}C 的谱线总会被裂分为多重峰。$^{13}C—^{1}H$ 的耦合常数比较大(110~320Hz),并且 $^{13}C—C—^{1}H$ 和 $^{13}C—C—C—^{1}H$ 中 H 核对 C 核的远程耦合也比较大。达到简化图谱的效果,必须进行 H 核去耦消磁。

(二) 碳谱的去耦技术

1. 质子宽带去耦法　也被称为全氢去耦(proton complete decoupling, COM)。其原理是在对 ^{13}C 核进行扫描时,外加一个强的去耦射频(该频率可使化合物的全部质子都达到核磁共振)进行照射。使全部质子达到"自旋饱和"后再测定 ^{13}C-NMR 谱,此时 ^{1}H 核对 ^{13}C 核的耦合作用完全消失,在图谱中每个 C 核均出现一个单峰,缺点是无法区别不同类型的碳。

2. 偏共振去耦法（off-resonance decoupling） 是在对 ^{13}C 核进行测定时,同时在外加一个频率范围小、略高于待测化合物所有氢的共振频率（该频率仅比标准物 TMS 中的 ^{1}H 核的共振频率高出 100~500Hz）对 ^{1}H 核进行照射得到的谱图。这种模式下,消除了相对较弱的 ^{2}J~^{4}J 耦合,而仅仅保留了与 ^{13}C 核直接相连的 ^{1}H 核的耦合,同时 $^{1}J_{C-H}$ 会减小。因此,在偏共振去耦谱中,可以根据 $n+1$ 规则进行谱图解析,季碳裂分为单峰（s）;次甲基的碳裂分为二重峰（d）;亚甲基的碳裂分为三重峰（t）;甲基的碳裂分为四重峰（q）。

3. 质子选择性去耦法（selective proton decoupling） 是偏共振去耦技术的一个特例,是用一个很小共振频率对某些特定的质子进行照射,以消除其对 C 核的耦合影响。

4. DEPT 法无畸变极化转移增强技术（distortionless enhancement by polarization transfer） 是通过改变 ^{1}H 的第三脉冲宽度（θ）,使其不同类型的 ^{13}C 核的信号在谱图上以单峰的形式的出现正峰或负峰。θ 可以设置为 45°、90°、135°,得到三种 DEPT 谱。

（1）DEPT45 谱:在这类谱图中甲基、亚甲基、次甲基都有信号峰,且都为正峰;季碳没有共振信号。

（2）DEPT90 谱:在这类谱图中只有次甲基有信号峰,且为正峰。

（3）DEPT135 谱:在这类谱图中甲基、次甲基有信号峰,且都为正峰;亚甲基也有信号峰,但为负峰;季碳不出峰。DEPT135 谱应用最广泛的技术。

草苁蓉的 ^{13}C-NMR 和三种 DEPT 谱如图 11-28 所示。首先对比 ^{13}C-NMR 和 DEPT45 谱,发现碳的化学位移 δ_C125.86 为季碳信号;从 DEPT90 谱中可知,δ_C193.03、164.06、99.62、97.33、77.99、77.60、74.38、71.34、43.70、36.77、31.97 均为次甲基碳的信号峰;从 DEPT135 谱中可以看出 δ_C62.67、33.35、31.05 均为亚甲基碳的信号峰;同时在对比 DEPT90 谱和 DEPT135 谱可知,δ_C16.6 为甲基碳的信号峰。

三、核磁共振碳谱的解析

在核磁共振碳谱的图谱解析中,质子宽带去耦谱及 DEPT135 谱应用最为广泛。质子宽带去耦谱图可以给出碳信号峰的个数,可推测化合物分子结构中含有的碳原子数目;再根据各不同化学环境的 C 核的化学位移的大小,推测各个基团的类型及连接的取代基的类型。

（一）核磁共振碳谱解析的一般顺序

1. 首先根据已知的信息进行元素分析和其他信息分析。

2. 查对碳谱是否合理、基线是否平滑,找到标准物峰和溶剂峰。

3. 当化合物分子结构没有对称性时,碳谱线的数目就应该是 C 核的总数目;但当分子结构有对称性时,碳谱线的数目就要少于 C 核的总数目。在分子式已知的情况下,出现了谱线数目多于 C 核的总数目情况,原因可能是①存在同分异构体;②出现了溶剂峰;③有杂质峰;④磁性核对 C 核存在耦合作用。

4. 根据三种 DEPT 谱相互确定不同类型的碳原子（季碳、叔碳、仲碳、伯碳等）。

5. 根据各个 C 核的化学位移值推断 C 原子上连接的基团情况。一般图谱上从高场到低场可以大致分为四个区段。

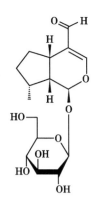

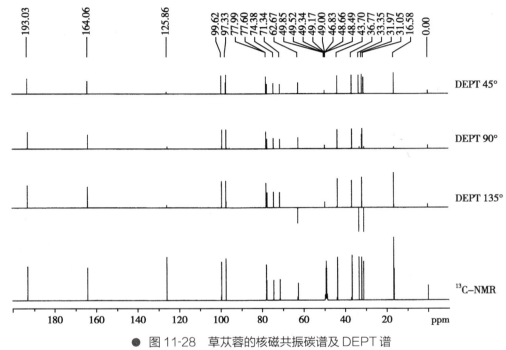

● 图 11-28　草苁蓉的核磁共振碳谱及 DEPT 谱

（1）$\delta_C 0\sim 40$ 为饱和化合物 C 核的信号区。

（2）$\delta_C 40\sim 90$ 为与电负性较强的杂原子相连的饱和化合物 C 核的信号区。

（3）$\delta_C 90\sim 160$ 为芳香族和烯烃类化合物 C 核的信号区。

（4）$\delta_C > 160$ 为羰基类化合物和叠烯类化合物 C 核的信号区。

6. 根据偏共振去耦谱确定谱线的多重性。

7. 结合核磁共振氢谱的相关信息，推测化合物可能的结构，用文献信息进行验证，确定其合理结构式。

8. 如果分子结构比较复杂时，也可以利用更为先进的核磁技术进行解析。

（二）碳谱解析示例

【例 11-4】某无色化合物为白色无定形粉末，分子式为 $C_7H_6O_5$，核磁共振碳谱（300MHz，DMSO-d_6）如图 11-29 所示，已知氢谱中有活泼氢的信号峰和一个单峰信号，其化学位移值为 6.97，所对应氢的个数为 2；DEPT135 谱显示只有一个正峰，化学位移值为 108.6，试推测其结构。

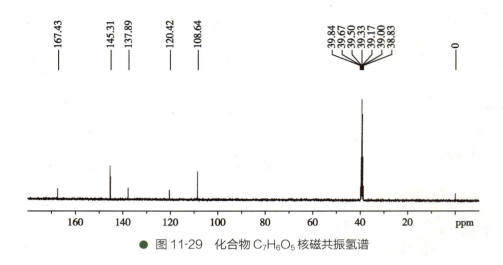

● 图 11-29　化合物 $C_7H_6O_5$ 核磁共振氢谱

解：

（1）分子式已知，计算不饱和度 $U = \dfrac{2 + 2 \times 7 - 6}{2} = 5$，根据氢谱中化学位移 $\delta 6.97$ 的吸收峰，提示可能含有苯环（$U=4$）。

（2）从 ^{13}C-NMR 可以看出，最右端的信号峰为标准物 TMS 的吸收峰；$\delta 38.83 \sim 39.84$ 这个区间共有 7 个信号峰，对称分布，其为溶剂 DMSO-d_6 的吸收峰。

（3）除了上述两组峰，在 ^{13}C-NMR 中观察到 5 个信号峰，由于分子式显示共有 7 个 C，所以提示该化合物的结构具有对称性。其中，$\delta 108.64$ 和 $\delta 145.31$ 的信号强度明显高于其他 C 信号，可以推测出这两个位置就是对称 C 核的吸收峰位置。在 DEPT135 谱显示只有一个正峰，化学位移值为 108.6，则可以推测出该信号峰就是苯环连有 H 原子的 C 核吸收峰。

（4）综合以上信息，可以得出以下结论：①$\delta 167.43$ 为羰基的 C 核吸收峰；②$\delta 145.31$ 和 $\delta 137.89$ 为苯环上连氧的 C 核吸收峰；③$\delta 120.42$ 为苯环上与羧基相连的 C 核吸收峰。

（5）综上所述，未知化合物的结构式可能有两种：

$$
\begin{array}{cc}
\text{（Ⅰ）} & \text{（Ⅱ）}
\end{array}
$$

通过对比发现，该化合物的碳谱数据与没食子酸的数据基本一致，所以鉴定该化合物为没食子酸（Ⅰ）。

第七节　二维核磁共振波简介

二维核磁共振谱（2D-NMR）在解析化合物空间结构方面能比一维核磁共振谱提供更多的信息。1971 年 Jean Jeener 首次提出二维核磁共振的相关概念之后，1976 年 Ernst 等人推动二维核磁共振技术的实际应用,同时 Ernst 还发明了脉冲傅里叶变换核磁共振技术,后来因为此项技术获得了诺贝尔化学奖。二维核磁共振谱自从 20 世纪 80 年代后开始得到了广泛应用。

一维 NMR 谱图信号是一个频率变量的函数,共振峰分布在一条横轴上(频率),纵轴方向为信号强度。而二维谱图是两个独立频率变量的函数,共振信号分布在两个频率组成的平面上(两个横轴、两个纵轴)。

(一)二维核磁共振谱的表现形式

1. 堆积图(stacked trace plot) 也称堆叠立体图,是由很多条一维谱线紧密排列在一起构成的。

2. 等高线图(contour plot) 等高线图是将堆积图平切后得到的。最中心的圆圈点表示吸收峰的位置,圆圈中的数字表示吸收峰的强度。

(二)二维核磁共振谱的分类

二维核磁共振谱一般分为 J 分解谱、化学位移相关谱、多量子谱。

1. J 分解谱(J resolved spectroscopy) 也称 J 谱,或称 δ-J 谱。它是把化学位移和耦合常数在两个频率轴上铺展开,是重叠在一起的 δ-J 分解在平面上,有利于分析。包括同核 J 谱和异核 J 谱两种。

2. 化学位移相关谱(chemical shift correlation spectroscopy) 也称 δ-δ 谱,它是应用最广泛的二维核磁共振谱技术。化学位移相关谱主要包括同核耦合、异核耦合、NOE 谱和化学交换谱。其中最为重要的是 ^1H—^1H 相关谱、^{13}C—^1H 相关谱及 ^{13}C—^1H 远程相关谱。

(1)^1H—^1H 相关谱(^1H-^1H correlation spectroscopy, ^1H—^1H COSY):^1H—^1H 相关谱是 ^1H 核与 ^1H 核之间的化学位移相关谱。在横轴和纵轴上都设定为 ^1H 的 δ 值,在另外两个横轴和纵轴上画出通常的一维 ^1H 谱图。

图 11-30 为乙酸乙酯的相关谱。在谱图中出现了两组信号峰,分别为对角峰(同一质子的信号将在对角线相交,即图中所示的信号 1 和 2)和相关峰(对角线两侧呈对称分布的两个信号,即图中信号 A、A′)。相互耦合的质子(组)将会在相关峰上相交。从谱图中可以看出,相关峰 A 是信号 1 和信号 3 相交点,则提示信号 1 和信号 3 存在耦合关系,说明分子结构中存在—OCH_2CH_3 结构片段。

(2)^{13}C—^1H 相关谱:主要包括异核多量子相关谱(heteronuclear multiple quantum coherence, HMQC)、异核单量子相关谱(heteronuclear single quantum coherence, HSQC),它是 ^{13}C—^1H 近程相关谱。图谱中的上、下两个横轴分别为一维氢谱图和氢谱的化学位移;图谱中的左、右两个纵轴分别为一维碳谱图和碳谱的化学位移。相关峰信息点将会出现在 ^{13}C 的化学位移与 C 核直接相连的 ^1H 和的化学位移的交点上。

以乙酸乙酯为例,如图 11-31 所示,从信号 1 化学位移 $\delta1.26$ 处向下作一条垂线与相关峰相交,再从相交点向左画水平线与碳谱图中 $\delta14.23$ 的信号相交,这就提示该相关峰是信号 1(甲基 H 核的吸收峰)与 $\delta14.23$ 的信号之间存在耦合关系,说明该氢核与该碳核直接相连。依此类推,可以找到其他耦合关系并据此推断基团的连接方式。

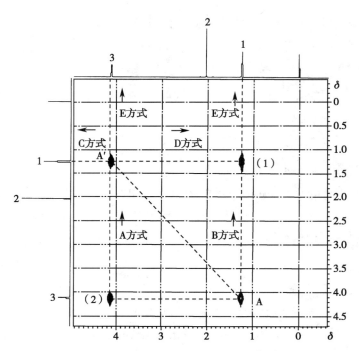

● 图 11-30　乙酸乙酯($CH_3COOCH_2CH_3$)^{1}H-^{1}H COSY 谱

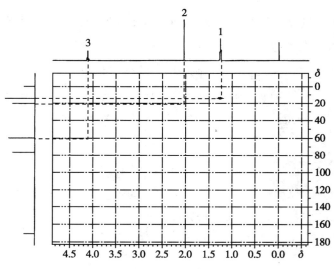

● 图 11-31　乙酸乙酯($CH_3COOCH_2CH_3$)HSQC 谱

（3）^{13}C—^{1}H 远程相关谱：也称为异核多键相关谱(heteronuclear multiple bond coherence；HMBC)。在 ^{1}H—^{1}H 的耦合作用中，^{1}H 与 ^{1}H 之间相隔 3 个化学键被称为远程耦合，但在 ^{13}C—^{1}H 的耦合作用中，^{13}C 与 ^{1}H 之间相隔 2 个化学键就被称为远程耦合。这对于含有 H 核较少的不饱和化合物的结构解析，^{13}C—^{1}H 远程相关谱将会提供更多更重要的信号，对于分子骨架的确定有巨大帮助。

图 11-32 为乙酸乙酯的 ^{13}C—^{1}H 远程相关谱，从图中可以看出 ^{13}C—^{1}H 远程相关谱与 ^{13}C—^{1}H 相关谱的横轴、纵轴的设定一样，但是相关峰的信号将出现在 ^{1}H 的化学位移以及与 H 原子相隔 2 个或 3 个化学键的 ^{13}C 化学位移的交点位置。以信号 3（亚甲基 H 核）为例，从纵轴信号 3 处向下

做一条垂线与图中两个相关峰相交,再从这两个相交点分别向左画一条水平线,可与 ^{13}C-NMR 的化学位移 δ14.22(甲基 C 核)及 δ171.14(羰基 C 核)的共振峰相重合,提示这两个相关峰分别是甲基 H 与亚甲基 C 核,和羰基 C 核都存在远程耦合关系,可以推测结构中存在—CO—OCH$_2$CH$_3$ 结构碎片;另外,从 ^{13}C—^{1}H 远程相关谱还可以观察到信号 2(甲基 H 核)与 δ171.14(羰基 C 核)的共振峰相重合,说明甲基 H 核和羰基 C 核都存在远程耦合关系,可以推测出甲基与羰基直接相连,故可以确定该化合物的结构为 CH$_3$COOCH$_2$CH$_3$。

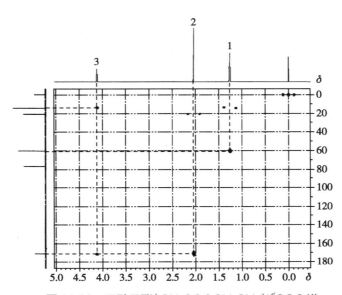

● 图 11-32　乙酸乙酯(CH$_3$COOCH$_2$CH$_3$)HSQC 谱

内容提要

(一)基本概念

1.自旋 - 晶格弛豫简称纵向弛豫,晶格中的各种类型磁性质点对应于共振核做不规则的热运动,形成一频率范围和很大的杂乱的波动磁场,其中必然存在与共振频率相同的频率成分,高能态的核可通过电磁波的形式将自身能量传递到周围的运动频率与之相等的磁性粒子(晶格),故称为自旋 - 晶格弛豫。

2.自旋 - 自旋弛豫又称横向弛豫。它是指邻近的两个同类的磁等价核处在不同的能态时,它们之间可以通过电磁波进行能量交换,处于高能态的核将能量传递给低能态的核后弛豫到低能级,这时系统的总能量显然未发生改变。

3.电子的屏蔽效应、质子的共振频率由外加磁场强度和核的磁矩所决定。其实,原子核外部都是被电子所包围的,根据楞次定律,在外磁场的作用下,核外电子会产生环电流,并感应产生一个与外磁场方向相反的次级磁场,这种对抗外磁场的作用称为电子的屏蔽效应。

4.化学位移指由于屏蔽效应的存在,所处化学环境不同的同种核共振频率不同的现象。

5.诱导效应表现为当被研究的质子附近有较大的原子或电负性基团时,其周围的电子云密度降低,所受屏蔽效应减弱 δ 值增大。

6．共轭效应也会使电荷分布发生变化，如与苯环相连的是供电子基团，由于 p-π 共轭作用，其邻、对位质子周围的电子云密度增大，化学位移 δ 值减小，将向高场位移。而吸电子基团，由于 π-π 共轭作用，其邻、对位质子周围的电子云密度降低，化学位移 δ 值增大，而向低场位移。

7．磁各向异性是一种空间屏蔽效应，指化学键在外磁场作用下环形电流所产生感应磁场的强度和方向在化学键的周围具有各向异性，使得分子中所处空间位置不同的质子所受屏蔽作用不同的现象。

8．自旋 - 自旋耦合是原子核自旋产生的核磁矩之间的相互作用干扰。

9．自旋 - 自旋裂分是由自旋耦合所引起共振峰裂分的现象。

10．耦合常数由自旋裂分导致的峰裂距称为耦合常数，单位为 Hz，用 $^{n}J_{c}^{s}$ 表示，J 值的大小等于化学环境不同的两磁核互相耦合并自旋裂分所产生的任意相邻两个峰的化学位移之差的绝对值与核磁共振波谱仪所用的电磁波频率（MHz）的乘积。

11．化学等价的核是指分子中化学环境完全相同，化学位移相等的一组磁核。

12．磁等价分子中化学等价的一组核，如果它们每个磁核对组外任何一个磁核的耦合常数都彼此相同，则这组磁核就称为磁等价核，或称磁全同。

（二）基本内容

1．核磁共振波谱法的基本原理主要包括原子核的自旋与磁矩；原子核在磁场中的行为；原子核在磁场中的共振吸收；原子核的自旋弛豫过程。

2．化学位移的基本原理包括化学位移的产生、化学位移的表示方法。

3．影响化学位移的因素主要有电性效应，包括诱导效应、共轭效应、磁各向异效应。

4．化学位移值的大小规律可归纳为：芳烃 > 烯烃 > 炔烃 > 烷烃、次甲基 > 亚甲基 > 甲基、RCOOH > ArOH > ROH ≈ RNH_2。

5．耦合常数与自旋系统包括自旋耦合与自旋裂分对共振峰的影响及裂分规律；耦合类型可分为偕耦、邻耦及远程耦合。

6．核磁共振波谱仪所能提供的最大共振频率可达 600MHz（15.5T）。其基本组成包括磁铁、探头、射频振荡器、射频接收器、信号放大器及记录仪等部分。

7．核磁共振波谱测定时一般要求样品的纯度 > 98%。

8．对复杂图谱常采用一些特殊的技术手段，使复杂的谱线简化。常用简化方法包括使用高磁场的核磁共振仪、使用溶剂位移、试剂位移、双照射去耦及重水交换等方法。

思考题与习题

1．原子核产生核磁共振的条件是什么？试举例说明。

2．简述下列专业术语

（1）Larmor 进动；（2）弛豫；（3）化学位移；（4）磁各向异效应；（5）耦合常数；（6）化学等价；（7）磁等价。

3．核磁共振氢谱与碳谱能提供的信息有哪些？

4. 在磁场强度 H_0 为 2.348 7 T 的强磁场中,测定 ^{1}H 核和 ^{13}C 核的共振频率各是多少。

（100MHz；25MHz）

5. 某化合物的核磁共振氢谱(100MHz,CDCl$_3$)中的两个信号峰化学位移的差值为 1,则它们的共振频率的差值为多少?

（1Hz）

6. 判断下列化合物中烯氢的共振峰情况,并判断其耦合常数的大小。

$$\text{H}_a\diagup\!\!\!=\!\!\!\diagdown\text{COOCH}_3$$
$$\text{H}_b\diagdown\qquad\diagup\text{H}_c$$

7. 化合物 FCH＝CHF 中的两个氢核是化学等价还是磁等价?

8. 某未知化合物的分子式为 C$_9$H$_9$NO,核磁共振氢谱如图 11-33 所示,已知 $\delta3.81$(3H,s)、$\delta4.33$(2H,s)、$\delta6.81$(2H,d)、$\delta7.16$(2H,d)。试推测其结构。

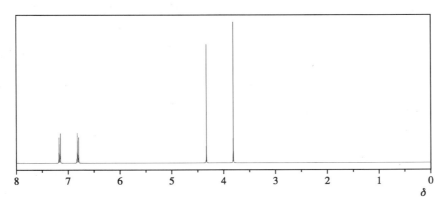

● 图 11-33 化合物 C$_9$H$_9$NO 的核磁共振氢谱

$$\left(\text{CH}_3\text{—O}\text{—}\!\!\!\bigcirc\!\!\!\text{—}\text{CH}_2\text{C}\!\!\equiv\!\!\text{N}\right)$$

9. 某未知化合物的分子式为 C$_9$H$_{13}$N,核磁共振氢谱如图 11-34 所示,已知 $\delta1.20$(6H,d)、$\delta2.81$(H,sep)、$\delta3.43$(2H,s)、$\delta6.60$(2H,d)、$\delta7.02$(2H,d)。试推测其结构。

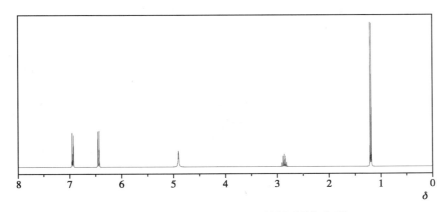

● 图 11-34 化合物 C$_9$H$_{13}$N 的核磁共振氢谱

$$\left(\text{NH}_2\text{—}\!\!\!\bigcirc\!\!\!\text{—}\text{CH}\!\!\diagup\diagdown\right)$$

10. 某未知化合物的分子式为 C_9H_{12}，核磁共振氢谱如图 11-35 所示，已知 $\delta1.20(6H,d)$、$\delta2.87$（H，sep）、$\delta7.28(5H,m)$。试推测其结构。

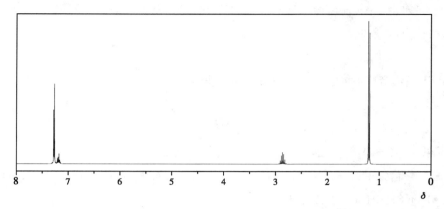

● 图 11-35　化合物 C_9H_{12} 的核磁共振氢谱

11. 某白色无定形粉末的分子式为 $C_8H_8O_2$，核磁共振氢谱如图 11-36 所示，已知 $\delta3.55(2H,$ sd $)$、$\delta2.87(H,sep)$、$\delta7.28(5H,m)$。试推测其结构。

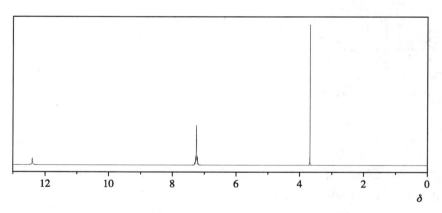

● 图 11-36　化合物 $C_8H_8O_2$ 的核磁共振氢谱

11章 同步练习

第十一章同步练习

第十二章　质谱法

第十二章课件

学习目标

本章主要介绍质谱法的基本概念和基本解析方法，要求：

1. 掌握质谱法的基本原理。

2. 熟悉质谱仪的一般组成和类型；分子离子峰的判断依据。

3. 了解有机化合物的质谱及质谱解析的一般步骤。

质谱法（mass spectrometry，MS）是将化合物分子在离子源中离解成气态离子，并按其质荷比（m/z）大小进行分离和检测的一种分析方法。根据质谱图，可以进行目标化合物的定性分析、定量分析和结构分析。

质谱法起源于英国学者 J.J.Thomson 研究的正离子抛物线运动。现代质谱包括有机质谱、无机质谱、同位素质谱和生物质谱等。有机质谱可提供化合物的分子量、元素组成等信息；无机质谱可测定样品中常量、痕量和超痕量的元素；同位素质谱可分析同位素的丰度和含量；生物质谱主要检测生物活性大分子物质。

质谱法作为解析有机化合物结构的方法之一，主要用于鉴定复杂分子并阐明其结构，确定元素的同位素质量及分布等。具有特点：①灵敏度高，通常一次分析仅需要几微克的样品，检测限可达到 $10^{-11} \sim 10^{-9}$g；②分析速度快，扫描 1～1 000U 一般仅需 1 秒至几秒，可与液相色谱或气相色谱联用，自动化程度高；③信息量大，能得到大量的结构信息和样品分子的相对分子质量；④应用范围广，可对气体、液体和固体样品进行定性、定量和结构分析。

第一节　基本原理

在进行质谱分析时，气态样品分子被离子化后经加速进入磁场，在高压电场作用下，质量为 m 的离子在磁感应强度 H 的磁场做用下做垂直于磁场方向的圆周运动，其动能与加速加压（V）和离子电荷数（z）的关系为：

$$zV = \frac{1}{2}mv^2 \qquad\qquad 式12\text{-}1$$

式 12-1 中, m 为离子的质量, v 为离子被加速后运动的速率。具有速率 v 的带电粒子进入质量分析器的电场中,根据所选择的分离方式实现各种离子按照质荷比(m/z)大小进行分离。

按照质量分析器的工作原理,质谱仪分为动态仪器和静态仪器两大类型。静态仪器采用的电磁场,按空间位置将 m/z 不同离子分开,如单聚焦质谱仪和双聚焦质谱仪;动态仪器采用变化的电磁场,按照不同时间区分 m/z 不同的离子,如飞行时间和三重四极杆的质谱仪。

第二节 质谱仪

一、基本组成

质谱仪主要由真空系统和进样系统组成,真空系统包括离子源、质量分析器和离子检测系统(图 12-1)。其中离子源和质量分析器是质谱仪的两个核心部件。

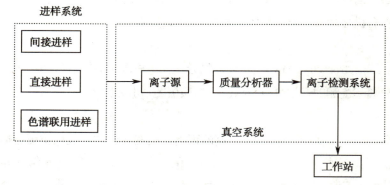

● 图 12-1 质谱仪的基本结构图

二、主要部件及功能

(一)真空系统

质谱仪的离子源、质量分析器和离子检测系统(或称检测器)等均需在真空状态下工作,离子源真空度 $1.3 \times 10^{-5} \sim 1.3 \times 10^{-4}$ Pa,质量分析器和检测器真空度达 1.3×10^{-6} Pa。若真空度过低,会造成离子散射和残余气体分子碰撞而引起能量变化、本底增高和记忆效应,副反应过多使谱图复杂化。

一般质谱仪先采用机械泵预抽真空,再用高效率扩散泵连续地运行以保持真空。近年来,质谱仪大多使用分子涡轮泵,可直接与离子源或质量分析器相连,抽出的气体再由机械真空泵排出。

(二)进样系统

进样系统需满足可高效重复地将样品引入到离子源并且不能造成真空度降低的条件。进样方式的选择取决于样品的理化性质和所采用离子化方式等。目前常用的进样装置有三种类型:间接式进样系统、直接探针进样系统和色谱联用进样系统。

1. 间接式进样系统　也称加热样品导入系统或间歇式进样系统,该系统可用于气体、液体和中等蒸气压的固体样品进样。将样品通过注射器注入后,利用样品本身的挥发性或适当加热的方法使样品气化,由于进样系统的压强比离子源的压强要大,样品离子可以通过分子漏隙以分子流的形式渗透进高真空的离子源中。

2. 直接探针进样系统　适合于热敏性固体、挥发性较低的固体或液体样品。用直接进样杆的尖端装上少许样品(几纳克),减压后直接送入离子源,快速加热使之挥发,被离子源离子化。

3. 色谱联用进样系统　有气相色谱-质谱联用(GC-MS)、高效液相色谱-质谱联用(HPLC-MS)进样系统等。复杂样品通常需要经过色谱柱分离后再引入到质谱仪,通过特殊系统的联机,"接口"进入离子源,依次进行各组分的质谱分析。

(三)离子源

离子源(ion source)又称电离源,提供能量将待分析样品电离成不同质荷比(m/z)离子组成的离子束进入质量分析器。

离子源有多种类型,因分子不同,离子化所需要能量有差异,所选择离解方法将不同。电离方法可以分为硬电离方法(给样品较大能量)和软电离方法(给样品较小能量)。

目前离子源可分为气相离子源和解吸离子源。气相离子源主要有电子轰击源、化学电离源;解吸离子源主要有场解吸源、快速原子轰击源、激光解吸源、电喷雾电离源和大气压化学电离源。

气相离子源需要先将样品气化,然后分子受激离子化。通常适于相对分子质量低于1 000、对热稳定的化合物。解吸离子源能使固态或液态样品不经气化而直接电离,可用于相对分子质量高达100 000的非挥发性或热不稳定样品的电离。

1. 电子轰击源(electron impact source,EI)　在外电场作用下,用灯丝产生的热电子流轰击气化的样品分子,当轰击电子的能量大于分子电离能时,分子失去电子而电离。通常失去一个电子形成分子离子(M^+)。分子离子可进一步裂解成各种碎片,如阳离子、阴离子和中性碎片等。在推斥极作用下阳离子进入加速区,被加速和聚集成离子束,并进入质量分析器,阴离子和中性碎片被真空抽走。

$$M + e(高速) \longrightarrow M^{+\cdot} + 2e(低速)$$

EI源的轰击电子能量常为70eV,得到较稳定的离子流,碎片离子丰富,因而应用广泛。EI源的缺点是对于相对分子质量较大或稳定性差的化合物,常常得不到分子离子峰,因而不能测定其相对分子质量。

2. 化学电离源(chemical ionization source,CI)　工作过程中要引进一种反应气体(如CH_4、N_2、NH_3、He),在高能电子流(约500eV)的轰击下反应气体先电离成离子,反应气体离子再和样品分子碰撞发生离子-分子反应,产生样品离子。

在CI源中,是与试剂离子碰撞后离子化,不是与电子碰撞。CI源是一种"软电离"方式,不稳定的有机化合物也能得到准分子离子峰。CI源主要得到相对分子质量信息,峰数少,缺少样品的结构信息。

3. 快速原子轰击源(fast atom bombardment source,FAB)　利用高能量的快速氩原子束轰击样品分子使之离子化。

FAB 源电离过程不必加热气化,适合于相对分子质量大、难挥发或热稳定性差的样品分析。易产生分子离子或准分子离子 $[M\pm1]^+$ 峰,且常为基峰,或 $[M+X]^+$ 或 $[M-X]^+$ 峰,X 可能为 Na、K 等。FAB 负离子质谱与正离子质谱有时会非常一致。

4. 电喷雾电离源(electrospray ionization, ESI)是一种软电离方式,适合于分析极性强、热稳定性差的有机大分子,如蛋白质、肽、糖等。

主要用于液相色谱 - 质谱联用仪,既是液相色谱和质谱仪之间的接口装置,又是电离装置,常与四极分析器、飞行时间或傅里叶变换离子回旋共振仪联用。通常小分子化合物经 ESI 源可得到 $[M+H]^+$、$[M+Na]^+$、$[M+K]^+$、$[2M+H]^+$、$[2M+Na]^+$、$[2M+K]^+$、$[M+NH_4]^+$ 等正离子或 $[M-H]^-$,选择相应的正离子或负离子检测,可得到物质的相对分子质量。生物大分子(如蛋白质、肽类、氨基酸和核酸)容易形成 $[M+nH]^{n+}$、$[M+nNa]^{n+}$、$[M-nH]^{n-}$ 等多电荷离子,并且所带电荷数随相对分子质量的增大而增加。采用 ESI 源,可以测量相对分子质量 300 000 以上的蛋白质。

5. 大气压化学电离源(atmospheric pressure chemical ionization, APCI)也是一种软电离技术,容易得到样品相对分子质量信息,主要用于分析非极性或中等极性的小分子有机化合物。

APCI 源喷嘴的下端放置一个针电极,通过放电电极的高压放电,使空气中某些中性分子电离,产生 H_3O^+、N_2^+、O_2^+ 和 O^+ 等离子,溶剂分子被电离,并与样品分子发生离子 - 分子反应,使样品分子离子化。有些化合物由于结构和极性方面的原因,用 ESI 源不能产生足够强的离子,需采用 APCI 源增加离子化效率。APCI 主要产生单电荷离子,化合物的相对分子质量一般小于 1 000。APCI 源主要用于液相色谱 - 质谱联用仪。

(四)质量分析器

质量分析器(mass analyzer)的作用是将离子源产生的离子按质荷比(m/z)大小顺序分离。类型有磁质量分析器、四极杆质量分析器和离子阱质量分析器等。

1. 磁质量分析器(magnetic mass analyzer) 一个处于磁场中的真空容器(图 12-2)。在电离区生成的离子经加速电压加速后,具有一定的动能,进入质量分析器。在分析器中,离子受到磁场力的作用,运动轨迹偏转,做匀速圆周运动,其运动的向心力等于磁场力。质荷比(m/z)与运动半径 R、磁场强度 H、加速电压 V 之间的关系如式 12-2 和式 12-3:

$$m/z = \frac{H^2 R^2}{2V} \qquad\qquad \text{式 12-2}$$

或

$$R = \sqrt{\frac{2V}{H^2} \cdot \frac{m}{z}} \qquad\qquad \text{式 12-3}$$

若仪器所用的加速电压和磁场强度固定,离子的轨道半径仅与离子的质荷比有关,即不同质荷比的离子通过磁场后,由于偏转半径不同而彼此分离,磁场具有质量色散作用。在质谱仪中离子检测器是固定的,即 R 固定。当加速电压 V 或磁场强度 H 为某一固定值时,就只有一定质荷比的离子可以满足式 12-2 而到达检测器。如果使 H 保持不变,连续地改变 V,可以使不同 m/z 的离子依次通过狭缝到达检测器,得到其质谱;同样,若保持 V 不变,连续地改变 H,也可以使不同 m/z 的离子依次被检测。

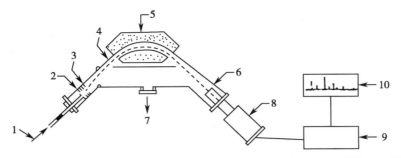

1—样品导入；2——电离区；3—离子加速区；4—质量分析器；5—磁铁；6—检测器；7—接真空系统；8—前置放大器；9—放大器；10—记录器。

● 图 12-2　磁质量分析器示意图

　　磁分析器可分为单聚焦分析器和双聚焦分析器。前者具有能量色散作用，使质量相同、速度或能量不同的离子不能聚集到一起，从而限制了质谱仪的分辨率（$R \leq 5\,000$）。后者在磁场和加速电场之间增加了一个静电分析器，依赖静电场和磁场的组合，达到方向和能量的双聚焦。双聚焦分析器可提高仪器分辨率，是目前高分辨质谱仪中最常用的分析器。

　　2. 四极杆质量分析器（quadrupole mass analyzer）　分析器由四根平行的金属杆组成。四根金属杆分成两组，分别加上直流电压（U）和具有一定振幅、频率的交流电压（V_{coswt}）（见图 12-3）。具有一定能量的正离子沿金属杆之间的轴线飞行时，将受到金属杆交、直流叠加电场的作用而波动前进。只有质荷比与四极杆的电压和频率满足固定关系的少数离子可以通过电场区到达离子收集极。其他离子与金属杆相撞、放电后被真空泵抽出。如果有规律地改变（扫描）加在四极杆上的电压或频率，在离子收集器上就依次得到不同质荷比的离子信号——质谱。

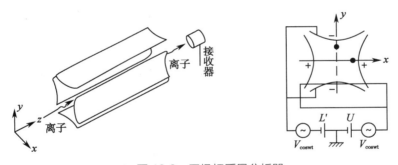

● 图 12-3　四极杆质量分析器

　　四极杆质量分析器具有结构简单、价格便宜、扫描速度快、自动化程度高等优点。但其质量范围较窄（一般 10～1 200amu），分辨率低于双聚集质谱仪，并且不能提供亚稳离子信息。

　　3. 离子阱质量分析器（ion trap mass analyzer）　通过电场或磁场将气相离子控制并储存一定时间的装置。

　　常见的有离子回旋共振（ion cyclotron resonance，ICR）技术和简单离子阱。简单离子阱由一个环形电极加上、下各一个端罩电极构成。以端罩电极接地，在环电极上施以变化的射频电压，处于阱中具有合适的 m/z 的离子将在环中指定的轨道上稳定旋转。若增加该电压，较重离子转至指定稳定轨道，较轻离子将偏出轨道并与环电极发生碰撞。当该电源发生的离子由上端小孔进入阱中后，射频电压开始扫描，陷入阱中离子的轨道则会依次发生变化而从低端离开环电极腔，从而被检测器检测。

（五）离子检测器

质谱仪扫描过程中，经过质量分析器的离子流只有 $1 \times 10^{-10} \sim 1 \times 10^{-9}$A。离子检测器（ion detector）的作用是接收并放大这些离子流，然后记录并经计算机数据处理后，得到所需的质谱图和数据。目前质谱仪常用的离子检测器有电子倍增器和微通道板检测器。

三、主要性能指标

质谱仪的性能指标主要包括质量范围、分辨率、灵敏度和质量准确度等。

（一）质量范围

质量范围（mass range）指仪器所能测量的离子质荷比范围，通常采用原子质量单位（amu）来度量。对于多数离子源，电离得到的离子为单电荷离子，质量范围实际上就是可以测定的相对分子质量的范围；对于电喷雾电离源，由于形成的离子带有多电荷，尽管质量范围只有几千，仍可以测定相对分子质量可达 10 万以上。质量范围的大小取决于不同类型的质量分析器，四极杆分析器的质量范围上限一般在 1 000amu 左右，也有的可达 3 000amu；而飞行时间质量分析器可达几十万。

（二）分辨率

分辨率（resolution）是指仪器分离相邻质谱峰的能力，习惯用 10% 分辨率（R）表示。若两峰的质量分别为 M 和 $M+\Delta M$，以相邻两峰间谷高小于峰高的 10% 作为基本分开的标志（图 12-4），则：

$$R = \frac{M}{\Delta M} \qquad \text{式 12-4}$$

例如 CO 和 N_2 所形成的离子质荷比分别为 27.994 9（M）和 28.006 1（$M+\Delta M$），若仪器恰能基本分开这两种离子，则仪器的分辨率为：

$$R = \frac{M}{\Delta M} = \frac{27.994\,9}{28.006\,1 - 27.994\,9} = 2\,500$$

根据 R 值高低，可将质谱仪分为低分辨率质谱仪和高分辨率质谱仪。R 小于 1 000 的为低分辨率质谱仪，一般只能给出整数位的离子质量数。如单聚焦磁质谱仪、四极杆质谱仪、离子阱质谱仪等。R 大于 10 000 的为高分辨率质谱仪，能给出达 10^{-5}amu 精确的质量数，可以用于判断化学物组成。目前双聚焦磁式质量分析器分辨率可达到 150 000，可以进行同位素质量或有机分子质量的准确测定。

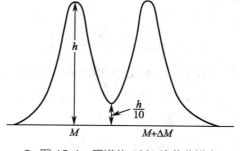

● 图 12-4 质谱仪 10% 峰谷分辨率

（三）灵敏度

灵敏度（sensitivity）可用一定质量的某样品在一定条件下，产生该样品分子离子峰的信噪比

(*S/N*)表示。目前常用硬脂酸甲酯或六氯苯来测定质谱仪的灵敏度。

质谱仪的灵敏度有绝对灵敏度、相对灵敏度和分析灵敏度等几种表示方法。绝对灵敏度是指仪器可以检测到的最小样品量;相对灵敏度是指仪器可以同时检测的大组分和小组分含量之比;分析灵敏度是指输入仪器的样品量与仪器输出的信号之比。

(四)质量准确度

在用质谱仪进行定性分析时,质量准确度是一个很重要的性能指标。质量准确度(mass accuracy)又称质量精度,是指离子质量测定的精确程度,即离子质量实测值和理论值的相对误差。例如,质谱图上某一碎片离子峰的离子质量实测值为 364.250 4,理论值为 364.250 9,则测得的质量与该化合物的理论质量之差在 0.000 5amu 之内,该质谱仪的质量准确度为 1.4。

第三节　主要离子及其裂解特征

一、质谱数据表达

一般质谱给出的数据有两种形式:一种是棒状图即质谱图,另一种是表格即质谱表。

(一)质谱图

质谱图以质荷比(*m/z*)为横坐标、相对强度为纵坐标,一般将原始质谱图上最强的离子峰定为基峰并定为相对强度100%,其他离子峰用对基峰的相对强度值表示,通常写在质荷比数值后边的括号内。如甲苯,质谱图见图 12-5,质谱峰表示为 *m/z* 91(100)、*m/z* 65(11)、*m/z* 51(9.1)等。

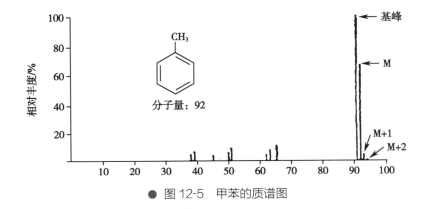

● 图 12-5　甲苯的质谱图

(二)质谱表

质谱表是用表格形式表示的质谱数据,表中列出质荷比及相对强度。

质谱图可以直观地观察到整个分子的质谱全貌,质谱表可以准确地给出精确的 *m/z* 值及相对强度值,有助于进一步分析。

二、主要离子类型

分子在离子源中可以发生多种电离,同一分子可产生多种离子,在有机质谱中常出现的离子有分子离子、碎片离子、同位素离子和亚稳离子等。

(一)分子离子

有机化合物分子在一定能量电子流的轰击下失去一个电子,形成带一个正电荷的离子,即分子离子,用符号 $M^{\overset{+}{\bullet}}$ 表示,"+"表示分子离子带有一个单位的正电荷,"·"表示它有一个不成对电子,是一个奇电子离子,也是一个游离基离子。分子在离子源中失去一个电子形成的离子为分子离子(molecular ion)或母离子(parent ion)。

$$M \xrightarrow{\quad -e \quad} M^{\overset{+}{\bullet}}$$

分子离子峰一般出现在质谱图的最右侧,分子离子峰的质荷比是确定相对分子质量和分子式的重要依据。

(二)碎片离子

分子离子具有较高能量,通过进一步碎裂或重排而释放能量,碎裂后形成碎片离子(fragment ion)或子离子(daughter ion)。断裂产生的碎片离子与分子结构密切相关,通过各种碎片离子相对峰高的分析,可帮助获得整个分子结构的信息。图 12-6 是正辛酮 -4 的质谱图。质谱图中 m/z 29、43、57、71 及 85 等质谱峰为碎片离子峰,m/z 128 为分子离子峰。

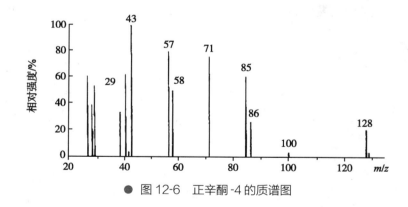

● 图 12-6　正辛酮 -4 的质谱图

(三)同位素离子

大多数元素都由具有一定丰度的同位素组成。含有同位素的离子称为同位素离子(isotopic ion)。在质谱图中出现的同位素的离子峰。有机化合物一般由 C、H、O、N、S、Cl、Br 等元素组成,相应的同位素丰度比见表 12-1。其中丰度比是以丰度最大的轻质同位素为 100% 计算而得。

表 12-1 同位素丰度比

同位素	丰度比 /%	同位素	丰度比 /%
$^{13}C/^{12}C$	1.12	$^{33}S/^{32}S$	0.80
$^{2}H/^{1}H$	0.015	$^{34}S/^{32}S$	4.44
$^{17}O/^{16}O$	0.040	$^{37}Cl/^{35}Cl$	31.98
$^{18}O/^{16}O$	0.20	$^{81}Br/^{79}Br$	97.28
$^{15}N/^{14}N$	0.36		

重质同位素峰与峰度最大的轻质同位素峰的峰强比用 $\dfrac{M+1}{M}$、$\dfrac{M+2}{M}$……表示。其数值由同位素丰度比及原子数目决定。^{13}C 的丰度比为 1.12%，但有机化合物一般含碳原子数较多，质谱中碳的同位素也常见到，其质量数比分子离子峰（M）大一个质量单位，用 M+1 表示（如正辛酮中的 m/z 129 峰）。

通常，^{2}H 和 ^{17}O 的丰度比太小，可忽略不计。^{34}S、^{37}Cl 和 ^{81}Br 的丰度比很大，其同位素峰特征性强，可利用同位素峰强比推断分子中含有 S、Cl、Br 等原子的数目。

例如分子中含有 1 个 Cl 原子，M：M+2 = 100：32.0 ≈ 3：1；含有 1 个 Br 原子，M：M+2 = 100：97.9 ≈ 1：1；含有 3 个 Cl，如 $CHCl_3$，会出现 M+2、M+4 及 M+6 峰。

同位素峰强比可用二项式 $(a+b)^n$ 求出。a 与 b 为轻质和重质同位素的丰度比，n 为原子数目。

例如，三氯甲烷（$M=118$）含有三个 Cl：$n=3$，$a=3$，$b=1$，代入二项式：

$$(a+b)^3 = a^3 + 3a^2b + 3ab^2 + b^3$$

$$= 27 + 27 + 9 + 1$$

$$M \quad M+2 \ M+4 \quad M+6$$

M、M+2、M+4 和 M+6 峰分别来源于：

$$
\begin{array}{cccc}
\overset{\scriptstyle ^{35}Cl}{H-C-^{35}Cl} & \overset{\scriptstyle ^{35}Cl}{H-C-^{35}Cl} & \overset{\scriptstyle ^{35}Cl}{H-C-^{37}Cl} & \overset{\scriptstyle ^{37}Cl}{H-C-^{37}Cl} \\
\underset{^{35}Cl}{} & \underset{^{37}Cl}{} & \underset{^{37}Cl}{} & \underset{^{37}Cl}{}
\end{array}
$$

m/z: 　118　　　　120　　　　122　　　　124
峰强比: 　27　　　　27　　　　9　　　　1

（四）亚稳离子

母离子 m_1^+ 在离子源中化学键断裂生成子离子 m_2^+。若 m_1^+ 在到达检测器前的飞行途中裂解生成离子 m_2^+，这样产生的离子比在离子源中产生的离子能量低，在检测器上记录到的离子质荷比小于正常的 m_2^+ 离子，称为亚稳离子（metastable ion），用 m^* 表示。亚稳离子具有峰宽、相对强度低、质荷比不为整数等特点。m^* 与 m_1，m_2 有如下关系（见式 12-5）：

$$m^* = \frac{m_2^2}{m_1}$$

式 12-5

通过亚稳离子可以确定碎片离子的"母"与"子"关系，有助于图谱的解析。例如对氨基茴香醚在 m/z 94.8 及 59.2 处，出现 2 个亚稳峰（图 12-7），可证明相应离子间的裂解关系。

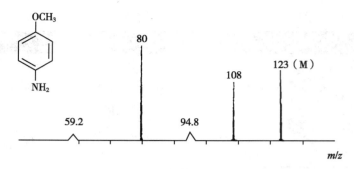

● 图 12-7　对氨基茴香醚的质谱图

根据式 12-5 计算：

$$\frac{108^2}{123} = 94.8, \qquad \frac{80^2}{108} = 59.2$$

裂解过程为：

$$m/z\,123 \xrightarrow{m^*94.8} 108 \xrightarrow{m^*59.2} 80$$

三、阳离子的裂解类型

分子在离子化过程中，除生成分子离子外，还可能使化学键断裂，形成各种碎片离子。化合物的裂解方式与其结构有关，了解其裂解规律，有助于化合物的结构分析。

在裂解过程中，用鱼钩"⌢"表示单个电子转移，用箭头"⌒"表示两个电子转移，含奇数个电子的离子（odd electron，OE）用"⁺·"表示，含偶数个电子的离子（even electron，EE）用"＋"表示，正电荷符号一般标在杂原子或 π 键上，电荷位置不清楚时，可用"⌐⁺·"和"⌐⁺"表示。

（一）单纯裂解

仅一个化学键发生断裂为单纯裂解。常见的单纯裂解有均裂、异裂和半均裂。

（1）均裂（homolytic cleavage）：指化学键断裂后，两个成键电子分别保留在各自的碎片上的裂解。

$$\widehat{X-Y} \longrightarrow X\cdot + Y\cdot$$

例如，脂肪酮发生均裂：

$$\begin{array}{c} R_1 \\ R_2 \end{array}\!\!\!C=\overset{+}{O} \longrightarrow R_2-C\equiv\overset{+}{O} + \cdot R_1$$

（OE）　　　　　　　（EE）

（2）异裂（heterolytic cleavage）：指化学键断裂后，两个成键电子全部转移到一个碎片上的裂解过程。

$$X \overset{\frown}{-} Y \longrightarrow X^+ + Y:$$

例如，脂肪酮发生异裂：

若 $R_1 > R_2$　　$\underset{R_2}{\overset{R_1}{>}}C{=}O^{+\cdot} \longrightarrow R_1^+ + R_2{-}C{\equiv}O$

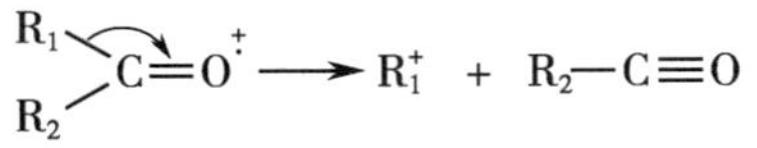

（3）半异裂（hemi-heterolytic cleavage）：为离子化键的断裂，亦称半均裂。

$$X + \cdot Y \longrightarrow X^+ + \cdot Y$$

例如，饱和烷烃失去一个电子后形成离子化键，然后发生半异裂，生成烷基正离子：

$$CH_3CH_2CH_2CH_3 \longrightarrow CH_3CH_2 + \cdot CH_2CH_3 \longrightarrow CH_3CH_2^+ + \cdot CH_2CH_3$$

（二）重排裂解

重排裂解（rearrangement）是断裂两个或两个以上的化学键，结构重新排列的裂解。重排裂解得到的离子为重排离子。重排裂解方式很多，最常见的有 McLafferty 重排（麦氏重排）和反 Diels-Alder 重排。

1. McLafferty 重排　若化合物含有不饱和基团 C=X（X 为 O、N、S、C），而且与之相连的键上有 γ- 氢原子，在裂解过程中，γ- 氢原子可通过六元环过渡态，迁移到电离的双键或杂原子上，同时 β- 键断裂，脱掉一个中性分子。

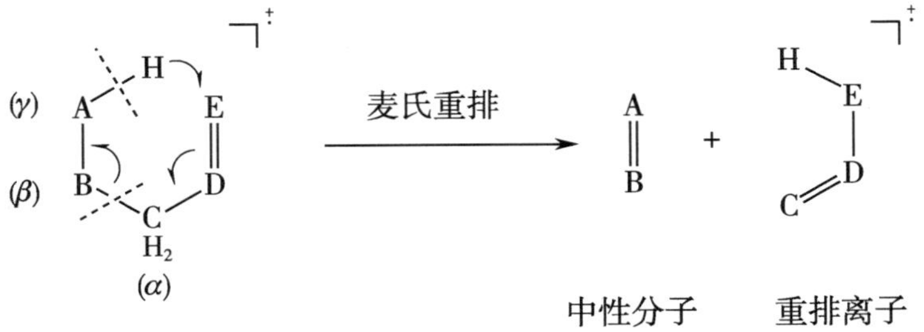

中性分子　　重排离子

重排时脱掉了一个中性分子，重排前后离子所带的电子的奇、偶性不变，质量的奇、偶性也保持不变（除非脱掉的中性分子中含有奇数个氮原子）。凡是具有 γ- 氢的烯、酮、醛、酸、酯及烷基苯，都可以发生 McLafferty 重排。例如：

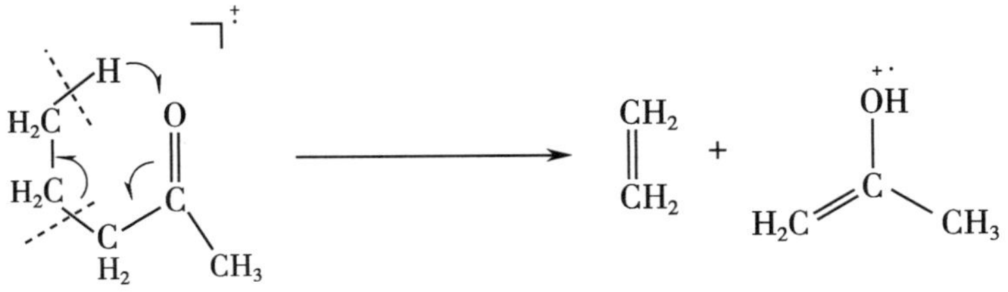

m/z 58

2. 反 Diels-Alder 重排　以双键为起点的重排，一般产生共轭二烯离子。在脂环化合物、生物碱、萜类、甾体和黄酮等的质谱上，常可以看到重排的碎片离子峰。

例如，木犀草素的反 Diels-Alder 重排：

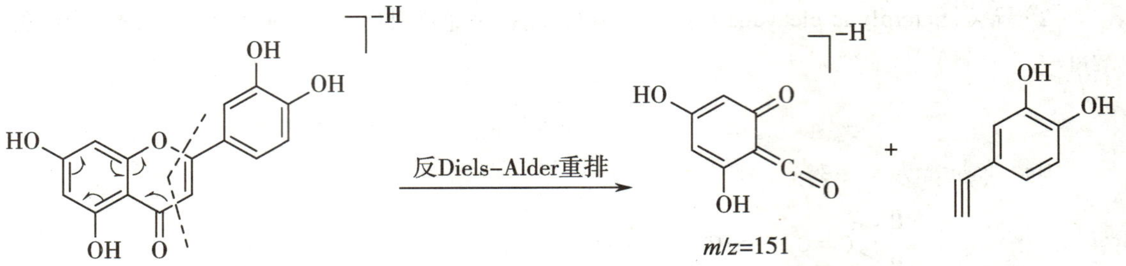

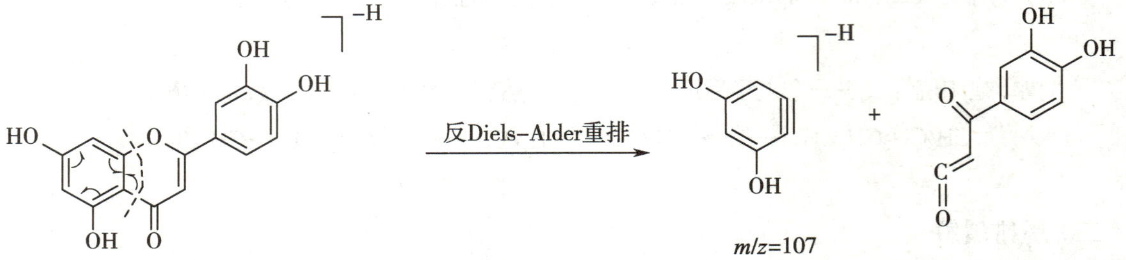

$m/z=151$

$m/z=107$

第四节　质谱解析方法

有机质谱是有机化合物结构分析的重要手段,它能提供化合物相对分子质量、元素组成结构等信息,可用于进行纯物质的鉴定包括相对分子质量测定、化学式确定及结构鉴定等。

(一)分子离子峰的确定

确认分子离子峰可以确定化合物的相对分子质量,推测化合物的分子式。通常,质谱图上最右侧出现的质谱峰为分子离子峰。同位素峰虽然比分子离子峰的质荷比大,但由于同位素峰与分子离子的峰强比有一定的关系,因而不难辨认。有些化合物的分子离子不稳定,可能得不到分子离子峰。因此,在识别分子离子峰时,应注意以下几点。

(1)分子离子稳定性一般规律:分子离子的稳定性与结构紧密相关,其稳定性的顺序为芳香族化合物>共轭链烯>脂环化合物>直链烷烃>硫醇>酮>胺>酯>醚>酸>分支烷烃>醇。

(2)奇数规律:分子离子含奇数电子,含偶数电子的离子不是分子离子。

(3)分子离子峰的质量数服从氮律:只含C、H、O的化合物,分子离子的质量数是偶数;由C、H、O、N组成的化合物,若含奇数个氮,分子离子的质量数为奇数,若含偶数个氮,分子离子的质量数为偶数,这一规律称为氮律。

例如,2-甲基丙醇的质谱(图12-8)中最右侧的质谱峰 m/z 为59,不服从氮律,肯定此峰不是分子离子峰,其分子离子的 m/z 为74,故 m/z 为59的峰为M−15峰。

(4)假定的分子离子与相邻离子间的质量数之差应有意义:如果在比该峰小3～14个质量单位间出现峰,则该峰不是分子离子峰。一个分子离子一般不可能直接失去一个亚甲基(CH₂, m/z 14),另外,同时失去3～5个氢,需要很高的能量,也不可能。

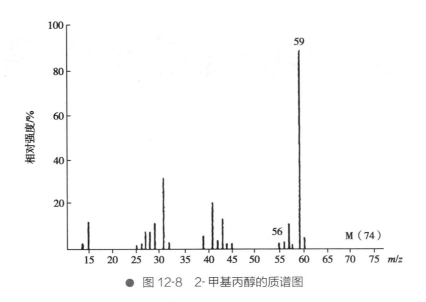

● 图 12-8 2-甲基丙醇的质谱图

（5）M－1峰：有些化合物的质谱图上质荷比最大的峰是 M－1峰，而无分子离子峰，M－1峰也不符合氮律。

（二）相对分子质量的测定

通常，分子离子峰的质荷比等于相对分子质量（M_W），但严格地说有差别。由于质荷比由丰度最大同位素的质量计算，而相对分子质量由相对原子质量计算，后者是同位素质量的加权平均值。在相对分子质量很大时，二者可相差一个质量单位。在绝大多数情况下，分子离子峰的质荷比与相对分子质量的整数部分相等。虽然理论上可认为除同位素峰外，分子离子峰应是最高质量处的峰，但在实际中并不能由此简单认定，有时由于分子离子峰稳定性差而观察不到分子离子峰，因此在实际分析时必须加以注意。

（三）分子式的确定

确定化合物的分子式是质谱应用之一。过去常用同位素峰（M＋1）和（M＋2）相对丰度比法，但由于同位素峰一般很弱，较难准确测定其丰度值。目前主要用高分辨率质谱法。

高分辨率质谱法可测得小数点后 4～6 位数字，将其输入计算机数据处理系统即可得到可能的分子式。相对原子质量单位以 $^{12}C = 12.000\ 000$ 为基准，各元素相对原子质量一般均不是整数。当用高分辨率质谱仪测得精确质量数后，符合这一精确质量值的可能分子式数目大大减少，再配合其他信息，便可确定化合物的分子式。

例如，由高分辨率质谱得到的某化合物的精确质量为 281.271 4，仪器的质量测定准确度为 1mmu（毫质量单位），则该化合物的真实相对分子质量应在 281.270 4～281.272 4 之间。由同位素峰推测该化合物不含 S、Cl、Br、Si 等元素。将此信息输入计算机，得到表 12-2 提供的 5 种可能元素组成。其中 1、3、5 号元素组成的不饱合度为半整数，应去掉；4 号偏差为 11.7mmu，超出了允许范围。因而未知化合物的分子式应为 $C_{18}H_{35}NO$，不饱和度为 2。经其他图谱验证，证明分子式推断正确，该化合物为氮酮。

表 12-2　质量数为 281 的可能元素组成

质量数	编号	元素				偏差 / mmu	不饱合度	实测值
---	---	C	H	N	O	---	---	---
	1	19	37	0	1	3.0	1.5	
	2	18	35	1	1		2.0	
281	3	17	33	2	1	0.5		281.271 4
	4	17	35	3	0	11.7	2.0	
	5	16	33	4	0		2.5	

第五节　有机化合物的结构鉴定

一、有机化合物的质谱

（一）烃类

1. 饱和烷烃　分子离子峰较弱,且随碳链增长,强度降低甚至消失。碎片一般有以下几个特点。

（1）直链烃规律:具有一系列 m/z 相差 14 的 C_nH_{2n+1} 碎片离子峰(m/z = 29、43、57、71、...)。基峰为 $C_3H_7^+$ (m/z 43)或 $C_4H_9^+$ (m/z 57)离子。

（2） C_nH_{2n+1} 峰规律:两侧伴随着质量数大 1 个质量单位的同位素峰及质量数小 1 个或 2 个单位的 C_nH_{2n} 或 C_nH_{2n-1} 等小峰,组成各峰群(图 12-9)。M－15 峰一般不出现。

（3）支链烷烃规律:在分支处优先裂解,形成稳定的仲碳或叔碳阳离子,分子离子峰比相同碳数的直链烷烃小,其他特征与直链烷烃类似。

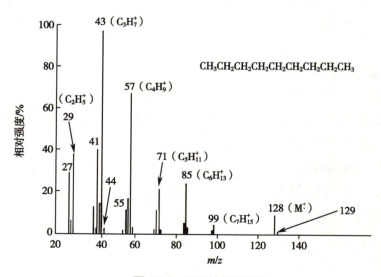

● 图 12-9　正壬烷的质谱图

2. 链烯　分子离子较稳定,强度较大。碎片具有的特点如下。

（1）一系列 C_nH_{2n-1} 碎片离子:通常为 41＋14n, n = 0、1、2...。 m/z 41 峰一般都较强,是链烯的特征峰之一。

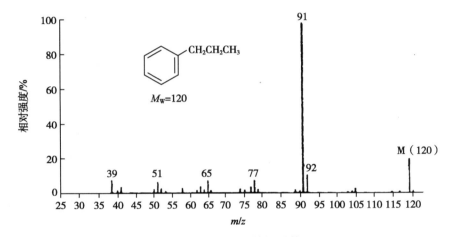

$$CH_2=CH-CH_2-R \xrightarrow{-e^-} \overset{+}{CH_2}-CH\overset{\frown}{-CH_2}-R \longrightarrow \overset{+}{CH_2}-CH=CH_2 + R\cdot$$

$$\updownarrow$$

$$CH_2=CH-\overset{+}{CH_2}\ (m/z\ 41)$$

（2）γ-氢的链烯有重排离子峰：

（图：麦氏重排）

麦氏重排 $\longrightarrow$ ⋯ $+$ $CH_2=CHR$

$m/z\ 42$

3. 芳烃　分子离子稳定，峰较强。

（1）烷基取代苯易发生 β 裂解，产生 m/z 91 的䓬鎓离子。䓬鎓离子非常稳定，成为许多取代苯如甲苯、二甲苯、乙苯、正丙苯（图 12-10）等的基峰。其裂解过程为：

（质谱图）

● 图 12-10　正丙苯的质谱图

（裂解过程图）

$$\boxed{\ \ \ \ -CH_2\overset{\frown}{-}R\ \ \ }^{\cdot+} \xrightarrow{\beta裂解} R\cdot + \ \ \ -\overset{+}{C}H_2 \xrightarrow{扩环} \ \ \ \longleftrightarrow\ \ \ $$

（2）䓬鎓离子可进一步裂解生成环戊二烯及环丙烯离子。

$$C_3H_3^+,\ m/z\ 39 \xleftarrow{-2CH\equiv CH} C_7H_7^+,\ m/z\ 91 \xrightarrow{-CH\equiv CH} C_5H_5^+,\ m/z\ 65$$

（3）取代苯也能发生 α 裂解而产生苯离子，并裂解生成环丙烯离子及环丁二烯离子。

$$\xrightarrow{-CH\equiv CH} \quad C_4H_3^+\ m/z\ 51$$

$$\ \ \ -R \longrightarrow \ \ \ \xrightarrow{-} \ \ \ $$

$$C_6H_5^+,\ m/z\ 77 \quad C_3H_3^+,\ m/z\ 39$$

（4）具有 γ-氢的烷基取代苯,能发生麦氏重排裂解,产生 m/z 92 的重排离子。

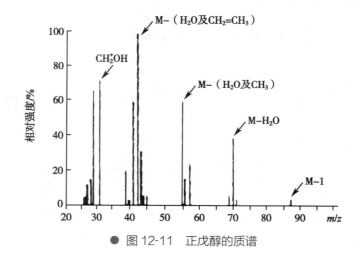

综上所述,烷基取代苯的特征离子有䓬鎓离子 $C_7H_7^+$(m/z 91）、$C_6H_5^+$（77）、$C_5H_5^+$（65）、$C_4H_3^+$（51）及 $C_3H_3^+$（39）等。

（二）饱和脂肪醇类

饱和脂肪醇类的分子离子峰很小,且随碳链的增长而减弱,以至消失（约大于 5 个碳时）。以正构醇的分子离子峰的相对强度为例说明,正丙醇为 6%,正丁醇为 1%,而正戊醇为 0% 或 0.08%。

（1）易发生 α 裂解:

$$R'-\underset{\underset{R''}{|}}{\overset{\overset{R}{|}}{C}}-\overset{\cdot\cdot}{O}H \xrightarrow{-R\cdot} \underset{R''}{\overset{R'}{>}}C=\overset{+}{O}H$$

$$m/z = 31+14n, n=1、2、3\cdots$$

（2）易发生脱水的重排反应,产生 M−18 离子。

（3）烷基离子（29、43、57...）及链烯离子（27、41、55...）3 种系统的碎片离子,因此质谱峰较多（图 12-11）。

● 图 12-11　正戊醇的质谱

（三）醛与酮类

1. 醛　分子离子峰明显,芳醛比脂肪醛强度大。主要裂解方式有以下几种。

（1）α 裂解:产生 R^+（Ar^+）、m/z 29 及 M−1 峰。M−1 峰明显,在芳醛中更强,是醛的特征峰。如甲醛的 M−1 峰的相对强度为基峰的 90%。

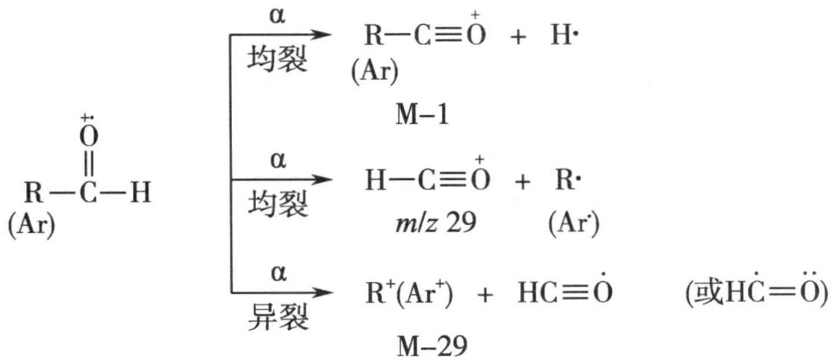

（2）γ-氢醛的麦氏重排：产生 m/z 44 的 $CH_2=CH-\overset{+}{O}H$ 离子。如果 α 位有取代基，就会出现 $m/z(44+14n)$ 离子。

例如丁醛的裂解：

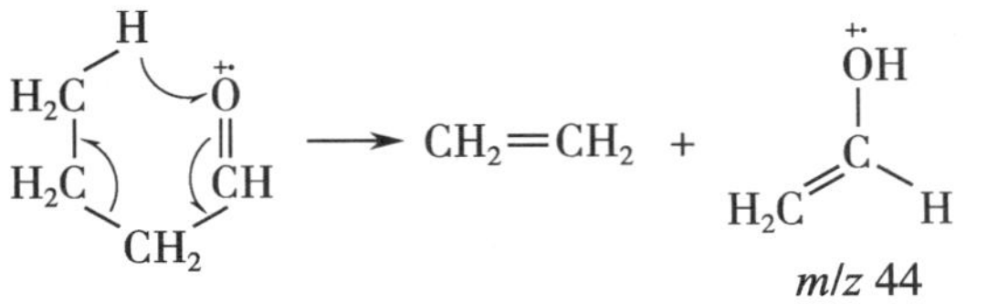

（3）β 裂解：

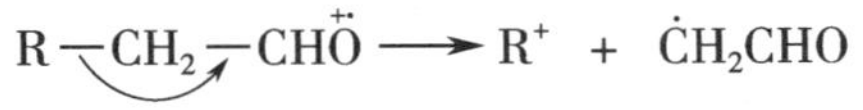

2. 酮分子离子峰明显。主要裂解方式有以下几种。

（1）α 裂解：

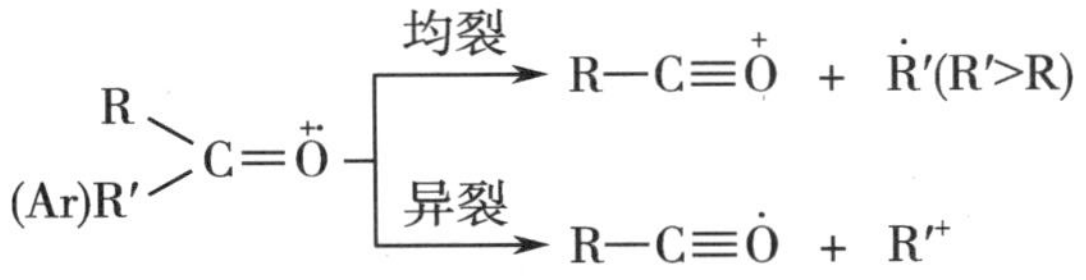

（2）γ-氢酮的麦氏重排：过程类似于醛。

（四）酸与酯

一元饱和羧酸及其酯的分子离子峰一般都较弱，芳酸与其酯的分子离子峰较强。主要裂解方式有以下几种。

（1）易发生 α 裂解：

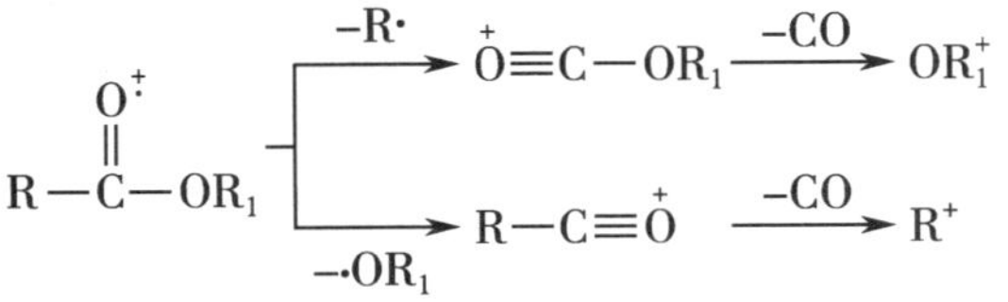

$\overset{+}{O}\equiv C-OR_1$、$OR_1^+$、$R-C\equiv\overset{+}{O}$ 及 R^+ 在质谱上都存在（酸的 R_1 为 H）。

（2）含 γ-氢的羧酸与酯易发生麦氏重排：由于高级脂肪酸都制成甲酯衍生物再进行质谱分析，故以甲酯为例。

m/z 74 离子是直链一元饱和脂肪酸甲酯的特征离子,峰强很大,在碳链为 $C_6 \sim C_{26}$ 的羧酸甲酯中为基峰。

酸的麦氏重排裂解过程与酯相同,产生 m/z 60 的 $HO-\overset{\overset{+}{O}H}{\underset{}{C}}=CH_2$ 离子。

此外,烷氧基较大的酯,有时会发生复杂的双重重排,这里不再讨论。

(五)酰胺

分子离子峰较弱。主要裂解方式有以下几种:

(1)具有羰基化合物的开裂特点,易发生 α 裂解:

(2)具有 γ 氢的酰胺易发生麦氏重排。

(六)胺类化合物

1. 脂肪胺类 分子离子峰很弱,甚至看不到。裂解时易发生 β 裂解。对于 α 位无取代的伯胺,经 β 裂解生成 m/z 30($H_2C=NH_2^+$)碎片离子峰。若伯胺 α 位上的 H 被烷基取代时,则会产生特征的 m/z 30+14n 的碎片离子峰。仲胺或叔胺易失去较大质量碎片,生成 m/z 30+14n 的碎片离子峰。

2. 芳胺类 芳胺的分子离子峰较强。芳胺能失去氨基上的一个氢产生 M-1 峰,但主要生成 M-27(M-HCN)和 M-28 峰。

m/z 93 m/z 66（M-27） m/z 65（M-28）

二、有机化合物的质谱解析

质谱主要用于定性及测定分子结构,图谱解析的一般顺序为:

(1)确认分子离子峰,确定相对分子质量。

(2)用精密质量法确定分子式。

(3)计算不饱和度。

(4)解析主要质谱峰的归属及峰间关系。

(5)推出化合物结构。

(6)查对标准图谱验证或参考其他图谱及物理常数综合解析。

【例 12-1】正庚酮有三种异构体,其中之一正庚酮的质谱如图 12-12 所示。试确定羰基的位置。

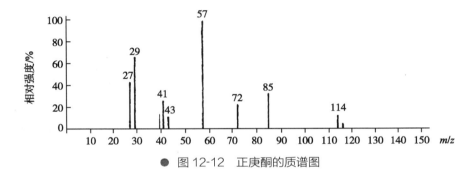

● 图 12-12　正庚酮的质谱图

解: 酮易发生 α 裂解,生成强度很大的含有羰基的碎片离子 $RC{=}O^+$ 峰,是鉴别羰基位置的有力证据。三种庚酮异构体的 α 裂解比较如下:

$$
\begin{array}{ccc}
\overset{+}{\underset{\underset{99}{|}}{\overset{\overset{43}{\overset{O}{\|}}}{H_3C{\dagger}C}}}{\dagger}C_5H_{11} &
\overset{+}{\underset{\underset{85}{|}}{\overset{\overset{57}{\overset{O}{\|}}}{H_5C_2{\dagger}C}}}{\dagger}C_4H_9 &
\overset{+}{\underset{\underset{71}{|}}{\overset{\overset{71}{\overset{O}{\|}}}{H_7C_3{\dagger}C}}}{\dagger}C_3H_7 \\
\text{庚酮-2} & \text{庚酮-3} & \text{庚酮-4}
\end{array}
$$

正庚酮的质谱上 m/z 57 为基峰,且有 m/z 85 峰,无 m/z 99 和 m/z 71 峰。虽有 m/z 43 峰,但峰很弱,不是 $CH_3C{\equiv}\overset{+}{O}$ 离子峰。因此证明该化合物为庚酮-3。

【例 12-2】1 个不含氮的化合物,质谱如图 12-13 所示,亚稳离子峰为 m/z 125.5 和 m/z 88.6。试推测化合物的结构。

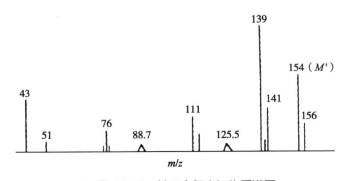

● 图 12-13　某不含氮未知物质谱图

解:

（1）m/z 156 为 M+2 峰，且 M：M+2 近似于 3：1，表示分子中含有 1 个氯原子。同时氯原子还存在于碎片离子 m/z 139、m/z 111 中。

（2）m/z 77、m/z 76、m/z 51 峰都是芳烃的特征离子峰。

（3）m/z 43 的碎片离子峰可能是 $C_3H_7^+$ 或 CH_3CO^+。

根据亚稳离子 m^* 与母离子 m_1^+ 和子离子 m_2^+ 的关系式，计算得：

$$\frac{139^2}{154} = 125.5 \qquad \frac{111^2}{139} = 88.6$$

说明分子中有裂解过程：

$$\text{ClC}_6\text{H}_4\text{COCH}_3 \rceil^{\ddagger} \xrightarrow{-\text{CH}_3} \text{ClC}_6\text{H}_4\text{CO}^+ \xrightarrow{-\text{CO}} \text{ClC}_6\text{H}_4^+ \xrightarrow{-\dot{\text{Cl}}} \text{C}_6\text{H}_4 \rceil^{\ddagger}$$
$$m/z\ 154 \qquad\qquad m/z\ 139 \qquad\qquad m/z\ 111 \qquad\qquad m/z\ 76$$

即亚稳离子峰证明 m/z 43 峰为碎片离子 CH_3CO^+ 峰。

（4）综上所述，未知物的可能结构式为：

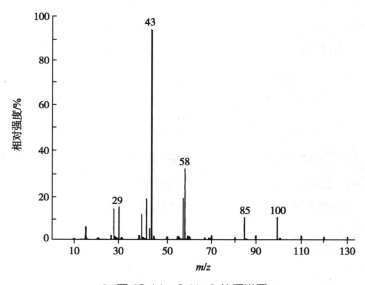

质谱不能确定取代基的位置。

【例 12-3】图 12-14 是化合物 $C_6H_{12}O$ 的质谱图，分子离子为 m/z 100，亚稳离子峰 m/z 72.2，试推测其结构式。

图 12-14 $C_6H_{12}O$ 的质谱图

解:

（1）化合物的不饱和度为 1，说明此化合物含有一个环或 1 个双键。

（2）m/z 43 的峰是基峰，说明形成此峰的离子比较稳定，而质量数为 43 的离子可能为 CH_3CO^+ 或 $C_3H_7^+$。通常 $CH_3-\overset{+}{C}\equiv\overset{\cdot\cdot}{O}$ 离子由于共振关系，其正电荷离域为：

$$CH_3-C\equiv O^+ \longleftrightarrow CH_3-\overset{+}{C}=\overset{\cdot\cdot}{O}$$

这样的离子比较稳定,而且此化合物含有 1 个氧原子,故 m/z 43 可能是 $CH_3-\overset{+}{C}\equiv O$。

（3）质量数为偶数的 m/z 58 峰为重排离子峰,是分子脱去质量为 42 的中性分子得到,因此,化合物的结构可能为正丁基甲基酮或异丁基甲基酮。因为有 m/z 29 峰（乙基正离子）,化合物可能为正丁基甲基酮。裂解方式为:

（4）m/z 85 是由分子离子裂解脱去甲基游离基形成的:

内容提要

（一）基本概念

1. 质谱法（mass spectrometry, MS）将化合物分子在离子源中电离成气态离子,并按其质荷比（m/z）大小进行分离和检测的一种分析方法。

2. 离子源（ion source）又称电离源,提供能量将待分析样品电离成不同质荷比（m/z）离子组成的离子束进入质量分析器。

3. 质量范围（mass range）指仪器所能测量的离子质荷比范围,通常采用原子质量单位（amu）来度量。

4. 分辨率（resolution）指仪器分离相邻质谱峰的能力。

5. 灵敏度（sensitivity）可用一定质量的某样品在一定条件下,产生该样品分子离子峰的信噪比（S/N）表示。

6. 质量准确度（mass accuracy）又称质量精度,指离子质量测定的精确程度,即离子质量实测值和理论值的相对误差。

（二）主要计算公式

1. 质荷比（m/z）与运动半径 R、磁场强度 H、加速电压 V 之间的关系为 $m/z=\dfrac{H^2R^2}{2V}$。

2. 分辨率公式为 $R=\dfrac{M}{\Delta M}$。

（三）基本内容

1. 质谱法的作用　根据质谱图,可以进行目标化合物的定性、定量分析、结构解析、同位素比测定等方面的研究。

2. 质谱法的特点　①灵敏度高:通常一次分析仅需要几微克的样品,检测限可达到 $10^{-11}\sim10^{-9}$g。②分析速度快:扫描 $1\sim1\,000$U 一般仅需 1 秒至几秒,可与液相色谱或气相色谱联用,自动化程度高。③信息量大:能得到大量的结构信息和样品分子的相对分子质量。④应用范围广:可对气体、液体和固体样品分析，既可用于定性分析，也可用于定量分析。

3. 质谱仪主要由真空系统、进样系统、离子源、质量分析器和离子检测系统组成。

4. 质谱仪的性能指标包括质量范围、分辨率、灵敏度和质量准确度等。

5. 在有机质谱中常出现的离子有分子离子、碎片离子、同位素离子和亚稳离子等。

6. 分子离子峰确定的注意事项　分子离子稳定性的一般规律；分子离子含奇数电子，含偶数电子的离子不是分子离子；分子离子峰的质量数服从氮律；假定的分子离子与相邻离子间的质量数之差应有意义。

思考题与习题

1. 简述质谱仪的主要部件及其作用。

2. 质谱仪为何要在高真空状态下工作？

3. 常用的离子源有哪几种？各自的作用特点是什么？

4. 在质谱图上，如何确认分子离子峰？

5. 什么是同位素离子？什么是亚稳离子？

6. 某化合物质谱的同位素峰强度比为：$M:M+2 \cdots M+10 = 1:5:10:10:5:1$，该化合物含有几个氯或溴原子？

（5个溴）

7. 不能发生 McLafferty 重排的化合物是（　　）

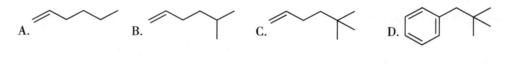

（C）

8. 某一化合物 C_9H_{12} 的质谱图如图 12-15 推测其结构。

（$C_6H_5CH_2CH_2CH_3$）

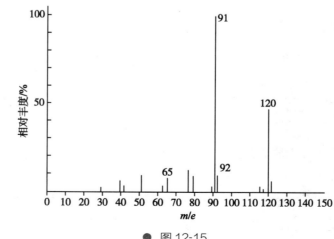

● 图 12-15

9. 某化合物为苯甲酸甲酯($C_6H_5COOCH_3$)或乙酸苯酯($CH_3COOC_6H_5$)，质谱图如图 12-16 所示。试鉴别并说明理由，且写出各峰的归属。

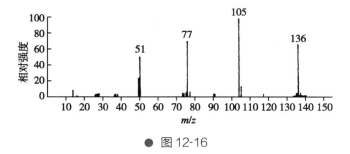

● 图 12-16

（$C_6H_5COOCH_3$）

10. 某未知化合物质谱图见图 12-17。试写出其结构式，并归属各峰。

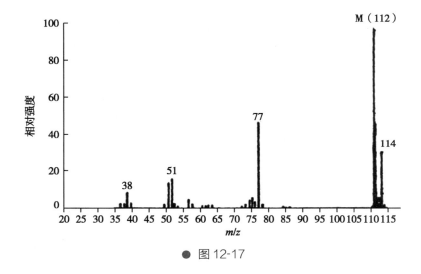

● 图 12-17

（氯苯）

第十二章同步练习

第十三章课件

第十三章　波谱综合解析

本章介绍波谱综合解析的基本方法、一般顺序,要求:

1. 掌握运用四谱解析未知化合物结构对试样的要求及各谱的作用。
2. 熟悉综合运用四谱解析未知化合物结构的一般顺序。
3. 了解确定未知化合物的分子结构的方法。

运用未知化合物的紫外吸收光谱、红外吸收光谱、核磁共振波谱、质谱,进行综合解析,确定未知化合物分子结构的方法,称为波谱综合解析法。在具体的结构解析过程中,每一种波谱技术都有自身的局限性,需要利用各种波谱的数据信息进行相互补充、相互验证来一起完成对未知结构的确定,特别是对一些有机化合物立体结构的研究,尤为重要。

第一节　综合解析方法

一、光谱解析对分析试样的要求

(一)试样的纯度

测试样品的纯度是化合物结构解析工作中能否获得准确信息的重要因素,图谱解析要求样品的纯度要高于98%。试样的纯度可以采用检查样品的晶形(是否一致)、熔点(是否确定)、熔程(一般要求<1℃)、沸点等信息来判别。

(二)试样的用量

试样的用量是由所使用仪器的灵敏度和具体的实验要求决定的。红外吸收光谱要求的样品用量为1~2mg;核磁共振氢谱用量一般为2~5mg;核磁共振碳谱一般的用量需要十几毫克到几十毫克不等;质谱法样品用量非常少,一般固体样品小于1mg,液体试样只需要几微升。

二、各种光谱在综合解析中的作用

在进行结构解析之前,首先要掌握各种波谱的特点及所给出的结构信息,并对全部信息进行归纳和整理,从中推断出未知化合物的结构。各种波谱法所能提供的信息归纳如下。

(一)紫外吸收光谱法(UV)

1.判断是否存在共轭体系及芳香结构。

2.判断发色团的种类。

(二)红外吸收光谱法(IR)

1.主要提供官能团的信息。

2.判断化学键的振动形式及种类,确定化合物的类别,如脂肪族、芳香族、羟基化合物、羰基化合物、胺类等。

(三)核磁共振氢谱法(^{1}H-NMR)

1.根据积分曲线高度来计算不同类型质子的个数比,判断分子中质子个数。

2.根据质子不同的化学位移值来判断质子的归属。

3.根据耦合裂分情况判断基团的相互连接情况。

(四)核磁共振碳谱法(^{13}C-NMR)

1.判断碳的个数及杂化方式。

2.根据各碳数的化学位移,确定碳数的归属。

3.为二维碳谱,可帮助推测结构复杂的化合物。

(五)质谱法(MS)

1.由质谱获得的分子离子峰(M^+)和准分子离子峰,确定化合物的分子量。

2.由分子离子峰的精密质量数或同位素的强度比,确定分子式。

3.由碎片离子峰推测官能团及可能的结构单元。

4.验证由四种谱图推测的化合物结构是否正确。

第二节　综合解析的一般顺序及示例

一、综合解析的一般顺序

(一)确定相对分子质量

可以通过质谱法确定试样的相对分子质量。

（二）分子式的确定

1. 化学分析法　采用元素分析法测定分子中各元素的含量，计算各元素的原子个数，拟定化学式，再根据相对分子量确定分子式。

2. 质谱法　由高分辨率质谱仪获得化合物的相对精确质量，由同位素峰推测化合物是否含S、Cl、Br等元素，经计算机计算后判断，确定化合物的分子式。

3. 波谱法　利用各种波谱法所给出的信息确定分子式。^{13}C-NMR 可以提供化合物中碳原子数目。对于 ^{1}H-NMR，峰面积（积分曲线）与氢核数成正比，分子中氢核总数是峰面积最简比的整数倍，可以通过质谱的同位素峰，确定其他杂原子的存在及原子数目，在已知分子量的情况下，可由下式计算出分子中碳原子数，进而确定分子式。

$$C原子个数 = \frac{相对摩尔质量 - 氢原子质量 - 其他杂原子质量}{12} \qquad 式13\text{-}1$$

式 13-1 为碳原子个数计算的经验式，其计算值应为整数，如果计算值不是整数，这说明 H 的个数或其他原子的个数判断有误。

（三）根据分子式计算不饱和度

根据不饱和度的大小，可判断化合物中是否含有不饱和基团（例如双键、三键、芳香环等）。不饱和度的计算见第八章式 8-6。

（四）确定可能存在的结构单元

从紫外吸收光谱法、红外吸收光谱法、核磁共振波谱法和质谱法中提取相关的结构信息，给出可能的结构碎片。

紫外吸收光谱法可以判断分子中是否含有共轭体系。根据氢谱和碳谱的化学位移和耦合常数，推测出基团之间相互连接的方式，确定基团的连接顺序。二维核磁可以更加简便地确定各个基团的相互关联关系。质谱法得到的碎片离子可以提供基团的连接方式。

（五）结构式的确定

核对已找出的结构单元中不饱和基团的数目与由分子式计算的不饱和度是否一致；观察分子中所含杂原子的连接方式；确定分子中结构单元连接顺序，再结合理化性质将简单的结构单元组成完整的结构，并提出一种或多种待测物可能的结构式。

（六）结构验证

1. 质谱验证运用质谱的裂解规律验证分子结构的正确性。

2. 标准图谱验证各种波谱技术测得的图谱与相应的标准图谱进行对照，以此验证结构的正确性。

（1）常用的标准图谱：①The Sadtler Spectra（萨德勒标准谱图），其中包含红外吸收光谱、紫外吸收光谱、核磁共振氢谱、核磁共振碳谱等；②Wiley/NBS registry of mass spectral data（美国威利/国家统计局建立的质谱数据库）。

（2）免费查阅化合物光谱数据与各种图谱的在线网站：①Spectral Database for Organic Compounds(SDBS，有机化合物光谱数据)，由日本国立高级工业科学与技术研究院创建。可以免费查询有机化合物的质谱图、红外吸收光谱图、核磁共振氢谱图和碳谱图、拉曼光谱等波谱信息。网址为 http://riodb01.ibase.aist.go.jp/sdbs/cgi-bin/direct frametop.cgi。②NIST(The National Institute of Standards and Technology)Chemistry WebBook(化学互联网手册)，由美国国家标准与技术研究院建立的。可以提供热力学参数和各种波谱数据及标准图谱。网址为 http://webbook.nist.gov/chemistry/。③化学专业数据库，由中国科学院上海有机化学研究所建立。现在共有 19 个不同方向的数据库，可以免费使用。网址为 http://202.127.145.134/default.htm。

二、综合解析示例

【例 13-1】已知某未知化合物为纯物质，经质谱测得分子离子峰的精密质量（m/z)150.068 0。试根据 MS、IR、¹H-NMR 谱，如图 13-1 至图 13-3 所示，推测未知化合物的分子结构。

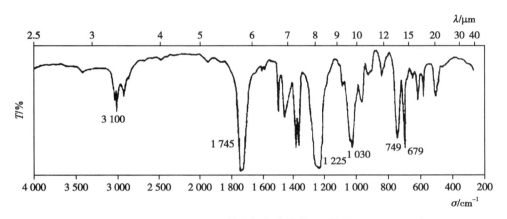

● 图 13-1　某未知化合物的 IR 谱图

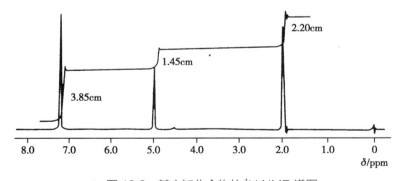

● 图 13-2　某未知化合物的 ¹H-NMR 谱图

解：

（1）确定分子式：由质谱测得的分子离子峰的精密质量（m/z）为 150.068 0，查 Beynon 表（表 13-1）分子式为 $C_9H_{10}O_2$。

根据同位素峰强度比，M∶M＋1∶M＋2＝100%∶9.9%∶0.9%，查 Beynon 表（表 13-1）确定分子式。（M＋1)% 接近 9.9% 的有 $C_8H_{10}N_2O$（9.61%)、$C_8H_{12}N_3$（9.98%)、$C_9H_{10}O_2$（9.96%)。

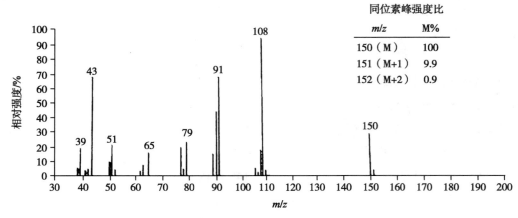

	同位素峰强度比	
m/z	M%	
150（M）	100	
151（M+1）	9.9	
152（M+2）	0.9	

● 图 13-3　某未知化合物的 MS 谱图

表 13-1　m/z 150 的 Beynon 表（部分）及精密质量表

元素组成	M+1	M+2	精密质量（精密质荷比）
$C_7H_{10}N_4$	9.25	0.38	150.090 7
$C_8H_8NO_2$	9.23	0.78	150.055 5
$C_8H_{10}N_2O$	9.61	0.61	150.079 4
$C_8H_{12}N_3$	9.98	0.45	150.103 2
$C_9H_{10}O_2$	9.96	0.84	150.068 1
$C_9H_{12}NO$	10.34	0.68	150.091 9
$C_9H_{14}N_2$	10.71	0.52	150.115 8
C_9N_3	10.87	0.54	150.009 3

根据 N 规律，分子量为偶数，上式中含有奇数个 N 的 $C_8H_{12}N_3$ 被排除，其中（M+2）% 峰接近 0.9% 的只有 $C_9H_{10}O_2$（0.84%），因此该化合物的分子式可能是 $C_9H_{10}O_2$。

（2）计算不饱和度：

$$U = 1 + 9 - \frac{10}{2} = 5$$

表明可能是芳香族化合物或有共轭体系。

（3）确定结构单元：由 IR 光谱（图 13-1）可见，特征区第一强峰 1 745cm^{-1}（s）为 $\nu_{C=O}$ 峰；其伸缩振动频率较高，为酯的可能性很大，查相关峰，1 225cm^{-1}（s）为 $\nu_{as(C-O-C)}$ 峰，1 030cm^{-1} 为 $\nu_{s(C-O-C)}$ 峰，进一步说明为酯羰基；在 3 100cm^{-1}、1 450cm^{-1}、749cm^{-1}、679cm^{-1} 为苯环特征吸收峰，而 749cm^{-1}、679cm^{-1} 强吸收峰是苯环单取代的特征峰，说明该未知物可能是单取代苯。

NMR 谱（图 13-2）可知，谱图出现三个孤立的共振峰，说明含有三类不同质子，其积分曲线高度比为 5∶2∶3，具体分析如下：δ7.22 峰，位于低场区，是芳环谱峰出现区域，含有 5 个氢，初步确定为单取代苯；δ5.00 峰，含有 2 个氢，应为—CH_2—，出现在低场区，显示可能与苯环并同时与其他电负性基团相连接；δ1.96 峰，含有 3 个氢，表明为—CH_3，出现在不饱和键的去屏区，可能与不饱和键相连。

综合上述信息，根据各共振峰的化学位移及峰数可以确定，δ7.22（5H）、δ5.00（2H）、δ1.96（3H）分别是单取代苯、—CH_2—、—CH_3。

（4）确定结构：用分子式减去已知结构单元，即可得到剩余结构单元。表明氧原子以酯的形式存在于结构式中。

此结构,以单取代苯为母核,将已知结构单元与剩余基团相连接,即可初步确定该化合物可能是乙酸苄酯,结构式为:

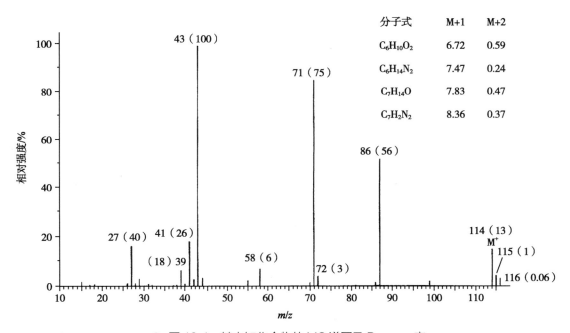

（5）验证

1）不饱和度:乙酸苄酯的不饱和度为5,验证合理。

2）MS谱:如图13-3,m/z 150为分子离子,m/z 91为䓬镓离子,m/z 43为CH_3CO^+,由于䓬镓离子的存在,可证明苄基的存在;m/z 43是$COCH_3$的特征峰,由质谱证明该未知物为乙酸苄酯。

3）标准光谱对照:未知物的IR、^{1}H-NMR分别与Sadtler167K（IR）及10 222M（^{1}H-NMR）一致,证明解析正确,结构合理。

【例13-2】某未知化合物的IR、MS、NMR图谱如图13-4至图13-7所示,查Beynon表,与M+1、M+2相对丰度比接近分子式有以下4个,试推测该化合物的结构。

分子式	M+1	M+2
$C_6H_{10}O_2$	6.72	0.59
$C_6H_{14}N_2$	7.47	0.24
$C_7H_{14}O$	7.83	0.47
$C_7H_2N_2$	8.36	0.37

● 图13-4　某未知化合物的MS谱图及Beynon表

解:

（1）求分子式:查看质谱图,相对分子量为114,同时查看Beynon表,只有第3个分子式的M+1、M+2相对丰度比最接近,确定分子式为$C_7H_{14}O$。不饱和度$U=1$,说明可能含有一个双键。

（2）图谱解析过程

IR谱:3 000cm^{-1}没有信号,说明没有烯氢或芳香氢;2 950cm^{-1}、2 850cm^{-1}为甲基和亚甲基的ν_{C-H}峰;1 465cm^{-1}、1 380cm^{-1}为甲基和亚甲基的δ_{C-H}峰;1 709cm^{-1}为$\nu_{C=O}$的振动峰,从图谱中可以看出没有醛基氢和羧基氢,所以1 709cm^{-1}为羰基的振动峰,在2 800~2 700cm^{-1}处未见醛基的特征双峰,可以排除醛基的存在。

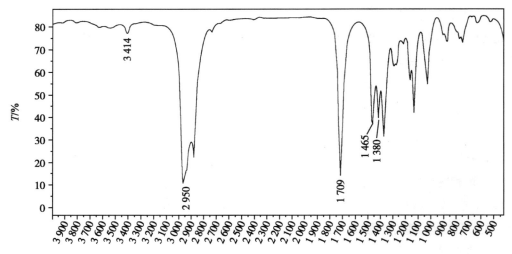

● 图 13-5　某未知化合物的 IR 谱图

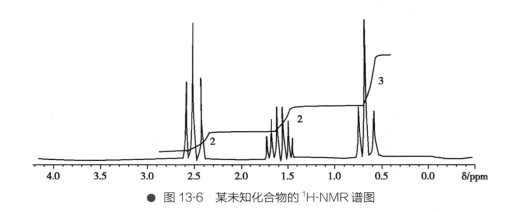

● 图 13-6　某未知化合物的 ^{1}H-NMR 谱图

^{1}H-NMR 谱：$\delta 0.87($ 6H，t $)$、$\delta 1.66($ 4H，sextet $)$，$\delta 2.36($ 4H，t $)$，说明结构中含有孤立的—$CH_2CH_2CH_3$ 且与 C=O 相连。

^{13}C-NMR 谱：从图中可以看出有 4 个碳的信号峰，与分子式不相同；说明分子有对称性。$\delta 14.5($ q $)$ 为—CH_3 碳信号，$\delta 17.7($ t $)$ 为—CH_2—碳信号、$\delta 46.6$ $($ t $)$ 为—OCH_2—结构单元；$\delta 170.0($ s $)$ 为酮羰基信号。

MS 谱：m/z 43 为正丙基碎片离子峰；m/z 71 为丁酰基碎片离子峰。

m/z 114 → 71，质量数减去 43，说明脱去了正丙基。

m/z 114 → 58，质量数减去 42，说明经过了麦式重排脱去乙烯。

m/z 114 → 43，质量数减去 71，说明脱去了丁酰基。

综上各种信息，可以得出其结构为：

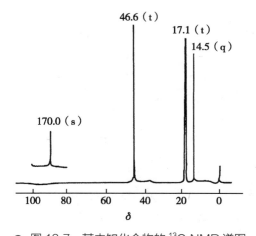

● 图 13-7　某未知化合物的 ^{13}C-NMR 谱图

$$CH_3CH_2CH_2-\overset{\overset{\displaystyle O}{\|}}{C}-CH_2CH_2CH_3$$

验证结构:

$$CH_3CH_2CH_2\!\!+\!\!\overset{\overset{\displaystyle O}{\|}}{C}-CH_2CH_2CH_3 \quad {}^{71}_{43}$$

$$CH_3CH_2CH_2\!\!+\!\!\overset{\overset{\displaystyle \overset{+}{O}}{\|}}{\underset{\alpha}{C}}-CH_2CH_2CH_3 \xrightarrow{\text{均裂}} CH_3CH_2CH_2C\!\!\equiv\!\!\overset{+}{O} \; + \; CH_3CH_2\overset{\cdot}{C}H_2$$

m/z 114 　　　　　　　　　m/z 71

$$CH_3CH_2CH_2\!\!+\!\!\overset{\overset{\displaystyle \overset{+}{O}}{\|}}{\underset{\alpha}{C}}-CH_2CH_2CH_3 \xrightarrow{\text{异裂}} CH_3CH_2CH_2C\!\!\equiv\!\!\overset{\cdot}{O} \; + \; CH_3CH_2\overset{+}{C}H_2$$

m/z 114 　　　　　　　　　m/z 43

m/z 114 　　→ ‖ + 　　　⇌　　　m/z 86 　　→ ‖ + 　　m/z 58

最终结论:此结构为该未知化合物的正确结构。

【例13-3】某白色针状结晶化合物的 IR、MS、NMR 图谱如图13-8至图13-11所示,试推测该化合物的结构。

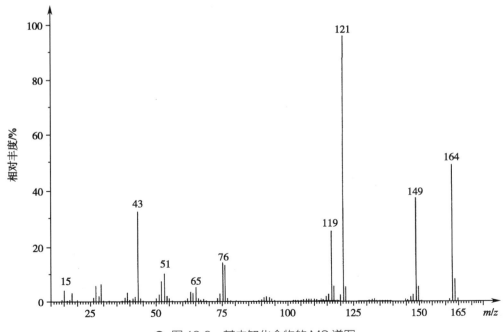

● 图 13-8　某未知化合物的 MS 谱图

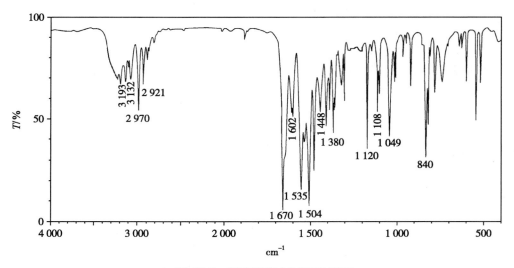

● 图 13-9　某未知化合物的 IR 谱图

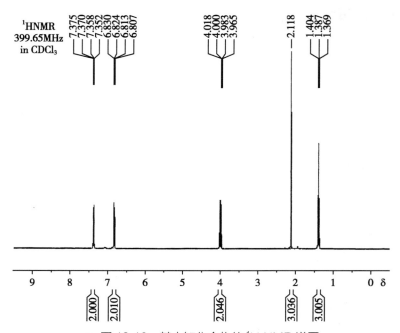

● 图 13-10　某未知化合物的 ¹H-NMR 谱图

解：

（1）求分子式：查看质谱图，相对分子量为 164，根据氮律，含有偶数个氮，假设为不含氮；根据核磁共振氢谱中的积分曲线给出了 12 个 H。根据 IR 中的 1 670cm⁻¹ 为 $\nu_{C=O}$ 的振动峰；在 1 120cm⁻¹ 为 C—O—C 的振动峰，所以含有 2 个 O。根据 C 计算经验式 13-1 计算。

$$C原子个数 = \frac{164-12-2\times16}{12} = 10$$

所以该化合物的分子式为 $C_{10}H_{12}O_2$，不饱和度 $U=5$，可能含有苯环（$U=4$）。

（2）图谱解析过程：

IR 谱：3 193cm⁻¹、3 132cm⁻¹ 为 $\nu_{\varphi\text{-H}}$ 峰，2 970cm⁻¹、2 921cm⁻¹ 为甲基和亚甲基的 υ_{C-H} 峰；1 670cm⁻¹ 为 $\nu_{C=O}$ 的振动峰，从图谱中可以看出没有醛基氢和羧基氢；1 602cm⁻¹、1 535cm⁻¹、

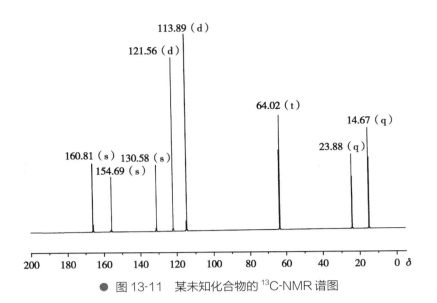

● 图 13-11 某未知化合物的 ^{13}C-NMR 谱图

1 504cm^{-1} 为苯环 $\nu_{C=C}$ 的特征振动峰；1 120cm^{-1}，1 108cm^{-1} 为 ν^{as}_{C-O-C} 和 ν^{s}_{C-O-C} 峰；840cm^{-1} 说明是对位二个取代苯。

^{1}H-NMR 谱：$\delta 1.40(3H,t)$、$\delta 4.00(2H,q)$，说明分子结构中含有—OCH$_2$CH$_3$ 结构单元；$\delta 2.12$（3H，s），说明结构中含有孤立的—CH$_3$ 且与 C=O 相连；$\delta 6.81(2H,m)$、$\delta 7.38(2H,m)$ 为苯环上 4 个 H 信号峰，说明分子结构中存在苯环对位二取代结构。

^{13}C-NMR 谱：$\delta 14.7(q)$、$\delta 64.0(t)$ 则进一步说明结构中含有—OCH$_2$CH$_3$ 结构单元；$\delta 23.9(q)$ 为与 C=O 相连的—CH$_3$ 的碳信号；$\delta 113.9(d)$、$\delta 121.6(d)$ 为苯环上两个叔碳信号；$\delta 130.6(s)$、$\delta 154.7$（s）为苯环上两个季碳信号；$\delta 160.8(s)$ 为酮羰基碳信号。

MS 谱：m/z 65 苯环碎片离子峰；m/z 43 为乙酰基碎片离子峰。

m/z 164 → 149，质量数减去 15，说明脱去了甲基。

m/z 164 → 121，质量数减去 43，说明脱去了乙酰基。

m/z 164 → 119，质量数减去 45，说明经过了脱去乙氧基。

综上各种信息，可以得出其结构为：

$$CH_3CH_2-O-\!\!\!\!\bigcirc\!\!\!\!-\overset{\overset{\displaystyle O}{\|}}{C}-CH_3$$

验证结构：

$$CH_3CH_2-O-\!\!\!\!\bigcirc\!\!\!\!-\overset{\overset{\displaystyle O}{\|}}{C}-CH_3$$

$$CH_3CH_2-O-\!\!\!\!\bigcirc\!\!\!\!-\overset{\overset{\displaystyle \overset{+}{O}}{\|}}{\underset{\alpha}{C}}-CH_3 \xrightarrow{\text{均裂}} CH_3CH_2-O-\!\!\!\!\bigcirc\!\!\!\!-\overset{\overset{\displaystyle \overset{+}{O}}{\|}}{C} + \cdot CH_3$$

m/z 164 m/z 149

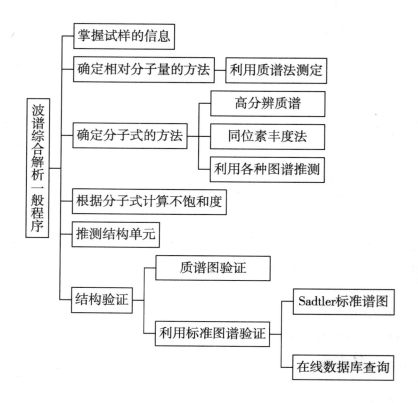

最终结论：此结构为该未知化合物的正确结构。

内容提要

波谱综合解析一般顺序

```
                    ┌─ 掌握试样的信息
                    │
                    ├─ 确定相对分子量的方法 ─── 利用质谱法测定
                    │
                    │                        ┌─ 高分辨质谱
波谱综合解析一般程序 ─┤   确定分子式的方法 ───┼─ 同位素丰度法
                    │                        └─ 利用各种图谱推测
                    │
                    ├─ 根据分子式计算不饱和度
                    │
                    ├─ 推测结构单元
                    │
                    │              ┌─ 质谱图验证
                    └─ 结构验证 ───┤
                                   │                    ┌─ Sadtler标准谱图
                                   └─ 利用标准图谱验证 ──┤
                                                        └─ 在线数据库查询
```

思考题与习题

1. 某未知化合物的四种图谱如图 13-12 至图 13-15 所示，试推测其结构。

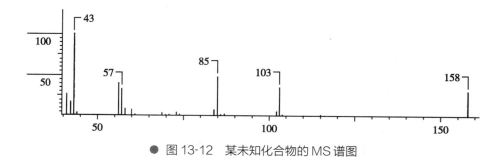

● 图 13-12 某未知化合物的 MS 谱图

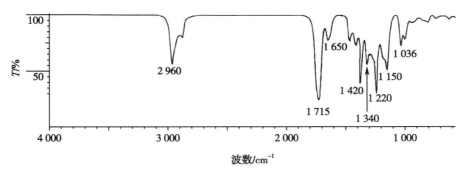

● 图 13-13　某未知化合物的 IR 谱图

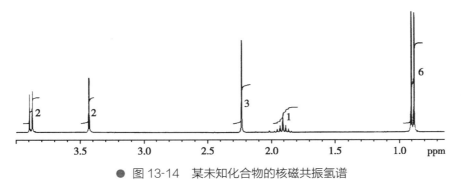

● 图 13-14　某未知化合物的核磁共振氢谱

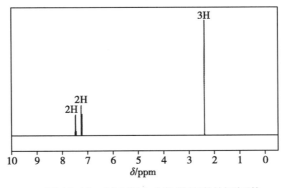

● 图 13-15　某未知化合物的核磁共振碳谱

2. 某未知化合物的 HNMR、IR、MS 图谱如图 13-16 至图 13-18 所示，试推测其结构。

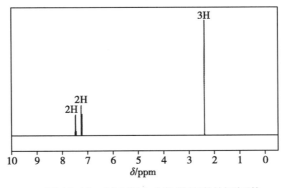

● 图 13-16　某未知化合物的核磁共振氢谱

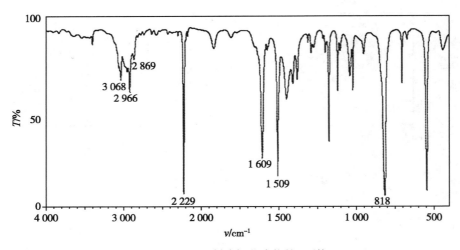

● 图 13-17　某未知化合物的 IR 谱

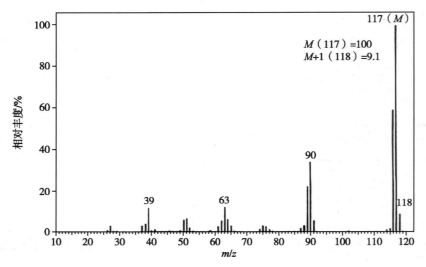

$M(117)=100$
$M+1(118)=9.1$

● 图 13-18　某未知化合物的 MS 谱

第十三章同步练习

第十四章课件

第十四章 色谱法概论

学习目标

本章主要介绍色谱法的基本类型、基本概念、基本理论和分析方法，为学习后续的气相色谱法和液相色谱法奠定基础。要求：

1. 掌握色谱法定量分析的方法；色谱分析体系性能衡量方法。
2. 熟悉色谱法的分类、基本原理和常用术语。
3. 了解色谱法的特点和应用、色谱发展历程与应用。

色谱分析法（chromatography）简称色谱法，也称为色层法或层析法，是分离分析混合物的一种有效的物理或物理化学方法。由待分离混合物与固定相（巨大表面积的固定床）、流动相（通过或沿着固定床渗滤的流体）构成色谱的三要素，根据混合物中各组分在两相间的迁移速度差异，实现先分离、后逐个测定。色谱法具有灵敏度高、选择性好、分离效能高、分析速度快及应用范围广等特点。目前在生命科学研究、临床诊断、病理研究、法医鉴定、新药研究开发和质量控制等领域应用广泛。

第一节 色谱法分类

1903 年，俄国植物学家 Tsweet 在分离植物色素时，把碳酸钙填充于玻璃管中，将植物叶子的石油醚提取液倾在碳酸钙上，然后用石油醚自上而下淋洗。由于各种色素向下移动速度不同，逐渐形成一圈圈不同颜色的色带，如图 14-1 所示。1906 年 Tsweet 以色谱法命名之，淋洗用石油醚称为流动相（mobile phase），玻璃管中碳酸钙为固定相（stationary phase），由此诞生了色谱法。此后数十年，固定相、流动相的开发，色谱理论形成，使色谱法快速发展，仪器性能的不断更新和完善，更是扩展了应用范围。

从不同的角度分类，有不同的色谱法类型，通常以流动相和固定相所处状态、分离机理及操作方法等进行分类。

（一）按两相所处状态分类

1. 按流动相的状态　对应流动相为气体、液体和超临界流体，相应的色谱法有气相色谱法(gas chromatography, GC)、液相色谱法(liquid chromatography, LC)和超临界流体色谱法(supercritical fluid chromatography, SFC)。

2. 按固定相的状态　在色谱法中,固定相可以为固体吸附剂,也可以为均匀涂布或通过化学反应附着在惰性固体载体(或称为担体)表面上的薄层液体。因此,气相色谱法又分为气固色谱法(GSC)和气液色谱法(GLC)。液相色谱又分为液固色谱法(LSC)和液液色谱法(LLC)。

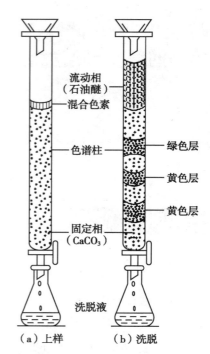

● 图 14-1　Tsweet 分离植物色素实验示意图

(二) 按分离机制分类

1. 吸附色谱法(adsorption chromatography)　以吸附剂为固定相,利用固定相表面对样品中各组分吸附能力(吸附系数)的差异而进行分离分析的色谱方法。

2. 分配色谱法(partition chromatography)　以载体加固定液为固定相,利用样品中各组分在固定相与流动相中溶解度(分配系数)的差异而实现分离分析的色谱方法。分配色谱法根据固定相和流动相的相对极性又分为正相分配色谱法和反相分配色谱法。前者为固定相极性大于流动相极性,后者为固定相极性小于流动相极性。

3. 离子交换色谱法(ion exchange chromatography, IEC)　以离子交换树脂作为固定相,利用样品中各组分与固定相的可交换基团间交换能力(交换系数)的差异而进行分离分析的色谱法。

4. 体积排阻色谱法(size exclusion chromatography, SEC)　以有机高分子的多孔聚合物(凝胶)作为固定相,利用样品中各组分分子尺寸(渗透系数)的差异进行分离分析的色谱方法,也称为凝胶色谱法,多用于高聚物分子量分布和含量的测定。

5. 亲和色谱法(affinity chromatography, AC)　将具有生物活性的配体键合到非溶性载体或基质表面上形成固定相,利用蛋白质或生物大分子与亲和色谱固定相表面上配体的亲和力差异而进行分离的色谱法。

6. 化学键合相色谱法(bonded phase chromatography, BPC)　将固定相的官能团通过适当的化学反应以共价键的形式键合在载体的表面,所形成的固定相称为化学键合相,以此为固定相的色谱方法称为化学键合相色谱法,简称键合相色谱法。化学键合相可作为分配色谱法、离子对色谱法、手性化合物拆分色谱法及亲和色谱法等的固定相。其中,以键合非极性基团 C_{18} 直链烷烃为固定相的反相色谱法是应用最普遍、最典型的键合相色谱法。

此外,有以直流电场为驱动力、含有液体介质(电解质溶液)的毛细管为分离通道,依据样品中各组分的电泳淌度差异而进行分离分析的毛细管电泳法(capillary electrophoresis, CE);以在高压直流电场中所产生的电渗流为驱动力,依据样品组分分配系数及电泳速度差异而分离分析的方法,是一种以现代电泳和色谱技术及其理论相结合的分离分析的毛细管电色谱法(capillary electro-chromatography, CEC)。

（三）按操作形式分类

按操作形式有柱色谱法、平面色谱法等。

1. 柱色谱法（column chromatography） 将固定相装于柱管内构成色谱柱,色谱过程在色谱柱内进行。

依据色谱柱的特点,可分为填充柱（packed column）色谱法、毛细管柱（capillary column）色谱法及微填充柱（microbore packed column）色谱法等。气相色谱法、高效液相色谱法、毛细管电泳法及超临界流体色谱法等属于柱色谱法。

2. 平面色谱法（planar chromatography） 色谱过程在固定相构成的平面层内进行的色谱法。

常见有用滤纸作为固定液载体的纸色谱法（paper chromatography）;将固定相涂布在玻璃板或铝箔板等板上的薄层色谱法（thin layer chromatography, TLC）;以及将高分子固定相制成薄膜的薄膜色谱法（thin film chromatography）等。

色谱法简单分类为:

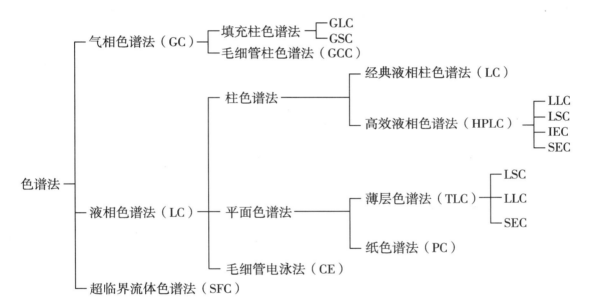

第二节 色谱法基本概念

一、色谱过程

色谱过程是组分在相对运动的两相间多次分配"平衡"的过程,混合物中各组分被流动相携带移动速度的不等,形成差速迁移,从而被分离。

如图 14-2 是色谱过程示意图。试样为含 A、B 组分的混合物,A 组分极性小于 B 组分,两者在通过色谱柱时,迁移速度不等。

把含有 A、B 两组分的试样加到色谱柱的顶端,组分均被固定相保留,用适当的流动相洗脱。

当流动相通过时,被保留在固定相上的组分被流动相洗脱,并随流动相向前迁移,当流动相中的组分遇到新的固定相时,又再次保留。如此反复,组分在色谱柱中发生多次的"保留—洗脱"过程,A、B 随流动相向前迁移。

由于组分性质的不同,在固定相和流动相中滞留时间有差异,在固定相中滞留时间短的组分先从色谱柱中流出。图 14-2 中,A 迁移速度大于 B,A 在色谱柱内滞留的时间短,先被流动相带出色谱柱;当 A 进入检测器时,流出曲线开始突起,随 A 在检测器中的浓度变化而成 A 组分的色谱峰。同理,随后 B 组分通过检测器而形成 B 组分的色谱峰。

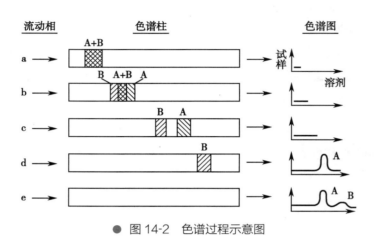

● 图 14-2　色谱过程示意图

二、色谱行为参数

由于各组分的结构、性质不同,与固定相和流动相相互作用的类型、强度不同,在固定相中滞留的时间不同,结果被流动相携带向前移动的快慢不一,即产生差速迁移,从而实现对混合物的分离。其行为常用分配系数和容量因子来描述。

(一)分配系数

以 c_s、c_m 分别表示组分在两相间达到分配平衡时的浓度,其比值为:

$$K = \frac{组分在固定相中的浓度}{组分在流动相中的浓度} = \frac{c_s}{c_m} \qquad \text{式 14-1}$$

在色谱法中,定义在一定温度和压力下,组分在固定相(s)和流动相(m)之间分配达平衡时的浓度之比为分配系数(partition coefficient),以 K 表示。

K 由热力学性质决定,仅与组分性质、固定相和流动相性质、温度等因素有关。在一定条件下,K 是组分的特征值,与柱管的特性以及所用仪器无关。

在给定条件下,组分性质不同,K 也不同。若混合物中两个组分的 K 不同,则被流动相携带移动的速度不同。因此,K 不同是色谱分离的前提。

K 用于不同分离机制其含义不同。在吸附色谱中,称为吸附系数(absorption coefficient,K_a);在分配色谱中,即为分配系数;在离子交换色谱中,称为交换常数或称选择性系数(selectivity coefficient, K_s); 在凝胶色谱中, 称为渗透系数(permeation coefficient, K_p)。

（二）容量因子

在一定温度和压力下, 组分在两相间分配达到平衡时, 分配在固定相和流动相中物质的量之比称为容量因子(capacity factor), 又称分配比, 以 k 表示(式 14-2)。

$$k = \frac{组分在固定相中物质的量}{组分在流动相中物质的量} = \frac{n_s}{n_m} = \frac{c_s V_s}{c_m V_m}$$ 式 14-2

式中, V_s、V_m 分别表示固定相和流动相的体积。

k 是反映色谱柱型特点的一个参数。k 越大, 说明组分在固定相中的量越多, 相当于柱的容量大, 是衡量色谱柱对分离组分保留能力的重要参数。k 不仅与温度和压力有关, 而且与固定相和流动相的体积有关。比较式 14-1 和式 14-2, 则有:

$$k = K \frac{V_s}{V_m} = \frac{K}{\beta}$$ 式 14-3

式中, β 称为相比率, 也是反映色谱柱型特点的参数之一。

在吸附、分配、离子交换、体积排阻等平衡过程中, k 均决定于二相中组分的相对粒子数。如果 k 大, 则表示固定相中的粒子数比流动相中的粒子数多。从总体来看, 该组分分子在固定相中滞留的时间更长。

（三）滞留因子

组分在流动相中出现的概率, 或在流动相中停留的时间分数, 称为滞留因子, 又称保留比(retention ratio, R')。滞留因子体现组分在色谱柱中被保留的程度, 为组分迁移速度 F 与流动相的线速度 u 的比值。

设色谱柱柱长为 L, 组分迁移速度为 F, 流动相的迁移速度为 u, t_m、t_s 分别表示组分在流动相和固定相中所滞留的时间, 则有:

$$F = \frac{L}{t_m + t_s}, u = \frac{L}{t_m}$$ 式 14-4

$$R' = \frac{F}{u} = \frac{t_m}{t_m + t_s}$$ 式 14-5

根据式 14-2、式 14-3、式 14-4 和式 14-5, 则有

$$R' = \frac{c_m V_m}{c_m V_m + c_s V_s} = \frac{1}{1 + K \frac{V_s}{V_m}} = \frac{1}{1 + k}$$ 式 14-6

$$F = u \times R' = u \times \frac{1}{1 + K \frac{V_s}{V_m}}$$ 式 14-7

由式 14-7 可见, 组分在色谱柱中的迁移速度取决于 K, 只有当 K 不同时, 各组分在色谱柱上迁移速度不同, 才可被分离。由此可见, 色谱是不同迁移现象的最终产物。

三、色谱常用术语

（一）色谱图

色谱图（chromatogram）包含有色谱流出曲线、色谱峰和基线，如图 14-3。

（1）色谱流出曲线：由检测器输出的电信号强度对时间作图所得的曲线。

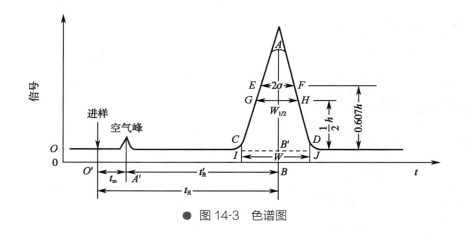

● 图 14-3　色谱图

（2）基线（baseline）：在实验条件下，只有流动相（没有样品组分）经过检测器的信号 - 时间曲线。基线通常是一条水平线，反映仪器（主要是检测器）的噪声随时间的变化。操作条件不稳定或检测器及其附件的工作状态变化，使基线朝一定方向缓慢变化，称为基线漂移（drift）；各种偶发因素使基线起伏不定的出现，称为噪声（noise）。

（3）色谱峰（chromatographic peak）：系指色谱流出曲线的突起部分。色谱峰有峰高、峰宽、峰面积和拖尾因子等主要参数。

（二）色谱峰参数

1. 峰高（peak height，h）　色谱峰顶点与基线间的垂直距离，是定量分析参数之一。大小可以用电信号（mV 或 mA）或高度（mm）表示。

2. 峰的区域宽度　描述色谱峰的重要参数之一，是组分在色谱柱中谱带扩张的函数，反映色谱操作条件的动力学因素。可用于量度色谱分离的效率，反映柱效的高低。常用标准偏差、半峰宽和峰底宽三种方法来表示。

（1）标准偏差（standard deviation，σ）：色谱峰是正态分布曲线，可用标准偏差 σ 表示峰的区域宽度，σ 的大小表示组分被带出色谱柱的分散程度。σ 越大，代表组分越分散，σ 越小，组分越集中。对于正常峰，σ 为 0.607 倍峰高处色谱峰宽的一半，如图 14-3 中 EF 距离的一半。

（2）半峰宽（peak width at half height，$W_{1/2}$）：峰高一半处的峰宽，如图 14-3 中 GH 之间的距离。半峰宽（$W_{1/2}$）与标准偏差（σ）的关系为：

$$W_{1/2} = 2.355\sigma \qquad\qquad 式14\text{-}8$$

（3）峰底宽（peak width，W）：简称峰宽，色谱峰两侧拐点的切线在基线上所截得的距离。如

图 14-3 中 IJ 之间的距离。峰宽和标准差、半峰宽的关系为:

$$W = 1.699\, W_{1/2} = 4\sigma \qquad\qquad 式\,14\text{-}9$$

3. 峰面积(peak area, A) 色谱峰与峰底间包围的面积,是常用的色谱定量参数。色谱峰的面积可由色谱仪中的微机处理器或积分仪求得,也可以采用计算求得。

对称色谱峰: $\qquad\qquad A = 1.065 h\, W_{1/2} \qquad\qquad 式\,14\text{-}10$

非对称色谱峰: $\qquad\qquad A = 1.065 h \times \dfrac{W_{0.15} + W_{0.85}}{2} \qquad\qquad 式\,14\text{-}11$

式 14-11 中, $W_{0.15}$ 和 $W_{0.85}$ 分别为色谱峰高 $0.15h$ 和 $0.85h$ 处峰的宽度。

4. 拖尾因子(tailing factor, T) 又称为对称因子(symmetry factor),用于衡量色谱峰的对称性。计算式为:

$$T = \frac{W_{0.05h}}{2A} = \frac{A + B}{2A} \qquad\qquad 式\,14\text{-}12$$

如图 14-4, $W_{0.05h}$ 为 0.05 倍峰高处的峰宽, A 和 B 分别为在该处的色谱峰前沿与后沿和色谱峰顶点至基线的垂线之间的距离。《中国药典》(2020 年版)规定对称因子在 0.95～1.05 之间的色谱峰为对称峰,小于 0.95 的为前沿峰;大于 1.05 的为拖尾峰。

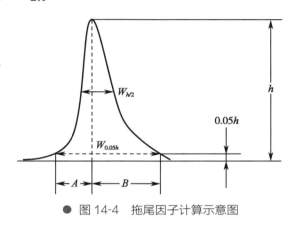

● 图 14-4 拖尾因子计算示意图

(三) 保留值

保留值是色谱定性分析的依据,是组分在色谱柱中滞留行为的量度,通常用保留时间和保留体积来描述。

(1) 死时间(dead time, t_M): 分配系数为零的组分,即不被固定相保留的物质进入色谱柱时,从进样开始到色谱图上出现峰极大值所需的时间。

组分不被固定相保留,其迁移速度接近于流动相的迁移速度(u),若色谱柱柱长为 L,则有:

$$t_M = \frac{L}{u} \qquad\qquad 式\,14\text{-}13$$

(2) 保留时间(retention time, t_R): 从进样到某组分在柱后出现浓度极大所需的时间,即从进样开始到某组分色谱峰顶点所需的时间。

对于某一组分的保留时间,包括在流动相和固定相中的滞留时间,即 $t_R = t_m + t_s$,根据式 14-5 和式 14-6 可得:

$$t_R = t_M(1 + k) \qquad\qquad 式\,14\text{-}14$$

或 $\qquad\qquad t_R = t_M(1 + K\frac{V_s}{V_m}) \qquad\qquad 式\,14\text{-}15$

式 14-15 是色谱法中重要公式之一,该式说明了组分的保留行为(保留时间 t_R)与分配系数 K 的关系。在一定色谱条件下,即 V_s 和 V_m 为定值时,如果流速、温度一定,则各组分的保留时间 t_R 仅取决于 K, K 越大组分的保留时间越长。

（3）调整保留时间（adjusted retention time，t'_R）：某组分的保留时间扣除死时间后的时间，即：

$$t'_R = t_R - t_M \qquad\qquad 式14\text{-}16$$

结合式14-14和式14-15，则有：

$$t'_R = k\, t_M = K \frac{V_s}{V_m} t_M \qquad\qquad 式14\text{-}17$$

t'_R 实际上是组分在固定相中停留的总时间，比 t_R 更实质地体现了组分在固定相中的保留行为，作为定性指标比 t_R 更合理。

（4）死体积（dead volume，V_M）：由进样器至检测器的流路中未被固定相占有的空间。一般指色谱柱管内固定颗粒间所剩留的空间、色谱仪中管路和连接头间的空间以及检测器空间的总和。忽略后两项，死时间相当于流动相充满死体积所需的时间，死时间和流动相流速 F_c 的关系为：

$$V_M = t_M F_c \qquad\qquad 式14\text{-}18$$

（5）保留体积（retention volume，V_R）：组分从柱后流出的流动相体积，即从进样开始到待测组分在柱后出现浓度最大值时所通过的流动相体积。与保留时间和流动相流速 F_c 关系为：

$$V_R = t_R F_c \qquad\qquad 式14\text{-}19$$

（6）调整保留体积（adjusted retention volune，V'_R）：扣除死体积后的保留体积。

$$V'_R = V_R - V_M = t'_R F_c \qquad\qquad 式14\text{-}20$$

（7）相对保留值（relative retention，r）：在相同操作条件下，某组分（i）的调整保留值（t'_{Ri} 或 V'_{Ri}）与某标准物质（s）的调整保留值（t'_{Rs} 或 V'_{Rs}）的比值，定义为相对保留值。表示为：

$$r_{i,s} = \frac{t'_{Ri}}{t'_{Rs}} = \frac{V'_{Ri}}{V'_{Rs}} \qquad\qquad 式14\text{-}21$$

依据式14-17可得：

$$r_{i,s} = \frac{k_i}{k_s} = \frac{K_i}{K_s} \qquad\qquad 式14\text{-}22$$

由于相对保留值只与柱温及流动相、固定相性质有关，与柱径、柱长、填充情况及流动相流速无关，因此 $r_{i,s}$ 在色谱分析中广泛作为定性依据。

（四）选择因子

在色谱分离中滞留能力大的组分与小的组分的调整保留值之比，定义为选择因子（selectivity factor，α），常作为衡量固定相选择性的指标。结合式14-17得：

$$\alpha_{2,1} = \frac{t'_2}{t'_1} = \frac{V'_2}{V'_1} = \frac{k_2}{k_1} = \frac{K_2}{K_1} \qquad\qquad 式14\text{-}23$$

由于 $t'_{R_1} \leqslant t'_{R_2}$，所以 $\alpha \geqslant 1$。α 越大，表示两组分分离得越开，表明固定相对组分的选择性越高。若 $\alpha = 1$，两组分完全重叠，表示固定相对待分离组分无选择性。

（五）分离度

相邻两组分色谱峰的保留时间之差与两组分的平均峰宽的比值，定义为分离度（resolution，

R），又称分辨率。

$$R = \frac{t_{R_2} - t_{R_1}}{\frac{1}{2}(W_1 + W_2)} = \frac{2(t_{R_2} - t_{R_1})}{W_1 + W_2}$$
式 14-24

式 14-24 中，t_{R_1} 和 t_{R_2}、W_1 和 W_2 分别为组分 1、2 的保留时间和色谱峰的峰宽。

R 越大，表明相邻两组分分离得越好。两组分保留值的差别，主要决定于固定相的热力学性质；色谱峰的宽窄则反映了色谱过程的动力学因素、柱效的高低。因此分离度 R 是柱效、选择性影响因素的总和，故常作为色谱柱的总分离效能指标。

设色谱峰为正常峰，且 $W_1 \approx W_2 = 4\sigma$。若 $R = 1$，峰间距（Δt_R）为 4σ，此分离状态称为 4σ 分离，峰略有重叠，裸露峰面积 $\geq 95.4\%$（$t_R \pm 2\sigma$）；若 $R = 1.5$，峰间距为 6σ，称为 6σ 分离，两峰完全分开，裸露面积 $\geq 99.7\%$（$t_R \pm 3\sigma$）。在进行定量分析时，为了能获得较好的精密度与准确度，应使 $R \geq 1.5$（2020 年版《中国药典》规定值）。

（六）色谱图上重要信息

1. 根据色谱峰的个数，可以判断样品中所含组分的最少个数。
2. 根据色谱峰的保留值（位置），可以进行定性分析。
3. 根据色谱峰的面积或峰高，可以进行定量分析。
4. 根据色谱峰的保留值及其区域宽度，可以评价色谱柱的分离效能（柱效）。
5. 根据色谱峰两峰间的距离，可以评价固定相和流动相选择的适宜性。

第三节　色谱法基本理论

一、两组分分离的必要条件

实现色谱分离有两个必要条件：①两组分的分配系数必须有差异。②区域变宽的速度要小于区域分离的速度。色谱峰的峰宽影响分离的程度，峰宽反映了组分区带在移动过程中的扩张程度，主要取决于色谱的分离条件。如图 14-5 所示。

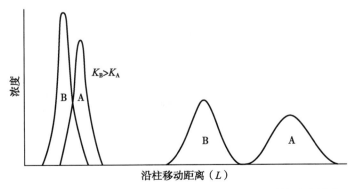

● 图 14-5　组分 A 和 B 在沿柱移动时不同位置处的浓度轮廓

在设计色谱分离条件时,应设法使两组分区带的迁移速度有较大差异,组分区带自身在移动过程中扩张较小,使两个组分区带在色谱柱中移动时区带之间分开的速度大于它们自身的扩张速度,可得到完全分离的两个色谱峰。

二、等温线

在一定温度下,某组分在固定相和流动相之间达到平衡时,以组分在固定相中的浓度 c_s 为纵坐标、以组分在流动相中的浓度 c_m 为横坐标绘制的曲线,称为等温线(isotherm)。其形状是重要的色谱特性之一,有线型、凸型和凹型三种类型。在吸附色谱中以凸型等温线居多,在分配色谱中主要为线型等温线。通常在低浓度时,每种等温线均呈线型。

(一)线型等温线

线型等温线是理想的等温线,是组分在两相间达到平衡时,组分在固定相中的浓度 c_s 与其在流动相中的浓度 c_m 成正比($c_s = Kc_m$)。表明在特定的色谱条件下,同一组分的 K 与溶液的浓度无关, K 为常数。在洗脱时,同一组分在色谱柱内具有相同的迁移速度,能得到左右对称的流出曲线,如图 14-6A 所示。

(二)凸型等温线

等温线呈凸型, K 随组分浓度增加而逐渐减小,该现象在吸附色谱中常见。其主要原因之一是固定相表面活性中心的不均一性。一般组分分子总是先占据强的吸附中心,后占据弱的吸附中心,前者组分分子被吸附得牢, K 大,迁移速度慢;后者相互作用力弱, K 小,迁移速度快,以此类推。从而导致同一组分分子具有不同的 K ,即具有不同的迁移速度。在组分分子集中的区域,吸附剂的所有吸附中心达到吸附饱和, K 小,迁移速度快,先流出色谱柱;在组分分子稀少的区域,由于仅仅占据了强吸附中心, K 大,迁移速度慢,后流出色谱柱。从而导致流出曲线前沿陡峭,后沿拖尾,形成拖尾峰,且保留时间亦随样品量的增加而减小,如图 14-6B 所示。

拖尾峰将产生的不利因素:①利用峰面积进行定量时影响峰面积的积分精度和重现性。②利用峰高定量时影响检测的灵敏度。③定性分析时影响保留值与组分性质的相关性。④影响组分之间相互分离的程度。

防止拖尾的方法:①在色谱分析中控制组分的量,使其在一定的线性范围。②在流动相中加入水、醇等极性缓和剂,降低吸附剂的活性,使吸附剂表面活性中心趋于均匀,扩大吸附剂的线性范围。③在吸附剂表面进行化学改性,如键合。

(三)凹型等温线

等温线呈凹型, K 随组分浓度增加而逐渐增加。组分在低浓度时不易被保留,到一定浓度后保留能力明显增强, t_R 变大,色谱流出峰极大值偏向谱带的后部,导致峰形伸舌。在色谱分离过程中,流出曲线的形状、保留时间与进样量的关系与凸型吸附等温线恰好相反,如图 14-6C 所示。该现象在吸附色谱中极少出现,在反相分配色谱中主要出现在试样溶液与流动相极性差异较大的情况。

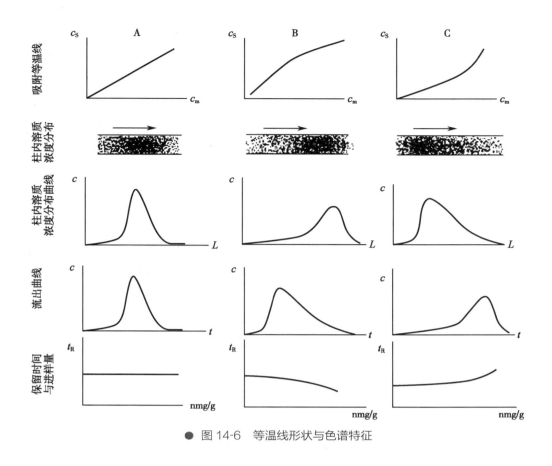

● 图 14-6　等温线形状与色谱特征

三、塔板理论

Matin 和 Synge 从热力学理论的相平衡观点研究色谱分离过程，提出了塔板理论（plate theory），研究了谱带在柱内的展宽机制。该理论把色谱柱比作一个精馏塔，沿用精馏塔中塔板的概念来描述组分在两相间的分配行为。

假想塔内有 n 块相连接并相等的塔板，在每块塔板的间隔内，组分混合物在两相中分配并达到平衡。经过一系列的分配平衡后，分配系数最小的组分最先达到塔顶，即最先流出色谱柱。

塔板数越多分离能力越强，因此，塔板数（number of plates，n）和塔板高度（plate height 或 height equivalent to a theoretical plate，H）是衡量柱效的指标。

（一）基本假设

（1）在塔内一小段长度 H 内（即一块塔板的高度），组分可在两相间瞬时达到分配平衡。H 称为理论塔板高度。

（2）流动相通过色谱柱时是不连续的，每次进入量为一个塔板体积。

（3）所有组分和新鲜流动相开始时都加在 0 号塔板上，且忽略组分沿色谱柱方向的纵向扩散。

（4）分配系数在所有塔板上都是常数，与组分在塔板中的浓度无关。

（二）质量分配与转移

塔板理论的假设实际上是把组分在两相间的连续转移过程,分解为间歇的在单个塔板中的分配平衡过程。

考虑单一组分的分配转移过程。设色谱柱的塔板数为 n,以 r 表示塔板编号,即 $r=0$、1、2、3、$\cdots n-1$。将单位质量的组分加到第 0 号塔板上,组分在固定相和流动相间进行分配,$k=m_s/m_m$,当一个塔板体积的流动相进入 0 号塔板时,就将 0 号塔板内的 m_m 带入第 1 号塔板,而 0 号塔板内的 m_s 仍留在 0 号塔板内,组分在 0 号及 1 号塔板内重新分配。进入 N 次流动相,即经过 N 次分配平衡和转移后,在各塔板内组分的质量分布符合二项式 $(m_s+m_m)^N$ 的展开式。

如 $N=3$、$k=0.5$ 时,$m_s=0.333$,$m_m=0.667$,展开式为:

$$(0.333+0.667)^3=0.037+0.222+0.444+0.297$$

所计算出的四项数分别是第 0 号、第 1 号、第 2 号及第 3 号塔板中的组分分数。由此有:

$$^N m_r=\frac{N!}{r!(N-r)!}.m_s^{N-r}.m_m^r \qquad\text{式 14-25}$$

式 14-25 中,$^N m_r$ 为组分转移 N 次后第 r 号塔板中的质量。按式 14-25 处理,可以计算出经过 N 次转移后各个塔板中组分的分布情况。

【例 14-1】已知 A 组分的 $k_A=0.5$,B 组分的 $k_B=1.0$,分别计算 $N=3$、$r=3$ 时,即转移 3 次后,A、B 在 3 号塔板内的溶质分数。

解:

$k_A=0.5=m_s/m_m=0.333/0.667$;$k_B=1.0=m_s/m_m=0.5/0.5$,依据式 14-25 有:

A 组分为 $^3 m_3=\dfrac{3!}{3!(3-3)!}\times 0.333^{3-3}\times 0.667^3=0.297$

B 组分为 $^3 m_3=\dfrac{3!}{3!(3-3)!}\times 0.5^{3-3}\times 0.5^3=0.125$

由此可见,一定次数的转移,两组分可以分离,k 小的组分 A 先出现浓度极大值(先出柱)。事实上,一根色谱柱的塔板数远远大于 10^3,因此,组分的分配系数有微小差别就能获得良好的分离效果。

（三）流出曲线方程

当组分在色谱柱内分离转移次数 $n<20$ 时,组分在色谱柱内各板上的质量或浓度符合二项式分布。以组分在柱出口处的质量分数对 N 作图得曲线呈不对称的峰形,符合二项式分布曲线,图 14-7。

在色谱分析中,色谱柱的塔板数一般在 $10^3\sim 10^6$,塔板数很大,此时流出曲线趋于正态分布曲线,可用正态分布方程式表示。

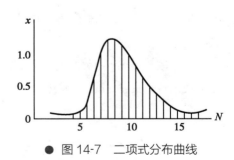

● 图 14-7　二项式分布曲线

$$c=\frac{c_0}{\sigma\sqrt{2\pi}}\mathrm{e}^{\frac{(t-t_R)^2}{2\sigma^2}} \qquad\text{式 14-26}$$

式 14-26 称为色谱流出曲线方程,σ 为标准差,t_R 为保留时间,c 为任意时间 t 时组分在色谱柱出口处的浓度,c_0 为峰面积 A,相当于某组分的总量。

由式 14-26 可见,当 $t=t_R$ 时,浓度最大,若用 c_{max} 表示,则有:

$$c = c_{max} = \frac{c_0}{\sigma\sqrt{2\pi}}$$ 式 14-27

式 14-27 中, c_{max} 相当于色谱峰的峰高(h),在 σ 一定时,h 主要取决于组分的量;而当 c_0 一定时,则 σ 越小,峰越"瘦",即峰越高。

将式 14-27 代入式 14-26 可得流出曲线方程式的常用形式。

$$c = c_{max}e^{\frac{(t-t_R)^2}{2\sigma^2}}$$ 式 14-28

由式 14-28 可知,无论 $t < t_R$ 或 $t > t_R$,浓度 c 恒小于 c_{max}。

此外,由流出曲线方程可以证明 σ 位于峰高(c_{max})的 0.607 倍处;峰面积 $A = 1.065W_{1/2}h$、$W_{1/2} = 2.355\sigma$ 等。

(四)柱效方程

根据流出曲线方程,可以导出塔板数(number of plates)或称理论板数与标准差(峰宽或半峰宽)和保留时间的关系为:

$$n = \left(\frac{t_R}{\sigma}\right)^2 = 5.54\left(\frac{t_R}{W_{1/2}}\right)^2 = 16\left(\frac{t_R}{W}\right)^2$$ 式 14-29

若柱长为 L,则塔板高度(plate height)或称板高为:

$$H = \frac{L}{n}$$ 式 14-30

若以调整保留时间替代保留时间计算 n 和 H,分别称为有效板数(effective number of plates;n_{eff})和有效板高(effective plate height;H_{eff}),更能表示实际柱效指标。

$$n_{eff} = 16(\frac{t'_R}{W})^2 = 5.54(\frac{t'_R}{W_{1/2}})^2$$ 式 14-31

$$H_{eff} = \frac{L}{n_{eff}}$$ 式 14-32

【例 14-2】用甲苯测定一个 20.0cm 长色谱柱的柱效,测得保留时间、半峰宽分别为 5.13 分钟和 0.12 分钟,并测得不被保留物质的保留时间为 2.73 分钟,试计算 n、H、n_{eff} 及 H_{eff}。

解:由式 14-29 至式 14-32 分别可得:

$$n = 5.54 \times (5.13/0.12)^2 \approx 1.0 \times 10^4$$

$$H = 20.0 \times 10 /(1.0 \times 10^4) = 0.020(mm)$$

$$n_{eff} = 5.54 \times [(5.13 - 2.73)/0.12]^2 \approx 2.2 \times 10^3$$

$$H_{eff} = 20.0 \times 10 /(2.2 \times 10^3) = 0.091(mm)$$

在比较柱效时注意,必须标明组分的名称、固定相及含量、温度、流动相、流速等条件,不同组分在同一色谱柱上的柱效不同。在计算 n 时,保留值与区域宽度的单位必须要统一。

(五)塔板理论的特点与局限性

1. 塔板理论可解释流出曲线的形状和位置。

2. 由塔板理论可知,当色谱柱长度一定时,塔板数 n 越大(塔板高度 H 越小),待测组分在柱内分配的次数越多,柱效则越高,所得色谱峰越窄。

3. 柱效不能表示被分离组分的实际分离效果。当两组分的分配系数 K 相同时,无论该色谱柱的塔板数多大,都无法分离。

4. 塔板理论没有考虑各种动力学因素对色谱柱内传质过程的影响。因此塔板理论无法解释同一色谱柱在不同的流动相流速下柱效不同的实验结果,也无法指出影响柱效的因素及提高柱效的途径。

四、速率理论

1956 年荷兰学者 Van Deemter 等在研究气 - 液填充柱色谱时,提出了色谱过程动力学理论——速率理论(rate theory),建立了 Van Deemter 方程(范氏方程)。该理论吸收了塔板理论中塔板高度的概念,充分考虑了组分在两相间的扩散和传质过程,从动力学观点研究影响色谱峰展宽的各种动力学因素,较好地解释了影响板高的各种因素。

Van Deemter 方程简化式为:

$$H = A + B/u + Cu \qquad \text{式 14-33}$$

式 14-33 中,H 为理论板高,u 为流动相的线速度(cm/s);A、B、C 分别代表涡流扩散项及纵向扩散系数、传质阻抗系数,其单位分别为 cm、cm^2/s 及 s。式 14-33 显示,减小 A 或 B 或 C,均能降低板高,增大柱效。

1. 涡流扩散项(eddy diffusion) 也称多径扩散(multiple path diffusion),是由于流动相不同路径的流速差异导致的组分分布区带扩张。

在填充柱中,当组分随流动相向色谱柱出口迁移时,流动相由于受到固定相颗粒障碍,不断改变流动方向,形成紊乱类似涡流的曲线运动,如图 14-8 所示。由于固定相颗粒和填充的不均匀性,组分在色谱柱中迁移路径长短不一,又因为组分在不同流路中所受到阻力不同,其迁移速度不同,因而同一组分到达色谱柱出口的时间并不一致,导致色谱峰的展宽。

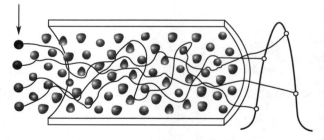

● 图 14-8 涡流扩散及峰展宽示意图

对于填充柱色谱,涡流扩散项 A 与载气的性质、线速度和组分性质无关,涡流扩散项表示为:

$$A = 2\lambda d_p \qquad \text{式 14-34}$$

式 14-34 中,λ 为固定相的填充不规则因子,与颗粒大小、均匀性和填充均匀性有关,d_p 为固定相的平均直径(diameter of the packing material)。由此可见,固定相颗粒越小越均匀,A 越小,板高越小,柱效越高。

2. 纵向扩散项(longitudinal diffusion) 又称分子扩散,由浓度梯度造成,是组分在色谱柱中沿着流动相前进的方向扩散所引起的色谱峰展宽。显然,组分在色谱柱中滞留的时间越长,则在流动相中的扩散越大,谱带展宽越严重。

纵向扩散项(B/u)与流动相的线速度(u)成反比,与纵向扩散系数(B)成正比。纵向扩散系数为:

$$B = 2\gamma D_{m} \qquad\qquad 式14\text{-}35$$

式14-35中,γ为弯曲因子,也称为扩散障碍因子,反映固定相颗粒的几何形状对自由分子扩散的阻碍情况;D_{m}为组分在流动相中的扩散系数(cm^2/s)。显然,弯曲因子越小,组分的D_{m}越小,板高越小,柱效越高。

3.传质阻抗项(mass transfer) 组分分子与固定相或流动相分子间相互作用的结果。传质阻抗项(Cu)与流动相线速度(u)成正比,可用传质阻抗系数(C)描述。

在色谱分离中,组分被流动相带入色谱柱后,在两相界面进入固定相,并扩散至固定相深部,进而达到动态分配"平衡"。当流动相或含有低于"平衡"浓度的流动相到来时,固定相中该组分的分子将逐次回到两相界面逸出,而被流动相带走(转移)。该过程称为传质过程,影响此过程进行的阻力称为传质阻抗。

由于传质阻抗的存在,组分不能在两相间瞬间达到平衡,即色谱柱总是在非平衡状态下工作,结果使一些分子随流动相较快(比平衡状态下的分子)向前移动,而另一些分子稍滞后,从而引起峰展宽(图14-9)。

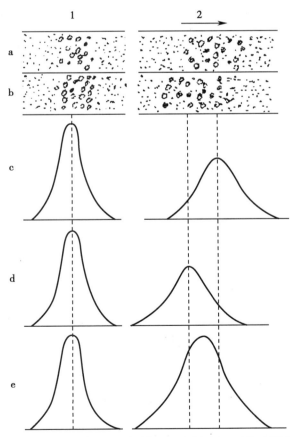

1—无传质阻抗;2—有传质阻抗;a—流动相;b—固定相;c—流动相中组分的分布;
d—固定相中组分的分布;e—色谱峰形状。

● 图14-9 传质阻力项产生的峰展宽

（1）在气 - 液色谱中：传质阻抗系数（C）包括气相传质阻抗系数（C_g）和液相传质阻抗系数（C_1），即 $C = C_g + C_1$。

气相传质过程指组分从气相移动到固定相表面的过程。该过程中组分将在两相间进行质量交换，即进行浓度分配。有的分子还来不及进入两相界面，就被气相带走，有的则进入两相界面又来不及返回气相，从而使组分在两相界面上不能瞬间达到分配平衡，引起滞后现象，从而使色谱峰展宽。

对于填充柱，C_g 为：

$$C_g = \frac{0.01k^2}{(1+k)^2} \cdot \frac{d_p^2}{D_g}$$ 式 14-36

式 14-36 中，k 为容量因子；d_p 为固定相颗粒直径；D_g 为组分在载气中的扩散系数。由此可见，固定相颗粒直径小，组分的 D_g 大，可减小 C_g。

液相传质过程指试样组分从固定相的气 - 液界面移动到液相内部，并发生质量交换，达到分配平衡，然后又返回气 - 液界面的传质过程。该过程需要一定的时间，而气相中组分的其他分子仍随载气不断向柱口运动，从而造成峰扩张。C_1 为：

$$C_1 = \frac{2}{3} \cdot \frac{k}{(1+k)^2} \cdot \frac{d_f^2}{D_1}$$ 式 14-37

式 14-37 中，k 为容量因子；d_f 为固定相的液膜厚度；D_1 为组分在液相的扩散系数。显示 k 和组分的 D_1 越大，固定相的液膜厚度越薄，C_1 越小，板高越小，柱效越高。

（2）在液 - 固（液）色谱中：传质阻抗系数包括动态流动相传质阻抗系数（C_m）、静态流动相传质阻抗系数（C_{sm}）和固定相传质阻抗系数（C_s）。即 $C = C_m + C_{sm} + C_s$，比气相色谱多了 C_{sm} 项。

1）动态流动相传质阻抗系数（C_m）：组分分子从流动的流动相中迁移到液固界面，并从液 - 固界面返回到流动的流动相的传质过程中，会受到流动相的阻力，引起色谱峰的展宽。同时，处于不同层流的流动相分子流速不同。因此，组分分子在紧挨颗粒边缘的流动相层流中的移动速度要比在中心层流中的移动速度慢，从而引起色谱峰的展宽。

$$C_m \propto \frac{d_p^2}{D_m}$$ 式 14-38

由此可见，颗粒大小与流动相扩散系数影响柱效。

2）静态流动相传质阻抗系数（C_{sm}）：液相色谱柱中装填的无定形或球形全多孔微粒固定相，其颗粒内部的孔洞充满了静态流动相，组分分子在静态流动相中受到的传质阻力。对于扩散到孔洞表层静态流动相中的组分分子，只需移动很短的距离，就能很快地返回到颗粒间流动的主流路之中；而扩散到孔洞较深处静态流动相中的组分分子，需要更多的时间才能返回到颗粒间流动的主流路之中，从而造成色谱峰的展宽。影响 C_{sm} 的因素与 C_m 相同（见式 14-39）。

$$C_{sm} \propto \frac{d_p^2}{D_m}$$ 式 14-39

同理，颗粒大小与流动相扩散系数影响柱效。

3）固定相传质阻抗系数（C_s）：组分分子从液 - 固界面进入固定相内部，并从固定相内部重新返回液 - 固界面的传质过程中，会受到固定相的阻力，引起色谱峰的展宽。

$$C_s \propto \frac{d_f^2}{D_s} \qquad\qquad 式14\text{-}40$$

因此,当载体上涂布的固定液膜比较薄,且载体无吸附效应时,可减少由于固定相传质阻力所引起的峰展宽。

4. 板高与流速的关系　见图 14-10。由式 14-33 显示,当流速较小时,峰展宽主要来自于 B 项,分子纵向扩散项;而当流速较大时,影响传质阻抗系数 C 的因素为主要影响因素。

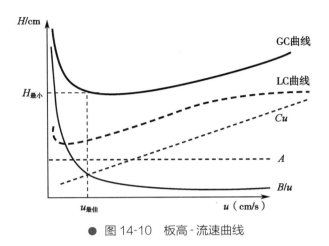

● 图 14-10　板高 - 流速曲线

流动相流速存在最佳流速(u_{opt}),此时板高最小(H_{min}),柱效最高。根据式 14-33,微分可得最佳流速:

$$\frac{\mathrm{d}H}{\mathrm{d}u} = -\frac{B}{u^2} + C = 0,\ 则,\ u_{opt} = \sqrt{B/C}$$

代入式 14-33 可得
$$H_{min} = A + 2\sqrt{BC}$$

实际工作常用实用流速,可以缩短分析时间。

五、色谱分离方程式

(一)分离度方程式

分离度的定义并没有反映影响分离度的各种因素,实际上,分离度受柱效(n)、选择系数(α)和容量因子(k)三个参数的影响。

对于难分离物质对,由于它们的分配系数差别小,可合理地假设待分离的两组分:$W_1 \approx W_2$,$k_1 \approx k_2$,由式 14-23、式 14-24、式 14-31 可得:

$$R = \frac{\sqrt{n}}{4} \cdot \frac{\alpha-1}{\alpha} \cdot \frac{k_2}{1+k_2} \qquad\qquad 式14\text{-}41$$
$$\quad\ \ a \qquad\ \ b \qquad\ \ c$$

式 14-41 称为色谱基本分离方程式,a 为柱效项、b 为柱选择项、c 为柱容量项。k_2 为色谱图上相邻两组分中第二组分的保留因子,α 为选择因子。

n、k_2 和 α 对分离度的影响如图 14-11 所示,增加 α,分离选择性增加而提高分离度;增加 n,峰变锐而改善分离度;增加 k 分离度增加,但使峰变宽。

由此可知,可通过提高塔板数 n,增加选择性 α、容量因子 k_2 来改善分离度 R。

（二）改善分离度的措施

（1）增大选择因子（α）: α 反映了固定相的选择性,α 越大,表明固定相的选择性越好,分离效果越好。当 $\alpha=1$ 时,无论柱效有多高,R 都为零,两组分不可能分离。研究证明 α 微小变化,就能引起分离度的显著变化。

由于 α 与固定相、流动相的性质直接相关,说明根据难分离物质对的化学性质,合理选择固定相和流动相,增大 α,对于提高分离度可起到事半功倍的作用。

（2）增大柱效（n）: 增加柱长、选择性能优良的色谱柱（减小柱的 H）,可提高 n 值。

在不改变塔板高度 H 的条件下,可得到分离度与柱长的关系为 $(R_1/R_2)^2 = L_1/L_2$,即分离度 R 与理论塔板数 n 的平方成正比。但增加柱长 L 固然能增加理论塔板数 n,若柱子过长,分离时间延长,柱阻也增加,峰变宽,不利于分离。

（3）增大容量因子（k）: 在选定色谱柱后,改变柱温、流动相极性可使 k 改变。增大容量因子 k 能改善分离情况,但同时分离时间将增长。

一般降低柱温可增大 k,但降低柱温使传质阻力增大,峰形扩张,严重时引起拖尾,并延长分析时间。在液相色谱中流动相极性也影响 k,可通过调节流动相极性改善分离度。根据与分离度 k 的关系,当 k 超过 10 以后,再增大 k 对分离度的影响不显著,但对分离时间的影响依然明显。所以,一般 k 取值为 2～10。

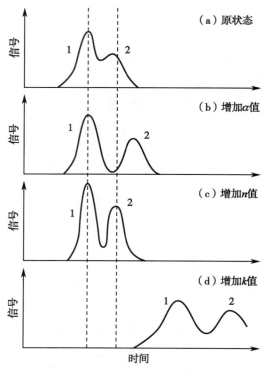

● 图 14-11 α、n、k 对分离度的影响

第四节 色谱分析方法

一、定性分析方法

定性分析的目的是确定待测试样的组成,判断各色谱峰代表的组分。色谱分析的优点是能对多种组分的混合物进行分离分析,解决光谱法不能解决的问题。但难于对未知物定性是色谱法的固有缺点,需要已知纯物质或有关的色谱定性参考数据,才能进行定性鉴别。常见定性方法有以下几种。

（一）保留值对照法

定性一般采用对照比较法进行定性。在相同的操作条件下,分别测出已知物和未知试样的保留值,在未知试样色谱图中对应已知物保留值的位置上是否有峰出现,判断试样是否有含有此已知物组分。

(二)加入对照品法

如果试样较复杂、峰间的距离太近、或操作条件不易控制稳定,要准确确定保留值有一定困难。这些情况下,可以将已知物加到未知试样中混合进样,若待定性组分峰峰高相对增大,则表示原试样中可能含有该已知物的成分。

(三)双柱定性法

若有时几种物质在同一色谱柱上恰有相同的保留值,无法定性,则可用性质差别较大的双柱定性。若在这两个柱子上,该色谱峰峰高都增大了,一般可认定是同一物质。这是实际工作中最常用的简便可靠的定性方法,只是当没有纯物质时才用其他方法。对于已知组分的复方药物和工厂的定型产品分析,尤为实用。

(四)联用技术定性法

利用质谱(MS)、核磁共振(NMR)、红外光谱(IR)阐明化合物结构的有效性,色谱与此联用,如 GC-MS、GC-NMR、GC-IR、HPLC-MS、HPLC-NMR 等联用技术可进行定性及结构分析。

二、定量分析方法

色谱定量分析的依据是,当操作条件一定时,待测组分的质量(m_i)或浓度(c_i)与检测器的响应信号(峰面积 A 或峰高 h)成正比。

(一)定量校正因子

由于同一检测器对相同质量的不同组分具有不同的响应值,因此为了使检测器产生的信号能真实反映物质的质量,在定量分析中引入校正因子(response factor)的概念。

1. 绝对校正因子　单位峰面积所代表组分 i 的质量为绝对校正因子,即:

$$f_i' = \frac{m_i}{A_i} \qquad \text{式 14-42}$$

式 14-42 中,A_i 为组分 i 质量为 m_i 时所产生色谱峰面积。但测定绝对校正因子 f_i' 需要准确知道进样量。

2. 相对校正因子　待测组分 i 和标准物质 s 的绝对校正因子之比为相对校正因子,即:

$$f_i = \frac{f_i'}{f_s'} \qquad \text{式 14-43}$$

例如,在气相色谱法中使用氢焰检测器时,常用正庚烷作标准物质;使用热导检测器时,用苯作标准物质。

在实际工作中,也常用性质相近的参考物质 s 测定相对校正因子进行定量分析。

$$f_{i,s} = \frac{f_i'}{f_s'} = \frac{m_i/A_i}{m_s/A_s} \qquad \text{式 14-44}$$

式 14-44 中,A_i、A_s 和 m_i、m_s 分别为组分 i 和参考物质 s 的峰面积和质量。测定相对校正因子时,可用分析天平称取 m_i、m_s 的待测物质 i 和参考物质 s,配成混合溶液后进样分析,根据所得峰面积计算相对校正因子。

(二)定量方法

1. 归一化法 定义组分 i 的质量分数等于其在样品总质量中所占的分数,即:

$$w_i = \frac{A_i f_i}{A_1 f_1 + A_2 f_2 + A_3 f_3 + \cdots + A_n f_n} \times 100\%$$

式 14-45

对于同系物,因校正因子相近,故可直接用峰面积计算:

$$w_i = \frac{A_i}{A_1 + A_2 + A_3 + \cdots + A_n} \times 100\%$$

式 14-46

归一化法的优点是简便、定量结果与进样量无关、受操作条件影响较小。但要求所有组分必须在一个分析周期内都能流出色谱柱,且对检测器都产生信号,某些不需要定量的组分也要测出其校正因子和峰面积。该法不能用于微量杂质的含量测定。

2. 外标法 包括工作曲线法(或标准曲线法、校正曲线法)和外标一点法、二点法。对照品溶液和供试品溶液在相同条件下进行分析,常用所得的峰面积 A 进行定量计算。当工作曲线过原点时,可采用一点法定量,否则需用二点法定量。

外标一点法是色谱分析常用法之一,对于组分 i,有:

$$m_x = \frac{A_x}{A_R} m_R \text{ 或 } c_x = \frac{A_x}{A_R} c_R$$

式 14-47

式 14-47 中,A、m、c 分别为峰面积、质量、浓度,x、R 分别为待测组分和对照品。

外标法的优点是操作简单、计算方便、不用校正因子、不加内标物,但需要严格控制操作条件及进样量才能得到准确的结果。

3. 内标法 对于色谱法的内标物,其基本要求是内标物应是试样中不存在的组分;内标物色谱峰位于待测组分色谱峰附近,或几个待测组分色谱峰中间,且与这些组分完全分离;内标物必须是纯度合乎要求的纯物质,若内标物含量已知、其杂质峰不干扰的较纯物质也可使用。

根据实际操作不同,内标法可分为内标校正因子法、内标工作曲线法和内标对比法。

(1)内标校正因子法:以一定质量的内标物(m_s),加入到准确称取质量的试样(m)中,混匀后进样分析,根据试样和内标物的质量及其在色谱图上相应的峰面积比,即可求出某组分(i)的质量百分分数。

$$w_i = \frac{m_i}{m} \times 100\% = \frac{A_i f_i m_s}{A_s f_s m} \times 100\%$$

式 14-48

由式 14-48 可知,该法通过测量内标物及待测组分峰面积的相对值进行计算,因而可抵消由于操作条件变化而引起的误差,故分析结果对进样量准确度的要求较低。

在日常工作中,校正因子经常未知,可以内标物为标准参照,先用对照品测定待测组分的相对校正因子,然后测定待分析样品,计算式为:

$$w_i = f_{i,s} \times \frac{A_i m_s}{A_s m} \times 100\%$$

式 14-49

(2)内标工作曲线法:在一系列不同浓度的对照品溶液和供试品溶液中,加入相同量的内标物,进样分析。以对照品溶液的 A_i/A_s 对浓度求回归方程,根据待测组分与内标物的峰面积比值,由回归方程求得待测组分的含量。

（3）内标对比法:若内标工作曲线的截距近似为零,可用内标对比法(已知浓度试样对照法)定量。在对照品溶液和待测溶液中,分别加入相同量的内标物,配成对照品液和供试液,分别进样分析,则有下式。

$$\frac{(A_i/A_s)_x}{(A_i/A_s)_R} = \frac{m_{ix}}{m_{iR}} \text{ 或 } \frac{(A_i/A_s)_x}{(A_i/A_s)_R} = \frac{c_{ix}}{c_{iR}}$$

即 $$m_{ix} = \frac{(A_i/A_s)_x}{(A_i/A_s)_R} \times m_{iR} \text{ 或 } c_{ix} = \frac{(A_i/A_s)_x}{(A_i/A_s)_R} \times c_{iR}$$ 式14-50

内标法的优点是受操作条件影响小,不需严格要求进样体积准确,定量准确;缺点是选择合适的内标物比较困难。

第五节　色谱法的发展趋势

色谱法经过一个多世纪的发展,其理论、技术和方法趋于成熟,如气相色谱和高效液相色谱已成为常规分析技术。这些方法目前的发展主要集中在以下两个方面:①增强自动化,建立和完善各种联用技术,以及开发新型的固定相和检测器等,以适应日益扩展的应用领域的需要;②发展新的色谱新方法和新技术,如超临界流体色谱、毛细管电泳和芯片技术等,它们各自具有独自的特点和独特的用途,但是它们仍然是一些发展中的技术和方法,仍需进一步改进与完善。

将各种色谱联用技术用于复杂试样分析,如中药指纹图谱的分析或代谢组学中的试样分析,获得的信息量非常大,如此海量数据的处理需要各种功能强大的统计学软件和计算机技术,亦属于色谱科学的前沿领域。

内容提要

（一）基本概念

1.吸附色谱法为以吸附剂为固定相,利用固定相表面对样品中各组分吸附能力强弱的差异而进行分离分析的色谱方法。

2.分配色谱法为利用样品组分在固定相与流动相中的溶解度(分配系数)不同而进行分离分析的色谱方法。

3.离子交换色谱法为以离子交换树脂作为固定相、水溶液作为流动相,利用样品离子与固定相的可交换基团交换能力(交换系数)的差别而进行分离分析的色谱法。

4.体积排阻色谱法为利用样品中不同组分的分子尺寸的差异进行分离分析的一种色谱方法,称为体积排阻色谱法或凝胶色谱法,多用于高聚物分子质量分布和含量测定。

5.亲和色谱法为将具有生物活性的配体基键合到非溶性载体或基质表面上形成固定相,利用蛋白质或生物大分子与亲和色谱固定相表面上配位基的亲和力进行分离的色谱法。

6. 化学键合相色谱法为将固定相的官能团通过适当的化学反应以共价键的形式键合在载体的表面,所形成的固定相称为化学键合相,使用化学键合固定相的色谱方法称为化学键合相色谱法。

7. 分配系数(K)指在一定温度和压力下,组分在固定相和流动相之间分配达平衡时的浓度比值。

8. 容量因子(k)指在一定温度和压力下,组分在固定相和流动相之间分配达到平衡时的量之比。

9. 死时间(t_M)指分配系数为零的组分,即不被固定相吸附或溶解的物质进入色谱柱时,从进样开始到色谱图上出现峰极大值所需的时间。

10. 保留时间(t_R)指从进样到某组分在柱后出现浓度极大时的时间间隔,即从进样开始到某个组分色谱峰顶点的时间间隔。

11. 调整保留时间(t'_R) 指某组分的保留时间扣除死时间后,称为该组分的调整保留时间。

12. 死体积(V_M)指由进样器至检测器的流路中未被固定相占有的空间。

13. 保留体积(V_R)指组分从柱后流出的流动相体积,即从进样开始到待测组分在柱后出现浓度最大值点时所通过的流动相体积。

14. 调整保留体积(V'_R) 指由保留体积扣除死体积后的体积。

15. 相对保留值($r_{i,s}$)指在相同操作条件下,某组分调整保留值与标准物质调整保留值的比值。

16. 分离度(R)又称分辨率,指相邻两组分色谱峰保留时间之差与两色谱峰缝宽均值之比。

（二）主要公式

1. 分配系数和容量因子$K = \dfrac{c_s}{c_m}$；$k = \dfrac{n_s}{n_m} = \dfrac{c_s V_s}{c_m V_m}$；$k = K\dfrac{V_s}{V_m}$

2. 保留时间 $t_R = t_m(1 + k) = t_m(1 + K\dfrac{V_s}{V_m})$

3. 相对保留值 $r_{i,s} = \dfrac{t'_{Ri}}{t'_{Rs}} = \dfrac{V'_{Ri}}{V'_{Rs}} = \dfrac{k_i}{k_s} = \dfrac{K_i}{K_s}$

4. 峰宽度 $W_{1/2} = 2.355\sigma$；$W = 4\sigma = 1.699\,W_{1/2}$

5. 拖尾因子 $T = \dfrac{W_{0.05h}}{2A} = \dfrac{A + B}{2A}$

6. 理论板数和高度 $n = (\dfrac{t_R}{\sigma})^2$ 或 $n = 16(\dfrac{t_R}{W})^2$ 或 $n = 5.54(\dfrac{t_R}{W_{1/2}})^2$；$H = \dfrac{L}{n}$

7. 分离度 $R = \dfrac{t_{R_2} - t_{R_1}}{\frac{1}{2}(W_1 + W_2)} = \dfrac{2(t_{R_2} - t_{R_1})}{W_1 + W_2}$

8. 分离方程式 $R = \dfrac{\sqrt{n}}{4} \cdot \dfrac{\alpha - 1}{\alpha} \cdot \dfrac{k_2}{1 + k_2}$

9. 绝对校正因子 $f'_i = \dfrac{m_i}{A_i}$

10. 相对校正因子 $f_i = \dfrac{f'_i}{f'_s}$

11. 归一化法 $w_i = \dfrac{A_i f_i}{A_1 f_1 + A_2 f_2 + A_3 f_3 + \cdots + A_n f_n} \times 100\%$

12. 外标一点法 $m_x = \dfrac{A_x}{A_R} m_R$ 或 $c_x = \dfrac{A_x}{A_R} c_R$

13. 内标校正因子法 $w_i = \dfrac{m_i}{m} \times 100\% = \dfrac{A_i f_i m_s}{A_s f_s m} \times 100\%$

14. 内标对比法 $m_{ix} = \dfrac{(A_i/A_s)_x}{(A_i/A_s)_R} \times m_{iR}$ 或 $c_{ix} = \dfrac{(A_i/A_s)_x}{(A_i/A_s)_R} \times c_{iR}$

（三）基本内容

1. 色谱分析法（chromatography）简称色谱法，也称为色层法或层析法，是分离分析混合物的一种有效的物理或物理化学方法。由固定相（stationary phase，有巨大表面积的固定床）、流动相（mobile phase，通过或沿着固定床渗滤的流体）和待分离混合物构成色谱三要素，利用混合物中共存组分在两相间迁移速度的差异，实现先分离，然后逐个进行测定，根据色谱流出曲线给出的信息，可对各组分进行分析和测定。

2. 色谱法按流动相状态分为气相色谱法、液相色谱法和超临界色谱法；按分离机理分为吸附色谱法、分配色谱法、离子交换色谱法和凝胶色谱法等；按操作形式分为柱色谱法和平面色谱法。

3. 色谱过程是物质分子在相对运动的两相间多次分配"平衡"的过程，混合物中各组分被流动相携带移动的速度不等，形成差速迁移而被分离。组分在色谱柱中的迁移速度取决于分配系数 K，若 K 相同，则不能分离；若 K 不同，各组分在色谱柱上迁移速度不同，从而被分离，色谱是不同迁移现象的最终产物。

4. 色谱分离必须具备两个条件，一是组分的分配系数必须有差异，二是区域变宽的速度要小于区域分离的速度。

5. 等温线是指在一定温度下，某组分在固定相和流动相之间达到平衡时，以组分在固定相中的浓度 c_s 为纵坐标、以组分在流动相中的浓度 c_m 为横坐标得到的曲线。等温线的形状是重要的色谱特性之一，具有线型、凸型和凹型三种类型。

6. 色谱法进行分离的理论依据是塔板理论和速率理论。塔板理论描述了组分在色谱柱中的分配行为，提出了用 n 和 H 来评价色谱柱的分离效能。速率理论是在塔板理论的基础上，把色谱分配过程与组分在两相中的扩散和传质过程相联系，用速率理论方程式解释影响塔板高度的各种因素。

7. 分离度 R 作为色谱柱总分离效能指标，全面、真实地反映相邻两组分在色谱柱中的分离情况。色谱基本分离方程式将分离度 R 与柱效、柱选择性联系起来，为实验条件的选择提供了理论依据。

8. 色谱定量分析方法主要采用归一化法、外标法和内标法。

思考题与习题

1. 什么是色谱法？色谱分离的原理是什么？

2. 从色谱流出曲线中，可以得到哪些重要信息？

3. 色谱法是如何进行分类的？各基本类型色谱的分离机制有何异同？

4．说明容量因子的物理含义及其与分配系数的关系。为什么分配系数不等是分离的前提？

5．用塔板理论讨论流出曲线，为什么不论在 $t > t_R$ 或 $t < t_R$ 时，总是 $c < c_{max}$？

6．简述谱带展宽的原因。

7．什么是分离度？提高分离度应从哪些方面考虑？

8．在一个液 - 液分配色谱柱上，组分 A 和 B 的 K 分别为 10 和 15，柱的固定相体积为 0.5ml，流动相体积为 1.5ml，流速为 0.5ml/min。求 A、B 的保留时间和保留体积。

$$(t_{R_A} = 13\text{min}, V_{R_A} = 6.5\text{ml}; t_{R_B} = 18\text{min}, V_{R_B} = 9\text{ml})$$

9．在一根 3m 长的色谱柱上分离一某试样的结果如下：死时间为 1 分钟，组分 1 的保留时间为 14 分钟，组分 2 的保留时间为 17 分钟，峰宽为 1 分钟。

（1）用组分 2 计算色谱柱的理论塔板数 n 及塔板高度 H。

（2）求调整保留时间 t'_{R_1} 及 t'_{R_2}。

（3）用组分 2 求有效塔板数 n_{eff} 及有效塔板高度 H_{eff}。

（4）求容量因子 k_1 及 k_2。

（5）求相对保留值 $r_{2,1}$ 和分离度 R。

$$(n_2 = 4.6 \times 10^3, H_2 = 0.65\text{mm}, t'_{R_1} = 13\text{min}, t'_{R_2} = 16\text{min}, n_{eff(2)} = 4.1 \times 10^3, H_{eff(2)} = 0.73\text{mm}, k_1 = 13,$$
$$k_2 = 16, r_{2,1} = 1.2, R_s = 3.0)$$

10．某色谱柱长 100cm，流动相流速为 0.1cm/s，已知组分 A 的洗脱时间为 40 分钟，求组分 A 在流动相中的时间和保留比（$R' = t_m/t_R$）为多少？

$$(16.7 \text{分钟}, 0.42)$$

11．某 YWG-$C_{18}H_{37}$（4.6mm×25cm）色谱柱，以甲醇 - 水（80：20）为流动相，记录纸速为 5mm/min，测得苯和萘的 t_R 和 $W_{1/2}$ 分别为 4.65 分钟和 7.39 分钟，0.79mm 和 1.14mm。求柱效和分离度。

$$(n_{苯} = 1.92 \times 10^4; n_{萘} = 2.33 \times 10^4; R_s = 8.36)$$

12．在某一液相色谱柱上组分 A 流出需 15.0 分钟，组分 B 流出需 25.0 分钟，而不溶于固定相的物质 C 流出需 2.0 分钟。问：

（1）B 组分相对于 A 的相对保留值是多少？

（2）A 组分相对于 B 的相对保留值是多少？

（3）组分 A 在柱中的容量因子是多少？

（4）组分 B 在固定相的时间是多少？

$$(r_{B,A} = 1.77, r_{A,B} = 0.565, k_A = 6.50, t_B = 23.0\text{min})$$

第十四章同步练习

第十五章　经典液相色谱分析法

15章 课件

学习目标

本章介绍经典液相色谱法中固定相、流动相及其选择等相关的基础知识。要求：

1. 掌握经典液相色谱法的基本原理；薄层色谱法的一般操作。

2. 熟悉液相色谱法中流动相选择的一般规则。

3. 了解经典液相色谱法的应用与进展。

液相色谱法是以液体为流动相的色谱法。经典液相色谱法是指在常压或低压下依靠重力或毛细作用输送流动相的色谱方法。经典液相色谱法具有设备简单、操作方便、分析样品量较大等特点，在药物质量控制、天然药物（包括中草药）有效部位或有效成分的筛选分离、标准品或对照品的制备等方面应用广泛。

第一节　液相色谱法类型

液相色谱法常依据分离机制、操作形式、分离效能进行分类。

（一）按分离机制分类

按分离机制液相色谱分为吸附色谱法、分配色谱法、离子交换色谱法、体积排阻色谱法、亲和色谱法和毛细管电色谱法等。

（二）按操作形式分类

按操作形式分类有柱色谱法和平面色谱法。平面色谱法（planar chromatography）包括纸色谱法（paper chromatography）、薄层色谱法（thin layer chromatography，TLC）以及薄膜色谱法（thin film chromatography）等。

（三）按分离效能分类

按分离效能液相色谱分为经典液相色谱法和现代液相色谱法，两者区别主要体现在固定相规格、流动相的输送方式、分析速度、分离效能和操作形式等方面。

经典液相色谱法包括经典柱色谱法和平面色谱法；现代液相色谱法主要是指高效液相色谱法（HPLC），采用高压输液泵输送流动相。本章主要介绍经典液相色谱法的有关内容。

第二节　液相色谱法的固定相与流动相

一、吸附色谱法的固定相与流动相

（一）吸附色谱法的固定相

吸附色谱法是以吸附剂为固定相的色谱方法。吸附剂大多是多孔性微粒状物质，具有使溶液中的溶质在其表面浓缩、富集的作用。吸附色谱法常用的吸附剂有硅胶、氧化铝、聚酰胺和大孔吸附树脂等。

1. 对吸附剂的要求　作为色谱法吸附剂，在表面积、吸附能力和化学活性等方面，需要符合一定的要求。

（1）应有较大的表面积、足够强的吸附能力，且对不同的物质具有不同强度的吸附能力。

（2）不与洗脱剂、溶剂及样品发生化学反应，不溶于所用溶剂和洗脱剂。

（3）粒度细而均匀，以保证洗脱剂能够以一定的流速通过色谱柱。

2. 常用的无机吸附剂

（1）硅胶（silica gel）：是一种极性吸附剂。色谱法中使用的硅胶为多孔性无定形粉末，常以 $SiO_2 \cdot xH_2O$ 表示，其骨架表面的硅羟基（$-Si-OH$）是吸附中心，一般作为质子给予体与待分离物质形成氢键而表现出吸附性能，可选择性地吸附不饱和的、芳香族的和极性的分子。待分离物质的极性越强，硅胶对其吸附能力也越强。硅胶具有弱酸性（$pH=4.5$），主要适用于分离酸性或中性化合物。

硅胶表面有效的硅羟基数目越多，其吸附能力越强。水分子也能被硅羟基所吸附，吸附水分后的水合硅羟基吸附能力降低。因此，硅胶的吸附活性与含水量成相关性。按含水量由低到高，硅胶的活度级别可分为Ⅰ、Ⅱ、Ⅲ、Ⅳ、Ⅴ，对应的含水量依次为 0、5%、15%、25%、38%，吸附能力渐次减弱。置于 105℃ 环境下，吸附的水分可被除去，硅胶的吸附活性可得到恢复。需要注意的是，硅胶的活化温度并非越高越好。200℃ 上的温度会导致硅羟基脱水，转变为硅醚结构（$-Si-O-Si-$）而失去吸附活性。

（2）氧化铝（alumina）：是由氢氧化铝于 400～500℃ 灼烧而成的具有较强吸附力的吸附剂，具有分离能力强、活性可控等特点。根据制备时的不同 pH，分为碱性、中性和酸性三种。

碱性氧化铝（$pH=9～10$）适用于分离碱性或中性化合物，如生物碱类成分。

酸性氧化铝（$pH=4～5$）适用于分离酸性化合物，如有机酸、酸性色素、部分氨基酸、酸性多肽类以及对酸稳定的中性物质。

中性氧化铝（$pH=7.5$）适用范围广，可用于分离上述碱性、酸性氧化铝能够分离的化合物，也可用于分离那些在酸性或碱性条件下不稳定的苷类、醌类、内酯类等成分。

氧化铝的吸附活性与含水量成相关性,对应含水量分别为 0、3%、6%、10%、15%,其活度级别依次为Ⅰ、Ⅱ、Ⅲ、Ⅳ、Ⅴ级。

3．常用的有机吸附剂

（1）聚酰胺:通过酰胺键聚合而成的一类高分子化合物。色谱法中常用的聚酰胺是聚己内酰胺,是一种白色多孔的非晶型粉末,不溶于水和一般的有机溶剂,易溶于甲酸、酚以及浓的无机酸。

酰胺键(—CO—NH—)中的羰基可与酚羟基、羧基形成氢键;氨基可与醌类、硝基形成氢键,产生吸附作用。不同的化合物由于活性基团的种类、数目与位置的不同,形成氢键的能力不同,因此可利用聚酰胺作为固定相实现分离。

化合物之间形成氢键的能力与溶剂有关,在水溶液中最强;在有机溶剂中较弱;在碱性溶液中最弱。在水溶液中,化合物与聚酰胺由于形成氢键产生的吸附力具有以下一般规律。

1）形成氢键的基团数目越多,吸附力越强。如:

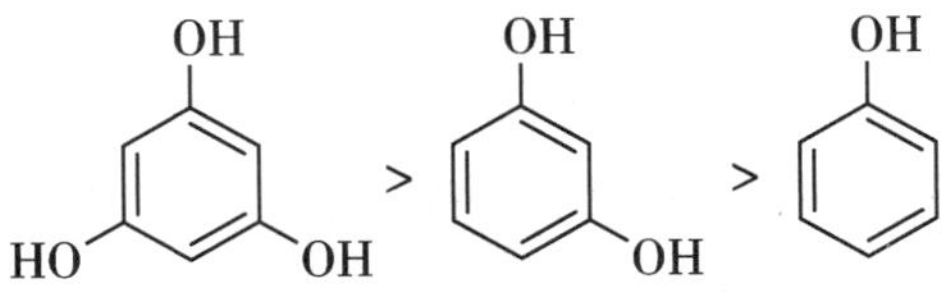

2）形成氢键的能力与形成氢键的基团位置有关,如间位、对位酚羟基的吸附力比邻位酚羟基的吸附力强:

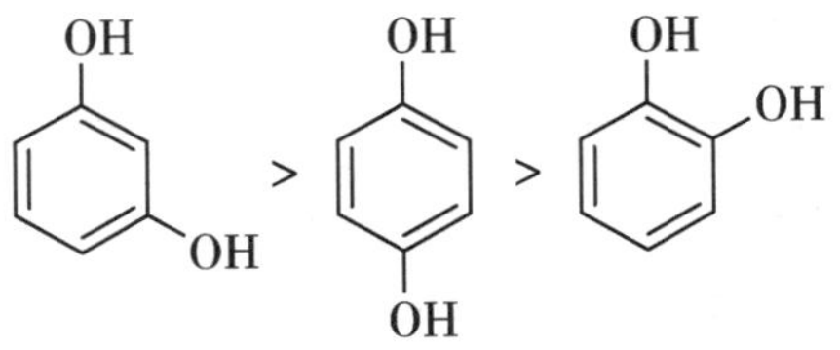

3）芳香核共轭双键越多,吸附力越强。如:

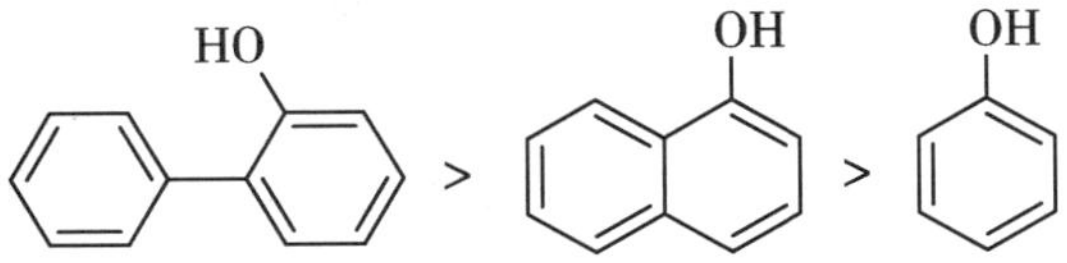

4）形成分子内氢键会使吸附力减弱。如:

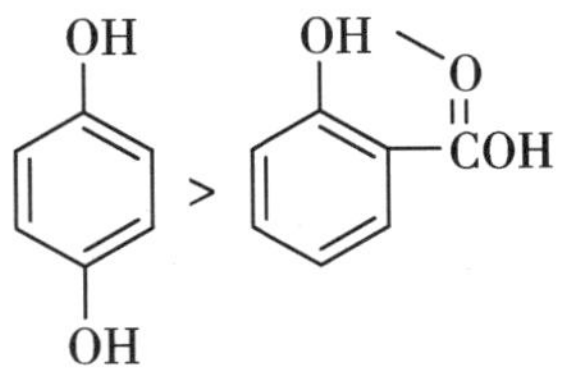

（2）大孔吸附树脂:是一种不含交换基团、具有大孔网状结构的高分子吸附剂。粒度多为20～60目,在使用中同时存在吸附性和分子筛性。大孔吸附树脂分为非极性和中等极性两类。一般规律是,在水溶液中,非极性化合物易被非极性树脂吸附,极性物质易被极性树脂吸附。

大孔吸附树脂主要用于水溶性化合物的分离纯化,近年来多用于皂苷及其苷类化合物与水溶性杂质的分离,也可间接用于水溶液的浓缩,从水溶液中吸附有效成分。大孔吸附树脂具有吸附容量大、选择性好、成本低、收率较高和再生容易等优点,在天然药物有效成分及部位的分离、分析中得到广泛的应用。

(二)吸附色谱法的流动相

吸附色谱法中,流动相需要将吸附在吸附剂上的样品各组分解吸附,这个过程称为洗脱,所用的流动相称为洗脱剂。各种常用的溶剂都可以根据需要用作洗脱剂,如水、甲醇、三氯甲烷、石油醚等。

(三)吸附色谱法的条件选择

组分在色谱柱中的移动速度和分离效果取决于两个方面:吸附剂对各组分的吸附能力、洗脱剂对各组分的解吸能力。因此,选择色谱条件时必须综合考虑三个方面的因素,即组分的结构性质、吸附剂的活性和流动相的极性。

1. 化合物吸附作用强弱的判断规律   一般认为,化合物的极性越大,越容易被吸附剂吸附。化合物在吸附剂表面的吸附作用强弱的一般规律如下。

(1)基本母核相同时,分子中基团的极性越强,整个分子的极性也越强。常见有机化合物基团的极性由小到大顺序为:烃基<醚基<硝基<酯基<羰基(酮)<羰基(醛)<巯基<氨基<酰胺基<羟基<酚羟基<羧基。

(2)分子中双键越多,吸附作用越强;共轭双键越多,吸附作用也越强。

(3)形成分子内氢键可使吸附作用减弱。

2. 固定相的选择   分离极性小的物质,需选用吸附活性高的吸附剂作为固定相。反之,分离极性大的物质,应选用吸附活性低的吸附剂作为固定相。

3. 流动相的选择   选择流动相时,一般依据"相似相溶"的原则,即分离极性大的物质选用极性大的溶剂作为流动相,分离极性小的物质选用极性小的溶剂作为流动相。常用溶剂的极性由小到大顺序为:石油醚<环己烷<四氯化碳<三氯乙烯<苯<甲苯<二氯甲烷<乙醚<三氯甲烷<乙酸乙酯<丙酮<正丁醇<乙醇<甲醇<水<乙酸。

4. 选择原则   吸附色谱法的分离条件可依据如图 15-1 所示的关系图来进行选择:若待分离组分极性较大,宜选择吸附活性较低的吸附剂和极性较大的洗脱剂;若待分离组分极性较小,则宜选择吸附活性较高的吸附剂和极性较小的洗脱剂。

如果待分离的几个组分性质相近,单一洗脱剂往往不易获得较好的分离效果。此时,可使用两种或两种以上不同极性的溶剂按适当比例混合,组成极性、互溶性、酸度和黏度均适宜的洗脱剂,从而改善分离效果。

硅胶、氧化铝等吸附剂遇水失活,以这些吸附剂作为固定相的吸附色谱法主要用于分离易溶于有机溶剂的有机物质。若以聚酰胺作为固定相,则可采用含水的混合溶剂作为流动相。

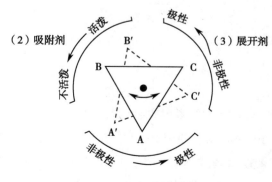

(2)吸附剂

(3)展开剂

(1)被分离的物质

● 图 15-1   吸附色谱三要素之关系

二、分配色谱法的固定相与流动相

（一）分配色谱法的类型

根据固定液和流动相的相对极性，分配色谱法分为正相分配色谱法（normal-phase partition chromatography）和反相分配色谱法（reverse-phase partition chromatography）。正相分配色谱法以极性大的溶剂作固定液，极性小的溶剂作流动相。反相分配色谱法以极性小的溶剂作固定液，极性大的溶剂作流动相。表 15-1 对正相与反相分配色谱法的特性进行了比较。

表 15-1　正相、反相分配色谱法特性比较

比较项目	正相分配色谱法	反相分配色谱法
固定相	强极性	非极性
流动相	弱等 - 中等极性	中等 - 强极性
出峰顺序	极性弱的组分先出峰	极性强的组分先出峰
保留值与流动相极性关系	随流动相极性增大保留值减小	随流动相极性增大保留值增大
适于分离的物质	极性物质	弱极性物质

（二）分配色谱法的固定相

分配色谱法的固定相由载体和固定液组成。

1. 载体　分配色谱法的载体只起支撑与分散固定液的作用。载体应化学惰性，对待分离组分没有吸附作用，同时又能吸留较大量的固定液。载体必须纯净，颗粒大小均匀，常用载体有以下几种。

（1）硅藻土：硅藻土中的氧化硅对待分离组分几乎不发生吸附作用，是目前应用最多的载体。

（2）硅胶：在吸收相当于自身重量 50% 以上的水后即失去吸附作用，可作为载体，水作为固定液。

（3）纤维素：纤维素是纸色谱法的载体。同时，分配柱色谱法也常采用纤维素作为载体。

2. 固定液　分配色谱法的固定液要求是待分离物质的良好溶剂，同时应与流动相互不相溶。

（1）正相分配色谱法的固定液：常用的固定液有水、各种缓冲溶液、稀硫酸、甲醇、甲酰胺、丙二醇等强极性溶剂以及它们的混合液，适用于分离极性及中等极性的物质。在分离过程中，弱极性物质移动的速度快，先流出色谱柱，极性物质后流出色谱柱。

（2）反相分配色谱法的固定液：反相分配色谱法常用的固定液有硅油、液体石蜡等极性较小的有机溶剂，适用于分离中等极性及非极性的物质。在分离过程中，待分离组分的移动情况与正相分配色谱法相反，极性大的分子移动的速度快，先流出色谱柱，弱极性物质后流出色谱柱。

（三）分配色谱法的流动相

分配色谱法的流动相种类较多，水、不同 pH 的缓冲溶液和不同极性的溶剂均可用作流动相。对流动相的要求是：与固定液互不相溶，极性相差较大；对样品组分的溶解度足够大，又相对小于固定液对组分的溶解度。

正相分配色谱法常用的流动相有石油醚、醇类、酮类、酯类、卤代烷类等以及它们的混合物。流动相极性越大,组分流出色谱柱越快。

反相分配色谱法常用的流动相为水或各种酸、碱、缓冲盐的水溶液,低级醇类及其与水的混合物等。流动相极性越小,组分流出色谱柱越快。

三、离子交换色谱法的固定相与流动相

(一)离子交换树脂的类型

离子交换树脂是由高分子聚合物的骨架和活性基团组成,其骨架具有特殊的网状结构。网状结构的骨架部分一般都十分稳定。在其网状结构的骨架上有可以电离、可被交换的基团,如磺酸基($-SO_3H$)、羧基($-COOH$)及季铵基($-N^+R_4$)等。

依据树脂合成时所用的原料不同,目前的树脂可分为聚苯乙烯型、酚醛型、环氧型和丙烯酸型,其中以聚苯乙烯型比较普遍。

根据所含活性基团的性质以及所交换离子的电荷,树脂又可分为阳离子交换树脂和阴离子交换树脂。

1. 阳离子交换树脂 以阳离子作为交换离子的树脂叫阳离子交换树脂。含有$-SO_3H$、$-COOH$、$-OH$、$-SH$、$-PO_3H_2$等酸性基团,其中可电离的H^+与样品溶液中某些阳离子进行交换。依据其酸性强度,又可分为强酸型与弱酸型阳离子交换树脂。

树脂的酸性强度一般按下列次序递减:$R-SO_3H > HO-R-SO_3H > R-PO_3H_2 > R-COOH > R-OH$。

强酸型阳离子交换树脂的交换与再生反应如下:

$$R-SO_3^-H^+ + X^+ \rightleftharpoons R-SO_3^-X^+ + H^+$$

2. 阴离子交换树脂 以阴离子作为交换离子的树脂叫阴离子交换树脂。含有$-NH_2$、$-NHR$、$-NR_2$或$-N^+R_3X^-$等碱性基团。含有季铵基者为强碱性,含有$-NH_2$、$=NH$、$\equiv N$等基团者为弱碱性。其中可离解的OH^-与样品溶液中某些阴离子进行交换。

强碱型阴离子交换树脂的交换与再生反应如下:

$$R-N^+(CH_3)_3OH^- + Y^- \rightleftharpoons R-N^+(CH_3)_3Y^- + OH^-$$

(二)离子交换树脂的性质

选择离子交换树脂进行色谱分离时,应考虑树脂的粒度、比重、机械强度、多孔性、溶胀特性、交换容量和交联度等因素。

1. 离子交换树脂的特性 主要特性有交联度(degree of cross-linking)、交换容量(exchange capacity)、溶胀和粒度。

(1)交联度:离子交换树脂的网状结构由交联剂共聚形成,例如聚苯乙烯型磺酸基阳离子交换树脂是由苯乙烯和二乙烯苯共聚制得。因此,在聚苯乙烯的长链状结构间存在着"交联",形成了网状结构。二乙烯苯的用量越多,交联就越多。离子交换树脂中交联剂的含量称为交联度,通常以重量百分比来表示。即在合成树脂时,二乙烯苯在原料中所占总重量的百分比。例如,某树

脂厂生产的聚苯乙烯型强酸性阳离子交换树脂,产品牌号为732(强酸1×7),其中1×7表示交联度为7%。一般树脂含二乙烯苯8%～12%。

高交联度树脂呈紧密网状结构,网眼小,离子很难进入树脂中,交换速度也慢,但选择性很好;刚性较强,能承受一定的压力。低交联度的树脂虽具有较好的渗透性,但存在着易变形和耐压差等缺点。在选用时,除考虑这些情况外,主要应根据分离对象而定。例如,分离氨基酸等小分子物质,则以8%树脂为宜,而对多肽等分子量较大的物质,则以2%～4%树脂为宜。

(2)交换容量:指每克(毫升)干树脂中真正参加交换反应的基团数,一般单位用mmol/g或mmol/ml表示。

交换容量是一个重要的实验参数,表示离子交换树脂进行离子交换的能力大小。交换容量的大小取决于合成树脂时,引入到母体骨架上的酸性或碱性基团的数目,可在合成时预知。但实际上,交换容量也与交联度、溶胀性、溶液的pH以及分离对象等因素有关,通常以实测为准。如溶液的pH对电离度较小的弱酸、弱碱型树脂有较大的影响,它们的交换容量将随溶液的pH变化而变化。又如同一树脂,其交换大分子量物质与小分子量物质的交换容量也不同。

(3)溶胀:树脂中存在着大量的极性基团,具有很强的吸湿性。当树脂浸入水中,大量水进入树脂内部,引起树脂膨胀,此现象称为溶胀。溶胀的程度取决于交联度的高低,交联度高,溶胀小;反之,溶胀大。一般1g树脂最大吸水量为1g。溶胀程度还与所用树脂是氢型还是盐型有关,例如弱酸性阳离子交换树脂,氢型时吸水量不大,当氢型转变为盐型时,将吸入大量的水,使树脂溶胀。

(4)粒度:离子交换树脂的颗粒大小,一般是以溶胀状态所能通过的筛孔来表示。制备纯水常用10～50目树脂,分析用树脂常用100～200目。颗粒小,离子交换达到平衡快,但洗脱流速慢,使用时可根据需要选用不同粒度的树脂。

2. 影响选择性系数的因素　选择性系数与离子的电价和水合离子半径有关。电价高、水合离子半径小的离子,其选择性系数大,亲和力强。

实验证明,在常温下,离子浓度较小的溶液中,离子交换树脂对不同离子的亲和力顺序如下。

(1)强酸型阳离子交换树脂:不同价态的离子,电荷越高,亲和力越强,选择性系数越大。如$Th^{4+} > Al^{3+} > Ca^{2+} > Na^+$;一价阳离子的亲和力顺序为$Ag^+ > Tl^+ > Cs^+ > Rb^+ > K^+ > NH_4^+ > Na^+ > H^+ > Li^+$;二价阳离子的亲和力顺序为$Ba^{2+} > Pb^{2+} > Sr^{2+} > Ca^{2+} > Ni^{2+} > Cd^{2+} > Cu^{2+} > Co^{2+} > Zn^{2+} > Mg^{2+} > UO_2^{2+}$;稀土元素由于镧系收缩现象,亲和力随原子序数增大而减小,稀土金属离子的半径虽随原子序数增大而减小,但水合离子的半径却增大,亲和力顺序为$La^{3+} > Ce^{3+} > Pr^{3+} > Nd^{3+} > Sm^{3+} > Eu^{3+} > Gd^{3+} > Tb^{3+} > Dy^{3+} > Y^{3+} > Ho^{3+} > Er^{3+} > Tm^{3+} > Yd^{3+} > Lu^{3+} > Sc^{3+}$。

(2)强碱型阴离子交换树脂:阴离子的亲和力一般规则为枸橼酸根 $> SO_4^{2-} > CrO_4^{2-} > I^- > HSO_4^- > NO_3^- > C_2O_4^- > Br^- > CN^- > NO_2^- > Cl^- > HCOO^- > CH_3COO^- > OH^- > F^-$。

在高浓度的水溶液中和常温下,或在高温的非水溶液中,其离子的亲和力差异会变小,顺序还可能会发生颠倒。因此,分离分析宜在稀溶液中进行。

另外,H^+和OH^-的亲和力随树脂交换基团的性质不同而有很大的差异,这取决于H^+和OH^-与交换基团所形成的酸和碱的强度,酸碱强度愈大,其亲和力愈小。故H^+对弱酸性树脂,OH^-对弱碱性树脂具有最大的亲和力。

（三）离子交换色谱的流动相

对经过离子交换被吸附在离子交换剂上的待分离物质，一般有两种洗脱方法。

（1）增加离子强度：使洗脱液中的离子能争夺交换剂的吸附部位，从而将待分离的物质置换下来。

（2）改变 pH：使样品离子的解离度降低，电荷减少，对交换剂的亲和力减弱，从而被洗脱下来。水是优良的溶剂，具有电离性，因此大多数离子交换色谱分离过程，都在水溶液中进行。

有时也加入少量有机溶剂，如甲醇、乙醇、乙腈等，也可用弱酸、弱碱和缓冲溶液。为了获得最佳的交换和洗脱，经常需要用有竞争力的溶剂离子，并同时保持稳定的 pH。所以经常选用各种不同离子浓度的含水缓冲液来洗脱。

在阳离子交换树脂中，经常采用柠檬酸、磷酸、醋酸缓冲液；在阴离子交换树脂中，则应用氨水、吡啶等缓冲液；对复杂组分也可采用梯度洗脱。

四、空间排阻色谱法的固定相与流动相

空间排阻色谱法（steric exclusion chromatography，SEC）又称为凝胶色谱法（gel chromatography）、分子排阻色谱法（molecular exclusion chromatography）、分子筛色谱法（molecular sieve chromatography）和尺寸排阻色谱法（size exclusion chromatography），主要用于大分子物质如蛋白质、多糖等的分离。

固定相为化学惰性多孔物质——凝胶，具有一定大小的孔穴，体积大的分子不能渗透到孔穴中而被排阻，较早被淋洗出来；中等体积的分子部分渗透；小分子可完全渗透入内，最后被洗出色谱柱，样品分子基本按其分子大小先后排阻，从柱中流出。

该色谱法根据流动相的不同又可分为两类：以有机溶剂为流动相者，称为凝胶渗透色谱法（gel permeation chromatography，GPC）；以水溶液为流动相者，称为凝胶过滤色谱法（gel filtration chromatography，GFC）。

（一）固定相类型及特性

常用凝胶有葡聚糖凝胶、聚丙烯酰胺凝胶以及琼脂糖凝胶等。商品凝胶是干燥的颗粒状物质，只有吸收大量溶剂溶胀后方称为凝胶。吸水量大于 7.5g/g 的凝胶，称为软胶；吸水量小于 7.5g/g 的凝胶，称为硬胶。常用凝胶主要有以下几种。

（1）葡聚糖凝胶 G：由葡聚糖和交联剂甘油通过醚桥相互交联而形成的多孔性网状结构，外形呈球形，颗粒状。商品名为 Sephdex，由于醚键的不活泼性，故葡聚糖凝胶具有较高的稳定性。交联度可用吸水量或膨胀重量来表示，即每克干凝胶所吸收的水分重量。交联度大的孔隙小，吸液膨胀也少，可用于小分子量物质的分离。不同规格型号的葡聚糖用英文字母 G 表示，G 后面的阿拉伯数为每克凝胶吸水量的 10 倍。例如，G-50 为每克凝胶膨胀时吸水 5g，同样 G-200 为每克干凝胶吸水 20g。葡聚糖凝胶的种类有 G-10、G-15、G-25、G-50、G-75、G-100、G-150 和 G-200。葡聚糖凝胶不宜长期与强酸及强氧化剂接触。微生物也可使其降解，因此要注意防止发霉。

（2）聚丙烯酰胺凝胶：由丙烯酰胺与 N, N'- 亚甲基 - 二丙烯酰胺交联聚合而成。控制交联剂的用量可制成各种型号的凝胶。交联剂越多，孔隙越小。聚丙烯酰胺凝胶的商品为生物胶 -P（Bio-P），型号很多，从 P-2 至 P-300 共 10 种，P 后面的数字再乘 1 000 就相当于该凝胶的排阻限度。聚丙烯酰胺凝胶不耐酸，遇酸时酰胺键水解会产生羧酸，使凝胶有一定的离子交换作用，因此，使用的范围是 pH 2～11。

（3）琼脂糖凝胶：来源于一种海藻，为乳糖的聚集体，链状琼脂糖分子相互以氢键交联来维持网状结构。一般情况下，它的结构是稳定的，可以在 pH 4～9、0～40℃范围内使用。琼脂糖凝胶的优点是待分离组分的分子量范围宽，最大分子量可达 10^8。琼脂糖凝胶在 40℃以上开始融化，也不能高压消毒，可用化学灭菌法处理。商品名很多，常见的有 Sepharvose（瑞典 pharmacia）、Bio-Gel-A（美国 Bio-Rad）、Sagavc（英国）和 Gelarose（丹麦）等。

（4）聚苯乙烯凝胶：由苯乙烯和二乙烯苯聚合而成，可在有机溶剂中溶胀，有大网孔结构，凝胶机械强度好。相对于上述三种亲水性凝胶，对于一些难溶于水或有一定程度的亲脂性样品，则可用聚苯乙烯凝胶进行分离，聚苯乙烯凝胶为目前应用广泛的亲脂性凝胶，其洗脱剂可用甲基亚砜。常用于分离分子量 1 600～40 000 000 的生物大分子，适用于有机多聚物分子量测定和脂溶性天然产物的分级。聚苯乙烯凝胶的商品名为 Styrogel。

（5）葡聚糖凝胶 LH-20：为亲脂性凝胶，是在葡聚糖凝胶 G-25 分子中引入羟丙基以代替羟基的氢，成醚键结合状态 R—OH → R—O—（CH$_2$）$_3$—OH，因而具有了一定程度的亲脂性，在许多有机溶剂中也能溶胀。适用于分离亲脂性的物质，如黄酮、蒽醌、色素等。

（6）无机凝胶：有多孔性硅胶和多孔性玻璃。无机凝胶不会溶胀或收缩，适合所有溶剂，且其孔径精确、机械性能好、选择性高。但因其吸附性较强，不适合极性大的组分分离。

（二）凝胶及流动相的选择

1. 凝胶的选择　在满足基本要求下，根据分离对象和分离要求选择适当型号的凝胶。

空间排阻柱色谱对所用凝胶的基本要求有：①化学性质惰性，不与溶液和溶质发生反应，可重复使用而不改变其色谱性质；②不带电荷，防止发生离子交换作用；③颗粒大小均匀；④机械强度尽可能高。

（1）组别分离：从小分子物质（$K=1$）中分离大分子物质（$K=0$）或从大分子物质中分离小分子物质，即对于分配系数有显著差别的分离叫组别分离。如制备分离中的脱盐，大多采用硬胶（G-75 型以下的凝胶，如葡聚糖凝胶 G-25、G-50），既容易操作，又可得到满意的流速；对于小肽和低分子量物质（1 000～5 000）的脱盐可采用葡聚糖凝胶 G-10、G-25 及聚丙烯酰胺凝胶 P-2 和 P-4。

（2）分级分离：当待分离物质之间分子量比较接近时，根据其分配系数的分布和凝胶的工作范围，把某一分子量范围内的组分分离开来，这种分离称为分级分离，常用于分子量的测定。分级分离的分辨率比组别分离高，但流出曲线之间容易重叠。例如，将纤维素部分水解，然后用葡聚糖凝胶 G-25 可以分离出 1～6 个葡萄糖单位纤维糊精的低聚糖，它们的分子量范围从 180～990，在葡聚糖 G-25 的工作范围（100～5 000）之内。

（3）亲脂性有机化合物的分离：可选用亲脂性凝胶。在选用凝胶型号时，如果几种型号都可使用，应视具体情况。例如，若要从大分子蛋白质中除去氨基酸，各种型号的葡聚糖凝胶均可使用，但最好选用交联度大的 G-25 或 G-50，因为易于装柱且流速快，可缩短分离时间；如果想把氨基酸收集于一个较小体积内，并与大分子蛋白质完全分离，最好选用交联度小的凝胶，如 G-10、G-15，可以避免吸附作用导致的氨基酸扩散。由此可见，从大分子物质中除去小分子物质时，在适宜的型号范围内选用交联度大的型号为好；反之，如果欲使小分子物质浓缩并与大分子物质分离，则在适宜型号范围内，以选用交联度较小的型号为好。

2. 流动相的选择　空间排阻色谱一般用于柱色谱操作，对洗脱剂的要求并不十分严格，因为组分的分离并不依赖于洗脱剂和组分间的相互作用。

常用流动相有四氢呋喃、甲苯、三氯甲烷、二甲基甲酰胺和水等。为避免洗脱过程中凝胶体积发生变化而影响分离，洗脱剂一般应与浸泡溶胀凝胶所用的溶剂相同，且选择的流动相必须与凝胶的特性相匹配。

以水溶液为流动相的凝胶色谱适用于水溶性样品的分析，以有机溶剂为流动相的凝胶色谱适用于非水溶性样品。不带电荷的水溶性物质可用纯蒸馏水洗脱，若分离物质有带电基团，则需要用具有一定离子强度的缓冲液等，浓度至少 0.02mol/L。例如，分离多糖一般用 0.02mol/L 的 NaCl 溶液。

第三节　经典液相柱色谱法基本操作

目前，经典液相柱色谱法很少用于直接的分离分析，但在一些复杂试样分析前的预处理中仍有应用。

经典液 - 固吸附柱色谱法是将吸附剂装于柱管内构成色谱柱，洗脱剂（流动相）通过重力（或低压、低真空）输送，色谱过程在色谱柱内进行，根据不同组分在吸附剂上吸附性能的差异，进行分离。一般需经过色谱柱制备、加样、洗脱和检出四个基本步骤。

一、硅胶吸附柱色谱法

硅胶吸附柱色谱法是较为常用的经典液 - 固吸附柱色谱法，可用于分离极性至弱极性的化合物，但不适用于分离强极性的物质。

（一）色谱柱的制备

柱管为内径均匀、下端缩口或具活塞的硬质玻璃管、石英柱或尼龙柱等，其中常用为玻璃柱，柱下端通常塞有少量棉花或装有玻璃砂芯的滤板，以防止吸附剂流失。

色谱柱的大小规格由待分离样品的量和吸附难易程度来决定。一般柱管内径与柱长的比例在 1 : 10～20，柱体高度应占柱管高度的 3/4。硅胶量约为待分离试样量的 20～50 倍（根据具体情况而定）。硅胶颗粒应尽可能大小均匀，一般用在 100～200 目。色谱柱制备时应首先将柱管垂直地固定于支架上。

硅胶填装前需预先活化，填装方法有干法和湿法两种方式。

（1）干法装柱：将硅胶均匀地一次性倒入柱内。通常在柱管上端放一个玻璃漏斗，使硅胶经漏斗成一股细流，慢慢加入管内，并用套有乳胶管的玻璃棒轻轻敲击管壁至硅胶柱高度不变，即成。

若后续是用湿法加样，则再在硅胶上面加少许棉花或直径与柱内径大小的滤纸片（以防止倒入试样溶液或洗脱剂时将吸附剂冲起），再打开下端活塞，然后自管顶端沿管壁缓缓加入溶剂，待硅胶湿润且不再下沉为止。注意柱内是否有气泡，如有，可再加溶剂并在柱的上端通入压缩空气，使气泡随溶剂由下端流出。

（2）湿法装柱：先将准备使用的洗脱剂加入柱管内，然后把硅胶（或将硅胶以相同洗脱剂拌湿后）慢慢连续不断地倒入柱内，并将管下端活塞打开，使洗脱剂慢慢流出。硅胶慢慢沉降于柱管下端。待加完硅胶，继续使洗脱剂流出，直至硅胶沉降不再变动，再在硅胶上面加少许棉花或直径与柱内径大小的滤纸片，将多余的洗脱剂放出，操作过程中应保持硅胶层上方有一定量的洗脱剂。

（二）加样

加样也有干法和湿法两种方式。

（1）干法加样法：如试样不易溶解于初始洗脱溶剂，可预先将试样溶于易溶的溶剂中，用少量硅胶拌匀，采用加温或挥干方式除去溶剂。待干燥后，将拌有试样的硅胶直接加到色谱柱内硅胶上面，并在表面加少许硅胶后，再在硅胶上面加少许棉花或直径与柱内径大小的滤纸片，然后进入洗脱程序。

（2）湿法加样法：先将色谱柱中洗脱剂放至与硅胶面相齐，关闭活塞；用少量初始洗脱溶剂使试样溶解，沿色谱管壁缓缓加入试样溶液，待试样溶液完全转移至色谱柱中后，打开下端活塞，缓慢放出洗脱剂，使液面与柱面相齐，然后进入洗脱程序。

（三）洗脱

加入洗脱剂，调节一定的流速（中小型柱一般以 1～5 滴 /s 的速度为宜）。洗脱时应始终保持一定高度液面，切勿断流。

除另有规定外，通常按洗脱剂洗脱能力大小或按递增方式变换洗脱剂的品种与比例，分别分步收集流出液。

洗脱过程分为常压、加压和减压三种模式。加压可以增加洗脱剂的流动速度，减少产品收集的时间，但会降低柱子的柱效。减压柱可以减少吸附剂用量，但可能造成柱中的溶剂大量挥发，影响分离效果。在其他条件相同时，常压柱是效率最高的，也是目前最常用的，但是耗时也是最长的。

（四）检出

可以通过分段收集流出液，采用相应的物理和化学方法进行检出。对有色混合物，很容易观察化合物的分离情况，可按色带分段收集，两色带之间要单独收集，因为可能两组分有重叠。对无色物质的接收，一般采用等份连续收集。

洗脱完毕，采用化学反应法或薄层色谱法等对各收集液进行鉴定，把含相同组分的收集液合并,除去溶剂,便得到各组分的较纯样品,或做进一步检测。

若吸附剂是氧化铝,上述操作方法仍可适用。

二、聚酰胺吸附柱色谱法

聚酰胺吸附柱色谱法一般操作步骤分为预处理、装柱、上样、洗涤和洗脱等。具体操作方法如下。

（1）预处理：聚酰胺中有一些合成时的残余原料及溶剂等杂质,所以用前需进行预处理。处理方法是用水洗涤,并用丙酮、乙醇等溶剂回流除杂。干燥后将聚酰胺颗粒研磨成小于100目的细粉,待用。

（2）装柱：聚酰胺柱一般采用湿法装柱。将（1）中研磨成的细粉悬浮于溶剂中,若是含水溶剂系统洗脱,用水装柱,装柱方法与硅胶的湿法装柱法相同;若为非水溶剂系统洗脱,常以溶剂系统中极性低的溶剂装柱。

（3）上样：聚酰胺的样品容量较大,每100ml聚酰胺粉可上样1.5～2.5g。若利用聚酰胺除去鞣质,上样量可大大增加,通常当鞣质在柱上形成的色带随上样量增加移至柱的近底端时,停止上样。若为含水溶剂系统洗脱,试样常用水溶解;若为非水溶剂系统,试样常用洗脱剂中极性较低的溶剂溶解,试样浓度可控制到20%～30%。若试样不溶,可用醇、酮、醚等易挥发性的溶剂溶解,拌入聚酰胺粉,搅拌均匀后将溶剂减压蒸去,以洗脱剂浸泡装入柱中。

（4）洗涤和洗脱：上样完毕,用溶样溶剂洗涤色谱柱,以置换出柱内的试样中未吸附组分,后用洗脱剂洗脱。

含水系统洗脱剂一般用由稀到浓的乙醇液（如10%、30%、50%、70%、95%）,非水系统用三氯甲烷-甲醇（如19：1、10：1、5：1、2：1、1：1）,依次洗脱。

三、离子交换柱色谱法

离子交换色谱法分离设备简单,操作方便,而且树脂可以再生,因而获得了广泛应用。例如,除去干扰离子、测定盐类含量、微量元素的富集、有机物或生化溶液脱盐等,并在药物生产、抗生素及中草药的提取分离和水的纯化等方面都被广泛应用。

离子交换柱色谱法一般操作步骤分为树脂溶胀、装柱、树脂处理与再生（使其转变为所需型体,如阳离子交换树脂使用前一般可以转变为氢型,阴离子交换树脂可以转变为氯型或羟基型）、上样、洗涤和洗脱等。具体操作方法如下。

（1）树脂溶胀：将树脂置于烧杯中,加蒸馏水浸泡,充分搅拌,静置,倾去上层漂浮物。重复操作至上层液透明为止。

（2）装柱：一般采用湿法装柱。先在柱管底部放一些玻璃丝（也可用多层纱布或脱脂棉）,将（1）中树脂加少量蒸馏水搅拌后,边倒入垂直的色谱柱中,边让水慢慢流出,使树脂沉降（并注意不可使水流干,以免气泡进入树脂层,引起样品溶液和树脂接触不均匀）,最后在树脂层上面盖一层玻璃丝（纱布或脱脂棉）,以免在加样时树脂被冲起。

（3）树脂处理与再生：用3～5倍柱体积的0.5～1mol/L HCl溶液与0.5～1mol/L NaOH溶液交

替处理（溶液自上而下流出，交替前需用蒸馏水洗至中性），并转为所需型体。最后用蒸馏水（低浓度乙醇）洗至中性（柱子不可流干），即可使用。（已用过的树脂可使其再生并反复使用，方法是将用过的树脂用适当的酸或碱、盐处理即可。）

（4）上样：将试样溶液用适量蒸馏水（低浓度乙醇）稀释，自柱顶加入，待试样溶液流至与树脂面平齐。

（5）洗涤：用2～3倍柱体积的蒸馏水（低浓度乙醇），同（4）的操作，洗涤树脂，将残余试样溶液置换出柱子。

（6）洗脱：一般用2～3倍柱体积洗脱剂洗脱，操作形式同（4）。

洗脱液可用人工或自动收集器按一定体积分段收集，然后用适当的方法分析组分流出和分离情况。

四、凝胶柱色谱法

凝胶柱色谱法一般操作步骤分为凝胶溶胀、装柱、平衡、上样、洗涤和洗脱等。具体操作方法如下。

（1）凝胶溶胀：将所需的干凝胶浸入相当于其吸水量10倍的溶剂中，缓慢搅拌使其分散（不能用机械搅拌器，避免颗粒破碎），防止结块。溶胀时间根据交联度而定，交联度小的吸水量大，需要时间长，也可加热溶胀。

（2）装柱：将(1)的凝胶（不宜过稀，否则装柱时易造成大颗粒下沉，小颗粒上浮，致使填充不均匀）倒入柱管，边加边慢放溶剂。至加至所需柱体积，待沉降稳定。

在空间排阻色谱中，影响分离度最重要的是柱长、颗粒直径及填充的均匀性。虽然理论认为用足够长的柱可以获得不同程度的分离度，如柱长加倍，分离度增加约40%，但流速至少降低50%，因此实际应用中柱长一般不超过100cm。当分离 K 较接近的组分时，为提高效率，可采用多柱串联的方法。

（3）平衡：装柱完毕，自柱顶加洗脱剂平衡（2～3倍柱体积，为防止产生气泡）。

填充柱的均匀性，可以0.2%蓝色葡聚糖（分子量2 000，溶于同一洗脱剂中）溶液经过柱床，观察其在柱内移动情况来判断其均匀程度。

（4）上样：将试样用适量蒸馏水（洗脱剂）溶解，自柱顶小心加入，待溶液流至与凝胶面平齐。

如果是组别分离，上样量可以是柱体积的25%～30%；如果是分离组分 K 相近的物质，上样量一般为柱体积的2%～5%。柱体积指每克干凝胶溶胀后在柱中自由沉积所占有的柱内容积。

（5）洗脱：将洗脱剂自柱顶小心加入，控制洗脱剂按一定流速进行洗脱。

第四节　平面色谱法

平面色谱法是借用毛细作用的原理输送流相（展开剂），色谱过程在平面上进行的方法。其固定相成平面状态，试样溶液点于平面一端，在相对密闭的容器中分离（展开）后，根据组分在平面上移动的距离和浓度进行分析。常用有薄层色谱法和纸色谱法。

一、平面色谱法的定性参数

（一）比移值

在平面色谱法中，常用比移值（R_f）来表示组分在色谱展开后的位置。定义某组分的 R_f 为原点至斑点中心的距离与原点至溶剂前沿的距离之比，即：

$$R_f = \frac{原点至斑点中心的距离}{原点至溶剂前沿的距离} = \frac{l_i}{l_0} \qquad 式15-1$$

如图 15-2 所示，A、B 两组分经展开后，其 R_f 分别为：$R_{f(A)} = \dfrac{l_A}{l_0}$ 和 $R_{f(B)} = \dfrac{l_B}{l_0}$。$R_f$ 是表示物质色谱特性的一个参数，可用于定性分析。如图 15-2 所示，混合物展开后的两个斑点分别与 A、B 的 R_f 一致。

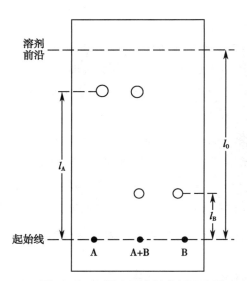

溶剂前沿

起始线

A   A+B   B

● 图 15-2　R_f 测定及定性分析示意图

当色谱条件一定时，组分的 R_f 是一个常数，其值在 0～1 之间。当 R_f 为 0 时，表示组分不随展开剂的移动而移动，仍停留在原点位置；R_f 为 1 时，表示组分不被固定相保留，即组分随展开剂同步移动至溶剂前沿。这两种极端情况都不可能使混合物实现分离，一般要求组分的 R_f 在 0.2～0.8 之间，最佳范围 0.3～0.5。

1. R_f 与分配系数的关系　在平面色谱中，比移值实际上也可以表示：

$$R_f = \frac{t_m}{t_R} \qquad 式15-2$$

式 15-2 中，t_m 和 t_R 分别为展开剂和组分定距展开的保留时间。由此可见，R_f 相当于保留因子 R'，与分配系数的关系式为：

$$R_f = \frac{1}{1 + K \cdot \dfrac{V_s}{V_m}} = \frac{1}{1 + k} \qquad 式15-3$$

式 15-3 表明，在一定的色谱体系中，R_f 由组分的分配系数 K 决定。K 大的组分比移值小，K

小的组分比移值大。而 K 的大小与组分的性质、固定相和展开剂的性质及温度等有关。

2. 影响 R_f 的因素 影响 R_f 的因素较多，如物质本身的化学结构和性质、展开剂极性、薄层板性质、展开时温度与湿度、展开缸内展开剂的饱和程度等。

（1）待分离对象的化学结构和性质：不同物质在同一色谱系统中具有的分配系数不同，则 R_f 就不同。主要因为物质结构特征不同而具有不同的极性。在吸附薄层色谱和纸配色谱中，一般极性强的组分，其 K 较大、R_f 较小。

（2）展开剂极性：直接影响组分的移动速度和迁移距离。在吸附薄层色谱和纸配色谱中，增大展开剂的极性，使组分的 R_f 增大。

（3）薄层板性质：固定相的粒度、薄层的厚度等都影响组分的 R_f。吸附薄层色谱中，吸附剂的活性越大，其吸附能力越强，组分的 R_f 越小。

（4）介质的影响：实验室及展开缸的湿度、温度、饱和与否、上样量等都会影响 R_f。

（二）相对比移值

在平面色谱中，由于影响 R_f 的因素较多，R_f 的重复性较差。因此，采用以同时展开的参照物进行比较的方法。定义相对比移值（R_{st}）为：试样中某组分的移动距离与参照物移动距离之比，其关系式见式15-4。

$$R_{st} = \frac{原点到组分斑点中心的距离}{原点到参照物斑点中心的距离} = \frac{l_i}{l_s} \qquad 式15\text{-}4$$

由于组分与参照物在同一色谱体系中展开，故采用 R_{st} 代替 R_f 可以消除由固定相和展开剂及温度等因素产生的影响，使定性结果更为可靠。

参照物可以是另外加入的某一物质的纯品，也可以是试样混合物中的某一组分。R_{st} 与 R_f 的取值范围不同，R_f 小于1，而 R_{st} 不一定小于1。例如，图15-2中，若 B 为参照物，则 A 的相对比移值 $R_{st} = l_A/l_B > 1$。

（三）分离度

分离度（resolution，R_s）是平面色谱中重要的分离参数，定义为两相邻斑点中心间距离与两斑点平均宽度（直径）的比值，即：

$$R_s = \frac{2(l_2 - l_1)}{W_1 + W_2} = \frac{2d}{W_1 + W_2} \qquad 式15\text{-}5$$

式15-5中，l_1、l_2 分别为原点至两个斑点中心的距离，d 为两个斑点中心间的距离，W_1、W_2 分别为两个斑点的宽度（图15-3）。《中国药典》（2020年版）规定，在薄层色谱法中，要求 $R_s > 1$。

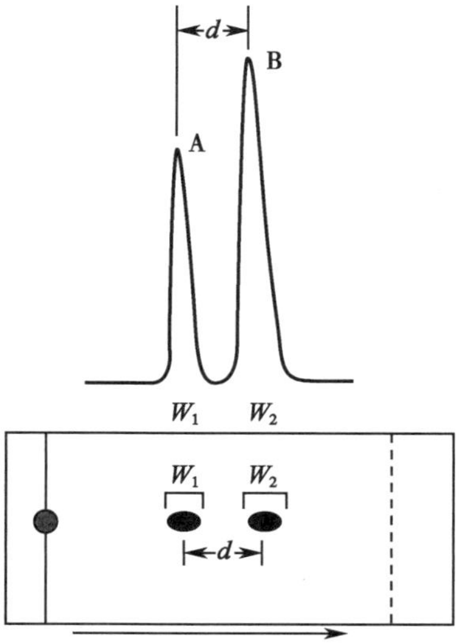

● 图 15-3 平面色谱法分离度示意图

二、薄层色谱法

将固定相均匀涂铺在具有光洁表面的玻璃、铝箔、塑料片或金属板上，形成薄层，将一定量混合试样溶液置于薄层板一端确定位置（点样），在相对密闭的容器中用适当的展开剂展开，通过物理或物理化学的方法观察组分斑点的移动距离，根据 R_f 或 R_{st} 及斑点大小进行定性、定量分析的方法称为薄层色谱法（thinlayerchromatography，TLC）。

薄层色谱法是快速定性分析少量物质的一种有效实验技术，具有设备简单、分析速度快、分离效果好、灵敏度高以及能使用腐蚀性显色剂等特点。

薄层色谱法按分离机制可分为吸附和分配；按分离效能可分为经典薄层色谱法和高效薄层色谱法。本节主要介绍经典吸附薄层色谱法，简称薄层色谱法。

薄层色谱法分离机制与柱色谱法相同，因此又有"敞开的柱色谱"之称，是展开剂在前移过程中，组分反复产生吸附、解吸，依据各组分 K 的差异，产生差速迁移，从而实现分离。

（一）常用吸附剂

在吸附薄层色谱中，选择吸附剂十分重要，主要应考虑两个方面：①待分离物质的性质（如极性、酸碱性和溶解度等）；②吸附剂吸附性能的强弱。

若待分离的物质极性强，应选择吸附能力弱的吸附剂；若待分离的物质极性弱，应选择吸附能力强的吸附剂。吸附薄层色谱法中常用的吸附剂有很多，如硅胶、氧化铝、硅藻土或聚酰胺等，其中最常用硅胶和氧化铝，它们的吸附性能好、适用范围广，适用于多种化合物的分离。

一般规律下，硅胶微带酸性，适用于酸性物质及中性物质的分离；氧化铝一般适用于碱性物质和中性物质的分离。

1. 硅胶　薄层用的硅胶粒度更细，一般在200～300目。硅胶常用型号有 G、GF$_{254}$、H、HF$_{254}$。

G 是硅胶中混合了 10%～15% 的煅石膏；H 不含黏合剂。F 表示加入荧光物质，如在 254nm 波长下能发出荧光的是锰激活的硅酸锌（用 GF$_{254}$ 表示）；在 365nm 波长下能发出荧光的是银激活的硫化锌、硫化镉（GF$_{365}$ 表示）。F 适用于本身不发光又无适当显色剂显色的物质定性。其中最常用的为 GF$_{254}$。

2. 氧化铝　色谱用氧化铝和硅胶类似，有氧化铝 H、氧化铝 G 和氧化铝 HF$_{254}$ 等。按制造方法分类，氧化铝又可分为碱性氧化铝、酸性氧化铝和中性氧化铝。

碱性氧化铝制成的薄层板适用于分离碳氢化合物、碱性物质（如生物碱）和对碱性溶液比较稳定的中性物质；酸性氧化铝适合酸性成分的分离；中性氧化铝适用于醛、酮以及对酸、碱不稳定的酯和内酯等化合物的分离。一般薄层用氧化铝活度在Ⅱ～Ⅲ级。

（二）展开剂及其选择

展开剂的选择是否适当是薄层分离的重要条件之一，在吸附薄层色谱法中，展开剂选择的一般原则与吸附柱色谱法中选择流动相的原则相同。主要根据被分离物质的极性、吸附剂的活性以及展开剂本身的极性进行选择。

在色谱三要素中，待分离物质是固定的，吸附剂常用的种类也不多，而展开剂的种类则千变万化，不仅可以应用不同极性的单一溶剂作为展开剂，更多是应用二元、三元或多元的混合溶剂作为展开剂。找到与试样及吸附剂相匹配的展开剂对分离起决定性的作用。

实际工作时一般先选择单一溶剂展开，对难分离组分，则需使用二元、三元甚至多元的溶剂系统。通过实验寻求最适宜的配比。例如,某组分在用甲苯作展开剂分离时,移动距离太小,基本留在原点,说明展开剂的极性小,可以加入一定量的丙酮、正丙醇、乙醇等极性大的溶剂或不断调整溶剂配比以改进展距,如甲苯 - 丙酮由 9∶1 调至 8∶2 或 7∶3 等。反之,若待测组分的色谱斑点展距过大,则可以考虑降低展开剂的极性。

也可用点滴实验法选择展开剂,如图 15-4 所示。将待分离的试样溶液间隔地点在薄层板上,待溶剂挥干后,用吸满不同展开剂的毛细管点到不同样品点的中心。借助毛细作用,展开溶剂从圆心向外扩展,从而出现不同直径的圆圈,经过比较就可以找到最合适的展开剂及吸附剂。

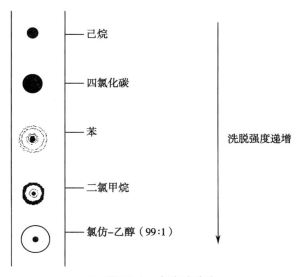

己烷

四氯化碳

苯

二氯甲烷

氯仿-乙醇(99∶1)

洗脱强度递增

● 图 15-4　点滴试验法

需注意,展开剂必须是均相的混合溶剂。配制展开剂时,对于加水的展开剂,若有分层现象,需将溶液分层后根据需要选用上层或下层。

在应用薄层分离分析时,还应考虑展开剂与吸附剂的酸碱性,一般规律如下。

(1)酸性组分:对普通酸性组分,特别是离解度较大的弱酸性组分,应在展开剂中加入一定比例的酸,可防止斑点拖尾现象。

(2)碱性物质:在分离碱性物质,如某些生物碱时,多数情况是选用氧化铝为吸附剂,选用中性溶剂为展开剂。若采用硅胶为吸附剂,则选用碱性展开剂为宜;但对某些碱性较弱的生物碱可使用中性展开剂。

常在展开剂中加入的酸性物质有甲酸、乙酸、磷酸和草酸等。常加入的碱性物质多为二乙胺、氨水和吡啶等。

(三)操作技术

薄层色谱法操作步骤一般包括制板、点样、展开、检视和分析。

1. 制板　将吸附剂均匀地涂铺在玻璃板上,使成薄层,称之为制板。薄层的厚度及均匀性,对样品的分离效果和 R_f 的重复性影响较大。以硅胶、氧化铝为固定相制备的薄板,一般厚度以 0.25mm 为宜,若要分离制备少量的纯物质,薄层厚度应稍大些,常用的为 0.5～0.75mm,甚至 1～2mm。

(1)载板的准备:多用玻璃板作为载板,也可用塑料膜和金属铝箔。要求表面光滑、平整清洁,以便吸附剂能均匀地涂铺于上。规格有 5cm×5cm、5cm×10cm、5cm×20cm、10cm×10cm、10cm×20cm、20cm×20cm 及 2.5cm×7.5cm 的载玻片等,常用的为 5cm×20cm、10cm×20cm。

（2）黏合薄层板的铺制:薄层板分为硬板和软板,用黏合剂制成的薄层板称为硬板(黏合薄层板),不加黏合剂的薄层板称为软板,后者疏松,操作不方便,目前很少使用。在此主要介绍硬板的铺制方法。

铺制方法有倾注法、平铺法、机械涂铺法和烧结玻璃法。

1）手工涂铺法:包括倾注法、平铺法。取一定量的吸附剂放入研钵中,加入 2～3 倍量的含有 0.25%～0.75% 羧甲基纤维素钠(CMC-Na)的上清水溶液,朝同一方向研磨成稀糊状,立即倾入玻璃板上,用玻璃棒涂布成均匀薄层,再稍加振动,使整板薄层均匀,表面平坦。铺好的薄板置水平台上晾干。该法操作简单,但板面的一致性稍差,厚度不易控制,可用于定性和分离制备。

2）机械涂铺法:用涂铺器(如图 15-5)制板,操作简单,得到的薄板厚度均匀一致,适合于定量分析。涂铺器分为可移动式和固定式两种,使用时应按仪器的说明书操作。

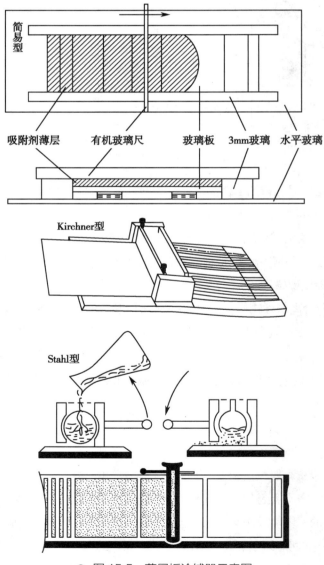

● 图 15-5　薄层板涂铺器示意图

3）烧结玻璃法：用玻璃粉和不同比例的硅胶（或氧化铝）混合涂铺于玻璃板上，在适当温度下烧结而成。由于它不含杂质，耐热和机械性能稳定，所以重复性好，便于携带和保存。这种薄层板可多次使用，但不可用硝酸银显色。

（3）活化：铺好的薄层板先自然晾干后，再在烘箱中于一定温度一段时间活化，取出后，置干燥器中保存备用。购买的预制板根据试样极性需要考虑是否活化。

硅胶薄层板于105℃活化0.5～1小时，一般活度Ⅱ～Ⅲ级。氧化铝板在200～220℃活化4小时，可得活度Ⅱ级的薄板；150～160℃活化4小时，可得活度Ⅲ～Ⅳ级的薄板。

2．点样　将样品加载于薄层板的一端，可采用手动和自动点样方法。

（1）手动点样法：在距薄层板底端1～2cm处，先用铅笔做好起始点标记，后用点样管吸取试样溶液，轻轻接触于薄层的起始点上。每次点样时，原点扩散的直径以不超过3mm为宜。若样品浓度较稀，可反复多点几次，点样时可借助红外线、电加热板或电吹风使溶剂迅速挥发。有多个样品时，其点间距应在1cm以上，见图15-6。

（2）自动点样法：由自动点样器完成，操作参见仪器说明书。

（3）点样注意事项：溶解样品的溶剂、点样量和正确的点样方法影响色谱分离效果。

溶解样品的溶剂一般用甲醇、乙醇、丙酮、三氯甲烷等挥发性的有机溶剂，最好用与展开剂极性相似的溶剂，应尽量使点样后溶剂能迅速挥发，以减少点样斑点的扩散。水溶性样品，可先用少量水使其溶解，再用甲醇或乙醇稀释。

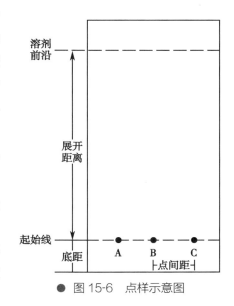

● 图15-6　点样示意图

适当的点样量，可使斑点集中。点样量过大，斑点易拖尾或扩散；点样量过少，斑点不易被检出。点样量多少，应视薄层的性能及显色剂的灵敏度而定，此外还应考虑薄层的厚度。若进行定性定量分析，一般是几到几十微克，体积1～10μl。若进行制备分离，点样量可达1mg以上，体积10～200μl。

点样操作要迅速，避免薄层板暴露在空气中时间过长而吸水降低活性。一般用于分析为圆点法；如用于制备可采用带状法。自动点样一般也是带状。

点样管可用内径约0.5～1mm的毛细管，管口应平整。定量点样可用不同体积的定量毛细管或微量注射器。

3．展开　将点好样的薄层板浸入展开剂中，展开剂借薄层板上固定相的毛细作用携带样品组分在薄层板上迁移一定距离的过程称为展开。

（1）展开装置：常用的展开装置可分为立式（图15-7）和卧式（图15-8）等，可根据实际需要

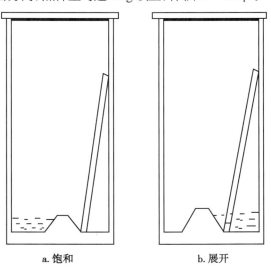

● 图15-7　立式双槽展开缸及上行展开示意图

选择不同的展开装置。

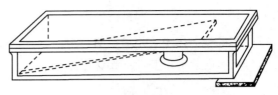

● 图 15-8　卧式展开缸

（2）展开方式：常见有上行展开、下行展开、近水平展开、单向多次展开、单向多级展开和双向展开等。

1）上行展开：将点好样的薄层板放入已盛有展开剂的直立型展开缸（图 15-7）中（注意样品原点不能浸入到展开剂中），斜靠于色谱缸一边，展开剂沿薄层下端借助毛细作用缓慢上升。待展开距离适当时（若为 20cm 长的板，一般约 15cm），取出薄层板，做好前沿标记，挥干溶剂，检视。该方式为薄层色谱中最常用的展开方式。

2）近水平展开：在卧式展开缸内进行。将点好样的薄层板下端浸入展开剂约 0.5cm（样品原点不能浸入到展开剂中），把薄层板上端垫高，使薄层板与水平角度约为 15°～30°。展开剂借助毛细作用自下而上进行展开，该方式展开速度快。一般用于薄层软板的展开。

3）单向多次展开：取经展开一次后的薄层板让溶剂挥干，再用同一种展开剂，按同样的展开方向进行第二次、第三次……展开，以达到更好的分离效果。

4）单向多级展开：取经展开一次后的薄层板让溶剂挥干，再改用另一种展开剂，按同一展开方向进行第二次，依此类推进行多次展开，以达到更好的分离效果。

5）双向展开：第一次展开后，取出，挥去溶剂，将薄层板旋转 90° 角后，再改用另一种展开剂展开，见图 15-9。

除此之外，尚有径向展开（薄层板为圆形）等展开方式。还有自动多次展开仪，可进行程序化多次展开。对于复杂组分常采用双向展开、多次展开。

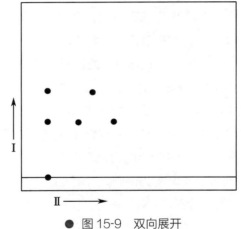

● 图 15-9　双向展开

（3）展开注意事项：如展开箱的密闭性、展开剂的饱和状态等。

1）展开箱必须密闭良好。为使色谱缸内展开剂蒸气饱和并保持不变，应检查展开缸口与盖的边缘磨砂处是否密闭。否则，应涂抹甘油淀粉糊（展开剂为脂溶性时）或凡士林（展开剂为水溶性时）使其密闭。

2）防止边缘效应。边缘效应是指同一组分的色谱斑点在同一薄层板上出现在边缘部分的 R_f 与中间部分的 R_f 有差异的现象。

产生该现象的主要原因：展开缸内溶剂蒸气未达饱和，造成展开剂的蒸发速率在薄层板两边与中间部分不等。展开剂中极性较弱和沸点较低的溶剂在边缘挥发的快些，致使边缘部分的展开剂中极性溶剂比例增大，故 R_f 相对变大。

减少边缘效应的办法：①用较小体积的展开缸（图 15-10A）或将薄层在缸内放置一定时间，待溶剂蒸气达到饱和后再展开；②在展开缸内壁贴上浸湿展开剂的滤纸条（图 15-10B），以加快展开剂蒸气在色谱缸内迅速达到饱和，待色谱缸的内部空间及放入其中的薄层板被展开剂蒸气完全饱和后，再将薄层板浸入展开剂中展开（图 15-10C）；③采用 3cm 以下的狭小薄板，只点 2～3 个点以减小边缘效应。

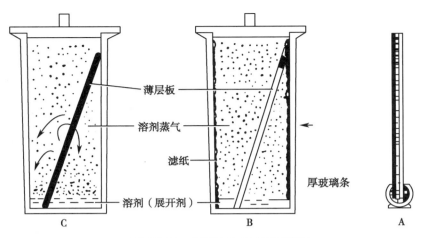

● 图 15-10　展开缸充分饱和示意图

3）在展开过程中最好恒温、恒湿。温度和湿度的改变都会影响R_f和分离效果,降低重现性。对活化后的硅胶、氧化铝板,尽可能避免与空气接触,以免降低吸附活性而影响分离效果。

4. 检视　展开完毕后,对有色物质的色谱斑点定位,可直接在日光下观察。对无色物质的斑点定位,则采用物理检出法或化学检出法。

（1）物理检出法:在紫外灯下观察薄层板上有无荧光斑点或暗斑(荧光淬灭斑点)。常用波长有254nm和365nm,可根据待测组分的光谱性质选择使用。

（2）化学检出法:指利用化学试剂(显色剂)与待测组分反应,使色谱斑点产生颜色而定位。显色剂可分为通用型显色剂和专属型显色剂两种。

通用型显色剂有碘、硫酸乙醇溶液等。碘对许多有机化合物都可显色,如生物碱、氨基酸、肽类、脂类、皂苷等,其最大特点是显色反应往往是可逆的,在空气中放置时,碘可升华挥去,组分恢复原来状态,便于进一步处理。10%的硫酸乙醇溶液可使大多数无色化合物显色,形成有色斑点,如红色、棕色、紫色等,在紫外灯下观察到不同颜色的荧光。

专属型显色剂是对某个或某一类化合物显色的试剂。如三氯化铁的高氯酸溶液可使吲哚类生物碱显色;茚三酮则是氨基酸和脂肪族伯胺的专用显色剂;0.05%荧光黄甲醇溶液是芳香族与杂环化合物的专用显色剂;溴甲酚绿可使羧酸类物质显色等。

5. 分析　薄层色谱法可以进行定性、定量分析,但主要为定性分析,广泛应用于中药质量鉴别和药品中主成分的鉴别与杂质的检查。

（1）定性分析:斑点定位后,测出斑点的R_f,与同块板上的对照品斑点的R_f对比,R_f一致,即可初步定性该斑点与对照品为同一物质。然后更换几种不同的展开剂,如R_f仍然一致,则可得到较为肯定的定性结论。这种方法适用于已知范围的未知物的定性。

为了可靠起见,对未知物的定性应将分离后的各组分斑点或区带取下,洗脱后再用其他方法如紫外、红外光谱法进行进一步定性。

（2）定量分析:洗脱后采用其他定量方法测定或原位分析。

1）洗脱法:在薄层板的起始线上,定量点上样品溶液,并在薄层板的两边点对照品作为定位标记,展开后,只显色薄层板两边的对照品。定位后,将薄层板上待测物质的色谱斑点定量地取下,再以适当的溶剂洗脱,用化学或仪器分析方法如重量法、分光光度法、荧光法等进行定量。在用洗脱法定量时,注意同时收集、洗脱空白薄层作为对照。

2)薄层扫描法(TLCS):在原位进行分析。

(四)应用与示例

薄层色谱法操作简便,可以分离分析微量组分,混合物经分离后可以直接定性、定量。因此广泛应用于化合物的分离和鉴别,药物中微量杂质的检查,中草药成分的分离、鉴别、制备和含量测定等。

1. 定性鉴别

【示例 15-1】五味子的 TLC 鉴别:五味子粉末以三氯甲烷处理后成 1g/ml 的供试品溶液。并同法制备五味子对照药材 1g/ml 对照药材溶液,配制 1mg/ml 的五味子甲素对照品溶液。照薄层色谱法试验,将上三种溶液各吸取 2μl,分别点于同一硅胶 GF$_{254}$ 薄层板上,以石油醚(30~60℃)-甲酸乙酯-甲酸(15:5:1)的上层溶液为展开剂,展开,取出,晾干,置紫外光灯(254nm)下检视。供试品色谱中,在对照药材和对照品色谱相应的位置上,显相同颜色的斑点。

2. 杂质检查

【示例 15-2】柠檬酸乙胺嗪中杂质 N-甲基哌嗪的检查:取供试品加甲醇制成 50mg/ml 的溶液,另取 N-甲基哌嗪对照品制成 50μg/ml 的甲醇溶液。照薄层色谱法试验,取两种溶液分别点于同一硅胶 G 薄层板上,以三氯甲烷-甲醇-氨水(13:5:1)展开后,晾干,置碘缸中显色。若供试品溶液在对照品溶液相应的位置显示相同颜色的斑点,其颜色不得深于对照品溶液的主斑点。

3. 定量分析

【示例 15-3】TLCS 测定山茱萸中熊果酸的含量:精密称取山茱萸粗粉定量处理,制成 0.2g/ml 的无水乙醇-三氯甲烷(3:2)溶液作为供试品溶液。另用无水乙醇定量配制 0.5mg/ml 熊果酸对照品溶液。照薄层扫描法试验,吸取供试品溶液 5μl 或 10μl、对照品溶液 4μl 与 8μl,分别交叉点于同一硅胶 G 薄层板上,以环己烷-三氯甲烷-醋酸乙酯(20:5:8)为展开剂,展开,取出,晾干,喷以 10% 硫酸乙醇溶液,在 110℃加热 5~7 分钟,至呈现紫红色斑点,取出,用 TLCS 进行定量分析。

4. 判断合成反应进行的程度　在生产中,常用 TLC 判断反应的进展情况或反应终点。在反应过程的不同时间点,取反应液通过薄层展开,观察反应物斑点深浅或消失,用于指导控制反应时间。

5. 天然药物成分的分离提纯　在天然药物成分的分离提纯工作中,TLC 不仅可以作为液相柱色谱的先导、探索色谱条件,还可以监视分离提纯的程度。

三、高效薄层色谱法

高效薄层色谱法(high performance thin-layer chromatography,HPTLC)是在普通 TLC 基础上发展起来的一种更为灵敏、精细的薄层技术。与普通 TLC 相比,HPTLC 则因采用小颗粒吸附剂制备均匀薄层,分离效率比普通 TLC 提高了数倍,而且由于 HPTLC 薄层板的商品化和点样、展开、显色、定量等一系列操作的更加规范化,大大提高了检测的速度和准确度。TLC 与 HPTLC 的比较详见表 15-2。

表 15-2　TLC 与 HPTLC 比较

性能	TLC	HPTLC	性能	TLC	HPTLC
薄层尺寸 /(cm×cm)	20×20	10×10	展距 /cm	10~15	1~5
吸附剂	硅胶	硅胶	分离时间 /min	30~200	3~20
平均粒度 /μm	20	5	理论塔板高 /μm	约 30	<12
颗粒分布 /μm	10~60	窄	有效塔板数	<600	约 5 000
薄层厚度 /μm	100~250	200	分离数	10	10~20
点样 /μl	1~5	0.1~0.2	点样数	10	18 或 36
原点直径 /mm	3~6	1~1.5	检出限 /ng	1~5	0.1~0.5
斑点直径 /mm	6~15	2~5	—	—	—

四、纸色谱法

纸色谱法（paper chromatography，PC）是以滤纸为载体，以纸上所含水分或其他物质为固定相，展开剂借助毛细作用在纸上展开，与固定在纸纤维上的水形成两相，试样中各组分依据在两相间分配系数的差异而实现分离。

一般情况下，纸色谱属于正相分配色谱，化合物的极性大或亲水性强，在水中分配的量多，分配系数大，R_f 小；如果极性小或亲脂性强的组分，分配系数小，R_f 大。

（一）纸色谱法的固定相和展开剂

滤纸的主要成分是纤维素，纤维素分子中有许多羟基，有较强的亲水性，能吸收 22%~26% 的水分，其中约 6% 的水分通过氢键与纤维素上的羟基结合形成纸色谱中的固定相，而纸纤维只起到一个惰性支持物的作用。

由于结合水与滤纸纤维结合比较牢固，所以流动相既可以是与水不相溶的有机溶剂，又可以是能与水相溶的有机溶剂如乙醇、丙醇、丙酮。

除水以外，纤维素也可以作为固定相吸留其他物质如甲酰胺、缓冲溶液等。

（二）基本操作

纸色谱法的操作方法基本上与薄层色谱法的相同。

1. 色谱纸的选择和处理　常见滤纸有 Whatman 公司、Macherey-Nagel（MN）公司及国产新华滤纸。

（1）滤纸的选择：用于色谱分离的滤纸应具备的条件是①滤纸的质地要均匀，厚薄均一，全纸必须平整。②具有一定的机械强度，被溶剂润湿后仍能悬挂。③具有足够的纯度，含有 Ca^{2+}、Mg^{2+}、Cu^{2+}、Fe^{3+} 等金属离子或其他显色物质越少越好，必要时需进行净化处理。④滤纸纤维松紧适宜，厚薄适当，展开剂移动的速度适中。⑤滤纸有厚型和薄型、快速和慢速之分，需结合分离对象和分离目的加以选择。

（2）滤纸的处理：对滤纸进行适当的处理，可使滤纸具有新的性能。例如，分离酸、碱物质时，可将滤纸用一定 pH 的缓冲溶液处理，以使层析纸维持相对恒定的酸碱度。若分离一些亲脂性强、水溶性小的化合物，操作时可先制备疏水性滤纸，常用甲酰胺、丙二醇等来代替水作为固定相，以增加其在固定相中的溶解度。

2．点样　方法与薄层色谱法相同。

将样品溶于适当溶剂中，最好采用与展开剂极性相似的溶剂。若为液体试样，一般可直接点样。点样量的多少由滤纸的性能、厚薄及显色剂灵敏度决定，一般从几到几十微克，圆点的扩散直径以不超过 3mm 为宜。

3．展开　需选择展开剂和展开方式。

（1）展开剂的选择：根据待分离物质的极性，纸色谱展开剂的选择多数采用含水的有机溶剂，如水饱和的正丁醇、正戊醇、酚等。此外，为了防止弱酸、弱碱的离解，有时需加少量的酸或碱，如乙酸、吡啶等。为了使展开剂极性增加，增强它对极性化合物的展开能力，有时也要加入一定比例的甲醇、乙醇等。

（2）展开方式：纸色谱的展开室通常为圆形或长方形玻璃缸，缸上具有磨口玻璃盖，能密闭。在展开前，先用溶剂蒸气饱和容器内部，或用浸有展开剂的滤纸条贴在容器内壁，使容器尽快被展开剂所饱和。然后再将点有样品的滤纸，浸入溶剂中进行展开。

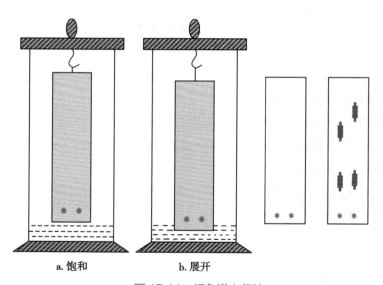

a. 饱和　　　　　b. 展开

● 图 15-11　纸色谱上行法

纸色谱的展开方式，通常采用上行法，让展开剂借助毛细作用自下向上移动，见图 15-11。上行法操作简便，但溶剂渗透较慢，对于 R_f 相差较小的组分分离困难，故上行法一般用于分离 R_f 相差较大的物质。

对于 R_f 较小的样品，可以采用下行法，借助重力使溶剂由毛细孔向下移动，使不同组分获得较好的分离。对于样品成分复杂的混合物，也可采用双向展开、多次展开、连续展开或径向展开等。

4．检视　纸色谱的检视方法与薄层色谱基本相同，但不能使用腐蚀性的显色剂，如硫酸等。

此外,纸色谱有其他一些检出方法,例如有抗菌作用的成分,可应用生物检定法。此法是将纸色谱加到细菌的培养基内,经过培养后,根据抑菌圈出现的情况,来确定化合物在纸上的位置。也可以用酶解方法,例如无还原性的多糖或苷类在纸色谱上经过酶解,生成还原性的单糖,就能应用氨性硝酸银试剂显色。也可以利用化合物中所含有的示踪同位素来检识化合物在纸色谱上的位置。

5. 分析　可进行定性、定量分析。

（1）定性分析:与薄层色谱相同。对有色物质,可以直接观察色斑的颜色、位置(R_f),并与对照品比较,对于无色物质可以进行显色后再进行检视等。

（2）定量分析:常用剪洗法和直接比色法。

剪洗法与薄层色谱法的洗脱法相似,需自纸上剪下层析后未经显色的斑点,用合适的适量溶剂浸泡、洗脱,再用比色法或分光光度法定量。

直接比色法是直接测量斑点的面积或比较颜色深度的一种方法,其作为一种半定量方法,是将不同浓度的标准样品做成系列,和样品同时点在同一张滤纸上,展开、显色后通过目视比色,以求出样品含量的近似值。

(三)应用示例

纸色谱法操作简便,可以分离微克量的样品,混合物经纸色谱分离后还可以在纸上直接定性、定量,因此较广泛应用于化合物的分离和鉴别,药物中微量杂质的检查。

【示例 15-4】化癥回生片中益母草的纸色谱法鉴别:供试品 20 片处理后制成 1ml 乙醇溶液,益母草对照药材同法制成 1g/ml 乙醇溶液。照纸色谱法试验,吸取两种溶液各 20μl,分别点于同一层析滤纸上,以正丁醇 - 乙酸 - 水（4:1:1）的上层溶液为展开剂展开后,晾干,喷以稀碘化铋钾试液,晾干。供试品色谱中,在与对照药材色谱相应的位置上,显相同颜色的斑点。

第五节　薄层扫描法

薄层扫描法是以一定波长的单色光垂直照射展开后的薄层板上被分离组分的斑点,测定其对光的吸收强度或所发出的荧光强度,进行定量分析的分析方法。

世界上生产薄层色谱扫描仪的厂家较多,有中国上海科哲生化技术有限公司生产的 KH 系列、瑞士卡玛（CAMAG）公司生产的 SCANNER 系列、日本岛津生产的 CS 系列、德国迪赛克（DESAGA）公司生产的 CD 系列等。

薄层扫描法有吸收扫描法和荧光扫描法。本节主要介绍薄层吸收扫描法。

薄层吸收扫描法是用一定波长的光束对展开后的薄层板进行扫描,记录其吸光度(A)随展开距离的变化,得到薄层色谱扫描曲线,曲线上的每一个色谱峰相当于薄层上的一个斑点,色谱峰高或峰面积与组分的量之间有一定的关系,比较对照品与样品的峰高或峰面积,可得出样品中待测组分的含量。

一、基本原理

由于薄层板上的固定相是由具有一定粒度直径的物质外加适量的黏合剂构成的半透明体，不可避免地存在对光的散射现象，与光照射全透明的溶液完全不同，因此色谱斑点中待测物质的吸收度与浓度的关系不符合比尔定律。浓度与吸光度之间的曲线呈抛物线状，特别是在高浓度时更为明显。

Kubelka-Munk 理论充分阐明了光照射到薄层上的变化情况，说明了固定相的散射参数（SX）对斑点中物质浓度与吸光度（A）之间的关系。

由于薄层固定相颗粒的散射作用，在薄层厚度为 X 的薄层板上的 A-KX 曲线不是直线［KX 称为吸收参数，相当于斑点单位面积中物质的含量（$\mu g/cm^2$）］。透射法测定时，SX 越大，吸光度越大；反射法测定时，SX 值越大，反射度越小。只有当 $SX=0$ 时，A-KX 曲线服从比尔定律，为通过原点的一条直线。根据散射参数 SX 的值将 A-KX 曲线校直后即可用于定量分析。许多薄层扫描仪均有线性补偿器，根据 Kubelka-Munk 方程用系统将弯曲的曲线校正为直线，如图 15-12 中曲线2。

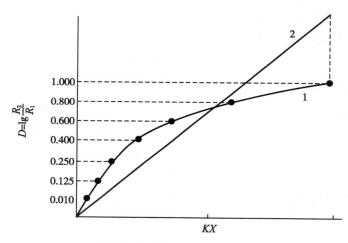

1—校正前的标准曲线；2—校正后的标准曲线。

● 图 15-12 线性校正

用校正后的线型 A-KX 曲线测得吸光度（A），并以一定的扫描方式获得色谱峰面积（即斑点吸光度的积分值）。在一定范围内，峰面积与斑点中物质的量成直线关系。

根据测光的方式不同，吸收扫描法又分为透射法与反射法两种，其中反射法应用较普遍。

当入射光的强度为 I_0 时，空白薄层板的透过光强度与反射光强度分别为 i_0 和 j_0；斑点透过光强与反射光强分别为 i 和 j（图 15-13 和图 15-14）。空白薄层和斑点的透光率分别为 $T_0=i_0/I_0$ 和 $T=i_0/I$；反射率分别为 $R_0=j_0/I_0$ 和 $R=j/I_0$。

为了消除空白薄层的影响，以空白薄板为基准，测定斑点的相对透光率或相对反射率，计算薄层色谱斑点的吸光度。因此，在透射法中薄层色谱斑点的吸光度为：

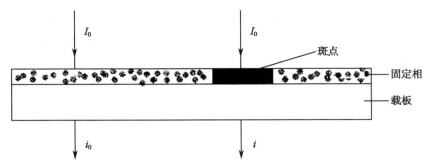

I_0—照射光强度；i_0—空白板透射光强度；i—斑点处透射光强度。

● 图 15-13 透射法示意图

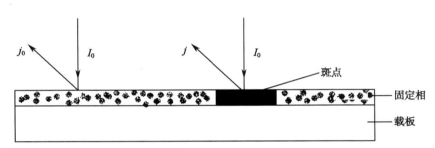

I_0—照射光强度；j_0—空白板反射光强度；j—斑点处反射光强度。

● 图 15-14 反射法示意图

$$A = -\lg \frac{T}{T_0}$$

式 15-6

式 15-6 中，T 为薄层色谱斑点透光率；T_0 为空白板的透光率。

在反射法中薄层色谱斑点的吸光度为：

$$A = -\lg \frac{R}{R_0}$$

式 15-7

式 15-7 中，R 与 R_0 分别为薄层色谱斑点及空白板的反射率。

二、扫描条件的选择

（一）光学模式的选择

1. 反射法　光源与光电检测器安装在薄层板的同侧。光源发出的光经单色器（或滤光片）后成为一定波长的单色光，光束照到薄层斑点上，测量的是反射光的强度。本法适用于不透明薄层板，例如硅胶、氧化铝薄层板。

2. 透射法　光源与光电检测器安装在薄层板的上下两侧。光源发出的光经单色器（或滤光片）后成为一定波长的单色光，光束照到薄层斑点上，测量的是透射光的强度。本法适用于透明的凝胶板和电泳胶片。

（二）波长模式选择

1. 单波长模式　使用一种波长的光束对薄层进行扫描，又可分为单光束及双光束两种形式。

2．双波长模式　采用两种不同波长的光束，先后扫描所要测定的斑点，并记录下此两波长吸光度之差，该法优点是能显著改善基线的平稳性。具有双波长扫描功能的薄层色谱扫描仪有两种，即双波长双光束薄层扫描仪和双波长单光束薄层扫描仪。

（三）扫描模式的选择

有直线扫描法和锯齿扫描法两种扫描模式可供选择。

1．直线扫描法为光束以直线轨迹通过色斑。扫描光束应将整个色斑包括在内，测得的是光束在各个部分的吸光度之和，适用于色斑外形规则的斑点。缺点是光束若从不同方向扫描，测得的吸收值将会不同。

2．锯齿形扫描法为光束呈锯齿状轨迹移动。这种扫描方式特别适用于外形不规则及浓度不均匀的色谱斑点，优点是即使从不同方向进行扫描，亦能获得基本一致的峰面积积分值。

三、定量分析方法

薄层扫描定量分析主要采用外标法和内标法，而外标法更为常用。在作出标准曲线，求得待测组分的线性范围后，可采用外标一点法或外标二点法。当工作曲线是通过原点的直线时，可采用外标一点法；当工作曲线不通过原点时应采用外标二点法。

（一）外标一点法

配制一种浓度的样品溶液与对照品溶液，在同一薄层板上分别各点3～4个斑点，测得各自峰面积，并求出平均值，再用式15-8计算样品含量。

$$\frac{m_{样}}{m_{标}} = \frac{A_{样}}{A_{标}} \qquad\qquad 式15-8$$

式15-8中，$m_{样}$、$m_{标}$为样品和对照品的量；$A_{样}$、$A_{标}$为样品及对照品的峰面积。

（二）外标二点法

用两种不同浓度的对照品溶液或一种浓度两种点样量与样品溶液对比定量。

为了提高测量精度，通常相同体积同一浓度的对照品溶液点2个斑点，相同体积的样品溶液点3～4个斑点，且交叉点样于同一薄层板上，展开，测定。见图15-15。

在点样浓度与色谱峰面积的关系处于直线范围内时，见图15-16，未知浓度的样品溶液的含量可由式15-9求得：

$$m_{样} = bA_{样} + a \qquad\qquad 式15-9$$

其中
$$b = \frac{m_1 - m_2}{A_1 - A_2}; a = m_1 - bA_1 \qquad\qquad 式15-10$$

式15-9中，m_1、m_2为对照品的两个点样量（或浓度）；A_1、A_2为与m_1、m_2对应的峰面积。A_1、A_2、$A_{对}$均可采用多点积分值的平均值。

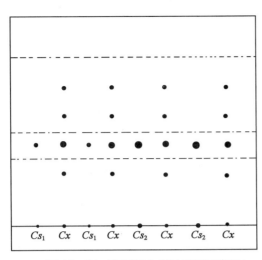

● 图 15-15　薄层板点样及展开示意图

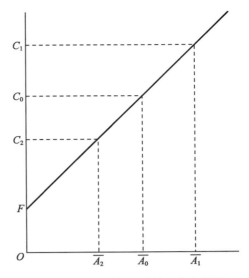

● 图 15-16　外标二点法工作曲线图

内容提要

（一）基本概念

1. 液相色谱法（liquid chromatography）为以液体为流动相的色谱法。

2. 经典液相色谱法（classic liquid chromatography）为靠重力或毛细作用输送流动相的色谱方法。

3. 薄层色谱法（thin-layer chromatography, TLC）是将固定相均匀涂铺在具有光洁表面的玻璃、铝箔、塑料片或金属板上形成薄层，将一定量混合试样溶液置于薄层板一端确定位置（点样），在相对密闭的容器中用适当的展开剂展开，通过物理或物理化学的方法观察组分斑点的移动距离，根据 R_f 或 R_{st} 及斑点大小进行定性定量分析的方法。

4. 活化（activation）指在一定温度下，加热除去水分以增强吸附活性的过程。

5. 失活（inactivation）指加入一定量水分使吸附剂的吸附活性降低，又称减活（deactivation）。

6. 比移值（R_f）指试样中某组分原点至斑点中心的距离与原点至溶剂前沿的距离之比。

7. 相对比移值（R_{st}）指试样中某组分的移动距离与参照物移动距离之比。

8. 边缘效应（edge effect）指同一组分的色谱斑点在同一薄层板上出现在边缘部分的 R_f 与中间部分的 R_f 有差异的现象。

（二）基本公式

1. 比移值

$$R_f = \frac{原点至斑点中心的距离}{原点至溶剂前沿的距离} = \frac{l_i}{l_0}$$

2. 相对比移值

$$R_{st} = \frac{原点至组分斑点中心的距离}{原点至参照物斑点中心的距离} = \frac{l_i}{l_s}$$

3．比移值与分配系数的关系

$$R_f = \cfrac{1}{1 + K \cdot \cfrac{V_s}{V_m}} = \cfrac{1}{1+k}$$

4．分离度

$$R_s = \frac{2(l_2 - l_1)}{W_1 + W_2} = \frac{2d}{W_1 + W_2}$$

（三）基本内容

1．平面色谱法（planar chromatography）包括薄层色谱法（thin-layer chromatography，TLC）和纸色谱法（paper chromatography）等。

2．吸附色谱法对吸附剂的要求，常用的固定相硅胶的性质与应用、氧化铝的性质与应用。吸附剂的吸附能力的表示方法及与其含水量的关系。吸附色谱法选择色谱条件的方法。

3．分配色谱的分类，正相、反相色谱的概念及色谱行为，常用的固定相和流动相。

4．经典柱色谱法的基本步骤分为装柱、平衡、上样、洗涤、洗脱。

5．在平面色谱法中，定性参数及影响因素、与分配系数的关系。平面色谱中分离度（resolution，R_s）的概念。

6．薄层色谱法的特点有设备简单、分析速度快、分离效果好、灵敏度高以及能使用腐蚀性显色剂等。常用吸附剂型号硅胶 G、GF_{254} 等，薄层色谱法的一般操作步骤包括制板、点样、展开、检视和分析。展开注意事项有如展开箱的密闭性、展开剂的饱和状态等。

7．纸色谱的概念及一般操作步骤；聚酰胺色谱法分离原理和双重层析的概念；离子交换树脂的特性及柱色谱的一般操作步骤；凝胶的种类及凝胶柱色谱的一般操作步骤。

思考题与习题

1．常用液固吸附色谱的固定相有哪些？各有何特点？

2．硅胶中有吸附活性的基团是什么？影响其吸附活性的因素有哪些？

3．在吸附色谱中，吸附剂含水量与吸附剂活性、吸附力有什么关系？为什么？

4．何为比移值？受哪些因素影响？何为相对比移值？有何特点？

5．何为薄层色谱法？常用吸附剂型号有哪些？

6．在薄层色谱法中，固定相和展开剂的选择要点是什么？固定液的选择原则是什么？

7．简述薄层色谱法的操作步骤。何为边缘效应？其产生的原因是什么？如何消除？

8．何为正相色谱？何为反相色谱？试用列表比较组分与两相性质对保留能力的影响。

9．在硅胶为固定相的 TLC 中，当组分 R_f 较小时，改变哪些条件可以使组分 R_f 变大？如何选择硅胶薄层色谱的展开剂？

第十五章同步练习

第十六章课件

第十六章　气相色谱法

学习目标

本章主要介绍气相色谱法的基本原理、基础知识、仪器组成以及应用。要求：

1. 掌握气相色谱法的基本原理、气相色谱仪的基本组成。
2. 熟悉气相色谱固定相的选择、常用检测器的检测原理和适用范围。
3. 了解气相色谱分析的影响因素与条件选择方法、气相色谱法的应用。

气相色谱法（gas chromatoraphy，GC）是以气体为流动相的柱色谱法，主要用于分离、分析易挥发的物质，是药学与中药学领域进行药物含量测定、杂质检查、中药挥发油分析、溶剂残留分析及体内药物分析等工作的重要手段。

第一节　气相色谱法的特点与分类

一、气相色谱法的特点

气相色谱法以气体作流动相，由于气体黏度小，在色谱柱内流动的阻力小、扩散系数大，因此组分在两相间的传质快，有利于高效快速分离。

气相色谱法的特点：柱效高、选择性好、灵敏度高、简单快速、试样用量少、应用范围广泛。

气相色谱法的局限性：在缺乏标准样品的情况下，对试样中未知物的定性和定量测定较为困难；沸点高（500℃）、热稳定性差、腐蚀性和反应活性较强的组分，气相色谱也难分析，但可以通过化学衍生化的方法，使其转变成易气化或热稳定的物质后再进样分析。

二、气相色谱法的分类

（一）按分离机理和与固定相状态

气相色谱法按分离原理分为吸附色谱和分配色谱；按固定相聚集状态可分为气固色谱（GSC）和气液色谱（GLC）。GSC 用多孔性固体为固定相，主要分离一些永久性的气体和低沸点的化合物,属于吸附色谱;GLC 的固定相为将高沸点的有机物涂渍在惰性载体上,属于分配色谱。在实际工作中,气相色谱法是以气液色谱为主。

(二)操作形式与色谱柱规格

按色谱操作形式,气相色谱属于柱色谱;根据色谱柱的直径和填充状况,分为填充柱色谱和毛细管柱色谱。

三、气相色谱仪的一般流程

气相色谱仪的一般流程如图 16-1 所示。高压钢瓶或气体发生器供给载气,经减压、净化、干燥后由针形阀控制流速(流量计和压力表显示柱前流量和压力),以稳定的压力、恒定的流速连续流过气化室、色谱柱、检测器,最后放空。试样经手动或全自动进样进入气化室,被载气带入色谱柱进行分离,各组分按分配系数大小先后从色谱柱中流出,进入检测器,最后放空或进行组分收集,检测器将各组分浓度(或质量)信号转变成可测的电信号,经数据处理后,得到色谱流出曲线。由温控系统控制进样系统、色谱分离系统和检测系统的温度。

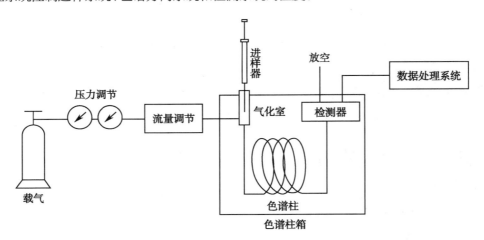

● 图 16-1 气相色谱仪的一般流程

第二节 气相色谱固定相

一、气固色谱固定相

气固色谱固定相通常是具有一定活性的固体吸附剂,有无机吸附剂(如活性炭、三氧化二铝、硅胶及分子筛等)、高分子多孔微球(GDX)及化学键合固定相等。固体吸附剂大多具有耐高温、不流失的特点,对烃类异构体选择性好,可用于分析永久性气体及其他气体混合物、高沸点混合物或极性较强的物质。缺点是吸附性能受操作条件及环境的影响大;非线性等温线,色谱峰不对称,进样量小。在高温下有催化作用。

1. 分子筛 人工合成的一类强极性的硅铝酸盐(沸石),具有均匀分布的孔穴结构和吸附性能,广泛用于 H_2、O_2、N_2、CH_4、CO 及 He、Ne、Ar、NO、N_2O 等气体的分析,在永久性气体和烃类的碳数族组成分析中占重要地位。分子筛常用 Na 型(4A,13A)和 Ca 型(5A,10X)(数字表示平均孔径,1Å=0.1nm,字母表示类型),分子筛是具有吸附及分子筛作用的一种特殊吸附剂,若不考虑吸附作用,分子筛是一种"反筛子",分离机制与凝胶色谱类似。

2. 高分子多孔微球(GDX) 一类新型有机合成高分子聚合物,主要以苯乙烯和二乙烯基苯交联共聚制备而成,具有载体功能的同时又显示类似吸附剂的性能,既可以作为吸附剂在气固色谱中直接使用,也可以作为载体涂上固定液后用于分离。或通过引入极性不同的基团,得到系列具有不同极性的聚合物高分子多孔微球的分离机制一般认为具有吸附、分配及分子筛作用;有耐高温、峰形好、不拖尾的特点,且无柱流失现象,柱寿命长;一般按分子量顺序分离,是一种比较优良的固定相。在药物分析中应用较广,常用于酊剂中含醇量或有机物中微量水和溶剂残留等的测定。

3. 化学键合固定相 又称化学键合多孔微球固定相,是一类利用化学反应将固定液的官能团键合在载体表面上形成的新型气相色谱固定相。使用过程中固定相不流失,化学稳定性好,可通过改变键合官能团的类型来改变分离的效果。

二、气液色谱固定相

气液色谱固定相由载体(support)和固定液(stationary liquid)组成。载体是一种惰性固体微粒,用作支持物。固定液是涂渍在载体上的高沸点物质,在色谱操作温度下为液体。气液色谱分析中液体固定相的应用远比固体固定相广泛。

(一)载体

载体又叫担体、支持体,为化学惰性的多孔固体微粒,提供较大的化学惰性表面使固定液在表面形成均匀的薄层液膜。作为载体应满足一定的要求。

1. 对载体的要求 ①表面积大,孔径分布均匀;②表面没有吸附性能(或很弱);③热稳定性好,化学稳定性好;④粒度均匀,有一定的机械强度。

2. 载体种类 气相色谱常用的载体种类较多,按化学成分可分为硅藻土型和非硅藻土型,前者应用较广泛。

硅藻土型载体由天然硅藻土煅烧而成,根据制造方法不同又可分为红色载体和白色载体。

红色载体常与非极性固定液配伍,是将硅藻土与黏合剂在 900℃煅烧后,粉碎、过筛而成,因含氧化铁呈红色而得名,如 6201、Chromosorb P 等。孔穴密集、孔径较小、比表面积大、机械强度高、吸附活性和催化活性较强,对强极性化合物尤为突出,如烃类、醇、胺、酸等会因吸附而产生严重拖尾,故适于作非极性固定液的载体,分析非极性或弱极性组分。

白色载体常与极性固定液配伍,是将硅藻土与 20% 的碳酸钠(助熔剂)混合煅烧成,因硅藻土中的氧化铁在高温下与碳酸钠作用,生成白色的铁硅酸钠而得名,如 101、102、Chromosorb W 等。孔径较大,比表面积较小,机械强度较差,吸附与催化活性均小,适合作极性固定液载体,分析各种极性组分。

3. 载体的钝化　硅藻土载体表面存在有硅羟基及少量金属氧化物,易形成氢键的化合物或酸碱作用,产生拖尾。硅藻土型载体的预处理常用酸洗、碱洗、硅烷化、釉化等方法。

（1）酸洗法:用6mol/L HCl溶液浸泡20～30分钟,除去载体表面铁等金属的氧化物。酸洗载体可用于分析酸性化合物。

（2）碱洗法:用5%氢氧化钾-甲醇溶液浸泡或回流,除去载体表面的Al_2O_3等酸性作用点。可用于分析胺类等碱性化合物。

（3）硅烷化法:将载体与硅烷化试剂反应,除去载体表面的硅羟基。主要用于分析形成氢键能力较强的化合物,如醇、酸及胺类等。

（4）釉化法:将载体置于2.3%的Na_2CO_3-K_2CO_3（1∶1）水溶液中浸泡48小时,烘干后在870℃灼烧3.5小时,再升温到980℃灼烧约40分钟。经釉化处理的载体表面产生了一层釉质,载体表面微孔被堵塞,机械强度增加的同时意味着表面的活性中心被屏蔽或钝化,对色谱峰的拖尾情况有一定改善。釉化载体适于分析醇、酸类极性较强的物质,但分析甲醇、甲酸时有不可逆的化学吸附,分析非极性物质时柱效较低。

（二）固定液

1. 对固定液的要求　固定液一般是一些高沸点液体,在操作条件下为液态,在室温下是固态或液态。对固定液的总体要求是可使样品的各组分分离良好,使色谱柱有较长的使用寿命。对固定液的要求有以下几点。

（1）在操作温度下应呈液态,蒸气压应低。否则固定液会流失,增大噪音,影响柱寿命和保留值的重现性。每种固定液有一个"最高使用温度"。

（2）对样品中各组分应具有足够的溶解能力,分配系数较大。

（3）对样品中各组分应具有较高的选择性,即对各组分的分配系数应有较大差别。一般填充柱$\alpha > 1.10$,毛细管柱$\alpha > 1.05$。

（4）稳定性好,在高柱温下不分解,不与载体发生反应。

（5）黏度要小,凝固点要低。

（6）对载体有良好浸润性,易形成均匀薄膜。

2. 固定液的分类　可用作固定液的化合物已达数百种之多,常按固定液的化学结构和极性进行分类。

（1）按化学结构分类:根据化学结构,固定液可以分为烃类、聚硅氧烷类、聚乙二醇类、酯类等。此外,还有一些新型高选择性手性固定液。烃类中常用的有角鲨烷（$C_{30}H_{62}$）和阿皮松;聚硅氧烷类是目前最常用的固定液,根据取代基的不同,又分为聚甲基硅氧烷（SE-30、OV-1）,聚苯甲基硅氧烷（OV-17）,聚氟烷基甲基硅氧烷（QF-1、OV-210）和聚氰烷基甲基硅氧烷（XE-60、OV-225）等;聚醇类有聚乙二醇PEG-20M;酯类有丁二酸二乙二醇聚酯（PDEGS或DEGS）,见表16-1。

新型高选择性固定液是一类特殊固定液,主要用于一些特殊样品的分析,例如手性药物中对映体纯度以及天然产物绝对构象的测定、不对称选择合成中对映体纯度及过剩量的测定等。

表 16-1　按化学结构分类的固定液

固定液的结构类型	极性	固定液举例	分离对象
烃类	最弱极性	角鲨烷、石蜡油	非极性化合物
硅氧烷类	应用广泛,从弱极性到强极性	甲基硅氧烷、苯基硅氧烷、氟基硅氧烷、氰基硅氧烷	不同极性化合物
聚醇	强极性	聚乙二醇	强极性化合物
酯类	中强极性	苯甲酸二壬酯	应用较广
腈和腈醚	强极性	氧二丙腈、苯乙腈	极性化合物
有机皂土			芳香异构体

（2）按极性分类:色谱柱对混合样品的分离能力,往往取决于固定液的极性。1959 年,Rohrschneider 提出以相对极性 P 表示固定液的分离特征。规定非极性固定液角鲨烷极性为 0,强极性固定液 β, β'-氧二丙腈的极性为 100,选择一对物质(如正丁烷-丁二烯或环乙烷-苯)进行试验。

角鲨烷

β, β'-氧二丙腈

分别测定它们在氧二丙腈、角鲨烷及欲测固定液的色谱柱上的相对保留值,将其取对数后,得到:

$$q = \lg \frac{t'_R(\text{苯})}{t'_R(\text{环己烷})} \text{ 或 } q = \lg \frac{t'_R(\text{丁二烯})}{t'_R(\text{正丁烷})}$$ 式 16-1

再将 q 代入式 16-2 计算欲测固定液的相对极性 P_x:

$$P_x = 100 - \frac{100(q_1 - q_x)}{q_1 - q_2}$$ 式 16-2

式 16-2 中 q_1、q_2 和 q_x 分别为苯和环己烷在 β, β'-氧二丙腈、角鲨烷和待测固定液上的 q 值,由此测得的各种固定液相对极性均在 0～100 之间。将计算的固定液相对极性从 0～100 分成 5 级(5 级分度法),每 20 分为 1 级。P 在 0～20(0～+1)为非极性固定液,在 21～40(+2)为弱极性固定液,41～60(+3)为中等极性固定液,61～100(+4～+5)为强极性固定液。常用固定液及其相对极性见表 16-2。

表 16-2　常用固定液及其相对极性

固定液	P	级别	固定液	P	级别
角鲨烷	0	+1	聚乙二醇 20000(PEG-20M)	68	+3
SE-30,OV-1	13	+1	己二酸二乙二醇聚酯(DEGA)	72	+4
阿皮松	7～8	+1	聚乙二醇-600(PEG-600)	74	+4
DC-550	20	+2	双甘油	89	+5
己二酸二辛酯	21	+2	β, β'-氧二丙腈	100	+5
邻苯二甲酸二壬酯 DNP	25	+2	聚苯醚 OS-124	45	+3
邻苯二甲酸二辛酯 DOP	28	+2	XE-60	52	+3

固定液的极性是组分与固定液分子间作用力的函数,与固定液和待分离化合物的性质有关。评价固定液极性的物质不同则得到的固定液极性评价数据不同。1970 年,McReynolds 提出了更精细的固定液极性表征方法,即麦氏常数法。麦氏常数越大,固定液的极性越强。表 16-3 为实际工作中常用的 12 种固定液及其麦氏常数。

表 16-3　12 种常用固定液

序号	固定液名称	型号	麦氏常数	最高使用温度 /℃
1	角鲨烷	SQ	0	150
2	甲基硅油或甲基硅橡胶	SE-30, OV-101, SP-2100, SF-96	205~229	350
3	苯基(10%)甲基聚硅氧烷	OV-3	423	350
4	苯基(20%)甲基聚硅氧烷	OV-7	592	350
5	苯基(50%)甲基聚硅氧烷	OV-17, DC-710, SP-2250	827~884	375
6	苯基(60%)甲基聚硅氧烷	OV-22	1 075	350
7	三氟丙基(50%)甲基聚硅氧烷	QF-1, OV-210, SP-2401	1 500~1 520	275
8	β- 氰乙基(25%)甲基聚硅氧烷	XE-60	1 785	250
9	聚乙二醇 -2000	PEG-20M	2 308	225
10	聚己二酸二乙二醇酯	DEGA	2 764	200
11	聚丁二酸二乙二醇酯	DEGS	3 504	200
12	1, 2, 3- 三(2- 氰乙氧基)丙烷	TCEP	4 145	175

3. 固定液的选择　根据试样的性质,一般按"相似相溶"的规律来初步选择适当的固定液。样品中组分已知时,固定液的选择规律一般以适宜的分析时间内使最难分离的物质达到分离为要求。大致可分为以下五种情况:

（1）分离非极性组分一般选用非极性固定液:在非极性固定液上,样品中非极性或极性组分与固定液之间的主要作用力是色散力。在这类固定液上,试样中各组分按沸点次序流出,低沸点的先流出,高沸点的后流出。

（2）分离中等极性的组分,一般选用中等极性固定液:这类固定液分子中含有极性和非极性基团,与组分分子间作用力为诱导力和色散力,没有特殊的选择性,基本按沸点顺序出柱。但对沸点相同的极性和非极性组分,则诱导力起主要作用,非极性组分先出柱。如苯与环己烷用 DNP 柱分离,环己烷先出柱,并可与苯完全分离。

（3）分离强极性组分一般选用强极性固定液:分子中含有强极性基团,与组分分子间主要作用力为取向力。试样中各组分按极性次序分离,极性小的先流出,极性大的后流出。

（4）分离非极性和极性(或易被极化的)组分的混合物:一般选用极性固定液,非极性组分先流出,极性组分后流出。

（5）分离能形成氢键的组分(如醇、胺、水等):一般选用极性或氢键型的固定液,试样中各组分按与固定液分子间形成氢键能力大小先后流出,不易形成氢键的先流出,易形成氢键的后流出。

另外,若选择的固定液分子所具有的化学官能团与组分分子的官能团相同时,则相互作用力强、选择性高。如分析酯类化合物时,选用酯或聚酯类固定液;分析醇类化合物时,可选用聚乙二醇等醇类固定液;按主要差别选择,如果样品中各组分之间以沸点差别为主时,选用非极性固定液;以极性差别为主时,可选用极性固定液。

对于复杂的难分离组分的分离通常采用特殊的固定液或混合固定液：在分析一些复杂样品或异构体时，使用一种固定液有时达不到分离的目的，往往需要采用混合固定液。混合固定液是指两种或两种以上极性不同的固定液，按一定比例混合后，涂布于载体上（混涂）；或将分别涂有不同固定液的载体，按一定比例混匀装入一根管柱中（混装）；或将不同极性的色谱柱串联起来使用（串联），以使难分离的组分得到很好的分离。

从最常用的固定液中进行实验测定：即先用固定液为 SE-30（+1）、OV-17（+2）、QF-1（+3）、PEG-20M（+3）、DEGS（+4）的五根色谱柱，用尝试法选择。样品分别于五根色谱柱上，在适当的操作条件下进行初步分离，观察未知物色谱图的分离情况，适当调整或改换固定液的极性，或调整实验条件至分离度符合要求，选择出较好的一种固定液。

三、气相色谱柱

色谱柱可按材料、形状、柱内径的大小和长度等分类。按照色谱柱内径的大小和长度，可分为填充柱和毛细管柱（图 16-2）。

（1）填充柱：由不锈钢或玻璃材料制成，内装固定相，一般内径 2~4mm，长 1~3m，形状有"U"形和螺旋形两种。

（2）毛细管柱：分为空心毛细管柱和填充毛细管柱等，材质为玻璃或石英，柱内径一般为 0.1~0.5mm，长度 30~300m，呈螺旋形。

空心毛细管柱是将固定液直接涂在内径只有 0.1~0.5mm 的玻璃或金属毛细管的内壁上，填充毛细管柱是将某些多孔性固体颗粒装入厚壁玻管中，然后加热拉制成毛细管，一般内径 0.25~0.5mm。空心毛细管柱根据固定相的区别又分为涂壁、多孔层和涂载体空心毛细管柱。目前常用的为弹性石英交联毛细管柱。

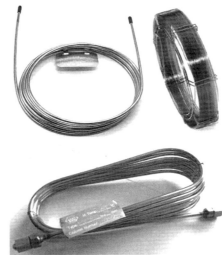

● 图 16-2　填充柱和毛细管柱

毛细管色谱柱没有涡流扩散，传质阻力小，柱长可达几十米。与填充柱相比，分离效率高（n 可达 10^6）、分析速度快、样品用量小，但固定液的厚度小、分配比小、柱容量低，故允许进样量小，且要求检测器灵敏度高。

第三节　气相色谱仪

一、气相色谱仪基本组成

气相色谱仪有多种类型，性能也各有差别，其设计基本原理相同，结构大同小异。按照功能单元主要分气路系统、进样系统、分离系统、检测系统、温度控制系统、数据处理及显示系统。

二、主要功能单元及其功能

（一）气路系统

气路系统（gas supply system）是一个载气连续运行的密闭管路系统，包括载气和检测器所需气体的气源、气体净化和气体流速控制装置。

（1）载气系统：包括气源、气体净化、气体流速控制和测量装置。

载气（carrier gas）的功能是为样品提供相空间，带动样品迁移。常用载气有氢气、氮气、氦气，一般由高压钢瓶供给，氢气、氮气也可由气体发生器供给。经减压阀减压，进入净化干燥管除去水分和杂质，再经气化室、色谱柱，由检测器排出，形成载气系统。整个系统需密闭，不能有气体泄漏。由针型阀控制载气的压力和流量，以流量计和压力表指示载气的柱前流量和压力。

（2）检测器气路系统：气相色谱的部分检测器是通过燃烧产生信号，故有燃气和助燃气，通常分别是氢气和空气，可由高压钢瓶或气体发生器供给。

（二）进样系统

进样系统（sumple injection system）包括进样装置和气化室。气体或液体样品可直接进样，固体样品用溶剂溶解后进样。液体进样通常采用微量注射器，气体样品的进样采用医用注射器或六通阀。

1. 进样方式　进样一般可采用溶液手动直接进样、自动进样或顶空进样。

（1）手动进样：一般采用专用微量注射进样器（0.1μl、1μl、5μl、10μl、50μl 等规格）将样品直接注入色谱柱柱头（气化室），样品在气化室瞬间气化后被载气带入分离系统。

（2）自动进样：通过仪器软件控制，样品通过六通阀进入气化室。填充柱色谱常用 10μl，毛细管色谱常用 1μl。

（3）顶空进样：适用于固体和液体供试品中挥发性组分进样分析。将固态或液态的供试品置于密闭小瓶中，在恒温控制的加热室中加热至供试品中挥发性组分在气 - 液（固）达到平衡后，由进样器吸取一定体积气体注入色谱柱。

2. 气化室功能　使液体样品瞬间气化而不分解。一般为一根在外管绕有加热丝的不锈钢管，控制温度范围为 20～400℃。要求气化室热容量大，无催化效应。死体积小，尽量减少柱前谱峰变宽。

（三）分离系统

分离系统（separation system），主体为色谱柱（chromatographic column），是色谱仪的核心部件，由柱管和固定相组成，其功能是分离样品中的各组分。

（四）检测系统

检测系统（detection system）的主体为检测器（detector），是气相色谱仪的重要组成部分。其作用为将载气中色谱柱分离的组分按时间及其浓度或质量的变化转化成易于测量的电信号,经过放大装置放大,传递给数据记录及处理系统。输出信号及其大小是组分定性和定量的基础。若进行色谱制备,则在检测器后接上分步收集器。

(五)温度控制系统

温度控制系统(temperature control system)的功能为设定、控制、测量气化室、色谱柱室和检测器室的温度,分别是提供气化室温度使试样气化、控制色谱柱温度使组分实现分离和维持组分在检测器呈气体状态以免冷凝于检测器。

检测器和气化室通常要求恒温操作,柱温有恒温操作和程序升温。

柱温是气相色谱分离中最重要的选择参数,直接影响到色谱柱的选择性、检测器的灵敏度和稳定性。通常根据待测试样中各组分的沸点设置柱温,但需低于色谱柱的最高使用温度20~50℃,以防止固定相的流失。

恒温操作系指在分析周期内柱温保持恒定温度。常用于一个或几个组分的分析。

程序升温系指在一个分析周期内柱温按预定的加热速度,以线性或非线性升温。用于宽沸程试样(混合物中高沸点组分与低沸点组分的沸点之差称为沸程),其优点是能缩短分析周期、改善峰形、提高检测灵敏度,但有时会引起基线漂移。

(六)数据处理及显示系统

数据处理及显示系统(data system)包括放大器、记录仪、数据处理软件及显示器等。数据处理及显示系统的功能是将检测器输出的信号放大后描绘出反映分离结果的色谱图,并给出对试样组分的定性、定量分析结果。有积分仪、色谱数据处理机和色谱工作站几种类型。

现代气相色谱仪的数据处理系统一般为配有专用软件(色谱工作站)的计算机(配打印机),控制着整个仪器的运行过程,具有色谱操作条件选择、控制、优化乃至智能化数据采集、数据处理、结果显示、数据输入输出等功能。

第四节　检测器

气相色谱检测器作用是,在控制温度下,将经色谱柱分离后的各组分按时间及其浓度或质量的变化转化成易于测量的电信号,经过放大装置放大,传递给数据记录及处理系统从而检测试样的组成及各组分含量。

适合气相色谱法的检测器有多种,常用的有氢焰离子化检测器(FID)、热导检测器(TCD)、氮磷检测器(NPD)、火焰光度检测器(FPD)、电子捕获检测器(ECD)等,联用技术还可以将质谱仪、核磁共振波谱仪及红外光谱仪等作为气相色谱的检测器,如气相色谱 - 质谱联用(GC-MS,简称气质联用)、气相色谱 - 质谱 - 核磁共振联用(GC-MS-NMR)、气相色谱 - 质谱 - 核磁共振 - 红外联用(GC-MS-NMR-IR)。

一、检测器的分类

（一）按响应特征分类

按测定原理的不同，分为浓度型和质量型检测器。

浓度型检测器根据组分与浓度有关的物理化学性质而设计的，如热导率、电负性、介电常数、气体密度、电极电位、光吸收和发射等。测量的是载气中某组分浓度瞬间的变化，即检测器的响应值与组分的浓度成正比。常用的浓度型检测器有热导池检测器（TCD）、电子捕获检测器（ECD）等。

质量型检测器是根据组分与质量有关的物理化学性质而设计的，如物质的质量、电离电流、振荡频率、热电子发射等。测量的是载气中某组分进入检测器的速度变化，即检测器的响应值与单位时间进入检测器某组分的质量成正比。亦受载气流速影响，载气的流速增加，峰高增加。常用的质量型检测器有氢焰电离检测器（FID）、火焰光度检测器（FPD）等。

（二）按选择性分类

按不同类型化合物是否具有选择性响应，可分为通用型和选择型检测器。通用型指对所有组分都有响应的检测器，如热导池检测器（TCD）、氢焰离子化检测器（FID）等。选择型指对专有组分才有响应的检测器，如电子捕获检测器（ECD）、火焰光度检测器（FPD）等。

（三）按是否破坏试样分类

按对样品破坏与否分为破坏型、非破坏型检测器。热导是非破坏型的代表，氢火焰离子化检测器是破坏型的典型代表。

二、检测器的性能指标

检测器一般要求灵敏度高、检测限低、死体积小、响应迅速、线性范围宽、稳定性好。通用型检测器要求适用范围广；选择型检测器要求选择性好。

（一）灵敏度

灵敏度（sensitivity，S）又称响应值或应答值。定义为通过检测器组分的量变化时，该组分响应值的变化率，以 S 表示，S 越大，检测器灵敏度越高。

1. 浓度型检测器灵敏度（S_c） 用 1ml 载气中含有 1mg 的某组分通过检测器时所产生的电压（mV）表示。S_c 用于固体或液态样品时，单位为 mV·ml/mg；用于气体样品时单位为 mV·ml/ml。计算公式为：

$$S_c = \frac{F_0 A}{W} = \frac{h}{c} \qquad \text{式 16-3}$$

式 16-3 中，A 为色谱峰面积（mV·min）；h 为色谱峰高（mV）；c 为物质在流动相中的浓度（mg/ml）；

F_0为校正检测器温度和大气压时的载气流速,即色谱柱出口流速(ml/min);W为进样量(mg)。

2．质量型检测器灵敏度(S_m)　用每秒1g的某组分被载气携带通过检测器时所产生的电压或电流(mV 或 A)表示,单位为 mV·s/g。它的计算公式为:

$$S_m = \frac{A}{W} \qquad\qquad\qquad 式16\text{-}4$$

式16-4中,A为色谱峰面积(mV·min);W为进样量(g)。

3．测定方法　在一定的实验条件下,将一定量的纯物质进样,测量峰面积,应用计算公式,便可求得相应灵敏度。

（二）噪声和漂移

各种因素(检测器构件工作稳定性、电子线路噪声以及流过检测器气体纯度等)引起的基线信号波动,用N表示,影响检测器的灵敏度。可评价检测器稳定性,如图16-3。

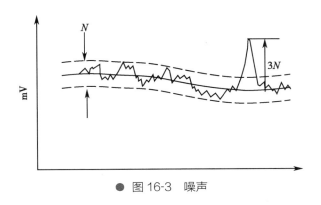

● 图16-3　噪声

基线漂移:基线随时间单向缓慢变化(如图16-4),表示为单位时间(0.5 小时或 1.0 小时)内基线信号值的变化,$Dr = \Delta N/\Delta t$,单位为 mV/h。噪声和基线漂移与检测器的稳定性、载气与辅助气体的纯度、载气流速稳定性、柱温稳定性、固定相流失等因素有关,良好的检测器其噪音和漂移都应很小。

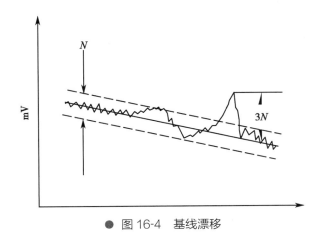

● 图16-4　基线漂移

（三）检测限

检测限(detectability,D)又称敏感度,指某组分的峰高恰为噪声信号的 3 倍(3N)时,单位时间内载气引入检测器中该组分的质量(g/s),或单位体积载气中所含该组分的量(g/ml)。组分的色谱峰低于此值将被淹没在噪音中,无法检出,故称为检测限。

$$D = \frac{3N}{S}$$ 式 16-5

式 16-5 中,N 为检测器的噪声,指由各种因素引起的基线波动的响应数值(单位为 mV);S 为检测器的灵敏度。D 值越小,说明仪器越敏感。无论哪种检测器,检测限都与灵敏度成反比,与噪声成正比,取决于灵敏度,受限于噪声,是衡量检测器性能的综合指标。

(四)线性范围

线性范围(linear range)指检测器的响应信号强度与被测物质浓度(或质量)之间呈线性关系的范围,在这个范围内信号与浓度(或质量)成正比,其大小表明了检测器对样品准确定量的能力,与定量分析有密切关系。常以最大允许进样量与最小允许进样量的比值表示。良好的检测器其线性相关系数 r 接近 1,线性范围宽。氢焰离子化检测器的线性范围高达 10^7,电子捕获检测器为 10^3,热导池检测器为 10^3。

(五)响应时间

响应时间指进入检测器的组分输出达到 63% 时所需的时间,检测器响应时间越小越好,一般小于 1 秒。

三、常用检测器简介

(一)热导池检测器

热导池检测器(thermal conductivity detector,TCD)利用待测组分与载气之间的热导系数差异,采用热敏元件检测组分浓度的变化,属于通用型检测器。TCD 结构简单,灵敏度适中,稳定性较好,线性范围宽,而且对所有物质都有响应,在气相色谱中广泛应用。

1. 结构与检测原理 TCD 的检测原理示意图如图 16-5。将两个材质、电阻相同的热敏元件(钨丝),装入一个双腔池体中,构成双臂热导池。一臂连接在柱前只通载气,称为参比臂;另一臂连接在柱后,称为测量臂。两臂与两个阻值相等的固定电阻 R_1、R_2 组成惠斯顿电桥。

给热导池通电,钨丝因通电升温,所产生的热量被载气带走,并以热导方式通过载气传给池体。当热量的产生与散热建立动态平衡时,钨丝的温度恒定,电阻一定。若测量臂也只是通载气,无样品气体通过,热导池两臂钨丝温度相等,电阻相等,电桥处于平衡状态,则检流计无电流通过。

当组分气体进入测量臂时,若组分与载气的热导率不等,则钨丝温度发生变化,电阻改变,惠斯顿电桥失去平衡,检流器指针偏转。

若用记录器(电子毫伏计)代替检流计 G,则可记录 mV-t 曲线,即色谱流出曲线。由于 V_{AB} 的大小取决于组分与载气的热导率之差以及组分在载气中的浓度,因此在载气与组分一定时,峰高(V_{AB})或峰面积可用于定量。

因 TCD 是浓度型检测器,在进样量一定时,峰面积与载气流速成反比,用峰面积定量时,需保持流速恒定,因此一般采用峰高定量。

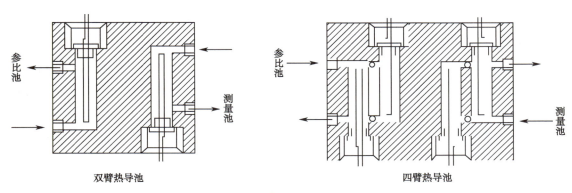

双臂热导池　　　　　　　　　　　　　四臂热导池

● 图 16-5　TCD 检测原理示意图

2. 影响热导检测器灵敏度的因素　桥路电流、池体温度和载气种类均能影响热导检测器灵敏度。

（1）桥路电流:桥路电流增加,钨丝的温度增加,则钨丝与池体之间的温差增加,有利于热传导,可使灵敏度提高,但会导致稳定性下降,造成基线不稳。并且桥路电流太高时,易使钨丝烧坏。应注意无载气时不能加桥路电流,在开机时,应先通载气,再加桥路电流;关机时,应先关桥路电流,再关载气。一般桥路电流控制在 100～200mA。

（2）池体温度:池体温度与钨丝温度相差越大,越有利于热传导,使灵敏度越高,但池体温度不能低于分离柱温度,以防止试样组分在检测器中冷凝。

（3）载气种类:载气与试样组分的热导率相差越大,使热导池两臂中产生的温差就越大,即电阻差越大,灵敏度越高。若载气热导率大,传热好,则通过的桥路电流也大,也使灵敏度相应提高。

表 16-4　气体的导热率

气体	λ/(10⁻³W/mK)	气体	λ/(10⁻³W/mK)
氢	224.3	甲烷	45.8
氦	175.6	乙烷	30.7
氧	31.9	丙烷	26.4
空气	21.5	甲醇	23.1
氮	31.5	乙醇	22.3
氩	21.8	丙酮	17.6

表 16-4 为一些气体的导热率,氢气具有较大的热导率,较为常用;氦气也具有较大的热导率,但价格较高。一般有机化合物与氮气的热导率之差较小,用氮气作载气,灵敏度较低,若组分的热导率高于氮气的,将形成倒峰。若采用氮气,应用较小的桥流。

若将两个固定电阻改为热导池,即构成四臂热导池,在相同条件下灵敏度是双臂热导池的两倍。

（二）氢焰离子化检测器

氢焰离子化检测器（hydrogen flame ionization detector, FID）属准通用型检测器。FID 是利用有机物在氢焰的作用下，化学电离形成离子流，依据离子流强度进行检测。具有灵敏度高、噪声低、稳定性好、死体积小、响应快、线性范围宽等特点，是目前最常用的检测器。缺点是检测时样品会被破坏，且一般只对碳氢化合物产生信号。

1. 结构与检测原理 FID 主要部件离子室的结构如图 16-6。H_2 与载气在进入喷嘴前混合，空气（助燃气）由另一侧引入，在火焰上方筒状收集电极（正极）和下方的圆环状极化电极（负极）间施加恒定的电压（150～300V），当待测组分由载气携带从色谱柱流出，进入火焰后，在火焰高温（2 100℃左右）作用下发生离子化反应，生成正离子和电子，在外电场作用下，向两极定向移动，形成微电流，微电流经放大器放大后，由记录仪记录。

微电流的大小与有机物的含碳量有关，含碳量越高则微电流越大。对于特定的待测组分，则微电流与组分含量成正比。

FID 对大多数有机化合物有较高的灵敏度，适宜痕量有机物的分析。但对在氢火焰中不电离的化合物，例如 H_2O、NH_3、CO_2、SO_2 等不能进行检测。

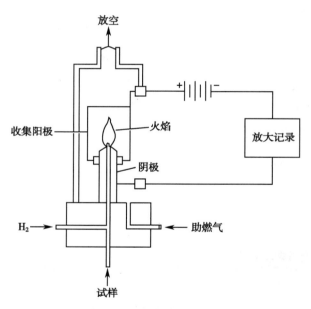

● 图 16-6　氢焰离子化检测器

2. 使用氢火焰离子化检测器的注意事项

（1）气体及流量：氢焰检测器需使用 3 种气体。载气一般用氮气，灵敏度高；燃气用氢气；空气作为助燃气。三者流量关系一般为 N_2：H_2：空气为 1：1～1.5：10。

（2）峰高与载气流速：FID 为质量型检测器，一般采用峰面积定量；峰高取决于单位时间引入检测器中组分的质量，在进样量一定时，峰高与载气流速成正比，所以在用峰高定量时，需保持载气流速恒定。

（3）基线漂移：FID 对温度变化不敏感。但在用填充柱或毛细管柱作程序升温时要特别注意基线漂移，可用双柱进行补偿，或者用仪器配置的自动补偿装置进行"校准"和"补偿"。

（4）检测器温度：氢气燃烧，产生大量水蒸汽。若检测器温度低于80℃，水蒸汽不能以蒸汽状态从检测器排出，冷凝成水，使高阻值的收集极阻值大幅度下降，减小灵敏度，增加噪声。因此要求检测器温度必须在120℃以上。

（5）尾吹：毛细管柱接FID时，一般都要采用尾吹气（make up gas）。所谓尾吹（make up）是在检测器中近毛细管柱出口处增加的一个气体流路，以帮助色谱柱流出气体快速流经检测器。尾吹气又叫补充气或辅助气，一般用N_2。尾吹气的作用既可保证进入检测器的N_2和H_2的比例，又可以减小检测器死体积的柱外效应。

（三）电子捕获检测器

电子捕获检测器（electron capture detector，ECD）是一种用 ^{63}Ni 或氚作为放射源的高选择性离子化检测器，对含有较大电负性的原子（卤素、硫、磷、氧等元素）的化合物响应，对大多数烃类没有响应。主要用于负电性物质的检测分析，如对含有卤素、S、O、硝基、羧基、氰基、共轭双键体系、有机金属化合物等有很高的灵敏度。

1. 结构与检测原理　如图16-7，电子捕获检测器包括两个电极和一个放射源，放射源通常为阴极，由放射源辐射出的β粒子，即初级电子，从色谱柱流出的载气（N_2或Ar）进入检测器后在β射线的作用下，电离成正负离子和自由电子（次级电子），在电场作用下，离子和电子发生迁移而形成电流（基流）。

当含较大电负性的有机物被载气带入检测器内，自由电子被负电性物质捕获，生成负离子并与载气正离子复合成中性分子，此时，基流下降形成倒峰，电流减小，成为测量电流，可表示为：

$$N_2 \xrightarrow{\beta} N_2^+ + e$$

$$e \xrightarrow{AB} AB^- \xrightarrow{N_2^+} N_2 + AB$$

当样品的浓度很小时，组分浓度越高，倒峰愈大。

电子的吸收系数对灵敏度的影响较大，可以将样品转化为卤素化合物后进行分离检测。只要能使载气分子电离，产生足够大的基流，任何类型的放射源都可以用于电子捕获检测器，如^3H、^{63}Ni、^{90}Sr、^{266}Ra 等。

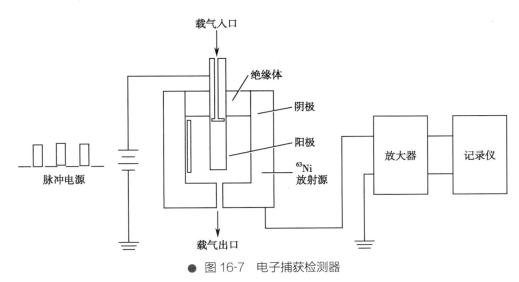

● 图16-7　电子捕获检测器

2. 影响电子捕获检测器灵敏度的因素　极化电压有两种供电方式，即直流与脉冲供电，电压幅度在2~100V之间，一般认为，加到检测器的极化电压以获得饱和基流的85%为宜。载气纯度应在4个9以上，即纯度大于99.99%。载气的流速增加，灵敏度降低，一般在40~100ml/min范围有合适的流速值。检测器的温度对灵敏度的影响较大，因此温度精度要达到0.1℃。检测器中含放射源，使用时应注意安全，整个气路应保持密封，尾气用聚四氟乙烯管引至室外，高空排放，尾气排放装置不得随意拆卸。不同的放射源使用温度、半衰期不同，进样量不可超载。缺点是线性范围为10^3左右，易受操作条件影响，重现性较差。

（四）氮磷检测器

氮磷检测器（nitrogen phosphorous detector, NPD）又叫热离子检测器（TID），一种对含氮、磷有机化合物具有高选择性和高灵敏度的质量型检测器。其结构与FID相似，只是在喷嘴与收集极之间加一个由硅酸铷或硅酸铯等制成的玻璃或陶瓷珠的热离子电离源及其加热系统。在中药农残检测中用于含氮、含有机磷农药的含量测定。在中药农药残留量测定研究中用于含氮、含有机磷农药残留量的测定，具有高灵敏度、高选择性、线性范围宽的特点。

（五）火焰光度检测器

火焰光度检测器（fame photometric detector, FPD），又称硫、磷检测器，利用富氢火焰使含硫、磷杂原子的有机物分解，形成激发分子，当它们回到基态时，发射出一定波长的光，其光强度与待测组分量成正比。一种对含磷、硫有机化合物具有高选择性和高灵敏度的质量型专属检测器，具有高灵敏度和高选择性。主要用于检测大气污染物、水、有机硫、有机磷的测定，可用于中药中的痕量硫化物以及毫微克级有机磷和有机硫农药残留量的测定。

常用GC检测器的性能比较具体见表16-5。

表16-5　常用GC检测器的性能

检测器	响应特性	噪声	检测限	响应时间/s	线性范围	适合载气
TCD	浓度型	0.005~0.01mV	10^{-10}~10^{-6}g/ml	<1	10^4~10^6	H_2、He
FID	质量型	10^{-14}~5×10^{-14}A	$<2\times10^{-12}$g/s	<0.1	10^6~10^7	N_2
ECD	浓度型	10^{-12}~10^{-11}A	1×10^{-14}g/ml	<1	10^2~10^5	N_2
FPD	P: 质量型 S: 质量型	10^{-10}~10^{-9}A	P: 10^{-12}g/s S: $=10^{-11}$g/s	<0.1	P: $>1\times10^3$ S: 5×10^2	N_2、He
NPD	质量型	$=5\times10^{-14}$A	N: $<10^{-12}$g/s P: $<10^{-11}$g/s	<1	10^4~10^5	N_2、Ar

第五节　气相色谱分析条件的选择

色谱分离的目的是将组分分开。对定量分析来说，R越大，说明相邻两组分分离得越好。选择合适的色谱条件可以提高组间的分离选择性，提高柱效，使分离峰的个数尽量多，分析时间尽可能短,充分满足分离分析要求,实现分离的目的。

一、条件选择依据

进行色谱定量分析要求分离度能达到 1.5 及以上,依据分离度方程,增加柱效、柱选择性和柱容量可以增大分离度,其中以增加柱效为最佳。

(一)改善柱效的措施

1. Van Deemter 方程　将第十四章式 14-33～式 14-36 代入式 14-32 可得范氏方程。

$$H = 2\lambda d_p + \frac{2\gamma D_g}{u} + \left[\frac{0.01k^2}{(1+k)^2} \cdot \frac{d_p^2}{D_g} + \frac{2}{3} \cdot \frac{k}{(1+k)^2} \cdot \frac{d_f^2}{D_l} \right] \cdot u \qquad 式 16-6$$

由此可见,色谱柱填充均匀性、固定相粒度、载气种类、载气流速、柱温和固定相的液膜厚度对柱效、峰扩张均有影响。

(1)颗粒直径:影响涡流扩散项和气相传质阻抗项。式 16-6 显示,颗粒直径小而均匀,且填充均匀,可减少板高,增大柱效。

(2)载气流速和种类:影响分子纵向扩散项和气相传质阻抗项,板高和载气流速的关系见图 14-10。式 16-6 显示,当流速较小时,峰展宽主要来自分子纵向扩散项,影响分子扩散系数 B 的因素为主要影响因素;而当流速较大时,影响传质阻抗系数 C 的因素为主要影响因素。由式 16-6 可知,低流速时宜选择相对分子质量大的载气,如 N_2、Ar,可降低组分在载气中的扩散系数 D_g;高流速时可选择相对分子质量小的载气,如 H_2、He,可缩短分析时间,且因有较大的 D_g,减小传质阻力项,减小板高,增大柱效。

(3)固定液的液膜厚度(d_f):影响传质阻力项。由式 16-6 可知,降低液膜厚度,可使板高减小。液膜的影响与容量因子 k 是一对矛盾体,若液膜薄,组分在液相的扩散系数(D_l)大,则 C_l 就小;但减小液膜厚度,使固定液量减小,k 也随之变小,则会使 C 增大。因此,需采用固定液含量一定、比表面积较大的载体来降低液膜厚度。但比表面积太大,会因吸附造成拖尾,也不利于分离。若采用提高柱温使 D_l 增大,又会使 k 减小。

因此,一般控制固定液相的量,在全部覆盖载体表面的基础上,尽可能选用较低的固定液配比,以保证有较快的分析速度。

(4)柱温:主要影响分子纵向扩散项和传质阻力项。柱温是改善分离度的重要参数。温度高可以升高固定液的扩散系数,但会降低分配系数。柱温是气相色谱法中实现分离的一个最为重要的操作条件。

实际上,其中许多因素是互相矛盾、互相制约的,如增加载气流速,分子扩散项的影响减小,但传质阻抗项的影响却增加;柱温升高有利于减少传质阻抗项,但是又加剧了分子扩散。因此应全面考虑这些因素的影响,选择适宜的色谱操作条件,才能达到预期的分离效果。

2. Golay 方程　1958 年,Golay 在 Van Deemter 方程的基础上导出了空心(开管)毛细管柱的速率理论方程——Golay 方程。

对于空心毛细管柱，柱内无填充物颗粒，只有一个流路，无涡流扩散项，所以 $A=0$，则有：

$$H = B/u + C_g u + C_1 u$$
$$= \frac{2D_g}{u} + \left[\frac{1+6k+11k^2}{24(1+k)^2} \cdot \frac{r^2}{D_g} + \frac{2}{3} \cdot \frac{k}{(1+k)^2} \cdot \frac{d_f^2}{D_1} \right] \cdot u \qquad \text{式 16-7}$$

式 16-7 中，r 为毛细管柱内半径，其他各项意义同 Van Deemter 方程。

与 Van Deemter 方程比较，主要的差别有：

（1）因 A 项为零，由此使柱效比填充柱大大提高。

（2）弯曲因子 $\gamma = 1$，降低了纵向扩散对柱效的影响。

（3）以柱内半径 r 代替填充物粒度 d_P，且一般液相传质阻力系数 C_1 比填充柱的小，因此，气相传质阻力常是色谱峰扩张的重要因素。在高载气流速下，开管柱的柱效一般降低不多，所以，比填充柱更适于快速分析。

综上所述，柱效与毛细管内径、载气流速、固定相的液膜厚度、柱温等相关，可指导实验条件的选择。

二、实验条件选择

（一）色谱柱的选择

在选择色谱柱时，主要考虑选择固定相和柱长。

在气相色谱中，载气种类不多，流动相选择余地不大，载气本身对分离起的作用也不大，所以主要是选择固定相。气固色谱固定相种类较少，气液色谱固定相种类繁多，可根据"相似性"原则或主要差别选择固定相，也可以依据相对极性 P 或麦氏常数选择。

同时，应考虑固定液配比（涂渍量），通常控制在 5%～25%。

选用毛细管柱，根据塔板理论增加柱长、减小柱径，能增加塔板数，提高分离度。依据速率理论，减小组分在柱中的涡流扩散相传质阻力，可降低塔板高度。

此外，选择色谱柱应注意固定相的使用温度。气相色谱柱具有最高使用温度和最低使用温度。前者系指色谱柱的最高极限使用温度，后者一般指固定液的凝固点。

（二）载气种类的选择

载气的种类较多，常用载气有 He、H_2、N_2 和 Ar。在气相色谱中选择载气种类应考虑载气对柱效的影响、检测器的要求及载气的性质。

使用填充柱时，根据范氏方程，在低流速时，选用分子量较大的载气，如 N_2，使组分的扩散系数较小，以减小分子扩散的影响，提高柱效。在高流速时，选用分子量较小的气体如 H_2 或 He 作载气，减小气相传质阻力，提高柱效。

在毛细管色谱中，常以高流速进行分离分析，选用 H_2 或 He 作载气。

色谱柱较长时，在柱内产生较大的压力降，采用黏度低的氢气较适宜。

热导检测器需要使用热导系数较大的氢气以有利于提高检测灵敏度。在氢火焰离子化检测器中，氮气仍是首选载气。

在选择载气时,应综合考虑载气的安全性、经济性及来源是否广泛等因素。

(三)载气流速的选择

根据速率理论,载气均有最佳流速。在实际工作中,为了缩短分析时间,往往使流速稍高于最佳流速。对于填充柱,N_2 最佳线速度为 7~10cm/s,H_2 为 10~12cm/s。通常载气流速(F_c)可在 20~80ml/min 内,可通过实验确定最佳流速,以获得高柱效。对于开管毛细管柱,N_2、He 和 H_2 最佳流速分别约为 20cm/s、25cm/s 和 30cm/s。

(四)柱温的选择

柱温是气相色谱的一个重要操作参数,直接影响分离效能和分析速度。首先要考虑到每种固定液都有一定的最高使用温度,柱温切不可超过此温度,以免固定液流失。

柱温对组分分离的影响较大,提高柱温使各组分的挥发加快,即分配系数减小,不利于分离。降低柱温,会使待测组分在两相中的传质速度下降,使峰形扩张,严重时引起拖尾,并延长了分析时间。

因此,选择柱温原则为在使难分离物质能得到良好的分离、分析时间适宜、并且峰形不拖尾的前提下,尽可能采用低柱温。但在实际工作中一般以分离度为选择依据,在色谱柱使用温度范围内,以基线分离为前提,且有较好峰形时选择柱温。

按试样沸点参考选择柱温的一般规律为:

(1)高沸点混合物(300~400℃):可低于沸点 100~150℃,采用低固定液配比(1%~3%),高灵敏度检测器。

(2)沸点<300℃的试样:可在比平均沸点低 50℃至平均沸点的温度范围内选择柱温。固定液配比为 5%~25%。

(3)宽沸程试样:采用程序升温的方法进行分离分析。

如恒温与程序升温分离正构烷烃的比较见图 16-8。结果显示 150℃恒温 30 分钟仅 5 个组分(C_9~C_{13})达到良好分离,低沸点组分(C_6~C_9)峰密集,高沸点组分(C_{14}~C_{20})出峰时间过长,甚至有未能流出色谱柱。程序升温(50~250℃,升温速度为 8℃/min),低沸点及高沸点组分都能在各自适宜的温度下分离,分离度好且峰形好。

(五)其他条件

(1)气化室温度:取决于试样的沸点、稳定性和进样量。一般可等于试样的沸点或稍高于沸点,以保证迅速完全气化。气化室温度应高于柱温 30~50℃。

(2)检测室温度:除 FID 外,所有检测器对温度变化都较敏感,温度的微小变化,都直接影响检测器的灵敏度和稳定性。一般检测室温度比柱温高 20~50℃或等于柱温,具体与检测器种类有关。TCD 的温度不能低于样品的沸点,FID 的温度一般应高于柱温,并不得低于 150℃,以免水汽凝结、检测器积水。

(3)进样量和进样时间:液体试样采用色谱微量进样器进样;气体试样应采用气体进样阀进样。进样量应控制在柱容量允许范围及检测器线性检测范围之内。手动进样要求动作快、时间短,在 1 秒以内。若进样时间过长,试样起始宽度变大,半峰宽变宽,甚至使峰变形。

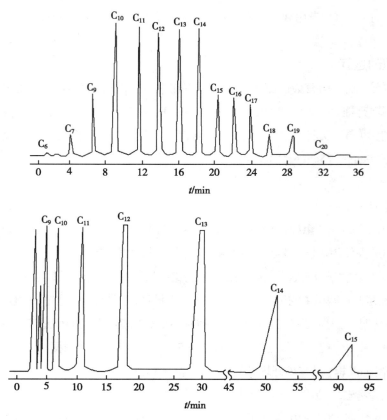

● 图 16-8　正构烷烃恒温和程序升温色谱图

第六节　应用与示例

一、定性分析

（一）已知物对照法

在相同的操作条件下，分别测出已知物和未知试样的保留值，在未知试样色谱图中对应于已知物保留值的位置上若有峰出现，则判定试样可能含有此已知物组分，否则就不存在这种组分。

例如，《中国药典》（2020年版）一部麝香抗栓胶囊的鉴别方法之一为取胶囊内容物和麝香酮对照品分别用乙酸乙酯制成2.5g/ml供试品溶液和0.25mg/ml对照品溶液。照气相色谱法，以PEG-20M为固定相，柱温为180℃，理论板数按麝香酮峰计应不低于2 000。分别吸取对照品溶液与供试品溶液1μl注入气相色谱仪分析。要求供试品色谱中应呈现与对照品色谱峰保留时间相同的色谱峰。该方法即采用了已知物对照法。

（二）利用相对保留值

对于一些组分比较简单且已知组分的混合物，在无对照品时，可用此法定性。

方法为：先查手册，根据手册的试验条件及所用标准物进行试验。取所规定的标准物加入待测样品中,混匀、进样分析,测定各组分的相对保留时间 $r_{i,s}$,然后与色谱手册数据对比定性。

(三)利用保留指数定性

许多有关气相色谱分析的手册上都刊载各种化合物的保留指数,只要固定液及柱温相同,就可利用手册数据对物质进行定性。保留指数的重复性及准确性均较好(相对误差<1%),是定性的重要方法。

(四)联用技术定性

利用 GC-MS、GC-NMR、GC-IR 联用技术进行定性及结构分析。

二、定量分析

色谱分析的定量方法在第十四章中已有介绍,在气相色谱中均有应用。

(一)归一化法

当试样中各组分都能流出色谱柱,并在色谱图上显示色谱峰时,可用该法进行定量计算。

【例 16-1】测定异丁醇、伯丁醇、仲丁醇和叔丁醇的混合溶液中各组分的含量。实验条件:柱温 72℃,气化室温度 17℃,热导检测器温度 80℃,桥电流 180mA,进样 1μl,测定得峰面积(表 16-6),用归一化法计算各组分质量百分含量。

表 16-6　丁醇混合物各组分含量测定

组分名称	f_i	A_i	$w_i / \%$
伯丁醇	1.00	181.04	22.34
仲丁醇	0.97	237.28	29.28
叔丁醇	0.98	206.63	25.50
异丁醇	0.98	185.40	22.88

解:根据式 14-44 计算各组分含量,结果填入表 16-4 中"$w_i /\%$"栏。

(二)外标法

当外标法的标准曲线法线性好,截距近似为零时,则用外标一点法(比较法)进行定量。若准确称定试样质量为 m,配制成一定浓度的待测溶液,根据式 14-46,则待测组分的百分含量为:

$$w = \frac{m_i}{m} \times 100\% = \frac{A_i m_R}{A_R m} \times 100\%$$

式 16-8

【例 16-2】《中国药典》(2020 年版)一部冰片(合成龙脑)的含量测定:色谱条件与系统适用性试验,以聚乙二醇 PEG-20M 为固定相,涂布浓度为 10%;柱温 140℃。理论板数按龙脑峰计算应不低于 2 000。对照品溶液制备:取龙脑对照品适量,精密称定,加乙酸乙酯制成每 1ml 含 5mg 的溶液,即得。供试品溶液制备:取试样细粉约 50mg,精密称定,置 10ml 量瓶中,加乙酸乙酯溶解并稀释至刻度,摇匀,即得。测定法:分别精密吸取对照溶液与供试品溶液各 1μl,注入气相色谱仪,测定,即得。本品含龙脑($C_{10}H_{18}O$)不得少于55.0%。

若龙脑对照品的质量浓度为5.084g/L,试样质量为50.84mg,对照品与供试品的峰面积分别为886 633和553 344,试计算龙脑($C_{10}H_{18}O$)的含量,并判断产品是否合格。

解: 该测定法显然采用的是外标一点法,根据式16-8可得:

$$w = \frac{A_i m_R}{A_R m} \times 100\% = \frac{553\,344 \times 5.084}{886\,633 \times \dfrac{50.84}{10}} \times 100\% = 62.41\%$$

含量大于55%,产品合格。

(三)内标校正因子法

在已知待测组分和内标物的校正因子,或通过测定可以得到待测组分相对与内标物的校正因子时,利用该法比较方便。在该法中,只需准确称定所取待测试样和内标物的质量,并测定待测组分与内标物在色谱图上相应的峰面积(峰高)或比值,即可求出某组分的百分含量。

【例16-3】无水乙醇中微量水的测定

试样配制:准确量取待测无水乙醇100ml,称量为75.60g。用减重法精密加入无水甲醇0.366 0g,混匀待用。已知峰高质量校正因子$f_{H_2O} = 0.224$,$f_{甲醇} = 0.340$。

实验条件:401有机载体或GDX-203固定相,柱长2m。柱温120℃,气化室温度160℃,检测器TCD,载气N_2,40ml/min,内标物为甲醇。

测得数据为:水,$h = 7.56$cm;甲醇,$h = 7.32$cm。

解: 由式14-47 $\quad w_i = \dfrac{m_i}{m} \times 100\% = \dfrac{f_i A_i m_s}{f_s A_s m} \times 100\%$

得 $\quad\quad\quad\quad\quad w_{H_2O} = \dfrac{7.56 \times 0.224 \times 0.366\,0}{7.32 \times 0.340 \times 75.60} \times 100\% = 0.329\%$

(四)内标工作曲线法

配制一系列不同浓度的对照液,并加入相同量的内标物,进样分析,测A_i和A_s,以A_i/A_s对照溶液浓度作图。求出斜率、截距后,计算试样的浓度。试样溶液配制时需加入与对照液相同量的内标物。

(五)内标对比法

工作曲线截距近似为零时,可用内标对比法(已知浓度试样对照法)进行定量分析。根据式14-49,若称取试样质量为m,配制成一定浓度,则待测组分i的百分含量为:

$$w_i = \frac{m_i}{m} \times 100\% = \frac{(A_i/A_s)_x m_R}{(A_i/A_s)_R m} \times 100\% \quad\quad\quad 式16-9$$

此法不必测出校正因子,不需严格准确进样体积,消除了操作条件的影响。

【例16-4】测定某原料药的溶剂残留甲苯的含量:精密吸取0.089g/L甲苯溶液1ml、0.89g/L内标物苯溶液1.0ml于10ml量瓶中加二硫化碳至刻度,摇匀,配制成对照品溶液。样品溶液的配制:精密称取样品1.034g,至10ml量瓶中,加入0.89g/L内标物苯溶液1.0ml,加溶剂至刻度,摇匀,制得供试品溶液。两溶液依次进等量体积分析,对照品、样品色谱图上苯和甲苯的峰面积分别为 63 456 / 73 294，62 456/56 734，试计算甲苯的残留量。

解：根据式 16-9 可得

$$w_1 = \frac{(56\ 734/62\ 456)\times 0.089}{(73\ 294/63\ 456)\times 1.034\times 1\ 000}\times 100\% = 0.006\ 0\%$$

气相色谱法由于进样量小，通常为几微升，所以进样体积不易保证准确，故在药物分析中多用内标法定量。

三、应用示例

气相色谱法在药物分析中应用广泛，包括药物的含量测定、杂质检查及有机溶剂的残留量、中药成分研究、制剂分析、治疗药物监测和药物代谢研究等。

如《中国药典》分别在中药饮片、植物油脂及提取物和成方制剂三个领域的鉴定、指纹图谱（特征图谱）和定量测定三个方面都推荐使用气相色谱法进行分析，特别是在溶剂残留，有机氯、有机磷农药残留，水分测定等方面的定量测定。在化学原料药、化学药制剂和药用辅料个领域的鉴别和含量测定方面推荐使用本方法，有些甚至是唯一供选用的方法。

血液制品及抗血清制品、重组技术产品及其他治疗性生物制品的一般理化检查中也使用本方法；在药物代谢方面可以测定体液和组织中脂肪酸、甘油三酯、维生素、糖类等生物材料，有着十分广泛的应用。

【示例 16-1】《中国药典》（2020 年版）微量水分测定法：用直径为 0.18～0.25mm 的二乙烯苯 - 乙基乙烯苯型高分子多孔小球作为载体，或采用极性与之相适应的毛细管柱，柱温为 140～150℃，热导检测器检测。

【示例 16-2】戒烟灵含有薄荷脑、冰片等成分。气相色谱法测定薄荷脑、龙脑、异龙脑含量。色谱条件：2.5mm×2.2m 玻璃柱，80～100 目白色载体，固定液 8% carbowax（聚乙二醇）1 540，FID 检测器，柱温 140℃，载气 N_2，流速 15ml/min，萘为内标，柱效以萘计算为 2 000m^{-1}。

内容提要

（一）基本概念

1. 气相色谱法指以气体作为流动相的色谱方法（gas chromatography，GC）。

2. 气相色谱法的流动相为气体，称为载气，常用的载气为氮气、氢气和氦气等。

3. 检测器灵敏度（S）指单位量的组分通过检测器所产生的电信号大小。

4. 检测限（D）指某组分的峰高恰为噪声的两倍时，单位时间内由载气引入检测器中该组分的质量或单位体积载气中所含该组分的量。

5. 程序升温指在一个分析周期内，按一定程序使柱温逐渐升高。

6. 尾吹（make up）指在检测器中近毛细管柱出口处增加的一个气体流路，以帮助色谱柱流出气体快速流经检测器。

（二）主要计算公式

同第十四章。

（三）基本内容

1. 气相色谱的特点　分离效率高；样品用量少，检测灵敏度高；操作简单，分析快速；应用范围广；受试样蒸气压限制，难以对待分离组分直接定性。

2. 气相色谱类型　按固定相的聚集状态不同，分为气固色谱法（GSC）及气液色谱法（GLC）。按分离原理，气固色谱属于吸附色谱，气液色谱属于分配色谱。按色谱操作形式来分，属于柱色谱，按照柱的粗细不同，可分为填充柱色谱法及毛细管柱色谱法两种。

3. 固定液分类方法　化学分类法、极性分类法及常用相应色谱柱型号。

4. 气液色谱固定相可依据"相似性"原则、主要差别等进行选择。气液色谱的固定相是以一种惰性固体微粒作支持剂（称为载体或担体），在其表面涂敷上一类高沸点有机物质（在色谱分离操作温度下呈液态，称为固定液）构成。

5. 气相色谱仪组成　载气系统、进样系统、分离系统、检测系统、数据处理及显示系统和温度控制系统组成。其中温度控制系统控制进样系统、分离系统和检测系统的温度。

6. 常用检测器　常用的有氢焰离子化检测器（FID）、热导检测器（TCD）、氮磷检测器（NPD）、火焰光度检测器（FPD）、电子捕获检测器（ECD）等，分别有不同的测量原理和测定对象。按测定原理的不同，分为浓度型和质量型检测器。常用的浓度型检测器有热导池检测器（TCD）、电子捕获检测器（ECD）等。常用的质量型检测器有氢焰电离检测器（FID）、火焰光度检测器（FPD）等。按不同类型化合物是否具有选择性响应，可分为通用型如热导池检测器（TCD）、氢焰离子化检测器（FID）等，选择型检测器如电子捕获检测器（ECD）、火焰光度检测器（FPD）等。按对样品破坏与否分为破坏型、非破坏型检测器。热导是非破坏型、氢火焰离子化检测器是破坏型的典型代表。

7. 气相色谱法实验条件选择　依据分离度方程、塔板理论及速率理论法，选择色谱实验条件。实际工作中应考虑以下条件：色谱柱的选择，固定液及载体，载气及流速，柱温及控温方式，气化温度、检测温度以及进样量、进样时间等。

思考题与习题

1. 气相色谱仪主要包括哪几个部分？简述各部分的作用。

2. 气相色谱中，对固定液的要求和选择原则是什么？

3. 氢火焰检测器的基本结构和基本原理是什么？

4. 为什么要采用程序升温？一般对色谱仪有什么特殊要求？

5. 用邻苯二甲酸二壬酯作固定液，分离二氯甲烷、三氯甲烷和四氯化碳，预测出峰次序并说明其原因。

6. 某样品中含水、甲醇、乙醛、乙醚、乙醇及 1- 丙醇，应选用何种固定液？预测它们可能的出峰次序，并解释原因。

7. 用气相色谱法分析苯中微量水，分析氧气和氮气，可选用下列固定相中哪一种，并说明原因。

（1）分子筛。

（2）高分子多孔微球。

（3）氧化铝。

（4）硅胶。

8．某气相色谱系统的固定液体积 V_s＝2.0ml，死时间 t_0＝1.0min，柱温下的载气流速为 50ml/min。某化合物在该系统中分析时得到保留时间 t_R＝5.0min，计算：保留因子；分配系数；死体积；保留体积；调整保留体积。

（4，100，50ml，250ml，200ml）

9．内标法测定某药物 A 含量，以 B 为内标物。精密称取 A、B 重量分别为 0.435 4g 和 0.397 0g，混合均匀后进行 GC 分析，测得两者的色谱峰面积分别为 1.23 和 0.98，试计算药物 A 的相对定量校正因子。

（0.874）

10．用气相色谱法测定某有机溶剂中的微量水分，精密称取该溶剂 10.05g 及无水甲醇（内标物）0.100 0g，混合均匀，进样 5μl，测得水峰面积为 15mm²，甲醇峰面积 17mm²，求该溶剂中微量水的重量百分含量。（以峰面积表示的相对重量校正因子 $f_{水}$＝0.55，$f_{甲醇}$＝0.58）

（0.83%）

11．某五元混合物的 GC 分析数据如下：

组分	A	B	C	D	E
峰面积	120	85	68	132	96
相对校正因子	0.87	0.95	0.76	0.97	0.90

计算各组分的百分含量。

（23.1%，17.9%，11.5%，28.4%，19.1%）

12．精密称取冰片对照品 45.0mg 置 10ml 量瓶中，加乙醚使溶解并稀释至刻度。精密称取牛黄解毒片（去糖衣）1.048g 用乙醚浸提 3 次，浸出液置 10ml 量瓶中并加乙醚至刻度。分别称取对照品溶液和样品液 1μl 注入气相色谱仪，测定样品峰面积为 2 065μV·s，对照品峰面积 2 546μV·s，求牛黄解毒片中冰片含量。

（34.8mg/g）

13．用气相色谱法测定某酊剂中乙醇浓度。精密量取无水乙醇 5.00ml，置于 100ml 容量瓶中，加入正丙醇（内标物）5.00ml，加水稀释至刻度，摇匀，作为对照品溶液。精密量取酊剂溶液 7.50ml，置 100ml 容量瓶中，加入正丙醇 5.00ml，加水稀释至刻度，摇匀，作为供试液。分别取对照品溶液和供试液 1μl 注入气相色谱仪，对照品分析时乙醇和丙醇的峰面积分别为 1 539 和 1 957，供试液分析时乙醇和丙醇峰面积分别为 1 637 和 2 012。计算酊剂中乙醇浓度。

（69.0%）

第十六章同步练习

第十七章课件

第十七章　高效液相色谱法

学习目标

本章主要介绍高效液相色谱法的基本原理、基本方法和仪器基本组成,要求:
1. 掌握高效液相色谱法的基本原理、基本方法和仪器基本组成。
2. 熟悉高效液相色谱法中流动相选择的基本原则,常用的色谱柱和检测器。
3. 了解高效液相色谱法的应用。

第一节　高效液相色谱法特点与类型

一、特点

高效液相色谱法(high performance liquid chromatography,HPLC)是在 20 世纪 60 年代末发展起来的一种分离分析方法,是在经典液相色谱的基础上,引入气相色谱基本理论,利用高压泵输送流动相,采用高效固定相,选用高灵敏度的检测器,形成的分析速度快、分离效率高和操作自动化的现代液相色谱分离分析方法。

高效液相色谱法的主要特点有①高压:利用高压输液泵输送流动相,一般压力可达 $10 \sim 35MPa$。②高速:流动相流速快,分析速度提高,样品分析一般在数十分钟内完成。③高效:应用小粒径(小于 $10\mu m$)、粒度均匀的固定相填料,传质阻力小,柱效高,理论板数可达每米 1×10^4。④检测灵敏度高,可应用多种高灵敏度的检测器,实现连续在线自动检测,如紫外检测器的检测限可达 $1 \times 10^{-9}g$,荧光检测器的检测限可达 $1 \times 10^{-12}g$。所需的试样量很少,微升级试样就可以进行分析。

高效液相色谱法的流动相选择多样化,不受试样挥发性和热稳定性的约束,对于较高沸点、不能气化、热稳定性差、相对分子质量大的高分子化合物以及离子型化合物也可以进行分析。在中药、化学药物及生物制品的成分分离、鉴定与含量测定,体内药物分析,药理研究以及临床检验中均有广泛应用。

二、类型

（一）高效液相色谱法的类型

（1）按分离机制分类：主要分为液 - 固吸附色谱法、液 - 液分配色谱法（正相分配色谱法和反相分配色谱法）、空间排阻色谱法（steric exclusion chromatography，SEC）和离子交换色谱法（ion exchange chromatography，IEC）四种基本类型。此外，有化学键合相色谱法（bounded phase chromatography，BPC）、手性色谱法（chiral chromatography，CC）、亲和色谱法（affinity chromatography，AC）和胶束色谱（micellar chromatography，MC）、电色谱法和生物色谱法等。

（2）按照固定相的聚集状态分类：分为液 - 液色谱法和液 - 固色谱法。按流动相和固定相的相对极性特征可分为正相色谱法和反相色谱法。

（3）按分离目的分类：可分为分析型色谱法和制备型色谱法。

（二）分离原理

1. 化学键合相色谱法　采用化学反应的方法将固定液官能团键合在载体表面构成化学键合相（chemically bonded phase），以化学键合相为固定相的色谱方法称为化学键合相色谱法，简称键合相色谱法。

化学键合相是高效液相色谱法中最常用的固定相，键合相色谱法适用于绝大多数类型的化合物分离，是应用最广泛的色谱法。

（1）正相键合相色谱法：采用极性键合固定相和非极性流动相组成的色谱系统。通常认为属于分配过程，把有机键合层视为一层液膜，组分在两相间进行分配。组分极性越强，分配系数 K 越大，保留时间越长。也有认为是吸附过程，组分的分离主要依据其与极性键合基团之间的范德华定向作用力、诱导作用力或氢键作用力。如用氨基键合相色谱分离极性化合物（如糖类）时，主要依据被分离组分与键合相的氢键作用力的强弱差别实现分离。

正相键合相色谱法中组分的保留情况取决于试样的极性、流动相的强度和键合相的种类：极性小的组分先流出色谱柱，极性大的组分后流出色谱柱；流动相的极性增大，洗脱能力增加，组分保留值减小，t_R 减小；极性键合相的极性越大，组分的保留值越大。

正相键合相色谱法主要用于分离中等极性至极性的化合物，如糖类、甾体、脂溶性维生素、苷、氨基酸、酚、芳香胺或有机氯农药等。

（2）反相键合相色谱法：采用非极性键合固定相，采用强极性溶剂作为流动相。流动相通常以水作为基础，混合一定量与水相溶的有机溶剂，如甲醇或乙腈等溶剂。

反相键合相色谱法的保留机制常用疏溶剂理论来解释。该理论认为键合在硅胶表面的非极性或弱极性基团具有较强的疏水性，当用极性溶剂作流动相时，组分分子中的非极性部分与极性溶剂相接触相互产生排斥力（疏溶剂斥力），促使组分分子与键合相的疏水基团产生疏水缔合作用，使其在固定相上实现保留；同时，当组分分子中有极性官能团时，极性部分受到极性溶剂的作用，促使它离开固定相，产生解缔作用，如图 17-1 所示。由此可见，不同结构的组分在键合固相上的缔合和解缔能力不同,决定了不同组分分子在色谱分离过程中的迁移速度不一致,从而使得各种不同组分得到了分离。

烷基键合固定相对每种组分分子缔合作用和解缔作用能力之差,决定了组分分子在色谱过程的保留值。每种组分的容量因子 k 与它和非极性烷基键合相缔合过程的总自由能的变化 ΔG 相关,可表示为:

$$\ln k = \ln \frac{1}{\beta} - \frac{\Delta G}{RT} \qquad 式 17\text{-}1$$

式 17-1 中,β 为相比率 $\dfrac{V_\mathrm{m}}{V_\mathrm{s}}$。

ΔG 与组分分子结构、烷基固定相特性和流动相性质密切相关。①组分分子结构对保留值的影响:根据疏溶剂理论,组分的保留值与其分子中非极性部分的总表面积有

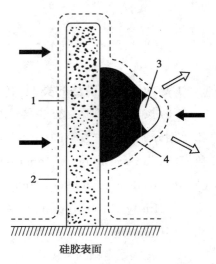

1—烷基键合相;2—溶剂膜;3—组分分子极性部分;4—组分分子非极性部分。

● 图 17-1　疏溶剂缔合作用示意图

关,总表面积越大,与固定相接触的面积越大,保留值也越大。②烷基键合相的特性对保留值的影响:随碳链的加长,烷基的疏水特性增强,键合相的非极性作用的表面积增大,组分的保留值增加,对组分分离的选择性也增加。③流动相性质对保留值的影响:流动相的表面张力越大、介电常数越大,其极性越强,此时组分与烷基键合相的缔合作用越强,流动相的洗脱强度越弱,组分的保留值越大。

双保留机制认为反相键合相色谱法中样品组分的保留是疏溶剂作用,同时还存在着被分离组分与固定相表面残留的硅羟基之间的相互作用,在含水较少的流动相中,硅羟基更易与样品成分发生作用。

反相键合相色谱法应用广泛,适用于分离非极性至中等极性的各类分子型化合物。由它派生的离子抑制色谱法和反相离子对色谱法,可以分离有机酸、碱、盐等离子型化合物。据统计,高效液相色谱法中,70% 以上的色谱分离由反相键合相色谱法完成。

(3)离子抑制色谱法:弱酸、弱碱分离时,常因组分的离解使色谱峰产生拖尾。离子抑制色谱法在反相色谱法的基础上,通过在流动相中加入少量弱酸、弱碱或缓冲盐溶液,控制流动相的 pH,抑制待测弱酸碱成分的离解,增加组分与固定相的作用,减少峰拖尾、改善峰形。

离子抑制色谱法适用于 pK_a 3.0~7.0 的弱酸和 pK_b 7.0~8.0 的弱碱。组分的分离机制与一般反相色谱法类似,同时受流动相 pH 的影响。对于弱酸成分,当流动相 pH 小于 pK_a-1 时,组分主要以分子形式存在,k 增大,保留值增大;当流动相 pH 大于 pK_a+1 时,组分主要以离子形式存在,k 减小,保留值减小。对于弱碱成分则反之。

反相离子抑制色谱法操作简便、分离效果好。但应用时应注意流动相的 pH 不能超过键合相的允许使用范围。

(4)反相离子对色谱法(reversed phase ion pair chromatography,RP-IPC):将离子对试剂加入到含水的极性流动相中,调节溶液 pH,使待分离离子在流动相中与离子对试剂的反离子生成中性离子对化合物,从而增加溶质和非极性固定相的作用,使分配系数增大,改善分离效果,用于分离

离子型或可离子化化合物的色谱方法。

反相离子对色谱法保留机制有离子对模型、动态离子交换模型和离子相互作用模型等多种理论。按照"离子对模型"理论,试样离子(A^+)在流动相中与离子对试剂解离出的电荷相反的反离子(B^-)生成不带电的疏水性中性离子对($A^+\cdot B^-$),被非极性固定相保留。不同组分离子的性质不同,与反离子形成离子对的能力不同以及形成的离子对疏水性的不同,导致各个组分离子在固定相中保留时间不同而得以分离。

以碱性物质(B)的分离过程为例,在弱酸性流动相中,碱分子 B 遇到 H^+ 生成 BH^+ 正离子。假设选用的离子对试剂为烷基磺酸钠(RSO_3Na),离子对试剂产生的反离子(RSO_3^-)与 BH^+ 生成不荷电的中性离子对($BH^+\cdot RSO_3^-$)。中性离子对($BH^+\cdot RSO_3^-$)比极性分子 BH^+ 更容易被非极性固定相保留,分配系数 K 增大,保留时间明显增加,从而改善分离效果。

影响离子对色谱分离选择性的因素有离子对试剂性质、流动相 pH、流动相极性等。其中,离子对试剂种类、极性大小及浓度对分离结果有很大影响。常用的离子对试剂有季铵盐、叔胺盐、烷基磺酸盐、烷基硫酸盐等种类。分析酸类或带负电荷组分时,一般用季铵盐作离子对试剂;分析碱类或带正电荷的组分时,一般用烷基磺酸盐或硫酸盐作离子对试剂。反相离子对试剂的烷基碳链越长,生成的离子对与非极性固定相的作用越强,分配系数越大,组分保留越大。

离子对的生成还与样品组分的离解程度有关,当流动相的 pH 调整到使样品组分完全解离,有利于生成中性离子对化合物,组分的 k 大。因此,调节流动相 pH 可改变弱酸、弱碱样品的保留值和分离选择性,但对强酸、强碱性样品分离影响较小。

2. 手性色谱法　利用手性固定相或含手性添加剂的流动相分离、分析手性化合物的对映异构体的色谱法,包括间接法分析手性化合物的对映体,即将试样与适当的手性试剂(单一对映体)进行衍生化反应,使其对映异构体转变为非对映异构体,然后用常规的 HPLC 方法分离分析。

手性固定相是将手性选择剂键合在载体表面而制成的,不同类手性固定相与对映体(试样)的作用力各不相同。实现手性拆分的基本原理是对映异构体与手性选择剂(固定相或流动相填加剂)形成瞬间非对映异构体配合物,由于两个对映异构体形成配合物的稳定性不同而得到分离。较常见的手性选择剂有环糊精、冠醚衍生物、大环抗生素以及多糖衍生物等。其中,环糊精色谱法(cyclodextrin chromatography)是以环糊精或改良环糊精为固定相,或用环糊精水溶液为流动相进行的手性色谱分离。其手性分离主要是由于环糊精分子内疏水空腔的大小和多手性中心的作用。如果对映体分子能被空腔紧密包络,而且与环糊精分子外沿的仲醇基作用,则被固定相保留。两个对映体的作用程度如果不同,则会产生选择性分离。

3. 亲和色谱法　基于样品组分与固定在载体上的配基间的亲和作用的差异而实现选择性分离的色谱方法。酶和底物、激素与受体、抗体和抗原、RNA 与和它互补的 DNA 等许多生物大分子之间具有专一的亲和特性。将某种具有亲和作用的生物分子固定在载体上,构成固定相,则可以用于分离纯化与其有专一性亲和作用的物质。亲和色谱法是各种色谱分离模式中选择性最高的方法,是生物大分子分离分析的重要手段,可用于酶、酶抑制剂、抗体、抗原、受体及核酸等的分离分析与纯化。

4. 胶束色谱法　以在水中添加的超过临界胶束浓度的多余的表面活性剂聚集形成的胶束分散体系为流动相的色谱方法。胶束流动相为多相分散体系,分离系统包括固定相 - 胶束、流动相 -

胶束、固定相 - 流动相 3 种相界面,被分离成分有 3 个分配系数影响保留结果,因此有较好的分离选择性。胶束色谱法常用的阳离子表面活性剂有十六烷基三甲基氯化铵和十六烷基三甲基溴化铵,阴离子表面活性剂有十二烷基硫酸钠和十二烷基磺酸钠。

第二节　固定相与流动相

　　高效液相色谱法的建立以固定相和流动相的选择和优化为主。固定相(填料)和流动相是影响分离结果的核心要素,直接关系到柱效、选择性和分离度。本节主要讨论 HPLC 常用的固定相和流动相的性质、特点和选择方法。

一、常用固定相及其应用

(一)化学键合固定相

　　不同类型的固定相应用范围各有不同,但都应符合填料粒径小且分布均匀、传质快、机械强度高、耐高压、化学稳定性好等要求。HPLC 固定相按分离机制可分为液 - 固吸附色谱固定相、液 - 液分配色谱固定相、离子色谱固定相、分子排阻色谱固定相等。以液 - 液分配色谱的化学键合固定相应用最多。

　　1. 化学键合固定相性质　化学键合相多采用多孔硅胶微粒作为载体,由硅胶表面的硅羟基与适合的有机化合物反应而获得不同性能的化学键合相。

　　由于键合相表面的固定液官能团一般多是单分子层,类似于"毛刷",因此也称具有单分子层官能团的键合相为"刷子"型键合相。具有特点:①使用过程中不流失;②化学性能稳定,一般在 pH 2~8 的溶液中不变质;③热稳定性好,一般在 70℃以下不变性;④载样量大,比硅胶约高一个数量级;⑤适于进行梯度洗脱。

　　化学键合相的性质与载体性质、键合的有机官能团性质、链长及表面覆盖率等有关。一般键合相代号的前部代表载体,后部为键合基团,如 $Si-O----Si(R_2)-C_{18}H_{37}$。

　　(1)键合反应类型分类:根据硅胶表面的化学反应不同,键合固定相可分为硅氧碳键型($\equiv Si-O-C$)、硅氧硅碳键型($\equiv Si-O-Si-C$)、硅碳键型($\equiv Si-C$)和硅氮键型($\equiv Si-N$)四种类型。

　　其中,应用最多的为$\equiv Si-O-Si-C$型键合相,是以硅胶表面游离的硅羟基和烷基氯硅烷或烷氧基硅烷发生硅烷化反应制备而成。以十八烷基硅烷 ODS 为例,十八烷基氯硅烷与硅胶表面的硅羟基键合而成,反应式为:

$$-Si-OH \ + \ Cl-\underset{\underset{CH_3}{|}}{\overset{\overset{CH_3}{|}}{Si}}-C_{18}H_{37} \xrightarrow{-HCl} -Si-O-\underset{\underset{CH_3}{|}}{\overset{\overset{CH_3}{|}}{Si}}-C_{18}H_{37}$$

　　其他如辛烷基(C_8)、苯基、氰基($-CN$)、氨基($-NH_2$)等基团的键合相使用也较普遍。

　　(2)表面覆盖度:参加反应的硅羟基数目占硅胶表面硅羟基总数的比例,称为该固定相的表面覆盖度。键合基团的立体结构障碍,使硅胶表面的硅醇基不能全部参加键合反应。残余硅羟基可以减弱键合相表面的疏水性,对极性溶质(特别是碱性化合物)产生次级化学吸附,使得保留机制复杂化,兼有吸附过程和液-液分配双重机制,使溶质在两相间的平衡速度减慢、降低了填料稳定性,组分峰形拖尾。

为了减少硅胶表面残余硅羟基,一般在键合反应后,用三甲基氯硅烷等对其进行钝化处理,即封端(end-capping,又称封尾或封顶)。封端后的 ODS 吸附性能降低,稳定性增加。

(3)含碳量:指键合相表面基团的键合量,用含碳的百分数表示。高碳 ODS 键合相载样量大、吸附性能也大。十八烷基硅烷键合相的含碳量可以在 5%～40% 的范围。

载体的比表面积决定键合基团的总量,总量越大,k 越大,保留时间越长。

2. 键合相的种类　按键合官能团的极性不同,常将化学键合相分为非极性、弱极性和极性三种类型。

(1)非极性键合相:硅胶表面键合的是非极性烃基,如十八烷基(C_{18})、辛烷基(C_8)、苯基、甲基等,常用作反相色谱的固定相,其中十八烷基硅烷键合硅胶(ODS,C_{18})应用最为广泛。

非极性键合相的烷基长链对溶质的保留、选择性和载样量都有影响。长链烷基可使溶质的保留因子 k 增大,使载样量提高,键合相的稳定性更好,分离选择性提高。如十八烷基硅烷键合相(C_{18})的载样量大于辛烷基硅烷键合相(C_8)。

(2)弱极性键合固定相:常见有醚基键合相和二羟基键合相。根据流动相的极性,这种键合相可作为正相或反相色谱的固定相。目前这类固定相应用较少。

(3)极性键合相:键合氨基(—NH_2)、氰基(—CN)或二醇基(Diol)等极性较大基团制备而成的化学键合相。

氰基键合相的分离选择性与硅胶相似,但极性比硅胶弱,许多在硅胶上分离的化合物也可在氰基键合相上分离,主要用于极性不同的化合物分离。氰基键合相能与双键化合物发生选择性作用,对双键异构体或含双键数不同的环状化合物有较好的分离选择性。

氨基键合相具有较强的氢键结合能力,兼有氢键接受和给予性能,氨基(—NH_2)可与糖分子中的羟基产生选择性作用,是糖类成分分离常用固定相。酸性介质中氨基键合相作为一种弱阴离子交换剂,能分离核苷酸。注意,氨基可与醛或酮反应,氨基键合相不宜分离含羰基的物质,流动相中不能含羰基化合物。

二醇基键合相适用于有机酸、甾体和蛋白质的分离。

(二)其他固定相

1. 亲和色谱固定相　由固体颗粒的载体和键合在载体上的配基组成,通常是在载体(无机或有机填料)的表面先键合一种具有一般反应性能的间隔臂,再连接上配基。适当长度的间隔臂能够避免载体的立体障碍,使溶质能够更好地接近配基。

常用载体有硅胶、交联琼脂糖凝胶及聚丙烯酰胺凝胶等。配基有生物专一性配基及基团亲和配基等类别。生物专一性配基利用生物相互作用的体系,如抗体-抗原、酶-底物、酶-抑制物以及激素-受体等的任何一方都可作为另外一方的配基。基团亲和配基包括固定化金属离子配基、染料配基以及某些天然基团配基。亲和色谱配基的选择是实现分离的关键。

2．手性固定相　手性固定相有很多种，可分为合成和天然手性固定相两大类。合成手性固定相是将手性官能团键合在载体上，应用较多的有蛋白类手性键合相、π-氢键型键合相、配体交换型、多糖手性键合相、冠醚手性键合相等。天然手性固定相是将天然手性物质固定在载体（常用硅胶）上构成，包括环糊精手性键合相及纤维衍生物的手性键合相。

目前应用较多的是 β-环糊精及其衍生物键合制成的手性固定相，如羟丙基-β-环糊精。环糊精环结构中的葡萄糖单元结合成互为椅式构象，整个分子排列为中空的去顶锥形圆筒状结构，构成洞沿为亲水性、内部为疏水性的洞穴。由于其具有多手性中心及洞穴大小不同的特征，对手性分子有良好的拆分作用。

二、常用流动相及其选择

色谱分离主要取决于组分与固定相和流动性的相互作用。与气相色谱法不同，高效液相色谱法的流动相与固定相均参与组分保留竞争。当固定相选定时，流动相的性质、配比对组分保留因子、分离选择性影响较大，能显著地影响色谱分离效果。

（一）对流动相的基本要求

流动相纯度要高，一般应使用色谱纯溶剂。化学性质稳定，不与固定相发生化学反应，与固定相不互溶，保持色谱柱效或保留特性稳定。对试样有适宜的溶解度，以改善峰形和灵敏度。溶剂的黏度小、流动性好，以便降低柱压、提高柱效。必须与检测器相匹配，以降低背景信号和基线噪声。例如使用紫外检测器时，应选用截止波长小于检测波长的溶剂。溶剂毒性小、安全性高。

（二）流动相的物理性质及极性

1．常用溶剂的性质　常用溶剂的物理性质和有关色谱性质见表 17-1。

常用溶剂的沸点较低，便于回收、分离样品。但低沸点溶剂在泵中易产生气泡，影响流量精度。而且，低沸点溶剂在使用过程中易挥发，改变混合溶剂组成，影响色谱分离的重复性和效果。

表 17-1　HPLC 流动相常用溶剂的性质（25℃）

溶剂		UV 截止波长 /nm	折光率	黏度 /cp	沸点	极性参数 P'
中文名	英文名					
环己烷	cyclohexane	200	1.423	0.90	81	0.04
正己烷	n-hexane	190	1.372	0.30	69	0.1
异丙醚	i-propylene ether	220	1.365	0.38	68	2.4
甲苯	toluene	285	1.494	0.55	110	2.4
四氢呋喃	tetrahydrofuran	212	1.405	0.46	66	4.0
三氯甲烷	chloroform	245	1.443	0.53	61	4.1
乙醇	ethanol	210	1.359	1.08	78	4.3
醋酸乙酯	ethyl acetate	256	1.370	0.43	77	4.4
甲醇	methanol	205	1.326	0.54	65	5.1
乙腈	acetonitrile	190	1.341	0.34	82	5.8
水	water		1.333	0.89	100	10.2

溶剂的黏度影响柱效,柱效与流动相黏度成反比,应尽可能选择低黏度溶剂。除采用水作为主要溶剂的离子交换色谱外,应保持溶剂黏度低于 0.4~0.5cP。

二元混合溶剂的黏度主要取决于较低黏度的溶剂,因此,采用混合溶剂有利于降低黏度。但乙腈 - 水、甲醇 - 水等强缔合溶剂混合溶液,黏度呈反常变化规律。如乙腈 - 水(35%~65%)混合溶剂黏度最大。使用二元混合溶剂时还应考虑溶剂的互溶性,防止溶剂分层。

2. 流动相的极性 流动相的洗脱能力与溶剂极性直接相关。

正相色谱法中,由于固定相是极性的,所以溶剂的极性越大,洗脱能力越强。反相色谱法中,由于固定相是非极性的,所以溶剂的极性越弱,其洗脱能力越强。常用溶剂的极性参数 P' 见表 17-2。P' 越大,则溶剂的极性越大。

在正相色谱中,多元混合溶剂用极性参数 P' 来表示极性强弱,其值为各组成溶剂极性参数的加权和。调节溶剂极性可改变样品组分的 k。对于正相色谱,二元溶剂的极性参数和组分 k 的关系见式 17-2。

$$\frac{k_2}{k_1} = 10^{\frac{P'_1 - P'_2}{2}}$$ 式 17-2

反相键合相色谱法中溶剂的极性常用另一个强度因子(S)表示。S 越大,其洗脱能力越强。常用溶剂的 S 见表 17-2。反相色谱法的混合溶剂的强度因子 $S_{混}$ 为各组成溶剂强度因子的加权和。

表 17-2　反相色谱法常用溶剂的强度因子(S)

水	甲醇	乙腈	丙酮	二噁烷	乙醇	异丙醇	四氢呋喃
0	3.0	3.2	3.4	3.5	3.6	4.2	4.5

第三节　高效液相色谱仪

一、组成

目前国内外高效液相色谱仪种类繁多。从仪器功能上可分为分析型、半制备型、制备型、分析和制备兼用型等;从仪器结构布局上可分为整体和模块组合两种类型。各种型号仪器的性能和结构各不相同,基本部件包括高压输液系统、进样系统、色谱分离系统、检测系统、数据记录处理和控制系统。主要结构示意图如图 17-2 所示。高压泵、色谱柱和检测器是其关键部件。

单个或多个储液瓶中的流动相(常需预先脱气)由输液泵吸入,经混合室混合均匀后,再输出流入进样器。被分析样品经微量进样器或自动进样器注入,由流动相带入色谱柱内,各组分在色谱柱内被分离后,依次进入检测器检测,进行数据处理、控制系统记录、处理检测信号、记录色谱图和处理峰面积。

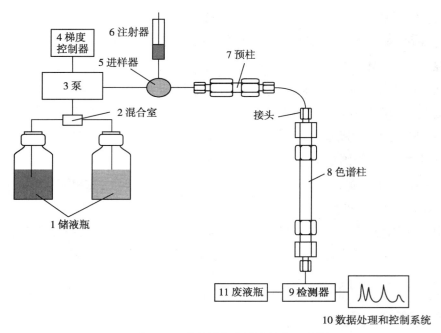

图 17-2　高效液相色谱仪结构示意图

二、主要部件及功能

（一）高压输液系统和洗脱方式

高压输液系统的作用是将流动相和样品经进样器输送到色谱柱和检测器内进行分离检测，一般包括储液瓶、高压输液泵和梯度洗脱装置，其中关键部位是输送流动相的高压输液泵。

1. 储液瓶　储存流动相试剂的储液瓶，一般为玻璃或聚四氟乙烯材质。

储液瓶要保持密闭，以减少溶剂挥发引起流动相组成变化，防止灰尘、颗粒等杂质。

2. 流动相处理　应进行减压微孔滤膜抽滤除去杂质微粒，避免杂质微粒堵塞管路；需要除去溶剂溶解的气体，避免溶解的气体形成气泡影响输液泵稳定、色谱柱柱效及检测器灵敏度。

常用脱气方法有减压抽滤、超声波振动、真空在线脱气等方法。真空在线脱气是将真空脱气装置与储液系统串接，结合真空膜过滤器，使流动相在进入输液泵前进行在线的连续脱气，结构如图 17-3 所示。真空在线脱气法能够使流动相溶液实时保持稳定的脱气效率，效果优于其他离线脱气方法，并且满足多元流动相在线混合体系的应用要求。

3. 高压输液泵　性能好坏直接影响整个高效液相色谱仪的性能和分析结果的可靠性。

输液泵应符合下列要求：①具有较高的恒定无脉动的输出压力；②流量精度高，流量稳定，RSD 应小于 0.5%；③流量范围宽且连续可调；④液缸容积小，密封性能好，泵体耐高压、耐腐蚀，适用于梯度洗脱。

输液泵按液体输出方式可分为恒压泵和恒流泵，现多使用恒流泵。恒流泵输出的溶剂流量恒定，与压力变化无关。目前，广泛使用的是柱塞往复式恒流泵，其结构如图 17-4 所示。

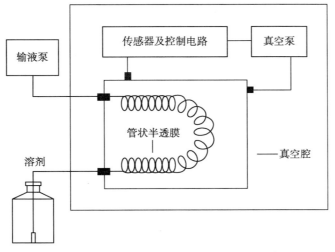

● 图 17-3　HPLC 在线真空脱气机原理示意图

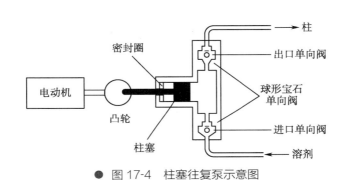

● 图 17-4　柱塞往复泵示意图

　　柱塞往复泵的优点是流量不受流动相黏度和柱渗透性等因素的影响,易于调节控制;液缸容积小,容易清洗和更换流动相,适合再循环和梯度洗脱;流量不受柱阻的影响,泵压可高达100MPa。缺点是输液的脉动性较大。目前,多应用双泵系统克服其脉动性。

　　双泵的连接方式可分为串联和并联两种,连接方式见图 17-5。串联式因结构简单、价格低廉被使用较多。泵 1 的液缸缸体容量比泵 2 大一倍,两柱塞运动方向相反。当泵 1 输液时,泵 2 将泵 1 输出的流动相的一半吸入,另一半被输入色谱柱。泵 1 吸液时,泵 2 输液;如此往复运动,泵 2 弥补了在泵 1 吸液时的压力下降,减小了输液脉冲,使流量恒定。

　　4. 混合装置　　按输液泵对多元溶剂的加压和混合方式,可分为高压和低压两种混合装置。

　　高压二元梯度洗脱是由两台输液泵分别吸取一种溶剂输入混合室,在泵后高压状态下按设定的比例混合,混合比由两台泵的流速决定,混合后再输出流入进样器、送入色谱柱。按一定程序控制每台泵的输出量就能获得直线形、阶梯形等各种形式的梯度曲线。低压梯度洗脱是在常压下用比例阀先将各种溶剂按一定程序设定的比例混合后,再用一台高压输液泵输出流入进样器、送入色谱柱。常压下溶剂混合往往容易形成气泡,所以低压梯度通常配置在线脱气装置。低压梯度仪器可实施二元至四元的多元梯度洗脱,价格便宜,但重复性不如高压梯度洗脱。

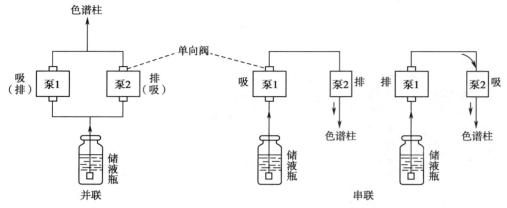

● 图 17-5　串联式柱塞往复泵的连接方式示意图

（二）进样系统

进样系统是将试样送入色谱柱的装置。一般要求进样装置密封性好，死体积小，重复性好，进样时对色谱系统的压力、流量影响小。目前，常用有手动进样和自动进样方式两种。

1. 六通进样阀　剖面结构如图 17-6 所示。

六通进样阀进样，先使进样阀处于装样（load）位置（状态 a），用微量注射器将准确体积试样注入定量环（或称贮样管，sampling loop）；进样后，转动六通阀的手柄至进样（injection）的位置（状态 b），贮样管内的试样随流动相进入色谱柱。进样的最大体积是由定量环的容积严格控制，定量环有 5μl、10μl、20μl、50μl、100μl 等不同容积，可按需更换选用所需体积的定量环。六通阀进样具有进样量准确、重复性好和可带压进样等优点，缺点是阀有死体积，易引起色谱峰展宽。

采用定量环体积控制进样量时，为了确保进样的准确度，装样时微量注射器量取的试样体积必须大于定量环的容积。也可以使用 HPLC 专用平头微量注射器，按所吸取溶液体积进样，但微量注射器进样量受操作影响大。

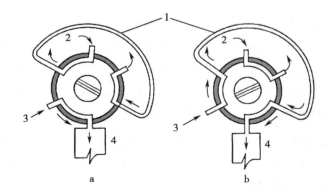

a—装样位置（样品进入定量环）；b—进样位置（样品进入色谱柱管线）。

● 图 17-6　六通阀示意图

2. 自动进样装置　由计算机自动控制进样阀、计量泵和进样针的位置，按预先编制样品顺序、进样量等条件的进样程序自动工作，按顺序完成定量取样、进样、洗针、复位和管路清洗等过程。有的自动进样装置带有温度控制系统,可满足需低温保存试样的分析要求。

(三) 色谱分离系统

完整的色谱分离系统包括色谱柱、恒温箱、色谱柱接头及连接管线等部件。

1. 色谱柱　是高效液相色谱分离系统的核心部件。

色谱柱由柱管、固定相、密封环、筛板、接头等部件组成。柱管多为内壁抛光的耐高压不锈钢直形管。固定相填料种类根据实验方案选择,采用均浆法高压装柱。在色谱柱柱端有一片多孔性隔片(金属烧结隔片或聚四氟乙烯片),用以防止不溶性颗粒杂质进入色谱柱或填料逸出色谱柱。

按主要用途分为分析型和制备型两类,根据色谱柱内径大小可分为微径柱、分析柱、快速柱、半制备柱、制备柱。所用填料的粒度一般为 2~10μm。常规分析柱内径(I.D.)为 2~4.6mm,柱长为 10~25cm,填料粒径 5~10μm,用于常规分离分析;快速柱内径为 1~2mm,柱长为 5~10cm,填料粒径 1.7~2.7μm,用于快速高效分离;制备柱内径一般为 20~40mm,柱长为 10~30cm,生产用制备柱内径可达几十厘米。

色谱柱的正确使用和良好维护十分重要。色谱柱使用时应避免压力、流动相组成比例急剧变化和机械震动。在色谱柱前可安装保护预柱,防止不溶性颗粒物阻塞色谱柱或强保留组分污染色谱柱,延长色谱柱使用时间。

2. 柱恒温箱　色谱柱温度对流动相黏度、溶剂溶解能力、色谱柱性能、成分的保留时间和分离效果都有影响,为了获得更好的分离效果和重复性,多数仪器配有可以加热控温的柱温箱。HPLC 常用柱温范围为 20~40℃。

(四) 检测系统

高效液相色谱仪检测系统的组成主要为检测器,作用是将流出色谱柱的洗脱液中组分浓度或质量转化为相应电信号的装置,是仪器的重要部件。常用检测器有紫外 - 可见分光检测器(包括二极管阵列检测器)、荧光检测器、蒸发光散射检测器、示差折光检测器、电化学检测器和质谱检测器。

(五) 数据记录处理和控制系统

高效夜相色谱仪的数据记录处理和控制系统常配色谱工作站。色谱数据工作站系统用途包括三个方面:①数据采集、贮存、校正、绘图、计算、管理等功能;②仪器参数的自动控制功能;③色谱系统优化、方法认证和专家系统功能。工作站系统使液相色谱分析工作更加智能化、规范化。

三、常见检测器及其检测原理

高效液相检测器应该具有灵敏度高、噪音低、响应快、重现性好、线性范围宽、适用范围广、死体积小等特性,对流动相流量及温度的波动不产生明显响应。

按适用范围可分为通用型和选择型检测器。紫外 - 可见分光检测器、荧光检测器和电化学检测器属于选择型检测器，其响应值不仅与待测组分的量有关，也与其组分结构有关。蒸发光散射检测器、示差折光检测器和质谱检测器属于通用型检测器，对组分均有响应。

（一）紫外 - 可见分光检测器

紫外 - 可见分光检测器（ultraviolet-visible detector，UVD），简称紫外检测器，检测样品组分通过流通池时会对特定波长紫外线产生吸收，而获得吸光度 - 时间曲线，即色谱图。UVD 是 HPLC 中使用最普遍的检测器，适用于对紫外 - 可见光有选择性吸收的试样组分检测。高效液相分析中，约有 80% 的样品使用该类检测器。

紫外检测器具有灵敏度较高、噪音低、线性范围宽、对温度和流量波动不敏感等优点，可用于梯度洗脱。另外，紫外检测器不破坏样品，能与其他检测器串联使用，或应用于制备色谱检测。其缺点是只能检测有紫外吸收的样品，不适用于无紫外吸收的试样。使用紫外检测器时选择流动相应注意溶剂截止波长，即流动相的截止波长应小于检测波长。目前常用的有可变波长型和光电二极管阵列检测器。

1. 可变波长检测器　目前 HPLC 仪器配置最多的检测器。

一般采用氘灯为光源，可按需要选择组分的最大吸收波长为检测波长，有利于提高检测灵敏度。其光路系统和紫外分光光度计相似，主要区别是用流通池代替吸收池，流通池内溶液流动可实现动态检测。

2. 光电二极管阵列检测器（photodiode array detector，PDAD）　是新型的光学多通道检测器，由光源、流通池、光栅、光电二极管阵列装置、计算处理系统等主要部件组成。

由氘灯或钨灯光源发出的复光透过流通池，被组分选择性吸收后，再经一个全息光栅分光后，照射在光电二极管阵列器上，每个光电二极管输出相应的光强度信号，信号经多次累积，即可获得组分的全波长吸收光谱。

光电二极管阵列器上紧密排列的每一个二极管都相当于一个单色仪的出口狭缝，二极管越多分辨率越高。一般由一个光电二极管对应光谱上 $0.5 \sim 1nm$ 谱带宽度的单色光。利用光电二极管阵列装置可以同时获得样品的色谱图（t-A 曲线）及每个色谱组分的吸收光谱图（A-λ 曲线）。经过计算机处理，可将色谱图和吸收光谱图结合在时间 - 色谱 - 光谱三维图上（保留时间 t、波长 λ、响应值 A 分别为 x、y、z 轴），称为三维谱。HPLC-PDAD 三维色谱 - 光谱图如图 17-7 所示。

通过这些光谱图可以获得样品组分的色谱分离、定性、定量等方面的丰富信息。利用色谱分离保留值、光谱特征进行定性分析；提取相应测定波长下色谱峰面积进行定量分析；可以通过色谱峰不同位置（峰前沿、顶点和后沿等）光谱图形状，通过计算光谱间相似度可计算色谱峰纯度及分离情况。

（二）荧光检测器

荧光检测器（fluorescence detector，FD）是应用紫外光照射激发组分发射出荧光的性质进行检测，是 HPLC 中常用的检测器。目前使用的荧光检测器多是配有流通池的荧光分光光度计，检测

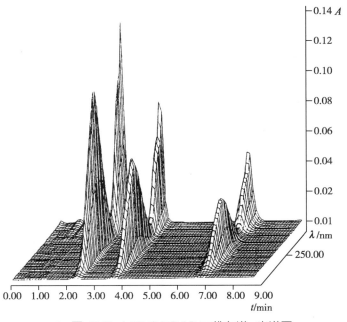

● 图 17-7 HPLC-PDAD 三维色谱 - 光谱图

限可以达到 10^{-12}g/ml，灵敏度比紫外检测器高 2～3 个数量级。

　　荧光检测器的选择性高，能直接检测许多具有天然荧光的药物和生命活性物质，如生物胺、维生素和甾体化合物等，或利用荧光试剂进行柱前或柱后衍生化，使本来没有荧光的化合物转变为荧光衍生物进行检测，如氨基酸、有机胺、苯酚等有机化合物可与丹磺酰氯及邻苯二甲醛等衍生化试剂作用生成强荧光物质后再进行测定。荧光检测器对流量波动不敏感，可用于梯度洗脱。荧光检测器缺点是定量分析的线性范围较窄。

（三）蒸发光散射检测器

　　蒸发光散射检测器（evaporative light-scattering detector，ELSD）是 20 世纪 90 年代出现的新型通用质量型检测器，适用于挥发性低于流动相的任何样品组分的检测，对各种物质有几乎相同的响应值，主要应用于糖类、高分子化合物、高级脂肪酸、磷脂、维生素、氨基酸、三酰甘油及甾体等成分检测。蒸发光散射检测器灵敏度较低，其灵敏度比紫外检测器低（约 1 个数量级）。流动相要求具有挥发性，不能含有缓冲盐。

　　ELSD 由雾化器、加热漂移管、光散射池组成。ELSD 将流出色谱柱的流动相及组分引入雾化器，与通入的气体（常用高纯氮）均匀混合后，喷雾形成均匀的微小液滴，经过漂移管加热蒸发除去流动相，样品组分则在蒸发室内形成气溶胶，被载气带入检测室，用激光或强光照射气溶胶产生散射光，以光电二极管阵列检测散射光强度。测定的散射光的强度 I 的对数响应值与气溶胶中待测组分的质量 m 的对数成线性关系，关系为：

$$I = km^b \text{ 或 } \lg I = b\lg m + \lg k \qquad\qquad 式\ 17\text{-}3$$

式 17-3 中，k、b 是两个常数，与漂移管温度、雾化气体压力及流动相性质等实验条件有关。

（四）示差折光检测器

示差折光检测器（refractive index detector，RID）是一种通用浓度型检测器，可分为偏转式和反射式两种。以偏转式折光检测器为例，基于流动相中成分的变化而引起溶液折射率变化进行检测，入射光束的偏转角度是流动相中成分变化的函数。因此，测得组分与流动相的折光率差值，便可计算样品组分浓度。示差折光检测器检测灵敏度较低，为 1×10^{-7}g/ml。对流速和温度敏感，测定时需维持检测器恒温，不适用于梯度洗脱。主要用于糖类成分的检测。

（五）安培检测器

安培检测器（amperometric detector，AD）属于电化学检测器中应用较广的一种选择性检测器，由恒电位仪和一个薄层反应池组成。在特定的外界电位下，测定电极之间的电流随样品浓度的变化量。安培检测器可用于检测有氧化还原性（电活性）的物质，如活体透析液中的生物碱，还有酚、羰基化合物、疏基化合物等成分。本身没有氧化还原性的化合物经过衍生化，也能进行检测。灵敏度高，适合痕量组分分析，在生化样品分析中的应用广泛。

（六）化学发光检测器

化学发光检测器（chemiluminescence detector，CLD）是应用化学发光技术进行测定的检测器，选择性好，灵敏度高，检测限可达 10^{-12}g/ml。待分离组分经色谱柱分离后，与发光试剂反应产生光辐射，发射光强度与组分浓度成正比。也有应用酶为催化剂，将酶标记在待测物上，进行抗原或抗体的免疫化学发光分析。

（七）质谱检测器

质谱检测器（mass-spectrometric detector，MSD）和液相色谱分离技术的联合应用越来越多，可以同时进行定性鉴别分子结构和定量分析。特别是分析生物大分子的生物质谱检测器，如飞行时间质谱、离子阱质谱以及离子回旋共振变换质谱等多种质谱仪器发展尤为迅速，是蛋白质和药物研究的重要工具。

高效液相色谱 - 质谱联用仪中，常采用电喷雾离子化技术（ESI）实现去除溶剂、样品气化及离子化。色谱柱后流出物从毛细管顶端（喷嘴）喷射出去，在高压电场作用下形成含有溶剂和样品离子的带电雾滴，利用干燥气使雾滴液体充分蒸发，雾滴体积不断缩小、张裂，生成带电粒子。在强电场作用下经取样口进入质谱进行测定。

第四节　高效液相色谱条件选择

HPLC 法对复杂样品的分离分析，应满足三个基本条件：①样品中所有的组分都能被检出或者检出的组分（峰）数目尽可能多；②样品中各组分间都能达到满意的分离度；③分析时间短。

分离条件的优化主要集中在选择适宜固定相、筛选流动相组成、浓度、pH 和改性剂等条件，提高方法选择性、色谱柱柱效和分离度。评价色谱分析条件,主要采用理论塔板数 n、分离度 R、灵敏度、拖尾因子 T 和重复性等参数。

一、提高柱效的方法

(一)避免峰展宽的措施

将式 14-34、式 14-35、式 14-38~式 14-40 代入式 14-33Van Deemter 方程,即得 1958 年 Giddings 等人提出的液相色谱速率方程:

$$H = 2\lambda d_p + \frac{C_d D_m}{u} + \frac{C_m d_p^2 u}{D_m} + \frac{C_{sm} d_p^2 u}{D_m} + \frac{C_s d_f^2 u}{D_s} \qquad \text{式 17-4}$$

根据速率理论对色谱峰展宽(谱带扩张)及色谱分离影响因素的研究,高效液相色谱的流动相液体对组分扩散和传质过程影响很大,影响塔板高度的因素主要为涡流扩散项(A)和传质阻力项(Cu)。

1. 涡流扩散项 A 目前常用定相一般使用 3~10μm 的高效填料,柱效可达每米 5×10^4 以上,2μm 以下的固定相,d_p 更小,柱效更高。

2. 分子扩散项 B/u HPLC 中的流动相为液体,液体黏度比气体黏度大很多(约 100 倍),且柱温远低于气相色谱的柱温(常为室温),组分在液相中的扩散系数 D_m 比在气相中小 4~5 个数量级。HPLC 流动相的速度多大于 0.4ml/min,分子扩散项对色谱峰展宽的影响一般都忽略不计。

3. 传质阻力项 Cu 由于常用化学键合相的固定液液膜厚度很小,固定相传质阻力 C_s 项可以忽略不计。高效液相色谱速率理论方程如下。

$$H = A + C_m u + C_{sm} u \qquad \text{式 17-5}$$

(1)流动相传质阻力($C_m u$):减少固定相粒径、降低流动相黏度,有助于减小峰展宽、提高柱效。

(2)静态流动相传质阻力($C_{sm} u$):减少固定相粒径、降低流动相黏度,有助于减小峰展宽,提高柱效。

综上所述,要使 HPLC 的峰展宽效应小,降低理论塔板 H,增加柱效,通常采用的方法如下。

1)使用细粒径的固定相颗粒:小的 d_p 是保证 HPLC 高柱效的主要措施,近年来许多商品固定相颗粒粒度已小于 2μm。

2)降低流动相的黏度(η):如使用低黏度的甲醇($\eta = 0.54$mPa·s)或乙腈($\eta = 0.34$mPa·s)等溶剂,而不要使用乙醇($\eta = 1.08$mPa·s),柱温适中,增大扩散系数 D_m。

3)适当减小流速:流动相流速提高,色谱柱效降低,因此,HPLC 中流速不宜过快,如分析型 HPLC 采用 1ml/min 的低流量。

4)提高色谱填料装柱技术:采用匀浆法装柱可使涡流扩散项 A 减小,柱效提高。

(二)降低柱外效应

范德姆特方程速率理论研究的是柱内峰展宽因素,实际在柱外还存在引起峰展宽的柱外效应，是来自进样器、检测器和连接管线等柱外死体积内的峰展宽效应。减小柱外效应，应减小连接管线长度，并采用细内径连接管线；采用死体积小的检测器；采用合适的进样方式和技术，减小柱前展宽。

二、改善分离度的方法

（一）改善分离度依据

根据式 14-40 色谱分离方程式，改善高效液相色谱法的分离度，主要应从提高 n、调整 α、保留因子 k 等方面进行改进。

增加柱效 n、降低理论塔板 H 的常用方法是使用细颗粒的固定相、提高色谱填料填充均匀度、降低流动相的黏度、适当减小流速。

选择流动相主要是改变溶剂系统的组成和配比，改变其洗脱能力，使 k 调整至合适的水平，使组分的 k 不等而获得较大 α，使分离度和保留时间符合要求。

通常对流动相的选择和优化的目标是使两峰间的分离度 R 大于 1.5，组分的保留因子 k 在 1～10 范围内，最好在 2～5。k 值太小，不利于分离，k 值太大，则色谱峰形变坏，甚至可能不出峰。

（二）洗脱方式的选择

高效液相色谱的洗脱方式有等度洗脱（isocratic elution）和梯度洗脱（gradient elution）两种。同一分析周期内采用组成配比恒定的流动相的洗脱方式，称为等度洗脱，适用于组分数量较少、性质差别不大的试样。但对于成分复杂的样品，等度洗脱往往不能兼顾分配系数差异太大的组分的分离，需要采用梯度洗脱方式，使各组分样品都能在各自适宜的条件下被分离。

梯度洗脱是指在一个分析周期内按一定程序改变流动相的组成、比例，如改变溶剂的极性、离子强度和 pH 等条件，使性质相差较大的成分都有适宜的保留因子 k，色谱峰展宽减小，改善峰形，减少拖尾，缩短分析周期，改善待分离组分的分离效果，提高分离度，提高检测器灵敏度。但梯度洗脱有时会引起基线漂移和影响重现性。

（三）分离条件选择

1. 正相键合相色谱法　流动相常采用饱和烷烃为基础溶剂，加适量极性调节剂，改变流动相极性 P'，增加洗脱能力。通过调节极性调节剂的比例来改变流动相极性 P'，使试样组分的 k 在 1～10 范围内。若所选溶剂的选择性不好，可以改用其他组别的溶剂来改善分离的选择性。若仍难以达到所需要的分离选择性，还可以使用三元或四元溶剂系统。

2. 反相键合相色谱法　有机溶剂比例增加，流动相洗脱能力增强，组分 k 下降。一般以水和甲醇或乙腈组成的二元溶剂，已经能满足多数样品分离要求。常采用梯度洗脱方式，使各组分都在适宜条件下获得良好分离。

3. 反相离子抑制色谱法　流动相的 pH 对样品的电离状态影响很大，进而影响其疏水性和保留值。

通过向流动相中加入少量弱酸、弱碱或缓冲盐(常用磷酸盐或醋酸盐)为抑制剂,调节流动相的 pH,可抑制样品组分的解离,使它们以分子形式存在,增大组分 k 值,改善峰形,抑制拖尾,延长洗脱时间,提高分辨率和分离效果。分析弱酸样品时,通常在流动相中加入少量弱酸(常用 50mmol/L 磷酸盐缓冲液或 1% 醋酸溶液),使 $pH < pK_a$;分析弱碱性样品时,常在流动性中加入少量弱碱,使 $pH > pK_a$,可加入 30mmol/L 三乙胺溶液。但调整流动性 pH 需要注意固定相所允许的 pH 范围,以避免损坏键合相。HPLC 中常用的缓冲溶液见表 17-3。

表 17-3 HPLC 中常用的缓冲溶液

缓冲剂	pH 缓冲范围	缓冲剂	pH 缓冲范围
三氟乙酸	1.5～2.5	乙酸 / 乙酸盐	3.8～5.8
磷酸 / 磷酸钾盐	1.1～8.2	碳酸氢盐 / 碳酸盐	5.4～11.3
柠檬酸 / 柠檬酸三钾	2.1～6.4	氯化胺 / 氨	8.2～10.2
甲酸 / 甲酸盐	2.8～4.8	盐酸三乙胺 / 三乙胺	10.0～12.0

4. 反相离子对色谱法 影响试样组分分离选择性的因素主要有以下几个方面。

(1)离子对试剂的性质和浓度:离子对试剂所带电荷应与试样离子的电荷相反。分析碱类或带正电荷的物质时,一般选用带负电荷的烷基磺酸盐或硫酸盐作离子对试剂,如十二烷基磺酸钠、正己烷基磺酸钠等。分析酸类或带负电荷的物质时,一般选用带正电荷的季铵盐作离子对试剂,常用四丁基季铵盐,如四丁基铵磷酸盐、氢氧化四丁基铵等。离子对试剂的浓度一般在 3～10mmol/L。离子对试剂的选择见表 17-4。

(2)流动相 pH 的选择:调节 pH 使试样组分与离子对试剂全部离子化,将有利于离子对的形成,改善弱酸或弱碱试样的保留值和分离选择性。各种离子对色谱法的适宜的 pH 范围也列于表 17-4。

表 17-4 反相离子对色谱中离子对试剂和 pH 的选择

试样类型	离子对试剂	pH 范围	说明
强酸($pK_a < 2$)(如磺酸染料)	季铵盐、叔铵盐(如四丁基铵、十六烷基三甲基铵)	2～7.4	整个 pH 范围内均可离解,根据试样中共存的其他组分类型选择 pH
弱酸($pK_a > 2$)(如氨基酸、磺胺类等)	季铵盐(如四丁基铵、十六烷基三甲基铵)	①6～7.4;②2～5	①可离解,K 取决于离子对的性质;②弱酸离解被抑制,K 取决于未离解形态性质
强碱($pK_a > 8$)(如季铵类)	烷基磺酸盐或硫酸盐(如戊烷、己烷、十二烷磺酸钠)	2～8	同强酸样品说明
弱碱($pK_a < 8$)(如儿茶酚胺、烟酰胺)	烷基磺酸盐或硫酸盐	①6～7.4;②2～5	①离解被抑制,K 取决于未离解形态性质;②可离解,K 取决于离子对的性质

(3)有机溶剂及其浓度:与一般的反相 HPLC 相似,常用的流动相是甲醇 - 水、乙腈 - 水系统。流动相中所含的有机溶剂的比例越高,流动相的极性越弱,其洗脱能力越强,k 越小,保留时间越短。

第五节　超高效液相色谱法与二维色谱法简介

一、超高效液相色谱法简介

　　超高效液相色谱法（ultra-performance liquid chromatography，UPLC）是近年来发展最迅速的高效液相色谱分离方法之一。采用减小进样量、1.7～2.1μm 的小颗粒填料、5～10cm 柱长、细内径管线、极低的系统体积以及快速检测方法等全新技术方案，可以得到更高柱效，提高了分辨率、检测灵敏度，分离出更多成分色谱峰。采用小颗粒填料，柱长减小，缩短了分析周期，分析速度大大提高，可极大提高分离分析工作效率。

　　高效液相色谱填料粒度对色谱分离性能影响最大。UPLC 是基于 HPLC 基本原理，以亚二微米粒径颗粒、超高柱效填料为核心分离材料。近年来，新发展的以多孔层核壳硅胶技术为基础的新型填料粒度虽然超过 2μm，但其具有的高柱效、低柱压优势也为 UPLC 技术发展提供了一个新的发展领域。

　　根据 Van Deemter 曲线及其方程式，填料颗粒粒径越小，色谱柱柱效越高。而且随着填料粒径的减小，流动相的最佳线速度向高流速方向移动，并且具有更宽的线速度优化范围。但当使用小粒径固定相填料时，其产生的反压也越高，而且其要求的更高流速会受到色谱柱填料的耐压机械强度及色谱仪器系统耐压性能的限制。此外，更高柱效需要更小的色谱仪系统死体积、更快的检测和采集响应速度等一系列技术、设备条件支持。

　　因此，要实现超高效液相色谱分析，色谱仪器和色谱填料两个方面需要集合发展。更高耐压的输液泵单元、低死体积的色谱仪器系统、快速采样的检测器、快速自动进样器以及高速数据采集、控制系统等方面的色谱仪器最新进展，和 2μm、3μm 的细粒径填料的超高效色谱柱大规模商业化应用，为 UPLC 的迅速发展和快速应用提供了技术、仪器设备支持。

　　超高效液相色谱仪使用注意事项：UPLC 溶剂及样品需要使用 0.22μm 以下孔径的滤膜过滤，在线过滤器也应使用更小孔径的滤芯。UPLC 分析速度提高，色谱峰宽越来越窄，对检测器采样频率要求越来越高。在设置采样速率、滤波常数等检测器参数时，需要确保采样速率足够、滤波常数适宜，以避免色谱峰变宽、峰形变差。使用内径在 2.1mm 以下的色谱柱时，需要优化系统死体积，如进样器的定量环及进样器后管线的死体积、流通池体积、管线接头等事项均需注意。UPLC 分析时，需要考虑溶剂效应的影响，选用流动相溶解样品，以避免溶解样品的有机溶剂造成色谱峰展宽增大，甚至单一组分分裂成两个独立色谱峰。流动相流入进样器后，可通过预热装置后再流入色谱柱，以避免色谱柱内形成温度差导致色谱柱中心与管壁处样品运动速度不一致，避免类似扩散效应现象的产生。

　　UPLC 在解决复杂组成样品分离时具有高效、快速、高灵敏度的优势。在蛋白质、多肽、代谢组学以及天然产物分析方面得到广泛应用，为成分极其复杂的中药材及中成药快速分析提供了更好的技术方案。UPLC 方法与质谱检测器联用，对中药材质量评价、中药制剂分析等领域的发展必将起到极大的促进作用。

二、二维液相色谱法简介

二维液相色谱（2D-LC）是将分离机制不同而又相互独立的两支色谱柱并行联用的分离系统。样品经过第一维的色谱柱分离后进入接口，通过浓缩、富集或切割后被切换进入第二维色谱柱。样品经过两种不同的分离机制分离，即利用样品的两种不同特性把复杂混合样品分离成众多单一组分。样品特性包括分子量差异、极性差别、基团差别、酸碱性差别、空间构型差别以及化合物电荷差别等。分离机制包括正相色谱、反相色谱、离子交换色谱法分子排阻色谱等。通过具有不同分离效果的色谱分离模式组合，利用一种色谱法弥补另一种色谱法分离效果上的不足，实现将一根色谱柱上未分开的组分在另一根柱上用不同分离原理加以完全分离，提高分离效率。

根据第一维色谱流出组分是否直接转移到第二维色谱柱，可以分为离线、在线两种二维色谱模式。离线二维色谱对仪器要求相对较低，但操作烦琐费时、难以自动化操作、重复性差；在线二维色谱对仪器接口装置要求较高，可实现自动化操作、避免人为误差、重复性好。二维液相色谱多采用在线方式。

在线二维色谱主要是在两种色谱柱之间，采用柱切换技术，即用多通切换阀来改变色谱柱与色谱柱之间的连接和溶剂流向。按照第一维色谱柱流出组分是否全部进入第二维色谱柱，又将其分为中心切割二维色谱和全二维液相色谱。中心切割二维液相色谱是将第一维色谱柱分离出来的某个或某些目标组分转移到第二维色谱柱继续进行分离，适合已知目标组分的分析。全二维液相色谱是将第一维色谱柱分离出来的全部组分转移到第二维色谱柱继续进行分离，适合含有未知组分的复杂体系样品的分析。

二维液相色谱分辨率高、柱容量大、分析速度快，增强定性合理性和定量准确性，在对组分复杂试样的分离分析方面具有优势。在中药活性物质筛选、中药质量标准研究等领域，可发挥其分离能力强、所得样品成分信息丰富的技术优势。

第六节　应用与示例

一、样品分析条件的选择

HPLC分析应用首先要考虑分离分析的目的、样品的性状和样品量来确定适合的分析条件。比如，根据样品是大分子还是小分子、分子量范围、水溶性还是非水溶性、是离子状态还是非离子状态等性状，选择适当的分离模式，再确定色谱柱、流动相、检测器类型、洗脱方式、流速等色谱条件。不同样品的分析条件可参考如下流程。

1. 根据样品相对分子量选择　相对分子量大于 2 000 的样品，可选用分子排阻色谱法；相对分子量小于 2 000，则可选用吸附、分配及离子交换等液相色谱分离方法。

2. 根据溶解度选择　样品可溶于水，若属于能离解的成分，采用离子交换色谱；若为不离解的成分,可采用反相色谱法。若样品不溶于水,而溶于非极性或弱极性有机溶剂,则可选用反相分配色谱法等方法;若溶于中等极性或极性溶剂,则可选用吸附色谱法、正相分配色谱法等方法。

不同样品分离方法选择的可参考图17-8。

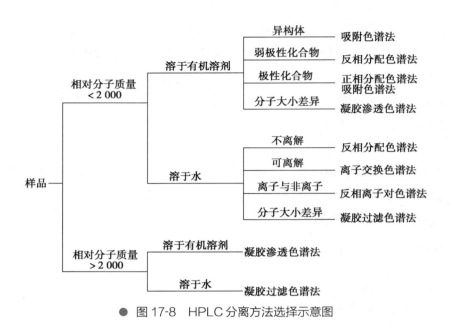

● 图 17-8　HPLC 分离方法选择示意图

高效液相色谱方法应用包括定性分析与定量分析。定性分析以色谱保留值对照为主,定量分析多采用峰面积为参数进行计算。

二、定性分析方法

高效液相色谱法的定性分析可分为色谱鉴定法和两谱联用鉴定法两类。

色谱鉴定法是根据同一物质在相同色谱条件下保留值相同的原理,利用对照品和试样的保留值(多采用保留时间或相对保留时间)等色谱定性参数对照的方法进行定性分析,是鉴别已有对照品的目标化合物的常用方法。当试样复杂或操作条件不易稳定时,可采用将试样中加入适量对照品的方法,对比加入前后的色谱图,使色谱峰相对增高进行定性鉴别。也可以采取双柱定性方法,即在两根性质差别较大的色谱柱上定性,提高可靠性。

两谱联用技术是将高效液相色谱分离技术与质谱、光谱等分析技术联合应用进行定性,色谱的高分离能力与光谱、质谱的成分鉴定能力结合,是目前最有效的复杂样品分离、鉴定技术。尤其是在线的两谱联用方法,已成为药学、分子生物学、生物医药、环境化工等领域常用的分析技术。

非在线色谱 - 光谱联用技术:HPLC 作为分离手段,制备纯组分,而后用红外吸收光谱、质谱或核磁共振波谱等,进行光谱解析和定性。

在线色谱 - 光谱(质谱)联用技术:将 HPLC 仪与光谱仪(或质谱仪)通过接口连接成完整的

仪器系统,实现在线检测。在线联用仪能给出样品的色谱信息,并能得到每个色谱峰的光谱或质谱图,同时获得定性和定量信息。

三、定量分析方法

高效液相色谱法的定量分析常用方法主要有外标法、内标法和主成分自身对照法等。第十四章的色谱定量分析方法,在 HPLC 分析中均有应用。一般常规分析采用外标一点法。低含量、生物样本或复杂基质样本分析则常采用内标法。药物中杂质检查常用主成分自身对照法。

四、应用示例

HPLC 已广泛应用于中草药、化学药物、食品中有效成分的分离、鉴定、检查和含量测定。近年来,在体液中原型药物及代谢产物分离分析、内源性标识成分分析等体内药物分析、临床检验领域同样已经成为重要研究手段。

(一)定性分析应用示例

【示例 17-1】远志中远志㕷酮Ⅲ、3,6'- 二芥子酰基蔗糖、细叶远志皂苷 A 的定性分析

测定条件: ODS-C$_{18}$ 色谱柱(4.6mm × 250mm,4μm);流动相为 0.05% 磷酸 - 乙腈溶液(A)- 0.05% 磷酸水溶液(B),按表 17-5 进行梯度洗脱;流速为 0.4ml/min;检测器为 UVD,检测波长 320nm;柱温为 35℃。

表 17-5 梯度洗脱表

时间 /min	流动相 A/%	流动相 B/%
0~10	8~13	92~87
25~35	16~25	84~75
42~46	28~38	72~62
50~60	45~50	55~50

对照品溶液的制备:精密称取远志㕷酮Ⅲ、3,6'- 二芥子酰基蔗糖、细叶远志皂苷 A 对照品适量,加甲醇制成每 1ml 各含 0.01mg、0.04mg、0.07mg 的混合对照品溶液。

供试品溶液的制备:取远志药材粉末(过四号筛)约 0.25g,精密称定,置具塞锥形瓶,精密加入 70% 甲醇 25ml,超声处理(功率 100W,频率 40kHz)40 分钟,摇匀,滤过,取续滤液经 0.45μm 微孔滤膜滤过,即得。

测定法:分别精密吸取对照品溶液与供试品溶液各 5μl,注入液相色谱仪,测定,得色谱图(图 17-9)。

样品色谱中,在与对照品色谱峰保留时间相同位置上有相应色谱峰,定性鉴别出远志药材中远志㕷酮Ⅲ、3,6'- 二芥子酰基蔗糖、细叶远志皂苷 A 三种成分。

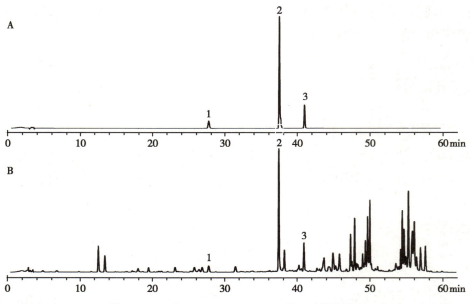

A—混合对照品;B—样品;1—远志咄酮Ⅲ;2—3,6'-二芥子酰基蔗糖;3—细叶远志皂苷A。
● 图 17-9　对照品溶液及供试品溶液 HPLC 色谱图

（二）定量分析应用示例

【示例 17-2】桑叶中芦丁的含量测定

色谱条件:ODS-C$_{18}$ 色谱柱(4.6mm × 250mm,5μm);流动相为 0.1% 磷酸乙腈溶液(A)与 0.16% 磷酸水溶液(v/v,B),按表 17-6 进行梯度洗脱;流速为 1.0ml/min;检测器为 UVD,检测波长 358nm;柱温为 35℃。

表 17-6　梯度洗脱表

时间 /min	流动相 A/%	流动相 B/%
0~5	12~13	88~87
5~12	13~15	87~85
22~40	15~35	85~65

对照品溶液的制备:精密称取芦丁对照品适量,用甲醇溶解并定容,加甲醇制成每 1ml 含 0.05mg 的溶液,即得。

供试品溶液的制备:取桑叶药材粉末(过 40 目筛)1.012 5g,置具塞锥形瓶中,精密加入 75% 乙醇 25ml,称定重量,超声处理(功率 100W,频率 40kHz)40 分钟,放冷,再称定重量,用 75% 乙醇补足减失的重量,摇匀,滤过,取续滤液经 0.45μm 微孔滤膜滤过,即得。

测定法:分别精密吸取对照品溶液与供试品溶液各 10μl,注入液相色谱仪,测定,得色谱图 (图 17-10),测得芦丁对照品峰面积为 790.6,供试品溶液中芦丁峰面积为 680.2。计算桑叶中芦丁的百分含量。

解:已知 $\dfrac{m_i}{m_s} = \dfrac{A_i}{A_s} = \dfrac{C_i \cdot V_i}{C_s \cdot V_s}$,

$$C_i = \frac{A_i}{A_s} C_s = \frac{680.2}{790.6} \times 0.05 = 0.043 (\text{mg/ml})$$

$$w = \frac{m_i}{m_{\text{总}}} \times 100\% = \frac{0.043 \times 25}{1.0125 \times 10^3} \times 100\% = 0.11\%$$

桑叶样品中芦丁的含量为 0.11%。

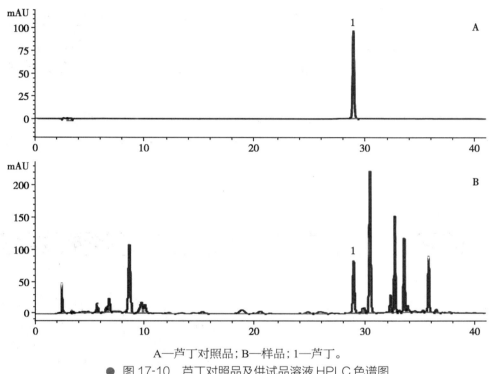

A—芦丁对照品；B—样品；1—芦丁。

● 图 17-10 芦丁对照品及供试品溶液 HPLC 色谱图

内容提要

（一）基本概念

1. 采用化学反应的方法将固定液官能团键合在载体表面构成键合相, 以化学键合相为固定相的色谱法称为化学键合相色谱法, 简称键合相色谱法。

2. 疏溶剂理论中键合在硅胶表面的非极性或弱极性基团具有较强的疏水性, 当非极性溶质或溶质分子中的非极性部分进入到极性流动相中时, 由于疏溶剂效应, 分子中的非极性部分总是趋向与其他非极性部分聚集在一起。溶质的非极性部分在与极性溶剂分子间的排斥力（疏溶剂力）的作用下, 和键合相的烃基发生疏溶剂缔合。

3. 离子抑制色谱法在流动相中加入少量弱酸、弱碱或缓冲盐溶液, 控制流动相的 pH, 抑制待测弱酸碱成分的离解, 增加组分与固定相的作用, 减少峰拖尾、改善峰形。

4. 反相离子对色谱法将离子对试剂加入到含水的极性流动相中, 调节溶液 pH, 使待测组分的离子在流动相中与离子对试剂的反离子生成中性离子对化合物, 从而增加溶质和非极性固定相的作用, 使分配系数增大, 改善分离效果, 用于分离离子型或可离子化的化合物。

5. 手性色谱法利用手性固定相或含手性填加剂的流动相分离、分析手性化合物的对映异构体的色谱法。

6. 亲和色谱法是基于样品组分与固定在载体上的配基间的亲和作用的差别而实现选择性分离的色谱方法。

7. 胶束色谱法以在水中添加的超过临界胶束浓度的多余的表面活性剂聚集形成的胶束分散体系为流动相的色谱方法。

8. 化学键合相为通过化学反应方法将有机官能团键合在载体表面而形成的固定相填料,简称键合相。

9. 梯度洗脱指在一个分析周期内按一定程序改变流动相的组成、比例,如改变溶剂的极性、离子强度和 pH 等条件,改善待分离组分的分离效果。

10. 三维色谱 - 光谱图利用光电二极管阵列装置同时获得样品的色谱图(t-A 曲线)及每个色谱组分的吸收光谱图(A-λ 曲线),将色谱图和吸收光谱图结合得到时间 - 色谱 - 光谱三维图上(保留时间 t、波长 λ、响应值 A 分别为 x、y、z 轴)。

(二)基本内容

1. 化学键合相色谱特点

色谱类型	固定相	流动相	分离物质	出峰顺序
正相键合相色谱法	极性键合相,如氰基、氨基	非极性或弱极性溶剂,如烷烃	中等极性化合物	极性强的组分 k 大,t_R 大,后出
反相键合相色谱法	非极性键合相,如 C_8、C_{18}	极性溶剂及其混合物,如水 - 甲醇、水 - 乙腈	中等及弱极性,可分离范围很宽的试样	极性弱的组分 k 大,t_R 大,后出
反相离子对色谱法	非极性键合相,如 C_8、C_{18}	离子对试剂加在含水流动相	可离子化或离子型有机酸、碱、盐	易与流动相形成离子对的组分,k 大,t_R 大

2. 化学键合相色谱流动相基本要求　①化学性质稳定,不与固定相发生化学反应;②流动相纯度高、黏度小;③对试样有适宜溶解度;④与检测器相匹配。

对流动相优化的目标是两峰间的分离度 R 大于 1.5,保留因子 k 在 $1\sim10$ 范围内。

3. HPLC 的 Van Deemter 方程　组分在 HPLC 色谱柱中的分子扩散可以忽略。HPLC 多采用化学键合相,键合相多为单分子层,即厚度 d_f 很小可忽略,因此,固定相传质阻力可以忽略不计。涡流扩散小,采用小颗粒球形固定相,匀浆高压填柱,降低涡流扩散。

4. 高效液相色谱仪一般由高压输液系统、进样系统、分离系统、检测系统和数据显示处理系统等五部分组成,根据需要配备梯度淋洗、自动进样和数据处理装置。高压输液泵是关键部件之一,按工作原理分为恒流泵和恒压泵,常用恒流泵;检测器主要有紫外吸收检测器、荧光检测器、示差折光检测器和电化学检测器、安培检测器和蒸发光散射检测器等。

5. 改善分离度的方法对色谱分离条件的要求:小粒度、均匀的球形化学键合相;低黏度流动相,流速不宜快;柱温适当。选择流动相溶剂系统的组成和配比,组分的保留因子 k 在 $1\sim10$ 范围内。选择梯度洗脱方式,在一个分析周期内,按一定程序改变流动相的组成、比例,改变溶剂的极性、离子强度和 pH 等条件,使性质相差较大的成分都有适宜的保留因子 k,色谱峰展宽减小,改善峰形,减少拖尾,改善被分离组分的分离效果。

1. 宜用何种 HPLC 方法实现下列物质的分离或分析?

（1）多环芳烃。

（2）氨基酸。

（3）右旋糖酐的相对分子量。

（4）极性较强的生物碱。

（5）乙醇和丁醇。

（6）Ba^{2+}。

（7）正戊酸和正丁酸。

2. 高效液相色谱法的特点是什么? 常用的固定相有哪些?

3. 高效液相色谱影响色谱峰展宽的因素有哪些? 如何提高柱效?

4. 高效液相色谱仪常用检测器的测定原理和适用范围是什么?

5. 什么是梯度洗脱? 如何实现梯度洗脱?

6. 用液 - 液分配色谱分离混合物,测得组分 A 的保留体积为 5.6ml, B 的保留体积为 7.2ml,已知固定相体积 V_s 为 0.60ml,死体积为 1.6ml,流动相流速 F 为 0.50ml/min,计算 K_A、K_B、t_{RA} 和 t_{RB}。

（6.67, 9.33, 11.20min, 14.40min）

7. 在色谱柱上分离一样品,组分 A、B 及非滞留组分的保留时间分别为 2 分钟、5 分钟和 1 分钟,求:

（1）B 组分停留在固定相中的时间是 A 组分的几倍?

（2）B 组分的分配系数是 A 组分的几倍?

（3）当柱长增加一倍时,峰宽增加为多少倍?

（4 倍,4 倍,峰宽增加为原峰$\sqrt{2}$倍）

8. 在一正相色谱柱上,某组分用 50% 三氯甲烷和 50% 正己烷(体积比)作流动相时,其保留时间为 27.2 分钟,不保留物质的保留时间为 1.05 分钟。问如何调整溶剂配比使组分 k 为 10?

（70% 三氯甲烷和30% 正己烷）

9. 在 25cm 的色谱柱上分离 A、B 混合物,A 物质的保留时间是 16.50 分钟,峰底宽 1.10 分钟,B 物质的保留时间是 19.50 分钟,峰底宽 1.20 分钟,不保留组分的保留时间是 1.30 分钟,计算:

（1）A、B 两峰的分离度。

（2）理论塔板数和理论塔板高度。

（3）分离度达到 1.5 所需柱长。

（2.61, 12.46, 3.0×10^4/m, 8.26cm）

10. 用长 15cm 的 ODS 柱分离两种组分,已知实验条件下柱效 $n = 3.0 \times 10^4$/m,用苯磺酸钠溶液测得死时间 $t_M = 1.20$min,二个组分的保留时间分别为 $t_{R1} = 4.10$min, $t_{R2} = 4.40$min,求:

（1）k_1、k_2、α、R。

（2）若增加柱长至 30cm，分离度可否达到 1.5?

（2.42，2.67，1.10，1.11；1.57，可以）

11．用 HPLC 法测定生物碱样品中黄连碱和小檗碱的质量分数，称取内标物、黄连碱和小檗碱对照品各 0.100 0g 配成混合溶液，测得峰面积分别为 $3.60 \times 10^5 \mu V \cdot s$、$3.43 \times 10^5 \mu V \cdot s$ 和 $4.04 \times 10^5 \mu V \cdot s$。称取内标物 0.120 0g 和试样 0.426 0g 同法配置成溶液后，在相同色谱条件下测得峰面积为 $4.16 \times 10^5 \mu V \cdot s$、$3.71 \times 10^5 \mu V \cdot s$ 和 $4.54 \times 10^5 \mu V \cdot s$。计算样品中黄连碱和小檗碱的质量分数。

（26.37%，27.39%）

12．用 HPLC 外标法计算黄芩浸膏中黄芩苷的质量分数。精密称取黄芩浸膏粉 0.121 0g，置于 50ml 量瓶中，用 70% 甲醇溶解并稀释至刻度，摇匀，精密量取 5ml 于 50ml 量瓶中，用 70% 甲醇稀释至刻度，摇匀即得供试品溶液。平行测定供试品溶液和对照品溶液（61.8μg/ml），进样 20μl，记录色谱峰，得色谱峰峰面积分别为 $4.25 \times 10^7 \mu V \cdot s$ 和 $6.05 \times 10^7 \mu V \cdot s$。计算黄芩浸膏中黄芩苷的质量分数。

（17.94%）

第十七章同步练习

第十八章 色谱-质谱联用分析法

第十八章课件

本章主要介绍色谱-质谱联用分析法的有关基础知识,要求:

1. 了解电喷雾离子化和大气压化学离子化的工作原理;全扫描模式及总离子流色谱图、质量色谱图和质谱;选择离子监测和选择反应监测的特点及应用。
2. 了解飞行时间质量分析器;串联四极杆质量分析器。
3. 了解气相色谱-质谱联用仪的接口和谱库检索等知识。

色谱法是分析复杂混合物的便捷方法,但只能依据保留值进行定性,不具有对未知化合物的结构鉴定能力。质谱法是一种重要的定性鉴定和结构分析方法,但不具有分离能力,不能直接用于复杂混合物的鉴定。将色谱的高分离性能和质谱的高灵敏高选择性检测等优势相结合,组成的较完善的现代分析技术称为色谱-质谱联用分析法(hyphenated chromatography-mass spectrometry),体现了色谱和质谱优势的互补。

在色谱-质谱联用系统中,色谱仪相当于质谱仪的进样和分离系统,质谱仪相当于色谱仪的检测器。色谱-质谱联用是较成熟和较成功的一类联用技术,主要包括气相色谱-质谱联用(gas chromatography-mass spectrometry, GC-MS)、液相色谱-质谱联用(liquid chromatography-mass spectrometry, LC-MS)、超临界流体色谱-质谱联用(supercritical fluid chromatography-mass spectrometry, SFC-MS)和毛细管电泳-质谱联用(capillary electrophoresis-mass spectrometry, CE-MS)。在中药药效物质基础和作用机制、中药多组分药动学、中药指纹图谱、血清药化、代谢组学等研究领域得到广泛的应用,较好地契合了中药体内外活性成分分析研究对高精密度和准确度的需求。本章重点介绍应用较广泛的气相色谱-质谱联用和液相色谱-质谱联用技术。

第一节 气相色谱-质谱联用法

由于 GC 的试样呈气态,流动相也是气体,与质谱仪的进样要求相匹配,故最容易实现两种仪器联用。1957 年,J.C.Holmes 和 F.A.Morrell 首次实现气相色谱与质谱联用。气相色谱仪分离试样中各组分,起着样品制备的作用;接口把气相色谱流出的各组分送入质谱仪进行检测,起着气相色谱和质谱之间适配器的作用,由于接口技术的不断发展,接口在形式上越来越小,也越来越简单;质谱仪将接口依次引入的各组分进行分析,成为气相色谱仪的检测器;计算机系统交互式地控制气相色谱、接口和质谱仪,进行数据采集和处理,由此同时获得色谱和质谱数据,对复杂试样中的组分进行定性和定量分析。

GC-MS 是目前发展完善、应用广泛的联用技术之一。具有特点:①定性参数多、定性可靠。除与 GC 法一样能提供保留时间、峰面积和峰高外,还能通过质谱图获取分子离子峰的准确质量、碎片离子峰强度比、同位素离子峰强度比等信息。②检测灵敏度高。全扫描时的检测灵敏度优于所有通用型 GC 检测器,选择离子监测时的检测灵敏度优于所有选择性 GC 检测器。③能检测未获得色谱分离的组分信息。用提取离子色谱图、选择离子监测色谱图等可检出总离子流色谱图上未分离或被噪声掩盖的色谱峰。④分析方法容易建立。用于 GC 法的大多数样品处理方法、分离条件等均可以移植到 GC-MS 法中。

一、GC-MS 联用仪

GC-MS 联用仪主要由接口(interface)、质谱单元、色谱单元和计算机系统等部分组成。

(一)接口

1. GC-MS 对接口的一般要求　气相色谱仪的色谱柱出口通常是常压(大气压力),质谱仪正常工作压力是 $10^{-6} \sim 10^{-4}$Pa,两者连接必须采用一个接口装置,以除去载气、降低柱后流出物的气压,同时富集试样,并送组分至离子源。

GC-MS 对接口的一般要求:①应能使色谱分离后的各组分尽可能多地进入质谱仪,一般要求不少于全样的 30%,并使载气尽可能少地进入质谱系统。②维持离子源的高真空,并不影响色谱仪的柱效和色谱分离结果。③组分在通过接口时应不发生化学变化。④对试样的有效传递应具有良好的重现性。⑤控制操作应简单、方便、可靠。⑥应尽可能短,以使试样尽可能快速通过接口。

2. GC-MS 联用仪常用的接口　常见有直接导入型接口、开口分流型接口和喷射式分离器接口,其作用为经气相色谱分离的化合物导入质谱仪。

(1)直接导入型接口:工作原理示意图如图 18-1 所示。色谱柱出口端通过一根金属毛细管直接插入离子源内,载气携带试样组分通过此接口进入离子源。由于载气为惰性气体,不会被离子化,试样组分则在离子源中形成带电荷离子,并在电场作用下加速向质量分析器运动,而载气因为不受电场影响,被真空泵抽走,满足离子源对真空的要求。该类接口的温度一般应高于柱温,以防止色谱柱流出物冷凝。受质谱仪的流量限制,一般载气流速应控制在 0.7~1.0ml/min,因此,该类接口适用于小内径毛细管色谱柱。直接导入型接口的装置简单,容易维护,应用较为广泛。

(2)开口分流型接口:工作原理示意图如图 18-2 所示。色谱柱出口端插入内套管一端,限流管由内套管另一端插入,内套管置于一个外套管中,外套管充满氦气。色谱柱流出物可全部或部

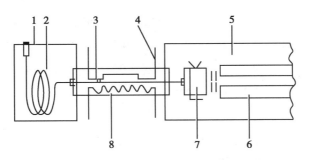

1—气相色谱仪；2—毛细管色谱柱；3—直接导入接口；4—温度传感器；5—质谱仪；6—四极滤质器；7—离子源；8—加热器。

● 图 18-1　直接导入型接口

分通过限流管进入离子源。当色谱柱的流量大于质谱仪的工作流量时，过多的色谱柱流出物随氦气流出接口，反之则由外套管中的氦气提供补充。该类接口处于常压氦气保护下，降低了对真空密封的要求，便于在联机运行时更换色谱柱，不降低色谱柱的分离效果。但当色谱仪流量较大时，需要较大分流比，使样品传输产率较低，该类接口适用于小内径和中内径毛细管色谱柱。

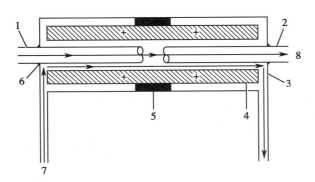

1—毛细管；2—限流毛细管；3—外套管；4—内套管；
5—中隔机构；6—密封部件；7—氦气；8—至质谱仪。

● 图 18-2　开口型接口

（3）喷射式分离器接口：载气携带组分通过喷射管狭窄的喷嘴时形成喷射状气流，不同分子量的分子具有不同的动量和扩散速率。分子量较小的载气易于偏离原喷射方向，被真空泵抽走；分子量较大的载气易于保持原来的喷射方向通过接收口进入质谱仪的离子源。该类接口具有分离载气、降低气压和浓缩样品的作用，适用于填充色谱柱。主要缺点是对易挥发的化合物的传输产率不高。

（二）质谱单元

1. GC-MS 对质谱仪的要求　①真空度不受载气流量的影响；②灵敏度与色谱仪匹配；③扫描速度与色谱峰流出速度相适应；④动态分辨率符合分析要求。

2. 离子源　多种离子源中仅电子轰击源（electron impact source，EI）是 GC-MS 的常用离子源。

EI 源具有优点：①谱图重现性好，采用 70eV 的电子能，在不同仪器上所形成离子的能量分布相同,使谱图基本上与所使用的仪器无关,工作站中的有机化合物标准品 EIMS 谱库可供检索。②有较多的碎片离子,提供丰富的结构信息。③灵敏度高。

但 EI 源所用的 70eV 的轰击能高,使一些化合物的分子离子峰很弱,不易检测。化学电离源(chemical ionization resource, CI)也是 GC-MS 配置之一。

3. 质量分析器　质谱仪的核心部分,直接影响分析方法的分辨率、质量范围、扫描速度等。在毛细管 GC-MS 中,由于色谱峰很窄(常为 2 秒),为了在全扫描时可从每个色谱峰获得至少 3～5 个质谱图,需要扫描速度快的质量分析器。

质量分析器(mass analyser)类型有:

(1)四极杆(quadrupole, Q)质量分析器:扫描速度快,约为 0.1 秒,可从正离子到负离子检测自动切换,灵巧轻便,价格便宜,是 GC-MS 中最常用的质量分析器。

(2)离子阱(ion trap, IT)质量分析器。

(3)飞行时间(time of flight, TOF)质量分析器。

此外,将两个或两个以上的质量分析器连接在一起使用的质谱称为串联质谱(tandem mass spectrometry),如三重四极杆串联质谱、四极杆 - 飞行时间(Q-TOF)串联质谱等。

(三)色谱单元

GC-MS 对气相色谱仪没有特殊要求,但所使用的色谱柱和载气需满足质谱仪的要求。

(1)色谱柱:填充柱或毛细管柱均可用,但要求色谱柱能耐高温,以防固定相流失,污染离子源,造成高的质谱本底,影响色谱峰的准确检出。色谱柱在使用前应高于预定操作温度下老化,将色谱柱流失减少到质谱仪可以接受的水平。

(2)载气:GC-MS 对载气的要求是化学惰性、不干扰质谱检测以及在接口或离子源中易被去除,氦气是最理想的载气。

(四)计算机系统

GC-MS 的主要操作均由计算机系统控制完成,配有专用的工作站软件,能实现 GC-MS 联用仪的全自动操作,包括启动和停机、自检和故障诊断、仪器调校、参数设置、实时显示、数据采集和处理、谱库检索以及报告生成等。

二、分析方法

(一)质谱条件建立

质谱条件的建立包括电离电压、电子电流、扫描速度、质量范围,根据待测物的性质进行最佳优化,同时为了保护灯源和倍增器,在设定质谱条件时,通常设置溶剂延时时间。

(二)质谱扫描方式

GC-MS 的数据采集模式主要有全扫描(full scanning)和选择离子监测(selected ion monitoring, SIM)。此外,还有适用于串联质谱的多种扫描模式。根据数据采集获得的样品谱图,可以进行定性和定量分析。

（1）全扫描：对指定质量范围内的全部离子进行扫描并记录，得到的质谱图可以提供未知物的分子量和结构信息，可以进行质谱谱库检索。

将具有相同时间（一次扫描）的各离子流的强度进行累加，得到总离子流强度随时间（扫描次数）变化的色谱图，称为总离子流色谱图（total ion current chromatogram，TIC），如图18-3所示。图中对应某一时间点的峰高是该时间点流入质谱仪的所有质荷比的离子流强度的加和。总离子流色谱图是一个叠加图，即沿 x 轴方向叠加了每个质荷比的离子流。

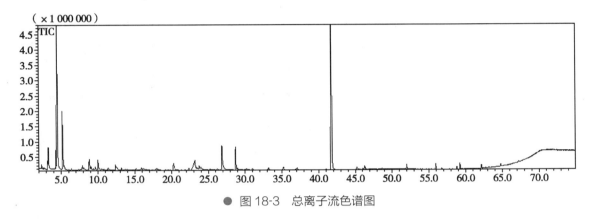

● 图 18-3　总离子流色谱图

从全扫描采集得到的数据中提取的特定质荷比的离子流强度随时间变化的色谱图，称为质量色谱图（mass chromatogram），也称为提取离子色谱图（extracted ion chromatogram），通过质量色谱图，可对在总离子流色谱图中未分离的组分进行分析。

（2）选择离子监测：质量分析器对预先选定的一个或几个特征离子进行扫描，其他离子不被记录。通过选择离子监测获得的一个或几个质荷比的离子流强度随时间变化的色谱图，称为选择离子监测色谱图。

以SIM模式进行数据采集时，质量分析器对少数特征离子反复自动扫描，其检测灵敏度比全扫描高。SIM色谱图与质量色谱图相似，两者的色谱峰面积或峰高可用于目标化合物的定量分析。

（三）谱库检索

采用GC-MS联用仪分析复杂样品时，将出现数十个甚至上百个色谱峰，采用质谱谱库检索，可以顺利、快速地完成GC-MS的谱图解析任务。

GC-MS联用仪都配有NIST/EPA/NIH谱库，该谱库由美国国家标准与技术研究院（National Instituteof Standards and Technology，NIST）、美国国家环境保护局（Environmental Protection Agency，EPA）和美国国立卫生研究院（National Institutes of Health，NIH）共同出版，收载标准质谱图10万多张。

三、应用与示例

GC-MS法适用于分析相对分子质量较低（＜1 000）的化合物，主要适合于分析挥发性成分。

在药品生产、质量控制和研究中有广泛的应用,在中药挥发性成分的鉴定、食品和中药中农药残留量的测定、包装材料中挥发性成分的检测等方面发挥着重要的作用。

【示例 18-1】药品包装材料橡胶塞中棕榈酸、硬脂酸含量的 GC-MS 检测方法。

色谱柱:HP-INNOWAX 毛细管色谱柱(30m×0.32mm×0.25μm);EI 源;进样口温度 200℃;离子源温度 230℃;不分流进样;载气为 He。程序升温为,起始柱温 150℃,保持 3 分钟,以 50℃/min 速率升至 210℃,保持 4 分钟。进样量 1μl;选择离子检测;m/z 67.0 和 74.0。

样品处理:将胶塞粉碎成粉末,取胶塞粉末约 0.1g,药液 0.5ml,分别置 50ml 锥形瓶中,加 0.5mol/L 的氢氧化钾甲醇溶液 2.0ml,在 65℃水浴中加热回流 30 分钟,放冷,加 15% 三氟化硼甲醇溶液 2.0ml,在 65℃水浴中加热回流 30 分钟,放冷,加正庚烷 4.0ml,继续在 65℃水浴中加热回流 5 分钟后,放冷,加饱和氯化钠溶液 10ml 洗涤,摇匀,静置使之分层,取上层液,用水洗涤 3 次,每次 2.0ml,上层液经无水硫酸钠干燥,加正庚烷稀释 25 倍,作为脂肪酸样品溶液。

样品测定:GC-MS 分析条件,选择棕榈酸和硬脂酸主要碎片 74.0 作为选择离子扫描其总离子流图与质谱图见图 18-4、图 18-5。

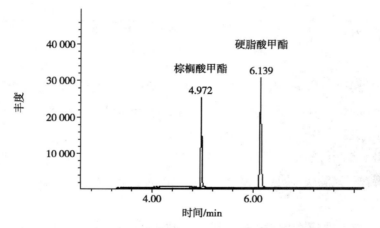

● 图 18-4 棕榈酸和硬脂酸总离子流色谱图

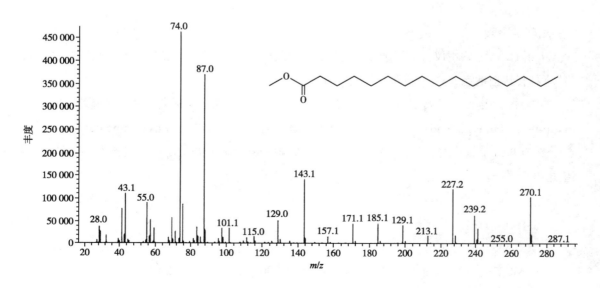

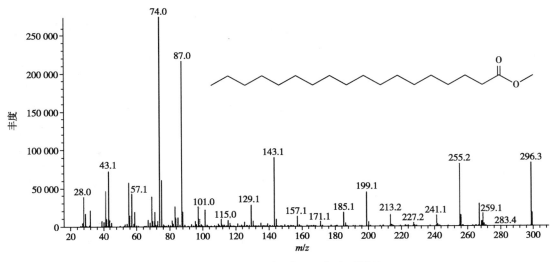

● 图 18-5　棕榈酸和硬脂酸质谱图

第二节　液相色谱 - 质谱联用法

高效液相色谱 - 质谱联用（high performance liquid chromatography-mass spectrometry，HPLC-MS），简称为液相色谱 - 质谱联用（liquid chromatography-mass spectrometry，LC-MS）或液 - 质联用。其工作原理与气 - 质联用类似，即以高效液相色谱为分离手段，以质谱为鉴定和测定手段，通过适当接口将二者连接。

试样通过液相色谱系统进样，由色谱柱进行分离，后进入接口。在接口中，试样由液相中的离子或分子转变成气相离子，然后被聚焦于质量分析器中，根据质荷比进行分离。最后离子信号被转变为电信号检测，检测信号被放大后传输至计算机数据处理系统。

LC-MS 技术的研究始于 20 世纪 70 年代，但受接口和离子化技术的制约，LC-MS 的发展比较缓慢；80 年代中后期，大气压离子化（atmospheric pressure ionization，API）和基质辅助激光解析离子化（matrix-assisted laser desorption ionization，MALDI）技术的出现，推动了 LC-MS 迅速发展；90 年代出现了商品化 LC-MS 联用仪。

一、LC-MS 联用仪

实现液 - 质联用，难度大于气 - 质联用。经过液相色谱柱后与组分一起流出的大量液体流动相会直接一起被送入质谱仪，这将超过质谱仪真空系统的能力。同时，大量液体流动相的存在，会导致质谱数据的混乱，影响待分析试样组分的离子化。离子源作为两部分的接口，解决了技术问题。

（一）离子源

在 LC-MS 中，离子源的作用是：①将流动相及其携带的试样组分气化。②分离除去大量的流动相分子。③使试样组分离子化。

大气压离子化是液相色谱 - 质谱联用仪最常用的离子化方式，包括电喷雾离子化（electrospray ionization, ESI）、大气压化学离子化（atmospheric pressure chemical ionization, APCI）和大气压光离子化（atmospheric pressure photoionization, APPI）。本节介绍 ESI 和 APCI 两种接口及离子化方式。

（1）电喷雾离子化接口：电喷雾离子化是将溶液中试样离子转化为气态离子的一种接口。电喷雾离子化过程大致分为带电液滴的形成、溶剂蒸发和液滴碎裂、离子蒸发形成气态离子三个步骤。

色谱柱后流出物移至毛细管顶端，会形成扇状喷雾，高电场引起氧化还原反应，形成含有溶剂和试样离子的微小液滴。液滴在干燥气作用下，发生溶剂蒸发，离子向液滴表面移动，液滴表面的离子密度越来越大，当达到极限时，即液滴表面电荷产生的库仑排斥力与液滴表面的张力大致相等时，液滴会非均匀破裂，分裂成更小的液滴，在质量和电荷重新分配后，更小的液滴进入稳定态，然后再重复蒸发、电荷过剩和液滴分裂一系列过程。对于半径小于 10nm 的液滴，其表面形成的电场足够强，电荷的排斥作用导致部分离子从液滴表面蒸发出来，最终以单电荷或多电荷离子的形式从溶液中转移至气相，形成气相离子。

在大气压条件下形成的离子，在强电位差的驱动下，经取样孔进入质谱真空区。该离子流通过一个加热的金属毛细管进入第一个负压区，在毛细管的出口处形成超声速喷射流。由于待测溶质带电荷而获得较大动能，便立即通过低电位的锥形分离器的小孔进入第二个负压区，再经聚焦后进入质量分析器。而与溶质离子一同穿过毛细管的少量溶剂，由于呈电中性而获得动能小，则分别在第一及第二负压区被抽走。

HPLC-ESI-MS 谱图中，若为小分子化合物一般呈现准分子离子，例如 $[M+H]^+$、$[M+Na]^+$、$[M-H]^-$ 等；若为生物大分子，则会呈现多电荷离子，如蛋白质、肽等。通常 ESI 用于强极性、热不稳定化合物及高分子化合物的测定，主要缺点是只能允许较小的流动相流量。

在电喷雾接口的基础上，利用气体辅助进行喷雾，又被称为离子喷雾（ionspray）。其优点是能够处理含水量高的流动相。

（2）大气压化学离子化接口：大气压化学离子化接口是将溶液中组分的分子转化为气态离子的一种接口。APCI 以喷雾探针为进样渠道，色谱柱后流出物经过喷雾探针中心的毛细管流入，被其外部雾化气套管的氮气流（雾化气）雾化，形成气溶胶，并在毛细管出口前被加热管剧烈加热气化进入离子源。在加热管端口用电晕放电针进行电晕尖端放电，使溶剂分子被电离，形成离子。溶剂离子再与组分的气态分子反应，生成组分的准分子离子。正离子通过质子转移、加合物形成或电荷抽出反应而形成；负离子则通过质子抽出、阴离子附着或电子捕获而形成。

APCI 适用于分析有一定挥发性的中等极性与弱极性、相对分子质量小于 2 000 的小分子化合物。其优点是使 HPLC 与 MS 有很高的匹配度，允许使用流速高及含水量高的流动相，易与 RP-HPLC 条件匹配。与 ESI 相比，APCI 对流动相种类、流速及添加物的依赖性较小。

（二）质量分析器

在高效液相色谱 - 质谱联用仪中使用的质量分析器包括四极杆质量分析器、离子阱质量分析器和飞行时间质量分析器等。其中，在中药体内活性成分分析中使用较广泛的为三重四极杆串联质量分析器。

三重四极杆串联质量分析器是将三个四极杆质量分析器串联起来使用。其工作原理是，在离子源中产生的离子进入第一个四极杆质量分析器进行质量分离，然后选定荷质比的离子离开第一个质量分析器，进入第二个四极杆质量分析器，其他离子则被"过滤"掉。第二个四极杆质量分析器被一箱体包围，称为碰撞池，内充惰性气体如氩气。进入的离子在此与惰性气体（碰撞气）发生碰撞，或自身分解，产生一系列新离子，即产物离子（product ion）。产物离子由第三个四极杆质量分析器分离分析。串联四极杆质量分析器能够选择和测定两组直接相关的离子，即进行选择反应监测（selected reaction monitoring，SRM），因此比单级质量分析器的选择性更高，使质谱中的化学噪声降低，从而得到高得多的灵敏度。

（三）色谱单元

LC-MS 中的色谱柱一般为 50～100mm，甚至更短，以缩短分析时间。目前最常用的固定相为 ODS。LC-MS 对流动相的基本要求是不含非挥发性盐类，以防其析出，堵塞毛细管。所用溶剂的纯度要求高。流动相中挥发性电解质如甲酸、乙酸、氨水、乙酸铵等的浓度一般不超过 10mmol/L。此外流动相的 pH、流速均对检测灵敏度有一定影响。

二、分析方法

根据数据采集获得样品谱图，可以进行定性和定量分析。全扫描和选择离子监测模式已在 GC-MS 部分介绍，本部分简要介绍选择反应监测、产物离子扫描、前体离子扫描和中性丢失扫描。

1. 选择反应监测　串联四极杆质谱仪的第一级质量分析器对特定前体离子进行扫描，第二级质量分析器对该前体离子通过 CID 产生的特定产物离子进行扫描的数据采集模式称为选择反应监测（SRM），又称为多反应监测（multiple reaction monitoring，MRM）。

与 SIM 一样，SRM 能对复杂混合物中的痕量组分进行快速分析，但它比 SIM 的选择性更好、检测灵敏度更高。通过 SRM 获得的特定质荷比的产物离子流强度随时间变化的色谱图，称为选择反应监测色谱图，如图 18-6 所示。SRM 色谱图与 SIM 色谱图相似，但前者的信噪比更高。SRM 色谱图的色谱峰面积或峰高可用于目标化合物的定量分析。

2. 产物离子扫描　串联质谱仪的第一级质量分析器对特定前体离子进行扫描，第二级质量分析器（离子阱质谱仪为"时间上"的串联，仅有一个质量分析器）对该前体离子通过 CID 产生的所有产物离子进行扫描的数据采集模式称为产物离子扫描，也称为离子扫描。

通过产物离子扫描获得的产物离子流强度随质荷比变化的谱图，称为产物离子扫描质谱图，如图 18-7 所示。产物离子扫描能够获得前体离子的特征碎片离子，了解化合物的裂解规律，适用于化合物的结构分析。

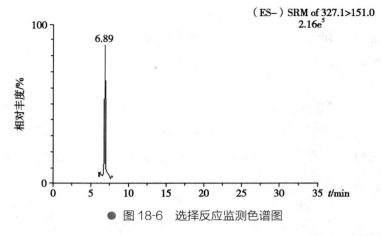

（ES-）SRM of 327.1>151.0
2.16e⁵

● 图 18-6　选择反应监测色谱图

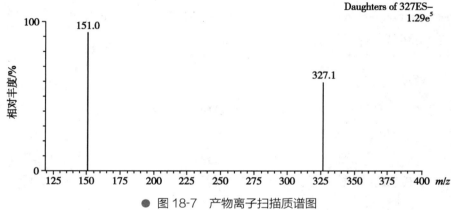

Daughters of 327ES-
1.29e⁵

● 图 18-7　产物离子扫描质谱图

3. 前体离子扫描　串联四极杆质谱仪的第一级质量分析器对能产生特定离子的所有前体离子进行扫描,第二级质量分析器仅对特定产物离子进行扫描的数据采集模式称为前体离子扫描,也称为母离子扫描。

通过前体离子扫描获得的产物离子流强度随前体离子质荷比变化的谱图,称为前体离子扫描质谱图,其质荷比轴的数据来自于 Q1(前体离子),离子流强度轴的数据来自于 Q3(被监测的产物离子)。前体离子扫描能帮助追溯碎片离子的来源,可以对能产生某种特征碎片离子的一类化合物进行快速筛选,适用于系列结构同系物的鉴定。

4. 中性丢失扫描　串联四极杆质谱仪的第一级质量分析器对能丢失指定中性碎片的前体离子进行扫描,第二级质量分析器对已丢失指定中性碎片的产物离子进行扫描的数据采集模式称为中性丢失扫描。

通过中性丢失扫描获得的产物离子流强度随前体离子质荷比变化的质谱图,称为中性丢失扫描质谱图,其质荷比轴的数据来自 Q1(前体离子),而离子流强度轴的数据来自于 Q3(被监测的产物离子)。中性丢失扫描可用于研究结构相似物(如具有相同结构碎片或相同结构基团),如羧基易失去 CO_2、醛基易失去 CO、卤素易失去 HX、醇易失去 H_2O。

三、基质效应及其解决方法

基质效应(matrix effects, ME)是指在色谱分离中与待测物共流出的样品基质成分对待测物离子化过程的影响,即产生离子抑制或增强作用,进而影响分析的精密度和准确性。克服基质效应的方法主要包括以下几种。

1. 选择合适的样品预处理方法　将样品进行合适的预处理可以有效减少基质效应。例如,经液-液萃取或固相萃取后的生物样品中所含内源性物质较少,基质效应会降低。

2. 采用小进样量　在保证灵敏度的情况下,采用稀释样品或减少进样体积,可以适当降低基质效应。由于自动进样器的广泛使用,目前即使很小的进样体积也能实现良好的进样精密度。

3. 优化色谱分离条件　进行反相色谱分离时,最初流出色谱柱的主要是样品基质中的极性成分。当待测组分的保留时间较短时,待测组分与极性基质成分一起进入离子源,在进行离子化的过程中相互竞争,导致待测组分的离子化效率降低或增强,即产生基质效应。通过优化色谱分离条件,适当地延长待测组分的保留时间,使待测组分与内源性物质达到色谱分离,可以降低基质效应。

4. 采用合适的离子源　与 APCI 源相比,ESI 源更易受基质效应的影响。若采用 ESI 源有明显的基质效应,更换成 APCI 源有可能降低或消除基质效应。

5. 选择合适的内标　稳定同位素标记物与分析物的化学性质极为相似,样品前处理、色谱分离和离子化过程对它们的影响一致,可以降低分析物的基质效应,是最为理想的内标物。

四、应用与示例

LC-MS 具有下列突出特点:①适用的范围宽。可测定的相对分子质量(m/z)可达 4 000 甚至 6 000,不受试样挥发性的限制,适合于多种结构的化合物分析。可用于强极性化合物,如药物的结合型代谢物的分析。②提供各种信息。采用软电离技术,可产生准分子离子,易于确定相对分子质量。同时,采用碰撞诱导离解技术获得的多级质谱(LC-MS^n)可提供丰富的结构信息。③有很高的灵敏度和样品通量。质谱检测的灵敏度高,在选择离子监测和选择反应监测模式下具有很高的专属性,大大提高了检测的信噪比,可在色谱分离不完全的情况下对复杂基质中的痕量组分进行快速定性和定量分析。

LC-MS 法弥补了 CG-MS 应用的局限性,适用于极性较大、挥发性差或热不稳定化合物的分析,LC-MS 法在药学、中药学、临床医学、生物学、食品化工等许多领域的应用越来越广泛、可以对体内药物及代谢产物、药物合成中间体、基因工程产品等进行定性鉴定和定量测定,解决单纯用液相色谱或质谱不能解决的许多问题。

【示例 18-2】桂枝茯苓胶囊主要活性成分药动学研究测定方法。

色谱条件: Waters ACQUITY UPLC® BEH C$_{18}$(50mm×2.1mm,1.7μm)色谱柱,以 0.1% 甲酸-水为流动相 A,以乙腈为流动相 B,采用梯度洗脱模式。流速为 0.2ml/min,柱温 30℃,样品室温度 4℃;进样量为 10μl。

质谱条件: 离子源为 ESI 源,正负离子同时检测;源温 110℃;脱溶剂温度 450℃;锥孔气流速,氮气 50L/h;脱溶剂气流速,氮气 500L/h。监测离子反应对为没食子酸 m/z 169.0 → 124.7,苦杏仁苷 m/z 456.4 → 323.1、白芍苷 m/z 479.1 → 120.8、芍药苷 m/z 479.4 → 448.9、丹皮酚 m/z 167.0 → 120.7、桂枝酸 m/z 147.0 → 102.6。

血浆样品的预处理:取 10ml 试管,加入内标溶液 50μl,于 40℃氮气流下吹干,加入大鼠血浆样品100μl和0.1%甲酸水溶液20μl,然后加入乙腈300μl,涡旋混合1分钟,离心10分钟,取上清液,于40℃氮气流下吹干,残渣加入乙腈-水(10∶90,*v/v*)100μl溶解,涡旋混合0.5分钟,离心10分钟,进样。

知识拓展

(一)毛细管电泳-质谱联用法

毛细管电泳-质谱联用法(capillary electrophoresis coupled with mass spectrometry,CE-MS)结合了毛细管电泳法在分离上以及质谱法在检测上的优势,具有分离效率高、分析速度快、高灵敏度和高选择性的优点,可以应用于一些复杂样品的分离和检测,提供分子质量信息用于解析结构特征,毛细管电泳法非常适合水溶性或醇溶性成分的分离分析,是进行中药研究的有效分析方法,在中药领域广泛应用于中药化学成分分析、中药质量控制、中药体内外代谢研究、中药代谢组学、中药药代动力学研究等方面,其中毛细管区带电泳法(CZE)、胶束电动毛细管色谱法(MEKC),以及毛细管凝胶电泳法(CGE)适用于生物碱、黄酮及其苷、香豆素类、有机酸类、氨基酸类、核酸类、多肽类及蛋白质类等化合物的分离。同时应该注意到,CE-MS也存在分离重现性不好、定量分析时线性范围相对较窄等缺点,在中药复杂体系中的应用仍受到一定的限制。在此基础上发展起来的毛细管电泳-电感耦合等离子体质谱联用(CE-ICP-MS)技术已经广泛应用于中药材中重金属形态分析。

(二)超临界流体色谱法

超临界流体色谱法(supercritical fluid chromatography,SFC)分离原理与气相色谱法和液相色谱法一致,主要利用超临界流体兼具液体的溶解能力和气体的低黏度高扩散能力而进行物质的分离分析,适合分析热不稳定化合物、难挥发化合物、生物大分子和手性化合物等。系统压力小,可实现多柱串联分析,后处理方便,大通量分析优势明显。流动相二氧化碳为非极性溶剂,对于极性较强的化合物亲和性较弱,一般会加入有机溶剂作为改性剂,常用改性剂为甲醇,其他为小分子脂肪醇。在分析酸性或碱性化合物的时候,还需要在改性剂中加入酸、碱或盐等,从而实现改善峰形,提高色谱分离的效果。

内容提要

(一)基本概念

1.串联质谱法(tandem mass spectrometry) 将两个或两个以上的质量分析器连接在一起使用的质谱分析法,如四极杆质谱法、四级杆-飞行时间(Q-TOF)串联质谱法等。

2.全扫描 对指定质量范围内的全部离子进行扫描并记录,得到的质谱图可以提供未知物的分子量和结构信息,可以进行标准品的质谱库检索。

3.总离子流色谱图(total ion current chromatogram,TIC) 将具有相同时间(一次扫描)的各离子流的强度进行累加,得到总离子流强度随时间(扫描次数)变化的色谱图,称为总离子流色图。

4．质量色谱图（mass chromatogram） 从全扫描采集得到的数据中提取出特定质荷比的离子流强度随时间变化的色谱图，称为质量色谱图，也称为提取离子色谱图（extracted ion chromatogram）。通过质量色谱图，可对在总离子流色谱图中未分离的组分进行鉴定。

5．选择离子监测 质量分析器对预先选定的一个或几个特征离子进行扫描，而其他离子不被记录。通过选择离子监测获得的一个或几个质荷比的离子流强度随时间变化的色谱图，称为选择离子监测色谱图。

6．选择反应监测 串联四极杆质谱仪的第一级质量分析器对特定前体离子进行扫描，第二级质量分析器对该前体离子通过 CID 产生的特定产物离子进行扫描的数据采集模式称为选择反应监测（SRM），又称为多反应监测（multiple reaction monitoring，MRM）。通过 SRM 获得的特定质荷比的产物离子流强度随时间变化的色谱图，称为选择反应监测色谱图。

7．产物离子扫描 串联质谱仪的第一级质量分析器对特定前体离子进行扫描，第二级质量分析器对该前体离子通过 CID 产生的所有产物离子进行扫描的数据采集模式称为产物离子扫描，也称为离子扫描。通过产物离子扫描获得的产物离子流强度随质荷比变化的谱图，称为产物离子扫描质谱图。

8．前体离子扫描 串联四极杆质谱仪的第一级质量分析器对能产生特定离子的所有前体离子进行扫描，第二级质量分析器仅对特定产物离子进行扫描的数据采集模式称为前体离子扫描，也称为母离子扫描。通过前体离子扫描获得的产物离子流强度随前体离子质荷比变化的谱图，称为前体离子扫描质谱图。

9．中性丢失扫描 串联四极杆质谱仪的第一级质量分析器对能丢失指定中性碎片的前体离子进行扫描，第二级质量分析器对已丢失指定中性碎片的产物离子进行扫描的数据采集模式称为中性丢失扫描。通过中性丢失扫描获得的产物离子流强度随前体离子质荷比变化的质谱图，称为中性丢失扫描质谱图。

10．基质效应（matrix effects，ME） 在色谱分离中与待测物共流出的样品基质成分对待测物离子化过程的影响，即产生离子抑制或增强作用，进而影响分析的精密度和准确性。

（二）基本内容

1．色谱 - 质谱联用技术主要包括气相色谱 - 质谱联用法（gas chromatography-mass spectrometry，GC-MS）、液相色谱 - 质谱联用法（liquid chromatography-mass spectrometry，LC-MS）、超临界流体色谱 - 质谱联用法（supercritical fluid chromatography-mass spectrometry，SFC-MS）和毛细管电泳 - 质谱联用法（capillary electrophoresis-mass spectrometry，CE-MS）。

2．GC-MS 法特点 ①定性参数多、定性可靠；②检测灵敏度高；③能检测未获得色谱分离的组分；④分析方法容易建立。

3．GC-MS 联用仪主要由色谱单元、质谱单元、接口和计算机系统等部分组成。

4．GC-MS 联用仪常用的接口有直接导入型接口、开口分流型接口、喷射式分离器接口。

5．GC-MS 联用仪质量分析器类型有四极杆质量分析器、离子阱质量分析器、飞行时间质量分析器。

6．GC-MS 的数据采集模式主要有全扫描（full scanning）和选择离子监测（selected ion monitoring，SIM）。

7.高效液相色谱-质谱联用（high performance liquid chromatography-mass spectrometry, HPLC-MS）又简称为液相色谱-质谱联用（liquid chromatography-mass spectrometry, LC-MS）或液-质联用。其工作原理是以高效液相色谱为分离手段，以质谱为鉴定和测定手段，通过适当接口将二者连接成完整仪器。试样通过液相色谱系统进样，由色谱柱进行分离，而后进入接口。在接口中，试样由液相中的离子或分子转变成气相离子，然后被聚焦于质量分析器中，根据质荷比而分离。最后离子信号被转变为电信号，由电子倍增器检测，检测信号被放大后传输至计算机数据处理系统。

8.在LC-MS中，离子源的作用是①将流动相及其携带的试样组分气化；②分离除去大量的流动相分子；③使试样组分离子化。

9.常见的离子化方式有两种，一种是试样在离子源中以气体形式被离子化，另一种是从固体表面或溶液中溅射出带电离子。主要有大气压离子化（atmospheric pressure ionization, API）和基质辅助激光解析离子化（matrix-assisted laser desorption ionization, MALDI）等。

10.大气压离子化包括电喷雾离子化（electrospray ionization, ESI）、大气压化学离子化（atmospheric pressure chemical ionization, APCI）和大气压光离子化（atmospheric pressure photoionization, APPI）。

11.克服基质效应的方法主要包括①选择合适的样品预处理方法；②采用小进样量；③优化色谱分离条件；④采用合适的离子源；⑤选择合适的内标。

思考题与习题

1.色谱-质谱联用技术可提供什么信息？

2.何为总离子流色谱图？何为质量色谱图？

3.选择离子监测和选择反应监测的主要区别是什么？

4.GC-MS联用技术与LC-MS联用技术有何不同？

5.色谱-质谱联用分析法有哪些特点？

第十八章同步练习

第十九章　分析试样的预处理

本章主要介绍分析试样的采集与制备,试样常用的分离、富集方法及新型的萃取技术,要求:

1. 掌握分析试样预处理的一般步骤和过程,试样的采集和制备方法。

2. 熟悉常用的试样富集分离方法。

3. 了解分析试样的新型萃取技术和其他试样处理技术。

分析化学主要是采用各种方法确定分析试样的化学组成、测定相关成分的含量及物质的结构和形态,主要采用化学分析与仪器分析的方法。通常情况下分析试样组成复杂,不能直接将试样用于化学分析法或仪器分析法测试,需要对试样进行预处理(或称前处理),使之满足分析测试的要求。

样品预处理的基本要求是防止待测组分损失,避免引入干扰。样品预处理的具体方案是根据样品的性质、待测组分的含量、分析方法的选择性、对分析结果准确度的要求等因素设计。

样品前处理的目的是消除基质干扰,提高方法的准确度、精密度、选择性和灵敏度。因此,样品前处理是分析检测过程的关键环节,只要检测仪器稳定可靠,检测结果的重复性和准确性就主要取决于样品前处理。在实际工作中,分析试样种类繁多、组成复杂,且试样的粒度大小不一,化学成分分布不均,在分析检测具体样品时,都需要对分析试样进行前处理。因此不仅要做好试样的采集和制备工作,保证所取样品具有代表性,还需要采用不同的分离方法,使待测组分与干扰组分分离,以保证分析结果的准确性。

一个完整的试样分析包括试样的采集、试样的储存、试样的制备、试样的分离富集、试样检测及数据分析等。本章将简要介绍相关分析试样的采集、制备及分离的一些方法。

第一节　试样采集与制备

(一)试样的采集

试样的采集(sampling)是指从大批物料中采取少量样本作为原始试样(gross sample),原始试样再经预处理后用于分析,其分析结果可以反映原始物料的实际含量。合理的试样采集方法是能否获得准确结果的关键操作之一。首先需保证试样具有代表性(即试样的组成和它的整体平均组成相一致），否则后续分析的准确性再高,所得结果也毫无意义,甚至可能导致错误的结果和结论。实践中涉及的试样多种多样,按其形态来分,主要有气体、液体和固体三大类。对性质、均匀度、稳定性不同的试样,应采取不同的采集方法。可根据试样来源、分析目的等参阅相关国家标准或各行业制定的标准进行。以下主要介绍几种常见试样的采集方法。

1. 气体试样的采集　气体的组成比较均匀,试样的采集可根据待测组分在试样中存在的状态(气态、蒸气、气溶胶)、浓度以及所采用测定方法的灵敏度等选择不同的采集方法,常用方法有集气法和富集法。

集气法是用一个容器收集气体,以测定待测物质的瞬时浓度或短时间的平均浓度。根据所用收集器的不同,集气法有真空瓶法、置换法、采气袋法和注射器法等。此法适用于气体中待测物质的浓度较高或测定方法的灵敏度较高只需测定气样中待测组分瞬时浓度等情况,如烟道气、工厂废气中某些有毒气体的分析常采用此法采样。

富集法是使大量气体通过适当的收集器将待测组分吸收、吸附或阻留下来,从而使原来低浓度的组分得到浓缩,再选择灵敏度高的分析方法进行测定,如大气污染的测定常用此法富集采样。根据所使用收集器的不同,富集法分为流体吸收法、固体吸附法、冷冻浓缩法、静电沉降法等。

2. 液体试样的采集　液体试样一般比较均匀,可任意采集一部分或经混合后取一部分,即成为具有代表性的分析试样。有时还需根据试样性质和储存容器的差异,采取相应措施避免产生不均匀的因素。比如,装在大容器的液体试样应均匀混合后取样,或在不同深度(上、中、下位置)取样再均匀混合后作为分析试样。对于分装在小容器里的液体试样(如药液),应抽选一定数量的小容器进行取样,然后混合均匀作为分析试样。

对于流动的液体可以间隔一定时间进行动态采集试样或在适宜的时间节点进行取样。比如采集自来水试样时,采样前应打开水龙头放水 10～15 分钟,将留在水管中的杂质排除后,再用容器收集。采集不稳定的液体试样,如工业废水,应每隔一定时间采样一次,然后将在整个生产过程中所取得的水样混合后作为分析试样。又如生物样品中血样的采集,因饮食、活动和药物等影响使血液的组分发生变化,故在不同时间采取的血样各组分的含量不同。早上空腹时,因不受饮食影响,各组分较恒定,故通常空腹取样,使分析结果更具有代表性。

3. 固体试样的采集　固体物料种类繁多,形态各异,试样的性质和均匀度差异较大。其中组分均匀的物料有化学试剂、药物制剂、化肥、水泥等,组分不均匀的物料有矿石、煤炭、土壤等。由于均匀度的差异,它们的采样方式各不相同。

为了使所采集的试样具有代表性,应根据试样中组分分布情况和颗粒大小,从不同的部位和深度选取多个采样点。采样点的选择方法有多种。

(1)随机采样法:随机性地选择采样点的方法,这种方法要求有较多的采样点才有高的代表性,对于组成均匀的物料可以选择此方法。

(2)判断采样法:根据组分的分布信息等有选择地选取采样点的方法,该法选取的采样点相对较少。

(3)系统采样法:根据一定规则选择采样点的方法。显然,采样数量越大,准确度越高,但成本也增加,因此采样的数量应在能达到预期要求的前提下,尽可能减少。

对于组分不均匀的物料,试样的采集量取决于:①颗粒的大小和比重。②试样的均匀度。

③分析的准确度。颗粒越大、比重越大,最低采集量越大;试样越不均匀、分析要求越高,最低采集量也越大。

通常试样的采集量可按经验公式(亦称采样公式)计算:

$$Q \geq Kd^2 \qquad \text{式 19-1}$$

式 19-1 中,Q 为采取试样的最低质量(kg);d 为试样中最大颗粒的直径(mm);K 为经验常数,可由实验求得,通常 K 在 0.05～1 之间。例如采集某一试样,若试样的最大颗粒直径为 1mm,其 K 为 0.2kg/mm²,则应采集试样的最低质量 0.2kg,即 200g。由公式可得,样品研得越细,颗粒越小,则应采集试样的最低质量越小。

(二)生物试样采集

生物试样中,待测物的组成会因生物体的器官、部位和生理状态以及采样的季节和时间等因素的不同而有较大的差异。因此采样时,应根据分析任务选取生物体的适当部位,在适当的生长阶段和时间合理采样。同时,生物试样的物态既有固体(如中药材的叶、果实,动物的毛发、组织脏器)、液体(血、尿、唾液、乳汁)等。

1. 植物及中药材试样 植物或中药材试样多为固体,采集时应注意其代表性。当测定植物中易变化的酚、氰、亚硝酸等污染物时,宜采用新鲜样品进行分析。试样采集后,经洗净擦干,切碎混匀后,放入电动捣碎机,打成浆状。含纤维较多的试样,可剪切成小碎块混匀供分析用。如果要分析植物体内蛋白质或酶的活性,则应在低温下将组织捣碎,以免蛋白质变性。若需以干样分析,试样采集后应尽快洗净、干燥,以免发霉腐烂。试样干燥后,除去灰尘杂物,经磨碎机粉碎和过筛后,储存在干燥器中备用。对于中药材,可能会涉及来源于不同地理位置、时间或季节、不同部位的药材,药材亦有鲜品、干品、经炮制后的饮片。需要根据不同的实验目的选择不同的采集方式。

2. 动物试样 包括血液、毛发、组织器官等。

(1)血液:一般用注射器抽一定量动物静脉血后,按不同的用途,经适当处理后使用。不加任何试剂的血液试样称为全血。血液离体后,激活了一系列凝血因子,使血液中的纤维蛋白原变成蛋白纤维,血液逐渐凝固,离心分离得到的上层淡黄色澄清液称之为血清。若采血后,将血液转入涂有抗凝剂(肝素、EDTA、柠檬酸钠等)的容器中,血液不再凝结,放置后血细胞会缓慢沉降,可得到的淡黄色上清液称为血浆。

(2)毛发:不同部位的毛发,年龄不同,其中的待测物组成可能也有差异,因此要注意所采样的部位。采样后,用中性洗涤剂处理,去离子水冲洗,再用乙醚或丙酮等洗涤,在室温下充分干燥后装瓶备用。

(3)组织脏器:采样后,将目标物与其他组织(如脂肪)分离,将待测部分破碎均匀,然后取一定的匀浆物作为分析试样。

(三)试样的储存

试样的储存是分析化学试样分析的一个重要环节。在试样储存过程中,某些物理、化学以及生物作用可能引起分析试样的改变。物理条件的改变可能会导致试样组分的挥发、扩散或吸附于容器表面等;化学方面的改变主要包括光化学反应、氧化以及沉淀;生物作用包括生物降解以及酶促反应。常见的样品储存条件有干燥、避光、低温、无氧等。所以,分析试样储存过程需注意的问题主要包括选择合适的容器、温度控制、添加防腐剂以及试样最长储存时间。

1. 防止挥发　对于一些可挥发性有机物及可溶性气体(如 HCN、SO_2)容易挥发损失。通过将试样加至小口容器,可较好地避免待测样品的蒸发损失。对于固体样品,可将其包被于液体溶液中或覆盖一层液体,此外这类样品常储存于低温(4℃)下,且需避免振荡。

2. 选择合适的容器　容器表面可能会与待测物反应,如容器表面可提供一些催化物(如金属离子);或容器表面不可逆吸附大量待测物,如一些金属离子可能会不可逆吸附于玻璃容器表面。因此通常用塑料容器盛放金属离子溶液,并通过硝酸酸化使这些金属离子溶于该酸性溶液中。有机分子可能会与塑料聚合物容器反应,塑料容器中的聚合物分子亦可能扩散至样品溶液。因此对于有机的待测样品,通常选取玻璃容器。油性试样在塑料容器表面有较强吸附,这些样品常收集并保存在玻璃瓶中。瓶壁残留的油状试样可通过适当溶剂的洗涤后,收集至原试样中。

3. 防止化学反应　在分析试样储存过程中,其发生化学变化的可能性较大。对于无机样品,控制其 pH 可有效防止化学反应的发生,如金属离子可被还原为不溶性金属原子。因此对于金属离子,常用硝酸将其溶液酸化至 pH 为 2。对于有机化合物,其在储存过程中发生化学反应的概率更大,常将它们储存于棕色试剂瓶中以防止光化学反应。一些可溶性气体及微生物亦可引起分析试样的改变,如配制硫代硫酸钠滴定液时,需采用新鲜煮沸的蒸馏水配制,其原因是减少二氧化氮及嗜硫细菌对硫代硫酸钠的影响。

试样采集后,其所处的环境与其初始环境截然不同。如采摘的中药材根茎暴露于日光中时,可能发生光化学反应。平时不能保证分析试样在保存过程中不发生变化,但需确保其性状能维持至分析时。表 19-1 为常见的分析试样保存方法。

表 19-1　常见分析试样的储存

分析试样	储存条件	容器	储存时间
氯、溴、碘离子	无	塑料或玻璃容器	28 天
氯气	无	塑料或玻璃容器	即时分析
碘化物	4℃	塑料或玻璃容器	24 小时
硝酸盐,亚硝酸盐	4℃	塑料或玻璃容器	48 小时
硫化物	4℃,加乙酸锌、NaOH 溶液调 pH 至 9	塑料或玻璃容器	7 天
可溶性金属离子	亚硝酸调 pH 至 2	塑料	6 个月
铬离子(五价)	4℃	塑料	24 小时
汞	亚硝酸调 pH 至 2	塑料	28 天
有机碳	4℃,亚硫酸调 pH 至 2	塑料或棕色瓶	28 天
动物组织	−20℃或−80℃	锡箔纸	尽快处理
中药材	干燥,通风	独立包装	保质期内
DNA 或 RNA	−80℃		30 天

(四)试样的制备

近年来,随着现代科学仪器的迅猛发展,分析仪器灵敏度的提高及分析对象基质的复杂化,都对样品的前处理提出了更高的要求。大多数分析试样不能够直接进行仪器测试,需要对样品进行合适分解和溶解,及对待测组分进行提取、净化、浓缩等过程,进而使待测组分转变成可测定的形式以进行定量、定性分析检测。将采集到的试样转化成适于分析测试的过程即试样的制备。

不同的分析方法对试样的状态有不同的要求。气相色谱分析气体试样时,可直接吸取一定体积的气体试样进行分析;原子吸收光谱分析矿物试样时,试样必须先转化成溶液,才能进行测定;而红外光谱对有机物或药物进行结构分析时,通常需将有机物与溴化钾混合压片。对于大多数分析方法,溶液是首选的试样状态。因此对于固体或气态试样,通常需通过试样制备,将它们转化为溶液。

将固体试样转化为溶液的方法应依据试样和待测物的性质加以选择。如多数无机盐试样及水溶性有机物可用蒸馏水直接溶解,而一些极性较小的有机化合物或药物可用甲醇、三氯甲烷、甲苯等有机溶剂溶解。用溶剂将待测组分从不溶性的固体试样基质中萃取出来的过程称为提取,如测定维 C 银翘片中维生素 C 的含量时,可用蒸馏水提取。

当采用简单的溶剂难以将试样溶解时,可采用必要的化学手段,将试样分解或消化,使待测组分转入溶液。

(1)湿法消化: 采用酸或碱溶液消化试样的方法。

(2)干法消化: 用马弗炉等高温设备加热分解或燃烧试样中的有机物,有机物中的 C、H、S、N 等元素分别被氧化为 CO_2、H_2O、SO_2、NO_2 等气体而被除去,残留于灰分中的无机元素通常可用酸溶液溶解。

无论是干法消化还是湿法消化,均存在待测组分损失的风险,尤其当待测试样中含有易形成低沸点物质的无机元素(如 Hg、As、Se 等)时,更应注意待测元素在消化过程中的损失。近来发展起来的采用微波炉的微波消化法,是一种高效的湿法消化法,其消化速度快、消化完全、待测物损失的风险较小。

某些矿物质或合金试样难以用酸性或碱性溶液溶解,则可用熔融法将待测组分转入溶液。一般将矿物试样与过量助溶剂混合,并在铂坩埚中将试样高温加热至熔融状态。通过熔融将试样中的待测元素转化为易溶于酸的氧化物或碳酸盐形式。熔融物冷却后可用稀酸溶液将待测组分溶解转入溶液。常用的助溶剂有 Na_2CO_3、$Li_2B_4O_7$、NaOH、KOH、Na_2O_2、$K_2S_2O_7$、B_2O_3 等碱性物质。

复杂样品中常含有多种组分,在测定其中某种组分时,共存的其他组分会产生干扰,应当设法消除。采用掩蔽剂来消除干扰是一种比较简单、有效的方法。但在许多情况下,没有合适的掩蔽方法,这就需要将待测组分与干扰组分进行分离。例如,测定铝合金中的 Fe、Mn、Ni 时,大量存在的 Al 会对 Fe、Mn、Ni 的测定造成干扰,可用 NaOH 溶液溶解试样,使 Fe、Mn、Ni 形成氢氧化物沉淀,可以与 Al 基体分离,避免 Al 的干扰。

第二节　试样的常规分离与富集

理想的分析方法应能直接从试样中定性鉴别或定量测定某一待测组分,即所选择的方法具有高度的专属性,不受其他组分干扰。但实际工作中常遇到比较复杂的体系,测定某一组分时常受到其他组分的干扰,这不仅影响测定结果的准确性,有时甚至无法测定。因此在测定前必须选择适当的方法消除干扰。

分离(separation)是让试样中的各组分相互分开的过程。试样的处理过程中,分离往往是至关重要的一步。以测定物理常数或研究结构为目的分析,通过分离得到高纯度的待测化合物,其分离操作也称为纯化或提纯。定量分析中的分离主要有两个方面的作用:一是提高方法的选择性;二是将微量或痕量的组分富集使之达到测定方法的定量限以上,即提高方法的灵敏度。

若待测组分含量极微,低于测定方法的检测限而难以测定时,可以在分离的同时把待测组分浓缩和集中起来,使其能被测定,这一过程称为富集(enrichment)。例如将水相中的某种组分萃取到体积较小的有机相中,这里萃取分离也起到了富集的作用。痕量组分的测定,有时虽无干扰,但仍需富集后才能准确测定。

在实际操作中某一试样的分析是否需要分离和采用何种方法分离,在很大程度上取决于待测组分的性质、含量和最后选用的分析测定方法,以及对分析时间的要求和分析结果所需的准确度。常用的分离富集方法包括提取、挥发、吸附、沉淀、萃取、色谱等技术。

(一)提取

提取分离的方法通常用于生物样品中待测组分的分离,提取方法应根据样品的特点、待测组分的性质、存在形态和数量,以及分析方法等因素选择。提取法在中药相关样品的处理过程中应用广泛。常用的提取方法有浸取法、振荡提取法、组织捣碎提取法、回流提取法和索氏提取法等。

1. 振荡浸取法(mechanical shaking extraction) 中药材、蔬菜、水果、粮食等样品都可使用这种方法。将粉碎的生物样品置于容器中,加入适当的溶剂,放在振荡器上振荡浸取一定时间,滤出溶剂供分析或进行分离、富集用。随着科学技术的发展,超声提取和微波提取技术已广泛使用。

2. 组织捣碎提取(pound extraction) 取定量切碎的生物样品,放入组织捣碎杯中,加入适当的提取剂,快速捣碎 3～5 分钟,过滤,滤渣重复提取一次,合并滤液备用。该方法提取效果较好,应用较多,特别是用于从动植物组织中提取有机物质比较方便。

3. 索氏提取(soxhlet extraction) 常用于提取生物、土壤样品中的有机物质。其提取方法是将制备好的生物样品放入滤纸筒中或用滤纸包紧,置于提取筒内;在蒸馏烧瓶中加入适当的溶剂,连接好回流装置,并在水浴上加热,则溶剂蒸气经侧管进入冷凝器,凝集的溶剂滴入提取筒,对样品进行浸泡提取。当提取筒内溶剂液面超过虹吸管的顶部时,就自动流回蒸馏瓶内,如此重复进行。因为样品总是与纯溶剂接触,所以提取效率高,且溶剂用量小,提取液中被提取物的浓度大,有利于下一步分析测定。但该方法费时,常用作研究其他提取方法的对照比较方法。

选择提取剂应考虑样品中欲测有机物的性质和存在形式,提取剂根据"相似相溶"原理选择。如对于极性小的有机物用极性小的己烷、石油醚等提取;而对于极性较强化合物要选用强极性溶剂提取,如二氯甲烷、三氯甲烷、丙酮等。还要考虑提取剂的沸点,沸点太低,容易挥发;沸点太高,不易浓缩富集,而且在浓缩时会使易挥发或热稳定性差的待测物损失。溶剂的毒性、价格以及对检测器是否有干扰等也是应考虑的因素。

（二）挥发和蒸发

挥发分离法是利用某些组分的挥发性，或者将待测组分转变成易挥发物质，然后用惰性气体带出而达到分离目的的分离方法。例如，用冷原子荧光法测定水样中的汞时，先将汞离子用氯化亚锡还原为原子态汞，再利用汞易挥发的性质，通入惰性气体将其带出并送入仪器测定；用分光光度法测定水中的硫化物时，先使之在磷酸介质中生成硫化氢，再用惰性气体载入乙酸锌-乙酸钠溶液吸收，从而达到与母液分离的目的。测定废水中的砷时，将其转变成砷化氢气体（H_3As），用吸收液吸收后供分光光度法测定。

蒸发浓缩是指在电热板上或水浴中加热提取液，使水分缓慢蒸发，达到缩小试样体积、浓缩待测组分的目的。该方法无须化学处理，简单易行，尽管存在缓慢、易吸附损失等缺点，但在无更适宜的富集方法时仍可采用。

（三）沉淀法

沉淀法是一种经典的分离方法，它是利用沉淀反应选择性地沉淀某些离子，与可溶性的离子分离。沉淀分离法的主要依据是溶度积的差异。分为常量组分的沉淀分离和微量组分的沉淀分离。

1. 常量组分的沉淀分离

（1）氢氧化物沉淀法：分离大多数金属离子都能生成氢氧化物沉淀，各种氢氧化物沉淀的溶解度有较大的差别。因此可以通过控制酸度，改变溶液中的 [OH^-]，以达到选择沉淀分离的目的。

1）NaOH 法：以 NaOH 作沉淀剂，将两性元素与非两性氢氧化物分离。

2）氨水法：在铵盐存在条件下，以 NH_3 作沉淀剂，利用生成氨配合物与氢氧化物沉淀分离。如 Ag^+、Cd^{2+}、Cu^{2+}、Co^{2+}、Zn^{2+}、Ni^{2+} 等生成配合物，与 Fe^{3+}、Al^{3+} 和 Ti（Ⅳ）等定量分离。加 NH_4^+ 的作用是可以控制溶液在 pH 8～9，可防止 $Mg(OH)_2$ 沉淀生成；NH_4^+ 作为抗衡离子，可减少氢氧化物对其他金属离子的吸附，促进胶状沉淀的凝聚。

3）有机碱法：六次甲基四胺、吡啶、苯胺、苯肼等有机碱与其共轭酸组成缓冲溶液，可控制溶液的pH，利用氢氧化物分级沉淀的方法达到分离的目的。

4）ZnO 悬浮液法：在酸性溶液中加入 ZnO 悬浮液，使溶液 pH 提高，控制 pH 为 6 左右，使部分氢氧化物沉淀。此外，碳酸钡、碳酸钙、碳酸铅及氧化镁的悬浮液也有同样的作用。在使用氢氧化物沉淀分离法时，可以加入掩蔽剂，提高分离选择性。

（2）硫化物沉淀法：分离 40 余种金属离子可生成难溶硫化物沉淀，各种金属硫化物沉淀的溶解度相差较大，为硫化物分离提供了基础。

1）硫化物的溶度积相差比较大，可通过控制溶液的酸度来控制硫离子浓度，而使金属离子相互分离。

2）硫化物沉淀多是胶体，共沉淀现象严重，而且 H_2S 是有毒气体，为了避免因使用 H_2S 带来的污染，常采用硫代乙酰胺在酸性或碱性溶液中水解进行均相沉淀。

在酸性溶液中的反应为 $CH_3CSNH_2 + 2H_2O + H^+ \Longrightarrow CH_3COOH + H_2S + NH_4^+$。

在碱性溶液中的反应为 $CH_3CSNH_2 + 3OH^- \Longrightarrow CH_3COO^- + S^{2-} + NH_3 + H_2O$。

3）硫化物沉淀分离的选择性不高，主要适用于沉淀分离除去重金属离子。

（3）其他无机沉淀剂

1）硫酸使钙、锶、钡、铅、镭等金属离子生成硫酸盐沉淀，可与金属离子分离。

2）HF 或 NH_4F 可用于钙、锶、镁、钍、稀土金属离子与金属离子的分离。

3）磷酸利用 Zr（Ⅳ）、Hf（Ⅳ）、Th（Ⅳ）、Bi 等金属离子能生成磷酸盐沉淀而与其他离子分离。

（4）有机沉淀剂分离法：具有吸附作用小、选择性高与灵敏度高的特点，并且灼烧时易除去沉淀剂，该方法应用普遍。有机沉淀剂与金属离子生成的沉淀主要有以下三种类型。

1）螯合物沉淀：例如丁二酮肟在氨性溶液中，与镍的反应特效。又如，8-羟基喹啉与 Al^{3+}、Zn^{2+} 均生成沉淀，若在 8-羟基喹啉芳环上引入一个甲基，形成 2-甲基-8-羟基可选择性沉淀 Zn^{2+}，而不沉淀 Al^{3+}，从而分离 Al^{3+} 与 Zn^{2+}。再如，铜铁试剂可使 Fe^{3+}、Th（Ⅳ）、V（Ⅴ）等形成沉淀而与 Al^{3+}、Cr^{3+}、Co^{2+}、Ni^{2+} 等分离。

2）缔合物沉淀：例如四苯基硼化物与 K^+ 的反应产物为离子缔合物，其溶度积很小，约为 2.25×10^{-8}，容易形成沉淀。

3）形成胶体沉淀利用胶体的凝聚作用进行沉淀：例如辛可宁、丹宁、动物胶等。

2．痕量组分的共沉淀分离（coprecipitation）　共沉淀是指溶液中一种难溶化合物在形成沉淀过程中，将共存的某些痕量组分一起沉淀出来的现象。共沉淀分离一方面要求待测的痕量组分回收率高，另一方面要求共沉淀载体不干扰待测组分的测定。共沉淀的原理基于表面吸附、形成混晶、异电核胶态物质相互作用及包藏等。

（1）利用吸附作用的共沉淀分离法（coprecipitation via adsorption）：常用的载体有 $Fe(OH)_3$、$Al(OH)_3$、$Mn(OH)_2$ 及硫化物等。由于它们是表面积大、吸附力强的非晶形胶体沉淀，故吸附和富集效率高。例如，分离含铜溶液中的微量铝，仅加氨水不能使铝以 $Al(OH)_3$ 沉淀析出，若加入适量 Fe^{3+} 和氨水，则利用生成的 $Fe(OH)_3$ 沉淀作载体，吸附 $Al(OH)_3$ 转入沉淀，与溶液中的 $Cu(NH_3)_4^{2+}$ 分离；用吸光光度法测定水样中的 Cr（Ⅵ）时，当水样有色、浑浊、Fe^{2+} 含量低于 200mg/L 时，可于 pH 8～9 条件下用氢氧化锌作共沉淀剂吸附分离干扰物质。

（2）利用生成混晶的共沉淀分离法（coprecipitation via mixed crystal）：当欲分离微量组分及沉淀剂组分生成沉淀时，如具有相似的晶格，就可能生成混晶而共同析出。例如，硫酸铅和硫酸-锶的晶形相同，分离水样中的痕量 Pb^{2+}，可加入适量 Sr^{2+} 和过量可溶性硫酸盐，则生成 $PbSO_4$-$SrSO_4$ 的混晶，将 Pb^{2+} 共沉淀出来。

（3）用有机共沉淀剂进行共沉淀分离法（coprecipitation by organic reagent）：有机共沉淀剂的选择性较无机沉淀剂高，得到的沉淀也较纯净，并且通过灼烧可除去有机共沉淀剂，留下待测元素。例如，在含痕量 Zn^{2+} 的弱酸性溶液中，加入硫氰酸铵和甲基紫，由于甲基紫在溶液中电离成带正电荷的阳离子 B^+，它们之间发生如下共沉淀反应：

$$Zn^{2+} + 4SCN^- \Longrightarrow Zn(SCN)_4^{2-}$$
$$2B^+ + Zn(SCN)_4^{2-} \Longrightarrow B_2Zn(SCN)_4$$
$$B^+ + SCN^- \Longrightarrow BSCN$$

$B_2Zn(SCN)_4$ 与 BSCN 发生共沉淀，因而将痕量 Zn^{2+} 富集于沉淀之中。又如，痕量 Ni^{2+} 与丁二酮肟生成螯合物，分散在溶液中，若加入丁二酮肟二烷酯（难溶于水）的乙醇溶液，则析出固相的丁二酮肟二烷酯，便将丁二酮肟镍螯合物共沉淀出来。丁二酮肟二烷酯只起载体作用，称为惰性共沉淀剂。

（四）萃取法

溶剂萃取分离法是利用待测组分在两种互不相溶（或微溶）的溶剂中溶解度或分配系数的不同，使待测组分从一种溶剂内转移到另外一种溶剂中的分离方法。经过反复多次萃取，将绝大部分的待测组分提取出来。此法又称液液萃取法，常用于元素或化合物的分离或富集。这种方法设备简单，操作简易快速，既可用于分离常量组分，也可用于分离、富集痕量组分，特别适用于分离性质非常相似的元素，是分析化学中应用广泛的分离方法。萃取是应用极为广泛的样品前处理方法，具有富集与分离的双重作用。目前萃取已经从传统的简单溶剂萃取发展到加压溶剂萃取、超声萃取、微波萃取、固相萃取、超临界萃取以及各种微萃取技术，如液相微萃取、固相微萃取等。

溶剂萃取法是基于物质在不同的溶剂相中分配系数不同，而实现组分的富集与分离，在萃余相 - 萃取相中的分配系数（K）用下式表示：

$$K = \frac{萃取相被萃物的浓度}{萃余相被萃物的浓度}$$

当溶液中某组分的 K 较大时，则容易进入萃取相，而 K 很小的组分仍留在原溶液中，即萃余相。为了得到分离，萃取相溶剂必须与原样品存在的溶液不混溶，如水相与有机相，也可是密度不同的双水相、不互溶的有机溶剂等。分配系数 K 中所指待分离组分在两相中的存在形式相同，而实际并非如此，故通常用分配比 D 表示：

$$D = \frac{\sum [A]_{萃取相}}{\sum [A]_{萃余相}} \qquad\qquad 式 19\text{-}2$$

式 19-2 中，$\sum [A]_{萃取相}$ 是待分离组分 A 在萃取相中各种存在形式的总浓度；$\sum [A]_{萃余相}$ 是组分 A 在原来存在相中各种存在形式的总浓度。

分配比不同于分配系数，不是一个常数，随被萃取物的浓度、溶液的酸度、萃取剂的浓度及萃取温度等条件而变化。只有在简单的萃取体系中，被萃取物质在两相中存在形式相同时，K 才等于 D。分配比反映萃取体系达到平衡时的实际分配情况，具有较大的实用价值。

被萃取物质在两相中的分配还可以用萃取率 E 表示，其表达式为：

$$E = \frac{萃取相被萃物的量}{萃余相和萃取相中被萃物的总量} \times 100\% \qquad\qquad 式 19\text{-}3$$

分配比 D 和萃取率 E 的关系为：

$$E = \frac{D}{D + \dfrac{V_{萃余相}}{V_{萃取相}}} \times 100\% \qquad\qquad 式 19\text{-}4$$

萃取相和萃余相的体积相同，当 $D = 100$ 时，$E = 99\%$；$D = 10$ 时，$E = 90\%$，；$D = 1$ 时，$E = 50\%$。

常规液 - 液萃取的类型主要有以下几种。

（1）有机物萃取：分散在水相中的有机物易被有机溶剂萃取，利用此原理可以富集分散在水溶液中的有机物。例如，用 4- 氨基安替比林光度法测定水样中的挥发酚时，当酚含量低于 0.05mg/L，则水样经蒸馏分离后需再用三氯甲烷进行萃取浓缩；用气相色谱法测定有机农药时，需先用石油醚萃取等。再如，农药与脂肪、蜡质、色素等一起被提取后，加入一种极性溶剂（如乙腈）振摇，由于农药的极性比脂肪、蜡质、色素要大一些，故可被乙腈萃取，经几次萃取，农药几乎完全可以与脂肪等杂质分离，达到净化的目的。农药残留量分析中的液 - 液萃取多属用极性溶剂从非极性溶剂中提取。

（2）无机物萃取：由于有机溶剂只能萃取水相中以非离子状态存在的物质（主要是有机物质），而多数无机物质在水相中均以水合离子状态存在，故无法用有机溶剂直接萃取。为实现用有机溶剂萃取，需先加入一种试剂，使其与水相中的离子态组分相结合，生成一种不带电、易溶于有机溶剂的物质。该试剂与有机相、水相共同构成萃取体系。根据生成可萃取物类型的不同，可分为螯合物萃取体系、离子缔合物萃取体系、三元络合物萃取体系和协同萃取体系等。

螯合物萃取体系指在水相中加入螯合剂，与待测金属离子生成易溶于有机溶剂的中性螯合物，从而被有机相萃取出来。例如，用分光光度法测定水中的 Cd^{2+}、Zn^{2+}、Pb^{2+}、Ni^{2+}、Bi^{3+} 等，双硫腙（螯合剂）能使上述离子生成难溶于水的螯合物，可用三氯甲烷（或四氯化碳）从水相中萃取后测定，三者构成双硫腙 - 三氯甲烷 - 水萃取体系。

（五）色谱分离法

色谱分离法是利用混合物中各组分在两相中具有不同的分配系数或吸附作用等而进行分离的一种方法。其中一相为固定相，另一相为流动相。当流动相对固定相做相对移动时，待分离组分在两相之间反复进行分配，使它们之间微小的分配差异得到放大，产生迁移速度的差别，从而得到分离。它是一种效率较高、应用最广的分离技术，特别适宜于分离多组分试样。其中经典色谱由于其操作简单、设备简便比较适用于样品组分的分离。

（1）柱色谱法：柱色谱法是将固定相置于色谱柱中，对于吸附色谱法，柱内填充硅胶、氧化铝等固体吸附剂作为固定相，从柱上端加入待分离的试液，如果试液含有 A、B 两种组分，则两者均被固定相吸附在柱的上端形成一个环带。当试样加完后，可用一种适当的溶剂作为洗脱剂（流动相）进行洗脱，随着洗脱剂向下流动，A 和 B 两组分在两相间连续不断地发生吸附、解吸，再吸附、再解吸。由于洗脱剂与吸附剂对 A、B 两组分的溶解能力和吸附能力不同，A、B 两组分移动的速度不同，经过相同时间后，两者移动的距离产生差异。吸附弱的和溶解度大的组分（假定为 A）就容易被洗脱下来，移动的距离也大一些。经过一定时间之后，A、B 两组分就可完全分开，形成两个环带，每一个环带内是一种纯净的物质。如果 A、B 两组分有颜色，则能清楚地看到两个色带。若继续洗脱，可分别收集流出液，再进行分析测定。

常用柱色谱法有吸附色谱法、分配色谱法、离子交换色谱法等，其分离原理和常用固定相、流动相及其操作步骤可见第十五章相应内容。

（2）薄层色谱法：该法具有分离速度快，分离效果好，灵敏度高和显色方便等特点。最常用的薄层色谱为液 - 固吸附色谱。其分离原理和常用固定相、展开剂及其操作步骤可见第十五章相应内容。

第三节 新型萃取技术

随着现代分析仪器的发展,分析测试方法智能化、精细化程度不断提高,对样品的预处理要求也越来越高。通常情况下,对于复杂样品仅仅通过简单的处理如提取、萃取操作不能够满足仪器分析的要求,需要进一步的净化、分离、富集等处理。本节主要介绍固相萃取、固相微萃取、液相微萃取、微波萃取、超临界萃取技术等。

一、固相萃取

(一)基本原理

固相萃取(solid phase extraction, SPE)作为一种试样预处理技术,由液固萃取和柱液相色谱技术相结合发展而来。一次性 SPE 商品柱是从 1978 年出现的。在很多情况下,SPE 作为制备液体试样优先考虑的方法取代了传统的液液萃取法(liquid-liquid extraction, LLE)。SPE 具有如下优点:①分析物的高回收率;②更有效地将分析物与干扰组分分离;③有机溶剂的低消耗,减少对环境的污染;④能处理小体积试样;⑤无相分离操作,容易收集分析物级分;⑥操作简单、省时、省力、易于自动化。

固相萃取是根据分析物在溶液和吸附剂两相间分配或作用力差异来实现对目标分析物的保留,从而实现对分析物的分离、纯化、富集。当样品与吸附固定相接触时,在固相中分配系数大或与固相作用较强的分析物将被保留,然后选择洗脱能力强的洗脱剂洗脱分析物,即可达到分离、纯化、富集的目的。

分析物与固定相之间的相互作用,取决于固定相与分析物的物理化学性质,主要包括物理吸附、疏水作用、氢键、静电作用等。固相萃取是由柱色谱和液相色谱技术发展而来,可分为正相固相萃取、反相固相萃取及离子交换固相萃取。SPE 是一个柱色谱分离过程,在分离机理、固定相和溶剂的选择等方面与高效液相色谱(HPLC)有许多相似之处。但是,SPE 柱的填料粒径(>40μm)要比 HPLC 填料(3~10μm)大。由于短的柱床和大的粒径,SPE 柱效比 HPLC 色谱柱低得多。因此,用 SPE 只能分开保留性质有很大差别的化合物。与 HPLC 的另一个差别是 SPE 柱是一次性使用。

SPE 柱本身的特点决定其应用范围。分离效率较低的 SPE 技术主要应用于试样前处理。借助 SPE 所要达到的目的是:从试样中除去对以后的分析有干扰的物质;富集痕量组分,提高分析灵敏度;变换试样溶剂,使之与分析方法相匹配;原位衍生;试样脱盐;便于试样的储存和运送。

(二)固相萃取的装置

根据固相萃取的操作模式可以分为柱式(cartridge)、盘式(disk)、基质固相萃取(matrix solid-phase extraction, MSPE)和固相分散萃取等形式。

SPE 柱其结构示于图 19-1a。容积为 1~6ml 的柱体通常是医用级丙烯管,在两片聚乙烯筛板之间填装 0.1～2g 填料。除填料粒径的差别外，SPE 柱填料化学本质上与 HPLC 柱填料相同。使用最多的填料是 C_{18} 相。该种填料疏水性强，在水相中对大多数有机物显示保留。也使用其他具有不同选择性和保留性质的填料，如 C_8、氰基、氨基、苯基、双醇基填料，活性炭、硅胶、氧化铝、硅酸镁、聚合物、离子交换剂等。近年来，随材料科学的发展，许多新功能材料也用于 SPE 固定相，例如碳纳米管、分子印迹聚合物（molecularly imprinted polymers，MIPs）等。分子印迹技术是指制备对某一特定目标分子（模板分子、印迹分子或烙印分子）具有特异选择性的聚合物的过程。相比于传统的分离或分析介质，MIPs 的特点是对目标分析物具有高度选择性，并且具有稳定的物理化学特性和机械性能，能耐高温、高压及抵抗酸、碱、高浓度离子及有机溶剂的作用，可以反复使用。近年来，基于 MIPs 的固相萃取（molecularly imprinted solid-phase extraction，MISPE）技术，用于环境样品（水和土壤）和生物样品（血液、尿液、动物肝脏、植物）中萃取待测物，受到越来越多的关注，并取得了良好的效果。

SPE 盘与膜过滤器十分相似（图 19-1b）。盘式萃取器是含有填料的圆片。填料约占 SPE 盘总量的 60%～90%，盘的厚度约为 1mm。由于填料颗粒紧密地嵌在盘片内，在萃取时无沟流形成。SPE 柱和盘式萃取器的主要区别在于固定相床厚度 / 直径（L/d）比。对于等重的填料，盘式萃取器的截面积比柱式约大十倍，因而允许液体试样以较高的流量通过。SPE 盘的这个特点适合从水中富集痕量的污染物。1L 纯净的地表水通过直径为 50mm 的 SPE 盘仅需 15～20 分钟。

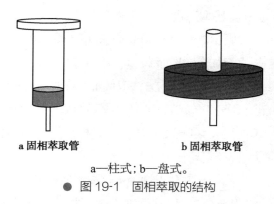

a 固相萃取管　　　　**b 固相萃取管**

a—柱式；b—盘式。

● 图 19-1　固相萃取的结构

（三）在线和离线 SPE

SPE 可以离线或在线（on-line and off-line）方式进行。在离线操作的情况下，SPE 操作与分析检测分别独立进行，SPE 仅为以后的分析提供合适的试样。

与 SPE 柱相配合的 SPE 装置非常简单。凭借重力，溶剂就可以通过萃取柱，但流量较低。使用注射器加压或吸滤瓶抽气可以增加溶剂的流量（图 19-2）。为了使试样溶液与填料有足够的接触，溶剂流量不能过高。离线 SPE 操作可以由自动化仪器来完成。自动 SPE 仪由柱架、注塞泵、储液槽、管线和试样处理器组成。

在线 SPE 又称在线净化和富集技术，主要用于 HPLC 分析。通过阀切换将 SPE 处理试样与分析统一在一个系统中。图 19-3 中列举了一个在线 SPE 技术的线路图。SPE 在预柱中完成。进样器在装样位置（图 19-3a），试样通过预柱，清洗除去干扰物，然后切换至进样位置（图 19-3b），分析物进入分析柱进行分离。

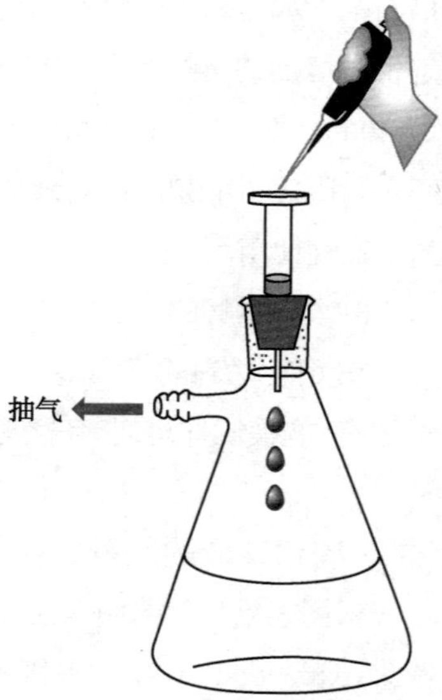

抽气 ←

● 图 19-2　离线固相萃取装置

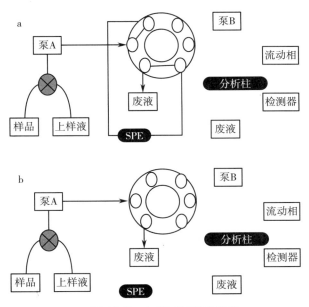

● 图 19-3　在线固相萃取装置

（四）SPE 方法的建立

SPE 操作步骤包括柱预处理、加样、洗去干扰物和回收分析物四个步骤。在加样和洗去干扰物步骤中，部分分析物有可能穿透 SPE 柱造成损失，而在回收分析物步骤中，分析物可能不被完全洗脱，仍有部分残留在柱上。最理想的情况是分析物 100% 回收到收集的级分中，但这并不是总能达到的。

柱预处理以反相 C_{18} SPE 柱的预处理为例。先使数毫升的甲醇通过萃取柱，再用水或缓冲液顶替滞留在柱中的甲醇。柱预处理有两个目的，一个是除去填料中可能存在的杂质；另一个是使填料溶剂化，提高固相萃取的重现性。填料未经预处理或者未被溶剂润湿，能引起溶质过早穿透，影响回收率。

加样后，试样溶剂被加载并通过 SPE 柱。在该步骤，分析物被保留在吸附剂上。为了防止分析物的流失，试样溶剂强度不宜过高。当以反相机理萃取时，以水或缓冲剂作为溶剂，其中有机溶剂量不超过 10%（ v/v ）。为克服加样过程中分析物流失，可采取用弱溶剂稀释试样、减少试样体积、增加 SPE 柱中的填料量和选择对分析物有较强保留的吸附剂等手段。

除去干扰杂质用中等强度的溶剂，将干扰组分洗脱下来，同时保持分析物仍留在柱上。对反相萃取柱，清洗溶剂是含适当浓度有机溶剂的水或缓冲液。通过调节清洗溶剂的强度和体积，尽可能多地除去能被洗脱的杂质。为了决定最佳清洗溶剂的浓度和体积，加试样于 SPE 柱上，用 5～10 倍 SPE 柱床体积的溶剂清洗，依次收集和分析流出液，得到清洗溶剂对分析物的洗脱廓形。依次增加清洗溶剂强度，根据不同强度下分析物的洗脱廓形，决定清洗溶剂合适的强度和体积。

分析物的洗脱和收集这一步骤的目的是将分析物完全洗脱并收集在较小体积的级分中，同时使比分析物更强保留的杂质尽可能多地仍留在 SPE 柱上。洗脱溶剂的强度是至关重要的。较强的溶剂能够使分析物洗脱并收集在一个小体积的级分中，但有较多的强保留杂质同时被洗脱下来。当用较弱的溶剂洗脱,分析物级分的体积较大,但含较少的杂质。为了提高分析物的浓度或为以后分析调整溶剂性质,可以把收集到的分析物级分用氮气吹干,再溶于小体积适当的溶剂中。为了选择合适的洗脱剂强度和体积,加试样于 SPE 柱上,改变洗脱剂的强度和洗脱液的体积,测定分析物的回收率。

SPE 分离另一种情况是杂质被保留,而分析物通过柱。此时,试样被净化但不能使分析物富集,也不可能分离保留性质比分析物更弱的杂质。

在 SPE 方法中,有一种特殊的操作方法,即将固体样品与填料混合研磨装柱,然后进行清洗和洗脱,这种方法称为固体分散介质固相萃取。

随着科学技术的发展,很多新的填料和操作形式不断出现,固相萃取的应用和形式都得到不断的发展,例如分子印迹固相萃取和磁性分离固相萃取。

(五)应用

SPE 在环境分析、药物分析、临床分析和食品饮料分析中得到了最广泛的应用。采用固相萃取联合 HPLC 技术分析复方西洋参胶囊中的人参皂苷成分时,选择了 Sep-Pak C_{18} 小柱,用水和 10% 甲醇可除去大部分糖类和色素类杂质,用 90% 的甲醇可洗脱大部分人参皂苷。

生物液的成分复杂,含有大量的蛋白质,在分析之前需要预处理试样除去蛋白质。可以利用限进介质制成 SPE 柱,这种填料有亲水的外表面,对蛋白质不吸附,与此同时药物小分子能进入填料孔隙内,通过疏水性相互作用被保留。体液经过限进介质柱处理,得到不含蛋白质的分析试样。限进介质柱也可用于在线净化。

二、固相微萃取

固相微萃取(solid phase micro-extraction,SPME)是 20 世纪 90 年代初发展起来的试样预处理技术。该方法采用一种略似进样器的装置如图 19-4,用一根涂布多聚物固定相的熔融石英纤维从液/气态基质中萃取待测物,压柱塞从针头中抵出纤维并与试样接触,分析物分配到涂敷层内。富集在纤维上的分析物通过进样接口进行解吸,进入到 GC 或 HPLC 系统中。富集在纤维上的分析物,在气相色谱仪进样口通过热解吸(解脱)到色谱柱中。在 HPLC 的情况下,借助 SPME-HPLC 的接口将吸附在纤维上的分析物传送至分析柱。SPME 的速度取决于分析物分配平衡所需的时间,一般在 2~30 分钟内即可达到平衡。该技术适用于微量或痕量组分的富集。该方法具有不使用有毒有机溶剂,集采样、萃取、浓缩、进样于一体,避免引入多步误差,进样空白值小,简单快速等优点。用于环境污染物、农药、食品饮料及生物物质的分离与富集。有直接固相微萃取和顶空固相微萃取两种分离方法。

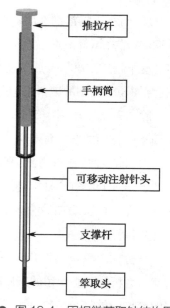

● 图 19-4 固相微萃取针结构图

推拉杆

手柄筒

可移动注射针头

支撑杆

萃取头

（一）直接固相微萃取

直接法将涂有高分子固相液膜的石英纤维直接插入试样溶液或气样中，对待测物质进行萃取，经过一定时间在固相涂层和水溶液两相中达到分配平衡，即可取出进行色谱分析。该法适合于气体基质或干净的水基质试样。

（二）顶空固相微萃取

顶空法将涂有高分子固相液膜的石英纤维停放在试样上方进行顶空萃取，这是三相萃取体系，要达到固相、气相和液相的分配平衡。

（三）方法的建立

在 SPME 操作中并不一定要达到完全萃取或平衡。重要的是保持采样条件的一致性。影响采样的因素包括有采样时间、温度、纤维浸入深度等。增加涂层厚度可萃取更多的分析物。厚的涂层较适合于挥发性化合物的保留，但受传质的影响，解析速度慢，容易造成残留的试样进入以后的分析中。为了随后进行定量分析，必须保持响应值与分析物初始浓度之间的线性关系，试样浓度不能过高（如对于挥发性化合物，在 50μg/L 以下），试样体积不能过大，使萃取处于吸附等温线的线性范围内。在许多情况下，向试样中加入电解质能增加溶液的离子强度，从而使分析物的溶解度降低，提高萃取效率，NaCl 是经常使用的电介质。同样，改变试样的 pH 值对酸、碱性物质的萃取率也有较大的影响。除此以外，萃取过程的搅拌也会影响到萃取率。

除了离线的纤维式固相微萃取，还有很多新的形式，例如在线管内固相微萃取，管内微萃取具有很灵活的方式，可以用填充毛细管、涂敷毛细管和整体填料毛细管等进行微萃取，萃取填料有无机材料、聚合物材料以及无机 - 有机杂化材料，既有手性分离材料也有分子印迹材料。

（四）应用

纤维不与试样基体接触，避免了基体干扰，提高了分析速度。目前应用最活跃的领域是环境样品、食品和临床。技术上，SPME 已由初期的与 GC 联用发展到与 HPLC 联用，溶剂解吸取代了 SPME-GC 的热解吸，因此适用范围将更广。顶空 SPME 适合于任何基质，尤其是直接 SPME 无法处理的脏水、油脂、血液、污泥、土壤等。

对于分析中药材及中药材中的挥发油成分来说，SPME 是一种很有用的方法。例如，采用顶空固相微萃取技术联合气相色谱 - 飞行时间质谱法，共从新鲜的紫苏中鉴定出 20 多种挥发油成分。

三、液相微萃取

近年来，液相微萃取（liquid phase microextraction，LPME）技术作为一种新的样品前处理方法蓬勃发展。该技术与液 - 液萃取相比，可以提供与之相媲美的灵敏度、更佳的富集效果。同时，该技术集采样、萃取和富集于一体，灵敏度高，操作简单，而且还具有快捷、廉价等特点。另外，它所需要的有机溶剂也仅仅是几微升至几十微升，是一项环境友好的样品前处理新技术，特别适合于环境样品中痕量、超痕量污染物和生物样品中低浓度药物的测定。从外在操作形式进行划分如图 19-5，LPME 可分为中空纤维液相微萃取（19-5a）和单滴溶剂微萃取（19-5b）两种模式。

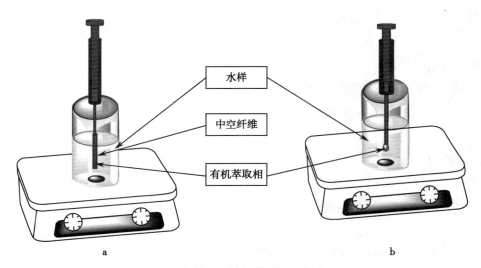

水样
中空纤维
有机萃取相

a b

● 图 19-5 液相微萃取示意图

LPME 操作简单、微型化，采用一根疏水性中空多孔纤维取代了扁平膜。通常先用有机溶剂饱和纤维，然后使待萃取相在纤维外流动、萃取相在纤维内流动。该法最终可以把待萃取相浓缩至更小的体积，从而可以使检测限更低。LPME 可以实现 50～100 倍的样品富集。因为大分子、杂质等进不了纤维孔，自然就无法进入萃取液，因此净化样品的功能突出。LPME 纤维因是一次性使用，不会引起交叉污染，且成本与 SPE 相当。LPME 的一次萃取时间约 40 分钟，但可以平行展开，因此萃取效率较高，尤其适合大批量样品的处理。LPME 几乎不消耗有机溶剂，尤其适合生物体液等复杂样品中的酸、碱等离子性化合物。

除此之外 LPME 还发展为支持液膜萃取（supported liquid membrane extraction，SLME）与微孔膜液液萃取（microporous membrane liquid-liquid extraction，MMLLE）等其他的操作形式。

四、微波萃取

常规微波萃取（microwave-assisted extraction，MAE）分液漏斗萃取、超声萃取法或索氏提取法，一般要用几小时或一天的时间，有些样品所需的萃取时间更长。这些处理方法时间长，试剂用量大，对环境有一定程度的污染，不能满足需要确定样品有效成分组成和结构的分析研究，而且准确性和精密性已经不适应现代快速测定的要求。

分析样品的微波萃取法有萃取时间短、选择性好、回收率高、试剂用量少、污染低、可用水作萃取剂和可自动控制制样条件等优点。但微波萃取的应用对象还较少，与微波消解技术相比，微波萃取技术及其应用研究还处于初始阶段，粮食、蔬菜、水果和乳制品是日常生活中的必需品，这些商品的品质和有害物质检验，样品数量多，要求快速测定，是微波萃取技术最有应用前景的领域。目前微波萃取技术已应用于土壤和沉积物中的多环芳烃、农药残留、有机金属化合物、植物中有效成分、有害物质、矿物中金属的萃取以及血清中药物、生物样品中农药残留的萃取研究。

（一）微波萃取方法的原理和特点

　　根据物质与微波作用的特点,可把物质大致分为吸收微波、反射微波和透过微波三种物质。吸收微波的物质是可以把微波转化为热能的物质,如水、乙醇、酸、碱和盐类,这些物质吸收微波后,自身温度升高,并使共存的其他物质一起受热;透过微波的物质是很少吸收微波能的物质,通常是一些非极性物质,如烷烃、聚乙烯等,微波穿过这些物质时,其能量几乎没有损失;反射微波的物质是金属类物质,微波接触到这些物质时发生反射,根据一定的几何形状,这些物质可把微波传输、聚焦或限制在一定的范围内。微波萃取的高效性主要来自以下三个方面:①微波与待分离物质的直接作用。由于微波具有穿透能力,因而可以直接与样品中有关物质分子或分子中的某个基团作用,被微波作用的分子或基团,很快与整个样品基体或其大分子上的周围环境分离开,从而使分离速度加快并提高萃取率。这种微波与待分离物质的特殊作用,可以称为微波的激活作用。②微波萃取使用极性溶剂比用非极性溶剂更有利,因为极性溶剂吸收微波能,从而提高溶剂的活性,使溶剂和样品间的相互作用更有效。③应用密闭容器,使微波萃取可在比溶剂沸点高得多的温度下进行,从而显著提高微波萃取的速率。由于在高的温度和压力下化学反应速率比在低温和常压下高得多,因此,密闭容器带来的高温非常明显地提高了微波萃取的萃取率并减少了制样所需的时间。但是需要指出,错误的操作或不适宜的操作条件容易造成爆炸,使用微波萃取要注意安全。

（二）微波萃取设备及其方法

　　应用最多的微波萃取装置有多模腔体式和单模聚焦式两种。微波萃取设备的主要部件是特殊制造的微波加热装置、萃取容器和根据不同要求配备的控压、控温装置,对于密闭式微波萃取系统最少应具有控压装置,有控温和挥发性溶剂监测附件最好。

　　多模腔体式微波萃取系统的优点是一次可制备多个样品、易于控制萃取条件、萃取快速。

　　单模聚焦式微波萃取装置可不用控压和控温,制样量大,但不足之处是一次仅可制备一个样品,萃取时间较长。它类似于传统的索氏提取,只是加热所用能源为微波,萃取时间是多模腔体式微波方法的5～10倍。

　　常规的微波萃取方法是把极性溶剂(如丙酮)或极性溶剂和非极性溶剂混合物(如丙酮 - 正己烷或甲醇 - 乙酸等),与待萃取样品混合,装入微波制样容器中,在密闭状态下,放入微波制样系统中加热。根据待萃取组分的要求,控制萃取压力或温度和时间;加热结束时,把样品过滤,滤液直接进行测定,或作相应处理后进行测定。一般情况下,微波萃取加热时间约5～10分钟。萃取溶剂和样品总体积不超过制样杯体积的1/3。

五、超临界流体萃取

（一）超临界流体萃取的基本原理

　　任何一种物质都存在三种相态:气相、液相、固相。三相成平衡态共存的点叫三相点。液、气两相成平衡状态的点叫临界点。在临界点时的温度和压力称为临界压力。不同的物质其临界点所要求的压力和温度各不相同。

超临界流体(Supercritical fluid,SCF)是指温度和压力均高于临界点的流体。高于临界温度和临界压力而接近临界点的状态称为超临界状态。处于超临界状态时,气液两相性质非常相近,以至无法分别,所以称之为SCF。SCF不同于一般的气体,也有别于一般液体,它本身具有许多特性:①其扩散系数比气体小,但比液体高一个数量级;②黏度接近气体;③密度类似液体,压力的细微变化可导致其密度的显著变动;④压力或温度的改变均可导致相变。

在超临界状态下,将超临界流体与待分离的物质接触,使其有选择性地依次把极性大小、沸点高低和分子量大小的成分萃取出来。并且超临界流体的密度和介电常数随着密闭体系压力的增加而增加,极性增大,利用程序升压可将不同极性的成分进行分步提取。当然,对应各压力范围所得到的萃取物不可能是单一的,但可以通过控制条件得到最佳比例的混合成分,然后借助减压、升温的方法使超临界流体变成普通气体,被萃取物质则自动完全或基本析出,从而达到分离提纯的目的,并将萃取分离两个过程合为一体,这就是超临界流体萃取分离的基本原理。

(二)CO_2超临界萃取

目前研究较多的超临界流体是二氧化碳(CO_2),因其具有无毒、不燃烧、对大部分物质不反应、价廉等优点,最为常用。在超临界状态下,CO_2流体兼有气液两相的双重特点,既具有与气体相当的高扩散系数和低黏度,又具有与液体相近的密度和物质良好的溶解能力。其密度对温度和压力变化十分敏感,且与溶解能力在一定压力范围内成比例,所以可以通过控制温度和压力改变物质的溶解度。

超临界状态下,CO_2对不同溶质的溶解能力差别很大,这与溶质的极性、沸点和分子量密切相关,一般说来有以下规律:①亲脂性、低沸点成分可在低压萃取(10^4kPa),如挥发油、烃、酯等;②化合物的极性基团越多,就越难萃取;③化合物的分子量越高,越难萃取。

由于CO_2是非极性溶剂,对于非极性、弱极性的目标组分的溶解度较大。对于中等极性、极性的物质,一般要加入极性溶剂改善其在CO_2中的溶解度,故被称为改性剂。改性剂的加入,能降低操作温度和压力,缩短萃取时间。适宜的改性剂,其分子结构上应该既有亲脂基团,又有亲CO_2基团。改性剂改性作用可以从分子间相互作用得到解释。待萃物与改性剂之间产生溶剂化缔合作用,增强了分子间作用力。改性剂还起到了与待萃物争夺基体活性点的作用,使待萃物与基体的键合力减弱,从而更易被萃取出来。目前比较常用的改性剂有甲醇、丙酮、乙醇、乙酸乙酯等,其中甲醇使用最为广泛。需要指出的是,改性剂的作用是有限的,它在改善超临界流体的溶解性的同时,也会削弱萃取系统的捕获作用,导致共萃物的增加,还可能会干扰分析测定。所以,改性剂的用量要小,一般不要超过5%(mol)。

(三)应用

超临界流体萃取已经广泛应用于很多领域,尤其在天然产物的提取方面有着独特的优势。在最佳工艺条件下,能将要提取的成分几乎完全提取,从而大大提高产品收率和资源的利用率。超临界CO_2萃取甚至可以提取强极性化合物如蛋白质等。超临界CO_2临界温度低,操作温度低,能较完好地保存有效成分不被破坏。因此,特别适合那些对热敏感性强、容易氧化分解破坏的成分的提取。超临界流体萃取还可以与 GC、IR、MS、LC 等联用成为一种高效的分析手段。

第四节　其他试样预处理技术

科学技术的不断进步,特别是新的仪器分析技术的出现,对样品预处理提出了新要求,很多的科技工作者致力于开发新的样品处理方法,其目的是利用最简单、最廉价、最环保的方法最有效地制备合适于后续分析的样品。

（一）气浮分离法

气浮分离法或称气泡分离法、浮选分离、泡沫浮选分离。该法具有富集速度快(比沉淀或共沉淀分离快得多)、富集倍数大、操作简便等特点,在环境治理、痕量组分的富集等方面得到应用。如沉淀气浮分离法已成功用于给水净化和工业规模的废水处理等。离子气浮分离法和溶剂气浮分离法目前在环境监测中应用也比较多。

该法是在向含有待分离的离子、分子的水溶液中加入表面活性剂时,表面活性剂的极性端与水相中的离子或极性分子连接在一起,非极性端向着气泡,表面活性剂就将这些物质连在一起定向排列在气液界面,被气泡带到液面,形成泡沫层,从而达到分离的目的。气浮分离法类型主要有以下几种。

（1）离子气浮分离法:在含有待分离离子的溶液中,加入带相反电荷的某种表面活性剂,使之形成疏水性物质。通入气泡流,表面活性剂就在气 - 液界面上定向排列。同时表面活性剂极性的一端与待分离的离子连接在一起而被气泡带至液面。例如,水中的 Cr(Ⅵ)以 CrO_4^{2-} 形式存在时,加入阳离子表面活性剂(如氯化十六烷基三甲基铵),则可将其气浮富集到液面上。

（2）沉淀气浮分离法:在含有待分离离子的溶液中,加入一种沉淀剂使之生成沉淀,再加入表面活性剂并通入氮气或空气,使表面活性剂与沉淀一起被气泡带至液面。例如,将氢氧化物沉淀进行气浮法分离。如待分离的浓度较小,可以有目的地加入载体元素,如 Fe^{3+} 等离子,然后加入沉淀剂生成沉淀并吸附痕量待分离组分,再加入带相反电荷的表面活性剂进行气浮分离,称为沉淀气浮或共沉淀气浮分离法。

（3）溶剂气浮分离法:在水溶液上覆盖一层与水不相混溶的有机溶剂,当采用某种方式使水中产生大量微小气泡后,已呈表面活性的待分离组分就会被吸附和黏附在这些正上升的气泡表面。溶入有机相或悬浮于两界面形成第三相,从而达到分离溶液中某种组分的目的。这种方法被称为溶剂气浮分离法。

影响气浮分离效率的主要因素:①溶液的酸度。②表面活性剂浓度表面活性剂浓度不宜超过临界胶束浓度,过量的表面活性剂会形成胶束使沉淀溶解。③离子强度大,对气浮分离不利。④形成配合物或沉淀的性质螯合物以及离子缔合物的稳定性与分离效率都有直接关系。⑤其他因素一般要求气泡直径在 0.1～0.5mm,气泡流速为 1～2ml/(cm²•min)。气体常用氮气或空气。通气时间因方法而异。

（二）电萃取分离法

普通液-液萃取采用机械搅动加速萃取，而电萃取（electro-extraction, EE）中待萃取成分从有机供体相到水受体相的质量转移由施加电场加速。有机供体相的体积可以大到几百微升，水或缓冲液受体相的体积一般仅为内径 75μm 的熔融石英毛细管的体积，质量转移只需 10 分钟。将 EE 设计成 SPE 和 HPLC 之间的接口，因此同时具有自动进样器的功能，省去了 SPE 后续的有机溶剂挥发、溶质再溶解等烦琐步骤。

（三）逆流分配技术

逆流分配（counter-current distribution, CCD）是逆流色谱原理的一种形式，它可以提供相当于 1 000 次以上的液-液萃取平衡步骤，所以特别适合于分配系数小的化合物。CCD 的基本过程就是流动相不断地以微滴的方式流过液态固定相，待测物在两相间平衡一段时间后，逆转流向，泵入新鲜的萃取溶剂，即可从固定相中萃取出待测物。

该法适用的萃取样品浓度为 $10^{-9} \sim 10^{-6}$ 级，其最大优势是可以从大体积样品中得到很小体积的萃取液，浓缩比为 50～100 倍。

CCD 的优点是载样量为 1～4g、回收率高、无破坏性、易于放射示踪、可避免代谢物的自动氧化，此外选定合适的萃取溶剂，逆流分配色谱可成为制备化学对照品的较简易手段，也可用于制备结构鉴定用的药物代谢产物，但其分离能力低，不易直接监测，速度慢。

（四）膜萃取技术

膜萃取（membrane extraction, ME）因其萃取免用有机溶剂而成为前处理技术领域的一大热点。ME 不同于液膜萃取技术，此处仅指狭义的、萃取介质为气态的膜技术。

ME 通常使用硅酮膜，具有化学惰性、热稳定性和特有的通透性。ME 大致过程是利用膜将气体样品基质中的待测物萃取进入膜孔中，然后在膜的另一侧，由气体将待测物带入后续的吸附剂接口。接口一般包括吸附剂捕集装置、加热线圈和电源。捕集装置可以是一段毛细管或 SPME 纤维，上面涂布的聚合物控制收集的选择性，还可以富集并减少成分损失。

ME 技术分为扁平膜和中空纤维膜两种类型，但它们都需要吸附剂接口。ME 是一种可以连续、快速地监控环境、工业等样品中有机化合物的样品前处理技术，具有不使用溶剂、构造简单、步骤单一等优点。

第十九章同步练习

附　表

附表 1　中华人民共和国法定计量单位

附表 1-1　国际单位制的基本单位

量的名称	单位名称	单位符号
长度	米	m
质量	千克（公斤）	kg
时间	秒	s
电流强度	安（培）	A
热力学温度	开（尔文）	K
物质的量	摩（尔）	mol
发光强度	坎（德拉）	cd

附表 1-2　部分我国非国际单位制单位

量的名称	单位名称	单位符号	换算及说明
时间	分	min	$1min = 60s$
	（小）时	h	$1h = 60min = 3\ 600s$
	天（日）	d	$1d = 24h = 86\ 400s$
平面角	（角）秒	($''$)	$1'' = (\pi/64\ 800)rad$（π 为圆周率）
	（角）分	($'$)	$1' = 60''(\pi/10\ 800)rad$
	度	($°$)	$1° = 60'(\pi/180)rad$
旋转速度	转每分	r/min	$1r/min = (1/60)s^{-1}$
长度	海里	n mile	$1n\ mile = 1\ 852m$（只用于航行）
速度	节	kn	$1kn = 1n\ mile/h = 91\ 852/3\ 600)m/s$（只用于航行）
质量	吨	t	$1t = 10^3kg$
	原子质量单位	u	$1u \approx 1.660\ 565\ 5 \times 10^{-27}kg$
体积	升	L	$1L = 1dm^3 = 10^{-3}m^3$
能级差	电子伏	eV	$1eV \approx 1.602\ 177 \times 10^{-19}J$

附表 1-3　力的单位换算

牛（顿）	千克力	达因
1	0.102	10^5
9.806 65	1	$9.806\ 65 \times 10^5$
10^{-5}	1.02×10^{-6}	1

附表 1-4　压力的单位换算

牛/, m²	工程大气压	毫米水柱	标准大气压	毫米汞柱
1	1.02×10^{-5}	0.102	0.99×10^{-5}	0.007 5
98 067	1	10^4	0.967 8	735.6
9.807	0.000 1	1	$0.967\ 8 \times 10^{-4}$	0.073 6
101 325	1.033	10 332	1	760
133.32	0.000 36	13.6	0.001 32	1

注：1 牛/m² = 1Pa；1 工程大气压 = 1 千克力/cm²；1 标准大气压 = 101.325kPa。

附表 1-5　能量单位换算

尔格	焦[耳]	千克力·米	千瓦·时	千卡	升·大气压
1	10^{-7}	0.102×10^{-7}	27.78×10^{-15}	23.9×10^{-12}	9.869×10^{-10}
10^7	1	0.102	277.8×10^{-9}	239×10^{-6}	9.869×10^{-3}
9.807×10^7	9.807	1	2.724×10^{-6}	2.342×10^{-3}	9.679×10^{-2}
36×10^{12}	3.6×10^6	367.1×10^3	1	859.845	3.553×10^4
41.87×10^9	4 186.8	426.935	1.163×10^{-3}	1	41.29
1.013×10^9	101.3	10.33	2.814×10^{-5}	0.024 218	1

注：1 尔格 = 1 达因·厘米；1 焦耳 = 1 牛·米 = 1 瓦·秒。

附表 1-6　国际制（SI）单位与 cgs 单位换算表

物理量	cgs 单位		SI 单位		由 cgs 换算成 SI
	名称	符号	名称	符号	
长度	厘米	cm	米	m	10^{-2}m
	埃	Å			10^{-1}nm
	微米	μm			10^{-6}m
	纳米	nm			10^{-9}m
质量	克	g	千克	kg	10^{-3}kg
	吨	t			10^3kg
	磅	lb			0.453 592 37kg
	原子质量单位	u			$1.660\ 565\ 5 \times 10^{-27}$kg
时间	秒	s	秒	s	
电流	安培	A	安培	A	
面积	平方厘米	cm²	平方米	m²	10^{-4}m²
体积	升	l	立方米	m³	10^{-3}m³
	立方厘米	cm³			10^{-6}m³
能量	尔格	erg	焦耳	J	10^{-7}J
功率	瓦特	W	瓦特	W	
密度		g/cm³		kg/m³	10^3kg/m³
浓度	摩尔浓度	M（mol/L）	摩尔每立方米	mol/m³	10^3mol/m³

附表 1-7　用于构成十进倍数和分数单位的词头

表示因数	词头名称	词头符号	所表示的因数	词头名称	词头符号
10^{18}	艾〔可萨〕	E	10^{-1}	分	d
10^{15}	拍〔它〕	P	10^{-2}	厘	c
10^{12}	太〔拉〕	T	10^{-3}	毫	m
10^{9}	吉〔咖〕	G	10^{-6}	微	μ
10^{6}	兆	M	10^{-9}	纳〔诺〕	n
10^{3}	千	k	10^{-12}	皮〔可〕	p
10^{2}	百	h	10^{-15}	飞〔母托〕	f
10^{1}	十	da	10^{-18}	阿〔托〕	a

附表 2　国际相对原子质量($^{12}C=12$)

符号	名称	英文名	原子序	相对原子质量	符号	名称	英文名	原子序	相对原子质量
H	氢	Hydrogen	1	1.008	Mn	锰	Manganese	25	54.938
He	氦	Helium	2	4.002 6	Fe	铁	Iron	26	55.845(2)
Li	锂	Lithium	3	6.94	Co	钴	Cobalt	27	58.933
Be	铍	Beryllium	4	9.012 2	Ni	镍	Nickel	28	58.693
B	硼	Boron	5	10.81	Cu	铜	Copper	29	63.546(3)
C	碳	Carbon	6	12.011	Zn	锌	Zinc	30	65.38(2)
N	氮	Nitrogen	7	14.007	Ga	镓	Gallium	31	69.723
O	氧	Oxygen	8	15.999	Ge	锗	Germanium	32	72.630(8)
F	氟	Fluorine	9	18.998	As	砷	Arsenic	33	74.922
Ne	氖	Neon	10	20.180	Se	硒	Selenium	34	78.971(8)
Na	钠	Sodium	11	22.990	Br	溴	Bromine	35	79.904
Mg	镁	Magnesium	12	24.305	Kr	氪	Krypton	36	83.798(2)
Al	铝	Aluminum	13	26.982	Rb	铷	Rubidium	37	85.468
Si	硅	Silicon	14	28.085	Sr	锶	Strontium	38	87.62
P	磷	Phosphorus	15	30.974	Y	钇	Yttrium	39	88.906
S	硫	Sulphur	16	32.06	Zr	锆	Zirconium	40	91.224(2)
Cl	氯	Chlorine	17	35.45	Nb	铌	Niobium	41	92.906
Ar	氩	Argon	18	39.948	Mo	钼	Molybdenium	42	95.95
K	钾	Potassium	19	39.098	Tc	锝	Technetium	43	[98]
Ca	钙	Calcium	20	40.078(4)	Ru	钌	Ruthenium	44	101.07(2)
Sc	钪	Scandium	21	44.956	Rh	铑	Rhodium	45	102.91
Ti	钛	Titanium	22	47.867	Pd	钯	Palladium	46	106.42
V	钒	Vanadium	23	50.942	Ag	银	Silver	47	107.87
Cr	铬	Chromium	24	51.996	Cd	镉	Cadmium	48	112.41

元素			原子序	相对原子质量	元素			原子序	相对原子质量
符号	名称	英文名			符号	名称	英文名		
In	铟	Indium	49	114.82	Po	钋	Polonium	84	[209]
Sn	锡	Tin	50	118.71	At	砹	Astatine	85	[210]
Sb	锑	Antimony	51	121.76	Rn	氡	Radon	86	[222]
Te	碲	Tellurium	52	127.60(3)	Fr	钫	Fracium	87	[223]
I	碘	Iodine	53	126.90	Ra	镭	Radium	88	[226]
Xe	氙	Xenon	54	131.29	Ac	锕	Actinium	89	[227]
Cs	铯	Caesium	55	132.91	Th	钍	Thorium	90	232.04
Ba	钡	Barium	56	137.33	Pa	镤	Protactinium	91	231.04
La	镧	Lanthanum	57	138.91	U	铀	Uranium	92	238.03
Ce	铈	Cerium	58	140.12	Np	镎	Neptunium	93	[237]
Pr	镨	Praseodymium	59	140.91	Pu	钚	Plutonium	94	[244]
Nd	钕	Neodymium	60	144.24	Am	镅	Americium	95	[243]
Pm	钷	Promethium	61	[145]	Cm	锔	Curium	96	[247]
Sm	钐	Samarium	62	150.36(2)	Bk	锫	Berkelium	97	[247]
Eu	铕	Europium	63	151.96	Cf	锎	Californium	98	[251]
Gd	钆	Gadolinium	64	157.25(3)	ES	锿	Einsteinium	99	[252]
Tb	铽	Terbium	65	158.93	Fm	镄	Fermium	100	[257]
Dy	镝	Dysprosium	66	162.50	Md	钔	Mendelevium	101	[258]
Ho	钬	Holmium	67	164.93	No	锘	Nobelium	102	[259]
Er	铒	Erbium	68	167.26	Lr	铹	Lawrencium	103	[262]
Tm	铥	Thulium	69	168.93	Rf	𬬻	Rutherfordium	104	[267]
Yb	镱	Ytterbium	70	173.05	Db	𬭊	Dubnium	105	[270]
Lu	镥	Lutetium	71	174.97	Sg	𬭳	Seaborgium	106	[269]
Hf	铪	Hafnium	72	178.49(2)	Bh	𬭛	Bohrium	107	[270]
Ta	钽	Tantalum	73	180.95	Hs	𬭶	Hassium	108	[270]
W	钨	Tungsten	74	183.84	Mt	鿏	Meitnerium	109	[278]
Re	铼	Rhenium	75	186.21	Ds	𫟼	Darmstadtium	110	[281]
Os	锇	Osmium	76	190.23(3)	Rg	𬬭	Roentgenium	111	[281]
Ir	铱	Iridium	77	192.22	Cn	鿔	Copernicium	112	[285]
Pt	铂	Platinum	78	195.08	Nh	鿭	Nihonium	113	[286]
Au	金	Gold	79	196.97	Fl	𫓧	Flerovium	114	[289]
Hg	汞	Mercury	80	200.59	Mc	镆	Moscovium	115	[289]
Tl	铊	Thallium	81	204.38	Lv	𫟷	Livermorium	116	[293]
Pb	铅	Lead	82	207.2	Ts	鿬	Tennessine	117	[293]
Bi	铋	Bismuth	83	208.98	Og	鿫	Oganesson	118	[294]

注: 录自 2013 年国际相对原子质量表。( )表示最后一位的不确定性, [ ]中的数值为没有稳定同位素元素的半衰期最长同位素的质量数。

附表 3 常用化合物相对分子质量

分子式	相对分子质量	分子式	相对分子质量
$AgBr$	187.77	KOH	56.105
$AgCl$	143.32	K_2PtCl_6	486.00
AgI	234.77	$KSCN$	97.176
$AgNO_3$	169.87	$MgCO_3$	84.313
Al_2O_3	101.96	$MgCl_2$	95.205
As_2O_3	197.84	$MgSO_4 \cdot 7H_2O$	246.47
$BaCl_2 \cdot 2H_2O$	244.26	$MgNH_4PO_4 \cdot 6H_2O$	245.40
BaO	153.33	MgO	40.304
$Ba(OH)_2 \cdot 8H_2O$	315.46	$Mg(OH)_2$	58.319
$BaSO_4$	233.39	$Mg_2P_2O_7$	222.55
$CaCO_3$	100.09	$Na_2B_4O_7 \cdot 10H_2O$	381.36
CaO	56.077	$NaBr$	102.89
$Ca(OH)_2$	74.092	$NaCl$	58.44
CO_2	44.009	Na_2CO_3	105.99
CuO	79.545	$NaHCO_3$	84.006
Cu_2O	143.09	$Na_2HPO_4 \cdot 12H_2O$	358.14
$CuSO_4 \cdot 5H_2O$	249.68	$NaNO_2$	69.00
FeO	71.844	Na_2O	61.979
Fe_2O_3	159.69	$NaOH$	39.997
$FeSO_4 \cdot 7H_2O$	278.01	$Na_2S_2O_3$	158.10
$FeSO_4 \cdot (NH_4)_2SO_4 \cdot 6H_2O$	392.13	$Na_2S_2O_3 \cdot 5H_2O$	248.17
H_3BO_3	61.831	NH_3	17.031
HCl	36.468	NH_4Cl	53.49
$HClO_4$	100.45	NH_4OH	35.046
HNO_3	63.012	$(NH_4)_3PO_4 \cdot 12MoO_3$	1 876.5
H_2O	18.015	$(NH_4)_2SO_4$	132.13
H_2O_2	34.014	$PbCrO_4$	323.19
H_3PO_4	97.994	PbO_2	239.20
H_2SO_4	98.072	$PbSO_4$	303.26
I_2	253.8	P_2O_5	141.94
$KAl(SO_4)_2 \cdot 12H_2O$	474.37	SiO_2	60.083
KBr	119.00	SO_2	64.058
$KBrO_3$	167.00	SO_3	80.057
KCl	74.548	ZnO	81.379
$KClO_4$	138.54	$HC_2H_3O_2$（醋酸）	60.052
K_2CO_3	138.20	$H_2C_2O_4 \cdot 2H_2O$	126.06
K_2CrO_4	194.19	$KHC_4H_4O_6$（酒石酸氢钾）	188.18
$K_2Cr_2O_7$	294.18	$KHC_8H_4O_4$（邻苯二甲酸氢钾）	204.22
KH_2PO_4	136.08	$K(SbO)C_4H_4O_6 \cdot 1/2H_2O$（酒石酸锑钾）	333.93
$KHSO_4$	136.16		
KI	166.00	$Na_2C_2O_4$（草酸钠）	134.00
KIO_3	214.00	$NaC_7H_5O_2$（苯甲酸钠）	144.11
$KIO_3 \cdot HIO_3$	389.9	$Na_3C_6H_5O_7 \cdot 2H_2O$（枸橼酸钠）	294.10
$KMnO_4$	158.03	$Na_2H_2C_{10}H_{12}O_8N_2 \cdot 2H_2O$（EDTA 二钠二水合物）	372.24
KNO_2	85.103		

注：根据 2013 年公布的相对原子质量计算。

附表4　难溶化合物的溶度积常数（18～25℃）

化合物	pK_{sp}	K_{sp}	化合物	pK_{sp}	K_{sp}
Ag_3AsO_4	22.0	1.0×10^{-22}	$CaHPO_4$	7.0	1×10^{-7}
$AgBr$	12.28	5.2×10^{-13}	$Ca_3(PO_4)_2$	28.7	2.0×10^{-29}
$AgBrO_3$	4.26	5.3×10^{-5}	$CaSO_3$	6.51	3.1×10^{-7}
$AgCN$	15.92	1.2×10^{-16}	$CaSO_4$	5.04	9.1×10^{-5}
Ag_2CO_3	11.09	8.1×10^{-12}	$CdCO_3$	11.28	5.2×10^{-12}
$Ag_2C_2O_4$	10.46	3.4×10^{-11}	$CdC_2O_4 \cdot 3H_2O$	7.04	9.1×10^{-8}
$AgCl$	9.75	1.8×10^{-10}	$Cd_2[Fe(CN)_6]$	16.49	3.2×10^{-17}
Ag_2CrO_4	11.95	1.1×10^{-12}	$Cd(OH)_2$（新鲜）	13.6	2.5×10^{-14}
AgI	16.08	8.3×10^{-17}	$Cd_3(PO_4)_2$	32.6	2.5×10^{-33}
$AgNO_2$	3.22	6.0×10^{-4}	CdS	26.1	8.0×10^{-27}
$AgOH$	7.71	2.0×10^{-8}	$CoCO_3$	12.84	1.4×10^{-13}
Ag_3PO_4	15.84	1.4×10^{-16}	$CoHPO_4$	6.7	2.0×10^{-7}
Ag_2S	49.2	6.3×10^{-50}	$Co[Hg(SCN)_4]$	5.82	1.5×10^{-6}
$AgSCN$	12.00	1.0×10^{-12}	$Co(OH)_2$（新鲜）	14.8	1.6×10^{-15}
Ag_2SO_3	13.82	1.5×10^{-14}	$Co(OH)_3$	43.8	1.6×10^{-44}
Ag_2SO_4	4.84	1.4×10^{-5}	$Co_3(PO_4)_2$	34.7	2.0×10^{-35}
$Al(OH)_3$（无定形）	32.34	4.6×10^{-33}	$\alpha\text{-}CoS$	20.4	4.0×10^{-21}
$AlPO_4$	18.24	6.3×10^{-19}	$\beta\text{-}CoS$	24.7	2.0×10^{-25}
Al_2S_3	6.7	2.0×10^{-7}	$Cr(OH)_2$	17.0	1.0×10^{-17}
$BaCO_3$	8.29	5×10^{-9}	$Cr(OH)_3$	30.2	6.3×10^{-31}
$BaC_2O_4 \cdot H_2O$	7.64	2.3×10^{-8}	$CuCN$	19.49	3.2×10^{-20}
$BaCrO_4$	9.93	1.2×10^{-10}	$CuCO_3$	9.86	1.4×10^{-10}
BaF_2	5.98	1.04×10^{-6}	CuC_2O_4	7.64	2.3×10^{-8}
$BaHPO_4$	6.5	3.2×10^{-7}	$CuCl$	5.92	1.2×10^{-6}
$Ba(NO_3)_2$	2.35	4.5×10^{-3}	$CuCrO_4$	5.44	3.6×10^{-6}
$Ba_2P_2O_7$	10.5	3.2×10^{-11}	CuI	11.96	1.1×10^{-12}
$BaSO_4$	9.96	1.1×10^{-10}	$Cu(IO_3)_2$	7.13	7.4×10^{-8}
BaS_2O_3	4.79	1.6×10^{-5}	$CuOH$	14	1.0×10^{-14}
$BiOCl$	30.75	1.8×10^{-31}	$Cu(OH)_2$	19.66	2.2×10^{-20}
$Bi(OH)_3$	30.4	4×10^{-31}	$Cu_3(PO_4)_2$	36.9	1.3×10^{-37}
$BiONO_3$	2.55	2.8×10^{-3}	CuS	35.2	6.3×10^{-36}
Bi_2S_3	97.0	1×10^{-97}	Cu_2S	47.6	2.5×10^{-48}
$CaCO_3$	8.54	2.8×10^{-9}	$CuBr$	8.28	5.2×10^{-9}
$CaC_2O_4 \cdot H_2O$	8.4	4×10^{-9}	$CuSCN$	14.32	4.8×10^{-15}
$CaCrO_4$	3.15	7.1×10^{-4}	$FeCO_3$	10.5	3.2×10^{-11}
CaF_2	10.57	2.7×10^{-11}	$FeC_2O_4 \cdot H_2O$	6.5	3.2×10^{-7}

化合物	pK_{sp}	K_{sp}	化合物	pK_{sp}	K_{sp}
$Fe_4[Fe(CN)_6]_3$	40.52	3.3×10^{-41}	$Ni_3(PO_4)_2$	30.3	5.0×10^{-31}
$Fe(OH)_2$	15.1	8.0×10^{-16}	$\alpha - NiS$	18.5	3.2×10^{-19}
$Fe(OH)_3$	37.4	4×10^{-38}	$\beta - NiS$	24	1.0×10^{-24}
$FePO_4$	21.89	1.3×10^{-22}	$\gamma - NiS$	25.7	2.0×10^{-26}
FeS	17.2	6.3×10^{-18}	$PbBr_2$	4.41	4.0×10^{-5}
Hg_2Br_2	22.24	5.6×10^{-23}	$PbCO_3$	13.13	7.4×10^{-14}
Hg_2CO_3	16.05	8.5×10^{-17}	PbC_2O_4	9.32	4.8×10^{-10}
$Hg_2C_2O_4$	12.7	2.0×10^{-13}	$PbCl_2$	4.79	1.6×10^{-5}
Hg_2Cl_2	17.88	1.3×10^{-18}	$PbCrO_4$	12.55	2.8×10^{-13}
$Hg_2C_2O_4$	8.7	2.0×10^{-9}	PbF_2	7.57	2.7×10^{-8}
Hg_2HPO_4	12.4	4.0×10^{-13}	PbI_2	8.15	7.1×10^{-9}
Hg_2I_2	28.35	4.5×10^{-29}	$Pb(OH)_2$	14.93	1.2×10^{-15}
$Hg(IO_3)_2$	12.5	3.2×10^{-13}	$Pb(OH)_4$	65.5	3.2×10^{-66}
$Hg(OH)_2$	25.52	3.0×10^{-26}	$Pb_3(PO_4)_2$	42.1	8.0×10^{-43}
$Hg_2(OH)_2$	23.7	2.0×10^{-24}	PbS	27.9	8.0×10^{-28}
$HgS(红)$	52.4	4×10^{-53}	$PbSO_4$	7.79	1.6×10^{-8}
$HgS(黑)$	51.8	1.6×10^{-52}	PbS_2O_3	6.4	4.0×10^{-7}
Hg_2S	47	1.0×10^{-47}	$Sn(OH)_2$	27.85	1.4×10^{-28}
Hg_2SO_4	6.13	7.4×10^{-7}	$Sn(OH)_4$	56	1×10^{-56}
Hg_2SO_3	27	1.0×10^{-27}	SnS	25	1.0×10^{-25}
$MgCO_3$	7.46	3.5×10^{-8}	$SrCO_3$	9.96	1.1×10^{-10}
MgF_2	8.19	6.5×10^{-9}	SrF_2	8.61	2.5×10^{-9}
$Mg(OH)_2$	10.74	1.8×10^{-11}	$Sr_3(PO_4)_2$	27.39	4.0×10^{-28}
$Mg_3(PO_4)_2$	23~27	$10^{-23} \sim 10^{-27}$	$SrSO_4$	6.49	3.2×10^{-7}
$MgSO_3$	2.5	3.2×10^{-3}	$SrCrO_4$	4.65	2.2×10^{-5}
$MnCO_3$	10.74	1.8×10^{-11}	$SrC_2O_4 \cdot H_2O$	6.8	1.6×10^{-7}
$MnC_2O_4 \cdot H_2O$	14.96	1.1×10^{-15}	$Ti(OH)_3$	40	1×10^{-40}
$Mn(OH)_2$	12.72	1.9×10^{-13}	$TiO(OH)_2$	29	1×10^{-29}
$MnS(无定形)$	9.6	2.5×10^{-10}	$ZnCO_3$	10.84	1.4×10^{-11}
$MnS(晶态)$	12.6	2.5×10^{-13}	$ZnC_2O_4 \cdot 2H_2O$	7.56	2.8×10^{-8}
Na_3AlF_6	9.39	4.0×10^{-10}	$Zn(OH)_2$	16.92	1.2×10^{-17}
$NaK_2[Co(NO_2)_6]$	10.66	2.2×10^{-11}	$Zn_3(PO_4)_2$	32.04	9.0×10^{-33}
$NiCO_3$	8.18	6.6×10^{-9}	$\alpha - ZnS$	23.8	1.6×10^{-24}
NiC_2O_4	9.4	4×10^{-10}	$\beta - ZnS$	21.6	2.5×10^{-22}
$Ni(OH)_2(新鲜)$	14.7	2.0×10^{-15}			

附表5　弱酸、弱碱在水溶液中的电离常数（25℃, $I=0$）

化合物	英文名称	化学式	级	K_a	pK_a
无机酸					
砷酸	Arsenic acid	H_3AsO_4	1	5.5×10^{-3}	2.26
			2	1.7×10^{-7}	6.76
			3	5.1×10^{-12}	11.29
亚砷酸	Arsenious acid	H_2AsO_3		5.1×10^{-10}	9.29
硼酸	Boric acid	H_3BO_3	1	5.4×10^{-10}	9.27（20℃）
			2		>14（20℃）
碳酸	Carbonic acid	H_2CO_3	1	4.5×10^{-7}	6.35
			2	4.7×10^{-11}	10.33
铬酸	Chromic acid	H_2CrO_4	1	0.18	0.74
			2	3.2×10^{-7}	6.49
氢氟酸	Hydrofluoric acid	HF		6.3×10^{-4}	3.20
氢氰酸	Hydrocyanic acid	HCN		6.2×10^{-10}	9.21
氢硫酸	Hydrogen sulfide	H_2S	1	8.9×10^{-8}	7.05
			2	1.0×10^{-19}	19
过氧化氢	Hydrogen peroxide	H_2O_2		1.2×10^{-12}	11.75
次溴酸	Hypobromous acid	HBrO		2.8×10^{-9}	8.55
次氯酸	Hypochlorous acid	HClO		4.0×10^{-8}	7.40
次碘酸	Hypoiodous acid	HIO		3.2×10^{-11}	10.50
碘酸	Iodic acid	HIO_3		0.17	0.78
亚硝酸	Nitrous acid	HNO_2		5.6×10^{-4}	3.25
高氯酸	Perchloric acid	$HClO_4$			−1.6（20℃）
高碘酸	Periodic acid	HIO_4		2.3×10^{-2}	1.64
磷酸	Phosphoric acid	H_3PO_4	1	6.9×10^{-3}	2.16
			2	6.2×10^{-8}	7.21
			3	4.8×10^{-13}	12.32
亚磷酸	Phosphorous acid	H_3PO_3	1	5.0×10^{-2}	1.30（20℃）
			2	2.0×10^{-7}	6.70（20℃）
焦磷酸	Pyrophosphoric acid	$H_4P_2O_7$	1	0.12	0.91
			2	7.9×10^{-3}	2.10
			3	2.0×10^{-7}	6.70
			4	4.8×10^{-10}	9.32
硅酸	Silicic acid	H_4SiO_4	1	1.6×10^{-10}	9.9（30℃）
			2	1.6×10^{-12}	11.8（30℃）
			3	1.0×10^{-12}	12.0（30℃）
			4	1.0×10^{-12}	12.0（30℃）
硫酸	Sulfuric acid	H_2SO_4	2	1.0×10^{-2}	1.99
亚硫酸	Sulfurous acid	H_2SO_3	1	1.4×10^{-2}	1.85
			2	6.3×10^{-8}	7.20
水	Water	H_2O		1.01×10^{-14}	13.995

化合物	英文名称	化学式	级	K_a	pK_a
无机碱					
氨水	Ammonia	$NH_3 \cdot H_2O$		5.6×10^{-10}	9.25
羟胺	Hydroxylamine	NH_2OH		1.1×10^{-6}	5.94
钙	Calcium(Ⅱ)ion	Ca^{2+}		2.5×10^{-13}	12.6
铝	Aluminum(Ⅲ)ion	Al^{3+}		1.0×10^{-5}	5.0
钡	Barium(Ⅱ)ion	Ba^{2+}		4.0×10^{-14}	13.4
钠	Sodium ion	Na^+		1.6×10^{-15}	14.8
镁	Magnesium(Ⅱ)ion	Mg^{2+}		4.0×10^{-12}	11.4
有机酸					
甲酸	Formic acid	$HCOOH$		1.8×10^{-4}	3.75
醋酸	Acetic acid	CH_3COOH		1.8×10^{-5}	4.74
丙烯酸	Acrylic acid	$H_2CCHCOOH$		5.6×10^{-5}	4.25
苯甲酸	Benzoic acid	C_6H_5COOH		6.3×10^{-5}	4.20
一氯醋酸	Chloroacetic acid	$CH_2ClCOOH$		1.3×10^{-3}	2.87
二氯醋酸	Dichloroacetic acid	$CHCl_2COOH$		4.5×10^{-2}	1.35
三氯醋酸	Trichloroacetic acid	CCl_3COOH		0.22	0.66
草酸	Oxalic acid	$H_2C_2O_4$	1	5.6×10^{-2}	1.25
（乙二酸）			2	1.5×10^{-4}	3.81
己二酸	Adipic acid	$(CH_2CH_2COOH)_2$	1	3.9×10^{-5}	4.41(18℃)
			2	3.9×10^{-6}	5.41(18℃)
丙二酸	Malonic acid	$CH_2(COOH)_2$	1	1.4×10^{-3}	2.85
			2	2.0×10^{-6}	5.70
丁二酸	Succinic acid	$(CH_2COOH)_2$	1	6.2×10^{-5}	4.21
（琥珀酸）			2	2.3×10^{-6}	5.64
马来酸(顺式丁烯二酸)	Maleic acid	$C_2H_2(COOH)_2$	1	1.2×10^{-2}	1.92
			2	5.9×10^{-7}	6.23
富马酸(反式丁烯二酸)	Fumaric acid	$C_2H_2(COOH)_2$	1	9.5×10^{-4}	3.02
			2	4.2×10^{-5}	4.38
邻苯二甲酸	Phthalic acid	$C_6H_4(COOH)_2$	1	1.1×10^{-3}	2.94
			2	3.7×10^{-6}	5.43
酒石酸	*meso*-Tartaric acid	$(CHOHCOOH)_2$	1	6.8×10^{-4}	3.17
			2	1.2×10^{-5}	4.91
水杨酸(邻羟基苯甲酸)	Salicylic acid	$C_6H_4OHCOOH$	1	1.0×10^{-3}	2.98(20℃)
	2-Hydroxybenzoic acid		2	2.5×10^{-14}	13.6(20℃)
苹果酸	Malic acid	$HOCHCH_2(COOH)_2$	1	4.0×10^{-4}	3.40
（羟基丁二酸）			2	7.8×10^{-6}	5.11
柠檬酸	Citric acid	$C_3H_4OH(COOH)_3$	1	7.4×10^{-4}	3.13
			2	1.7×10^{-5}	4.76
			3	4.0×10^{-7}	6.40
抗坏血酸	*L*-Ascorbic acid	$C_6H_8O_6$	1	9.1×10^{-5}	4.04
			2	2.0×10^{-12}	11.7(16℃)
苯酚	Phenol	C_6H_5OH		1.0×10^{-10}	9.99
羟基乙酸	Glycolic acid	$HOCH_2COOH$		1.5×10^{-4}	3.83
对羟基苯甲酸	*p*-Hydroxy-benzoic acid	HOC_6H_5COOH	1	3.3×0^{-5}	4.48(19℃)
			2	4.8×10^{-10}	9.32(19℃)
甘氨酸	Glycine	H_2NCH_2COOH	1	4.5×10^{-3}	2.35
（乙氨酸）			2	1.7×10^{-10}	9.78
丙氨酸	*L*-Alanine	H_3CCHNH_2COOH	1	4.6×10^{-3}	2.34
			2	1.3×10^{-10}	9.87
丝氨酸	*L*-Serine	$HOCH_2CHNH_2COOH$	1	6.5×10^{-3}	2.19

化合物	英文名称	化学式	级	K_a	pK_a
			2	6.2×10^{-10}	9.21
苏氨酸	*L*-Threonine	$H_3CCHOHCHNH_2COOH$	1	8.1×10^{-3}	2.09
			2	7.9×10^{-10}	9.10
蛋氨酸	*L*-Methionine	$H_3CSC_3H_5NH_2COOH$	1	7.4×10^{-3}	2.13
			2	5.4×10^{-10}	9.27
谷氨酸	*L*-Glutamic acid	$C_3H_5NH_2(COOH)_2$	1	7.4×10^{-3}	2.13
			2	4.9×10^{-5}	4.31
			3	2.1×10^{-10}	9.67
苦味酸（2,4,6-三硝基酚）	Picric acid 2,4,6-Trinitrophenol	$C_6H_2OH(NO_2)_3$		0.38	0.42
乙二胺四乙酸*	Ethylenediamine-tetraacetic acid	$(HOOCCH_2)_2^+NCH_2-CH_2^+N(CH_2COOH)_2$	1	0.1	0.9
			2	2.5×10^{-2}	1.6
			3	1.0×10^{-2}	2.0
			4	2.1×10^{-3}	2.67
			5	6.9×10^{-7}	6.16
			6	5.5×10^{-11}	10.3

有机碱

化合物	英文名称	化学式	级	K_a	pK_a
甲胺	Methylamine	CH_3NH_2		2.0×10^{-11}	10.7
正丁胺	Butylamine	$CH_3(CH_2)_3NH_2$		2.5×10^{-11}	10.6
二乙胺	Diethylamine	$(C_2H_5)_2NH$		1.6×10^{-11}	10.8
二甲胺	Dimethylamine	$(CH_3)_2NH$		2.0×10^{-11}	10.7
乙胺	Ethylamine	$C_2H_5NH_2$		2.5×10^{-11}	10.6
乙二胺	1,2-Ethanediamine	$H_2NCH_2CH_2NH_2$	1	1.2×10^{-10}	9.92
			2	1.4×10^{-7}	6.86
三乙胺	Triethylamine	$(C_2H_5)_3N$		1.6×10^{-11}	10.8
六次甲基四胺*	Hexamethylene-tetramine	$(CH_2)_6N_4$		7.1×10^{-6}	5.15
乙醇胺	Ethanolamine	$HOCH_2CH_2NH_2$		3.2×10^{-10}	9.50
苯胺	Aniline	$C_6H_5NH_2$		1.3×10^{-5}	4.87
联苯胺	*p*-Benzidine	$(C_6H_4NH_2)_2$	1	2.2×10^{-5}	4.65(20℃)
			2	3.7×10^{-4}	3.43(20℃)
α-萘胺	*1*-Naphthylamine	$C_{10}H_9N$		1.2×10^{-4}	3.92
β-萘胺	*2*-Naphthylamine	$C_{10}H_9N$		6.9×10^{-5}	4.16
对甲氧基苯胺	*p*-Anisidine	$CH_3OC_6H_4NH_2$		4.5×10^{-5}	4.35
尿素	Urea	NH_2CONH_2		0.79	0.10
吡啶	Pyridine	C_5H_5N		5.9×10^{-6}	5.23
马钱子碱	Brucine	$C_{23}H_{26}N_2O_4$	1	9.1×10^{-7}	6.04
			2	7.9×10^{-12}	11.1
可待因	Codeine	$C_{18}H_{21}NO_3$		6.2×10^{-9}	8.21
吗啡	Morphine	$C_{17}H_{19}NO_3$	1	6.2×10^{-9}	8.21
			2	1.4×10^{-10}	9.85(20℃)
烟碱	*L*-Nicotine	$C_{10}H_{14}N_2$	1	9.5×10^{-9}	8.02
			2	7.6×10^{-4}	3.12
毛果云香碱	Pilocarpine	$C_{11}H_{16}N_2O_2$	1	2.5×10^{-2}	1.60
			2	1.3×10^{-7}	6.90
8-羟基喹啉	8-Quinolinol	$C_9H_6N(OH)$	1	1.2×10^{-5}	4.91
			2	1.6×10^{-10}	9.81
奎宁	Quinine	$C_{20}H_{24}N_2O_2$	1	3.0×10^{-9}	8.52
			2	7.4×10^{-5}	4.13
番木鳖碱（士的宁）	Strychnine	$C_{21}H_{22}N_2O_2$		5.5×10^{-9}	8.26

注：数据录自 David R.Lide "Handbook of Chemistry and Physics".86th.Ed.CRC Press 2005-2006。

* 数据录自武汉大学主编，分析化学．第四版．高等教育出版社．(P.320)。

附表6 金属配合物的稳定常数

金属离子	离子强度 I	n	$\lg\beta_n$
氨配合物			
Ag^+	0.1	1, 2	3.40, 7.40
Cd^{2+}	0.1	1, ..., 6	2.60, 4.65, 6.04, 6.92, 6.6, 4.9
Co^{2+}	0.1	1, ..., 6	2.05, 3.62, 4.61, 5.31, 5.43, 4.75
Cu^{2+}	2	1, ..., 4	4.13, 7.61, 10.48, 12.59
Ni^{2+}	0.1	1, ..., 6	2.75, 4.95, 6.64, 7.79, 8.50, 8.49
Zn^{2+}	0.1	1, ..., 4	2.27, 4.61, 7.01, 9.06
氟配合物			
Al^{3+}	0.53	1, ..., 6	6.1, 11.15, 15.0, 17.7, 19.4, 19.7
Fe^{3+}	0.5	1, 2, 3	5.2, 9.2, 11.9
Th^{4+}	0.5	1, 2, 3	7.7, 13.5, 18.0
TiO^{2+}	3	1, ..., 4	5.4, 9.8, 13.7, 17.4
Sn^{4+}	*	6	25
Zr^{4+}	2	1, 2, 3	8.8, 16.1, 21.9
氯配合物			
Ag^+	0.2	1, ..., 4	3.04, 5.04, 5.04, 5.30
Hg^{2+}	0.5	1, ..., 4	6.7, 13.2, 14.1, 15.1
碘配合物			
Cd^{2+}	*	1, ..., 4	2.4, 3.4, 5.0, 6.15
Hg^{2+}	0.5	1, ..., 4	12.9, 23.8, 27.6, 29.8
氰配合物			
Ag^+	0~0.3	1, ..., 4	−, 21.1, 21.8, 20.7
Hg^{2+}	3	1, ..., 4	5.5, 10.6, 15.3, 18.9
Cu^{2+}	0	1, ..., 4	−, 24.0, 28.6, 30.3
Fe^{2+}	0	6	35
Fe^{3+}	0	6	42
Hg^{2+}	0.1	1, ..., 4	18.0, 34.7, 38.5, 1.5
Ni^{2+}	0.1	4	31.3
Zn^{2+}	0.1	4	16.7
硫氰酸配合物			
Fe^{2+}	*	1, ..., 5	2.3, 4.2, 5.6, 6.4, 6.4
Hg^{2+}	0.1	1, ..., 4	−, 16.1, 19.0, 20.9

続表

金属离子	离子强度 I	n	$\lg\beta_n$
硫代硫酸配合物			
Ag^+	0	1, 2	8.82, 13.5
Hg^{2+}	0	1, 2	29.86, 32.26
枸橼酸配合物			
Al^{3+}	0.5	1	20.0
Cu^{2+}	0.5	1	18
Fe^{3+}	0.5	1	25
Ni^{2+}	0.5	1	14.3
Pb^{2+}	0.5	1	12.3
Zn^{2+}	0.5	1	11.4
磺基水杨酸配合物			
Al^{3+}	0.1	1, 2, 3	12.9, 22.9, 29.0
Fe^{3+}	3	1, 2, 3	14.4, 25.2, 32.2
乙酰丙酮配合物			
Al^{3+}	0.1	1, 2, 3	8.1, 15.7, 21.2
Cu^{2+}	0.1	1, 2	7.8, 14.3
Fe^{3+}	0.1	1, 2, 3	9.3, 17.9, 25.1
邻二氮菲配合物			
Ag^+	0.1	1, 2	5.02, 12.07
Cd^{2+}	0.1	1, 2, 3	6.4, 11.6, 15.8
Co^{2+}	0.1	1, 2, 3	7.0, 13.7, 20.1
Cu^{2+}	0.1	1, 2, 3	9.1, 15.8, 21.0
Fe^{3+}	0.1	1, 2, 3	5.9, 11.1, 21.3
Hg^{2+}	0.1	1, 2, 3	—, 19.65, 23.35
Ni^{2+}	0.1	1, 2, 3	8.8, 17.1, 24.8
Zn^{2+}	0.1	1, 2, 3	6.4, 12.15, 17.0
乙二胺配合物			
Ag^+	0.1	1, 2	4.7, 7.7
Cd^{2+}	0.1	1, 2	5.47, 10.02
Cu^{2+}	0.1	1, 2	10.55, 19.60
Co^{2+}	0.1	1, 2, 3	5.89, 10.72, 13.82
Hg^{2+}	0.1	1, 2	14.3, 23.42
Ni^{2+}	0.1	1, 2, 3	7.66, 14.06, 18.59
Zn^{2+}	0.1	1, 2, 3	5.71, 10.37, 12.08

注:"*"表示"未确定";"—"表示"未测到"。

附表7 一些金属离子的 $\lg\alpha_{M(OH)}$

金属离子	离子强度	pH												
		1	2	3	4	5	6	7	8	9	10	11	12	13	14
Al^{3+}	2					0.4	1.3	5.3	9.3	13.3	17.3	21.3	25.3	29.3	33.3
Bi^{3+}	3	0.1	0.5	1.4	2.4	3.4	4.4	5.4							
Ca^{2+}	0.1													0.3	1.0
Cd^{2+}	3								0.1	0.5	2.0	4.5	8.1	12.0
Co^{2+}	0.1								0.1	0.4	1.1	2.2	4.2	7.2	10.2
Cu^{2+}	0.1								0.2	0.8	1.2	2.7	3.7	4.7	5.7
Fe^{2+}	1									0.1	0.6	1.5	2.5	3.5	4.5
Fe^{3+}	3			0.4	1.8	3.7	5.7	7.7	9.7	11.7	13.7	15.7	17.7	19.7	21.7
Hg^{2+}	0.1			0.5	1.9	3.9	5.9	7.9	9.9	11.9	13.9	15.9	17.9	19.9	21.9
La^{3+}	3										0.3	1.0	1.9	2.9	3.9
Mg^{2+}	0.1											0.1	0.5	1.3	2.3
Mn^{2+}	0.1										0.1	0.5	1.4	2.4	3.4
Ni^{2+}	0.1									0.1	0.7	1.6			
Pb^{2+}	0.1						0.1	0.5	1.4	2.7	4.7	7.4	10.4	13.4	
Th^{4+}	1			0.2	0.8	1.7	2.7	3.7	4.7	5.7	6.7	7.7	8.7	9.7	
Zn^{2+}	0.1									0.2	2.4	5.4	8.5	11.8	15.5

附表8 金属指示剂的 $\lg\alpha_{In(H)}$ 与 pM_t

1. 铬黑T

pH	6.0	7.0	8.0	9.0	10.0	11.0	12.0	13.0	稳定常数
$\lg\alpha_{In(H)}$	6.0	4.6	3.6	2.6	1.6	0.7	0.1		$\lg K^H_{HIn}$ 11.6；$\lg K^H_{H_2In}$ 6.3
pCa_t(至红)			1.8	2.8	3.8	4.7	5.3	5.4	$\lg K_{CaIn}$ 5.4
pMg_t(至红)	1.0	2.4	3.4	4.4	5.4	6.3			$\lg K_{MgIn}$ 7.0
pZn_t(至红)	6.9	8.3	9.3	10.5	12.2	13.9			$\lg K_{ZnIn}$ 12.9

2. 紫脲酸胺

pH	6.0	7.0	8.0	9.0	10.0	11.0	12.0	稳定常数
$\lg\alpha_{In(H)}$	7.7	5.7	3.7	1.9	0.7	0.1		$\lg K^H_{HIn}$ 10.5
$\lg\alpha_{HIn(H)}$	3.2	2.2	1.2	0.4	0.2	0.6	1.5	$\lg K^H_{H_2In}$ 9.2
pCa_t(至红)		2.6	2.8	3.4	4.0	4.6	5.0	$\lg K_{CaIn}$ 5.0
pCu_t(至红)	6.4	8.2	10.2	12.2	13.6	15.8	17.9	
pNi_t(至红)	4.6	5.2	6.2	7.8	9.3	10.3	11.3	

3．二甲酚橙

pH	1.0	2.0	3.0	4.0	4.5	5.0	5.5	6.0	6.5	7.0
pBi$_t$（至红）	4.0	5.4	6.8							
pCd$_t$（至红）					4.0	4.5	5.0	5.5	6.3	6.8
pHg$_t$（至红）						7.4	8.2	9.0		
pLa$_t$（至红）					4.0	4.5	5.0	5.6	6.7	
pPb$_t$（至红）			4.2	4.8	6.2	7.0	7.6	8.2		
pTh$_t$（至红）	3.6	4.9	6.3							
pZn$_t$（至红）					4.1	4.8	5.7	6.5	7.3	8.0
pZr$_t$（至红）	7.5									

4．PAN

pH	4.0	5.0	6.0	7.0	8.0	9.0	10.0	11.0	稳定常数（20%二氧六环）
lg$\alpha_{In(H)}$	8.2	7.2	6.2	5.2	4.2	3.2	2.2	1.2	lgK_{HIn}^{H} 12.2；lg$K_{H_2In}^{H}$ 1.9
pCu$_t$（至红）	7.8	8.8	9.8	10.8	11.8	12.8	13.8	14.8	lgK_{CuI} 16.0

注：以上二甲酚橙与各金属配合物的pM$_t$均系实验测得。

附表9　标准电极电位表（18～25℃）

半反应	E^0（V）
$F_2(气)+2H^++2e \Longleftrightarrow 2HF$	3.06
$O_3+2H^++2e \Longleftrightarrow H_2O+O_2$	2.07
$S_2O_8^{2-}+2e \Longleftrightarrow 2SO_4^{2-}$	2.01
$H_2O_2+2H^++2e \Longleftrightarrow 2H_2O$	1.77
$PbO_2(固)+SO_4^{2-}+4H^++2e \Longleftrightarrow PbSO_4(固)+2H_2O$	1.685
$Au^++e \Longleftrightarrow Au$	1.68
$HClO_2+2H^++2e \Longleftrightarrow HClO+H_2O$	1.64
$HClO+H^++e \Longleftrightarrow 1/2Cl_2+H_2O$	1.63
$Ce^{4+}+e \Longleftrightarrow Ce^{3+}$	1.61
$H_5IO_6+H^++2e \Longleftrightarrow IO_3^-+3H_2O$	1.60
$HBrO+H^++e \Longleftrightarrow 1/2Br_2+H_2O$	1.59
$BrO_3^-+6H^++5e \Longleftrightarrow 1/2Br_2+3H_2O$	1.52
$MnO_4^-+8H^++5e \Longleftrightarrow Mn^{2+}+4H_2O$	1.51
$Au(Ⅲ)+3e \Longleftrightarrow Au$	1.50
$HClO+H^++2e \Longleftrightarrow Cl^-+H_2O$	1.49
$ClO_3^-+6H^++5e \Longleftrightarrow 1/2Cl_2+3H_2O$	1.47
$PbO_2(固)+4H^++2e \Longleftrightarrow Pb^{2+}+2H_2O$	1.455
$HIO+H^++e \Longleftrightarrow 1/2I_2+H_2O$	1.45

半反应	E^0(V)
$ClO_3^- + 6H^+ + 6e \Longrightarrow Cl^- + 3H_2O$	1.45
$BrO_3^- + 6H^+ + 6e \Longrightarrow Br^- + 3H_2O$	1.44
$Au(III) + 2e \Longrightarrow Au(I)$	1.41
$Cl_2(气) + 2e \Longrightarrow 2Cl^-$	1.359 5
$ClO_4^- + 8H^+ + 7e \Longrightarrow 1/2Cl_2 + 4H_2O$	1.34
$Cr_2O_7^{2-} + 14H^+ + 6e \Longrightarrow 2Cr^{3+} + 7H_2O$	1.33
$MnO_2(固) + 4H^+ + 2e \Longrightarrow Mn^{2+} + 2H_2O$	1.23
$O_2(气) + 4H^+ + 4e \Longrightarrow 2H_2O$	1.229
$IO_3^- + 6H^+ + 5e \Longrightarrow 1/2I_2 + 3H_2O$	1.20
$ClO_4^- + 2H^+ + 2e \Longrightarrow ClO_3^- + 3H_2O$	1.19
$AuCl_2^- + e \Longrightarrow Au + 2Cl^-$	1.11
$Br_2(水) + 2e \Longrightarrow 2Br^-$	1.087
$NO_2 + H^+ + e \Longrightarrow HNO_2$	1.07
$Br_3^- + 2e \Longrightarrow 3Br^-$	1.05
$HNO_2 + H^+ + e \Longrightarrow NO(气) + H_2O$	1.00
$VO_2^+ + 2H^+ + e \Longrightarrow VO^{2+} + H_2O$	1.00
$AuCl_4^- + 3e \Longrightarrow Au + 4Cl^-$	0.99
$HIO + H^+ + 2e \Longrightarrow I^- + H_2O$	0.99
$AuBr_2^- + e \Longrightarrow Au + 2Br^-$	0.96
$NO_3^- + 3H^+ + 2e \Longrightarrow HNO_2 + H_2O$	0.94
$ClO^- + H_2O + 2e \Longrightarrow Cl^- + 2OH^-$	0.89
$H_2O_2 + 2e \Longrightarrow 2OH^-$	0.88
$AuBr_4^- + 3e \Longrightarrow Au + 4Br^-$	0.87
$Cu^{2+} + I^- + e \Longrightarrow CuI(固)$	0.86
$Hg_2^{2+} + 2e \Longrightarrow 2Hg$	0.845
$AuBr_4^- + e \Longrightarrow AuBr_2^- + 2Br^-$	0.82
$NO_3^- + 2H^+ + e \Longrightarrow NO_2 + H_2O$	0.80
$Ag^+ + e \Longrightarrow Ag$	0.799
$Hg_2^{2+} + 2e \Longrightarrow 2Hg$	0.793
$Fe^{3+} + e \Longrightarrow Fe^{2+}$	0.771
$BrO^- + H_2O + 2e \Longrightarrow Br^- + 2OH^-$	0.76
$O_2(气) + 2H^+ + 2e \Longrightarrow H_2O_2$	0.682
$AsO_2^- + 2H_2O + 3e \Longrightarrow As + 4OH^-$	0.68
$2HgCl_2 + 2e \Longrightarrow Hg_2Cl_2(固) + 2Cl^-$	0.63
$Hg_2SO_4(固) + 2e \Longrightarrow 2Hg + SO_4^{2-}$	0.615 1
$MnO_4^- + 2H_2O + 3e \Longrightarrow MnO_2(固) + 4OH^-$	0.588

半反应	$E^0(V)$
$MnO_4^- + e \Longrightarrow MnO_4^{2-}$	0.564
$H_3AsO_4 + 2H^+ + 2e \Longrightarrow H_3AsO_3 + H_2O$	0.559
$I_3^- + 2e \Longrightarrow 3I^-$	0.545
$I_2(固) + 2e \Longrightarrow 2I^-$	0.534 5
$Mo(VI) + e \Longrightarrow Mo(V)$	0.53
$Cu^+ + e \Longrightarrow Cu$	0.52
$4H_2SO_3 + 4H^+ + 6e \Longrightarrow S_4O_6^{2-} + 6H_2O$	0.51
$HgCl_4^{2-} + 2e \Longrightarrow Hg + 4Cl^-$	0.48
$2H_2SO_3 + 2H^+ + 4e \Longrightarrow S_2O_3^{2-} + H_2O$	0.40
$Fe(CN)_6^{3-} + e \Longrightarrow Fe(CN)_6^{4-}$	0.356
$Cu^{2+} + 2e \Longrightarrow Cu$	0.337
$VO^{2+} + 2H^+ + e \Longrightarrow V^{3+} + H_2O$	0.337
$BiO^+ + 2H^+ + 3e \Longrightarrow Bi + H_2O$	0.32
$Hg_2Cl_2(固) + 2e \Longrightarrow 2Hg + 2Cl^-$	0.267 6
$HAsO_2 + 3H^+ + 3e \Longrightarrow As + 2H_2O$	0.218
$AgCl(固) + e \Longrightarrow Ag + Cl^-$	0.222 3
$SbO^+ + 2H^+ + 3e \Longrightarrow Sb + H_2O$	0.212
$SO_4^{2-} + 4H^+ + 2e \Longrightarrow SO_2(水) + 2H_2O$	0.17
$Cu^{2+} + e \Longrightarrow Cu^+$	0.159
$Sn^{4+} + 2e \Longrightarrow Sn^{2+}$	0.154
$S + 2H^+ + 2e \Longrightarrow H_2S(气)$	0.141
$Hg_2Br_2 + 2e \Longrightarrow 2Hg + 2Br^-$	0.139 5
$TiO^{2+} + 2H^+ + e \Longrightarrow Ti^{3+} + H_2O$	0.1
$S_4O_6^{2-} + 2e \Longrightarrow 2S_2O_3^{2-}$	0.08
$AgBr(固) + e \Longrightarrow Ag + Br^-$	0.071
$2H^+ + 2e \Longrightarrow H_2$	0.000
$O_2 + H_2O + 2e \Longrightarrow HO_2^- + OH^-$	-0.067
$Pb^{2+} + 2e \Longrightarrow Pb$	-0.126
$Sn^{2+} + 2e \Longrightarrow Sn$	-0.136
$AgI(固) + e \Longrightarrow Ag + I^-$	-0.152
$Ni^{2+} + 2e \Longrightarrow Ni$	-0.246
$H_3PO_4 + 2H^+ + 2e \Longrightarrow H_3PO_3 + H_2O$	-0.276
$Co^{2+} + 2e \Longrightarrow Co$	-0.277
$Tl^+ + e \Longrightarrow Tl$	$-0.336\ 0$

半反应	$E^0(V)$
$In^{3+} + 3e \rightleftharpoons In$	-0.345
$PbSO_4(固) + 2e \rightleftharpoons Pb + SO_4^{2-}$	-0.3553
$SeO_2^{2-} + 3H_2O + 4e \rightleftharpoons Se + 6OH^-$	-0.366
$As + 3H^+ + 3e \rightleftharpoons AsH_3$	-0.38
$Se + 2H^+ + 2e \rightleftharpoons H_2Se$	-0.40
$Cd^{2+} + 2e \rightleftharpoons Cd$	-0.403
$Cr^{3+} + e \rightleftharpoons Cr^{2+}$	-0.41
$Fe^{2+} + 2e \rightleftharpoons Fe$	-0.440
$S + 2e \rightleftharpoons S^{2-}$	-0.48
$2CO_2 + 2H^+ + 2e \rightleftharpoons H_2C_2O_4$	-0.49
$H_3PO_3 + 2H^+ + 2e \rightleftharpoons H_3PO_2 + H_2O$	-0.50
$Sb + 3H^+ + 3e \rightleftharpoons SbH_3$	-0.51
$HPbO_2^- + H_2O + 2e \rightleftharpoons Pb + 3OH^-$	-0.54
$Ga^{3+} + 3e \rightleftharpoons Ga$	-0.56
$TeO_3^{2-} + 2H_2O + 4e \rightleftharpoons Te + 6OH^-$	-0.57
$2SO_3^{2-} + 3H_2O + 4e \rightleftharpoons S_2O_3^{2-} + 6OH^-$	-0.58
$SO_3^{2-} + 3H_2O + 4e \rightleftharpoons S + 6OH^-$	-0.66
$AsO_4^{3-} + 2H_2O + 2e \rightleftharpoons AsO_2^- + 4OH^-$	-0.67
$Ag_2S(固) + 2e \rightleftharpoons 2Ag + S^{2-}$	-0.69
$Cr^{2+} + 2e \rightleftharpoons Cr$	-0.91
$HSnO_2^- + H_2O + 2e \rightleftharpoons Sn + 3OH^-$	-0.91
$Se + 2e \rightleftharpoons Se^{2-}$	-0.92
$Sn(OH)_6^{2-} + 2e \rightleftharpoons HSnO_2^- + H_2O + 3OH^-$	-0.93
$CNO^- + H_2O + 2e \rightleftharpoons CN^- + 2OH^-$	-0.97
$Mn^{2+} + 2e \rightleftharpoons Mn$	-1.182
$ZnO_2^{2-} + 2H_2O + 2e \rightleftharpoons Zn + 4OH^-$	-1.216
$Al^{3+} + 3e \rightleftharpoons Al$	-1.66
$H_2AlO_3^- + H_2O + 3e \rightleftharpoons Al + 4OH^-$	-2.35
$Mg^{2+} + 2e \rightleftharpoons Mg$	-2.37
$Na^+ + e \rightleftharpoons Na$	-2.714
$Ca^{2+} + 2e \rightleftharpoons Ca$	-2.87
$Sr^+ + 2e \rightleftharpoons Sr$	-2.89
$Ba^+ + 2e \rightleftharpoons Ba$	-2.90
$K^+ + e \rightleftharpoons K$	-2.925
$Li^+ + e \rightleftharpoons Li$	-3.042

附表10　主要基团的红外特征吸收峰

基团	振动类型	波数	波长	强度	备注
一、烷烃类	CH 伸	3 000～2 850	3.33～3.51	中、强	分为反称与对称伸缩
	CH 弯（面内）	1 490～1 350	6.70～7.41	中、强	不特征，异丙基及异丁基
	C—C 伸（骨架振动）	1 250～1 140	8.00～8.77	中、强	
1．—CH₃	CH 伸（反称）	2 962±10	3.38±0.01	强	分裂为三个峰，此峰最有用
	CH 伸（对称）	2 872±10	3.48±0.01	强	共振时，分裂为二个峰，此
	CH 弯（反称，面内）	1 450±20	6.90±0.01	中	为平均值
	CH 弯（对称，面内）	1 380～1 365	7.25～7.33	强	
2．—CH₂—	CH 伸（反称）	2 962±10	3.42±0.01	强	
	CH 伸（对称）	2 853±10	3.51±0.01	强	
	CH 弯（面内）	1 465±20	6.83±0.01	中	
3．—CH—	CH 伸	2 890±10	3.46±0.01	弱	
	CH 弯（面内）	～1 340	～7.46	弱	
二、烯烃类	CH 伸	3 100～3 000	3.23～3.33	中、弱	C=C=C 为 2 000
	C=C 伸	1 695～1 630	5.90～6.13	变	～1 925cm⁻¹
	CH 弯（面内）	1 430～1 290	7.00～7.75	中	（5.0～5.2μm）
	CH 弯（面外）	1 010～650	9.90～15.4	强	中间有数段间隔
1．顺式	CH 伸	3 050～3 000	3.28～3.33	中	
	CH 弯（面内）	1 310～1 295	7.63～7.72	中	
	CH 弯（面外）	730～650	13.70～15.38	强	
2．反式	CH 伸	3 050～3 000	3.28～3.33	中	
	CH 弯（面外）	980～965	10.20～10.36	强	
3．单取代	CH 伸（反称）	3 092～3 077	3.23～3.25	中	
—CH=CH₂	CH 伸（对称）	3 025～3 012	3.31～3.32	中	
	CH 弯（面外）	995～985	10.05～10.15	强	
	CH₂ 弯（面外）	910～905	10.99～11.05	强	
三、炔烃类	CH 伸	～3 300	～3.03	中	
	C≡C 伸	2 270～2 100	4.41～4.76	中	
	CH 弯（面内）	1 260～1 245	5.94～8.03		由于此位置峰多，故无应用
	CH 弯（面外）	645～615	15.50～16.25	强	价值
四、取代苯类	CH 伸	3 100～3 000	3.23～3.33	变	一般三、四个峰
	泛频峰	2 000～1 667	5.00～6.00	弱	苯环高度特征峰
	骨架振动（γ_{C=C}）	1 650～1 430	6.06～6.99	中、强	
	CH 弯（面内）	1 250～1 000	8.00～10.00	弱	确定苯环存在最重要峰之一
	CH 弯（面外）	910～665	10.99～15.03	强	确定取代位置最重要吸收峰
	苯环的骨架振动	1 600±20	6.25±0.08		
	（γ_{C=C}）	1 500±25	6.67±0.10		
		1 580±10	6.33±0.04		共轭
		1 450±20	6.90±0.10		共轭

基团	振动类型	波数	波长	强度	备注
1. 单取代	CH 弯（面外）	770～730	12.99～13.70	极强	五个相邻氢
	C＝C 弯	710～695	14.08～14.39	强	环变形振动
2. 邻双取代	CH 弯（面外）	770～730	12.99～13.70	极强	四个相邻氢
	C＝C 弯	730～690	13.70～14.49	弱①	环变形振动
3. 间双取代	CH 弯（面外）	810～750	12.35～13.33	极强	三个相邻氢
	C＝C 弯	900～860	11.12～11.63	中	一个氢（次要）
		710～690	14.08～14.49	中	环变形振动
4. 对双取代	CH 弯（面外）	860～800	11.63～12.50	极强	两个相邻氢
	C＝C 弯	730～690	13.70～14.49	弱①	环变形振动
5. 1，2，3 三取代	CH 弯（面外）	810～750	12.35～13.33	强	三个相邻氢与间双易混，参考 δ_{CH} 及泛频峰
	C＝C 弯	725～680	13.79～14.71	中	环变形振动
6. 1，3，5 三取代	CH 弯（面外）	874～835	11.44～11.98	强	一个氢
	C＝C 弯	730～675	13.70～14.81	强	环变形振动
7. 1，2，4 三取代	CH 弯（面外）	885～860	11.30～11.63	中	一个氢
		860～800	11.63～12.50	强	二个相邻氢
	C＝C 弯（面外）	750～700	13.33～14.29	很弱或无	
*8. 1，2，3，4 四取代	CH 弯（面外）	860～800	11.63～12.50	强	二个相邻氢
*9. 1，2，4，5 四取代	CH 弯（面外）	860～800	11.63～12.50	强	一个氢
*10. 1，2，3，5 四取代	CH 弯（面外）	865～810	11.56～12.35	强	一个氢
	C＝C 弯（面外）	730～675	13.70～14.81	中	环变形振动
*11. 五取代	CH 弯（面外）	～860	～11.63	强	一个氢
	C＝C 弯（面外）	710～695	14.08～14.30	弱	环变形振动
五、醇与酚类	OH 伸	3 700～3 200	2.70～3.13	变	
	OH 弯（面内）	1 410～1 260	7.09～7.93	弱	液态有此峰
	C—O 伸	1 260～1 000	7.94～10.00	强	
	O—H 弯（面外）	750～650	13.33～15.38	强	
（1）OH 伸缩频率					
游离 OH	OH 伸	3 650～3 590	2.74～2.79	强	锐峰
分子间氢键	OH 伸（二聚缔合）	～3 500	～2.86	强	钝峰（稀释移动）
分子间氢键	OH 伸（多聚缔合）	～3 320	～3.01	强	钝峰（稀释移动）
分子内氢键	OH 伸（单桥）	3 570～3 450	2.80～2.90	强	钝峰（稀释无影响）
（2）OH 弯或 C-O 伸					
伯醇（饱和）	OH 弯（面内）	～1 400	～7.14	强	
	C—O 伸	1 250～1 000	8.00～10.00	强	Φ-O 伸即芳环上 γ_{C-O}
仲醇（饱和）	OH 弯（面内）	～1 400	～7.14	强	
	C—O 伸	1 125～1 000	8.89～10.00	强	
叔醇（饱和）	OH 弯（面内）	～1 400	～7.14	强	
	C—O 伸	1 210～1 100	8.26～9.09	强	
酚类（ΦOH）	OH 弯（面内）	1 390～1 330	7.20～7.52	中	
	φ—O 伸	1 260～1 180	7.94～8.47	强	

基团	振动类型	波数	波长	强度	备注
六、醛类 (—CHO)	CH 伸	2 850~2 710	3.51~3.69	弱	一般为~2 820cm^{-1}
	C=O 伸	1 755~1 665	5.70~6.00	很强	及~2 720cm^{-1} 两个谱
	CH 弯(面外)	975~780	10.26~12.80	中	带
1. 饱和脂肪醛	C=O 伸	~1 725	~5.80	强	CH 伸、CH 弯同上
	C—C 伸	1 440~1 325	6.95~7.55	中	
2. α,β- 不饱和醛	C=O 伸	~1 685	~5.93	强	CH 伸、CH 弯同上
3. 芳醛	C=O 伸	~1 695	~5.90	强	CH 伸、CH 弯同上
	C—C 伸	1 415~1 350	7.07~7.41	中	与芳环上取代基有关
	C—C 伸	1 320~1 260	7.58~7.94	中	与芳环上取代基有关
	C—C 伸	1 230~1 160	8.13~8.62	中	与芳环上取代基有关
七、酮类 (C=O)	C=O 伸	1 700~1 630	5.78~6.13	极强	
	C—C 伸	1 250~1 030	8.00~9.70	弱	
	泛频	3 510~3 390	2.85~2.95	很弱	
1. 脂酮 (1)饱和链状酮	C=O 伸	1 725~1 705	5.80~5.86	强	由于 C=O 与 C=C
(2)α,β- 不饱和酮	C=O 伸	1 690~1 675	5.92~5.97	强	共轭而降低 40cm^{-1}
(3)β 二酮(烯醇类)	C=O 伸	1 640~1 540	6.10~6.49	强	宽,共轭螯合作用, 非正常羰基峰
2. 芳酮类	C=O 伸	1 700~1 630	5.88~6.14	强	很宽的谱带可能是
	C—C 伸	1 325~1 215	7.55~8.23	强	$\gamma_{C=O}$ 与其他部分振动 的耦合或用 C—C—C 表示
(1)Ar-CO	C=O 伸	1 690~1 680	5.92~5.95	强	
(2)二芳基酮	C=O 伸	1 670~1 660	5.99~6.02	强	
(3)1- 酮基 -2- 羧基(或氨基)芳酮	C=O 伸	1 665~1 635	6.01~6.12	强	
八、醚类	C—O—C 伸	1 270~1 010	7.87~9.90	强	或标 C—O 伸(下同)
1. 脂肪醚 a. 饱和醚	C—O—C 伸	1 150~1 060	8.70~9.43	强	
b. 不饱和醚 CH$_2$=CH—O—CH$_2$R	C—O—C 伸	1 225~1 200	8.16~8.33	强	
2. 脂环醚 a. 四元环	C—O—C 伸(反称)	~1 030	~9.71	强	
	C—O—C 伸(对称)	~980	~10.20	强	
b. 五元环	C—O—C 伸(反称)	~1 050	~9.52	强	
	C—O—C 伸(对称)	~900	~11.11	强	
c. 更大环	C—O—C 伸	~1 100	~9.09	强	
3. 芳醚(氧与芳环相连)	=C—O—C 伸(反称)	1 270~1 230	7.87~8.13	强	氧与侧链碳相连的芳 醚
	=C—O—C 伸(对称)	1 050~1 000	9.52~10.00	中	
	CH 伸	~2 825	~3.53	弱	同酯醚 含—CH$_3$ 的芳醚 (O—CH$_3$)

基团	振动类型	波数	波长	强度	备注
九、羧酸类 （—COOH）	OH 伸	3 400~2 500	2.94~4.00	中	在稀溶液中，单体酸为锐峰在～3 350cm⁻¹；二聚体为宽峰，以～3 000cm⁻¹为中心
	C＝O 伸	1 740~1 650	5.75~6.06	强	
	OH 弯（面内）	~1 430	~6.99	弱	
	C—O 伸	~1 300	~7.69	中	
	OH 弯（面外）	950~900	10.53~11.11	弱	二聚体
1. 脂肪酸					
（1）R-COOH	C＝O 伸	1 725~1 700	5.80~5.88	强	
（2）α 卤代脂肪酸	C＝O 伸	1 740~1 705	5.75~5.87	强	
（3）α, β- 不饱和酸	C＝O 伸	1 705~1 690	5.87~5.91	强	
2. 芳酸	C＝O 伸	1 700~1 680	5.88~5.95	强	二聚体
	C＝O 伸	1 670~1 650	5.99~6.06	强	分子内氢键

附表 11　各类质子的化学位移

附表 11-1　质子典型的化学位移范围简表

基团	化学位移, ppm	基团	化学位移, ppm
（CH₃）₄Si	0	CH₃O	3.3~4.0
R₂NH	0.4~5.0	RCH₂X（X＝Cl, Br, OR）	3.4~3.8
ROH（单体，稀溶液）	0.5	ArOH（聚合的）	4.5~7.7
RNH₂	0.5~2.0	H₂C＝C	4.6~7.7
CH₃C	0.7~1.3	RCH＝CR₂	5.0~6.0
HCCNR₂	1.0~1.8	HNC＝O	5.5~8.5
CH₃CX（X＝F, Cl, Br, I, OH, OR, OAr, N, SH）	1.2~2.0	ArH	6.0~9.5
		RHN	7.1~7.7
RCH₂R	1.2~1.4	苯	7.28
RCHR₂	1.5~1.8	HCOO	8.0~8.2
CH₃C＝C	1.6~1.9	ArHN	8.5~9.5
CH₃C＝O	1.9~2.6	ArCHO	9.0~10.0
HC≡C	2.0~3.1	RCHO	9.4~10.0
CH₃Ar	2.1~2.5	RCHOOH（二聚体，非极性溶剂）	9.7~12.2
CH₃S	2.1~2.8	ArOH（分子内氢键）	10.5~12.5
CH₃N	2.1~3.0	—SO₃H	11.0~13.0
ArSH	2.8~4.0	RCOOH（单体）	11.0~12.2
ROH（聚合的）	3.0~5.2	烯醇	15.0~16.0

注：R 代表一个饱和取代基或 H。

附表 11-2　NMR 常用溶剂中残余质子及 ^{13}C 的化学位移值

名称	分子式	δ_H	峰裂数	δ_C	峰裂数
四氯化碳	CCl_4	—	—	96.0	1
二硫化碳	CS_2	—	—	192.8	1
氯仿 -d₁	$CDCl_3$	7.28	1	77.0	3
丙酮 -d₆	CD_3COCD_3	2.07	5	29.8	7
二甲基亚砜 -d₆	CD_3SOCD_3	2.50	5	39.5	7
甲醇 -d4	CD_3OD	3.34	5	49.0	7
吡啶 -d₅	C_5D_5N	7.2~8.6	复杂	123.5	3

附表 11-3　质子化学位移表

各种质子	化学位移 δ 值	各种质子	化学位移 δ 值
1．t-bu—O	1.00~1.40	23．CH_3—Ar	2.00~2.80
2．t-bu—Ar	1.20~1.60	24．CH_3—CH_2—CO	0.80~1.50
3．t-bu—CO	1.00~1.50	25．CH_3—CH_2—C≡C	0.80~1.50
4．t-bu—C≡C	0.90~1.50	26．CH_3—CH_2—C≡C	0.80~1.50
5．t-bu—C≡C	0.90~1.50	27．CH_3—CH_2C	0.50~1.40
6．t-bu—C	0.60~1.10	28．CH_3—CH—	0.50~1.50
7．$(CH_3)_2$C—O	0.80~1.40	29．H_3C—C—O ‖ O	1.80~2.50
8．$(CH_3)_2$C—Ar	1.10~1.40	30．H_3C—C—Ar ‖ O	1.80~2.50
9．$(CH_3)_2$C—CO	0.90~1.50	31．H_3C—C—C— ‖ ‖ O O	1.80~2.50
10．$(CH_3)_2$C—C≡C	0.80~1.50	32．CH_3—C≡C	1.80~2.50
11．$(CH_3)_2$C—C≡C	0.80~1.50	33．CH_3—C≡C	1.80~2.50
12．$(CH_3)_2$C—C	0.60~1.40	34．CH_3—C	1.80~2.50
13．CH_3C—O	0.80~1.50	35．CH_3—O—O	3.10~3.50
14．CH_3C—Ar	1.00~1.80	36．CH_3—O—Ar	3.50~4.10
15．CH_3C—CO	0.70~1.40	37．H_3C—C—C— ‖ ‖ O O	3.66~4.10
16．CH_3C—C≡C	0.70~1.40	38．CH_3—O—C≡C	3.50~4.10
17．CH_3C—C≡C	0.70~1.40	39．CH_3—O—C≡C	3.50~4.10
18．CH_3C—C	0.50~1.50	40．CH_3—O—C	2.80~3.50
19．CH_3—C≡C	1.50~2.40	41．CH_3CH—C≡C	(CH_3)0.50~1.50 (CH)1.50~5.00
20．CH_3—C≡C	1.80~2.20	42．CH_3CH—C≡C	(CH_3)0.50~1.50 (CH)1.50~5.00
21．Et—O	(CH_3)0.90~1.40 (CH_2)3.10~4.70	43．Et—CO	(CH_3)0.80~1.50 (CH_2)1.80~2.80
22．Et—Ar	(CH_3)0.90~1.50 (CH_2)2.40~3.70	44．Et—C≡C	(CH_3)0.80~1.50 (CH_2)1.70~2.70

各种质子	化学位移 δ 值	各种质子	化学位移 δ 值
45. $Et-C \equiv C$	$(CH_3) 0.80 \sim 1.50$ $(CH_2) 1.90 \sim 3.00$	67. CCH_2-CO	$1.80 \sim 2.80$
46. $Et-C$	$(CH_3) 0.50 \sim 1.40$ $(CH_2) 1.50 \sim 2.40$	68. $CCH_2-C=C$	$1.70 \sim 2.70$
47. $iso-Pr-O$	$(CH_3) 0.90 \sim 1.40$ $(CH) 1.50 \sim 5.00$	69. $CCH_2-C \equiv C$	$1.90 \sim 3.00$
48. $iso-Pr-O-\overset{\shortmid}{\underset{\parallel O}{C}}-$	$(CH_3) 0.90 \sim 1.50$ $(CH) 4.60 \sim 7.00$	70. CCH_2-C	$0.00 \sim 2.40$
49. $iso-Pr-Ar$	$(CH_3) 0.80 \sim 1.50$ $(CH) 1.50 \sim 5.00$	71. OCH_2-O	$4.20 \sim 5.00$
50. $iso-Pr-C-O$	$(CH_3) 0.80 \sim 1.50$ $(CH) 1.50 \sim 5.00$	72. OCH_2-Ar	$4.20 \sim 5.00$
51. $iso-Pr-C=C$	$(CH_3) 0.80 \sim 1.50$ $(CH) 1.50 \sim 5.00$	73. $OH_2C-\underset{\parallel O}{C}-$	$4.00 \sim 5.60$
52. $iso-Pr-C \equiv C$	$(CH_3) 0.80 \sim 1.50$ $(CH) 1.50 \sim 5.00$	74. $OCH_2-C=C$	$4.00 \sim 5.30$
53. $iso-Pr-C$	$(CH_3) 0.50 \sim 1.40$ $(CH) 1.50 \sim 5.00$	75. $-\underset{\parallel O}{C}-CHO$	$9.00 \sim 10.20$
54. CH_3CH-O	$(CH_3) 0.50 \sim 1.50$ $(CH) 1.50 \sim 5.00$	76. $C=C-CHO$	$9.00 \sim 10.20$
55. $H_3CHC-O-\underset{\parallel O}{C}-$	$(CH_3) 0.50 \sim 1.50$ $(CH) 4.60 \sim 7.80$	77. $ArH_2C-\underset{\parallel O}{C}-$	$3.20 \sim 4.10$
56. CH_3CH-Ar	$(CH_3) 0.50 \sim 1.50$ $(CH) 1.50 \sim 5.00$	78. $ArCH_2-C=C$	$3.20 \sim 4.10$
57. $H_3CHC-\underset{\parallel O}{C}-$	$(CH_3) 0.50 \sim 1.50$ $(CH) 1.50 \sim 5.00$	79. $ArCH_2-C \equiv C$	$3.20 \sim 4.10$
58. $OCH_2-C \equiv C$	$3.50 \sim 4.20$	80. $-\underset{\parallel O}{C}-CH_2-\underset{\parallel O}{C}-$	$2.70 \sim 4.00$
59. $ArCH_2-Ar$	$3.20 \sim 4.20$	81. $-\underset{\parallel O}{C}-CH_2-C=C$	$2.50 \sim 4.00$
60. CH_3CH-C	$(CH_3) 0.50 \sim 1.50$ $(CH) 1.50 \sim 5.00$	82. $-\underset{\parallel O}{C}-CH_2-C \equiv C$	$2.50 \sim 3.60$
61. CH	$0.00 \sim 5.00$	83. $C=C-CH_2-C=C$	$3.20 \sim 4.40$
62. $HC-O-\underset{\parallel O}{C}-$	$4.60 \sim 7.00$	84. $-C=C-CH_2-C \equiv C$	$3.20 \sim 4.40$
63. $CH\left(O-\underset{\parallel O}{C}-\right)_2$	$6.50 \sim 7.80$	85. $-C \equiv C-CH_2-C \equiv C$	$3.20 \sim 4.40$
64. $CH\left(O-\underset{\parallel O}{C}-\right)_3$	$6.50 \sim 8.00$	86. ArH	$6.60 \sim 6.90$
65. CCH_2-O	$3.10 \sim 4.70$	87. $\overset{H_2C-O}{\underset{O-Ar}{\mid \quad \mid}}$	$5.50 \sim 6.30$
66. CCH_2-Ar	$2.40 \sim 3.70$	88. (烯醇结构)	$6.50 \sim 8.00$

各种质子	化学位移δ值	各种质子	化学位移δ值
89. $H_2C=$	4.40～6.60	99. $-\overset{\overset{\displaystyle O}{\|\|}}{C}-COOH$	10.00～13.20
90. $HC=$	3.80～8.00	100. $C=C-COOH$	10.00～13.20
91. $HC\equiv C$	2.00～3.20	101. $C\equiv C-COOH$	10.00～13.20
92. $ArCHO$	9.00～10.20	102. $C-COOH$	10.00～13.20
93. $C\equiv C-CHO$	9.00～10.20	103. $O-O-CHO$	7.80～8.60
94. $C-CHO$	9.00～10.00	104. $ArO-CHO$	7.80～8.60
95. $CH-CHO$	9.00～10.00	105. $-\overset{\overset{\displaystyle O}{\|\|}}{C}-O-CHO$	7.80～8.60
96. CH_2-CHO	9.00～10.00	106. $C=C-O-CHO$	7.80～8.60
97. $O-COOH$	10.00～13.20	107. $C\equiv C-O-CHO$	7.80～8.60
98. $Ar-COOH$	10.00～13.20	108. $C-O-CHO$	7.80～8.60

附表 12　分子离子脱掉的常见碎片

离子	碎片	离子	碎片
M-1	H	M-43	C_3H_7, CH_3CO
M-15	CH_3	M-44	C_3H_8, CH_2, $CHOH$, CO_2
M-16	NH_2, O	M-45	$COOH$, CH_3CHOH, OC_2H_5
M-17	NH_3, HO	M-46	NO_2, C_2H_5OH
M-18	H_2O	M-48	SO, CH_3SH
M-19	F	M-55	C_4H_7
M-20	HF	M-56	C_4H_8, 2CO
M-26	C_2H_2, $C\equiv N$	M-57	C_4H_9, C_2H_5CO
M-27	HCN, $CH_2=CH$	M-58	C_4H_{10}
M-28	CO, C_2H_4, N_2	M-60	CH_3COOH
M-29	CHO, CH_3CH_2	M-61	CH_3CH_2S
M-30	NO, CH_2O, C_2H_6, NH_2CH_2	M-62	$H_2S+CH_2=CH_2$
M-31	CH_2OH, CH_3NH_2, OCH_3	M-63	CH_2CH_2Cl
M-32	CH_3OH, S	M-64	C_5H_4, S_2, SO_2
M-33	HS, CH_3^+, H_2O	M-68	$CH_2=CCH_3CH=CH_2$
M-34	H_2S	M-69	CF_3, C_5H_9
M-35	Cl	M-71	C_5H_{11}
M-36	HCl, $2H_2O$	M-73	$CH_3CH_2OC=O$
M-37	HCl^+, H	M-74	C_4H_9OH
M-38	C_3H_2	M-75	C_6H_3
M-39	C_3H_3, HC_2N	M-76	C_6H_4, CS_2
M-40	CH_3CCH	M-77	C_6H_5, CS_2H
M-41	CH_2CHCH_2	M-78	C_6H_6, CS_2H_2, C_5H_4N
M-42	CH_2CO, CH_2CHCH_3	M-80	HBr

附表 13 常见的碎片离子

m/z	元素组成或可能结构	m/z	元素组成或可能结构
15	CH_3	66	C_5H_6
18	H_2O	67	C_5H_7
26	C_2H_2	68	$CH_2CH_2CH_2CN$
27	C_2H_3	69	C_5H_9
28	C_2H_4, CO	70	C_5H_{10}
29	C_2H_5, CHO	71	C_5H_{11}
30	NH_2CH_2, NO	72	CH_4CONH_2
31	CH_2OH, OCH_3	75	C_6H_3
32	O_2	76	C_6H_4
33	HS, CH_2FCH_3, OH_2	77	C_6H_5
34	H_2S	78	C_6H_6
35	H_3S	79	C_6H_7
36	HCl	80	C_6H_6N
39	C_3H_3	81	C_5H_5O
40	C_3H_4	82	C_4H_8CN
41	C_3H_5, CH_3CN, C_2H_5N	83	C_6H_{11}, $CHCl_2$
42	C_3H_6, C_2H_2O	85	C_6H_{13}
43	C_3H_7, CH_3CO	86	$C_5H_{12}N$
44	CH_3CHNH_2, CO_2	88	C_4H_8O
45	C_2H_5O	89	C_7H_5
46	NO_2	90	C_7H_6
47	CH_2SH	91	C_7H_7
48	CH_3SH	92	C_6H_6N
49	CH_2Cl	93	C_7H_9
50	C_4H_2	94	C_5H_5O
51	C_4H_3	97	C_5H_5S
52	C_4H_4	99	C_7H_{15}
53	C_4H_5	100	$CH_2NC_4H_8O$
54	C_4H_6	101	C_4H_9OCO
55	C_4H_7	120	$C_7H_4O_2$
56	C_4H_8	135	C_4H_8Br
57	C_4H_9	139	$C_{11}H_7$
58	C_2H_2S	142	$C_{10}H_8N$
61	C_2H_4SH	147	C_9H_7S
63	C_5H_3	152	$C_{12}H_8$
64	C_5H_4	165	$C_{13}H_9$
65	C_5H_5	166	$C_{12}H_8N$

参考文献

1. 苏明武，黄荣增. 仪器分析. 北京：科学出版社，2017.
2. 柴逸峰，邸欣. 分析化学. 8 版. 北京：人民卫生出版社，2016.
3. 尹华，王新宏. 仪器分析. 2 版. 北京：人民卫生出版社，2016.
4. 李磊，高希宝. 仪器分析. 北京：人民卫生出版社，2015.
5. 郭兴杰. 分析化学. 3 版. 北京：中国医药科技出版社，2015.
6. 武汉大学化学系分析化学教研室. 分析化学例题与习题：定量化学分析及仪器分析. 北京：高等教育出版社，1999.
7. 王淑美. 分析化学（下）. 4 版. 北京：中国中医药出版社，2017.
8. 华中师范大学等. 分析化学（下册）. 4 版. 北京：高等教育出版社，2012.
9. 武汉大学. 分析化学（上册）. 5 版. 北京：高等教育出版社，2006.
10. 武汉大学. 分析化学（下册）. 5 版. 北京：高等教育出版社，2007.
11. 彭崇慧，冯建章，张锡瑜. 分析化学：定量化学分析简明教程. 3 版. 北京：北京大学出版社，2009.
12. 胡育筑. 分析化学（上册）. 4 版. 北京：科学出版社，2015.
13. 李发美. 分析化学. 7 版. 北京：人民卫生出版社，2011.
14. 刘萌，王子月，张春阳. 化学发光在生化分析中的应用研究进展. 分析化学，2016，44（12）：1934-1941.
15. 张多多，宗晨，王淑美，等. 基于银纳米粒子催化鲁米诺 - 过氧化氢化学发光体系测定丹参酮ⅡA 磺酸钠. 分析测试学报，2017，36（10）：1245-1249.
16. 初从波，单玉萍，王宏达. 量子点在生物检测中的应用. 应用化学，2014，31（4）：377-388.
17. 陈海生. 现代光谱分析. 北京：人民卫生出版社，2010.
18. CROASMUN WR, CARLSON RK. Two-Dimensional NMR Spectroscopy: Applications for Chemists and Biochemists. 2nd ed. New York: Wiley-VCH, 1994.
19. 孔令义. 波谱解析. 2 版. 北京：人民卫生出版社，2016.
20. 陈恒武. 分析化学简明教程. 北京：高等教育出版社，2010.
21. 常建华，董绮功. 波谱原理及解析. 2 版. 北京：科学出版社，2005.
22. 张寒琦. 仪器分析. 2 版. 北京：高等教育出版社，2013.
23. 池玉梅. 分析化学（上）. 北京：科学出版社，2012.
24. 王春明，张海霞. 化学与仪器分析. 兰州：兰州大学出版社，2010.
25. 张梅. 分析化学. 2 版. 北京：人民卫生出版社，2016.
26. 张凌. 分析化学（上）. 4 版. 北京：中国中医药出版社，2016.
27. 张梅，池玉梅. 分析化学. 2 版. 北京：中国医药科技出版社，2018.
28. 梁声旺，贡济宇. 中药分析. 10 版. 北京：中国中医药出版社，2016.
29. 国家药典委员会. 中华人民共和国药典（2020 年版）. 北京：中国医药科技出版社，2020.
30. 梁生旺，万丽. 分析化学. 3 版. 北京：中国中医药出版社，2012.
31. 胡育筑. 分析化学（下册）. 4 版. 北京：科学出版社，2015.
32. 池玉梅，吴虹. 分析化学（下）. 北京：科学出版社，2013.
33. 叶宪曾，张新祥等. 仪器分析教程. 2 版. 北京：北京大学出版社，2007.
34. 刘密新，罗国安，张新荣，等. 仪器分析. 2 版. 北京：清华大学出版社，2002.
35. 刘志广. 仪器分析学习指导与综合练习. 北京：高等教育出版社，2005.

29档